2025년도 교회력에 따른

예배와 설교
핸드북

A HANDBOOK FOR PREACHING AND WORSHIP

by Su Jung Kim, Young Hyun Choi, Kyong Kuk Han, Sung Woo Kim

Designed with Liturgical and Lectionary Resources
for the Church Year, 2025.

© 김수중, 최영현, 한경국, 김성우 2024
Published in 2024
by Worship & Preaching Academy

25 Achasan-ro 73gil, Gwangjin-gu,
Seoul, Korea

2025년도 교회력에 따른
예배와 설교 핸드북

지 은 이 | 김수중 최영현 한경국 김성우
펴 낸 이 | 김현애
책임편집 | 윤혜경
디 자 인 | 김신현 (EJ 디자인)

찍 은 날 | 2024년 10월 28일
펴 낸 날 | 2024년 11월 11일

펴 낸 곳 | 예배와 설교 아카데미
　　　　　 등록번호 제18-90호 (1998. 12. 3)
주　　　소 | 서울특별시 광진구 아차산로 73길 25
전　　　화 | 02-457-9756
팩　　　스 | 02-457-1957

http://wpa.imweb.me
ISBN 979-11-93719-02-2 (03230)

총 판 처 | 비전북
전　　　화 | 031-907-3927
팩　　　스 | 0505-365-3927
책　　　값 | 55,000원

2025년도 교회력에 따른

예배와 설교 핸드북

저자

김수중

최영현

한경국

김성우

특별기고

신옥수

김진명

양성부

WPA 예배와 설교 아카데미

목 차

1부   특별기고

2부   주일 낮 예배·설교 지침

2024

대 림 절

성탄절

2025

주현절

사 순 절

부 활 절

오순절

📖 3부 📖 절기 설교를 위한 지침

4부 52주 주해 설교

서 문

새해에 펼칠 지도를 만드는 마음으로

서늘한 가을바람 속에 대림절을 목전에 두게 되니 지난여름 맹위를 떨치던 무더위가 생각납니다. 그 고통을 견디어낸 독자 여러분 모두 건강하시고 믿음의 수확이 풍성하기를 기도합니다. 이 글을 쓰는 필자는 지난여름에 코로나 이후 처음으로 해외여행을 준비했습니다. 대서양을 가로지르는 여정 계획에 심취하여 자주 지도를 들여다보며 상상의 날개를 펼쳤지요. 그러나 막바지에 이르러 여행 주관사의 사정으로 이 프로그램이 취소되었고 저는 언짢은 마음에 더욱 무더운 여름을 보내야 했습니다.

쓸쓸히 대서양 지도를 접던 저에게 문득 하나의 기억이 떠올랐습니다. 그것은 이전에 읽었던 기독교 변증가 루이스(C. S. Lewis)의 책 『순전한 기독교』(*Mere Christianity*) 가운데 한 부분이었습니다. 대서양 해변을 여행한 사람이 집에 돌아와 대서양 지도를 본다면 눈앞에 넘실대던 파도가 한낱 색칠한 종이로 바뀌어 버렸다고 생각할 것입니다. 그러나 지도는 수백 수천의 사람들이 대서양을 항해하면서 발견한 사실에 토대를 둔 것이기 때문에 고작 한 번 바다를 보고 온 체험과 비교할 수 없는 생생한 경험의 덩어리로 존재합니다. 해변을 거니는 것에 만족하는 사람이라면 직접 바다를 한 차례 보는 게 좋지만, 대서양을 건너고 싶은 의욕을 가졌다면 지도를 살피는 것이 훨씬 더 유용하다는 의미입니다. 루이스는 지도가 곧 신학이며 하나님을 만나는 경험이고 열매라 말했습니다.

우리 저자들은 여기 2025년의 예배와 설교를 위한 하나의 지도를 만들어 펴냅니다. 삶의 해변에서 성도들을 이끌어 가고 있는 목회자들이 새해에 새로운 말씀의 바다로 나아갈 때 사용할 지도가 되기를 바라는 마음입니다. 41년 오랜 연륜으로 만나는 애독자들께 조금이라도 더 유용한 경험과 열매를 드리기 위해 저자들은 어느 해보다 깊은 기도와 정성을 함께 쏟아 넣었습니다.

지난 2월 14일, 본서를 처음 만들고 지금까지 감수해 주신 '청해 정장복 총장'께서 하나님의 부르심을 받았습니다. 고인이 자신의 분신처럼 여기던 이 핸드북을 더욱 충실하게 집필하는 것이 남아있는 저자들의 사명임을 잊지 않겠습니다. '청해'라는 아호처럼 청산도 푸른 바다에서 삶과 신앙을 시작한 고인이 일생을 두고 믿음의 바다를 살핀 지도가 이 핸드북입니다. 다시 한 번 그 정신을 이어받겠다는 다짐을 되새깁니다.

본서의 구성을 간략히 소개합니다. 서막으로 열리는 회고와 전망은 이 시대의 그리스도인들이 한 해를 보내고 맞으며 역사의 소리를 새겨듣는 자리입니다. 지나온 경험을 망각 속에 묻어 버리지 않고 미래를 위한 초석으로 삼아야 한다는 뜻에서 우리 공동체의 아픈 과거도 숨김없이 들추었습니다. 앞으로 본서의 첫머리에서 펼치는 이 회고와 전망의 무대가 주님이 온전히 기뻐하실 역사의 잔치 자리가 될 수 있기를 기도합니다.

예배와 설교에 관한 이론적 깊이로 인해 독자 여러분의 관심이 높아진 특별 기고가 올해도 세 분 학자에 의해 공개됩니다. 신옥수 교수님과 김진명 교수님, 그리고 지난해에 이어 옥고를 주신 양성부 목사님께 감사드립니다. 이어지는 주일 낮 예배 설교 지침은 저자들이 최선을 다해 집필한 본서의 중심 부분입니다. 성서정과 말씀이 3년 단위로 순환하기 때문에 이전보다 더 진전된 지침을 내놓기 위해 한시도 긴장을 늦추지 않았으며, 독자 여러분의 공감을 받을 만한 새로운 형태의 적용이 이루어지도록 노력하였습니다. 절기 설교를 위한 지침 역시 매년 맞이하는 절기 말씀 준비에 골몰하는 설교자의 심정을 담아 실용적 차원에서 집필하였음을 밝힙니다.

52주 주해 설교가 구약 역사서를 지나고 있습니다. 접근 방식과 주해를 통해 얻는 교훈이 매우 유용하다는 반응이 많아 힘이 됩니다. 짧은 분량 속에 말씀의 핵심을 짚어내는 작업을 계속하겠습니다. 그리고 주일마다 영상 예배 자료를 마련해 두었으므로 영상 내려받기를 원하는 분은 '예배와 설교 아카데미 홈페이지(http://wpa.imweb.me)'를 찾아 주시기 바랍니다.

올해부터 본서의 공동저자로 김성우 교수가 함께 참여하게 되었습니다. 그는 대전신학대학교 실천신학 교수로서 예배학·설교학에 관한 저서와 논문을 다수 발표하며 활발한 활동을 전개하고 있는 학자입니다. 김 교수의 합류로 본서가 더욱 내실을 기약할 수 있으리라 확신합니다. 더불어 윤교식 목사님, 강성효 목사님, 이상일 교수님, 유성국 목사님의 수고가 이 책에 가득 어려 있으며, '예배와 설교 아카데미' 대표 김현애 박사님, 윤혜경 편집장님과 편집진 여러분의 뜨거운 손길이 새해에 펼칠 지도에 완성의 점을 찍었습니다.

Soli Deo Gloria!

주후 2024년 대림절을 맞이하며
저자 대표
김 수 중

돌아보는 2024년

새해 벽두에 세 가지 충격적 사건이 일어났다.

2024년 새해가 열리던 날부터 한반도에는 하루가 멀다고 충격적 사건들이 연거푸 일어났다. 이 땅의 선한 백성과 그리스도인들은 긴장 속에서 간절한 기도의 제목을 마음에 품고 한 해를 시작해야 했다. "난리와 소요의 소문을 들을 때에 두려워하지 말라 이 일이 먼저 있어야 하되 끝은 곧 되지 아니하리라"(눅 21:9). 오직 주님의 말씀만이 시련을 이겨낼 힘이었다.

1월 1일 오후 4시 10분, 일본의 노토(能登)반도에서 규모 7.6의 강진이 발생했다. 백 년 전 관동대지진 이후 내부 단층에서 발생한 두 번째로 강력한 지진이었다. 즉시 5m 높이의 쓰나미가 일고 그것이 동해를 거쳐 우리나라의 해안을 덮칠 것이라는 예보가 나왔다. 그러나 놀랍게도 지진 해일은 묵호항에 67cm 정도의 작은 해수면 상승을 가져온 후 진정되었다. 그 후로 동해를 사이에 두고 잦은 지진이 이어지더니 6월 12일 오전 8시 26분, 한반도의 남녘 부안군에 진도 4.8의 지진이 발생했다. 포항 지진 이후 내륙에서 일어난 것으로는 가장 큰 규모였다. 지진의 안전지대로 여겼던 이 땅에도 환난의 징조가 임하였음을 알게 하는 사건이 계속되고 있다.

1월 2일 오전 10시 무렵, 부산 가덕도에서 더불어민주당 이재명 대표가 칼에 목을 찔리는 테러를 당했다. 다행히 생명은 건졌으나 국민이 받은 충격은 컸다. 총선을 앞둔 시기에 증오 정치가 몰고 온 폭력이었다. 정치적 이유로 폭력을 사용하는 것은 민주주의를 파괴하는 행위이며 최악의 중범죄이다. 그러나 수사본부는 범인의 신상 정보를 밝히지 않고 배후 세력도 없다고 발표함으로써 의문을 증폭시켰다. 7월에는 미국 대통령 선거에 나선 트럼프 후보가 유세 중에 총격을 당하는 사건이 벌어졌다. 세계적으로 사회적 테러리즘의 빈발 우려가 커졌다.

1월 5일 오전 9시부터 11시 사이에 북한군이 서해 해안포를 동원하여 대규모 사격을 하는 일이 일어났다. 백령도 북쪽 장산곶과 연평도 북방 등산곶 일대에서 200발 이상 사격을 했고, 이러한 도발 행위는 6일과 7일에도 이어졌다. 우리 군도 대응 사격을 함으로써 2018년에 맺은 '9·19 군사합의'의 효력은 사실상 정지되었다. 눈앞에 전개된 전쟁의 위기를 대하며 국민은 불안에 떨었다. 1월 24일에 북한이 남북관계를 적대적 두 국가로 설정하는 발표를 했다. 이제부터는 동족이 아니라 전쟁 중인 두 교전국 관계라고 선을 그으며 '남측'이라는 용어 대신 '대한민국'이라는 칭호를 사용하였다. 그들이 쏘아 올린 탄도 미사일, 순항 미사일, 지대공 미사일, 그리고 수중 드론이 하늘과 바다를 흔들고, 언급하기조차 부끄러운 '오물 풍선'이 우리가 사는 집 앞마당에까지 날아왔다. 6월에 들어 북한과 러시아는 '포괄적인 전략적 동반자 관계에 관한 조약'에 서명하면서 한반도에 긴장의 도를 더욱 높였다. 전쟁 위기가 고조된 불안한 상태 속에서 한 해가 흘러가고 있다.

한국교회는 평화를 위해 어떤 모습을 보여 주었는가?

그렇다면 올해 한국교회는 이 위기를 극복하기 위하여 어떻게 대처해 왔을까? '평화에 관한 일'을 알지 못했던 사람들을 보시고 눈물을 흘리신 예수 그리스도를 생각하면 한국교회가 지향해야 할 현실적 목표는 마땅히 평화가 되어야 한다. 반목과 증오가 쌓여 불신의 대결이 극대화한 자리에 필연코 전운이 감도는 것을 모르는 사람은 없다. 정치적 행위가 전쟁을 부르는 길로 잘못 나아간다면 교회가 나서서 평화를 지키는 사명을 짊어져야 한다. 교회는 '평화에 관한 일'을 알리고 실천하는 데 전력을 쏟아야 할 책임이 있다.

평화를 위한 기본 요건은 신뢰를 바탕으로 한 대화와 사랑의 실천이다. 그러나 안타깝게도 최근의 한국교회는 이 땅에 평화를 정착시키려는 의지를 드러내지 않았다. 6·25 전쟁일이 오면 연례행사로 교단 차원의 의례적 선언문을 내는 정도에 그쳤으며, 불의가 만연한 분쟁과 다툼에는 침묵으로 일관하거나 외면하는 사례들이 많았다. 이는 코로나19 이후 교회 인구의 감소로 인해 사회적 영향력이 축소된 이유도 있지만, 그보다 더 본질적인 문제는 한국교회의 신뢰도가 크게 추락했다는 데서 찾아야 한다.

기독교 윤리 단체나 여론조사 기관에서 발표한 '종교인 관련 인식 조사' 결과는 참으로 심각하다. 우리나라의 종교 인구는 코로나 이전 40%를 넘어서고 있었으나, 2024년에 들어 종교를 갖고 있다고 대답한 사람은 36.3%에 그쳤다. 그 가운데 숫자상으로는 개신교 교인이 가장 많았어도 신뢰도에서 천주교와 불교에 역전되는 현상을 보였다. 한국 개신교의 신뢰도는 19.4%를 기록함으로써 평화에 이르게 하는 일을 이끌어갈 주역이 되기에 매우 부족하다는 판정을 받고 말았다.

이 시대는 개인 특성화에 맞춘 작은 모임이 활발히 조직되어 성과를 거두고 있다. 그러나 사람들이 교회를 선택할 때의 판단은 이와 다르다. 신앙적인 이유 이외에 교육이나 친교 등에서 유리하다는 생각이 작용한 나머지 특성화된 작은 교회보다 대형교회를 선호한다. 따라서 작은 교회들이 사라지고 그 교인들은 대형교회로 이동하는 현상이 나타나고 있다. 이를 인위적으로 막을 수 없기에 한국교회는 무엇보다도 '개교회주의'를 지양하고 '공교회(公敎會)'의 성격을 회복하는 일이 중요하다. 곧 개별교회의 외연 확장 중심 태도에서 벗어나 보편적 교회로서 공동체 정신을 함양하고 온 땅과 사회에 평화를 이루는 밑거름의 구실을 감당해야 한다는 뜻이다. 교인이 많이 모이는 대형교회일수록 공공성을 구현할 책임이 더욱 크다는 사실을 잊어서는 안 된다.

올해도 그리스도인들은 보이지 않는 곳에서 이웃 사랑과 정의 실현, 그리고 평화를 이루기 위해 기꺼이 자신을 드려 '평화의 도구'가 되었다. 개인적으로는 이렇게 평화를 위한 도구가 되고자 노력하는 교인들이 많건만, 범교회적으로 나라와 민족을 향해 평화의 공공성을 선양한 결실은 극히 적었다. 오히려 일부 교회나 교단이 사회에 폐를 끼쳐 부끄러움을 드러낸 경우가 더 많았다. 진정 어린 반성이 필요한 시점이다.

민심은 4월 총선에서 정권 심판을 선택했다.

4월 10일은 제22대 국회의원을 뽑는 총선일이었다. 윤석열정부 집권 2년째에 치른 선거이므로 정권 중간평가의 성격이 강했다. 선거 전문가들은 나름대로 자료를 제시하며 엇갈린 전망을 발표함으로써 국민을 혼란에 빠뜨렸다. 그렇지 않아도 정치 세력의 극단적 대립에 피로감을 호소하던 유권자가 많았으므로 우선 선거 참여율에 관심이 집중되었다. 결과는 전국투표율 67.0%, 14대 총선 이후 32년 만에 최고치를 기록하였다. 적극적인 투표 참여 분위기 속에서 이루어진 의석 분포는 더불어민주당 175석, 국민의힘 108석, 조국혁신당 12석, 개혁신당 3석, 진보당 1석, 새로운미래 1석으로 최종 결정되었다.

더불어민주당의 압승과 신생 조국혁신당의 약진으로 범야권이 192석을 확보한 가운데 여당인 국민의힘은 겨우 개헌저지선을 지키는 데 그쳤다. 민심은 정권 심판을 선택한 것이다. 야당으로서는 계속되는 사법 리스크와 공천 잡음에도 불구하고 예상을 뛰어넘는 성과를 거두었다. 이 총선의 결과는 소통 없는 정부에 대한 국민의 엄중한 경고였다.

대통령은 당연히 국정 기조를 바꾸고 쇄신을 위한 변화를 도모해야 했다. 그러나 협치를 내세워 처음으로 열린 영수회담은 성과 없이 끝났으며, 1년 9개월 만에 가진 기자회견에서도 대통령은 정부의 방향이 틀리지 않았다는 주장을 되풀이했다. 잇따라 발표되는 지지율은 30% 초반에서 더 하락하여 20%대에 머물렀다. 편중과 불통의 결과로밖에 해석할 길이 없었다. 집권 2년 동안 국회에서 통과된 법안에 14번의 재의요구권(거부권)을 행사하며 협치를 거부한 대통령은 22대 국회를 향해서도 여전히 재의요구권을 발동하기 시작했다. 국회는 개원식도 미루며 정부와 힘겨루기에 나섰고 국민의 걱정은 더욱 커져만 갔다. 정치란 국민이 인간다운 삶을 살 수 있도록 상호 이해하고 조정함으로써 질서를 세우는 역할을 해야 한다. 위기에 처한 민주 정치의 회복을 위해 이 땅의 그리스도인들은 어떤 노력을 했는지 돌아볼 시간이다.

올해의 정국을 휩쓴 단어는 '탄핵'과 '특검'이었다.

탄핵이라는 단어가 거의 일상적인 용어로 사용된 한 해였다. '탄핵(彈劾)'은 대통령을 비롯한 공직에 있는 사람의 위법을 조사하여 책임을 추궁하는 일이다. 공직자는 국회의 소추에 따라 헌법재판소의 심판으로 해임되거나 처벌을 받을 수 있다. 우리는 지난 2017년, 18대 대통령이 탄핵 소추로 퇴진했던 역사를 생생히 기억한다. 아무리 권력의 정상에 있다 하더라도 이 제도로써 권력을 감시할 수 있다는 사실을 경험한 우리 국민이다.

이와 관련하여 정국을 휩쓴 또 다른 단어는 특검이다. '특검(特檢)'이란 대통령을 포함한 고위공직자의 비리 및 잘못에 관하여 기소하기까지 수사할 수 있는 독립 수사 기구를 가리킨다. 기존 검사 대신 특별검사를 임명하여 수사와 기소를 맡긴다. 외압을 받지 않는다는 것이 장점이지만 추천 과정이나 수사 기간의 제약 등 단점도 적지 않다. 특검을 통해 진실이 드러나기 바라는 사람들의 기대가 이 기구를 일종의 만능으로 여긴다는 지적도 있다.

지난 5월 29일에 제21대 국회가 끝나기까지 윤석열정부는 무려 14회에 걸쳐 대통령 거부권을 행사했다. 올해 들어 5개월 동안 행사한 8건의 거부권 속에는 3개의 특검법이 들어있었다. '화천대유 50억 클럽 특검법', '대통령 배우자 의혹 진상규명 특검법', '순직 해병 채상병 특검법'이 모두 거부를 당해 폐기되었다. 제22대 국회는 다시 '채상병 특검법'을 보충하여 첫 법안으로 통과시켰으나 역시 거부권에 막혔다.

특검법이 번번이 가로막히자 탄핵이 공론화되었다. 대통령 탄핵 국민청원이 6월 20일에 시작되어 한 달 만에 백사십만 명이 동의에 참여하였고, 국회는 이 청원에 따라 탄핵 청문회를 개최하였다. 그 중심에 순직 해병인 채상병 수사 외압 문제가 있었다. 외압의 실체를 밝히는 과정에서 군 지휘체계의 문제점과 안전 관리의 맹점이 드러나는 등 민감한 정치적 갈등으로 번져나가며 올해의 정국을 뒤흔들었다.

광복절을 앞두고는 독립기념관 관장 임명으로 인해 역사 인식에 관한 논쟁에 불이 붙었다. 현 정권의 친일 지향성은 공공연한 정도에 이르러, 일본의 과거사는 덮어두고 오직 '미래의 공동이익을 추구하는 파트너'라는 주장에 무게를 싣고 있었다. 이에 따라 친일적 역사 인식을 가진 사람들이 잇따라 학술기관이나 보훈기관의 요직을 차지하더니 가장 상징적인 독립기념관의 대표마저 그런 계열의 인사로 채워졌다. 광복회를 비롯한 독립운동 관련 단체들이 격렬하게 항의하며 정부가 주최하는 광복절 행사 참석을 취소하고 별도로 기념식을 여는 초유의 일이 일어났다.

'의료대란'으로 환자들의 고통이 더욱 커졌다.

올해 들어 몸이 아픈 사람들은 자기의 병에 또 하나의 아픔을 더 얹어 병원 문을 두드려야 했다. 병원에 가더라도 과연 진료를 제대로 받을 수 있을까 하는 걱정이 앞섰기 때문이다. 의료 선진국이라는 자부심 속에 살아온 우리는 갑자기 '의료대란'이라는 난리를 겪게 되었다. 의사 파업이 일어난 것인데, 이는 노동조합이 아닌 대한의사협회가 주도한 일이므로 정부에서는 '파업'이 아니라 '집단휴진'이라는 용어를 썼다. 일반 언론에서는 이러한 미증유의 사태를 가리켜 '의료대란'이라 표현하였다.

이 대란은 의과대학생 증원을 놓고 정부와 의료계 간의 정책 갈등에서 촉발

되었다. 정부 안은 내년부터 의대 입학 정원을 매년 이천 명씩 늘리겠다는 것이었고, 의료계는 이것은 과도한 일방적 결정이며 의료의 질 저하와 의료비 증가를 초래하게 된다는 주장으로 맞섰다. 2006년부터 유지해 온 의대 입학생 3,058명을 당장 5,058명으로 증원해야 할 합리적 이유가 무엇인지 제시하라는 법원의 요구도 있었다. 이천이라는 숫자에 얽힌 소문이 흉흉했다. 이 갈등은 우리 국민의 삶을 대립 구도 속으로 몰아넣었다.

2월 19일에 전공의들이 집단 반발하며 병원을 떠났고, 의과대학생의 수업 거부와 휴학계 제출이 뒤를 이었다. 이를 바라보던 의대 교수들은 근무하던 대형 병원에서 휴진 선언을 하였다. 의협이 진료 거부일로 삼은 6월 18일에는 의사들이 여의도에 모여 총궐기대회를 열었다. 정부를 향해 전공의에 대한 행정처분을 취소하고 의대 정원을 재논의하자는 조건을 내걸었으나 정부의 반응은 강경일변도였다. 이 사태는 응급실이 마비되는 최악의 결과를 불러왔다.

처음에 국민 여론은 의대 증원에 찬성하면서 의사들의 행동이 기득권을 유지하기 위한 것이라는 비난을 쏟아냈다. 그러나 시간이 흐를수록 전체적인 의료 시스템 개선이 문제의 해결방식이라는 합리적 주장이 공감을 얻게 되었다. 단순히 의사 숫자만 늘리는 것이 능사가 아니라 필수의료 기피 현상을 해결하기 위한 근로 조건 개선 및 공공의료와 지역의료를 담당할 인력 확보 등의 과제를 정부와 의료계가 합의하는 방안을 마련해야 한다는 것이었다.

이 의료대란은 국민건강보험의 재정 상황을 다시 한 번 검토해 보는 기회를 만들었다. 건보 재정 수지가 적자를 기록하고 있음이 밝혀져 국민 부담이 더 커지리라는 걱정이 생겼다. 혹시 의료 민영화 방향으로 나갈 빌미가 되지는 않을지 우려하는 소리도 들려온다. 올해 우리나라를 휩쓴 의료대란은 여러 가지 사회적 불씨를 남긴 채 언제라도 다시 타오를 전망이다. 그럴수록 환자들의 고통은 더욱 심각해질 수밖에 없다.

새 생명의 울음소리가 들리지 않는 나라가 되었다.

"생육하고 번성하라"(창 1:22). 이는 생명을 창조하신 하나님의 말씀이다. 이 말씀을 통해 출산의 신성함이 은혜로운 명령으로 우리에게 내려오고 있음을 본다. 그러나 올해 대한민국은 지구상에서 새 생명의 출생을 알리는 울음소리가 가장 적은 나라가 되고 말았다. 출산율이 0.7명대로 하락하며 세계 출산율 사상 최저치를 기록하였다. 그리스도인들이 많은 이 나라에 이런 현상이 일어난 까닭은 무엇일까?

대한민국의 인구는 3월 통계에 따르면 5,129만 명이다. 내년부터 인구의 감소세가 점점 가팔라질 것으로 보이며 2052년에 이르면 1/10이 줄어든 4,600만 명대로 떨어지리라는 예상치가 나와 있다. 우리나라는 이미 저출산과 고령화라는 양대 사회적 위기 속으로 들어섰다. 2018년에 세계 최초로 출산율 1명 미만의 저출산 국가가 된 동시에, 65세 이상 인구 14.3%를 찍으며 고령사회(Aged society)로 진입한 나라가 대한민국이다. 출산은 극도로 적으면서 고령화 속도는 OECD 국가 중 가장 빨라 2026년이면 고령인구 20.8%로 초고령사회(Super-aged society) 진입이 예상된다. 총인구 대비 65세 이상의 고령인구가 14% 이상이면 고령사회, 20%를 넘기면 초고령사회라 일컫는다.

저출산의 원인으로는 결혼에 관한 인식 변화를 들 수 있다. 개인의 삶에서 자기계발을 중시하는 가치관이 작용한 결과라고 설명하기도 한다. 그러나 이러한 태도를 일으킨 구체적 이유는 경제적 불확실성과 사회적 경쟁에 매몰된 불안감에서 비롯한 바가 크다. 교육과 커리어를 중시하는 풍조 때문에 젊은이들은 인구밀도가 높은 지역으로 집결한다. 한국의 수도권 인구가 총인구의 절반을 넘는 것도 이에 기인한 현상이다. 그들이 주야로 경쟁에 몰입하며 높은 주거비 부담으로 힘겨워하는 동안 결혼 시기는 그만큼 늦추어지고 만다.

농어촌에 어린이들이 뛰노는 소리가 그치고 학교들도 문을 닫는 현상이 가속화되면서 국가의 잠재 성장력은 약화 일로를 걸었다. 인력 수급도 부족하여 외국인 노동자에 의존하는 상태가 되고 말았다. 6월에 일어난 화성 일차전지 제

조업체 화재 사고에서도 피해자 다수가 외국인 노동자였다. 한편, 우리나라의 베이비붐 마지막 세대라는 1964년생이 올해 60대에 들어서며 은퇴할 나이가 되었다. 고령화 대책 마련에 힘써야 한다. 한국인의 평균수명은 80세를 넘어섰고, 2030년에는 83.1세 달할 것이라는 예상이다.

6월 19일에 정부는 '인구 국가비상사태'를 선포했다. 명칭의 적합성에 문제가 있기는 하지만, 인구 문제가 심각하므로 범국가적 총력전을 펼치겠다는 뜻으로 이해된다. 발표 내용을 보면 인구전략기획부(일명 인구부)를 신설하여 부총리급 부처로 운영하고, 남성의 출산휴가 확대, 3~5세 아이들의 무상교육과 돌봄 실현, 입양 체계 전면 개편, 아이가 있는 세대의 주택 청약 기회 확대 등의 정책을 가동하겠다는 것으로 요약할 수 있다. 근본적인 저출산 원인을 해소하는 활동이 펼쳐져야 한다. 이 정도의 정책으로는 비상사태를 극복할 만한 전환점이 보이지 않는다.

우리 그리스도인들은 먼저 출산에 관한 신앙적 자세를 확립해야 하겠다. 출산과 육아는 하나님께서 주신 최고의 행복이며 삶의 보람임을 믿고 감사를 드려야 할 것이다. 그리고 출산을 위한 사회적 분위기 조성에 힘써야 한다. 이는 경제 지원과 관련된다. 출산 가정이 주택이나 교육에 관한 염려를 줄일 수 있도록 제도화하는 데 협력하고 또 실제적인 지원에 나서야 하겠다. 유연근무제를 확대하여 자녀를 둔 부모가 일과 가정생활의 균형을 이루도록 근무 시간과 장소를 유연하게 선택할 제도를 마련해야 한다. 그리스도인이 경영하는 회사나 근무하는 일터에서 유연근무제가 먼저 시행되기를 바란다.

사과 한 개 값에서 기후 위기를 실감하였다.

올해 서민의 삶을 가장 상징적으로 표현한 것은 한 개의 사과였다. 어느 과일보다도 우리 일상에서 친근한 사과가 하루아침에 금사과, 아니 다이아몬드사과로 변신한 것이다. 지나간 봄에 한국농수산식품유통공사의 농산물유통정보에는 10개들이 사과 한 상자의 판매가격이 무려 145,000원이라고 공지되었다.

그렇다면 한 개의 값이 14,500원! 과일값 폭등 현상에 모두 놀란 나머지 어안이 벙벙해졌다. 시간당 최저임금 9,860원을 거뜬히 넘어서는 사과 한 개 값을 마주하며 사람들은 그 원인 찾기에 나서야 했다.

표면적으로 물가 폭등을 억제하지 못한 정부 정책에 문제가 있었다. 유통구조 상으로도 대기업의 독과점을 막을 장치가 부족했다. 따라서 과일 가격이 비싸다 할지라도 이를 재배한 농민들에게 이익이 돌아가는 구조가 아니라 유통업체나 대기업이 더 큰 수혜를 누리고 있다. 올해는 특히 과일의 생산량이 30% 정도 급감하는 바람에 유통업체의 공급 부족 분량 가격을 소비자가 짊어지게 되고 말았다. 사과와 배를 필두로 하여 수박, 참외, 토마토 같은 과채류 값도 천정부지로 뛰어오르면서, 과일값이 물가를 끌어올리는 '플루트플레이션(Fruitflation)' 현상이 나타났다. 정부는 이에 관한 대책으로 바나나, 망고, 오렌지 등 과일 수입을 추가 권장하는 전략을 폈으나 별로 효과를 보지 못했다.

이 사태의 근본적 원인은 기후 위기에 있었다. 기후 위기는 곧장 우리의 먹거리를 위협할 것이라는 우려가 현실이 되어 버렸다. 기온이 상승함으로써 발생하는 호우, 홍수, 폭염, 가뭄 등의 자연재해들은 농산물 수확에 결정적 악영향을 미친다. 과일의 생산량만 줄어든 것이 아니라 오이, 양파, 양배추, 대파 같은 채소류도 공급이 크게 부족하기는 매한가지였다. 대책을 세워 실행하지 못하면 쌀, 보리 등 식량을 비롯한 농산물 위기가 더욱 심각해질 것이다.

거듭 강조하거니와 우리 모두 온실가스 배출을 최소화하고 에너지 소비 절약에 힘써야 한다. 특히 이번 여름에는 오백 년 만에 처음이라는 장마철 집중호우를 겪으며 온 국민이 물폭탄, 산사태에 가슴을 졸였다. 이어진 폭염과 열대야가 최장기 기록을 경신하게 되자 기상청은 『폭염 백서』를 내어 더위의 극심함이 재난 수준에 이르렀다고 선포하였다. 심지어 추석날에도 낮에는 35도의 폭염, 밤에는 열대야 속에서 보름달이 뜨는 전대미문의 기상 이변이 일어났다. 하나님께서 주신 이 땅의 환경을 보호하는 것이 그리스도인의 임무이다. 세계적으로 전개되는 환경보호 정책 실천에 한국교회도 이미 적극적인 참여를 선언하였다. 금쪽같은 사과 한 개를 손에 쥔 채 큰 교훈을 얻은 한 해였다.

전쟁 속에서 올림픽이 열렸다.

우크라이나와 팔레스타인 지역에서 전쟁이 계속되는 중에 프랑스 파리에서는 제33회 하계올림픽이 열렸다. 올림픽을 관전하는 사람들은 한마음으로 평화를 위한 기도를 드렸으며, 전쟁의 포화 속에서도 올림픽에 참가한 나라 선수들에게 격려를 보냈다. 그러나 여기에 러시아와 벨라루스 선수들은 찾아볼 수 없었다. 우크라이나 침공의 당사국인 러시아와 이 전쟁을 지지한 벨라루스는 국제스포츠계의 제재로 인해 소수 인원이 개인 중립 선수 자격으로 참여할 수밖에 없는 처지가 되었다.

러시아-우크라이나 전쟁은 이제 3년째 장기화의 길로 접어들었다. 좀처럼 끝나지 않는 이 전쟁으로 인해 두 나라 국민은 물론 세계인들이 피로감에 젖어 있다. 우크라이나 평화회의는 효력을 거두지 못한 채 방치 상태에 있으며 국제사회의 지지도가 감소했다. 침공을 시작한 러시아 역시 전쟁에 내보낼 군인 확보도 어려울 만큼 지친 상태이다. 미국과 서방 세계의 개입 정도가 전쟁의 변수로 작용할 것이다.

팔레스타인에서 벌어진 이스라엘-하마스 간의 전쟁도 어언 1년을 넘기고 있다. 하마스는 휴전안에 긍정적 반응을 보이지만, 레바논 무장 정파 헤즈볼라가 이스라엘과 국경 지대에서 무력 충돌을 일으키며 대규모 확전 위험을 불러왔다. 헤즈볼라의 전투력은 하마스를 넘어선다고 알려졌다. 이 세력은 이란의 지원을 받아 창설되었으며 전면전이 일어나면 지원하겠다는 공언이 있었으므로 자칫 중동 전역으로 전선이 확대될 우려가 크다.

이 불길에 기름을 붓는 격으로 7월 31일에 하마스 지도자 이스마일 하니예가 피살되었다. 그는 팔레스타인 총리를 지낸 온건파로 알려진 사람인데 이란 대통령 취임식에 참석하던 중 폭탄 공격을 당했다. 이란은 즉각 이스라엘에 대한 보복 방침을 밝히고 공격 날짜까지 예고하는 등 대규모 중동전쟁의 위기가 일촉즉발 상태로 치달았다. 이란의 새 대통령 마수드 페제시키안은 개혁파로서 서방 세계에 유화책을 쓸 것이라 예상되었으나 자신의 취임식에서 사건이 터져 어려움에 봉착해 있다. 평화를 위한 중재 노력이 그 어느 때보다 필요한 날들이었다.

두 개의 전쟁에 열쇠를 쥐고 있는 미국은 11월 대통령 선거를 앞두고 민주당의 카멀라 해리스 후보와 공화당의 도널드 트럼프 후보가 열띤 경쟁을 펼쳤다. 이 선거의 결과에 따라 전쟁의 양상도 변할 것으로 보인다. 바이든 대통령이 노령으로 인해 후보직을 전격 사퇴했으므로 민주당 해리스가 당선된다면 현재의 외교 기조가 그대로 유지될 것이다. 그러나 트럼프 정권이 들어설 경우, 이스라엘 친화 정책과 나토 활동에 부정적이었던 그의 양면적 태도가 어떤 방향을 취할는지 예측하기 어렵다.

이러한 상황 속에서 파리올림픽은 세계 206개국이 참여하여 '함께 나누자'라는 슬로건 아래 친환경 목표를 지향하는 등 긍정적 성과를 거두었다. 대한민국 선수단은 역대 최소 선수 임원단을 꾸렸음에도 선전을 거듭하면서 세계인들의 주목을 받았다. 출전한 16개 종목 가운데 양궁, 펜싱, 사격 등의 성과를 앞세워 모두 32개의 메달을 획득하고 금메달 순위로는 세계 8위에 오르는 기록을 세웠다.

AI 윤리에 관한 교회의 입장은 무엇인가?

올해의 인공지능(AI)은 비약적인 기술 발전과 더불어 생활화, 산업화를 이끌며 우리 삶과 더욱 가까워졌다. 금융, 의료, 미디어 영역뿐 아니라 자동차 제조 같은 산업 발전에 영향을 미치고 있다. 이에 그치지 않고 정치, 사법의 현장에 활용되고 목회 사역에도 중요한 도구로서의 위치를 확보했다. 그러나 분명한 것은 AI는 프로그래밍된 알고리즘에 의해 운영되는 시스템인 만큼 공정성과 투명성 확립에 따르는 효과적 규제가 필요하다. 사회적 가치를 보호하기 위해 AI의 윤리적 개발을 서둘러야 한다. 명령을 수행하는 차원에서 인간의 윤리를 이해하고 적용하지 않으면 안 된다.

이런 일이 있었다. 러시아의 푸틴 대통령이 SNS에 등장하여 우크라이나 군대가 침공해 왔으므로 계엄령을 선포한다고 말했다. 그러나 이는 실제로 일어나지 않은 일을 사실처럼 가장하여 만든 합성 콘텐츠였다. 이른바 '딥페이크(deep fake)'라는 것이다. 우리나라에도 어느 날 갑자기 배우들이 등장하여 투자를 권유하는 영상이 퍼졌는데 결국 '딥페이크'에 의한 투자 사기임이 밝혀지기도 했다. 그뿐 아니라 대학과 중고등학교에까지 '딥페이크'가 퍼져 디지털 성범죄 피해자들이 속출하는 사회문제로 확장되었다. AI는 이처럼 진위를 구별하기 어려울 정도로 비슷한 재현을 하는 기술력을 보여 주고 있으나 그 부작용 또한 심각하다.

AI에 부정적 성격이 있다고 하여 우리 사회가 그 기술 자체를 거부할 수는 없다. 이미 교회에서도 양육 시스템으로 개발 적용되고 있으며 설교 및 교회 행정에 중요한 자료를 제공하는 도구가 되었다. 그렇다면 오히려 디지털 플랫폼들을 다양화하고 보편화시켜 복음 사역의 방편으로 삼아야 한다. 이를 위해 AI 윤리의 중요성과 필요성을 강조하지 않을 수 없다.

복음을 왜곡하는 집단이나 이단 세력은 가짜로 조작된 콘텐츠를 유포할 위험이 있다. 그것을 사전에 판별해 내고 비판 과정 없이 수용하는 태도를 경계해야한다. AI를 사용할 때는 반드시 그에 대한 의존도를 조정하고 신앙적 윤리와가치 기준에 따라 적절히 활용하는 자세를 갖는 것이 중요하다. 우리 목회자들은 지금 AI와 얼마나 친근해졌는가? 올해 인공지능에 관한 관심과 활용이 증가했다면 AI 윤리를 다시 한 번 깊이 생각하고 실천해야 할 것이다.

한강 작가의 인간애가 노벨문학상을 품었다.

여성 작가 한강(53세)이 한국 최초로 노벨문학상 수상의 영예를 안았다. 한글날이 지난 직후 발표된 소식이었으므로 한국어문학의 미래를 밝히는 의미가 더해져 온 국민이 크게 기뻐하였다. 우울한 사건들이 이어지던 시대적 분위기를 단번에 바꾸며, 한국인의 의지와 능력이 세계에 인정받았다는 뿌듯함이 넘쳐흘렀다. 우리 민족에게 이러한 기쁨을 안겨준 한강 작가에게 감사와 축하를 보낸다.

글을 쓰는 사람이라면 안다. 한 편의 작품이 완성되기까지 작가가 겪는 고통의 터널이 얼마나 길고도 험한 것인가를. 한강 작가는 '인간이란 무엇인가?'라는 문제의 심연을 헤매며 아픔을 견뎌냈다. 역사의 상처를 따뜻한 인간애로써 치유하려 애쓴 작가의 노력이 이루어낸 그 결실로 인해 우리가 만족을 얻고 있다. 스웨덴 노벨위원회의 언급은 한강 작가의 심정을 그대로 담았다. "역사적 트라우마를 직시하고 인간 삶의 연약함을 드러내는 시적 산문이다."

한강 작가의 대표작 세 편이 이 트라우마를 보여 준다. 노벨상 수상에 가장 큰 비중을 차지한 소설 『소년이 온다』는 우리 역사에서 지울 수 없는 잔인한 현실을 증언하는 문학이다. 영국의 맨부커상 수상작인 『채식주의자』는 규범에 복종하기를 거부할 때 벌어지는 폭력을 다루었다. 그리고 최근작 『작별하지 않는다』도 역사적 트라우마를 예술로 전환하려는 시도를 보여 준다. 프랑스의 메디치상을 받은 작품이다. 작가가 이런 고통의 작업에 몰입하고 있을 때 우리나라에서는 이념을 내세우며 그를 블랙리스트에 올리고 학교 도서목록에서 삭제했던 사건도 있었다. 한국문화의 글로벌 영향력이 확대되는 이 시점에서 크게 반성해야 할 일이다.

우리는 지난날 노벨평화상을 받은 김대중 전 대통령 이후 두 번째 노벨상 수상에 기뻐하며, 아시아 여성 최초로 노벨문학상 수상이라는 쾌거에 민족적 자긍심을 느낀다. 이것이 단순한 축하에 머물지 않고 인간존중과 사랑이라는 공동목표를 향해 한 걸음 더 나아가는 계기가 되기를 바란다. 인간의 존엄성과 죽음에 관한 심도 있는 메시지 속에서 소망을 보는 것이 그리스도인의 자세이다. 한국의 모든 성도와 함께 한강 작가의 노벨문학상 수상을 축하하며, 올해를 소망으로 마치게 하신 주님께 영광을 올린다.

내다보는 2025년

새로운 시대, 교회를 향한 변화 요구가 거세질 것이다.

한국교회의 선교 역사는 이제 140년을 헤아리게 되었다. 긴 역사의 흐름에 비교한다면 오랜 세월이라 할 수 없지만, 한국 근대사의 굴곡을 헤쳐 나온 발걸음의 무게는 민족의 가슴에 사무칠 만큼 깊고 진중했다. 일본 제국주의 통치, 남북 분단과 전쟁, 그리고 민주주의 확립에 이르기까지 긴 고난의 시간 동안 한국교회는 이 나라의 앞길에 선한 영향력을 발휘하면서 외적 성장을 이루었다. 환난을 이겨낸 믿음의 사람들에게 주시는 하나님의 은총이었다.

그러나 백 년을 넘긴 어느 시점부터 교회의 성장은 멈추었고 기독교인들은 사회적 신뢰를 상실하기 시작했다. 그 시점은 우리가 경제적 안정을 누리게 되었다는 자부심으로 물질만능주의가 팽배해졌을 때였으며, 그로 인한 이기적이고 배타적인 풍조로 인해 이른바 '편 가르기'가 극단화되던 시기였다. 안타깝게도 이 시대 한국교회는 대형교회 중심의 구도 아래 편향성이 강화되는 모습을 나타내며 공교회 정신을 잃고 말았다. 새로 회심하여 교회에 나오는 사람을 찾기 어려워졌고, 젊은 세대가 교회를 외면하는 현상이 일어났다.

세상을 밝히는 빛이 되지 못한 채 어두운 풍조에 싸인 한국교회는 이제 사회로부터 변화하라는 요구를 받게 되었다. 우리 사회가 새로운 시대를 표방할수록 이 요구는 더욱 거세질 것으로 보인다. 변화를 요청하는 내용은 복잡하지 않다. 교회가 공동체 정신을 회복함으로써 사회에 사랑을 전하고 공의를 실현해 달라는 것이 핵심이다. 한국의 그리스도인들은 이 요청을 '공교회주의 확립' 또는 '교회의 공공성 회복'이라는 의미로 받아들여야 한다.

한국교회 구성원 모두는 예수 그리스도 안에서 하나로 뭉친 형제요 자매이다. 그렇다면 사랑과 이해로써 서로 도우며 구원의 길을 걸어가야 한다. 하지만 교회 안에 가득한 것은 사랑이 아니라 독선과 아집이라는 지적이 있다. 무수히 많은 교단이나 교파, 또는 개교회의 노선에 따라 자기들만 옳고 다른 곳은 복음이 아니라는 주장이다. 물론 복음을 위장하여 교회에 파고든 이단들을 배격하는 것은 그리스도인의 당연한 의무에 속한다. 그러나 기독교 연합운동의 실천에 과도한 다툼을 보인다면 결과적으로 사회적 우려와 외면의 대상이 될 수밖에 없다.

지난 2024년 9월, 인천 송도에서 '제4차 로잔 대회'가 열렸다. 이는 50년 전 스위스 로잔(Lausanne)에서 빌리 그래함, 존 스토트 등이 주도하여 시작한 세계 복음 운동이다. 원래 복음주의를 표방한 국제회의인데, 개최지가 서구 중심에서 벗어나 마닐라, 케이프타운 등 아시아와 아프리카를 거치며 문화, 인종을 넘어선 세계교회를 지향한다는 점에서 한국 보수주의 단체들의 경계 대상이 되었다. 한국교회는 W.C.C.의 정체성을 놓고 대립하여 교단 분열의 명분으로 삼았을 만큼 연합운동에 민감한 특성이 있다. 따라서 이 대회도 복음 전도보다 사회적 책임을 더 강조하는 자유주의 신학으로 나아갈 여지가 있다는 주장이 퍼져 논란을 일으키기도 하였다.

복음의 역사가 더해갈수록 한국교회는 더욱 성숙해져야 한다. 개인의 영적 각성을 바탕으로 복음에 충실한 교회가 되는 한편, 공동체 정신을 회복함으로써 사회에 사랑을 실천하는 교회로 변화되지 않으면 안 된다. 영적, 사회적으로 건강한 교회가 되면 새 시대를 이루는 선한 영향력을 되찾을 수 있다. 한국의 모든 교회와 건전한 교단이 서로 협력하면서 교파의 벽을 뛰어넘는 연합운동을 이루는 새해가 되기를 바란다.

을사늑약 120년, 광복 80년의 의미를 새긴다.

새해는 을사년(乙巳年)이다. 역사를 돌아보는 한국인이라면 누구나 '을사늑약(乙巳勒約)'을 떠올리지 않을 수 없다. 대한제국 광무 9년인 1905년, 그 해가 을사년이었고, 11월 17일에 일본의 강압 아래 '을사늑약'이 체결되고 만다. 주요 내용은 일본 정부가 대한제국의 모든 외교 사무를 감리하고 경성에 통감부를 설치한다는 것이었다. 우리나라의 외교권을 완전히 박탈하려는 계획이었다. 이에 따라 이토 히로부미가 초대 통감으로 와서 한반도의 식민지화를 진행하게 된다. 고종 황제는 이 늑약에 재가하지 않고 원천 무효임을 해외에 호소하다가 2년 후 강제 퇴위를 당하였다. 이 통탄할 역사를 기억하게 하는 을사년이 120년 만에 다시 돌아왔다.

그러나 공교롭게도 우리나라는 지난해부터 심각한 역사관 논쟁에 휩싸여 있다. 윤석열정부는 처음부터 일본에 우호적인 입장을 숨기지 않은 채 대일 외교를 펼쳐 왔다. 최근에는 이른바 '뉴라이트' 입장에 동조하는 사람들이 주요 공직을 맡고 심지어 독립기념관장 자리까지 점유했다. 그들이 주장하는 바는 1948년에 대한민국이 건국되었으며 그 이전에 우리 민족은 일본의 국민이었다고 보는 것이다. 이런 역사관이 공공연히 날개를 달기 시작하더니 전쟁기념관 등지에 있던 독도 조형물들이 자취를 감추었다. 독도를 분쟁 지역으로 만들려는 일본의 의도에 반응한 것이라는 지적 앞에 우리 국민의 걱정은 더욱 커져만 간다.

올해의 광복절에는 어떤 상황이 펼쳐질까? 광복 80년을 맞는 우리에게 진정 필요한 것은 단순한 기념이 아니라 광복의 가치 실현이라는 점을 뼈저리게 새겨야 할 것이다. 이제 우리 국민은 민족의 정체성을 회복하고, 국가의 중요성과 독립운동가들의 희생을 기억하며, 하나님께서 내려주신 자유와 평화의 소중함을 거듭 일깨워야 한다. 특히 을사년의 고통을 반추하면서 역사 바로 세우기에 뜻을 모으는 민족적 다짐이 있어야 하겠다.

미국 선거 영향으로 세계의 정치가 격변한다.

세계의 정치 변화 판도를 읽기 위해 미국의 대통령 선거 추이를 살펴볼 필요가 있다. 그만큼 미국의 영향력은 우리나라를 포함한 세계 각국의 정치 경제 상황에 작용하고 있기 때문이다. 한미군사동맹을 맺고 있는 우리나라는 당장 주한 미군의 규모와 북한과의 관계 문제 등 국방 문제부터 무역이나 관세 같은 경제 분야에 이르기까지 밀접한 관련을 맺고 있다.

최근에 있던 미국 대통령 선거는 그 과정에서 드라마 같은 반전을 일으키며 세계인들의 눈길을 끌어모았다. 공화당의 후보로 일찍이 확정된 도널드 트럼프는 현 대통령 조 바이든과의 TV토론에서 우위를 점하더니, 7월 중순에 펜실베이니아 유세에서 암살 위기를 극적으로 벗어나며 당선 가능성을 높였다. 민주당의 반전 카드는 부통령 카멀라 해리스였다. 노쇠한 바이든이 후보를 사퇴하자 여성 흑인 아시아계로서 결집력이 강한 해리스가 등장하여 단숨에 선거의 균형추를 맞추어 놓았다.

해리스는 동맹국과의 연대를 중시하며 바이든 정부의 정책들을 계승 발전시킨다는 공약을 내걸었다. 다만 전쟁 종식을 위해 적극적으로 개입한다는 의지를 보여 바이든과의 차별화를 꾀했다. 반면 트럼프는 그의 상표처럼 된 '미국 우선주의(America First)'를 천명하고 중국에 대한 보복 관세, 해외 미군 감축 등의 정책을 발표했다. 우리나라로서는 북한 김정은과 여러 차례 회담을 가진 트럼프가 북미 간의 관계를 어떻게 취할까 하는 문제에 관심이 집중된 것은 당연한 일이다.

미국 대통령 선거일은 11월 5일이다. 본서의 발행일도 그 무렵이므로, 이 글을 읽으시는 독자들은 선거의 결과를 이미 알고 계실 것이다. 따라서 두 후보에 관한 비교는 생략하기로 한다. 선거에 승리하여 2025년 1월, 새로 취임하는 미국 대통령은 관례대로 성경에 손을 얹고 선서하게 된다. 그 선서대로 하나님의 의와 평화를 세상에 실현하기 위해 겸손히 노력하기를 바란다. 무엇보다도 두 개의 전쟁을 빨리 끝내야 하며, 한국을 비롯하여 군사적 대치가 계속되는 곳에 항구적 평화가 오도록 중재하는 역할을 충실히 이행해야 할 것이다. 세계의 정치 경제 상황이 안정적 방향으로 변화되는 해가 되기를 기도드린다.

2025년의 부활 주일을 기다린다.

새해에는 부활절 날짜가 4월 20일 주일이다. 다른 해와 비교하여 매우 늦은 편이다. 부활절은 325년 니케아 공의회에서 정한 바와 같이 '춘분 이후 만월 다음에 오는 첫 일요일'이므로 매년 날짜가 변한다. 양력과 음력이 결합한 계산법이지만, 전통적 서양 달력인 그레고리력에 기초를 두고 있어 날짜 계산에 미묘한 차이가 있다. 2025년의 춘분은 양력 3월 20일이다. 이날은 음력으로 2월 21일이고 이후에 오는 만월은 보름날인 음력 3월 15일, 곧 양력으로 4월 12일 토요일이 된다. 그렇다면 다음날인 4월 13일 주일이 부활절이 되는 것이 아닐까? 그러나 여기서 그레고리력은 만월의 시간이 동양과 차이가 있어 음력 3월 16일로 넘어간 것으로 본다. 따라서 만월은 양력으로 4월 13일이고, 다음에 오는 첫 일요일은 4월 20일이다. 이날이 올해의 부활 주일이다.

이렇게 복잡한 부활절 날짜 계산법은 동방정교회와도 마찰을 빚었다. 동방정교회가 사용하는 율리우스력은 체계와 전통이 달라 날짜의 차이가 더 크다. 그래서 부활절이 양력 5월로 넘어가 버리는 사례도 있었다. 이 문제를 해결하기 위해 동방정교회와 가톨릭교회가 상호 중요한 논의 항목으로 정했다는 소식이 들린다.

올해가 마침 니케아 공의회 1,700년 기념 주기이다. 니케아는 지금의 튀르키예에 있는 도시 이즈니크이다. 이곳에서 기독교 최초의 교류 협력을 위한 모임이 열렸었다. 소집한 주체는 로마 황제 콘스탄티누스 1세, 곧 기독교를 공인한 왕이었다. 이때 교회역사상 처음으로 교리를 통일하고 삼위일체론이 정리되는 성과를 얻었다. 그리고 앞에서 언급한 것처럼 부활절 날짜를 공식적으로 결정하였다. 니케아 이후 1,700년 만에 기독교의 3대 분파인 로마가톨릭, 동방정교회, 그리고 우리 개신교가 서로 만남을 갖고 부활 그리스도를 높이며 세계 복음화와 교회 일치에 새로운 길을 닦을 수 있기를 기대한다.

이 여름은 또 얼마나 더울 것인가?

"우리가 알던 여름이 아니다." 지난여름을 지내면서 더위에 지친 사람들이 고개를 절레절레 흔들며 되뇌던 말이다. 2024년에 한반도의 날씨가 4월부터 봄철 고온 현상을 보이더니 6월에 들어 평균기온 30도를 훌쩍 넘기고 말았다. 본격적인 여름에 들어서자 기상관측 이후 118년 만에 폭염과 열대야의 최장 기록을 경신하는 일이 일어났다. 역대급 폭염으로 최고 40도가 넘어가는 지역이 생겼고, 서울 열대야의 연속 일수가 무려 34일을 기록하였다. 9월에 들어선 후로도 높은 습도로 인해 체감온도는 여전히 열대야 수준의 밤 더위를 나타냈다. 참으로 견디기 어려운 여름이었다.

"다음에 오는 여름은 또 얼마나 더울 것인가?" 새해를 맞는 사람들의 걱정이다. 기후 위기의 두려움이 세상을 덮었다. 이는 비단 우리나라만의 문제가 아니다. 지구 온난화로 인하여 빙하가 녹고 해수면이 상승함으로써 대기 온도를 높인다는 것은 상식에 속한다. 이러한 기후 변화가 폭염을 빈번하고 또 강렬하게 발생하도록 만든다.

우리 그리스도인들은 이 두려움 앞에 그냥 앉아서 기도하고 있을 수만은 없다. 하나님의 창조 질서를 파괴하는 일들을 그치도록 하는 한편, 기후 변화에 대비한 공동의 노력에 나서야 한다. 이미 알고 있는 일이지만 온실가스 배출 줄이기를 생활화하고, 재생에너지의 적극 활용이 필요하다. 일상생활에서 음식물 쓰레기 줄이기, 실내 온도 적정 유지, 대중교통 이용, 일회용품 줄이고 자원을 재활용하는 일을 꾸준히 실천해야 한다. 화석연료가 아닌 태양, 바람, 강물 등 보충 가능한 자원에서 에너지를 얻도록 제도를 정비하는 데 관심을 두고 변화를 이끌어가는 그리스도인이 되어야 하겠다.

다가올 여름을 걱정만 하고 있지 말고 온난화를 최소화하는 방법이 무엇인지를 알아서 실천하는 일이 중요하다. 교회가 앞장서서 기후 변화에 대비하는 모습을 보이면 이 세상도 우리를 따라오게 될 것이다. 이 땅의 그리스도인, 한국의 모든 국민, 그리고 뜻있는 세계 여러 나라 사람들의 공동 노력으로 기후 위기를 극복하고 하나님께 감사드리는 시간이 오기를 바란다.

위기의 세상에 새로운 소망이 솟아난다,

이 시대의 회고와 전망을 밝히는 자리에서 우리가 함께 나눈 소식들은 대부분 유쾌한 것들이 아니었다. 정치 부재, 전쟁 염려, 인간성 실종의 현장 속에서 방황하는 모습들로 얼룩진 상태 그대로였다. 그리고 앞의 항목에서 언급한 바와 같이 기후 위기에 관한 두려움도 떨치지 못하고 있다. 과연 새롭게 다가오는 날에는 소망의 빛이 우리 앞길을 비출 수 있을까?

소망을 잃지 말아야 한다. 이 땅에 사는 지식인들, 하나님을 믿는 신앙인들, 그리고 이 시대의 고통을 온몸으로 받으면서도 그것을 이겨낸 의로운 사람들이 앞장서서 우리의 앞길을 밝혀야 한다. 그리하면 하나님께서 자비를 베푸셔서 이 나라와 민족 위에 귀한 언약을 이루어 주실 것이다. 구약성경의 에스라서를 떠올려 본다. 에스라는 학자이며 제사장이고 또한 포로 생활을 경험한 사람이었다. 그가 하나님의 성전 앞에 엎드려 울며 기도할 때 스가냐를 통해 위로의 약속을 받았다. 그 내용은 '우리가 우리 하나님께 범죄하였으나 이스라엘에게 아직도 소망이 있나니'(스 10:2 참고) 하는 말씀이었다.

이스라엘 사람 에스라는 학자로서 의로운 법을 가르쳤다. 그리고 신앙인으로서 주님의 교훈을 따랐다. 포로로 살 때의 괴로움을 잊지 않고 다른 사람을 사랑하며 배려하는 데 앞장섰다. 그는 국가 재건기 때 신앙 회복 운동을 이끈 지도자였다. 이 시대의 한국에도 에스라 같은 사람들이 있기에 아직도 소망이 있다. 죄를 회개하는 사람들을 다시 품으시는 주님의 사랑으로 인해 이 세상과 이 나라가 아직도 소망이 있음을 믿는다. 깨어 있는 그리스도인들이 모인 한국교회는 위기의 세상에 새로운 소망을 솟게 하는 한 줄기 빛이다.

a Handbook

for Preaching and Worship

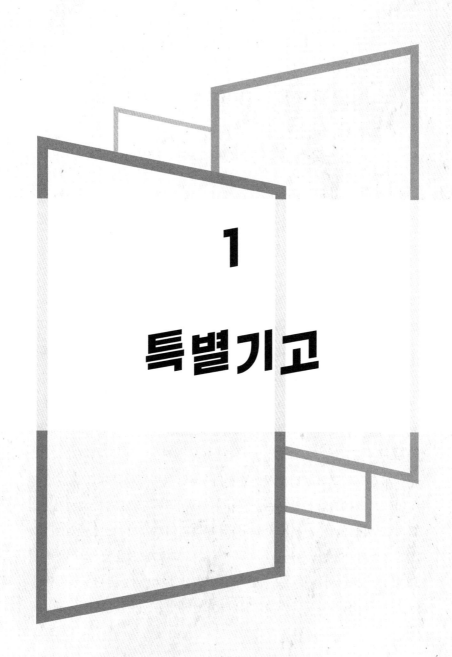

1

특별기고

복음적 설교, 어떻게 할 것인가?

신옥수 교수(장로회신학대학교 / 조직신학)

I. 들어가는 말

최근에 미국교회 교인들이 출석교회를 선택하는 이유 제1 순위가 목회자의 설교라는 설문 조사 결과가 나왔다. 한국교회의 상황도 크게 다르지 않다. 특히 말씀과 성례전을 교회의 표지로 삼는 개신교의 경우에, 목회자의 설교가 차지하는 비중은 아무리 강조해도 지나치지 않다. 그런데 정작 한국교회 강단에서 선포되는 설교는 성경에 충실하며 복음을 온전히 담아내고 있는가? 그리스도인에게 신앙과 삶의 동기를 부여하며 지속적인 동력을 제공하고 있는가? 예수 그리스도의 제자의 삶의 기준을 제시하고 신앙공동체의 삶을 변화시키는 열매를 낳고 있는가? 세상을 섬기고 하나님 나라를 이루어 가는 공동체의 비전을 새롭게 하는가? 이런 질문들을 제기하면서, 본고(本稿)는 복음적 설교의 의미와 성격을 살펴보고, 이를 토대로 복음적 설교의 실제적인 적용을 다루고자 한다. 더 나아가 한국교회의 건강한 설교의 바람직한 방향을 전망할 것이다.

II. 복음적 설교란 무엇인가?

1. 복음이란 무엇인가?

그리스도교는 복음에 기초하여 복음을 선포하며, 복음을 실현하는 종교이다. 그리스도교의 정경인 신구약 성경의 핵심은 바로 복음이다. 복음은 삼위일체 하나님이 인간과 세계를 사랑하심으로(요 3:16), 창조와 구속과 새 창조의 사역을 통하여 구원을 이루어 가신다는 것이다. 성경은 하나님과 인간 사이에 이루어지는 사랑에 근거한 구원의 드라마이다. 우리에게 계시된 진리이며, 생명이요 길이신(요 14:6) 예수 그리스도의 복음을 담고 있다.

성경은 삼위일체 하나님의 인격과 사역을 줄거리(plot)로 삼는 거대담론(meta narrative)이다.[1] 다양성과 통일성을 지닌 신구약 성경의 입체적이면서도 다차원적인 이야기는 하나님 나라의 지평에서 이해할 때 참된 의미가 드러난다. 즉 주님이신 하나님, 하나님 앞에서 그분의 사랑의 대상(partner)으로 살아가는 하나님의 백성, 그리고 하나님이 자신의 백성들과 맺는 관계 속에 놓여 있는 피조된 세계를 통합적으로 해석하는 것이 곧 하나님 나라 복음이다.[2] 하나님 나라는 성경 메시지의 종합적인 틀(frame)이요 배경(setting)이라고 할 수 있다.

그런데 하나님의 말씀은 삼중적 말씀(threefold Word of God)이다.[3] 칼 바르트(K. Barth)에 의하면, 첫째로 예수 그리스도는 계시된 말씀이며, 인간의 몸을 입고 이 땅에 오신 육화(肉化)된 말씀이다. 둘째로 성경은 기록된 말씀이다. 오실 예수 그리스도, 오신 예수 그리스도, 그리고 다시 오실 예수 그리스도에 대한 증

---

1 D. Migliorie, *Faith Seeking Understanding*, 신옥수·백충현 옮김, 『기독교 조직신학 개론』 개정 3판 (서울: 새물결플러스, 2016), 86-88.

2 그레엄 골즈워디, 『성경신학적 설교 어떻게 할 것인가』, 김재영 옮김 (서울: (사)한국성서유니온선교회, 2002), 147.

3 K. Barth, *Kirchliche Dogmatik*, 박순경 옮김, 『교회교의학』 I/1 (서울: 대한기독교서회, 2003), 126-165.

언으로서의 성경은 예수 그리스도 계시에 기초하고, 그에 의해 비판을 받아야 한다. 셋째로 설교는 선포된 말씀이다. 설교는 성경에 근거해야 하며, 성경에 의해 비판받아야 한다. 그러므로 설교는 예수 그리스도 계시를 바탕으로 하여 성경을 중심으로 선포되는 것이다. 즉 기록된 말씀 안에 계신, 말씀 그 자체이신 그리스도가 설교를 통해 세상에 구체적으로 선포된다.[4]

여기서 우리가 주목할 것은 삼중적 말씀이 지닌 두 가지 성격이다. 즉 예수 그리스도가 참 하나님(vere deus)이시면서 참 인간(vere homo)이듯, 성경도 신적 요소와 인간적 요소를 함께 지니고 있다는 점이다.[5] 성령에 의해 영감을 받아 인간 기자(記者)들에 의해 기록된 성경은 신언성과 인언성을 동시에 포함하고 있다. 마찬가지로 설교 또한 성령의 역사에 근거한 설교자의 선포로서, 신적 사역이면서 동시에 인간적 활동으로 구성된다. 바르트에 의하면 설교는 인간의 말이지만, 설교자를 통해서 하나님의 말씀이 선포될 때 하나님의 말씀이다.[6] 따라서 설교자는 강단에 오를 때, 성경을 손에 들고 성령과 함께 올라가야 한다. 여기서 중요한 것이 바로 설교자와 청중의 기도이다. 이런 의미에서 설교는 '성령이 이끄는(led by the Holy Spirit)' 설교일 수밖에 없다.[7]

2. 복음적 설교란 무엇인가?

1) 복음적 설교의 정의

설교의 유형은 매우 다양하다. 오늘날 주로 활용되는 설교의 유형을 살펴보면, 본문 설교, 강해 설교, 주제 설교, 대지 설교, 분석 설교, 이야기 설교, 교리

---

4 위의 책, 155, 166; 다니엘 밀리오리, 『기독교 조직신학개론』, 107-108.

5 K. Barth, *Kirchliche Dogmatik*, 신준호 옮김, 『교회교의학』 I/2 (서울: 대한기독교서회, 2010), 563-661.

6 K. Barth, 『교회교의학』 I/1, 85, 133-134.

7 그렉 하이슬러, 『성령이 이끄는 설교』, 홍성철·오태용 옮김 (서울: 베다니 출판사, 2008), 32-37.

설교, 네 페이지 설교, 이미지 설교, 귀납적 설교, 심리 치료적 설교, 문제 해결(problem-solution) 설교, "어떻게(How to)" 설교 등이 있다.[8] 이런 설교 유형들은 나름대로 고유한 장점과 한계를 갖고 있다. 그렇다면 왜 굳이 복음적 설교인가? 복음적 설교는 다른 설교 유형들과 비교해서 어떤 특성을 보여 주는가?

복음적 설교는 성경적 설교이다.[9] 성경적 설교는 항상 복음과 그 복음에 담겨 있는 의미를 해명하는 것이다. 성경적 관점에 충실하려면, 모든 설교는 복음적 설교이어야 한다.[10] 그런데 복음적 설교는 하나님을 사랑하고 이웃을 사랑하도록 인도하는 설교이다. 아우구스티누스(St. Augustinus)는 성경을 해석하는 가장 좋은 방법이 사랑의 원리에 따르는 것이라고 주장한다. "그러므로 누구든지 하나님의 말씀을 이해하기 위해서는 … 하나님과 이웃에 대한 이중적인 사랑을 견고히 하지 않고서는 결코 그것을 이해할 수 없다."[11] 복음의 핵심인 사랑의 메시지가 다양하고 입체적으로 선포될 때, 성령의 능력이 나타나며 사랑의 열매가 맺어진다. 사랑의 영(요일 4:8, 16)이신 성령은 교회가 하나님 자신의 말씀과 행동에 토대를 두고 자신에 대해 말하도록 하신다. 이런 의미에서 모든 그리스도교적 설교는 성경적인 설교이며, 동시에 복음적 설교가 되어야 한다.

2) 복음적 설교의 내용

그렇다면 복음적 설교의 내용은 무엇인가? 복음적 설교는 어떻게 구성되는가?

---

8 윌리엄 칼 3세, 『감동을 주는 교리 설교』, 김세광 옮김 (분당: 도서출판 새세대, 2011), 13-14; 켄트 앤더슨, 『설교자의 선택』, 이웅조 옮김 (서울: (사)한국성서유니온선교회, 2008), 165-326.

9 토마스 G. 롱, 『증언하는 설교』, 이우제·황의무 옮김 (서울: 기독교문서선교회, 2007), 83-89; 앨버트 몰러, 『말씀하시는 하나님』, 김병하 옮김 (서울: 부흥과개혁사, 2010), 62.

10 그레엄 골즈워디, 『성경신학적 설교 어떻게 할 것인가』, 160.

11 Augustine, *On Christian Doctrine* I. 36.40. 토마스 G. 롱, 『증언하는 설교』, 48에서 재인용.

(1) 살아 계신 하나님에 대한 인격적 이해와 경험에 대한 선포

설교는 삼위일체 하나님에 대한 이해와 경험을 선포하는 것이다. 이는 단지 하나님에 관한 지식(knowledge)이 아니라 하나님과 인격적 만남(personal encounter)에 근거한다.[12] 설교자는 살아계신 하나님과 생생한 인격적 교제를 통해서 성경이 단지 죽어 있는 문자가 아닌, 살아 있는 말씀(living Word)이 '되는(werden)' 사건을 경험해야 한다. 이는 성령 안에서, 하나님과 가장 친밀하고 성숙한 인격적 관계를 누리는 것이 선행될 때 가능하다.[13] 바로 지금 여기서, 마치 하나님의 얼굴을 뵙고, 그분의 음성을 듣는 체험이 필요하다. 그래서 하나님께서 구체적으로 자신에게 말씀하시도록 설교자는 간구하지 않을 수 없다. 성경이 말하는 곳에서 하나님이 말씀하신다. 실제로 설교는 하나님이 자신에 대해 말씀하신 것을 증언하는 것이다.[14] 하나님이 말씀하시기 때문에 우리는 설교한다. 먼저 하나님의 말씀을 듣지 않은 채 우리는 강단에 오를 수 없다.[15]

그러므로 삼위일체 하나님의 이야기인 성경을 통전적으로 이해하는 게 필요하다. 신학적 통찰과 분별을 통해서 하나님에 대한 다양한 오해를 교정하고, 부분적이고 단편적인 하나님 이해에서 전체적이고 온전한 하나님 이해로 나아가도록 청중을 돕는 게 바로 복음적 설교이다. 여기서 핵심적인 것은 하나님의 말씀을 경청하고 묵상하며 순종하는 해석학적 순환(hermeneutical circle) 작업이다. 실제로 하나님 이해는 관계적이고 인격적이며 체험적이다. 종말론적 지평에서 볼 때, 잠정적(tentative)이며 과정적인(becoming) 성격을 지닌다. 그러므로 설교

---

12   Paul Scott Wilson, *The Practice of Preaching* (Nashville: Abingdon, 1995), 20.

13   켄트 에드워즈, 『깊은 설교』, 조성현 옮김 (서울: 기독교문서선교회, 2012), 101-104.

14   앨버트 몰러, 『말씀하시는 하나님』, 61.

15   간혹 성경보다도 신앙 서적 등을 읽고 그 내용을 전달하는 설교자들이 눈에 띈다. 그런데 그 설교를 들을 때는 귓가를 울리는 아름다운 소리처럼 들리지만, 결국에는 설교자 자신이 아닌 남이 만난 하나님을 소개하는 것이기에, 청중에게 감동을 주지 못하고 삶의 변화를 낳지 못하는 경우가 많다. 설교자가 직접 만난 하나님을 이야기해야 한다. 그때 설교의 생명력이 살아나고 청중에게 감동과 변화를 줄 수 있다.

자는 하나님과 지속적인 만남을 통하여 하나님 이해의 변화와 성숙이 이루어져야 한다. 설교자가 자신이 하나님을 온전히 파악했다거나, 자신의 체험이 전부인 것같이 과대 포장하거나, 고정된 하나님 이해에 멈추는 것은 바람직하지 않다. 복음적 설교를 위해서는 설교자의 겸손과 인내와 순종이 필수적이다.

무엇보다도 설교는 하나님과 청중의 만남의 사건이다. 설교자가 먼저 하나님과 만남의 경험 없이 강단에 설 수 없다. 설교는 지금 이곳에 임재하시어 역사하기를 원하시는 하나님과 청중을 연결하는 현재형 사건이다.[16] 하나님은 말씀하셨다(Deus dixit). 그리고 하나님은 우리에게 자신에 대해 말하라고 명령하신다. 성경은 살아 있고, 그 안에서 우리는 하나님을 만나게 된다. 그러므로 복음적 설교는 삼위일체 하나님의 주권(lordship)에 토대를 둔 진리를 담대하게 선포하는 것이다.[17] 하나님을 주님으로 섬기는 설교자의 통전적인 하나님 이해와 생생한 체험이 복음적 설교의 모체요 자양분이다.

(2) 예수 그리스도의 인격 및 사역에 대한 증언

무엇이 복음인가? 이 땅에서 살고 죽었으며 부활하신 예수님에 관한 메시지다. 그러므로 설교의 최우선 과제는 예수 그리스도의 복음을 전하는 것이다. 즉 설교는 "예수 그리스도의 복음에 대한 성경적 증언과 그 복음을 교리적으로[체계적으로] 명료화하는 작업"[18]이다. 구체적으로 살펴보면, **우리를 위한** 그리스도의 사역으로서의 복음, **우리 안에 계신** 그리스도의 인격으로서의 복음의 열매, 그리고 **우리와 함께** 계신 그리스도의 사역으로서의 복음의 완성에 관한 증언이다.[19] 신구약 성경을 통틀어 예수 그리스도의 인격과 사역의 내용을 찾아내고 살펴봄으로써, 설교는 다양하고 풍성하며 입체적으로 구성될 수 있다. 마

---

16 켄트 앤더슨, 『설교자의 선택』, 46,
17 앨버트 몰러, 『말씀하시는 하나님』, 61.
18 윌리엄 칼 3세, 『감동을 주는 교리 설교』, 20.
19 그레엄 골즈워디, 『성경신학적 설교 어떻게 할 것인가』, 156-159.

치 예수 그리스도의 제자와 사도처럼, 우리는 실제로 예수 그리스도의 사역 현장을 직접 목격하듯이, 그리고 예수 그리스도의 말씀을 생생하게 귀로 듣는 모습을 그려내야 한다. 살과 피를 지니신 나사렛 출신 유대인 예수 그리스도의 다채로운 삶의 모습과 함께, 말씀선포, 치유, 축사 등 하나님 나라를 선취적인 (anticipatory) 방식으로 구원 사역을 이루신 그리스도에 관하여 성경이 선명하게 증언하고 있기에, 언제나 우리의 판단 기준은 나사렛 예수이다.[20] 복음적 설교의 목적은 그리스도의 복음을 충실하게 증언하는 것이다.

(3) 성령님과의 동역(partnership)

성경의 저자이자 해석자인 성령은 말씀을 조명하고, 해석하며, 적용할 수 있도록 인도하신다.[21] 하나님의 선한 뜻을 분별하고, 하나님 나라의 원리를 이해하며, 구체적인 상황 속에서 적용할 수 있게끔 도와주신다. 복음적 설교는 성령과 설교자가 손을 맞잡고 사역하는 것이다. 그리하여 싱클레어 퍼거슨(Sinclair B. Ferguson)은 "선포되는 메시지와 성령이 스스로 그 설교자로 옷 입는 방법 사이에 일종의 조화로움이 있다"[22]고 역설한다. 성령은 진리의 영(요 16:13)으로, 그리스도 안에 계시된 삼위일체 하나님의 존재와 활동을 깨닫고 이해하며 믿게 하는 능력을 우리에게 제공하신다. 동시에 성령은 사랑의 영(요일 4:7, 16)으로, 하나님의 사랑을 깨닫고 감화된 우리가 건강한 자기 사랑을 힘입어 구체적인 이웃 사랑의 열매를 맺도록 사랑의 능력을 주신다. 성령은 소망의 영(롬 15:13)으로, 하나님 나라의 비전을 새롭게 하고, 삶의 방향을 제시하며, 종말론적 희망을 품도록 인도하신다. 그리고 성령은 치유의 능력, 화해의 능력, 위로와 희망의 능력(살후 2:16-17; 고후 1:3)으로 역사하사, 성도와 함께 구원을 이루어 가신다. 그러기에 설교자는

---

20   위의 책, 20.

21   신옥수, 『이토록 따스한 성령님』 (서울: WPA, 2023), 55-65; 앨버트 몰러, 『말씀하시는 하나님』, 67-68; 켄트 에드워즈, 『깊은 설교』, 158-167.

22   싱클레어 퍼거슨, 『성령』, 김재성 옮김 (서울: IVP, 1999), 273.

이러한 성령님과의 동역을 꿈꾸며 실제로 협업(cooperation)을 이루어 가야 한다.

동시에 하나님의 말씀을 듣기 위해서 청중 역시 성령에 의지해야만 한다. 청중이 깨달음을 얻게 되는 것은, 실제로 성령의 내적 증거와 권능을 통해서이기 때문이다.[23] 그러므로 설교의 자리는 성령의 역사와 설교자의 능력, 그리고 청중의 거룩한 기대가 함께 작용하는 자리다. 설교를 준비하는 모든 과정에서, 말씀을 선포할 때도, 말씀이 선포된 이후에도 성령이 역사하신다는 사실을 설교자와 청중 모두 명심해야 한다. 마틴 로이드 존스(D. Martin Lloyd-Jones)는 이렇게 역설한다. "성령님을 항상 찾도록 하라. … 성령님을 기대하라. … 이런 권능을 기대하라. 이런 권능을 갈망하라. 그리고 그 권능이 임했을 때, 성령님께 복종하라."[24] 이렇게 복음적 설교는 성령 안에서, 성령의 인도함을 받는 설교이며, 성령의 능력을 덧입는 설교이다.[25]

(4) 사랑의 파트너로서 인간의 인격적 응답(순종)에 대한 호소

하나님은 인간을 사랑의 파트너로 창조하시고, 사랑의 관계를 유지하시며, 그들이 건강하고 행복한 삶을 살기를 원하신다. 그리고 인간에게 사랑과 자유의 성품을 허락하셔서, 하나님에게 인격적 응답을 할 수 있도록 하셨다. 하나님의 뜻을 물어보고, 하나님의 말씀을 의지하며, 하나님의 명령에 순종하는 삶을 살아가도록 하신 것이다.[26] 그렇기에 복음적 설교는 하나님을 향한 사랑으로 말미암은 인간의 자유로운 응답을 요청한다. 복음적 설교는 하나님이 일방적으로 명령하시는 것이 아니라, 사랑의 파트너인 인간에게 베푸시는 사랑의 위로, 권

23   앨버트 몰러, 『말씀하시는 하나님』, 68.

24   D. Martin Lloyd-Jones, *Preaching & Preachers* (Grand Rapids, MI: Zondervan, 1971), 325.

25   "복음은 연약한 인간을 통해서 선포되지만, 성령의 강력한 역사가 동반됨으로써 하나님과 인간의 만남을 통해서 삶이 변화된다." Gordon D. Fee, *God's Empowering Presence* (Peabody, MA: Hendrickson and Carlisle: Patemoster, 1994), 97.

26   신옥수, 『나의 하나님은 슈퍼 울트라 '을'』(서울: WPA, 2023), 223-225.

면, 배려, 조언, 권고를 포함한다. 그리하여 강요하고 협박하는 게 아니라, 위로하고 설득하며, 비전을 주고, 회개하게 한다. 여기서 우리는 그 어떤 성경 본문도 하나님의 행동과 인간의 응답이 불균형인 채로 있지 않다는 사실에 유의할 필요가 있다.[27] 하나님과 인간이 서로 손을 맞잡고 일하는 구원 사역에서, 하나님의 은혜가 언제나 선행적(initiative)이며 인간의 행동이 협력적(cooperative)이라는 사실을 잊어서는 안 된다. 이런 의미에서 하나님의 뜻과 인간의 책임 있는 응답을 함께 그려내는 설교가 복음적 설교이다. 모든 하나님의 말씀에 대한 인간의 응답은 '아멘(Amen)'이어야 한다. 복음에 대해서 순종하는 인간의 응답을 호소하는 설교가 곧 효력 있는(effective) 복음적 설교이다.

III. 복음적 설교의 적용

1. 신구약 성경을 관통하는 설교를 하라.

우리는 "성경은 성경으로 해석한다"라는 명제를 명심해야 한다. 구약 안에 신약의 그림자가 숨겨져 있고, 신약은 구약에 복음의 빛을 비추어 성경 전체를 조망하게 한다.[28] 그러므로 특정 본문을 해석하는 데 있어서 구원사적인 배경을 파악해야 한다. 복음적 설교는 철저히 구원사적인 맥락에서 이루어진다. 그 어떤 본문도 결단코 홀로 존재하지 않는다. 가까운 이웃 본문의 맥락만이 아니라, 성경 전체를 꿰뚫는 구원사의 맥락에서 본문을 해석해야 한다. 즉 특정 본문이 구원사의 어느 지점에 놓여 있는지, 무슨 의미를 지니는지에 대해서 선명한 그림을 보여 주어야 한다.

---

27   윌리엄 칼 3세, 『감동을 주는 교리 설교』, 71-72.

28   싱클레어 퍼거슨, 『성령』, 34. "구약 속에 신약이 감춰져 있고 신약 속에서 구약이 밝혀진다." Augustine, *Questiones in Heptateuchum*, 2.73.

그러나 우리는 적지 않은 설교자들이 너무나 작은 본문들을 읽고, 그 본문을 청중의 삶에 너무나 작은 방법으로 적용하고 있는 현실을 주목해야 한다고 앨버트 몰러(R. Albert Mohler, Jr.)는 주장한다. 그러다 보니 우리의 설교를 성경 본문의 하나의 작은 본문에 고립시키는 경향이 있다는 견해이다.[29] 그러나 몰러는 "우리가 설교하는 모든 본문을 성경의 웅대하고 전 영역을 망라하는 이야기 속에 굳건하게 위치하도록 해야 한다"[30]라고 역설한다. 우리가 설교할 때, 청중이 구원사의 시작과 중간과 끝인 창조와 타락과 구속 그리고 종말을 알도록 도울 수 있어야 한다는 말이다. 그럴 때, 그들이 누구인지, 어디로 가고 있는지를 보여줄 수 있다. 몰러에 의하면, "그래야 그들의 작은 이야기들을 하나님의 거대 담론에 융합하도록 그들을 돕게 될 것이다."[31]

그러므로 신약 본문 설교에서도 우리는 구약의 본문을 다룰 수 있다. 구약 본문을 설교할 때도 신약의 내용이 포함될 수 있다. 설교자는 구약과 신약 사이를 자유롭게 왕래할 수 있어야 한다. 그리고 실제로 사용되는 예화도 굳이 성경 밖에서 찾지 않고, 신구약 성경 안에서 충분히 활용할 수 있다. 구약은 신약 본문 설교의 좋은 예화가 될 수 있으며, 마찬가지로 신약 역시 구약 본문 설교의 살아 있는 예화로 활용될 수 있어야 한다. 이렇게 복음적 설교는 신구약 성경을 관통하는 설교를 지향한다.

2. 삼위일체적 설교를 하라.

복음적 설교의 토대는 삼위일체 하나님이다. 즉 모든 설교의 원천은 삼위일체 하나님이다.[32] 그러므로 삼위일체 하나님을 또렷이 드러내는 설교를 해야 한

---

29 앨버트 몰러, 『말씀하시는 하나님』, 133.

30 위의 책, 134.

31 위의 책, 152.

32 존 스토트, 『설교자란 무엇인가』, 채경락 옮김 (서울: 한국기독학생회출판부, 2010), 188; 앨버트 몰러, 『말씀하시는 하나님』, 59.

다. 우리는 성경 안에 나타난 삼위일체 하나님의 세 인격의 구별성과 통일성을 명확히 이해해야 한다. 창조, 구속, 성화의 모든 과정을 이루어 가시며, 세계와 우주의 주님 되시는 하나님의 주권을 보여 주는 설교의 형식은 철저히 삼위일체적이다. 설교는 말씀하시는 하나님, 구원하시는 하나님, 그리고 조명해 주시는 성령님에 대한 증언을 담아야 한다.[33] 그런 의미에서 신구약 성경에 나타난 삼위일체 하나님의 모습을 체계적으로 이해하는 것이 필요하다.

설교의 토대와 목표 및 설교의 영광은 삼위일체 하나님에 그 뿌리를 두고 있다.[34] 설교자는 성경 안에 나타난 삼위일체적 구조와 형식, 삼위일체적 내용을 온전히 파악하는 것이 우선이다. 성경은 삼위일체 하나님 이야기이기 때문이다. 설교 역시 삼위일체적 구조와 형식 및 내용으로 구성되어야 한다. 그 어떤 본문이라도 삼위일체 하나님의 모습을 표현해낼 수 있어야 한다. 즉 하나님, 예수님, 성령님의 인격과 사역의 모습이 분명히 드러나야 한다. 그뿐 아니라 설교할 때, "하나님은 우리에게 기대하십니다", "예수님께서 여러분과 함께하실 것입니다", "성령님께서 우리를 도와주실 수 있습니다"라고 명시적으로 삼위일체 하나님을 구분하여 표현하도록 해야 한다.

설교는 삼위일체 하나님께 올려 드리는 송영(doxology)이다.[35] 설교자는 말씀 선포자이기 전에 먼저 예배드리는 자세로 강단에 서야 한다. 설교는 삼위일체 하나님을 높여 드리는 예배요 찬양이며 감사의 삶의 방식이라고 할 수 있다. 성령과 진리 안에서 드리는 참된 예배자로서, 설교자는 회중공동체를 이끌어가는 예배 인도자의 역할을 감당해야 한다. 그래서 삼위일체적 기원, 삼위일체적 찬송, 삼위일체적 기도, 삼위일체적 설교, 삼위일체적 축도로 구성된 삼위일체적 예배가 드려짐으로써, 설교자와 청중이 함께 삼위일체 하나님 이해와 체험을 누리는 신앙공동체가 될 수 있다. 그 역동성을 힘입어 비로소 삼위일체적 선교

---

33   앨버트 몰러, 『말씀하시는 하나님』, 60.

34   위의 책.

35   위의 책, 72.

의 자리로 나아가게 된다.

3. 하나님의 성품과 사역을 온전하게 드러내라.

우리는 성경 본문에서 먼저 하나님을 찾아야 한다. 하나님의 마음, 성품, 의
도, 계획, 가치관, 행동, 태도를 찾는 것이다. 모든 사건, 인물, 배경, 의미, 과정,
결과 등을 살필 때, 반드시 하나님의 다양한 성품을 이해하는 게 중요하다. 하
나님의 은혜와 거룩, 자비와 공의, 지혜와 인내, 진노와 연민, 자유와 사랑, 영
원과 전능 등 하나님의 성품의 다양성과 통일성을 함께 이해함으로써, 하나님에
대한 오해와 왜곡, 편견과 불신에서 벗어날 수 있게 된다. 무엇보다도 하나님의
신실하심(faithfulness of God)에 대한 이해와 선포가 핵심 메시지여야 한다. 본문
에 숨겨진 하나님의 사랑의 선한 의도와 책임 있는 행동, 하나님의 자녀에게 베
푸시는 온갖 다양한 은사와 능력을 발견하고 해석해내는 작업이 요청된다.

하나님의 성품은 서로 갈등하거나 대립하여 충돌하지 않는다. 하나님은 사
랑이시며(요일 4:8), 하나님은 사랑하신다(요 3:16; 요일 4:9-11). 그러기에 하나님의
진노 뒤에 담긴 긍휼, 하나님의 형벌에 포함된 하나님의 자비, 하나님의 채찍의
끝에 숨어 있는 연민을 찾아내어 섬세하게 설명해 주는 게 필요하다. 구원의 역
사와 사건 속에 들어 있는 하나님의 선하신 교훈과 의로운 안내, 세심한 지도와
지혜로운 조언들을 파악하고 드러내야 한다.

설교자는 본문 배후에 있는 하나님의 사랑을 볼 수 있어야 한다. 문자에 숨겨
진 하나님의 긍휼을 보여 주어야 한다. 사건 속에 담긴 하나님의 정의와 사랑
사이의 균형을 잡도록 애써야 한다. 하나님께서 자기 백성에 대한 진노와 형벌
의 시간에도 여전히 인내하시는 사랑을 베풀고 계심을 의식해야 한다. 그래서
크고 넓으신 하나님의 사랑의 그림을 보여줄 때, 청중은 참된 자유를 경험하며
안식을 누리게 된다. 자신이 하나님의 사랑 이야기의 주인공임을 깨달을 때, 변
함없는 사랑에 의지하여 세상을 이길 힘을 얻게 된다.

그러므로 하나님에 대한 각종 오해와 편견에서 벗어나도록 도와주는 것이 복

음적 설교이다. 설교자는 그저 단지 문자를 해석하는 것이 아니다. 설교자가 먼저 하나님의 마음과 닿아야 하고, 그 하나님의 마음을 청중에게 펼쳐 보여 주어야 한다. 하나님의 사랑의 숨결을 따라, 하나님의 온전한 성품을 오롯이 드러내는 설교가 복음적 설교이다. 살아 계신 하나님, 주님이신 하나님, 좋으신 하나님, 사랑과 정의의 하나님, 신실하신 하나님, 말씀하시는 하나님, 행동하시는 하나님을 설교 속에서 충실하게 선포하는 게 복음적 설교이다.

4. 예수 그리스도 중심적 설교를 하라.

복음은 성경 해석의 열쇠이다. 그러므로 우리가 설교할 때, 그 어떤 본문이어도 그것을 예수 그리스도의 인격과 사역에 연결해야 한다. 그리스도를 언급하지 않고서는 성경의 어떤 부분도 바르게 해석될 수 없다.[36] 예수 그리스도의 지상의 삶과 십자가와 부활이 기준과 초점이 되어 본문을 꿰뚫어야 한다. 즉 구약과 신약 모두에서 예수 그리스도를 전해야 한다. 앨버트 몰러는 다음과 같이 역설한다.

> 우리가 각 본문이 가지고 있는 직접적인 의미를 전할 때조차도 우리는 예수 그리스도 안에서 그 의미의 성취를 보여 주어야 한다. 이런 일이 있을 때, 우리의 회중은 하나님이 이루시는 구속 사역의 전체적인 놀라운 광경을 보기 시작할 것이다. 그들은 그 구속 사역의 구성 요소들과 어떻게 그 요소들이 서로 맞아 들어가게 되는지를 이해하게 된다. 정말로 회중은 복음을 구성하고 있는 다차원의 영광을 이해하게 된다. 그 비밀이 초점을 맞추게 되는 것이다."[37]

설교를 구성할 때, 설교자는 예수님을 늘 의식해야 한다. 성령의 조명하심을

---

36 그레엄 골즈워디, 『성경신학적 설교 어떻게 할 것인가』, 146. "모든 주제는 그리스도에게 이른다", 위의 책, 187.
37 앨버트 몰러, 『말씀하시는 하나님』, 126.

힘입어, 예수 그리스도에게로 나아가야 한다. 즉 예수 그리스도에 대한 믿음을 토대로, 성경에 있는 모든 본문이 가리키는 예수 그리스도를 서술해야 한다.[38] 십자가와 부활 사건의 의미를 해석하고, 고난과 영광의 그리스도를 묘사하며, 예수 그리스도의 삶과 사역의 핵심인 긍휼을 기준으로 본문의 의미를 풀어내야 한다. 몰러의 주장에 따르면, "우리의 설교의 목적은 예수 그리스도의 복음에 신실해지는 것이다."[39]

5. 하나님의 은혜와 인간의 행동/하나님의 뜻과 인간의 순종/하나님의 주권과 인간의 자유를 함께 강조하라.

이 둘 사이에서 역동적 현실성(dynamic actuality)의 균형 잡기를 시도해야 한다. 설교는 일방적이어서는 안 된다. 즉 성경 본문에 담긴 하나님의 은혜와 인간의 행동, 하나님의 사랑과 인간의 응답, 하나님의 주권과 인간의 자유 및 책임을 함께 강조하는 것이 옳다. 선행(先行)하는 하나님의 은혜 못지않게 중요한 것은, 바로 인간의 응답과 행동이다. 모든 게 다 하나님의 뜻이라고 설명해서는 안 된다. 무슨 일이든지 하나님의 섭리라고 몰아가서도 안 된다. 또는 모든 일이 다 인간의 행동과 선택의 결과라고 단순화해서도 안 된다. 언제나 하나님은 인간과 손을 맞잡고 일하신다. 성경 본문에는 한결같이 하나님과 인간의 모습이 함께 들어 있다. 그래서 우리는 눈을 크게 뜨고 깊이 살펴보아 하나님과 인간의 모습을 함께 들여다보아야 한다. 이를 위해서 온전한 하나님 이해와 다양한 인간의 실존 이해가 필요하다.

여기서 하나님의 섭리 방식, 즉 동행 혹은 협력, 인도 혹은 통치를 바르

---

38 골즈워디는 구약 본문과 그리스도를 연결하는 방식이 너무 지루하고 뻔하다고 느끼게 하는 것은 설교자의 명백한 잘못이라고 지적한다. 그레엄 골즈워디, 『성경신학적 설교 어떻게 할 것인가』, 16.

39 앨버트 몰러, 『말씀하시는 하나님』, 67.

게 이해하는 것이 중요하다.[40] 인도에 있어서도 하나님께서 허락(permission)하시거나 방해(disturbance)하시거나 방향(direction)을 지시하시거나 때로 결정(determination)적으로 인도하시는 네 가지 방식을 이해하면, 성경 본문의 의미가 명확하게 드러나게 된다. 마찬가지로 인간의 실수와 시행착오, 배신과 반역, 거절과 불순종, 범죄와 불의를 포함하여, 순종과 인내, 감사와 찬양, 믿음과 사랑과 소망 등 다양한 응답을 펼쳐 보이는 것이 필요하다. 그러므로 구원의 드라마의 두 주인공 하나님과 인간의 모습을 철저히 부각하여 드러내는 설교가 복음적 설교이다. 무엇보다도 하나님의 주권에 대한 인간의 순종 혹은 불순종, 하나님의 은혜에 대한 인간의 긍정적/부정적 응답, 하나님의 사랑에 대한 인간의 자유와 책임의 모습과 성격을 충실하게 드러냄으로써, 설교는 청중의 적절한 반응을 불러일으킬 수 있다. 설교를 통해서 하나님의 주권을 인정하고, 삶의 우선순위를 조정하며, 삶의 방향을 전환하는 일은 하나님의 섭리 아래 놓여 있는 청중의 현주소를 자각하게 함으로써, 신자 개인과 신앙공동체의 회개와 변화를 낳는 동력이 된다.

6. 하나님의 은혜를 드러내며, 하나님 중심적 적용을 하라.

하나님의 선행적 사역을 먼저 찾는 게 복음적 설교의 핵심이다. 하나님의 말씀은 심판과 은혜라는 두 가지 모습으로 우리에게 다가온다. 마틴 루터(M. Luther)는 '율법과 복음(law and gospel)' 도식으로 설명하지만, 장 칼뱅(J. Calvin)은 '복음과 율법(gospel and law)'의 도식으로 성경을 해석한다. 복음적 설교자는 후자를 따라야 한다. 실제로 "복음 없는 권면들은 율법주의적이다.[41] 우리는 복음과 율법의 변증법을 활용해야 한다. 간혹 설교를 도덕과 율법으로 가득 채우

---

40   신옥수, "하나님은 어떻게 우리를 다스리고 돌보시는가?", 『평신도를 위한 알기 쉬운 교리』 (서울: 도서출판 하늘향, 2017), 66-71.

41   그레엄 골즈워디, 『성경신학적 설교 어떻게 할 것인가』, 191.

는 사례가 있다. 그러나 복음적 설교는 하나님의 은혜를 더욱 드러내는 설교이다. 직설법이 명령법보다 앞서며, 교리가 실천이나 윤리보다 우선적이다. 믿음이 행동에 앞서며, 복음이 율법에 선행한다. 그러기에 "~해야만 합니다(must, should)"라는 표현보다 "~할 수 있습니다(can, be able to)"라는 표현을 사용하는 게 더 좋다.[42] 우리가 해야 할 과제(Aufgabe)보다 하나님께서 우리에게 베풀어주신 것들(Gabe)에 관해 선포하는 게 우선이다.

따라서 하나님의 행동과 은혜에 초점을 맞추는 설교가 복음적 설교이다. 이런 의미에서, '인간의 행동'에 대한 선언을 '하나님의 행동'에 대한 선언으로 바꾸어야 한다고 폴 스콧 윌슨(Paul Scott Wilson)은 강조한다.[43] 도덕적 호소나 윤리적 결단이나 제자도의 실천에 대한 요청에 앞서, 하나님의 사랑과 은혜의 행동에 대한 선포가 필수적이다. 이런 맥락에서 "설교자는 율법의 짐에 눌리고, 삶의 어려움에 눌린 자들에게 예수 그리스도의 복음을 전한다"[44]라고 윌리엄 칼 3세는 주장한다.

실제로 설교에서 심판, 경고, 책망 등을 적게 언급하는 대신에, 축복, 위로, 격려, 소망을 더 많이 말하는 게 좋다. 윌슨에 따르면, "회중은 하나님의 자녀들이다. 자녀들은 교화의 과정에서 인정과 격려를 필요로 한다."[45] 사실 먼저 하나님의 사랑에 감동하고 하나님의 은혜에 감사하는 마음으로부터 비로소 자발적인 행동과 자원하는 순종이 뒤따르게 된다. 설교자는 단지 삶의 문제 해결의 방식을 제공하는 데 주력하는 게 아니라, 하나님의 뜻과 소원 및 기대를 펼쳐 보임으로써 청중이 스스로 자기의 생각과 행동과 삶의 태도의 문제를 발견하고 교정하게 되며, 새로운 삶의 비전을 보게 되도록 한다. 진정한 회개와 삶의 변

---

42 폴 스콧 윌슨, 『네 페이지 설교』, 주승중 옮김 (서울: 예배와 설교 아카데미, 2006), 34, 198-199, 204, 207; 리차드 에스링거, 『설교 그물짜기』, 주승중 옮김 (서울: 예배와 설교 아카데미, 2008), 318, 321.

43 폴 스콧 윌슨, 『네 페이지 설교』, 215; 리차드 에스링거, 『설교 그물짜기』, 324.

44 윌리엄 칼 3세, 『감동을 주는 교리 설교』, 156.

45 폴 스콧 윌슨, 『네 페이지 설교』, 199; 리차드 에스링거, 『설교 그물짜기』, 317.

화가 뒤따르게 되도록 하는 것이다.

　그러므로 복음적 설교는 성경 본문에서 하나님의 원리를 찾는 것에서 출발해야 한다. 즉 사랑하는 파트너인 인간을 향한 하나님의 선한 의도가 담긴 생명과 건강, 행복과 형통과 평안의 삶의 원리를 찾아내는 것이다. 그리하여 성령의 조명하심을 통해 구체적으로 청중이 자기 삶의 상황에 적용하도록 해야 한다. 지나치게 설교자가 구체적인 적용을 제시함으로써 오히려 하나님 중심적인 적용이 아니라 인간 중심적인 적용으로 흐를 수 있다는 점에 유의해야 한다. 마치 수학 공식처럼 문제 해결법을 제시하는 것은 바람직하지 않다. 단지 인간의 필요에 대한 답변으로서의 적용이 아니라, 하나님의 뜻을 이해함으로써 효과적으로 실제 상황에 적용할 수 있도록 해야 한다.

7. 사랑의 행동으로 설교하라.

　복음적 설교는 설교자와 청중이 다양하고 풍성한 하나님의 사랑을 함께 이해하고 누리는 것이다. 설교의 동기와 목표와 방식 및 결과는 하나님 사랑, 자기 사랑, 이웃 사랑의 삼중적 사랑에 놓여 있다. 설교는 사랑으로 시작하고, 사랑과 함께 진행되며, 사랑의 열매를 맺는다. 다시 말하면, "설교는 본질적으로 사랑의 행위다."[46] 설교자는 하나님의 사랑에 접촉하여, 하나님의 사랑 이야기를 청중이 알기 쉽게 풀어내는 사람이다. 먼저 크고 높고 깊고 넓은 하나님의 사랑을 경험해야, 설교자는 비로소 본문 속에 녹아든 하나님의 사랑을 보고 듣고 느낄 수 있다. 하나님의 사랑에 감동된 설교자의 설교는 그렇지 않은 설교와 분명 다르다. 자신의 살을 찢고 피를 나누어주신 예수님과 마찬가지로, 설교자는 청중에게 자신의 피를 나누고, 살을 떼어주고, 뼈를 깎아 내주기까지 아낌없이 즐겁게 사랑의 말씀을 나누는 자이다.

46　켄트 앤더슨, 『설교자의 선택』, 27.

설교자는 성령 안에서 청중을 하나님의 사랑의 식탁에 초대할 수 있다. 마치 자녀를 사랑하는 마음으로 정성껏 음식을 장만하는 어머니처럼, 설교자는 설교를 준비해야 한다. 그래서 설교자는 무엇보다도 자신의 청중을 사랑해야 한다.[47] 청중을 사랑하는 마음 없이 준비한 설교는 때로 도덕적 강제사항이나 율법적 의무와 과제를 부과하는 것처럼 무겁고 딱딱하게 다가올 수 있다. 청중을 향한 따스한 사랑의 심장을 지닌 설교자의 설교는 청중에게 사랑의 능력을 공급하며 (empowering) 선한 영향력을 미치는 역동적인 힘이 있다. 사실 "좋은 설교란 하나님을 사랑하고 이웃을 사랑하도록 인도하는 설교이다."[48] 하나님의 사랑의 파트너로 지음을 받은 인간의 마땅한 삶의 방식을 지금 여기서 실천할 힘을 지속해서 제공하는 것이 바로 사랑의 행동으로서의 복음적 설교이다.

8. 인격의 변화를 낳게 하는 설교를 하라.

복음적 설교는 지성과 감성과 의지를 포함하는 인격의 변화를 낳는 설교이다. 인간의 인격의 세 영역인 지성과 감성과 의지에 영향을 미치는 설교여야 한다. 좋은 설교는 지적으로 가르치고, 감정적으로 공감하게 하며, 의지적으로 움직이게 한다.[49] 간혹 어떤 설교는 너무 지성적이어서 회중의 머리만 키우는 경우가 있다. 그런가 하면 지나치게 감성을 자극하고 흥분시키지만, 설교가 끝나면 기억에 남는 내용이 없을 때도 있다. 때로는 의지적 결단을 과도하게 강조함으로써 설교가 무거운 과제요 짐으로 다가오는 경우가 적지 않다. 그러나 설교는 영혼과 육체를 포함하는 전인(the whole person)을 향해야 한다.

그러므로 설교 안에 지적·정적·의지적 요소와 내용을 포함해야 균형과 조화를 갖춘 설교가 될 수 있다. 직관과 사고, 이미지와 그림, 상상력과 창의력, 회개

47   K. Barth, *Homiletik*, 정안교 옮김, 『칼 바르트의 설교학』 (서울: 한들출판사, 1999), 98.
48   토마스 G. 롱, 『증언하는 설교』, 48.
49   윌리엄 칼 3세, 『감동을 주는 교리 설교』, 56.

와 결단, 감동과 열정, 비전과 책임의 행동이 모두 담겨 있어야 한다. 좋은 설교를 통해 하나님의 사랑의 파트너인 인간은 구원 과정에서 전인적인 변화와 성숙으로 나아간다. 복음적 설교는 언제나 온전한 그리스도인의 정체성 형성(identity formation)을 지향한다. 따라서 지정의의 변화와 성숙을 고려하는 내용을 담는 설교가 건강하고 행복한 삶을 돕는 설교요, 복음적 설교라고 할 수 있다.

9. 설교자는 날마다 죽고 다시 사는 훈련이 필요하다.

복음적 설교자는 날마다 죽고 다시 사는 영적 체험을 쌓아야 한다. 우리는 구원 얻을 때, 그리스도 안에서 죽고 다시 사는 경험을 한다. 그리고 성화의 과정에서 그리스도와 함께 죽고 다시 사는 십자가와 부활의 체험을 반복한다. 복음적 설교자는 여기서 한 걸음 더 나아가야 한다. 설교를 준비하는 과정에서, 설교를 선포하는 자리에서, 그리고 설교를 마치고 그 설교의 열매가 맺어지길 기도하는 시간에 죽고 다시 사는 체험을 반복해야 한다. "나는 아무것도 할 수 없습니다. 나는 아무것도 아닙니다"라는 고백과 함께 설교자는 '오늘의 십자가'를 경험하며, 동시에 성령의 능력으로 다시 살려주시는 체험을 통해 '오늘의 부활'을 경험하는 자이다. 바로 그때 영적 능력과 영적 권위(spiritual authority)를 얻게 된다. 설교자의 철저한 자기 비움과 낮춤, 주님께 대한 전적인 의존, 그리고 성령님이 이끌어 가시는 손길에 내맡김의 과정에서 겪게 되는 창조적 고통(creative suffering)은 능력 있는 설교의 소중한 자양분이 된다.

이런 의미에서 기도는 설교의 불쏘시개와도 같다. 우리 설교의 모든 부분이 기도의 진통 가운데 나와야 한다고 이 엠 바운즈(E. M. Bounds)는 주장한다.[50] 오직 성령의 도우심을 간구하면서, 설교자는 자신이 죽고 다시 살아나는 기도의

---

50 해돈 로빈슨 편, 『성경적인 설교 준비와 전달』, 이승진·허도화·김금용·김세광·주승중 옮김 (서울: 사단법인 두란노서원, 2006), 39.

용광로를 거쳐야 한다. 그래서 설교는 철저히 기도의 행동이라고 할 수 있다.[51] 하나님의 말씀 앞에서 옛 자아가 죽고 새롭게 변화된 모습으로 다시 세우심을 받는 일이 반복될 때, 설교자는 더욱 하나님을 신뢰하게 되며, 그만큼 하나님의 손에 사로잡힌 바 되어 쓰임 받을 수 있다. 그래서 설교자와 청중이 함께 하나님의 뜻에 순종하고 하나님의 말씀에 항복(surrender)할 때, 복음적 설교의 능력이 강력히 나타나며, 그 열매가 풍성히 맺혀지게 된다.

10. 설교자에 대한 인격적 신뢰를 쌓아야 한다.

복음적 설교자는 메시지(message)보다 메신저(messenger)가 더 중요하다는 사실을 알고 있다. 즉 진리(Truth) 못지않게, 진리를 선포하는 자의 인격에 대한 신뢰(trustfulness)가 더 청중에게 영향력이 있다는 사실을 부인하지 않는다. 필립스 브룩스(Philips Brooks)가 주장하듯이, "설교는 인격을 통해 진리를 전달한다."[52] 즉 진리는 체화(embodiment)되어야 한다. 그래서 켄트 앤더슨은 "예수의 말씀처럼, 우리가 그들을 사랑하고 있다고 느낄 때, 청중은 진리가 선포되었음을 깨닫게 된다. 사람들은 말씀을 통하여 진리를 나누어주고 삶을 통하여 진리를 보여줄 설교자들을 필요로 하고 있다"[53]라고 주장한다. 설교자는 강단에서 단지 메시지만을 전달하는 게 아니다. 강단에서뿐 아니라 강단 아래에서도 여전히 자신의 인격과 삶이 가장 강력한 메시지가 될 수 있음을 명심해야 한다.

설교자 본인이 그렇게 살지 않으면서 청중에게 그렇게 살라고 선포하는 것은 무리한 요구이다. 설교자의 언행일치 여부, 말씀과 삶 사이의 긴장과 충돌을 청중은 지켜보고 있다. 그래서 설교자가 날마다 하나님 말씀 앞에 다시 서고, 자신을 성찰하며, 회개와 변화의 삶을 통해 성숙한 인격으로 나아가는 게 곧 설교

---

51   K. Barth, 『칼 바르트의 설교학』, 105.

52   Phillips Brooks, *On Preaching* (New York: Seabury, 1964), 5.

53   켄트 앤더슨, 『설교자의 선택』, 35.

의 능력을 드러내는 길이다. "너나 잘하세요!"라는 말을 듣기 전에, "나부터 잘하는" 모습을 보여 주는 것이 복음적 설교자의 자세다.

IV. 나가는 말

설교자는 영광과 함께 고난을 짊어지고 가는 자이다. 복음적 설교자는 복음을 이해하고 해석하며 실천하고 적용하는 일에 전문가가 되어야 한다. 설교의 자리는 복음의 열매를 나누고 널리 퍼뜨리는 예배와 선교의 현장이 될 수 있다. 몰러는 "말씀을 전하는 설교는 하나님을 기쁘시게 해드리는 진정한 예배의 중심이다"[54]라고 역설한다. 설교자는 예배자로서 강단에 올라가야 하며, 오직 삼위일체 하나님께 영광을 올려드리고, 그리스도의 복음을 성령의 능력에 힘입어 선포해야 한다. 이를 위해서 날마다 십자가에서 죽고 부활하는 영적 체험을 통해 실제로 복음을 누리는 삶을 살아야 한다. 성령이 이끄는 설교를 경험하는 삶을 통해서 하나님 말씀의 능력이 오롯이 드러나게 된다.

복음적 설교는 살아 계신 하나님에 대한 인격적 이해와 경험에 대한 선포, 예수 그리스도의 인격 및 사역에 대한 증언, 성령님과의 동역, 사랑의 파트너로서 인간의 인격적 응답(순종)에 대한 호소로 이루어진다. 그렇다면 복음적 설교는 어떻게 가능한가? 신구약 성경을 관통하는 설교, 삼위일체적 설교, 하나님의 성품과 사역을 온전하게 드러내는 설교, 그리스도 중심적 설교, 하나님의 주권과 인간의 자유 및 하나님의 은혜와 인간의 행동 사이의 역동적 균형과 조화를 이루는 설교, 하나님의 은혜를 드러내며, 하나님 중심적 적용을 하는 설교, 사랑의 행동으로서의 설교, 인격의 변화를 낳는 설교, 설교자가 날마다 죽고 다시 사는 훈련을 하는 설교, 설교자의 인격적 신뢰를 쌓아가는 설교를 통해 복음

---

54 앨버트 몰러, 『말씀하시는 하나님』, 73.

적 설교가 가능하다.

　한국교회의 강단이 더욱 새롭게 되어, 성경에 충실하며 복음을 온전히 담아 냄으로써, 그리스도인에게 신앙과 삶의 동기를 부여하고 지속적인 동력을 제공할 수 있기를 바란다. 복음적 설교를 실천하고 적용함으로써, 예수 그리스도 제자의 삶의 행동을 추동하며 신앙공동체의 삶을 변화시키는 열매를 낳을 수 있기를 기대한다. 세상을 정성껏 섬기고 하나님 나라를 이루어 가는 공동체의 비전을 새롭게 하는 복음적 설교의 열매가 가득해지길 소망한다.

＊ 신 옥 수 교 수 ＊

- 장로회신학대학교 조직신학 교수
- 풀러신학교(Ph.D.)

- 저서: 『몰트만 신학 새롭게 읽기』, 『대화하는 신학』, 『나의 하나님은 슈퍼 울트라 '울'』, 『이토록 따스한 성령님』
- 역서: 『조직신학-하나님의 공동체를 위한 신학』, 『바르트의 교회교의학 개관』, 『기독 교조직신학개론-이해를 추구하는 신앙』

구약의 예배와 설교
: 소예언서를 중심으로 살펴본 설교의 요소

김진명 교수(장로회신학대학교 / 구약학)

I. 서론

구약학자들 가운데 존 D. 레벤슨(John D. Levenson)은 그의 책 『시내산과 시온』에서 시내산과 시온산이 구약 전체를 구성하는 가장 중요한 두 개의 축을 이루고 있다고 설명하였다.[1] 전통적으로 구약의 역사 속에서는 율법과 결합된 시내산의 중요성이 강조되었지만 솔로몬 왕에 의해 성전이 시온산 위에 건축된 이후로 무게 중심이 시내산에서 시온산으로 옮겨지게 되었다는 것이 그의 주장이었다. 그런데 시온산에 성전이 건축되기 이전에 시내산과 시온산 사이에는 성막이 있었다.

성막은 반유목민으로서 구약 시대 이스라엘 민족의 이동식 성소였으며, 가장 중요한 목적과 기능은 제사, 곧 예배였다. 하나님께 드리는 예배는 창세기의 가인과 아벨 이야기부터 시작되었으며, "여호와의 이름"(창 4:26)을 불렀던 하나님의 사람들이 쌓은 제단이 있는 곳에서 제사가 이루어졌다. 시내산에서 모세가

---

1   Jon D. Levenson, *Sinai and Zion*, 홍국평 옮김, 『시내산과 시온』 (서울: 대한기독교서회, 2012), 209-240.

율법을 받고, 성막을 건축한 이후에는 성막에서 예배가 이루어졌으며, 성전이 건축되기 이전에 이미 다윗 왕은 레위인들을 세워 제사드릴 때 악기를 연주하고 찬양하도록 하였다는 기록도 구약성경에서 찾아볼 수 있다(대상 16:1-43). 역대상 16장 36절에서 모든 백성이 함께 찬양했다는 기록과 더불어 기록되어 있는 찬송의 가사는 시편 96편과 105편과 106편의 본문들과 연결되어 있다. 시편 가운데에는 성막 혹은 성전에서의 제사를 배경으로 하는 다수의 시들이 있다는 점에서 구약의 제사는 찬양과 하나님의 말씀과도 자연스럽게 결합된 틀을 가지고 있었음을 생각해 볼 수 있다.

이러한 특징을 가지고 있었던 제사로서의 예배는 구약 전체를 관통하는 주요 주제들 가운데 하나로서 각각의 책들에서 언급한 다양한 내용을 살펴볼 수 있다. 그 중 이 글에서 주목하고자 하는 주제는 예배를 구성하는 요소들 가운데 〈하나님의 말씀〉이다. 하나님의 말씀이 담긴 구약성경 가운데서 오늘날 장로교 예배 전통의 중요한 요소인 '설교'에 해당하는 주제를 특별히 구약의 소예언서를 중심으로 살펴보고자 한다. 필요한 경우에는 대예언서의 연관된 본문들을 비교하면서 살펴볼 것이다. 하나님의 말씀은 옛적 곧 구약 시대의 많은 선지자들에 의하여 "여러 부분과 여러 모양"(히 1:1)으로 선포되었다. 그러한 점에서 소예언서의 선지자들을 설교자로 보고, 그들이 대언하였던 하나님의 말씀을 설교로 유비시켜 볼 수 있겠다는 전제를 가지고 소예언서에 기록된 하나님의 말씀 속에서 파악해 볼 수 있는 '설교의 원리와 요소'를 정리해 보고자 한다.

II. 본론

1. 하나님의 마음 공감하기

"여호와께서 내게 이르시되 이스라엘 자손이 다른 신을 섬기고 건포도 과자를 즐길지라도 여호와가 그들을 사랑하나니 너는 또 가서 타인의 사랑을 받아 음녀가 된 그 여자를 사랑하라"(호 3:1).

북왕국 이스라엘의 예언자 호세아의 결혼 생활은 그 자체가 호세아에게 소명의 사건이 되었다. 음난한 여인 고멜을 아내로 맞이하라는 하나님의 말씀에 순종하여 결혼했지만, 이스르엘(호 1:4)과 로루하마(호 1:6)와 로암미(호 1:9)라는 이름의 세 자녀를 출산한 후에 결국 고멜은 가출하였다. 그러나 호세아 선지자를 버리고 떠났던 음녀 고멜을 하나님은 다시 사랑하라고 명하셨다. 호세아 3장 1-3절에는 하나님의 명령과 호세아의 순종과 실행에 관한 말씀이 기록되어 있고, 이어진 4-5절과 이후의 본문들에서 호세아 선지자가 선포했던 본격적인 예언의 말씀들을 살펴볼 수 있다.

1-3장에서 볼 수 있는 호세아 선지자의 결혼 이야기는 예언자로서 혹은 하나님의 말씀을 대언하는 설교자로서 하나님의 마음을 먼저 충분히 공감하도록 인도하셨던 하나님의 말씀에 순종하는 선행 경험의 시간이 주어졌음을 우리에게 알려준다. 이방 신들을 섬기며 우상들을 만들고 하나님을 올바르게 믿는 신앙을 철저하게 저버렸던 이스라엘 민족과 하나님의 관계를 호세아 선지자는 고멜과의 결혼 관계 속에서 너무나 처절하게 자신의 현실적인 삶으로 체험하게 되었다. 아브라함 요수아 헤셸은 호세아 선지자를 "하나님과 감정적 일치감"을 갖고 있는 사람이라고 표현하기도 했다.[2]

이스라엘 민족을 여전히 사랑하시는 하나님의 마음은 음난한 여인 고멜을 다시 사랑해야만 했던 호세아 선지자의 마음과 상응하는 내용이었으며, 호세아서는 하나님과 이스라엘의 관계를 신랑과 신부의 관계로 유비시켜 예언했던 독특한 본문을 포함하고 있다(호 2:19-20).[3] 호세아서에서 찾아볼 수 있는 설교의 원리 하나는 하나님의 마음을 예언자 호세아가 충분히 느끼고 경험하면서 하나님의 심정을 공감할 수밖에 없었고, 영적으로 타락한 이스라엘 민족을 향한 하나님의 애끓는 심정을 예언자 자신이 가슴에 품고 하나님의 말씀을 대언하였다는 것이다. 그러므로 '하나님의 마음 공감하기'는 설교자로서 호세아 선지자의

---

2 아브라함 요수아 헤셸 지음, 이현주 옮김,『예언자들』(상) (서울: 종로서적, 1991), 68.
3 이동수,『호세아 연구』(서울: 장로회신학대학교출판부, 2005), 61.

선포와 본문의 예언 가운데서 찾아서 정리할 수 있는 설교의 한 요소라고 할 수 있다.

2. 자연환경(기후변화) 살펴보기

"팥중이가 남긴 것을 메뚜기가 먹고 메뚜기가 남긴 것을 느치가 먹고 느치가 남긴 것을 황충이 먹었도다 … 다른 한 민족이 내 땅에 올라왔음이로다. 그들은 강하고 수가 많으며 그 이빨은 사자의 이빨 같고 그 어금니는 암사자의 어금니 같도다"(욜 1:4-6).

요엘서 1장 4절에 기록된 팥중이와 메뚜기와 느치와 황충은 곤충의 변태 과정과 관련된 메뚜기의 성장 단계별 형태를 표현한 네 가지 용어일 수도 있고, 고대 서아시아 지역(=고대 근동)에 존재했던 메뚜기의 종류들을 열거한 용어였을 가능성도 있다. 요엘 선지자에게 하나님의 말씀이 임했을 때 그 땅에는 엄청난 메뚜기 떼가 나타나서 모든 농작물을 집어삼키고 지나가는 자연재해가 발생하였다. 그런데 요엘 선지자는 이 재앙과도 같았던 메뚜기 떼의 자연재해를 우연한 일로 보지 않았다. 그로 인하여 황폐화한 자연과 초토화된 농작물의 상황을 관찰하고 묘사하면서(1:16-20), 이 사건을 유다와 예루살렘에 하나님께서 내리시기로 작정하신 심판의 징조로서 바라보았고, 1장 6절의 말씀과 같이 그 의미를 담은 하나님의 말씀을 유다 백성에게 선포하였다.

메뚜기 떼로 말미암아 발생했던 자연재해는 하나님의 심판 사건으로서 이방 민족의 침략과 전쟁으로 인한 국토의 황폐화를 미리 경고하는 것이라는 내용의 예언은 요엘서에서 가장 강조되었던 "여호와의 날"(1:15)이라는 주제와 연결되었다. "여호와의 날"은 이스라엘 민족이 높임과 승리를 맞이하게 될 영광의 날이 아니라 그들의 죄악과 타락과 불신앙에 대한 무서운 심판과 멸망을 경험하는 날이 될 것이라는 하나님의 엄중한 말씀을 요엘 선지자는 반복해서 대언하였다(1:15, 2:1). 그러나 요엘 선지자는 이스라엘 민족이 회개하고 돌이킬 것을 촉구했으며, 하나님의 신을 만민에게 부어주시는 미래와 하나님의 은혜로 이루어지게 될 이스라엘의 구원을 예언하였다(2:28-31).

우리의 주변과 이 세상에서 일어나는 모든 자연재해와 기후변화로 인한 다양한 재난 발생의 문제를 모두 다 하나님의 심판 사건으로만 해석할 수는 없지만, 그 가운데 어떤 사건들은 요엘서의 메뚜기 재앙과 같이 사람들의 반성을 촉구하고, 더 큰 어려움을 예방하기 위한 경각심을 일깨우는 의미의 메시지와 연결될 수 있다. 요엘서는 그러한 가능성을 드러내 주고 있는 하나님의 말씀을 보여준다. 요엘 선지자는 하나님의 말씀을 대언하면서 자연환경을 관찰하며, 구체적으로 발생했던 자연재해의 현상과 현실의 변화를 묘사했던 내용도 요엘서의 본문 안에 반영해 주었다.

요즈음과 같이 다양한 형태의 기후변화와 자연재해가 발생하는 현실을 볼 때, 그리스도인들은 자연환경과 생명체와 사람의 관계를 하나님 앞에서 다시 한 번 돌아보고, 깊이 생각하며, 하나님의 말씀과 뜻을 묵상하는 시간이 필요함을 느끼게 된다. 창세기 1장 26-28절은 창조주 하나님께서 세상을 창조하시고, 모든 피조물을 다스리고 관리하는 '청지기'로서 책임을 사람에게 맡기셨음을 이야기한다. 요나서 4장 11절은 하나님의 관심과 마음은 언제나 사람과 더불어 다른 생명체들에게도 향하고 있음을 말해 준다(cf. 롬 8:18-25).[4] 시편 50편 10-12절은 온 세상과 그 안에 충만한 모든 피조물이 하나님의 것이라고 표현한다.

창조주 하나님은 천지의 창조주이시며, 모든 피조물의 주인이시고, 사람에게 모든 피조물의 세계를 돌보아야 할 책임을 위임해 주신 주님이심을 말씀하는 구약성경과 성경 전체의 가르침을 기억할 때, 하나님의 사람으로서 그리스도인의 관심은 사람의 영혼 구원만이 아니라 생태계 전체를 향한 관심과 보존과 사랑의 차원까지 나아갈 수 있음을 생각해 볼 수 있다. 설교자로서 요엘 선지자는 요엘서를 통하여 자연환경과 변화를 살펴보는 일과 하나님의 말씀을 대언하는

---

4 Marvin A. Sweeney, *The Prophetic Literature*, 홍국평 옮김, 『예언서』 구약학입문시리즈 5 (서울: 대한기독교서회, 2015), 61.

일이 연결됨을 보여 주었다. 그렇다면 현대의 설교자는 자연환경과 생태계의 변화를 살펴보면서 하나님의 말씀을 묵상하고, 그 가운데 깨닫게 되는 하나님의 뜻을 분별하는 일과 그 메시지가 설교 안에 반영되도록 노력해야 한다.

3. 하나님께서 강권하시는 말씀 먼저 듣기

"사자가 부르짖은즉 누가 두려워하지 아니하겠느냐 주 여호와께서 말씀하신즉 누가 예언하지 아니하겠느냐"(암 3:8).

주전 8세기 예언자(B.C. 767–753)인 아모스 선지자는 남유다 "드고아의 목자"였으며(1:1), "뽕나무를 재배하는 자"였지 선지자의 생도나 선지자가 아니었다(7:14).[5] 그러나 그는 선지자로서 북이스라엘에 올라가 예언하였고, 심지어 벧엘의 제사장 아마샤와 논쟁을 벌이기도 했다. 그 이유를 아모스는 하나님께서 자신을 데려다가 이스라엘에게 가서 예언하라고 하셨기 때문이라고 대답했다(7:15). 하나님의 강권하시는 말씀에 순종할 수밖에 없었고, 하나님께서 먼저 말씀하셨기에 예언할 수밖에 없었다는 고백은 아모스 3장 8절에서도 확인할 수 있다. 아모스 선지자가 하나님의 말씀을 들었기 때문에 순종했다는 고백이 중요한 이유는 참 선지자와 거짓 선지자를 구분하는 기준이 여기에 있기 때문이다.

거짓 선지자는 자신이 듣지도 않은 자신의 생각을 말하는 사람이고, 자신이 보지도 않은 것을 하나님이 보여 주신 환상이라고 거짓말하는 사람이다(신 18:20; 렘 23:18–22, 28:15). 반면에 참 선지자는 내 말이 아니라 하나님께서 말씀해 주신 그 말씀을 먼저 듣고, 그다음에 자신이 확신한 그 말씀을 다른 이에게 대언하고 해석해 주거나 설명해 주는 사람이다. 하나님의 말씀은 사람들의 귀에

---

5   Richard Alan Fuhr, Jr. & Gary E. Yates, *The Message of the Twelve* (Nashville: B&H Academic, 2016), 113.

항상 듣기 좋게 들리는 내용만을 담고 있는 것이 아니었으며, 그런 하나님의 말씀을 먼저 듣고 전했던 이들 가운데는 선지자 사가랴처럼 순교하게 된 사람도 있었고(대하 24:20-21), 선지자 예레미야처럼 처절한 고난 가운데 처하게 된 사람도 있었다(렘 37-38장).[6]

심지어 예레미야 선지자는 하나님의 심판에 관한 말씀을 대언하는 일이 너무 힘겹고 고통스러워 하나님의 말씀을 더는 선포하지 않겠다고 마음먹기도 했다(렘 20:8). 그러나 그 후에 이어진 예레미야 선지자의 고백은 "나의 마음이 불붙는 것 같아서 골수에 사무치니 답답하여 견딜 수 없나이다"(20:9b)라는 말이었다. 예레미야 20장 7절에서 선지자는 하나님의 말씀을 대언하라고 하나님께서 권유하셨고, 자신보다 강하신 하나님께서 자신을 이기셨기 때문에 하나님의 말씀을 대언하였다고 표현하기도 했다.[7]

현대 교회와 선교지와 사역하는 곳에서 설교자들은 구약 시대 선지자들처럼 하나님의 말씀을 '설교'를 통하여 대언하는 사람들이라고 할 수 있다. 현대 설교자들에게 이미 주어진 하나님의 말씀은 바로 〈성경〉이다. 그런데 "모든 성경은 하나님의 감동으로 된 것으로 교훈과 책망과 바르게 함과 의로 교육하기에 유익하니 이는 하나님의 사람으로 온전하게 하며 모든 선한 일을 행할 능력을 갖추게 하려 함이라"(딤후 3:16-17)는 말씀과 "하나님의 말씀은 살아있고 활력이 있어 좌우에 날선 어떤 검보다도 예리하여 혼과 영과 및 관절과 골수를 찔러 쪼개기까지 하며 또 마음의 생각과 뜻을 판단하나니"(히 4:12)라는 말씀이 자신의 신앙고백이 되지 못한다면 "성경은 하나님의 말씀이다"라는 확신이 없는 설교자이다. 그 말씀을 대언하고 선포하는 설교자와 설교자 자신도 믿지 않는 본문에 관한 설교를 듣는 청중은 모두 불행한 사람들이다.

설교자는 하나님의 말씀을 먼저 읽고, 연구하고, 묵상하고, 하나님 말씀의 진

---

6   Richard S. Hess, *The Old Testament* (Grand Rapids: Baker Academic, 2016), 546-7.
7   Gordon McConville, "Jeremiah," G. J. Wenham, ets., *New Bible Commentary* (Leicester: Inter-Versity Press, 1994), 688-689.

리를 깨닫는 과정을 통하여 하나님의 말씀을 믿음과 확신 가운데 대언해야 하는 "말씀의 종"으로서 사명을 감당해야 하는 사람이다. 그러나 만약 설교자에게 그런 과정과 경험이 없다면 그 설교자의 설교는 하나님 말씀의 대언이 아니라 거짓 '연극'이 되고, 공허한 말잔치만 난무하는 허무한 '공연'이 될 수밖에 없다. 현대의 설교자에게 가장 중요한 요소라고 할 수 있는 것은 기록된 하나님의 말씀인 〈성경〉에서 설교자가 먼저 하나님의 말씀을 듣는 일이다.

그 "들음"은 정해진 성경 본문에 관한 누군가의 설교집과 설교 영상을 검색하거나 그 본문에 관한 연구서로 먼저 달려가기 전에 설교자 자신이 그 성경 말씀과 먼저 대면하는 일이다. 설교자가 먼저 스스로 그 본문 말씀을 붙들고 씨름하는 일이 우선되어야 하며, 주석서와 연구서와 설교집과 설교 영상을 참고하는 일은 그다음이 되어야 한다.

그 "들음"은 설교자가 먼저 지혜의 말씀과 지식의 말씀을 주시는 성령(고전 12:8-11)의 임재하심과 인도하심을 겸손히 기도로 구하며, 이미 주어진 성경 말씀의 본문이 뜻하는 바가 무엇이고 그 가르침이 무엇인가에 집중하는 일이다. 성경의 본문을 설교자 스스로 먼저 대면하고, 묵상하고, 탐구하여, 깨닫게 해주신 말씀을 받는 일이라고 할 수 있다.

4. 국제정세와 사회 현실 돌아보기

"여호와께서 이르시되 너희는 여러 나라를 보고 또 보고 놀라고 또 놀랄지어다 너희의 생전에 내가 한 가지 일을 행할 것이라 누가 너희에게 말할지라도 너희가 믿지 아니하리라 보라 내가 사납고 성급한 백성 곧 땅이 넓은 곳으로 다니며 자기의 소유가 아닌 거처들을 점령하는 갈대아 사람을 일으켰나니 … 그가 그물을 떨고는 계속하여 여러 나라를 무자비하게 멸망시키는 것이 옳으니이까"(합 1:5-17).

주전 7세기에 활동했던 예언자들 가운데 하박국 선지자는 하나님께 유다 사회 안의 사회적 정의와 공의가 무너진 현실에 관하여 질문하고 그 대답을 기다렸던 일과 하나님께서 유다를 심판하실 때 사용하신 바벨론 제국의 무자비함과 흉포함에 관하여 질문하고 대답을 기다렸던 예언자였다(합 1-2장). 하박국서는 예언자의 질문과 하나님의 응답(1-2장)과 감사의 노래(3장)로 구성된 예언서이다. 하박국 선지자의 예언 활동의 시작은 유다 사회 안에서 일어나고 있었던 사회적 불의와 폭력과 억압과 착취에 관한 다양한 형태의 부조리와 율법이 무너진 현실에 대한 안타까움과 아픔 속에서 출발한 질문들로부터 비롯되었음을 하박국 1장 2-4절에서 말해 주고 있다.

그런데 바로 이어진 1장 5절을 보면 하나님께서는 예언자 하박국에게 답해 주신 말씀 가운데 "여러 나라"를 보라는 말씀을 해 주셨고, 바벨론 제국과 열방 사이에서 벌어질 일들에 관하여 하박국 선지자에게 말씀하셨음을 살펴볼 수 있다. 본문에는 여러 나라들을 멸망시키며, 그 거주민들을 대량 학살하듯이 살육하는 바벨론의 죄악에 관하여 하나님께 고발하고 하소연하는 예언자의 질문과 기도의 목소리도 함께 담겨 있다. 그러나 결국 바벨론 제국은 역사의 주권자 하나님의 심판 도구로 사용되지만, 그들의 과도한 흉포함과 잔학함은 결국 하나님의 심판을 받게 될 것이라는 내용을 예언자 하박국은 예언의 말씀으로 본문에 기록하였다(합 1:1-20).

스바냐서 2장과 아모스서 1-2장도 열방을 향한 하나님의 말씀을 대언했던 각 예언자의 예언을 기록하였으며, 오바댜서는 에돔의 전쟁범죄에 해당하는 만행에 관하여 꾸짖는 하나님의 말씀과 심판 예언을 수록하였다.[9] 나훔서도 마찬가지로 앗수르의 전쟁범죄와 잔악한 흉포와 악행들을 심판하시는 하나님의 말씀을 대언했던 예언자의 예언을 기록하였다. 구약의 다양한 예언서들은 하나님의 말씀을 선포했던 예언자들이 국제 정세의 변화와 전쟁과 외교와 군사 문제

---

8   Gordon McConville, *The Prophets, Exploring the Old Testament*, vol. 4, 박대영 옮김, 『선지서』 성경이해 6 (서울: 한국성서유니온선교회), 391-395.

9   Leslie C. Allen, *The Books of Joel, Obadiah, Jonah and Micah* (Grand Rapids: William B. Eerdmans Publishing Company, 1976), 129-172.

와 종교 문제까지 예언의 내용 안에 포함하고 있었다는 사실을 보여 준다.

그렇다면 현대의 설교자들이 하나님의 말씀을 대언하는 책임을 감당할 때 하박국 선지자가 그랬던 것처럼 현실 사회의 사회 정의와 불공정과 불의의 문제들에 관심을 기울이고 살펴볼 수 있어야 한다. 성도들 가운데 그러한 문제로 고통과 고난 가운데 처하게 된 이들이 있다면, 필요한 경우에 교회 공동체는 문제 해결을 위한 법과 해당 기관과 행정 절차에 관한 감시자의 역할을 할 수도 있으며, 설교자는 무기력한 피해자와 당혹스러워하는 사회적 약자들과 말 못하는 처지에 있는 사람들을 위하여 하나님과 사람들 사이에서 대신 말해 주는 역할을 할 필요도 있음을 생각해 볼 수 있다.

또한 하나님의 관심의 대상이며 선교지인 열방을 향한 관심을 가지고, 국제 사회와 관계 안에서 발생하는 각종 사건과 사고와 인권 문제와 전쟁범죄와 같은 주제들을 하나님의 시선으로 바라보고 하나님의 마음으로 깊이 있게 들여다보면서, 다양한 주제와 문제들에 관련된 성경 말씀을 찾아보고 묵상하는 일도 필요하다. 이런 다양한 주제들을 설교자가 살펴보면서 성도들과 함께 공감하거나, 교회가 함께 관심을 가져야 할 적절하고 중요한 문제들을 선택하고, 설교 안에 그 주제들이 지혜롭게 반영될 수 있도록 노력하는 것도 필요하다.

5. 동정하고 공감하는 마음을 품고 부르짖기

"슬프다 그날이여 여호와의 날이 가까웠나니 곧 멸망같이 전능자에게로부터 이르리로다 먹을 것이 우리 눈앞에 끊어지지 아니하였느냐 기쁨과 즐거움이 우리 하나님의 성전에서 끊어지지 아니하였느냐 … 가축이 울부짖고 소 떼가 소란하니 이는 꼴이 없음이라 양 떼도 피곤하도다 여호와여 내가 주께 부르짖으오니 불이 목장의 풀을 살랐고 불꽃이 들의 모든 나무를 살랐음이니이다 들짐승도 주를 향하여 헐떡거리오니 시내가 다 말랐고 들의 풀이 불에 탔음이니이다"(욜 1:15-20).

"여호와의 날"(욜 1:15, 2:1)은 죄악을 일삼고 돌이키지 않는다면 유다 백성에게 멸망과 심판의 무서운 날이 될 것이라는 예언을 선포했던 요엘 선지자는 메뚜기로 인한 자연재해를 하나님의 심판 사건의 징조로 경고하는 말씀을 대언하기도 했다.[10] 그런데 요엘서 1장 18-20절 말씀에 기록된 본문의 내용은 단지 하나님의 심판과 경고 말씀의 대언이 아니었다. 사람들의 죄악으로 인하여 하나님의 심판이 그 땅에 임했을 때, 하나님의 심판으로 인한 고통을 받는 것은 사람만이 아니었으며, 들짐승과 가축과 시내와 풀들까지 모든 생명체와 생태계를 구성하는 모두가 함께 가뭄과 기근으로 고통에 처하게 되는 현실을 묘사해 주었다.

이 상황과 형편 가운데서 예언자 요엘은 하나님과 피조물들 사이에서 그들을 대신하여 하나님께 부르짖는 사람으로 서 있었다(1:19). 예언자는 유다 백성의 슬픔과 고통을 공감하고 동정하는 마음을 품고 예언하였으며, 더 나아가 짐승들과 식물들의 고난에 처한 상황을 살피며 불쌍히 여기는 마음과 동정하는 마음을 가지고 대신 부르짖는 사람이기도 했다(1:19)

구약성경의 예언자들 가운데 특별히 예레미야 선지자는 타인의 고통을 바라보며 창자가 끊어지고 간이 땅으로 쏟아지는 고통을 느꼈다고 고백하기도 했으며, 심판받은 유다 백성들의 슬픔과 아픔과 애통함을 오롯이 자신의 것으로 경험하듯이 하나님 앞에서 부르짖고 외쳤던 예언자이기도 했다.[11]

"내 눈이 눈물에 상하며 내 창자가 끊어지며 내 간이 땅에 쏟아졌으니 이는 딸 내 백성이 패망하여 어린 자녀와 젖 먹는 아이들이 성읍 길거리에 기절함이로다 그들이 성읍 길거리에서 상한 자처럼 기절하여 그의 어머니들의 품에서 혼이 떠날 때에 어머니들에게 이르기를 곡식과 포도주가 어디 있느냐 하도다"(애 2:11-12).

---

10   Elizabeth Achtemeier, *Preaching from the Minor Prophets* (Grand Rapids: William B. Eerdmans Publishing Company, 1998), 29.

11   Gerhard von Rad, *The Message of the Prophets* (New York etc.: Harper & Row, Publishers, 1967), 170-171.

"딸 내 백성이 상하였으므로 나도 상하여 슬퍼하며 놀라움에 잡혔도다 길르앗에는 유향이 있지 아니한가 그곳에는 의사가 있지 아니한가 딸 내 백성이 치료를 받지 못함은 어찌 됨인고 어찌하면 내 머리는 물이 되고 내 눈은 눈물 근원이 될꼬 죽임을 당한 딸 내 백성을 위하여 주야로 울리로다"(렘 8:21-9:1).

요엘 선지자가 그랬던 것처럼 예레미야 선지자도 다른 사람들의 괴로움을 방관하거나 무관심할 수 없는 사람이었으며, 다른 사람들의 아픔과 슬픔을 동정하고 공감하며 자신의 고통처럼 느끼고 하나님께 울며 부르짖는 사람이었다. 요엘 선지자는 사람뿐만 아니라 다른 생명체들의 고통과 곤고함도 헤아려 살피며, 대신 입을 열어서 하나님께 부르짖기도 했다. 요엘서는 그런 특징들을 많은 분량을 할애하여 기록하지는 않았지만, 하나님의 말씀을 전하는 그 내용 가운데 다른 사람과 다른 생명체의 어려움과 고통까지도 충분히 동정하고 애달파하는 마음을 품고 말씀을 전했던 흔적들을 본문 안에서 확인할 수 있다.[12]

현대의 설교에서 적용해 볼 수 있는 요소는 설교자가 다른 사람의 아픔과 슬픔을 공감하고, 대신 하나님께 부르짖기도 하며, 그런 내용을 설교 안에 녹여 낼 수 있는 설교자의 마음이라고 할 수 있다. 설교에 반영되어야 할 요소는 이성적이고 날카롭고 예리한 분석과 정확한 계산보다는 너그러움과 따뜻함과 어려운 대상을 동정하는 마음과 애처롭게 여길 줄 아는 마음이 반영된 표현들이라고 요약해서 정리해 볼 수 있겠다.

III. 결론

아브라함 요수아 헤셸은 그의 책 『예언자들』에서 예언자의 "파토스(pathos)"에

12 Gale A. Yee, etc.(ed.), *The Old Testament and Apocrypha* (Minneapolis: Tortress Press, 2014), 839.

관하여 말하였다. 하나님의 "루아흐"가 사람에게 적용될 때 그것은 "파토스"를 의미하며, 예언자는 결국 하나님의 정념으로 가득 찬 사람이라고 설명하였다.[13] "열정" 혹은 "정념"이라고도 번역할 수 있는 이 말은 결국 하나님의 마음을 품고 동시에 사람의 마음을 품은 채로 하나님과 사람 사이에서 때로는 다른 사람들을 위해 기도하고 간구하며 혹은 하나님의 말씀을 대언했던 예언자의 심정과 마음을 표현한 것이라고 요약해 볼 수 있다.

또한 오늘날 설교자로서 목회자는 하나님의 마음을 가슴에 품고 사람들과 세상을 향하여 하나님의 말씀을 대언하는 사람들이고, 동시에 사람들과 생태계와 국제 관계와 각 나라와 민족들을 향한 관심을 가지고 살아가면서 때로 그들의 마음을 공감하며, 하나님 앞에 하소연하고, 사람들의 마음을 대신하여 하나님께 기도하면서 살아가는 사람들이라고 할 수 있다. 소예언서를 중심으로 예언자들이 대언했던 하나님의 말씀을 분석하면서, 오늘 우리 시대의 설교와 접점을 찾아볼 수 있는 요소들이 무엇인가를 다음과 같이 정리해 볼 수 있다.

1. 하나님의 마음 공감하기
2. 자연환경(기후변화) 살펴보기
3. 하나님께서 강권하시는 말씀 먼저 듣기
4. 국제정세와 사회 현실 돌아보기
5. 동정하고 공감하는 마음을 품고 부르짖기

그런 의미에서 현대의 설교자들은 구약성경의 옛 선지자들처럼 하나님의 마음을 공감하면서 하나님의 말씀을 대언하고, 하나님과 사람 사이에 서 있는 사람으로 살아갔던 예언자들의 정신과 마음을 품고 살아가는 사람들이라고 할 수 있다. 이 글에서는 구약성경의 예언자들이 선포하고 대언했던 하나님의 말씀을

---

13   아브라함 요수아 헤셸 지음, 『예언자들』 (하), 119-120.

기록한 예언서들에서 찾아볼 수 있는 가르침의 주요한 특징과 요소들은 현대 설교자들의 설교에 반영되거나 포함될 수 있는 요소들로서 그 가능성과 의미를 되짚어보고, 확인하고, 살펴볼 수 있었다.

⌐ *김 진 명 교수* ─────────────

• 장로회신학대학교 구약학 교수, 교학처장
• 장로회신학대학교 대학원(Th.M./Th.D.)

• 저서: 『모세를 만나다』, 『민수기』, 『하나님이 그려주신 꿈 레위기』, 『여섯 개의 시선』

묵시, 은유 그 긴장의 언어로서의 설교

양성부 목사(주은혜교회)

I. 들어가는 말

그리스도인은 긴장 속에서 살아가야 하는 운명이다. 그리스도의 첫 번째 강림과 두 번째 강림 사이에 존재하는 '이미 그러나 아직'이라는 종말론적 긴장을 감내해야 함과 동시에 세상의 악과 불의에 대한 저항 역시 믿는 자의 할 일이기 때문이다. 실제로 초기 기독교 신자들의 "예수는 주"라는 고백은 세상의 악한 권세에 대한 저항의 삶을 의미했으며, 이는 세례예비자들에게 선포되는 말에서도 잘 드러난다. "기억하라! 저주받은 마귀야, 너에게 이미 형벌이 내려졌음을. 그리고 살아 계시고 참되신 하나님께 영광을 돌리라! 예수 그리스도와 성령께 영광을 돌리고, 이 하나님의 종들에게서 떠나라! 엄히 선언하노니, 저주받은 마귀야, 감히 이를 어기지 말라!" 그러나 이런 긴장감은 제도화된 기독교(Christendom) 안에서 점차 잊혀졌다.

중세에 들어와 하나님의 나라는 기존의 사회적 구조와 질서를 지지하는 (baptizing) 논리로 사용되거나, 정치/종교적 제도를 미화하는 데 쓰이기도 하고, 혹은 개인적 영성의 차원으로 전락되어 버렸다. 이성을 중시하는 계몽주의 이후에는 묵시와 계시가 가지는 새롭고 낯선 은혜(disruptive grace)와 긴장감을 상실한 채, 유일한 진리로서의 성경적 권위마저 소실한 탈근대주의 시대를 맞이하게 되었다. 이제 기독교인들은 종말론적 희망보다는 현실을, 역사를 완성하실 거룩한 하나님보다는 친근한 이미지의 하나님만을 더 선호하는 것이 사실이다.

이렇게 긴장을 소진한 기독교의 모습은 설교자들에게도 역력히 드러난다. 많은 설교자들은 현상유지(the status quo)의 복음을 설파하며, 세상과 충돌하는 하나님 나라의 도래를 선포하지 않는다. 그저 피상적인 참신함에 머물거나, 감동적인 개인적 이야기를 설교라고 착각한 채, 심지어 번영복음을 전파하곤 한다. 이런 현상이 물론 설교자들이 스스로 선택한 것은 아니다. 이미 권위의 중심이 이제 강단 설교자에서 회중으로, 추상적 진리보다는 구체적 현실감을 지닌 보편적 경험들로 이동하고 있기 때문이다.

이런 상황에서 매주일 많은 설교가 토마스 롱(Thomas Long)이 잘 묘사한 것처럼 "스파에서 받는 마사지처럼 내용도 목표도 없는 미적 쾌락의 경험"으로 끝나곤 한다. 과연 이런 상황을 반전시킬 시발점은 어디에 있는가? 그것은 앞서 언급한 대로 설교자가 본문에서 기독교 원래의 긴장감을 읽어내고, 현재의 회중의 삶에 그것을 다시 담대히 선포하는 것뿐이다.

본고에서는 설교 본문이 가지는 이런 긴장감을 어떻게 설교에서 구현할 것인가에 대해 구체적으로 알아보고자 한다. 먼저 우리가 세상을 이해하기 위해 의식적이든 무의식적이든 사용하는 해석학적 매개(hermeneutical medium)가 모델과 패러다임의 형태를 가지고 있음을 살펴볼 것이다. 그리고 설교자들 역시 이런 해석방식에 예외가 아니며, 특히 주어진 본문을 해석함에 있어서 이런 모델과 패러다임적 사고, 즉 실제적 복음/정경(working canon/gospel)을 가지고 접근한다는 사실을 다룰 것이다. 마지막으로 이런 설교자의 실제적 복음/정경에서 어떻게 그간 교회가 소실한 묵시적·은유적 긴장감을 회복할 것인가에 관한 설교학적 해법을 살펴볼 것이다.

II. 세상을 이해하는 모델과 패러다임

일상 속 경험이나 이야기는 그 자체로 존재할 수 없으며 의미 있는 기억, 교훈, 이야기로 남기 위해 해석을 요구하기 마련이다. 이 과정에서 우리는 무의식적으로 문화, 종교, 이데올로기에 내재되어 있는 모델, 프레임 또는 패러다임을 사용하게 된다. 예를 들어, 저명한 정신과 의사 아서 클라인만(Arthur Kleinman)에 따르면 많은 환자들이 질병에 걸린 후 자신의 경험들을 의미 있는 방식으로 이해하기 위해 일종의 플롯, 은유 등을 만들어내는데, 여기에 동원되는 것이 바로 "문화적 또는 종교적 모델"이다. 실제로 과거에는 자신들의 삶이나 어려움을 이해하는 주된 방식이 종교적 패러다임(meta-narrative)이었으며, 자신의 실패나 질병을 신이 벌을 내린 이야기에 빗대어 받아들이는 것 또한 자연스러운 행위였다.

그러나 포스트모던 시대에는 자신의 주관적 경험을 성경의 진리보다 우위에 두면서, 어떤 하나의 모델이나 패러다임을 주어진 현상이나 사건의 해석의 근거로 삼는 것이 불가능해진 것이 사실이다. 그에 따라 나타난 현상이 바로 어떤 패러다임이나 모델에 우리 경험을 귀속시키는 것이 아니라, 반대로 자신의 경험을 해석하는 데 유용한 모델이나 패러다임을 주관적으로 선택, 수용하게 된다. 슬픈 일이지만, 종교적 패러다임의 유용성이 극대화되는 순간은 오직 다른 도구들로는 그 삶을 설명할 수 없는 상황, 이른바 죽음과 질병과 같은 인생의 한계경험(limit experience)의 상황만이 바로 하나님의 이야기가 필요한 자리가 된다는 뜻이기도 하다.

그러나 이런 주관적 경험의 우위성에도 불구하고, 인간은 주어진 상황을 이해함에 있어서 여전히 이 패러다임과 모델적 사고의 영향력을 벗어날 수 없다. 종교적 패러다임·모델 대신에 현대사회에서는 상업주의, 정치적 이데올로기와 지배문화의 프레임들이 채우고 있을 뿐이다. 실제로 많은 현대인들은 무의식적으로 권력과 제도의 강력한 프레임과 프로파간다를 우상화하며 그 틀에 갇혀 살고 있다. 인지언어학자인 조지 라코프(George Lakoff)는 이런 현상을 다음과 같이 분석한다.

진실이 받아들여지려면 진실이 사람들의 프레임에 맞아야 한다. 사실(facts)이 기존 프레임에 맞지 않으면 프레임은 그대로 유지되고 사실은 튕겨져 나갈 뿐이다. … "대통령이 이 전쟁을 시작할 때 거짓말을 했다"고 말하면 진실이 드러나지만, 많은 사람들에게 진실은 그냥 튕겨져 나간다. 아직도 많은 사람들이 사담 후세인이 9·11 테러의 배후라고 믿고 있다. 이들은 자신의 세계관에 부합하기 때문에 그렇게 믿는 사람들이다. 그들의 세계관에 맞는 것이지, 그들이 멍청한 것은 아니다. 그들에게는 이미 프레임이 있고 그 프레임에 맞는 사실만 받아들일 뿐이다.

이를 볼 때, 종교적 프레임의 자리를 문화적, 이데올로기적 문법으로서 작동하는 패러다임과 프레임들이 대신하고 있을 뿐이다. 이것들은 현실을 왜곡하며, 여전히 우리의 경험과 행동에 대한 규범적 해석을 제공한다.

여기서 이런 패러다임과 프레임, 모델들의 차이점을 간단히 살펴보자. 먼저 패러다임 또는 프레임은 사회, 종교, 문화 내지는 전통이라는 거시적 차원에서 작동하며, 대개 사람들은 이를 무의식적으로 자신들의 해석적 준거로 수용하며 살게 된다. 이에 반해 모델이나 은유의 경우는 그 작동방식이 삶의 경험과 깊이 연관된다는 점에서 조금은 다르다. 우리는 은유로 살아간다고 말할 정도로 우리의 사고와 가치관을 자연스럽게 형성하게 되는데, 예를 들어 "인생은 연극이다", "인생은 정글이다"라는 이 짧은 은유에서 삶을 이해하는 각자의 태도와 방식을 잘 드러내 준다. 그러기에 월터 윙크(Walter Wink)가 주장하는 것처럼 "우리가 세상을 이해하는 근본적인 은유의 혁신보다 더 혁명적인 것은 없다."

따라서 설교자는 숨 쉬는 공기처럼 우리를 사로잡고 있는 이런 진부한 은유(dead metaphor)와 문화적 미신(cultural myth), 그리고 세속적 패러다임 뒤에 숨은 거짓 현실(fake reality)의 가면을 벗겨내야 하는 사명이 있다. 즉 설교란 어떤 의미에서 회중을 사로잡은 세속적 프레임, 패러다임과 모델들과의 싸움이며, 성경적 은유와 패러다임을 그 대안으로서 제시하는 일이다. 그럼에도 불구하고 많은 설교자들이 이런 싸움에서 그다지 성공적이지 못한 것도 사실이다. 그 이유는 설교자가 사용하는 종교적 은유와 패러다임마저도 생명력을 잃은, 화석화된 진부한 것들이 되어가고 있기 때문이다. 실제로 오랜 세월에 걸쳐 요식화, 문자화 내지는 화석화된 많은 종교적 은유들은 그 어떤 상상력과 긴장감 내지는 새로운 차원의 삶의 경험을 수용하지 못한다. 설교학자 리차드 리셔(Richard Lischer)는 다음과 같은 예를 제시한다.

> "나는 선한 목자다"라는 예수님의 말씀은 이 비유를 듣던 첫 독자나 청자들에게는 매우 큰 은유적 충격을 주었을 것임에 틀림없다. 구약성경에서 이스라엘 백성을 목양하겠다고 약속하신 분은 오직 하나님뿐이셨기 때문이다. 지금도 기독교인들은 성경을 포괄하는 이 큰 은유(master metaphor)를 강조하지만, 처음의 충격은 이제 완전히 위로와 확신의 감정으로 대체되어 버렸다. 마치 30년 전 뮤지컬 〈가스펠〉은 예수님을 목자가 아닌 광대로 표현하여 충격을 준 것처럼 말이다. 많은 사람들의 첫 반응은 놀람의 "아니다"였고, 마지못해 "그럴 수도 있다"는 것뿐이었다.

이처럼 긴장감을 잃은 구태의연한 은유와 패러다임은 점차 하나님의 말씀이라는 허울 좋은 종교적 우상이 되고, 세상의 어휘와 차별되지 못한 채 세상의 프레임에 종속되기도 한다. 그 결과 기독교는 어떤 긴장감도 없는 정적이며, 변화에 대해 둔감하고 무관심한 종교, 심지어 정치적, 사회적 권력을 가진 자들의 목적을 위해 대중의 "신화적, 시적 세계(the mythic-poetic world)"를 조작하는 프로파간다에 협조하는 이들로 비난을 받기도 한다. 그렇게 긴장과 상상력이 없는 설교는 왜곡된 세속적 시스템과 지배 체제의 현상 유지를 추종하며, 늘 단순한 위안과 낙관주의를 전할 뿐이다.

그러나 앞서 말한 대로 설교자는 세상을 지배하는 은유와 패러다임을 허무는 존재여야 한다. 급속도로 소비주의나 자본주의와 같은 패러다임들이 기독교 패러다임을 대체하며, 회중의 표준적 삶의 방식이 되어가고 있다. 설교자마저 그 가짜 실체를 폭로해야 하지 못한다면, 그것들은 회중의 일상생활의 해석적 틀을 전부 장악하고 말 것이다. 에드워드 팔리(Edward Farley)가 주장하듯, "구속적 변혁은 오직 우리의 제도들을 세뇌하며 착취적 의제로 이끄는 언어 그 자체를 돌파하지 않으면 오지 않을 것이다." 그렇다면 설교자는 구체적으로 자신의 설교를 어떻게 갱신하고, 점검해야 하는가?

III. 모델과 패러다임으로서의 실제적 복음(Working Gospel, Canon)

앞서 언급한 대로 모델, 은유, 패러다임, 프레임들은 세계와 우리의 지식을 구성하는 근본적인 인식론적 도구이다. 설교자들 역시 이러한 패러다임과 모델(은유)적 사고를 통해 성경 본문에 접근하게 된다. 다른 말로, 본문에서 설교로 이어지는 과정 가운데, 많은 경우 설교자는 그 본문 자체보다는 자신의 패러다임이나 모델을 그 본문에서 읽어내곤 한다는 뜻이다. 이와 연관되어 에드워드 팔리(Edward Farley)는 다음과 같이 주장한다.

> 설교해야 할 본문은 성경이란 큰 글 중의 한정된 파편일 뿐이고, 때로는 성경의 언어적 무오성에도 위배되는 내용일 수도 있다. 때로는 본문의 내용이 설교자의 생각과는 정반대의 내용일 수도 있고, 운 좋게도 본문이 "인생의 교훈"으로 삼을 만한 도덕적 내용을 담을 수도 있다. 어느 경우이든 설교자는 본문에서 "설교할 만한 X(preachable X)"를 발견해야만 한다. 이를 위해 설교자는 어떤 단어나 구절, 행동, 내러티브 등등 본문의 어떤 것이든 붙잡아 "설교할 만한 X(preachable X)"를 반드시 찾아내려고 하고, 이를 다시 삶의 교훈으로 적용해 나가는 것이 설교 준비의 과정이기도 하다. 궁극적으로 설교는 그저 성경주석만을 따라간다고 되는 것이 아니며, 결국 주석된 본문에서 하나의 X를 찾아내는 것이다.

이미 언급한 대로 설교자가 이런 "설교할 만한 X(preachable X)"를 찾아내기 위해서는 성경 전체를 조망하는 자기 고유의 패러다임이나 모델들을 암묵적으로 사용하게 된다. 어떤 설교자도 객관적인 관점을 가지고 늘 새롭게 본문을 해석할 수는 없으며, 게다가 해당 본문이 반드시 복음을 담지하고 있는 것도 아니기 때문이다. 이를 다른 말로, 성경을 바라보는 자신만의 "실제적 정경 또는 복음(working canon/gospel)"이라고 부를 수 있다. 이렇게 설교자가 자신만의 패러다임과 모델을 가지고, 이런 일종의 해석학적 순환과정을 보여 주는 예는 성경에서도 등장한다.

바울의 경우에 있어서 십자가는 구약성경(text)과 초대교회의 상황(context)을 해석하는 "실제적 복음(working gospel)"으로서 작동하는 모델이자 은유라고 볼 수 있다. 신약학자 리차드 헤이스(Richard Hays)가 주장하듯, "바울은 십자가를 하나의 은유로 읽는다. 즉 예수님의 죽음으로 예시된 자기희생을, 신앙공동체 내의 행동들과 유비적으로 대응시켜 해석하는 은유로 말이다."

이런 실제적 복음/정경의 논의는 현대신학자들에게도 나타난다. 가톨릭 신학자 마리아 힐커트(Maria Hilkert)에 따르면 "고난 받는 메시아"라는 뿌리 은유 또는 모델(root metaphor)이 설교자들이 주로 염두에 두는 실무적 복음/정경이라고 제안한다. 수정주의자인 데이비드 트레이시(David Tracy) 역시, 설교자들에게 성경을 관통하는 실제적 정경은 "하나님 자신 안에 있는 신성이 예수 그리스도의 인격과 사건 안에서 결정적으로 그리고 최종적으로 드러난" 사건이라고 주장한다. 같은 맥락에서 후기자유주의 설교학자인 리차드 리셔는 설교자들의 주된 실제적 복음은 "하나님이 사람이 되신 것과 하나님이 사람이 아닌 것, 즉 유사성과 대조이며, 이것이 기독교 상상력의 신학적 극장"이라고 주장한다.

결국 설교란 설교자가 자신만의 실제적 복음/정경을 본문에서 암묵적으로 발견하여 전달하는 행위가 되며, 역으로 설교자의 한계는 바로 그가 가진 실제적 복음/정경의 내용적 한계에 달려있다고 할 수 있다. 다른 말로, 설교자들이 어떤 본문을 보아도 늘 비슷한 설교를 하게 되는 딜레마의 이유가 여기에 있다는 뜻이다. 따라서 설교에 있어서의 참된 혁신은 자신이 가진 실제적 복음/정경을 다시 한 번 고찰하고, 그 의미를 확장하는 것이다.

특히 설교를 작성함에 있어서, 이미 세속적 패러다임과 모델과 은유들이 회중의 의식을 점령하고 있는 가운데, 설교자의 실제적 복음/정경이 그것들에 저항하는 새로운 해석학적 툴을 제공하는지 점검해야 한다. 자신의 실제적 복음/정경이 회중에게 하나님의 위로와 평안만을 강조하는 편파적, 부분적 성격을 가지고 있는 것은 아닌지 살펴볼 필요가 있다는 뜻이다. 동시에 성경에서 점차 생명력을 잃고 화석화된 패러다임과 모델들(예를 들어, 예수님은 왕이시다. 여호와는 나의 목자시다)이 가진 원래의 긴장감을 회복함으로써 어떻게 자신만의 실제적 정경과 복음의 내용을 더 풍성히 할 수 있는가를 계속 연구해야만 한다. 이제 실제적 복음/정경의 구성 형태인 패러다임과 모델들의 이론들을 더 살펴보고, 거기서 어떻게 긴장감을 회복할 것인지, 또 새로운 의미를 찾을 수 있는지 구체적으로 살펴보자.

1. 패러다임으로서의 실제적 복음/정경

패러다임은 같은 전통과 공동체에 속한 사람들 안에서 작동하는, 그들이 스스로 따르는 규범적 모범들이라고 할 수 있다. 흔히 내러티브, 프레임워크, 교리, 전례 예식의 형태를 띠게 되는데, 개렛 그린(Garret Green)은 다음과 같이 설명한다. "대개 과학에서 패러다임은 어떤 이론적 형태를 가지는 데 반해, 특히 종교에서는 규범적 텍스트, 예식, 교리가 그 기능을 수행하게 된다." 그 대표적인 기독교 패러다임의 예가 신앙의 문법을 간략한 내러티브 형식으로 표현한 사도신경이라고 할 수 있다. 실제로 이런 패러다임들은 신앙교육이나 전통에 이미 뿌리 박혀 있기에 설교자와 청중은 모두 거부감이나 갈등 없이 받아들이는 경향이 있다.

마리아 힐커트에 따르면 "조상들의 신앙적 프레임워크는 다음 세대들이 자신의 경험을 해석할 수 있는 열쇠를 제공하며," 결국 그 전통에 속한 신앙인이 된다는 것은 이런 신앙적 문법과 패러다임에 익숙해지는 것을 의미하게 된다. 개렛 그린 역시 "신자에게 주어진 것은 선재하는 근원적 경험(foundational experience)이 아니라 종교적 패러다임이며, 이는 경전으로 구체화되고 종교공동체의 삶에서 표현된다"고 주장한다.

결국 이런 패러다임이나 유형론(typology)의 이론에 따르자면 설교란 세상 이야기나 경험을 성경 이야기를 끼워 맞추는 것이 아니라, 정반대로 성경 이야기를 세상의 이야기에 적용하는 문제로 귀결된다. 특히 후기자유주의(Postliberalism)의 논리에 따르면 세상이 텍스트를 흡수하는 것이 아니라, 텍스트가 세상을 흡수하는 것이다. 설교학자 찰스 캠벨(Charles Campbell)의 주장에 따르면 설교란 주님의 날에, 세례 받은 신자들의 예배라는 언어게임(language game) 안에서 작동하는 공동체적, 공적, 훈련된 행동의 사건이며, 동시에 예수님이라는 신학적 상상력의 패러다임 위에서 세상을 바라보는 기독론적이며 교회론적인 성격을 가진다. 다른 말로, 이런 설교를 가능하게 하는 근거는 예수 그리스도라는 패러다임과 유형론을 하나의 해석학적 키로 세상과 인생의 의미를 파악하고자 하는 윤리적, 대안적 공동체가 존재하기 때문이다.

이런 패러다임적 설교를 하는 대표적인 예가 미국 흑인 설교자들이라고 할 수 있다. 그들은 오랜 억압과 차별의 세월 가운데 지친 자신들의 삶을 성경의 출애굽의 승리 이야기 가운데 유형론(typology)적으로 해석하고 선포한다. 실제로 설교학자인 키스 밀러(Keith Miller)에 따르면 흑인 설교자들은 자신들의 억압된 상황을 하나님의 계획 안으로, 더 엄밀히는 모세와 예수 그리스도 사이의 유형론적 관계로 통합하는 경향이 있다고 주장한다. 다른 말로, 구약과 신약의 이야기를 지금의 흑인 회중에게까지 이어지는 성경적 사건의 현재성으로 강조한다는 뜻이다.

따라서 이런 실제적 복음(working gospel)을 지닌 설교자는 회중에서 하나님이 주시는 자유에 대한 희망과 확신을 불어넣을 뿐 아니라, 성경의 선지자들의 목소리와 자신의 목소리를 유형론적으로 결합시켜서 보다 열정적인 설교를 전달하는 것을 흔히 보게 된다. 그리고 회중의 입장에서도 자신들을 새로운 모세, 즉 신적 영감을 받은 설교자가 꼭 필요한 구약의 이스라엘 백성으로 여기게 된다.

그러나 이런 유형론이나 패러다임적 사고가 가진 문제는 너무나 단순하게 성경의 인물이나 사건들을 자신의 삶과 상황에 동일시하는 자기확신의 함정에 빠지기 쉽다는 것이다. 그리고 더 큰 문제는 설교자가 이런 유형론을 통해서 자신의 영성을 은근히 높이고 자랑하게 되는 결과를 가지게 된다는 점이다.

그렇다면 이런 패러다임적 사고를 가진 설교자가 자신의 실제적 복음(working gospel)을 보다 올바르고, 또한 풍성하게 만드는 길은 무엇일까? 그것은 바로 고백공동체(confessing community)로서의 교회 안에 성경적 패러다임이 가지는 본래의 긴장감을 회복하는 것뿐이다. 특히 예수님의 이야기가 가진 본래의 성격, 위험한 기억(dangerous memory)이자 묵시적 긴장(apocalyptical tension)을 회복해야 한다. 실제로 듀크 대학의 윤리학 교수였던 알렌 버헤이(Allen Verhey)는 예수님의 기억이 창조한 세상에 대한 대안 사회(contrast-societies), 저항의 공동체로서의 교회의 모습을 다음과 같이 기술한다.

> 초대교회 교인들은 적대감과 가부장제도, 그리고 세상의 계급주의와 싸워야 했다. 그리고 그런 투쟁과 저항으로 그들의 삶이 점철되었다. … 예수님은 어떤 사회적 프로그램이나 어떤 대안적 친족시스템을 제안한 것이 아니다. 오히려 그들이 예수님을 기억했기 때문에 다른 세상을 꿈꾸었다. 바로 하나님이 전지전능한 우주적 주권으로 다스리시는 세상, 예수님이 그 우편에 앉으신 세상, 더이상 유대인이나 헬라인, 노예나 자유인, 남자와 여자의 구별이 없는 세상 말이다(갈 3:28). 그들은 그들이 바라보았던 세상과 일치하는 삶을 살아냄으로 그 세상이 이 땅에 임하길 바랐고, 싸웠던 것뿐이다.

같은 맥락에서 후기자유주의자들(Postliberalists)은 예수님의 이야기라는 패러다임이 지닌 묵시적 긴장에 관해 관심을 기울인다. 여기서 묵시란, 리차드 스텀(Richard E. Sturm)의 정의에 따르면 ① 예수 그리스도를 중심으로 하는 옛 시대와 새 시대, ② 시간과 역사에 대한 하나님의 주권, 그리고 ③ 임박한 종말에 대한 계시를 의미한다. 요약하자면, 묵시는 예수님의 성육신 사건과 함께 이미 도래한 하나님의 나라를 포괄하는 우주적 사건이다. 이런 우주적 묵시 사상(cosmological apocalyptic)은 바울신학, 특히 갈라디아서에서 발견되는데, 루이스 마틴(Louis Martyn)에 따르면 다음과 같다,

바울은 (갈라디아서 3장 23절에서) "믿음이 오기 전에"라고 언급하는데, 25절에서도 "믿음이 온 후로는"이라는 표현을 같은 의미로 사용한다. 그러나 (원어로) 23절에서는 아포칼립토(ἀροκαλύρτω)라고 사용하고, 25절에서는 에르코마이(ἔρχομαι)를 사실상 같은 의미로 사용하고 있다.

즉 예수님의 성육신 사건은 이미 이 땅에 묵시적 사건이 발생했다는 뜻이라는 주장인 셈이다. 예수 그리스도의 계시가 묵시적 심판의 성격을 가지고 있으며, 새로운 시대가 이미 열렸음을 의미하는 것이다. 따라서 설교자가 예수님 이야기라는 패러다임을 선포한다는 것은 세상적 기대를 전복하는 묵시적 비전과 긴장을 선언하는 것이며, 동시에 설교 행위 그 자체로 세상의 정사와 권세의 사악한 전략에 대한 교회의 저항 행위가 된다. 즉 설교란 옛 세대(Old Age)와 정사와 권세들에 대해 이미 이루어진 하나님의 심판을 회중에게 현재적 관점에서 이중적 시각(bifocal vision)으로 바라보며 살아가도록 촉구하는 것이다.

실제로 찰스 캠벨에 따르면 "교회와 기독교인들은 무엇을 이루어야 할지 염려하기보다, 그들의 과제는 하나님이 이미 이루신 모든 것의 승리 안에서 사는 것이다." 바로 묵시란 추상적인 것이 아니라, 우주적이며 동시에 회중이 살아내야 할 실체이기 때문이다. 이런 입장은 하우어워스(Stanley Hauerwas)에게도 동일하다. "묵시라는 단어의 참 뜻은 '대안적 공동체'로서의 교회 이해와 맞물려 있다. 이 대안적 공동체의 역할은 바로 저항의 삶을 살아내는 것, 바로 예배공동체 안에서 사회적, 정치적 역할을 추구하는 삶을 육성하는 것이다." 실제로 같은 듀크 대학의 설교학 교수인 윌리엄 윌리몬(William Willimon)과 공저한 『거주자로서의 이방인』(Resident Aliens)이라는 책제목에서 드러나듯이, 그는 교회가 이 세상에서 묵시적, 대안적 공동체로 살아갈 것을 강력히 제안한다.

따라서 설교자들이 지닌 실제적 복음(working gospel)을 갱신하고 풍성하게 하는 길 중의 하나가 바로 예수님 이야기라는 패러다임이 가지는 이런 긴장감을 다시 회복하는 것이다. 위로와 평강의 주님만이 아니라, 예수님 사건이 가지는 묵시적, 이중적 비전을 회복할 때, 비로소 교회는 세상적 패러다임과 프레임을 극복하는 저항적, 종말론적, 대안공동체로서의 모습을 회복할 수 있다. 물론 이런 과정이 단순하지만은 않다. 이런 묵시적, 저항적 내용을 선포하는 설교자는 영웅적이거나 카리스마적인 인물상이 아닌, 십자가를 따르는(cruciform) 연약함(vulnerability)의 모습이 되기 마련이기 때문이다.

오늘날 세상문화에 물든 많은 교회들이 목회자의 인격과 교회의 존재가치를 숫자 중심으로 그 성공 여부를 파악하는 가운데, 앙드레 레스너(André Resner)가 주장하듯, 십자가의 정신(cruciform ethos)에 바탕한 설교는 그런 영광의 신학과는 거리가 먼 취약함의 수사학(rhetoric of vulnerability)이 될 위험이 다분하다. 즉 설교자는 복음서에서 예수님의 십자가가 불러일으키는 것과 같은 적대감과 혐오감에 노출될 위험을 감수해야 한다. 그러나 그런 설교자의 연약한 태도 자체가 오히려 세상에 존재하는 새로운 방식이며, 유한한 세상과 권력을 따르는 추악한 우상화를 조롱하는 저항의 행위이다.

2. 은유나 모델로서의 실제적 복음/정경

앞서 실제적 복음/정경을 예수님 이야기라는 패러다임을 중심으로 살펴보았다면, 이런 질문이 남게 된다. 설교자가 예수님 이야기만을 모든 설교에서 선포하게 되는가? 또 성경에는 다른 여러 모델과 은유도 등장하지 않는가? 실제로 설교자의 의식 속에는 예수님 이야기 외에도 여러 다양한 성경적 모델이 존재할 수 있다. 예를 들어, 예수님은 빛이다, 여호와는 목자시다 등이 있다. 이와 같은 문장은 모두 은유를 바탕으로 한다. 이런 은유가 우리의 실제적 복음이나 정경을 구성하는 이유는 분명하다. 종교적 언어가 지시하는 대상, 바로 하나님에 대한 경험을 기술함에 있어서 우리가 직면하는 언어적 한계성과 모호성 때문이다.

실제로 종교적 언어는 근본적으로 은유적 언어가 될 수밖에 없으며, 필리스 트리블(Phyllis Trible)이 말하듯 성경에서의 은유는 마치 "달을 가리키는 손가락"과 같다. 달은 볼 수는 있지만 소유할 수는 없기 때문이다. 예수님도 스스로 "나는 생명의 떡이다"라는 은유를 사용하며, 회중에게 은유적 충격(metaphorical shock)을 던진다. 이 은유에서 주(主) 주어는 사람(예수님)이고 보조 주어는 사물(떡)이다. 두 주어는 공통점이 거의 없기에, 듣는 이들은 낯선 충격과 동시에 의미를 파악하기 위해 두 의미 체계에서 광범위한 상호작용(의미 과정)을 거쳐야만 한다. 이러한 두 주어 사이의 은유적, 변증법적 긴장과 같은 상호작용에 대해, 폴 리쾨르(Paul Ricoeur)는 다음과 같이 주장한다.

> 은유란 의도적으로 해당 유형의 문장의 통상적이고 문자적인 의미를 넘어서 표현되기 때문에, 청자에게 혼란과 놀라움(disorientation)을 불러일으킬 뿐만 아니라, 동시에 개방적이고 무궁무진한 의미(reorientation)를 제공한다.

이런 긴장과 낯설음의 과정은 결국 두 주어 간의 '이다(is)'와 '아니다(is not)'의 관계라고 할 수 있으며, 은유가 있는 곳에는 원래 반드시 갈등과 긴장이 창조될 수밖에 없다. 그런데 앞서 말한 대로 이런 은유의 반전과 긴장감 넘치는 특성은 우리의 인식을 재구성하고 세계에 대한 더 넓고 새로운 비전을 포용하는 데 필수적이다. 그리고 동시에 은유가 바로 하나님을 기술하는 적절한 도구가 될 수밖에 없는 이유이기도 하다.

한편 성경에서 이런 은유의 특성이 가장 잘 드러난 곳은 바로 하나님 나라의 비유이다(예를 들어, 천국은 누룩, 겨자씨와 같다 등등). 리쾨르는 이런 비유(parables)를 은유적 과정과 내러티브 형식의 결합이라고 주장하는데, 확장된 은유로서의 하나님 나라 비유는 실제로 청자의 기대를 뒤흔들고, 실재(reality)에 대한 그들의 감각을 새롭게 하는 특성을 가진다.

이를 반영하듯, 셀리 맥페이그(Sallie McFague)는 하나님 나라 비유는 바로 기독교의 뿌리 은유(root metaphor)라고 주장하며, 예수님 그 자체가 은유라고까지 주장한다. 고난 받는 메시아, 바로 'suffering'과 'Messiah' 이 두 단어가 서로 너무나 상반되기 때문이다. 실제로 하나님 나라의 메시지는 세상의 미덕(이른바, 자급자족, 자기만족, 자기의존, 권력)을 은유적으로 조롱하고 최종 승리를 선포하는 십자가 및 고난과 함께 선포된다.

구약학자들의 입장 역시 이와 같은 맥락을 가진다. 구약학자들의 입장에서 하나님 나라의 비유는 "하나님은 왕이시다(God is King)"라는 뿌리 은유에 상응한다고도 볼 수 있기 때문이다. 실제로 구약학자 월터 브루그만(Walter Brueggemann)에 따르면 설교자가 가져야 하는 (예언자적) 상상력은 상식적이고 당연하다고 여겨지는 일상 경험의 세계 너머에 있는 대안적 세계를 환기, 생성, 구성하는 것과 관련이 있다. 그는 그 예로 출애굽기의 파라오를 왕이신 하나님(또는 하나님 나라)이라는 은유에 대응하는 하나의 은유라고 제안한다. "파라오는 분명히 은유이다. 그는 거침없는, 절대적이며 세속적인 힘을 구현하고 대표한다. 그는 그의 뒤를 이은 빌라도처럼 제국 전체를 대표하는 존재다. '힘의 제국'의 대리인으로서, 그는 다양한 인물들의 모습으로 다시 등장한다."

여기서 뿌리(중심) 은유가 무엇인지 살펴볼 필요가 있다. 대개 뿌리(중심) 은유는 그 하나로 존재하지 않는다. 뿌리 은유는 그 보조적 은유들의 집합체(root metaphor and a host of supporting metaphors)를 포괄하는 보다 큰 개념, 하나의 의미 시스템으로 존재하는데, 이를 모델이라고 정의할 수 있다. 예를 들어, "논쟁은 전쟁이다"라는 뿌리 은유 밑에는 다양한 보조 은유들이 존재하며, 하나의 의미 체계인 모델(의미의 네트워크)을 구성한다. 이런 보조 은유들은 예를 들어 "당신의 주장은 방어할 수 없다", "그는 내 주장의 모든 약점을 공격했다", "그의 비판은 목표에 적중했다", "그는 내 주장을 모두 격파했다" 등등이다. 논쟁을 전쟁이라는 뿌리 은유로 인식하는 순간, 여기에 따르는 부속 행위들 역시 호전적 은유로 구성되는 하나의 모델이 구성된다는 뜻이다. 마찬가지로 "하나님은 왕이시다"라는 뿌리 은유의 밑에는 "믿음은 충성이다", "우리는 영적 전쟁을 수행한다" 등과 같은 보조적 은유들이 자연스레 수반된다.

한마디로 모델은 은유의 특성을 유지할 뿐만 아니라 개념적 사고의 특성도 포함한다는 차이가 있으며, 우리가 직면하는 세상과 상황을 이해하려고 할 때 꺼내 드는 가장 기본적인 틀로서 바로 이 모델이 작동하게 된다. 이는 설교학적으로 매우 의미가 있다. 예를 들어, "사회생활은 전쟁"이라는 모델이 마음속에 무의식적으로 뿌리 깊게 내린 회중에게 설교자는 "하나님 나라"라는 뿌리 은유를 선포해야 하기 때문이다.

이를 위해 설교자는 자신이 암묵적으로 늘 떠올리는 실제적 복음/정경을 끊임없이 수정할 준비가 되어 있어야 한다. 다른 말로, 자신의 해석학적 렌즈인 이 모델이 죽은, 생명력을 잃은 은유(dead metaphor)로 구성된다면 당연히 새로운 시각도, 어떤 긴장감도, 무궁무진한 해석의 가능성에도 닫힌 존재가 되고 말 것이기 때문이다. 늘 하나님 나라 은유가 가진 전복성과 충격은 항상 우리에게 내가 가진 모델의 정당성을 질문하게 한다.

이런 은유적 긴장감, 다른 말로 유사성과 이질성 간의 의미론적 긴장('is' vs. 'is not')을 소실한 대표적 사례가 바로 남아프리카 공화국에서 행해진 설교자들의 모습이다. 남아공의 설교학자인 존 실리어스(John Cilliers)는 『우리를 위한 하나님』(God for us)이라는 책에서 아파르트헤이트(Apartheid) 시대의 설교들을 자세히 분석한다. 거기서 그는 "하나님은 우리를 위한 하나님(God is for us)"이라는 모델 내지는 실제적 복음을 통해 당시 설교자들의 편파적인 설교를 다음과 같이 지적한다.

> 늘 복음은 전통을 지키기 위한 종교적으로 고양된 호소가 되고 법이 되어 버렸다. 그리고 예수님은 (백인들이 세운 나라에 대한) 애국적 도덕주의를 지지하는 하나의 적용 가능한 모델로 전락되었다. 국가의 역사는 거룩한 빛으로 둘러싸인 구원의 역사가 되었고, 자신들의 실제적 목적을 위해 국가와 교회는 동일하다고 선포되었다.

바로 이 모습이 설교자의 실제적 복음이 사실상 긴장감과 은유적 전복성을 잃은 채, 단순한 유비를 통해 가짜 현실에게 세례를 주는 모습이다. 다른 말로, "God is for us"와 "is not"의 긴장감과 구속의 신비를 상실한 대표적인 사례이자, 은유가 가지는 개방성과 새로운 의미의 가능성이 바로 설교자의 실제적 정경에 반드시 필요한 이유라고도 할 수 있다. 셸리 맥페이그의 주장처럼 "주요 신학 모델(root metaphor)은 단순히 '종교적'인 것이 아니라, 늘 세상의 모든 삶의 차원을 감안해야 한다. 우리가 '게토 기독교(ghetto Christianity)'를 거부하려면 이러한 신학 모델들이 세상을 바라보는 새롭고 다양한 방식과 우리가 중요하다고 생각하는 기독교의 진리에도 부합해야만 한다."

실제로 설교학자들은 비유와 은유, 모델에 대해 많은 관심을 기울인다. 데이비드 버트릭(David Buttrick)은 다음과 같이 주장한다.

> 인간의 삶을 변화시키고자 하는 설교자는 은유적 언어의 순수한 힘을 이해해야만 한다. 우리는 은유를 통해 세상을 신앙으로 바라보는 일을 수행하기 때문이다.

특히 하나님 나라의 비유는 비판적 성격을 지닌 사회정치적 은유이며 절대로 개인적 신앙이나 경건의 차원으로 축소되어서는 안 된다고 주장한다. 한편 설교의 형태론에 있어서도 이런 은유와 모델의 영향은 뚜렷하다. 설교학자 유진 로우리(Eugene Lowry)의 이야기식 설교이론은 하나님 나라 비유의 구조를 모방하여, 불균형(disequilibrium)에서 갈등의 고조를 거쳐 놀라운 반전, 그리고 종결로 구성되는 것을 볼 수 있다. 폴 스캇 윌슨(Paul Scott Wilson) 역시 네 페이지 설교를 제안하면서, 설교란 "율법과 복음이 은유의 양극(is and is not)"처럼 작동하는 것이라고 주장한다.

이처럼 자신의 실제적 복음/정경 속에 내재된 이런 은유, 모델의 측면을 이해하는 것이 설교자에게는 매우 중요하다. 특히 앞서 말한 것처럼 하나님의 은폐성과 그에 관한 기술의 모호성과 다양성을 감안한다면, 설교자의 실제적 복음/정경은 반드시 이런 모델적 특질들을 가져야만 한다.

IV. 나가는 말

현대의 많은 이들이 자신도 모르게 어떤 고정관념과 신화, 이데올로기에 매몰되어 있으며, 그 가운데 그리스도인과 교회조차 세상과 구별된 순수한 공동체로 살아가는 데 실패하고 있다. 그런데도 많은 설교자들은 자신의 설교가 회중의 규범적 가치관에 부합하는가, 청중의 불안과 두려움을 달래기 위해 모든 것이 잘 될 것이라는 위로가 담겨 있는가에 더 신경을 쓰는 경향이 있다. 더 나아가 자신의 경험담과 간증의 이야기들을 거룩한 이야기처럼 부풀려 설교의 시간을 채우기도 한다.

이런 모습들은 설교자가 지닌 '실무적 복음'이 사실 진공 상태이거나 죽은 은유들에 머물러 있음을 의미한다. 그러나 토마스 롱의 말처럼 "설교자는 고대의 텍스트와 현재의 상황이라는 양극을 하나로 모아, 상상력의 불꽃이 그 사이에 터지도록" 하는 일을 감당해야 한다. 더이상 청중 중심의 설교가 아니라 복음이 주는 긴장감을 회복해야 한다.

다시 말해, 설교자가 자신의 설교를 풍성하게 회복하는 길은 그 실제적 복음/정경을 다시금 비판적으로 고찰하고, 그 내용을 풍성히 하는 것뿐이다. 특히 본문을 접근할 때마다 자신이 본문에서 습관적으로 발견하는 '설교할 만한 X(preachable X)'가 무엇인지를 다시금 고민해야만 한다. 이를 통해서 설교자는 묵시적, 은유적 메시지를 다시 활성화하고, 청중에게 불협화음을 불러일으키며, 변증법적 긴장 속에서 살아가도록 깨우쳐야 한다. 바로 'is'와 'is not yet' 사이의 묵시적 긴장과 'is'와 'is not' 사이의 은유적 긴장을 말이다.

다시 말하지만, 디트리히 본회퍼(Dietrich Bonhoeffer)가 말했듯, 설교자는 평범한 세속 언어, 죽은 은유의 경계를 침범하고 그것을 변형시키는 사람이다. 설교자는 설교를 듣는 청중을 사로잡는 것이 근사한 이미지나 감동적 예화들, 익숙한 요점을 명쾌하게 정리하는 기술이 아님을 기억해야 한다. 청중을 사로잡는 것은 인간의 본성 속에 있는 복음의 '생생함' 또는 '낯섦'이다. 물론 설교자 역시 연약한 인간이기 때문에 이런 세상의 언어와 은유와 패러다임으로부터 완전히 자유롭다고 할 수 없다. 하지만 계속 싸워가야 하는 것이 설교자의 숙명이다. 헨리 나우웬(Henri Nouwen)이 지적하듯이,

진정한 저항을 위해서는 우리 역시 우리가 저항하고자 하는 악의 동반자들임을 인정하는 겸손한 고백이 필요하다. 이것은 매우 어렵고 끝이 없어 보이는 훈련이다. 우리가 "아니오"라고 더 많이 말할수록, 우리는 세상에 만연한 죽음이라는 존재에 더 많이 부딪히게 될 것이다. 더 많이 저항할수록, 우리는 저항해야 할 것이 얼마나 더 많은지 인식하게 될 것이다. 우리가 더 많이 싸울수록, 우리는 아직 싸워야 할 전투가 더 많이 남아있다는 것을 마주하게 될 것이다.

1

특
별
기
고

양 성 부 목 사

• 듀크대학교 석사(Th.M.), 박사(D.Min.) 설교학 전공
• 주은혜교회 담임목사

a Handbook

for Preaching and Worship

2
주일 낮 예배·
설교 지침

대림절 첫 번째 주일

❖성서정과　시 25:1-10; 렘 33:14-16; 살전 3:9-13; 눅 21:25-36

예배로 부름　Call to Worship

내가 여호와를 항상 송축함이여 내 입술로 항상 주를 찬양하리이다 내 영혼이 여호와를 자랑하리니 곤고한 자들이 이를 듣고 기뻐하리로다 나와 함께 여호와를 광대하시다 하며 함께 그의 이름을 높이세(시 34:1-3)

예배 기원　Invocation

찬양과 경배를 받으시기에 합당하신 하나님 아버지! 죄악 중에서 죽을 수밖에 없는 인류를 구원하시려고 독생자 예수 그리스도를 이 땅에 보내 주신 은혜에 감사를 드립니다. 오늘은 교회력으로 새로운 한 해가 시작되는 대림절 첫 번째 주일입니다. 저희도 몸과 마음을 새롭게 하여 살아 계신 하나님께 예배하고자 성전으로 올라왔습니다. 거룩하신 삼위일체 하나님께서 친히 이곳에 임하셔서 저희가 드리는 예배를 기쁘게 흠향하여 주시기를 원합니다. 예배의 시종을 온전히 맡겨드리오며 예수 그리스도의 이름으로 기원하옵나이다. 아멘.

이 주일의 찬송　Hymns

영원한 문아 열려라(102장) / 대속하신 구주께서(174장)
주 어느 때 다시 오실는지(176장) / 하나님의 나팔 소리(180장)
마귀들과 싸울지라(348장) / 옳은 길 따르라 의의 길을(516장)

성시교독　Responsive Readings　　　　　　　　　　　시 25:1-8

인도자　¹ 여호와여 나의 영혼이 주를 우러러보나이다

회 중	2 나의 하나님이여 내가 주께 의지하였사오니 나로 부끄럽지 않게 하시고 나의 원수들이 나를 이겨 개가를 부르지 못하게 하소서
인도자	3 주를 바라는 자들은 수치를 당하지 아니하려니와
회 중	까닭 없이 속이는 자들은 수치를 당하리이다
인도자	4 여호와여 주의 도를 내게 보이시고
회 중	주의 길을 내게 가르치소서
인도자	5 주의 진리로 나를 지도하시고 교훈하소서
회 중	주는 내 구원의 하나님이시니 내가 종일 주를 기다리나이다
인도자	6 여호와여 주의 긍휼하심과 인자하심이 영원부터 있었사오니
회 중	주여 이것들을 기억하옵소서
인도자	7 여호와여 내 젊은 시절의 죄와 허물을 기억하지 마시고
회 중	주의 인자하심을 따라 주께서 나를 기억하시되 주의 선하심으로 하옵소서
인도자	8 여호와는 선하시고 정직하시니
회 중	그러므로 그의 도로 죄인들을 교훈하시리로다

고백의 기도　Prayer of Confession

자비와 긍휼이 풍성하신 하나님 아버지! 지난 한 주간 저희가 품었던 생각을 돌아보니, 하나님을 사랑하기보다는 세상의 쾌락과 재물과 정욕을 갈망하며 살았습니다. 저희가 행했던 삶의 자취를 돌아보니 말씀에 순종하며 거룩한 길을 걷기보다는 진리를 외면하고 불의한 길을 걸을 때가 많았습니다. 하나님과 교회를 위하여 땀 흘리며 헌신한 기억은 없고, 일신의 안일을 위하여 게으르며 나태하게 보냈던 시간만 기억에 남아있습니다. 자비로우신 하나님! 부끄러운 모습을 있는 그대로 고백하오니 용서하여 주시고, 예수 그리스도의 십자가 보혈로 깨끗하게 씻어 주옵소서. 그리하여 거룩하신 하나님 앞에서 정결하고 합당한 예배자로 서게 하여 주옵소서. 예수님의 이름으로 이 고백의 기도를 드립니다. 아멘.

사함의 확신　Assurance of Forgiveness

네 하나님 여호와는 자비하신 하나님이심이라 그가 너를 버리지 아니하시며 너를 멸하지 아니하시며 네 조상들에게 맹세하신 언약을 잊지 아니하시리라(신 4:31)

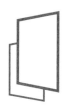

재림을 기다리는 성탄

🗂 석의적 접근

구약의 말씀 렘 33:14-16

예레미야 33장 전체에는 이스라엘과 유다의 회복에 관한 언약의 메시지가 주를 이룬다. 주님께서는 이스라엘과 유다 집에 일러주신 선한 말을 성취하시겠다고 한다. 그 선한 말이란 무엇인가? 다윗에게서 한 공의로운 가지가 나게 한다는 것이다. 이사야 11장 1절에서 이사야는 이새의 줄기에서 한 싹이 나며 그 뿌리에서 한 가지가 나서 결실할 것이라고 예언했다. 이는 오실 메시아에 대한 예언이며 예레미야에서도 똑같이 언급되었다.

메시아가 이 땅 위에서 할 일은 이 땅에 정의와 공의를 실행하는 것이다. 정의는 미쉬파트, 사법적 정의에 가까우며, 공의는 체데크, 규범적 정의에 가까운 말이다. 메시아는 이와 같이 미쉬파트와 체데크가 무너진 땅에 임하여 그것을 바로 세울 것이다. 바로 그것이 유다와 이스라엘이 구원을 받는 길이다.

서신서의 말씀 살전 3:9-13

데살로니가 교회는 바울이 직접 세운 교회로 짧은 시간밖에 사역하지 못한 교회였다. 그럼에도 불구하고 데살로니가 교회는 마게도냐 지역의 모범으로 불릴 정도로 훌륭한 믿음과 소망과 사랑을 보여 주었다. 바울은 그러한 데살로니가 교회를 향한 애정과 감사와 기쁨을 숨기지 않으며, 데살로니가 교회를 향한 자신의 기도 제목을 소개한다. 바울이 바랐던 것은 먼저 직접 그들 일행이 데살

98 | 2025 예배와 설교 핸드북

로니가를 방문하여 교회의 믿음이 부족한 것을 보충하게 하는 것이었다. 또 이어서 12절에서 기도하는 것은 데살로니가 교회의 사랑이 더욱 넘치게 하기 위함이었다. 마지막 13절의 기도 제목은 데살로니가 교회의 마음을 굳건하게 하고, 마지막 때에 예수님께서 재림하실 때까지 거룩함에 흠이 없게 하기를 원함인데, 이는 결국 종말과 연관된 소망을 의미한다. 바울은 그가 자주 쓰는 어구대로 데살로니가 교회의 믿음, 사랑, 소망이 굳건하여지기를 위해서 기도하고 있다.

복음서의 말씀 눅 21:25-36

예수님께서는 고난을 받으시기 직전, 예루살렘을 향하여 탄식하시며 마지막 종말에 대한 심판을 예고하신다. 수많은 징조와 환란이 있은 후에 인자가 구름을 타고 능력과 영광으로 오는 것을 보리라고 예언하신다(27절). 구름 타고 오는 인자의 모습은 다니엘에 언급된 메시아의 도래를 생각나게 한다. 예수님께서는 구약에 예언되었던 메시아가 바로 자기 자신임을 드러내고 계신다.

그렇기에 성도들은 무화과나무에서 교훈을 받아야 한다. 무화과나무의 성장 과정을 보면 계절의 변화를 알 수 있듯이, 성도들 또한 예수님께서 말씀하신 징조들을 통하여 종말의 도래를 알 수 있게 될 것이다.

예수님께서는 이 시기에 항상 깨어 있음을 요구하고 계신다. 피해야 할 것은 방탕함과 술 취함, 생활의 염려로 마음이 둔하여지는 것이다. 갑작스럽게 찾아올 종말의 때를 잘 맞이할 수 있도록 성도는 항상 기도하며 깨어 있어야 한다.

설교를 위한 조명

구약의 말씀(렘 33:14-16)으로 설교 작성 / 대지 설교
"그날 그 때에"

말씀에로 나아감

오늘 말씀의 제목은 "그날 그 때에"이다. 그날 그 때에 무슨 일이 일어나는 가? 14절을 보면 "여호와의 말씀이니라 보라 내가 이스라엘 집과 유다 집에 대하여 일러 준 선한 말을 성취할 날이 이르리라"고 기록하고 있다. 그날과 그 때에는 '이스라엘 집과 유다 집에 선한 말을 성취한 날'이다. 1차적으로 이 선한 말은 이스라엘 백성의 회복을 의미하지만, 이는 단지 구약 선민 이스라엘의 바벨론 포로에서의 해방만을 의미하지는 않는다. 이는 이스라엘이 예표하는 성도들의 구원 약속을 포함한다고 볼 수 있다.

그런데 하나님께서는 이러한 선한 말씀에 대하여 '그날 그 때에' 이룰 것이라고 말씀하신다. 이는 하나님께서 우리에게 주신 약속들을 이루실 때를 따로 정하셨음을 의미한다. 하나님은 때를 따라 일하시는 분이다. 하나님께서는 기분내키시는 대로 즉흥적으로 일하시는 분이 아니다. 하나님께서는 모든 일을 질서 있게 작정하시고 때에 맞추어 일하신다. 그러므로 하나님의 약속을 받은 사람들에게 중요한 태도는 하나님의 약속이 이루어지기를 인내하며 기다리는 것이다.

그러므로 하나님의 약속을 받은 사람들은 그 약속이 반드시 성취될 줄을 믿고 그날을 인내로 기다려야 한다. 약속의 성취를 믿고 끝까지 기다리는 사람들만이 그 약속의 성취의 참여자들이 될 수 있다.

본문 이해와 주안점

1. 한 공의로운 가지가 나게 하리라(15절).

본문 15절에 "그날 그 때에 내가 다윗에게서 한 공의로운 가지가 나게 하리니 그가 이 땅에 정의와 공의를 실행할 것이라"고 약속하셨다. 이는 다윗의 자손으로 이 땅에 나실 만왕의 왕 예수 그리스도를 가리킨다.

특별히 이는 다윗 언약을 염두에 두신 말씀이다. 하나님께서는 일찍이 사무엘하 7장 16절에서 다윗에게 언약하기를 다윗의 위를 영원히 견고하게 하시겠다고 말씀하셨다. "네 집과 네 나라가 내 앞에서 영원히 보전되고 네 왕위가 영원히 견고하리라 하셨다 하라." 이러한 하나님의 언약을 감안할 때 유다가 바벨론에 의해 망하고 다윗 왕조가 종말을 고하는 일이 이루어진 것은 참으로 이해하기 어려운 것이 아닐 수 없었다.

바벨론에 의해 종말을 알린 다윗 왕조는 몰락한 왕가이다. 다윗의 혈통 가운데서 다시 왕이 나온다는 것은 생각하기 어려운 일이었다. 나무로 비유하면 다윗 왕가는 다시는 소생할 수 없는 썩은 고목이다. 그런데 하나님께서는 그처럼 몰락한 다윗 왕가에서 한 의로운 가지가 나게 하리라고 말씀하고 계신다. 이는 비록 다윗 왕조가 몰락하기는 하였지만, 그 생명력마저 완전히 상실한 것은 아니었음을 시사해 준다.

그 가지에서 예수 그리스도라는 은혜의 순이 돋아나게 되었고, 하나님께서는 다윗에게 약속하신 것처럼 그의 후손으로 나신 예수 그리스도를 만왕의 왕으로 세워 세상 모든 사람을 구원하는 역사를 이루셨다. 그리하여 그로 영원히 폐하지 못할 위에 서게 하시고 그를 통해 영원한 영생의 나라인 천국을 굳건히 세우셨다.

이것이 하나님의 뜻이요 계획이다. 그러므로 하나님의 구원을 소망하는 사람들은 그 소망이 큰 만큼 인내하며 기다릴 수 있어야 한다. 하나님께서는 약속하신 바를 정하신 때에 그대로 이루사 우리의 소망과 확신이 헛되지 않았음을 밝히 드러내 주실 것이다.

2. 구원받고 살리라(16a절).

본문 16절에 "그날에 유다가 구원을 받겠고 예루살렘이 안전히 살 것이며"라고 하였다. 여기서 '그날'은 하나님께서 다윗에게 한 공의로운 가지가 나올 때, 곧 그리스도께서 왕으로 오셔서 그의 백성을 다스리시는 때를 말한다.

구원은 그리스도 안에 있다. 요한일서 5장 12절에 "아들이 있는 자에게는 생명이 있고 하나님의 아들이 없는 자에게는 생명이 없느니라"고 말씀한다. 예수 그리스도의 내주하심에 대한 확신이 곧 구원의 확신이다.

성경은 구원받은 우리에게 계속 경고하고 있다. 마태복음 22장에서 예수님은 천국을 자기 아들을 위해 잔치를 배설한 어떤 임금으로 비유하여 말씀하셨다. 여기서 천국 백성의 조건 중 첫 번째는 청함을 받아야 한다는 것이다. 그리고 두 번째는 예복을 입어야 한다. 예복은 그리스도의 의를 믿음으로 하나님이 의롭다고 인정하시는 옷이다. 그러므로 청함을 받은 자들은 의로운 예복을 입고 주님 오실 때까지 살아야 구원받는다.

그리고 예루살렘은 안전히 살 것이라고 한다. 하나님의 백성들이 살 수 있는 길은 무엇인가? 아모스 5장 4절에 "여호와께서 이스라엘 족속에게 이와 같이 말씀하시기를 너희는 나를 찾으라 그리하면 살리라'고 한다. 유다가 망하고 이스라엘이 망하고 예루살렘 성이 파괴된 이유가 무엇인가? 하나님을 찾기보다는 다른 것을 찾았기 때문이다. 그러므로 마음을 쏟아놓고 회개하고 살아 계신 하나님을 찾으면 하나님을 만나고 살게 될 것이다.

3. 여호와는 우리의 의라는 이름을 얻으리라(16b절)

본문 16절에 "그날에 유다가 구원을 받겠고 예루살렘이 안전히 살 것이며 이 성은 여호와는 우리의 의라는 이름을 얻으리라"고 한다. 여기서 안전을 누리게 될 백성들이 그 성을 '여호와는 우리의 의'라고 부를 것이라고 하였다. 이는 '하나님께서 우리에게 주신 의'라는 의미이다.

왜 그를 이처럼 '여호와는 우리의 의'라고 부르게 되는 것일까? 그것은 우선 그가 의로운 왕이기 때문이다. 죄와 연약함이 가득했던 구약의 왕들에 비해 하나님께서 다시 세우실 한 왕, 곧 예수 그리스도께서는 온전히 의로운 왕이시다. 왜냐하면, 그는 근본 하나님으로서 죄나 허물이 없는 완전한 존재이기 때문이다. 그리하여 그는 이 땅에서 자기 백성을 정의와 공의로 다스릴 것이다. 그러므로 그의 통치를 받는 그의 백성들이 그에 대하여 '여호와는 우리의 의'라고 부르는 것은 지극히 당연한 일이다.

그러나 그리스도가 이처럼 불리는 것은 비단 완전히 의롭기 때문만은 아니다. 그것은 바로 그가 한 의로운 행동으로 말미암아 그의 통치를 받는 백성들로

하여금 하나님으로부터 의롭다 함을 받고 구원을 얻게 할 것이기 때문이다. 한 의로운 행동, 즉 정의와 공의로 행할 것은 바로 그리스도께서 그의 양무리들의 죄를 사하기 위하여 그들을 대신하여 돌아가시는 일을 말한다. 참으로 그리스도께서는 아무런 죄나 허물도 없으셨지만 자기 양들을 죄에서 구원하시기 위하여 자기 목숨을 아낌없이 버리셨다.

우리는 이처럼 의로우신 분, 우리를 의롭다 일컬음을 받게 하신 분을 구주로 모시고 있다. 그러므로 우리 또한 그리스도의 의를 본받아 의로운 삶을 살 뿐 아니라 죄 가운데 헤매는 자들, 죄로 더럽혀진 자들을 그리스도 앞으로 이끌어 그들도 참된 의를 덧입도록 구원의 자리에 참여케 하는 삶을 살아야 한다.

말씀의 갈무리

'그날 그 때'는 옛날이나 지금이나 우리가 알 수 없다. 그러나 한 의로운 가지가 나게 하리라고 한 말씀이 성취되었으므로 하나님의 약속은 반드시 성취될 것이다. 초림으로 오신 예수 그리스도를 믿음으로 말미암아 구원을 받고 안전하게 산다. '여호와는 우리의 의', 즉 구원은 '하나님께서 주신 의'라고 부르는 천국 구원을 약속받은 사람들이다. 이 약속이 그리스도의 재림으로 성취될 것이다.

그날과 그 때는 다 알지 못한다. 그리스도께서는 그 때와 시기는 아버지께서 자기의 권한에 두셨으니 너희가 알 바 아니라고 말씀하셨다(행 1:7). 그 때는 하나님의 작정 가운데 명확하게 정해져 있지만 비밀로 감추어져 있다. 하지만 그 약속이 이루어지는 것은 틀림없는 사실이다. 그러므로 우리는 그 때를 인내로 기다려야 한다.

대림절은 바로 '여호와는 우리의 의' 되시는 그리스도를 바라보며 기다리는 훈련을 하는 절기이다. 촛불 하나하나를 밝히며 그날을 바라보며 믿음을 갖고 인내로 기다리는 사람만이 약속의 성취에 참여할 수 있다. 그러므로 우리는 하나님의 약속을 신뢰하며 그것을 인내로 기다리는 믿음의 사람들이 되어야 할 것이다.

대림절 두 번째 주일

❖성서정과 눅 1:68-79; 말 3:1-4; 빌 1:3-11; 눅 3:1-6

예배로 부름   Call to Worship

이스라엘아 네 하나님 여호와께서 네게 요구하시는 것이 무엇이냐 곧 네 하나님 여
호와를 경외하여 그의 모든 도를 행하고 그를 사랑하며 마음을 다하고 뜻을 다하여
네 하나님 여호와를 섬기고 내가 오늘 네 행복을 위하여 네게 명하는 여호와의 명
령과 규례를 지킬 것이 아니냐(신 10:12-13)

예배 기원   Invocation

살아 계셔서 오늘도 우리와 동행하시며 보호하여 주시는 하나님 아버지! 오늘은 거
룩한 주일을 맞이하여 그 은혜를 잊지 않고 하나님께 예배드리기 위하여 성전으로
나왔습니다. 하나님께만 영광을 돌리는 이 시간, 입을 크게 열어 성부 하나님의 성
호를 찬양하게 하시고, 믿음의 눈을 열어 이 땅에 구세주로 강림하신 성자 예수님
을 뵈옵게 하시며, 순종의 귀를 열어 성령님께서 들려주시는 진리의 말씀을 밝히
알아듣게 하옵소서. 인류를 구원하시려고 인간이 되어 이 땅에 강림하신 예수 그리
스도의 이름으로 기원하옵나이다. 아멘.

이 주일의 찬송   Hymns

전능왕 오셔서(10장) / 하나님의 크신 사랑(15장) / 예수님 오소서(98장)
주님 앞에 떨며 서서(99장) / 곧 오소서 임마누엘(104장) / 오랫동안 기다리던(105장)

성시교독 Responsive Readings   눅 1:68-79

인도자   **68** 찬송하리로다 주 이스라엘의 하나님이여 그 백성을 돌보사 속량하시며

회 중	**69 우리를 위하여 구원의 뿔을 그 종 다윗의 집에 일으키셨으니**
인도자	70 이것은 주께서 예로부터 거룩한 선지자의 입으로 말씀하신 바와 같이
회 중	**71 우리 원수에게서와 우리를 미워하는 모든 자의 손에서 구원하시는 일이라**
인도자	72 우리 조상을 긍휼히 여기시며 그 거룩한 언약을 기억하셨으니
회 중	**73 곧 우리 조상 아브라함에게 하신 맹세라**
인도자	74 우리가 원수의 손에서 건지심을 받고
회 중	**75 종신토록 주 앞에서 성결과 의로 두려움이 없이 섬기게 하리라 하셨도다**
인도자	76 이 아이여 네가 지극히 높으신 이의 선지자라 일컬음을 받고 주 앞에 앞서 가서 그 길을 준비하여
회 중	**77 주의 백성에게 그 죄 사함으로 말미암는 구원을 알게 하리니**
인도자	78 이는 우리 하나님의 긍휼로 인함이라 이로써 돋는 해가 위로부터 우리에게 임하여
회 중	**79 어둠과 죽음의 그늘에 앉은 자에게 비치고 우리 발을 평강의 길로 인도하시리로다 하니라**

고백의 기도　Prayer of Confession

공의로우신 하나님 아버지! 저희는 지난 한 주간 하나님을 멀리 떠나 살았습니다. 푸른 초장으로 인도하시는 목자의 음성을 외면한 채로, 죄악이 넘치는 길로 방황하였습니다. 내 마음 내 뜻대로 고집하며 살아가는 것이 정녕 사망의 음침한 골짜기로 이어지는 길임을 깨닫지 못하였습니다. 그리하여 잠시 잠깐 후면 안개와 같이 사라질 육신의 정욕과 안목의 정욕과 이생의 자랑을 추구하며 헛되이 세월을 보냈습니다. 육신의 일만 생각하고 영적인 일을 도모하지 못했습니다. 육신을 따라 죄를 지으며 살았던 미련하고 어리석었던 저희를 용납하여 주옵소서. 예수님의 이름으로 이 고백의 기도를 드립니다. 아멘.

사함의 확신　Assurance of Forgiveness

동이 서에서 먼 것 같이 우리의 죄과를 우리에게서 멀리 옮기셨으며 아버지가 자식을 긍휼히 여김 같이 여호와께서는 자기를 경외하는 자를 긍휼히 여기시나니 이는 그가 우리의 체질을 아시며 우리가 단지 먼지뿐임을 기억하심이로다(시 103:12-14)

예수님에 대한 기억과 기다림의 힘

📖 석의적 접근

구약의 말씀 말 3:1-4

본문은 냉소적인 태도로 이스라엘 백성이 제기하는 하나님의 공의에 대한 의문과 그에 대한 하나님의 대답으로 이루어진 논쟁을 담은 말라기 2장 17절부터 3장 5절에 속한다. 말라기 당시 이스라엘 백성은 그들이 악인들에게 당하는 고난을 하나님이 못 보시거나 무관심하다고 간주했다. 그래서 그들은 악한 말로 하나님을 괴롭게 한다는 말라기의 경고에 대해 하나님은 악을 행하는 사람을 오히려 좋아하신다고 비꼬며 "정의의 하나님이 어디 계시냐?"고 반박한다.

이에 대한 첫 번째 대답으로 하나님은 선지자의 입을 통해 주님께서 곧 성전에 오실 것이라고 약속하시며, 그 언약을 증거할 하나님의 사자를 미리 보내실 것이라고 말씀하신다. 주님의 강림은 이스라엘 백성에게 정화와 심판을 가져올 것이다. 주님은 레위 자손을 깨끗하게 해서 그들에게 본래적으로 요청되는 삶의 방식을 회복시키고, 그들로부터 공의의 제물을 받고자 하신다. 오직 공의의 봉헌물을 통해서만 하나님께 기쁨이 될 수 있는 올바른 예배를 드릴 수 있기 때문이다.

하나님은 이스라엘 백성이 제기한 하나님의 공의에 대한 불신에 대한 두 번째 대답으로 악인들을 심판하시겠다고 말씀하신다. 말라기가 예시하는 대표적인 죄는 점치기, 간음, 거짓 맹세, 품삯 속이기, 소외된 자들에 대한 압제 등과 같이 올바른 생활 방식과 관련이 있다. 이와 같이 악행의 목록이 분명히 선언되었기 때문에 어느 누구도 그 행위가 악행인지 몰랐다는 핑계로 심판을 면할 수 없다.

한편, 주님의 성전 강림, 하나님 백성의 정화, 주님의 길을 예비할 언약의 사자 등과 같은 본문의 주제들은 신약성경과의 연관성에서 해석될 수 있다. 몇 가지 예를 들자면, 아기 예수님께서 정결예식을 위해 성전에서 보이신 사건이나 12세에 유월절을 맞이하여 성전에 올라가신 사건(눅 2:22-40), 빌립보 교회를 위한 바울의 기도(빌 1:3-10), 세례 요한에 대한 소개(막 1:2-4) 등이다.

서신서의 말씀 빌 1:3-11

본문에서 바울은 빌립보의 기독교 공동체에 대한 깊은 감사와 애정을 표현한다. 빌립보에서 바울과 실라가 겪은 고난(행 16:22; 살전 2:2)을 고려할 때 바울의 어조는 과도하게 긍정적인데, 이는 빌립보의 교인들이 바울의 복음 사역을 적극적으로 도와줬음에 대한 감사를 반영한 것이다(1:5). 빌립보 교회는 그의 사역을 재정적 지원했을 뿐만 아니라, 복음을 실천하고 수호하는 데도 적극적으로 참여하였다. 바울은 그들의 신앙 여정이 그리스도를 영접할 때 시작되어 그리스도의 재림 때까지 계속될 하나님의 변혁적 역사에 대한 믿음에 뿌리를 두고 있다고 확신했다(1:6).

빌립보 교인들을 위한 바울의 기도(1:9-11)는 그리스도인의 삶의 종말론적 지향성을 강조하면서 다가올 그리스도의 재림을 배경으로 한다. 바울은 영적 성장과 도덕적 분별력을 연결하여 그들의 사랑이 지식과 깊은 통찰력으로 풍성해지기를 기도한다(1:9). 여기서 바울이 말하는 지식은 하나님을 기쁘시게 하는 삶으로 이끄는 그리스도에 대한 깊은 앎이다. 또한 바울은 심판의 날에 그리스도 앞에 설 준비와 관련된 용어인 선한 것을 분별할 수 있는 능력과 순결하고 흠이 없는 사람이 되게 해 달라고 기도한다(1:10). 바울의 기도를 들은 빌립보 교인들은 신앙적 삶의 방식에 대한 도전을 받았을 것이며, 그들의 삶에서 진행 중인 하나님의 사역 목표를 새롭게 환기할 수 있었을 것이다.

본문에서 바울은 빌립보 교인 '모두'를 반복해서 언급하며(ὑπὲρ πάντων, πάν

τας ὑμᾶς; 1:4, 7, 8), 교회 내 갈등에도 불구하고 공동체 전체에 대한 그의 포용적인 사랑과 관심을 나타낸다. 바울의 감사와 기도는 교제, 상호 사랑, 선을 행하는 끈기, 분별력, 의로움 등 교제의 중심이 되는 자질을 강조한다. 바울은 이러한 자질은 모든 기독교 공동체에 필수적인 요소라고 말한다. 빌립보 교인들에게 전하는 그의 편지는 어려움 속에서도 존중과 애정, 격려로 특징지어지는 그의 목회 리더십 스타일을 드러낸다. 빌립보 교인들과 그들의 삶에서 하나님의 역사에 대한 그의 확신은 또한 그의 낙관적이고 믿음으로 가득 찬 신앙관을 드러낸다.

복음서의 말씀   눅 3:1-6

누가는 기원후 29년경에 사해 북쪽과 요단 강 부근에 보내진 하나님의 선지자에 관한 이야기로 예수님의 탄생에 관한 의미에 깊이를 더한다. 누가복음 3장 4-6절에 인용된 이사야 선지자의 예언에 따르면, 세례 요한은 광야에서 외치는 자의 소리로서 주님의 길을 예비하고 그의 오실 길을 곧게 하라고 명령받았다. 그의 사역은 단순히 물로 씻는 의식이 아니라, 사람들의 마음을 변화시키고 하나님께로 돌아오게 하는 일이다. 이를 통해 사람들은 하나님으로부터 죄의 용서를 기대하고 하나님 앞에서 그들의 사고방식과 삶의 태도를 바꾸라는 요청을 받는다. 이러한 준비를 통해 그들은 하나님의 구원을 선포하는 예수 그리스도와의 만남을 준비할 수 있게 된다.

이어지는 이사야의 예언은 모든 골짜기가 메워지고 모든 산과 작은 산이 낮아지며 굽은 것이 곧아지고 험한 길이 평탄하게 될 것이라고 말한다. 이는 예수 그리스도의 오심이 모든 장애물을 제거하고 하나님의 구원이 모든 사람에게 임할 것임을 상징한다. 세례 요한의 사역은 이러한 구원의 길을 준비하는 과정으로서, 예수 그리스도의 탄생이 가져올 구원의 완성을 예고하는 역할을 한다.

📖 설교를 위한 조명

Page 1. 정의의 하나님이 어디 계시냐?(성경 속의 문제)

말라기 선지자의 이름 뜻은 "나(하나님)의 사자(messenger)"이다. 그는 바벨론으로 끌려갔던 이스라엘 포로들이 귀환한 후 에스라와 느헤미야의 지도 아래 예루살렘 성전을 재건하고 성전 예배도 회복된 시기인 기원전 5세기에 활동한 것으로 추정된다. 그러나 이 시기에 이스라엘은 제사장들과 권력자들의 부패한 리더십으로 인해 다시 심한 가난과 고난, 불공평의 장소가 되었다. 그들이 하나님의 언약을 존중한다고 주장하면서도, 그들의 행동은 그 반대를 보여 주었기 때문이다. 하나님은 말라기를 통해서 이스라엘 백성의 그릇된 주장과 변명에 대해 여섯 차례의 논쟁을 통해서 궁극적으로 그들의 회개를 촉구하시는 경고를 내리신다.

말라기는 예루살렘 성전의 재건에도 불구하고 이스라엘 백성이 하나님의 규례를 형식적으로 지키거나 혹은 전혀 지키지 않는다며 그들의 부패와 죄악을 폭로한다. 하나님께 드리는 제사가 구색만 갖춘 채 변질되었다. 심지어 어떤 사람들은 "하나님께 예물을 드리는 행위가 얼마나 번거로운지…"라고 말하며 코웃음을 쳤다고 한다(말 1:13). 백성이 흠이 있는 제물로 제사를 드리는 것을 제사장들이 허용하였기 때문이다. 아마도 제사장들은 흠 없이 드린 제물을 제사로 바치지 않고 자신들을 위해 사용하였을 것이다(말 1:7-14).

또 어떤 부유한 귀환자들은 유대인 아내와 이혼한 뒤 주변 지역의 유력한 이방인 가문과 혼인을 통해 경제적, 사회적 유익을 추구하였다(말 2:10-16). 부패한 제사장들의 종교적인 방임과, 그 결과 심화된 빈부의 격차로 인해 사람들은 십일조 내기를 꺼렸고, 점차 성전의 재분배적 기능이 파괴되어 품삯을 받는 일꾼이나 고아, 과부, 나그네와 같은 사회적 약자들이 더욱더 가난에 빠지게 되었다(말 3:5, 7-9).

고난과 무력감에 빠진 이스라엘 백성은 신앙에 대한 회의에 빠진 공동체가 되었다. 말라기 2장 17절에서 이스라엘 백성은 그들이 겪고 있는 고난의 무게와 악인들에 대한 하나님의 정의에 대해 의문을 제기한다. 그들은 하나님이 그들의 고난을 보지 못하거나 무관심하다고 느꼈다. 이러한 절망적인 상황에서 그들은 하나님의 정의에 대한 불신을 표현하며, 하나님이 악을 행하는 사람을 오히려 좋아하신다고 비꼬았다. 그리고 "정의의 하나님이 어디 계시냐?"고 빈정댄다. 그들은 학개와 스가랴의 가르침과 달리 성전 건축과 하나님의 축복이 그다지 밀접한 관계가 아니라는 결론에 다다르게 된 것이다(학 2:15-19; 슥 2:1-5). 그러나 이들에게는 하나님의 규례를 준수하지 않았기 때문에 자초한 고난의 상황에 대한 자기반성과 회개가 없고, 사회적 공의에는 무관심하면서 정의의 하나님께 고난의 책임을 전가하려는 모순적인 신앙의 태도만이 남아있을 뿐이다. 이스라엘의 죄악을 경고하는 말라기에게 "정의의 하나님이 어디 계시냐?"고 반문하는 이스라엘 백성에게 하나님은 어떠한 응답을 하셨는가?

Page 2. 검게 변해가는 교회는 모두 소름 끼친다(세상 속의 문제).

18세기 영국의 시인 윌리엄 블레이크(William Blake)는 〈런던〉(London)이라는 제목의 시에서 런던 거리에서 만나는 사람들의 표정과 목소리, 도심의 생생한 단편과 암울한 분위기에서 들려오는 소음들을 함축적으로 묘사하면서 산업 혁명의 이면에 놓인 우울함과 비극을 드러내고 있다. 시인은 정부의 규제 아래 놓인 런던 도심을 따라 굽이굽이 흐르는 템스 강과 그 주변 거리들을 돌아다니며 보고 들은 것을 묘사한다. 1연에서 그가 거리를 지나치며 만나는 모든 사람들의 얼굴에는 힘없고 고통스러운 절망의 흔적이 남아있다. 그들은 대체로 도시 빈민이다. 2연에서 시인은 사람들의 소리, 특히 도시 빈민들의 소리에 귀를 기울인다. 그것이 어른의 울음소리이든, 겁먹은 갓난아기의 울음소리이든 런던 거리에서 들리는 모든 목소리와 금지 명령 안에는 정신마저 얽어매는 억압과 규제의 족쇄 소리가 들린다(The mind-forg'd manacles I hear). 무한한 성장과 부를 약속하는 산업혁명의 장밋빛 전망에 사로잡힌 당대의 권력가와 재력가들은 그 전망을 조금이라도 흐리게 만들 여지가 있는 비판이나 다른 사상을 허용하지 않으려 했기 때문이다.

이어지는 3연의 시상은 산업혁명기의 상징적인 이미지인 높은 굴뚝으로 옮겨진다. 매연이 끊이지 않는 런던의 수많은 공장 굴뚝을 청소하기 위해 몸집이 작은 아이들이 굴뚝 청소부가 되었다. 높고 좁은 굴뚝을 아이들이 직접 들어가서 청소하는 작업은 너무나 위험한 일이었다. 그러나 산업안전과 인권에 둔감했던 그 시기에 굴뚝을 청소하는 과정에서 많은 사고가 발생했고, 굴뚝 청소부로 내몰려 희생된 아이들 중 상당수는 당시 교회에서 돌보던 고아들이나 가난한 집안의 아이들이었다. 3연 중 첫 두 행이 이러한 비극을 그리고 있다.

How the Chimney-sweepers cry
Every blackning Church appalls,

이 두 행을 이렇게 번역할 수 있겠다.

얼마나 굴뚝 청소부들이 울부짖는지
검게 변한 교회는 모두 소름 끼친다,

사고당한 굴뚝 청소부 아이들의 울음으로 대표되는 산업혁명기의 비극과 당대 교회의 무책임성과 비정함이 분명하게 드러나는 부분이다. 이 시의 해설에 따르면, "검게 변해가는 교회"라는 상징은 이중적으로 해석될 수 있다고 한다. 첫째 해석은 교회가 돌봐야 할 아이들을 굴뚝 청소부로 내몰아 온몸에 검댕을 묻히게 하는 교회, 다시 말해 아동들의 노동력을 착취하는 교회라는 것이다. 둘째 해석은 끊이지 않는 사고에도 불구하고 아이들을 굴뚝 청소부로 보내는 관행을 멈추지 않는 교회들이 굴뚝의 검댕으로 인해 점점 더 검고 우중충하게 변해가는 상태를 뜻한다. 후자는 양심에 화인을 맞아 사회의 부조리와 비극을 방조하며 '세상의 어둠을 밝히는 빛'의 사명을 저버리는 당대 교회들의 현실을 보여 준다.

3연의 남은 두 행에서 블레이크는 병사들의 피가 흐르는 궁전 벽으로 상징되는 국가권력으로 향하여 그의 분노와 절망을 토로하고, 마지막 4연에서는 자정 너머 거리에서 들리는 어린 매춘부의 저주를 들으며 그로 인해 갓난아이의 눈물마저 메마르고, 결혼한 가정이 전염성 높은 성병으로 붕괴되는 또 다른 산업화의 비극적이고 어두운 현실을 그리며 시를 맺는다. 개신교 경건주의의 한 분파라 할 수 있는 영국 모라비안 교회의 전통 아래에서 성장한 블레이크는 이 시를 통해 당시 사회의 부조리를 고발하고, 사회적 비극과 윤리적 타락에 무관심한 교회에 경각심을 주고자 하였다.

우리나라에서 이제는 정화되지 않는 매연을 내뿜는 굴뚝은 거의 찾아보기 힘들다. 그렇지만 블레이크가 〈런던〉이라는 시에서 당시 사회의 부조리를 몸소 겪고 있던 대표적인 존재로 그린 굴뚝 청소부와 어린 매춘부는 현재 다른 이름, 다른 모습으로 우리 사회의 유사한 부조리와 비극을 겪으며 살아가고 있다. 우리는 반복되는 산업재해와 사회적 비극을 전하는 뉴스에서 그들에 대해 이미 듣고 보았다. 지하철과 철도 회사, 발전소, 조선소, 제빵 공장, 급식 업체 등에서 일하는 사람들, 특히 정규직보다 더 큰 위험에 노출되어 사고를 당하는 비정규직 노동자들이나 하청업체 직원들의 쉽게 잊힌 이름으로 말이다.

현대 사회에 대한 통찰력과 기독교 신앙이 깊은 어떤 시인이 우리가 살고 있는 도시나 마을의 이름으로 블레이크의 〈런던〉과 같은 시를 다시 짓는다면, 우리가 다니는 교회, 성도들의 피와 땀과 눈물로 건축된 우리 교회는 어떤 모습으로 그려질까? 블레이크가 살았던 18세기와 19세기의 영국은 복음주의의 부흥과 세계선교의 열정이 넘쳐나던 시대였다. 산업혁명이 가져온 영국교회의 부가 그러한 열정을 재정적으로 뒷받침하기도 했다. 그렇지만 당시 영국의 수많은 교회들은 사회적 비극과 불평등에 대해 충분한 관심을 기울이지 못했고, 사회적 빈곤층이나 소외자를 외면하는 군주제 정부의 부조리한 제도적, 사상적

규제에 대해서도 방조하거나 동조하는 경우도 많았다. 지난 세월 웅장하고 세련되게 건축되어 온 한국교회들이 비록 선교와 봉사에 열심을 내었다고는 하지만, 새로 쓰일 시에서 수 세기 전 런던의 "검게 변해가는 교회"들과 다르게 그려질 것이라고 장담할 수 있을까?

Page 3. 오신 하나님에 대한 기억의 힘(성경 속의 은혜)

이제 다시 말라기의 말씀으로 돌아가서 "정의의 하나님이 어디 계시냐?"는 이스라엘 백성의 반문에 대해 하나님이 어떻게 응답하셨는지 살펴보자. 하나님은 자기반성이 없는 이스라엘 백성의 비꼬는 태도에도 불구하고 그 사회에 만연한 불의한 고난과 불평등, 사회적 부조리의 문제에 응답하셨다. 그 응답은 백성의 정화와 악행에 대한 심판으로 요약된다. 이 약속은 하나님의 성전 강림을 통해서 이루어질 것이다. 그러나 이 약속이 이루어지기까지는 백성들이 하나님의 오심을 기다리고 사모하는 시간이 필요하다. 그래서 하나님께서는 하나님이 오시리라는 약속을 잊지 않도록 언약의 사자를 그에 앞서 보내실 것이다. 하나님이 오시면 그 언약이 성취된다. 하나님은 백성들을 연단하시고 정화시키셔서 그들의 삶을 변화시킬 것이다. 하나님은 백성들 중에서 특별히 레위 자손을 깨끗하게 연단하심으로 공의로운 제물을 준비하게 인도하실 것이다. 하나님께 드리는 예배의 중심에 공의가 회복됨으로 그때 드려질 예배는 하나님께 기쁨이 될 것이다.

말라기의 약속은 신약에서 성취되었다. 예수 그리스도의 탄생에 앞서 세례 요한이 광야에서 주님의 오실 길을 예비하는 사자로 일컬음을 받았다. 세례 요한은 그에게 나온 모든 사람들에게 죄 사함을 받게 하는 세례를 베풂으로 성령으로 세례를 베푸실 예수 그리스도의 길을 준비했다. 말라기의 약속 중에 성전에 임하실 하나님에 관한 언약은 예수님의 생애 중 성전을 방문하신 몇 차례의 사건들과 연관되어 성취된 것으로 볼 수 있다. 예수님의 유아기 정결예식이나 유년기 유월절 성전 방문, 성전 정화 사건 등이 그러한 사건들이다. 그러나 말라기 3장에서 하나님의 성전 정화에 관한 언약은 궁극적으로 예수 그리스도의

"성전된 자기 육체"(요 2:21)의 죽으심으로 이루어졌다. 하나님의 독생자이신 예수님께서 우리의 모든 죄를 담당하심으로 하나님의 정의가 이루어졌다. 인간은 세상의 고통과 죄악의 문제에 대해서 자기 책임을 회피하면서 하나님께 정의의 책임을 떠넘기지만, 하나님은 인간의 죄를 짊어지시고 고통의 자리에 동참하신다.

예수 그리스도의 삶과 죽음과 부활은 깊은 골짜기나 높고 낮은 산과 같이 평탄하지 못한 이 세상의 차별적인 모든 장애물을 물리치시고, 모든 사람에게 오시는 하나님의 구원이다. 예수님은 말라기의 예언과 같이 "오실 그이가 당신이오니이까?"라고 묻는 세례 요한의 질문의 대답과 같이 우리에게 오신 심판과 구원의 하나님이다.

"내가 심판하러 너희에게 임할 것이라 점치는 자에게와 간음하는 자에게와 거짓 맹세하는 자에게와 품꾼의 삯에 대하여 억울하게 하며 과부와 고아를 압제하며 나그네를 억울하게 하며 나를 경외하지 아니하는 자들에게 속히 증언하리라 만군의 여호와가 말하였느니라"(말 3:5).

"맹인이 보며 못 걷는 사람이 걸으며 나병환자가 깨끗함을 받으며 못 듣는 자가 들으며 죽은 자가 살아나며 가난한 자에게 복음이 전파된다 하라"(마 11:5).

우리는 예수 그리스도의 오심에 대한 기억을 통해 하나님이 모든 사람들의 절망적인 상황을 인식하시고, 그들의 상황을 바꾸어 새로운 존재로 거듭나게 하시기까지 쉬지 않으시는 분임을 믿고 성령 하나님의 인도하심으로 새 날을 살아갈 힘을 얻는다.

Page 4. 다시 오실 하나님에 대한 기다림의 힘(세상 속의 은혜)

올해 다시 교회력을 따라 대림절의 시간이 우리에게 다가왔다. 성경에 기록된 예수 그리스도의 탄생을 통해 우리는 말라기의 예언과 같이 성전에 임하셔서 우리의 예배를 새롭게 하시고 공의로운 제물을 기뻐하시는 하나님의 언약이 성취되었음을 기억한다. 또한 우리는 그리스도인으로 살아가기에 너무나 힘이 빠지는 이 시대에 그 기억의 힘을 끌어와서 다시 오실 주님을 기어코 기다리고 있다. 이 시대의 불의와 불공평과 악행과 속임과 냉소에도 불구하고 우리는, 우리 그리스도인은, 다시 오셔서 정의를 행하실 하나님, 우리 주 예수 그리스도의 재림을 기다리고 있다.

기억의 힘만큼이나 기다림의 힘은 강력하다. 아니, 기억의 힘에 뿌리를 둔 기다림이기에 그 힘은 확실하고 절대 사그라지지 않는다. 기독교의 기다림이 지닌 힘은 예수 그리스도에 대한 기억에 근거한, 다시 오실 하나님에 대한 희망을 놓지 않는 힘이다. 그리고 기다리는 힘의 크기는 현재 우리가 살아가는 세계의 현실과 다가오는 하나님의 나라와의 간격의 크기에 비례한다. 따라서 교회와 개별 그리스도인들은 이 기다림의 힘에 의지하여 이 시대에 인간을 소외시키고, 창조 세계를 파괴하며, 진리를 어둡게 하는 모든 지배적인 사상과 억압에 맞서서 사회를 변혁시키려는 기도와 실천에 전념하도록 부르심을 받았음을 예수 그리스도를 기억하고 기다리는 대림절의 계절에 다시 한 번 기억해야 할 것이다. 이러한 기억과 기다림이 가져올 우리 사회와 개인적 삶의 변화는 우리가 하나님의 사랑과 구원 계획을 더 깊게 이해하고 경험하게 하며, 우리의 신앙생활을 더욱 풍성하게 할 것이다. 이것이 바로 하나님께서 대림절을 통해 우리에게 다시 한 번 깨닫게 하시는 기억과 기다림의 힘이다.

대림절 세 번째 주일

❖ 성서정과 사 12:(1), 2-6; 습 3:14-20; 빌 4:4-7; 눅 3:7-18

예배로 부름 Call to Worship

광야에서 외치는 자의 소리가 있어 이르되 너희는 주의 길을 준비하라 그의 오실 길을 곧게 하라 모든 골짜기가 메워지고 모든 산과 작은 산이 낮아지고 굽은 것이 곧아지고 험한 길이 평탄하여질 것이요 모든 육체가 하나님의 구원하심을 보리라 (눅 3:4b-6a)

예배 기원 Invocation

사랑과 은혜가 충만하신 하나님 아버지! 저희가 소리 높여 주님께 감사의 찬송을 올리는 것은 저희를 지으심이 심히 아름답고 기묘하기 때문입니다. 만세 전부터 저희를 하나님의 자녀로 택하여 주셨으며, 우리의 내장을 지으시며 모태에 있을 때 벌써 저희를 만드셨나이다. 저희의 형질이 이루어지기 전에도 하나님의 눈길은 저희를 살펴보셨으며, 구원의 책에 이 모든 섭리를 다 기록하여 두셨나이다. 부족하기 짝이 없는 이 죄인을 생각하심이 어찌 그리 보배롭고 아름다우신지요, 하나님께서 베풀어 주신 그 놀라운 은총과 섭리에 감사하며 예배하오니 기쁘게 흠향하여 주옵소서. 육신을 입고 이 땅에 강림하신 예수 그리스도의 이름으로 기원하옵나이다. 아멘.

이 주일의 찬송 Hymns

만유의 주 앞에(22장) / 영원한 문아 열려라(102장) / 우리 주님 예수께(103장)
예수 앞에 나오면(287장) / 내 평생 소원 이것뿐(450장) / 만세 반석 열리니(494장)

성시교독   Responsive Readings   사 12:2-6

인도자   ² 보라 하나님은 나의 구원이시라

회 중   내가 신뢰하고 두려움이 없으리니

인도자   주 여호와는 나의 힘이시며 나의 노래시며 나의 구원이심이라

회 중   ³ 그러므로 너희가 기쁨으로 구원의 우물들에서 물을 길으리로다

인도자   ⁴ 그날에 너희가 또 말하기를 여호와께 감사하라

회 중   그의 이름을 부르며 그의 행하심을 만국 중에 선포하며 그의 이름이 높다 하라

인도자   ⁵ 여호와를 찬송할 것은 극히 아름다운 일을 하셨음이니

회 중   이를 온 땅에 알게 할지어다

인도자   ⁶ 시온의 주민아 소리 높여 부르라

회 중   이스라엘의 거룩하신 이가 너희 중에서 크심이라 할 것이니라

2

주일 낮 예배 · 설교 지침

고백의 기도   Prayer of Confession

오늘도 살아 계셔서 우리와 함께하시는 하나님 아버지! 대림절 기간을 보내면서 높고 높은 하늘 보좌를 버리시고, 낮고 천한 세상에 오신 예수님을 묵상하며 회개합니다. 저희는 예수님의 발자취를 따른다고 하면서도 낮은 곳에서 고통 받고 있는 이웃의 신음을 외면했습니다. 말로는 예수님을 본받아 겸손하게 살겠노라고 다짐하였으나, 행동으로는 다른 사람에게 아픔과 상처를 주면서 대접받는 자리와 높은 지위를 탐하며 지냈습니다. 예수님께서 본을 보이신 것처럼 춥고 헐벗으며 굶주리는 자들을 돌보며 사랑을 나누지 못했으며, 오직 내 욕심을 채우기에만 바빴습니다. 돌아보니 말과 혀로만 사랑을 외쳤던 부끄러운 삶이었습니다. 이 모든 죄를 용서하여 주시고, 이제부터는 예수님의 참된 제자로 살아갈 수 있도록 저희 마음과 생각을 지켜주옵소서. 예수님의 이름으로 이 고백의 기도를 드립니다. 아멘.

사함의 확신   Assurance of Forgiveness

악인이 만일 그가 행한 모든 죄에서 돌이켜 떠나 내 모든 율례를 지키고 정의와 공의를 행하면 반드시 살고 죽지 아니할 것이라 그 범죄한 것이 하나도 기억함이 되지 아니하리니 그가 행한 공의로 살리라(겔 18:21-22)

기쁨으로 감사와 찬양을 드려라

📖 석의적 접근

구약의 말씀 사 12:(1), 2-6

본문은 구원에 대한 감사의 찬송과 함께 구원에 대한 확고함을 보증하고 있다. 이사야 1-12장은 이스라엘 백성이 지은 죄악에 대한 심판의 경고와 함께 심판 후에 있을 구원의 약속을 말하고 있으며, 12장에서는 심판을 지나 구원의 약속을 다루고 있다.

본문은 먼저 구원의 은혜를 말한다. "보라 하나님은 나의 구원이시라 내가 신뢰하고 두려움이 없으리니 주 여호와는 나의 힘이시며 나의 노래시며 나의 구원이심이라"(2절). 2절에서 '신뢰하다(בָּטַח, 바타흐)'는 '도망가다', '의지하다'라는 의미를 가지고 있다. 그렇기 때문에 이스라엘은 죄악에서 도망하여 하나님을 의지하는 신뢰를 보일 때 구원을 받을 수 있다.

3-4절에서는 구원의 기쁨을 표현한다. 구원의 우물(3절)이라는 표현을 통하여 이스라엘 공동체가 누리는 구원의 기쁨을 말하는데, 4절에서 이 구원의 기쁨은 구원의 기쁨이 공동체를 넘어 온 세상으로 확장되는 것을 볼 수 있다.

5-6절은 하나님이 행하신 아름다운 일을 찬양하라고 말한다. 구원을 받은 하나님의 공동체는 그 본분대로 하나님께 찬송하며 영광을 돌려야 한다(43:21). 그들이 세상에서 하나님이 행하신 아름다운 일을 선포할 때에 구원의 기쁨이 세상으로 확장되고 여호와를 아는 지식이 온 세상에 가득하게 될 것이다(11:9).

서신서의 말씀   빌 4:4-7

본문은 빌립보 교회를 향하여 기뻐하라고 반복적으로 권면한다. "주 안에서 항상 기뻐하라 내가 다시 말하노니 기뻐하라"(4절). 더 나아가 기쁨으로 끝나는 것이 아니라 서로 관용을 베풀며 살아야 한다고 권면한다. "너희 관용을 모든 사람에게 알게 하라 주께서 가까우시니라"(5절). 그렇다면 빌립보 교회가 항상 기뻐하며 관용을 베풀며 살아야 하는 이유는 무엇인가? 그것은 주님이 오실 날이 가까워졌기 때문이다. 바울은 빌립보서뿐만 아니라 다른 서신서에서도 관용(ἐπιει κής, 에피에이케스)을 말하며 마지막 때에 성도가 관용을 베푸는 것을 강조한다.

또한 본문은 빌립보 교회를 향하여 염려하지 말고 기도하라고 권면한다. "아무것도 염려하지 말고 다만 모든 일에 기도와 간구로, 너희 구할 것을 감사함으로 하나님께 아뢰라"(6절). 상황의 어려움 속에서 염려는 어떠한 해결책도 제시하지 못한다. 예수님께서도 염려함으로 키가 자랄 수 없다며 염려의 무익함을 말씀하셨다(마 6:27). 인간의 한계를 넘어선 문제 앞에서 우리가 할 수 있는 최선은 기도뿐이다. 바울은 우리가 기도할 때 하나님의 평강이 그리스도 안에서 너희의 마음을 지키신다고 권면한다(7절). 평강은 인간이 스스로 얻을 수 없으며 인간이 통제할 수 없다. 오직 하나님이 허락하셔야 인간은 참된 평강을 누릴 수 있다.

복음서의 말씀   눅 3:7-18

본문에서 요한은 장차 올 심판에 대하여 경고하면서 합당한 삶의 열매를 맺을 것을 촉구한다. 요한은 자기 의에 빠져 있는 무리를 향하여 "독사의 자식들"(7절)이라며 그들을 책망한다. 더 나아가 요한은 그들에게 눈에 보이는 어떤 행위가 아닌 삶의 변화가 있는 진정한 회개를 촉구한다. 또한 요한은 하나님께서 능히 돌들도 아브라함의 자손이 되게 하신다고 말하며 그들의 선민사상을 정면으로 공격한다(8절). 요한은 우리가 무엇을 해야 하냐고 묻는 무리의 질문에 실제적으로 무엇을 해야 하는지 설명한다(11-12절).

요한이 제시하는 가르침은 가진 것을 나누고 탐욕을 제어하는 정의로운 삶에 대한 현실적 지침이다. 이는 가난한 사람을 위한 정의를 말하는 마리아의 찬가(1:46-55)와 공통된 내용을 담고 있다. 요한은 그들에게 자신이 제시하는 변화의 가르침을 따라야 하는 이유를 16절을 통하여 설명한다. 요한은 "나보다 능력 많은 이가 오신다"며 그는 물로 세례를 주는 것이 아니라 성령과 불로 세례를 주신다고 말한다. 무리는 새롭게 등장하시는 분을 맞이하고 그분의 통치에 맞는 삶으로 변화해야 한다.

📑 설교를 위한 조명

구약의 말씀(사 12:(1), 2-6)으로 설교 작성 / 대지 설교
"감사와 찬양을 선포하라"

말씀에로 나아감

하나님은 시온의 구원자이며 세상의 구원자이시다. 하나님께 구원의 은혜를 입은 우리는 마땅히 그분의 은혜에 감사하며 찬양할 수 있어야 한다. 우리는 우리의 죄악으로 말미암아 죽을 수밖에 없는 존재이지만 어떤 조건과 대가없이 하나님의 은혜로 구원을 받았다. 이 구원은 인간의 능력과 노력으로 절대로 이룰 수 없다. 그렇기 때문에 우리는 하나님께 감사하며 그분의 선하심을 찬양해야 한다.

본문 이해와 주안점

1. 하나님의 은혜를 감사하고 노래하라(1절).

본문은 하나님께서 시온 백성에게 베푸신 구원의 은혜를 감사하며 찬양하는 노래이다. 그날은 하나님께서 자기 백성을 향한 진노를 거두시고 구원의 은총

을 베푸실 때를 의미한다. 그동안 하나님의 백성은 하나님께 순종하지 않고 헛된 우상들을 숭배하며 하나님의 진노를 샀다. 이 진노는 단순한 마음의 분노가 아니라 자기 백성을 죄악에서 돌이키게 하고 의로 교육하기 위함이었다.

그렇기 때문에 하나님의 진노의 순간에도 우리는 감사의 찬양을 멈출 수 없다. 이제는 때가 되어 진노가 멈췄고 하나님의 용서와 구속의 은혜를 통하여 회복의 길로 돌아오게 되었다. 우리가 이 은혜에 보답하는 방법은 하나님의 놀라운 은혜와 사랑을 감사하며 찬양하는 것이다. 그것 외에 인간과 본질적으로 다른 창조주 하나님께 보답하는 방법은 없다.

2. 구원의 은혜를 누려라(2-3절).

구원은 오직 하나님께만 있고 하나님만 행하실 수 있다. 그런 하나님께서 우리를 사랑하셨고 우리에게 구원의 은혜를 베푸셨다. 그렇기 때문에 우리는 사망의 골짜기에서 벗어나 영원한 생명의 길로 가게 되었다. 이것이 바로 우리가 하나님을 찬양할 이유이다.

구원의 은혜는 한순간에 국한된 것이 아니다. 구원의 은혜는 시간에 구애받지 않고 영원히 지속된다. 그러므로 너희는 기쁨으로 구원의 우물에서 물을 길으라고 선포한다(3절). 예수님께서 우물에 물을 길으러 왔던 수가 성 여인에게 말씀하신 것처럼 하나님께서 주시는 물은 영원히 목마르지 않을 물이며 영생하도록 솟아나는 샘물이다. "내가 주는 물을 마시는 자는 영원히 목마르지 아니하리니 내가 주는 물은 그 속에서 영생하도록 솟아나는 샘물이 되리라"(요 4:14).

우리는 이런 하나님의 은혜를 깨달을 때 메마른 광야에서 우물을 만난 것과 같은 감격을 누릴 수 있다. 지금 이 시대는 예수님의 위로가 절실하게 필요한 시대이다. 이런 시대의 혼란과 아픔 가운데 우리가 의지할 수 있는 존재는 구원의 하나님이라는 사실을 기억해야 한다.

3. 하나님의 영광을 선포하라(4-6절).

이사야는 구원받은 백성에게 구원을 주시는 하나님을 바로 알고 감사하는 것을 넘어서 하나님의 은혜를 세계에 선포하라고 명령한다. "그날에 너희가 또 말하기를 여호와께 감사하라 그의 이름을 부르며 그의 행하심을 만국 중에 선포하며 그의 이름이 높다 하라"(4절). 하나님께 구원을 받은 하나님 백성의 사명은 하나님의 이름과 그의 행하심을 세상 모든 민족에게 전하는 것이다. 아직도 이 세상에는 하나님을 모르고 하나님의 행하심을 모르는 이들이 많이 있다. 그러므로 우리는 하나님이 우리를 위해 베푸신 은혜를 땅 끝까지 알게 하여(5절) 온 세상이 하나님을 찬양하게 만드는 사명이 있다. 마태복음 28장에 "그러므로 너희는 가서 모든 민족을 제자로 삼아 아버지와 아들과 성령의 이름으로 세례를 베풀고 내가 너희에게 분부한 모든 것을 가르쳐 지키게 하라 볼지어다 내가 세상 끝날까지 너희와 항상 함께 있으리라 하시니라"(19-20절)고 제자들에게 말씀하신 것처럼 하나님께 은혜를 받은 하나님의 백성은 하나님의 이름과 그의 행하심을 세상에 전할 수 있어야 한다.

우리가 하나님께 영광을 돌리는 것은 하나님 백성의 삶의 목적이다. 우리가 하나님께 영광을 돌려야 하는 이유는 오직 하나님만이 우리의 구원자이시기 때문이다. 인간에게 구원을 주는 다른 대상은 결코 존재하지 않는다. 우리를 구원하신 전능하신 하나님께서 언제나 우리와 함께하신다. 우리와 늘 함께하시고 동행하시는 하나님을 찬양하며 주님을 모르는 사람들에게 하나님의 행하심을 자랑해야 한다.

말씀의 갈무리

현대인들은 인생의 무거운 짐을 지고 있다. 경제 불황, 저출산, 전쟁의 위협, 온난화를 넘어선 지구의 열대화 등 현대인들의 삶을 짓누르는 일들이 많이 생기고 있다. 그렇기 때문에 많은 사람들이 삶의 기쁨을 잃어버리고 영상을 통한 도파민으로 기쁨의 영역을 채우려고 한다. 하나님께서는 자신의 백성이 기뻐하며 살기를 바란다. 아무리 삶이 무겁고 현실이 힘들어도 내가 구원받았다는 사실로 인하여 언제나 기뻐하기를 바라신다.

예수님께서 이 땅에 재림하시는 날은 기쁨의 날이 될 것이다. 이사야 선지자는 기쁨으로 구원의 우물에서 물을 긷는다고 말한다. 마지막 날에 우리 모두는 구원의 우물을 경험하게 될 것이다. 우리를 구원하시고 우리에게 영원히 목마르지 않을 생수의 은혜를 주시는 하나님께서 우리와 함께하신다. "누구든지 목마르거든 내게로 와서 마시라"(요 7:37b)고 말씀하신 예수님께 기쁨으로 나아가자.

대림절 네 번째 주일

❖ **성서정과** 시 80:1-7; 미 5:2-5a; 히 10:5-10; 눅 1:39-45, (46-55)

예배로 부름 Call to Worship

성문으로 나아가라 백성이 올 길을 닦으라 큰길을 수축하고 수축하라 돌을 제하라 만민을 위하여 기치를 들라 여호와께서 땅 끝까지 선포하시되 너희는 딸 시온에게 이르라 보라 네 구원이 이르렀느니라 보라 상급이 그에게 있고 보응이 그 앞에 있느니라 하셨느니라(사 62:10-11)

예배 기원 Invocation

임마누엘, 언제나 우리와 함께하시는 하나님 아버지! 성탄절을 눈앞에 두고 있는 대림절 마지막 주일에 저희가 은혜를 간구하며 삼위일체 거룩하신 하나님께 예배합니다. 친히 이곳에 임재하셔서 마음이 상한 자에게는 하늘의 평안과 위로를 내려주시고, 영혼이 억눌린 자에게는 참 자유를 주시며, 세파에 시달려 피곤한 자들에게는 몸과 마음의 참된 안식을 내려 주옵소서. 오늘도 강단에 세우신 주님의 종을 통하여 들려주실 진리의 말씀을 사모하오니, 성령 하나님께서 저희 영안을 열어 주옵소서. 생명수와 같은 은혜로운 말씀이 들려올 때, 우리 영혼이 소성되게 하옵소서. 인류를 구원하시려고 육신을 입고 이 땅에 오신 예수 그리스도의 이름으로 기원하옵나이다. 아멘.

이 주일의 찬송 Hymns

내 영혼아 주 찬양하여라(41장) / 미리암과 여인들이(100장)
오랫동안 기다리던(105장) / 오 베들레헴 작은 골(120장)
주 어느 때 다시 오실는지(176장) / 그 큰 일을 행하신(615장)

성시교독 Responsive Readings

인도자 ¹ 요셉을 양 떼 같이 인도하시는 이스라엘의 목자여 귀를 기울이소서

회 중 그룹 사이에 좌정하신 이여 빛을 비추소서

인도자 ² 에브라임과 베냐민과 므낫세 앞에서 주의 능력을 나타내사

회 중 우리를 구원하러 오소서

인도자 ³ 하나님이여 우리를 돌이키시고 주의 얼굴빛을 비추사

회 중 우리가 구원을 얻게 하소서

인도자 ⁴ 만군의 하나님 여호와여 주의 백성의 기도에 대하여 어느 때까지 노하시리이까

회 중 ⁵ 주께서 그들에게 눈물의 양식을 먹이시며 많은 눈물을 마시게 하셨나이다

인도자 ⁶ 우리를 우리 이웃에게 다툼거리가 되게 하시니

회 중 우리 원수들이 서로 비웃나이다

인도자 ⁷ 만군의 하나님이여 우리를 회복하여 주시고 주의 얼굴의 광채를 비추사

회 중 우리가 구원을 얻게 하소서

2

주일 낮 예배 · 설교 지침

고백의 기도 Prayer of Confession

자비로우신 하나님 아버지! "나는 의인을 부르러 온 것이 아니라 죄인을 부르러 왔다"고 하신 예수님의 말씀에 의지하여 고백의 기도를 드립니다. 믿음으로 거듭나 새 사람을 입은 저희지만, 위로 하나님을 영화롭게 하지 못하였고 아래로 이웃과 더불어 화평을 이루며 살지 못했습니다. 오히려 복음을 접하기 이전의 생활로 돌아가 방탕함과 술 취함과 생활의 염려로 마음이 둔하여졌습니다. 그리하여 지난 한 해 동안 저희는 예배를 드리는 것과 성경 말씀을 읽는 것과 기도하는 것과 찬양하는 것과 구제하고 봉사하는 일을 소홀히 하였습니다. 하나님께서 원하시는 경건한 모습과는 동떨어진 모습으로 살아왔던 이 죄인을 용서하여 주옵소서. 예수님의 이름으로 이 고백의 기도를 드립니다. 아멘.

사함의 확신 Assurance of Forgiveness

내가 그들을 내버리지 아니하며 미워하지 아니하며 아주 멸하지 아니하고 그들과 맺은 내 언약을 폐하지 아니하리니 나는 여호와 그들의 하나님이 됨이니라(레 26:44b)

메시아를 맞이하라

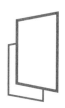

📂 석의적 접근

구약의 말씀　미 5:2-5a

미가는 이사야와 동시대에 활동했던 선지자로서 북왕국 이스라엘이 앗수르에 멸망당하고, 남왕국 유다가 끊임없는 위협 속에 있던 때에 활동하였다. 민족의 어려움이 계속되었을 때 희망과 기쁨의 메시지가 오게 되는데, 그것은 바로 작은 성 베들레헴에서 다스릴 자가 나올 것이라는 메시지였다.

베들레헴은 당시 인구가 1,000명도 되지 않는 작은 시골 도시였지만, 미가는 밝게 빛나는 하나의 빛을 보았다. 3절에서 오시는 새 왕이 포로 생활에서 해방시킬 것을 증거하고 있는 것처럼, 이제는 억압과 환란, 어두움의 시대는 지나가고 다윗과 같은 위대한 왕을 통해 평화의 하나님을 찬양하는 일이 회복될 것이다. 미가는 평화의 왕, 겸손의 왕으로 오실 예수님을 맞이할 준비를 하라고 외치고 있다.

서신서의 말씀　히 10:5-10

시편 40편 6-8절은 단순한 외적 제사보다 내적으로 하나님의 말씀을 따르는 것을 그분이 원하신다고 고백하는 다윗의 내용이 담겨 있다. 구약에서 진행되는 제사 제도의 한계를 하나님은 알고 계셨으며, 하나님이 번제와 속죄제를 기뻐하지 않는다는 것을 다윗이 고백할 만큼 이스라엘의 제사는 그 자체로 완전하지 않다는 것을 계속 보여 주셨다. 죄 문제가 온전히 해결될 수 없음을 하나님과 언약된 백성은 모두 알고 있었으며, 하나님께 영원한 기쁨을 드릴 수 없는 제사라는 것을 인식하고 있었다.

그러나 아들이신 예수 그리스도의 순종이 나타나게 된다. 하나님이 기존 제사 속에 있는 제물 대신 그분의 뜻을 온전히 이루기 위해 한 몸을 준비했음을 인식하고 예수님은 자신의 몸을 기꺼이 드리신다. 시험받아 무너질 수밖에 없는 우리를 위해 먼저 시험을 받으시고 고난을 당하셨다. 그리고 십자가에 못박히셨다. 우리는 대제사장이신 예수 그리스도를 통해 대속함을 받을 수 있게 되었다. 구원의 성취자이신 예수님의 희생은 과거의 모든 제사가 이루지 못했던 속죄를 단번에 이루었으며, 단번에 속죄를 이루신 그리스도의 보혈의 공로를 믿기만 하면 우리는 그분을 통하여 대속함을 받을 수가 있게 된다. 하나님의 뜻 안에서 그리스도는 그것을 실행하시기 위하여 세상에 오셨다.

복음서의 말씀 눅 1:39-45, (46-55)

본문은 예수님을 잉태한 마리아가 세례 요한을 잉태한 엘리사벳을 만나는 내용(39-45절)과 마리아의 찬가(46-55절)로 이루어져 있으며, 마리아가 엘리사벳을 방문한 것은 천사가 엘리사벳의 임신 사실을 마리아에게 알렸기 때문이다. 만약 엘리사벳의 임신 사실을 마리아가 몰랐다면 그녀를 찾아갈 이유가 없었을 것이다. 마리아는 자신의 수태 사실을 인지한 후에 천사의 말을 기억하고서 엘리사벳을 만나고자 했던 것이다.

엘리사벳은 성령 충만한 가운데 찾아온 마리아에게 응답하기 시작한다. 엘리사벳은 가브리엘이 사용했던 메시아를 가리키는 아이가 어떤 역할을 하는지 알지 못했지만 "내 주의 모친"이라고 부르며 일반적인 감성과 이성의 작용을 뛰어넘는, 신적 존재의 임재를 느끼면서 특별한 감격을 하게 된다. 생명의 잉태는 항상 기뻐할 일이지만 인류를 멸망으로부터 건지실 하나님의 아들을 가까이 뵘을 통해 엄청난 환희를 경험하게 되었다.

엘리사벳은 "주께서 하신 말씀이 반드시 이루어지리라고 믿은 그 여자에게 복이 있도다"(45절)라고 말하면서 마리아에게 임한 하나님의 약속의 말씀이 그대로 성취될 것임을 확신한다.

📖 설교를 위한 조명

구약의 말씀(미 5:2-5a)으로 설교 작성 / 대지 설교
"이 작은 땅에 오신 왕"

말씀에로 나아감

사람들은 보통 큰 곳이나 유명한 곳에서 역사적 사건을 기대한다. 특히 영향력이 있는 인물을 통하여 큰 변화가 일어나길 바란다. 실제로 큰 도시나 건물에서 역사적인 순간을 담기 위해 각 나라와 기업들이 준비하는 모습은 많은 사람들에게 있어 관심을 사기도 한다. 하지만 사람들의 생각과는 달리 하나님께서는 종종 작은 곳에서, 보잘것없는 곳에서 일하신다.

당시 이스라엘 백성은 민족들이 멸망하고, 예루살렘 성과 성전이 함락되는 슬픔의 시간들을 경험했다. 희망을 찾아보기 힘든 채 깊은 좌절 속에 빠질 수밖에 없는 상황을 체험했다. 하지만 이스라엘을 사랑하신 하나님은 미가 선지자를 통해 영원한 이스라엘의 왕을 보내실 것이라고 말씀하신다. 그 작은 고을 베들레헴에서 말이다.

본문 이해와 주안점

1. 작은 땅 베들레헴에 오신 왕(2절)

베들레헴은 사람들이 보기에 유다의 작은 마을에 불과했으며, 정치적으로도 미미했던 지역이었다. 심지어 군사적 중요성도 낮았던 곳이 바로 베들레헴이었다. 하지만 하나님께서는 "베들레헴 에브라다야 너는 유다 족속 중에 작을지라

도 이스라엘을 다스릴 자가 네게서 내게로 나올 것이라 그의 근본은 상고에, 영원에 있느니라"(2절)고 말씀하신다.

하나님은 종종 우리의 예상 밖의 장소와 사람을 통해 역사하신다. 그 누구도 예상하지 못했던 그 현장, 즉 "떡집"이라는 뜻을 가진 '베들레헴'이라는 곳에 세상에 생명을 주신 떡으로 예수님께서 오셨다는 사실이다. 전혀 예상하지 못했던 그 떡집에 우리의 영혼을 먹이시는 그리스도가 오셨다는 사실은 실로 어머 어마한 일이 아닐 수 없다. 이렇게 생명의 왕이 오시니 이 땅이 생명의 땅이 되는 것은 분명한 일이었다. 이 일은 영원 전부터 위대하신 하나님의 경륜과 지혜로 시작된 구원의 선물이었다. 비록 작고 초라한 곳이었지만 세상을 구원한 생명의 떡이 잉태되기에 가장 적합했던 작은 땅, 베들레헴! 그 베들레헴에서 그리스도를 탄생시키셨듯이, 작고 작은 마음을 가진 우리를 새롭게 탄생시키시고 겸손한 우리를 통해서 생명의 떡이 전파되게 하신다. 그리고 하나님께 드릴 영광을 드러내신다.

2. 하나님의 위엄으로 오신 왕(4절)

베들레헴에 오신 예수 그리스도의 시작은 너무나 작고 미약한 모습으로 오셨다. 누가 보아도 힘없고 연약한 갈대처럼 오셨다. 금방이라도 바람이 불면 꺼질 것 같은 연약한 모습으로 오셨다. 하지만 그분의 마지막은 결코 미약하지 않았다. 연약하지 않았다. 연약함이라고는 찾아볼 수 없었고 오히려 하늘의 위엄과 권능으로 가득했다. 그 이유는 그분이 하나님의 능력과 그 이름의 위엄으로 다스리시고 인도하셨기 때문이다. 선한 목자로서 양 떼를 이끄셨고, 모든 악한 세력을 물리치셨다. 병든 자를 고치시고, 악한 영에 사로잡힌 이들을 놓임 받게 하셨다. 그런 분을 대적할 자는 그 어디에도 없었다. 그리하여 모든 무릎이 예수 그리스도 앞에 꿇게 되었고 모든 이름 위에 가장 존귀하게 높임을 받으셨다. 그리고 계속해서 그런 영광이 이 땅 가운데 가득하게 되었다.

그리하여 그분은 우리가 어떤 과정과 상황 속에 처해 있더라고 위엄과 능력으로 우리를 다스리실 것이며 우리를 지켜 주실 것이다. 따라서 우리는 그분의 힘과 능력과 권능을 의지하며 나아가야 한다. 오직 그분을 의지할 때 하늘의 그 놀라운 위엄으로 우리를 다스리고 보호하여 주실 것이다.

3. 평강으로 오신 왕(5절)

우리를 죄에서 구원해 주시기 위해 이 땅에 오신 예수 그리스도는 우리에게 평강을 주시길 원하시는 분이다. 그리스도 밖에 있는 세상은 군사적 힘으로 우리를 위협하고 정치적이거나 경제적인 힘으로 우리를 억압하고 두려워하게 하지만, 하나님은 우리에게 세상이 주지 못하는 평강을 주시는 분이다. 요한은 "이것을 너희에게 이르는 것은 너희로 내 안에서 평안을 누리게 하려 함이라 세상에서는 너희가 환난을 당하나 담대하라 내가 세상을 이기었노라"(요 16:33)고 가르친다. 예수 그리스도의 통치를 받는 성도가 어떤 전쟁이 일어나고 강한 군대가 둘러 진을 칠지라도 두려워하지 않고 오히려 담대할 수 있는 것은 예수 그리스도께서 주시는 평강 때문이다. 그 평강이 우리를 다스릴 때 환경이나 외적인 힘을 보는 것이 아니라 하나님께서 주시는 그 힘과 권능을 바라보기 때문이다. 그래서 하나님께서 주시는 평강은 세상을 이기는 힘을 준다.

따라서 우리의 부족함을 인정하고 그리스도께 내어드리고 하나님을 의지할 때 하나님께서 우리에게 세상을 이기는 믿음, 즉 평강을 주실 것이다. 하나님은 이 평강을 받아 누리는 사람을 통하여 하나님의 위대하신 일을 감당하게 하실 것이다.

말씀의 갈무리

하나님은 작은 것을 통하여 그분의 위대하심과 영광을 나타내신다. 베들레헴은 비록 작고 낮은 고을이었지만 하나님의 뜻을 드러내는 데는 전혀 부족함이 없었다. 작은 공간은 전혀 문제가 되지 않았다. 하나님께서 그곳에서 역사하시니 하나님의 지혜와 영광을 드러내는 위대한 장소가 되었다. 하나님 편에서는 작고 낮음은 걸림돌이 되지 않는다. 오히려 그분의 영광을 드러내는 데 적합했다.

마찬가지로 지극히 작은 우리의 모습도 전혀 문제가 될 것이 없다. 하나님의 영광을 드러내는 데 부족할 것이 없다. 하나님께서 일하시니 오히려 우리의 연약함을 자랑할 수 있게 되었다. 우리의 나약함이 하나님의 영광을 드러낼 수 있는 고귀한 통로가 될 수 있게 되었다. 따라서 우리가 겸손하게 우리의 연약함을 가지고 주님께 나아갈 때 우리 주님은 우리의 연약함을 사용하실 것이다. 놀랍고 위대한 일에 사용하게 될 것이다. 그러므로 우리에게 오신 예수 그리스도 평강의 왕이신 그분만을 바라보며 나아가자. 우리를 능력으로 이끌어 주신 위대하신 그분을 찬양하자. 하나님께서는 우리를 사용하여 주시며 우리가 가는 곳마다 주님의 길로 인도하여 주실 것이다.

성탄절

❖성서정과　시 98; 사 52:7-10; 히 1:1-4, (5-12); 요 1:1-14

예배로 부름　Call to Worship

이는 한 아기가 우리에게 났고 한 아들을 우리에게 주신 바 되었는데 그의 어깨에는 정사를 메었고 그의 이름은 기묘자라, 모사라, 전능하신 하나님이라, 영존하시는 아버지라, 평강의 왕이라 할 것임이라(사 9:6)

예배 기원　Invocation

죄악 중에 죽을 수밖에 없는 인류를 구원하시기 위하여 독생자를 아끼지 않고 이 땅에 보내 주신 하나님 아버지! 성탄절 아침에 저희가 감사 찬송을 부르며 성전으로 나와 기쁨으로 예배를 드립니다. 그 옛날, 베들레헴의 냄새 나는 마구간으로 오신 예수님께서 오늘 저희의 낮고 천한 마음에도 오시기를 소원합니다. 그리하여 이 땅에 무겁게 드리워진 절망의 그림자를 거둬주시고, 죄 짐에 눌려 고통을 받는 모든 이들에게 구원의 밝은 빛을 비추어 주옵소서. 하늘 보좌를 버리시고 인간이 되어 이 땅에 오신 우리 구주 예수 그리스도의 이름으로 기원하옵나이다. 아멘.

이 주일의 찬송　Hymns

만유의 주재(32장) / 기쁘다 구주 오셨네(115장) / 영광 나라 천사들아(118장)
참 반가운 성도여(122장) / 천사 찬송하기를(126장) / 하나님의 말씀으로(133장)

성시교독　Responsive Readings　　　　　　　　　　시편 98:1-9

인도자　¹ 새 노래로 여호와께 찬송하라

회 중　그는 기이한 일을 행하사 그의 오른손과 거룩한 팔로 자기를 위하여 구원을 베푸셨

음이로다

<table>
<tr><td>인도자</td><td>² 여호와께서 그의 구원을 알게 하시며 그의 공의를 뭇 나라의 목전에서 명백히 나타내셨도다</td></tr>
<tr><td>회 중</td><td>³ 그가 이스라엘의 집에 베푸신 인자와 성실을 기억하셨으므로 땅 끝까지 이르는 모든 것이 우리 하나님의 구원을 보았도다</td></tr>
<tr><td>인도자</td><td>⁴ 온 땅이여 여호와께 즐거이 소리칠지어다</td></tr>
<tr><td>회 중</td><td>소리 내어 즐겁게 노래하며 찬송할지어다</td></tr>
<tr><td>인도자</td><td>⁵ 수금으로 여호와를 노래하라 수금과 음성으로 노래할지어다</td></tr>
<tr><td>회 중</td><td>⁶ 나팔과 호각 소리로 왕이신 여호와 앞에 즐겁게 소리칠지어다</td></tr>
<tr><td>인도자</td><td>⁷ 바다와 거기 충만한 것과 세계와 그 중에 거주하는 자는 다 외칠지어다</td></tr>
<tr><td>회 중</td><td>⁸ 여호와 앞에서 큰 물은 박수할지어다 산악이 함께 즐겁게 노래할지어다</td></tr>
<tr><td>인도자</td><td>⁹ 그가 땅을 심판하러 임하실 것임이로다</td></tr>
<tr><td>회 중</td><td>그가 의로 세계를 판단하시며 공평으로 그의 백성을 심판하시리로다</td></tr>
</table>

고백의 기도 Prayer of Confession

낮고 천한 곳으로 성탄하신 예수님을 생각하며 고백의 기도를 드립니다. 저희는 예수님처럼 낮은 곳으로 가지 않았습니다. 예수님처럼 겸손한 모습을 보여 주지도 못했습니다. 예수님처럼 의로운 길을 선택하지 못했고, 하늘 아버지의 뜻에 생명을 다하여 순종하지 않았습니다. 주님의 발자취를 따르겠노라 마음으로 다짐만 하였지, 생활 속에서 실천으로 옮기지는 않았습니다. 하나님 아버지! 겉모양은 거룩한 그리스도인이었으나, 속사람은 추하고 이기적인 육신의 사람이었습니다. 예수님을 닮지 못했던 저희의 모든 죄를 용서해 주시고, 이제부터는 성탄하신 예수님을 본받아 아름답고 향기 나는 삶을 살게 하여 주옵소서. 예수님의 이름으로 이 고백의 기도를 드립니다. 아멘.

사함의 확신 Assurance of Forgiveness

이 예수를 하나님이 그의 피로써 믿음으로 말미암는 화목제물로 세우셨으니 이는 하나님께서 길이 참으시는 중에 전에 지은 죄를 간과하심으로 자기의 의로우심을 나타내려 하심이니(롬 3:25)

하나님의 영광과 구원이신 예수 그리스도

📖 석의적 접근

시편의 말씀   시 98

본문에서 시인은 하나님을 전심으로 찬양한다. 찬양의 이유는 하나님이 오른 팔로 베푸신 구원 때문이다. 그 구원은 모든 나라와 사람들에게 명명백백하게 드러내신 하나님의 역사이다. 그 구원의 역사가 얼마나 크고 놀라운지 모든 사람이 노래할 수 있는 모든 악기를 동원하여 천둥처럼 크나큰 함성으로 하나님의 구원 역사를 찬양할 것을 명령한다. 그 하나님의 구원은 공의와 정의의 판단과 다스림이다.

이 하나님의 구원이 온 세상 가운데 드러나고 계시가 된 사건이 바로 성육신, 곧 성탄의 사건이다. 하나님의 심판은 예수 그리스도의 십자가를 통해 온 우주 가운데 집행되었다. 이 예수 그리스도의 오심이 곧 온 세상에 시작된 하나님의 공의와 구원이 되었다. 이 성탄의 의미와 비밀을 아는 사람들은 찬양하지 않을 수 없다. 앞으로 펼쳐질 하나님의 구원 사건 앞에서 하나님의 사람들은 최고의 찬양, 최대의 경축을 드리지 않을 수 없다. 실로 모든 만물은 하나님의 구원 역사 앞에 모든 것을 다하여 찬양을 드림이 마땅하고 옳은 일이다.

예수 그리스도의 오심은 구원인 동시에 심판이 된다. 주님은 회개하는 자들에게는 구원이 되나 끝까지 하나님을 거부하는 사람들에게는 심판자가 되신다. 예수 그리스도의 오심은 누군가에는 구원의 사건이 되는 동시에 누군가에게는 심판의 사건이 된다. 오늘 주님의 탄생 소식은 나에게 구원의 사건이 되는가,

아니면 심판의 사건이 되는가? 이 땅에 오신 하나님의 구원자 예수 그리스도를 나는 어떤 분으로 맞이하고 받아들이겠는가?

서신서의 말씀   히 1:1-4, (5-12)

히브리서는 유대교에서 회심한 그리스도인 공동체를 향해 예수님이 그리스도이심을 증언하는 성경이다. 히브리서는 그리스도를 증언하며 그분이 천사보다 뛰어나신 분임을 말한다. 유대인들에게 천사는 하나님의 메시지를 전달하는 존재로서 하나님 다음가는 지위를 갖는다. 구약에서 하나님은 모세 같은 선지자들을 통하여 자신을 계시하셨고 천사도 역시 하나님의 계시를 전달하는 통로였다. 그러나 이제 그 모든 계시는 예수 그리스도를 통하여 완전하게 드러났다는 것이 히브리서의 가장 첫 증언이다. 구약의 그 어떤 예언자보다도 그 어떤 천사보다도 그리스도는 하나님을 계시하는 가장 뛰어난 존재이다.

하나님은 천사들에게는 나누어주시지 않았던 자기의 동등됨을 예수 그리스도에게만 허락하셨다. 심지어 천사마저도 그리스도께 경배를 드려야 한다. 천사는 바람과 불꽃 같은 하나님의 도구나, 예수 그리스도는 하나님의 아들로서 하나님의 보좌와 권세를 가지신 분이다. 하나님은 이 예수 그리스도에게 성령으로 기름 부으셔서 모든 것 위에 뛰어난 이름을 주셨다. 하나님의 아들이신 그리스도는 영원부터 영원까지 존재하시며 만물을 다스리시는 하나님이시다.

예수 그리스도의 탄생은 하나님의 계시의 극치이며 영광이다. 만물을 지으신 분이 만물 안으로 들어오셨다. 하나님을 감히 볼 수 없었던 인간에게 하나님의 영광을 가시적으로 보여 주셨다. 세상의 모든 죄를 없애시기 위해 이 땅에 오셨고 천지를 창조하신 말씀의 능력으로 하나님 나라를 보여 주시고 이 땅에 가져다주셨다. 하나님의 능력과 영광을 인간의 수준으로 낮추시고 비우셔서 우리가 이해하고 경험하고 공감할 수 있는 정도로 우리의 눈높이에 맞추어 주셨다. 이 하나님의 낮아지심과 내려오심을 우리는 사랑이라고 부른다. 이 사랑의 현현이 성탄이다.

복음서의 말씀   요 1:1-14

요한은 복음의 시작을 태초로부터 출발한다. 복음이 되시는 예수 그리스도가 성육신의 탄생부터가 아닌 이미 태초부터 계신 분임을 증언한다. 그분은 로고스이신 하나님이시며 하나님과 함께 계신 분이다. 하나님이신 그리스도는 하나님의 창조 사역에 함께하셨다. 그분은 만물을 존재하게 하시는 생명의 근원, 곧 빛이셨다.

성경의 처음 책인 창세기는 하나님의 창조를 선포하며 시작한다. 그 가장 처음은 하나님께서 말씀으로 만드신 빛이다. 이 빛은 흑암과 공허와 혼돈을 뚫고 새로운 세계와 질서와 충만을 빚어내시는 하나님의 창조 역사이다. 이 창조의 역사를 말씀이시며 빛이신 예수 그리스도께서 수면 위에 운행하시는 하나님의 영이신 성령님과 함께 행하셨다.

이 창조의 말씀이시며 빛이신 그리스도를 증언하는 사람으로서 세례 요한이 있었다. 그는 빛이 아니라 빛을 반사하는 존재였다. 그의 증언은 사람들로 하여금 빛이신 그리스도를 알아보고 맞아들이게 하기 위함이었다. 빛이신 그리스도를 영접하는 사람마다 그 안의 어둠과 공허와 혼돈이 물러가고 하나님의 자녀로 새롭게 창조되는 역사가 일어났다. 이것은 민족적 혈통이나 인간적인 방법, 또는 노력으로 도달할 수 없는 하나님 차원에서의 사건이다. 하나님 차원의 사건을 인간의 차원에서 가능하게 하시고 실행하신 분이 예수 그리스도이시다. 그분은 말씀이시지만 우리와 같은 사람이 되셨고 그분을 통해 우리는 하나님의 영광과 은혜와 진리를 충만하게 알 수 있게 되었다.

성탄은 하나님의 사건이 인간 안에서 이루어진 위대하고 경이로운 일이다. 혈통적으로나 육신적으로나 인간적으로 가장 가까웠던 사람들은 사람이 되신 하나님을 거부했다. 오늘 우리는 말씀과 빛으로 우리를 찾아오신 그리스도를 믿고 영접하는 복된 사람들이다.

🗂 설교를 위한 조명

설교를 위한 조명은 없음

복음서의 말씀(요 1:1-14)으로 설교 작성 / 강해 설교

"생명의 빛이신 그리스도를 전합시다"

본문의 구조와 중심 사상

본문은 빛이신 그리스도 증언 1 – 그리스도에 대한 사람의 반응 1(세례 요한) – 빛이신 그리스도 증언 2 – 그리스도에 대한 사람의 반응 2(영접하지 않은 백성과 영접한 백성)의 구조로 되어 있다.

본문은 빛이신 그리스도에 대해 세 가지 사실을 증언한다. 첫째, 빛이신 그리스도는 말씀으로 선재하시며 하나님과 창조 사역에 동역하셨다. 둘째, 빛이신 그리스도는 어둠과 세상을 이기시는 분이다. 셋째, 빛이신 그리스도는 말씀이 육신이 되신 분으로 그를 영접한 사람들에게는 하나님의 자녀가 되는 권세가 주어진다.

본문 강해

요한복음 1장의 서언이 증언하는 그리스도는 어떤 분인가? 그분은 태초부터 계신 말씀이시다. 그분은 태초부터 하나님과 함께 계신 분이다. 그분은 하나님의 창조 사역의 주체이시다. 그분은 만물을 창조하셨을 뿐만 아니라 만물 안에 생명을 부여하신 분이다. 모든 생명은 그리스도께서 자신의 생명을 나누어주심으로 존재할 수 있다.

말씀은 존재의 일부이다. 말은 자신의 인격과 존재와 동일시되며 책임적 지위를 갖는다. 말과 행동이 다른 사람을 우리는 비난한다. 말과 인격은 분리될 수 없기 때문이다. 동시에 말씀은 다른 존재 안에 영향력을 발휘한다. 우리가 누군가에게 사랑을 고백하거나 용서를 선언할 때 그 말은 다른 사람 안에서 변화를 일으킨다. 그러므로 말씀은 회복을 창조하고 관계를 새롭게 하는 인격적

2

주일 낮 예배 · 설교 지침

능력이다. 요한복음은 이 그리스도가 말씀으로 태초 이전에 존재하셨음을 증언하며 시작한다.

요한복음은 생명이신 그리스도, 생명의 원천이신 그리스도를 또한 빛으로 증언한다. 어떻게 생명이 빛이 될 수 있을까? 여기에서 빛은 우리가 흔히 생각하는 해나 달이나 별과 같은 광명체가 아니다. 광명체의 창조는 넷째 날 이루어진다. 첫째 날 창조하신 것이 빛이다. 그러면 빛이란 무엇일까? 그것은 천지가 창조되기 전의 상황-땅이 혼돈하고 공허하며 흑암이 깊음 위에 있는(창 1:2)-을 뒤집으시는 사건으로서의 빛이다. 즉, 혼돈과 공허와 흑암을 질서와 충만과 밝음으로 바꾸시는 하나님의 능력의 현현이다. 그러므로 빛은 처음 시작이며 존재의 시작이며 생명의 시작이 된다. 이 하나님의 생명 사건을 창세기와 요한복음은 '빛'으로 명명한다.

빛에 대한 사람들의 반응

이 빛에 대한 사람들의 반응은 두 가지로 나뉜다. 하나는 빛을 알지 못하고 빛을 영접하지 않는 것이다. 여기서 "알다"라는 동사는 성경에서 어떤 사물에 대한 단순한 지적인 인지를 의미하기보다는 관계적 혹은 경험적인 인식을 말할 때 주로 쓰인다(요 14:7, 17:25). 그래서 요한복음에서 그리스도를 안다는 것은 그리스도를 믿는다는 것과 거의 동의어이다.

빛에 대한 무지는 인간의 전적 타락의 전형이다. 칼뱅에 의하면 인간은 하나님을 아는 지식에서 부패하였다(기독교 강요 1권 제4장-이 지식은 부분적으로는 무지, 부분적으로는 악의로 말미암아 질식 혹은 부패되었다). 그래서 스스로는 하나님을 찾을 수 없다. 하나님의 선하시고 거룩하시고 온전하신 뜻에 대한 전적 무능과 무지가 인간의 전적 타락이다. 생명의 빛이신 그리스도를 알지 못하는 것, 알아보지 못하는 것이 죄인의 한계이며 절망의 이유이다. 영적 무지는 생명의 빛이신 그리스도를 영접할 수 없는 결과를 초래한다.

그러나 다른 한편에는 빛이신 그리스도를 영접하고 그분이 주시는 권세와 복을 누리는 사람들이 있다. 그리스도께서 주시는 권세는 무엇인가? 그것은 하나님의 자녀로 선택받는 능력이다. 하나님의 자녀로서의 권리를 획득하는 것이다. 하나님의 자녀들은 하나님으로부터 난 사람들이다. 사람의 방식이나 방법이 아닌 하나님의 방식, 하나님의 방법으로 하나님의 자녀가 된다.

하나님의 자녀가 되는 방법

예수 그리스도의 탄생은 혈통이나 육정, 사람에 의해 이루어지지 않았다. 유대인들은 어머니의 피(혈통)와 아버지의 씨를 통해 임신과 출산이 이루어진다고 보았다. 육정은 남자와 여자의 성적 욕망에 의한 행위의 결과로써의 출산을 의미한다. 사람은 남자를 의미하기도 하는데, 남자는 출산에서 주체적 대행자로 여겼으며 어떤 사람들은 여성의 역할을 태아의 그릇으로밖에 여기지 않았다. 요한복음은 성육신의 방법이 그러하듯 하나님께서 하나님의 자녀를 낳으시는 방법도 그러한 방법이 아님을 증거한다.

그렇다면 하나님의 자녀가 되는 방법은 무엇인가? 그것은 율법을 지켜서 의를 얻어내는 것이 아니라 믿음을 통해 의롭게 되는 방법이다. 나의 공로가 아니라 예수 그리스도의 십자가 공로를 통해 의롭게 되는 방식이다. 하나님의 자녀가 되는 새로운 길을 우리에게 여신 분을 요한복음은 말씀이 육신이 되어 우리 가운데 사신 분으로 증거한다. 여기서 빛이시고 생명이신 그리스도는 다시 1절에 앞서 언급한 말씀으로 수렴된다. 말씀-빛-생명-말씀으로 증언되는 그리스도를 통해서 우리는 하나님의 영광을 보게 되었다고 증언한다.

하나님의 영광이신 그리스도

하나님의 영광은 충만한 은혜와 진리의 결정체이다. 은혜와 진리가 말씀 안에 담겨 우리에게 주어졌다. 은혜와 진리는 구약의 하나님 성품인 인자(헤세드)와 성실(에메트)에 대한 대구이다. 이것은 하나님께서 모세에게 두 번째 언약을 주시면서 하시는 말씀에 등장한다.

"여호와라 여호와라 자비롭고 은혜롭고 노하기를 더디 하고 인자와 진실이 많은 하나님이라"(출 34:6b).

하나님의 헤세드(인자)는 아무 공로 없는 이스라엘을 택하신 자비(또는 긍휼)와 이스라엘에 대한 이러한 언약적 사랑의 표현-자비로운 사랑, 자비하심, 긍휼이 풍성하신 사랑, 사랑으로 가득한 자비 등-이다. 하나님의 에메트(진실)는 언약에 대한 성실하심을 말한다. 이 에메트는 성실, 견고, 신실함 등으로 번역된다. 요한복음은 우리를 향한 하나님의 사랑과 성실함이 예수 그리스도 안에서 가장 충만하고 선명하게 나타났음을 증거한다.

충만한 은혜와 진리가 육신이 되심으로 우리 안에 거하시고 우리는 그 영광을 보았다. 여기서 우리는 앞 절에서 말한 하나님의 방법으로 낳은 하나님의 자녀들이며 오늘날의 교회이다. 하나님은 구원받은 사람들을 세상으로부터 불러내셔서 교회가 되게 하셨고, 이 교회 안에 자기의 영광을 수여하신다. 교회가 영광스러운 이유는 사람이나 건물, 숫자나 돈에 있는 것이 아니라 예수 그리스도를 통해서 자기의 영광에 참여하게 하신(벧후 1:4) 사실에 기인한다.

구약에서 하나님의 영광은 성막 안에 임재하셨다. 성막이 영광이 되었다. 이제 하나님의 영광이 육신 안에 머무셨는데 그분이 곧 그리스도이시다. 하나님의 영광이 육신으로 계시가 된 것이다. 창세기 1장에서 천지 창조의 절정은 인간의 창조이다. 요한복음 1장에서의 절정은 말씀이 육신이 된 창조(성육신)이다. 이 육신이 되신 그리스도는 말씀 자체이시며 그분의 삶과 가르침, 기적, 죽음과 부활은 계시가 된 하나님의 영광을 되비춘다. 그래서 그리스도의 삶과 가르침에 순복하고 그리스도를 영접해 들일 때에 그리스도 안에 담긴 하나님의 영광이 인간 안에 계시가 되며 충만함을 드러낸다. 인간의 영광은 잘 가꾼 외모, 넉넉한 돈, 자랑할 만한 성공과 성취에 있지 않고, 빛과 생명이신 그리스도를 영접하는 자들을 통해 그리스도 안에 있는 하나님의 영광이 발현됨으로 영광스럽게 된다. 그러므로 인종, 성별, 재산, 학력, 장애의 유무는 인간의 영광됨을 결정하는 요인이 될 수 없다.

성탄절의 부르심

이 그리스도의 나심을 기념하는 성탄절을 맞이하며 요한복음은 우리를 세 가지 자리로 부른다. 첫째는 그리스도의 나심을 찬양하고 경배하는 자리이다. 육신이 되신 하나님, 말씀과 빛과 생명이 육신이 되심을 경축하며 영광스러운 그리스도께서 마땅히 받으셔야 할 영광을 돌리는 날이 성탄절이다. 둘째는 우리를 하나님의 자녀 되게 하신 그리스도께 감사를 드리는 자리이다. 그리스도를 알지도 못하고 영접할 수도 없었던 나에게 성령님의 역사로 말미암아 그리스도를 알고 믿게 하신 은혜는 밤낮으로 찬양과 감사를 드려도 부족할 것이다. 나를 하나님의 자녀로 선택하신 권리와 능력을 주신 그리스도의 오심은 찬양과 감사의 최우선 순위이다. 셋째는 생명의 빛으로 오신 그리스도를 사람들에게 전하는 자리이다. 세례 요한은 그리스도에 대해 증언하고 자기로 말미암아 그리스도를 믿게 하고자 살았다. 이천 년 전에 그리스도를 증언하는 사람이 세례 요한이었다면 오늘의 세례 요한은 그리스도를 먼저 알고 믿은 우리이다.

생명의 빛 되신 그리스도를 기쁨과 감사함으로 전하는 성탄절을 보내자.

성탄절 후 첫 번째 주일

❖**성서정과** 시 148; 삼상 2:18-20, 26; 골 3:12-17; 눅 2:41-52

예배로 부름   Call to Worship

여호와여 신 중에 주와 같은 자가 누구니이까 주와 같이 거룩함으로 영광스러우며 찬송할 만한 위엄이 있으며 기이한 일을 행하는 자가 누구니이까 주의 인자하심으로 주께서 구속하신 백성을 인도하시되 주의 힘으로 그들을 주의 거룩한 처소에 들어가게 하시나이다(출 15:11, 13)

예배기원   Invocation

우주 만물을 다스리시며 인생의 생사화복을 주관하시는 하나님 아버지! 오늘은 2024년도를 마무리하는 마지막 주일입니다. 너무나도 빠르게 지나간 1년을 되돌아보면서, 주님의 목전에는 천 년이 지나간 어제 같으며, 밤의 한순간 같을 뿐이라는 말씀을 기억합니다. 지난 한 해가 눈 깜짝할 사이에 지나간 것과 같이 저희의 일생도 일식 간에 다할 것임을 깨닫습니다. 하나님께서 정하신 크고 엄위하신 섭리 앞에서 더욱 겸손하고 경건한 마음이 되어 드리는 송년 주일 예배를 받아 주옵소서. 예수 그리스도의 이름으로 기원하옵나이다. 아멘.

이 주일의 찬송   Hymns

내 영혼아 찬양하라(65장) / 온 천하 만물 우러러(69장) / 샤론의 꽃 예수(89장)
예수님은 누구신가(96장) / 햇빛을 받는 곳마다(138장) / 귀하신 주님 계신 곳(207장)

성시교독   Responsive Readings   시편 148:1-7, 11-14

인도자   ¹ 할렐루야 하늘에서 여호와를 찬양하며 높은 데서 그를 찬양할지어다

회 중	**² 그의 모든 천사여 찬양하며 모든 군대여 그를 찬양할지어다**
인도자	³ 해와 달아 그를 찬양하며 밝은 별들아 다 그를 찬양할지어다
회 중	**⁴ 하늘의 하늘도 그를 찬양하며 하늘 위에 있는 물들도 그를 찬양할지어다**
인도자	⁵ 그것들이 여호와의 이름을 찬양함은 그가 명령하시므로 지음을 받았음이로다
회 중	**⁶ 그가 또 그것들을 영원히 세우시고 폐하지 못할 명령을 정하셨도다**
인도자	⁷ 너희 용들과 바다여 땅에서 여호와를 찬양하라
회 중	**¹¹ 세상의 왕들과 모든 백성들과 고관들과 땅의 모든 재판관들이며**
인도자	¹² 총각과 처녀와 노인과 아이들아 ¹³ 여호와의 이름을 찬양할지어다
회 중	**그의 이름이 홀로 높으시며 그의 영광이 땅과 하늘 위에 뛰어나심이로다**
인도자	¹⁴ 그가 그의 백성의 뿔을 높이셨으니
회 중	**그는 모든 성도 곧 그를 가까이하는 백성 이스라엘 자손의 찬양 받을 이시로다 할렐루야**

고백의 기도　Prayer of Confession

공의로우신 하나님 아버지! 지난 한 해 동안 저희는 너무나도 게으르고 나태했습니다. 연초에 맡겨주신 귀한 직분이 있었건만, 충성을 다하지 못했습니다. 한 해 동안 만났던 수많은 사건 앞에서 기도해야 했는데, 교만한 마음에 사로잡혀 내 생각만 앞세웠습니다. 성령 하나님께서 들려주시는 세미한 음성에도 귀를 기울이지 않았습니다. 그리하여 지난 1년을 돌아보니 저희는 하나님의 자녀답지 못했고, 하나님의 영광을 드러내지 못했고, 하나님의 뜻을 이루는 일에도 성취가 적었습니다. 한 해의 끝을 목전에 두고서야 주님께서 책망하셨던 게으르고 악한 종의 모습이 저희 안에 있는 것을 깨닫습니다. 자비로우신 하나님 아버지! 용서를 구하오니 지난 한 해 동안 지었던 저희의 모든 죄와 허물을 용서하여 주옵소서. 예수님의 이름으로 이 고백의 기도를 드립니다. 아멘.

사함의 확신　Assurance of Forgiveness

내 이름으로 일컫는 내 백성이 그들의 악한 길에서 떠나 스스로 낮추고 기도하여 내 얼굴을 찾으면 내가 하늘에서 듣고 그들의 죄를 사하고 그들의 땅을 고칠지라

(대하 7:14)

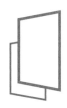

오늘의 주제

변화와 성장

📖 석의적 접근

구약의 말씀　삼상 2:18-20, 26

　사무엘상 2장 18-20절과 26절은 사무엘의 성장에 따라 그의 신앙적 삶이 성장하고 있을 뿐만 아니라 늙어가는 엘리를 대신할 다음 세대의 제사장으로 흔들림 없이 성장하고 있음을 보여 준다. 본문의 앞뒤에는 엘리의 아들들이 부정하고 불신실한 행동으로 하나님의 법을 어겼다고 기록한다. 엘리의 아들들은 하나님께 드릴 몫의 제물을 제사장이라는 직권을 남용하여 자기들에게 가져오게 하는 악한 행실을 저질렀다. 그리고 회막 문에서 수종드는 여인들과 동침하기까지 하였다. 사무엘은 엘리의 아들들과 달리 하나님의 법을 따랐다. 본문은 사무엘이 어렸을 때부터 세마포 에봇을 입고 여호와를 섬겼다고 기록한다. 에봇은 제사장이 갖추어 입어야 할 중요한 예복이다(출 28:4). 사무엘은 한나가 매해 제사를 드리러 실로에 올라갈 때마다 지어준 작은 겉옷도 입었는데, 겉옷 역시 제사장이 갖추어야 할 필수적인 예복 중 하나이다. 이는 사무엘이 어려서부터 제사장이 될 준비를 성실하게 수행하고 있음을 보여 준다. 사무엘은 제사장이 입어야 할 겉옷을 입고 밤낮없이 하나님을 섬기는 일에 최선을 다하며 다음 시대 이스라엘의 영적 지도자로 성장해 나갔다.

　이 같은 사무엘의 성장 과정은 "여호와와 사람들에게 은총을 더욱 받더라"는 사무엘상 2장 26절의 말씀으로 요약된다. 사무엘은 그의 삶을 통해 하나님의 은혜와 축복을 받았고, 누가 보기에도 성실하고 신실하게 하나님을 섬기는 제사장으로서 준비되는 삶을 살아갔다.

서신서의 말씀 골 3:12-17

사도 바울은 본문에서 "옛 사람"(골 3:9)과 달리 예수 그리스도 안에서 하나님이 택하신 "새 사람(골 3:10)", 즉 성도들에게 새로운 삶의 지향점을 제시한다.

12-14절에서 바울은 성도들이 하나님의 선택을 받아 거룩하고 사랑받는 자로 살아야 한다고 강조한다. 성도들은 긍휼, 자비, 겸손, 온유, 오래 참음과 같은 덕목을 갖추고, 서로를 용서하고 사랑으로 완전히 연합하라고 권한다. 여기서 '긍휼'은 헬라어로 'σπλάγχνα οἰκτιρμοῦ'로, '자비'는 'χρηστότης', '겸손'은 'ταπεινοφροσύνη', '온유'는 'πραΰτης', '오래 참음'은 'μακροθυμία'로 표현되었다. 이 덕목들은 모두 그리스도의 성품을 반영한다. 이 덕목들은 성령님 안에서의 삶을 성도들에게 권장하는 갈라디아서 5장 22-23절의 '성령의 열매'와도 연결된다. 또한, 바울이 성도들에게 용서와 사랑의 완전한 연합을 촉구하는 내용은 마태복음 18장 21-22절에서 전해지는 공동체의 관계에 관한 예수님의 가르침을 따른 것이다. 마태복음 18장에서 베드로가 예수님께 얼마나 자주 용서해야 하는지 묻자, 예수님은 일곱 번이 아니라 일곱 번을 일흔 번, 즉 무한히 용서해야 한다고 가르치셨다. 이처럼 예수님을 따르는 공동체는 서로에 대한 무한한 용서를 통해서 사랑의 연합을 완성하게 될 것이다.

15-17절에서 바울은 성도들이 그리스도의 평화를 마음에 지니고 감사하는 자들이 되어야 한다고 강조한다. 성도들은 모든 지혜로 서로를 가르치고 권면하고, 시와 찬미, 신령한 노래로 하나님께 감사를 드리라고 권한다. 또한, 모든 말과 행동을 예수님의 이름으로 하여 하나님 아버지께 감사를 드리는 삶을 살라고 강조한다. 여기서 '그리스도의 평강'은 헬라어로 'ἡ εἰρήνη τοῦ Χριστοῦ', '감사하는 자'는 'εὐχάριστοι γίνεσθε', '그리스도의 말씀'은 'ὁ λόγος τοῦ Χριστοῦ', '주 예수의 이름으로'는 'ἐν ὀνόματι κυρίου Ἰησοῦ'로 표현되었다. 성도들은 모든 언행에서 예수 그리스도의 평강과 말씀을 본받아야 한다고 바울이 강조한 것은 로마서 14장 8절에서 우리가 살든지 죽든지 주님을 위해 살고 죽

어야 한다는 바울의 사상을 반영한다.

　이처럼 교회 공동체 안에서 평강과 사랑의 여러 덕목들을 실천하도록 독려하는 바울의 메시지는 성도들이 그리스도의 말씀을 마음에 풍성하게 간직하고, 그 말씀에 따라 생활하고, 그리스도의 이름으로 모든 것을 행함으로써 그리스도의 삶을 본받고 그리스도의 영광을 나타내는 삶을 살아야 한다고 강조하고 있다.

복음서의 말씀　눅 2:41-52

　이 본문은 예수님의 유년 시절 성전 방문에 관한 유일한 기록이다. 예수님의 부모인 요셉과 마리아는 매년 유월절을 지키기 위해 예루살렘 성전으로 올라갔는데, 예수님이 열두 살이 되자 그들을 따라나섰다. 유월절은 무교절 기간의 첫날로, 7일 동안 지속된다(레 23:5-6). 예수님의 부모는 유월절 축제가 끝나자 다른 순례자들과 함께 집으로 향하여 하룻길을 내려갔다. 그러나 예수님은 그들과 함께 내려가지 않았다. 그러한 사실을 몰랐던 예수님의 부모는 그가 동행중에 없는 것을 발견하자 그를 샅샅이 찾으며 예루살렘으로 되돌아갔고, 마침내 사흘 후에 성전에서 그를 만날 수 있었다. 그러나 예수님은 그사이 성전에 머물면서 유대교의 율법 선생들과 함께 하나님의 말씀에 관해 논의하고 있었고, 그의 지혜와 학문적 열정으로 율법 선생들은 물론이고 그들의 논의를 지켜보던 순례자들을 감탄하게 했다. 이는 예수님이 이미 어린 나이에 하나님의 말씀을 깊이 이해하고 있었음을 나타낸다.

　예수님의 부모는 그를 다시 찾기까지 큰 자책감과 함께 극도의 불안감을 느꼈던 것 같다. 48절의 "근심하여"로 번역된 헬라어 'ὀδυνώμενοι'는 누가복음 16장 24절에서 죽은 뒤에 아브라함의 품에 있는 나사로와 달리 음부의 불꽃 가운데서 괴로워하는 부자의 고통을 설명할 때에도 사용될 정도로 극심한 육체적, 정신적 고통을 수반하는 근심을 의미한다. 이에 그들이 성전에서 예수님을 발견하자 그를 잃어버렸던 고통이 얼마나 컸는지를 전하며 그가 예루살렘에 머문 이유를 물었다. 그러나 예수님은 오히려 부모가 그를 찾은 이유를 되물으며,

"내가 내 아버지의 집에 있어야 될 줄을 알지 못하셨나이까?"라고 대답하셨다. 이 대답은 예수님 자신이 하나님의 아들이라는 것을 확실히 알고 있었고, 그의 주된 의무는 하나님을 섬기는 것이라고 이미 인식하고 있었음을 보여 준다. 예수님은 육신의 부모가 이해하지 못했던 그의 신성을 표현한 것이다. 그러나 예수님의 부모는 아직 예수님의 말을 이해하지 못했다.

이에 예수님은 그의 부모와 함께 나사렛으로 돌아가서 그들에게 순종하였다. 이는 예수님이 아직 그의 시간이 이르지 않았기 때문이기도 하지만, 다른 인간과 마찬가지로 지적, 신체적 성장 과정을 거쳐야 했기 때문이다. 누가는 어린 사무엘의 성장 과정을 묘사하던 표현을 차용하여 예수님의 지혜와 키가 자라나며 하나님과 사람들에게 더욱 사랑을 받았다고 전한다(삼상 2:26). 이는 예수님의 완전한 인간성을 부각시킨다.

결론적으로, 예수님의 유년 시절 성전 방문과 관련된 일련의 사건들은 예수님의 인성과 신성을 모두 강조하며, 그가 유년 시절부터 어떻게 하나님의 아들로서 그의 사명을 인식하고 수행하였는지를 보여 준다. 이는 예수님의 인성과 신성이 완전히 통합되어 있음을 시사하는 중요한 성경적인 증거다. 이러한 증거는 예수님의 삶과 그의 사역에 대한 우리의 이해를 높이는 데 도움이 된다. 우리는 이를 통해 예수님이 우리의 구원을 위해 오신 하나님의 아들이며, 인간인 우리와 같은 경험을 가진 완전한 인간임을 알게 된다. 이 두 가지 측면은 하나님의 유일한 독생자로서 예수님의 독특한 정체성을 형성하며, 인간인 우리를 위한 구원 사역을 가능하게 한다. 이는 예수님이 인간의 자리에서 우리의 죄를 위해 죽음을 겪으셨고, 우리를 구원하시기 위해 부활하셨음을 의미한다.

서신서의 말씀(골 3:12-17)으로 설교 작성 / 전개식 설교
"새 사람을 입은 후에"

Move 1. 성탄의 계절에 들려오는 노래

성탄의 계절이 다가오면 어디선가 항상 들려오는 노래들이 있다. 요즘은 조금 줄어들긴 했지만 길을 걷다 보면 어느 가게의 배경음악 리스트에 캐럴이 한두 곡씩 포함되어 들린다. 그 외에도 영화나 광고에서 성탄을 떠올리게 하는 트레이드마크 같은 노래들이 있다. 그런 노래들 중에서 어떤 노래를 떠올리냐에 따라 자신이 어떤 세대에 속했는지 알게 된다. 여러분은 성탄의 계절이 다가오면 어떤 노래가 떠오르는가? 머라이어 캐리의 "All I Want for Christmas Is You"라는 노래가 떠오르는 분이 계신가? 그렇다면 여러분은 1990년대 중반 가장 행복한 성탄의 계절을 보냈을 가능성이 높다. 이 곡은 1994년 10월 29일에 발표되어 그해 성탄의 계절에 전 세계적인 유행을 탔고, 매해 돌아오는 계절에 가장 많은 저작권료를 벌어들이는 음악으로 자리매김해 오고 있기 때문이다. 혹시 영국 영화 〈Love Actually〉(러브 액츄얼리)의 OST에 포함된 "All You Need is Love"라는 곡이 떠오르는 분이 계신가? 이 영화는 우리나라에서 2003년 성탄의 계절에 개봉되어서 가슴을 따뜻하게 하는 스토리로 큰 흥행을 거두었다. 2010년대 이후에는 어떤 노래가 그 자리를 차지하고 있는지 모르겠지만, 이렇게 성탄의 계절을 떠올리게 하는 곡들은 대부분 연인이나 가족 간의 따뜻한 사랑을 노래한다.

성탄은 사랑의 계절이기 때문이다. 여러분은 언제 사랑받고 있다고 느끼는가? 정말 갖고 싶었던 크리스마스 선물을 받았을 때인가? 행복한 캐럴을 들으며 따뜻한 핫초코나 에그노그(eggnog)를 연인이나 가족들과 함께 마시며 창밖으로 하얀 눈이 내리는 걸 볼 때인가? 그러다 문득 다른 사람이 아닌 내가 이 사람의 옆자리에 앉아 있다는 사실을 새삼스럽게 발견하면서, 나의 사랑하는 사람에게

내가 선택받았다는 사실에, 혹은 내가 다른 사람이 아니라 이 사람을 선택하였다는 사실에 깊은 사랑을 다시 확인하며 감사할 때도 종종 있지 않은가?

Move 2. 새 사람으로 변화시키는 선택의 힘

지금까지 삶을 살아오면서 우리가 받은 수많은 선택 중에서 가장 소중한 선택은 그리스도인으로 우리가 하나님께 받은 선택이지 않을까? 그렇다면 여러분은 언제 하나님께 선택받았다고 느끼게 되는가? 그중 하나는 어느 날 문득 나 자신의 모습이 이전과 달라졌음을 발견하게 될 때인 것 같다. 전날까지 사는 것이 너무 지치고 버겁기만 했는데, 어느 날 아침에 눈을 뜨고 새날을 맞이하니 갑자기 이전에 염려되고 두렵던 모든 것이 아무것도 아닌 것처럼 느껴질 때가 있다. 물론 하나님께 선택을 받았다고 느끼기 이전 날과 선택받았음을 느끼는 그 아침 사이에 무슨 일이 특별히 일어나거나 일어나지 않았을 수도 있다. 어쩌면 누군가 일주일 전에 지나가듯 해 준 말씀의 위로가 그 아침에 생각났을 수도 있고, 그 아침 누군가 나를 위해 짧은 한마디의 기도를 해 주었을 수도 있다.

내가 섬기는 교구에 20대 초반의 쌍둥이 딸을 둔 권사님이 계신다. 그중 한 딸이 뒤늦게 대학을 가고자 마음을 먹었다. 고등학교에 다닐 때까지는 대학에 가는 것보다는 졸업해서 바로 일을 시작할 수 있도록 준비하는 데에 집중했는데, 일을 하다 보니 다른 일이 적성에 맞는다는 걸 발견하고 대학에 가서 공부를 더 하기로 한 것이었다. 그동안 대학입시를 준비하지 않았기 때문에 집중하기 위해 기숙사형 재수학원에 들어가서 공부하기로 했다. 대학입시를 뒤늦게 시작했기 때문인지 초반의 결심과 달리 너무 공부가 되지 않았고, 짧은 기간에 어떻게 그 많은 공부를 해야 하나 막막해서 매일같이 계속해서 눈물만 났다고 한다. 그렇게 몇 달이 지나면서 모의고사도 몇 번인가 보았지만 성적은 원하는 기준까지 오르지 않았고 기숙학원을 나와야 하나 걱정만 했다고 한다. 그렇게 권사님과 통화할 때마다 눈물을 흘리던 그 딸에게 어느 날 전화가 왔다고 한다. 그 딸은 권사님에게 어제까지만 해도 그렇게 두렵고 눈물이 났는데, 자고 일어난 그날 아침 갑자기 모든 걱정과 염려가 자기 마음에서 완전히 사라졌다는 걸

느꼈다고 전했다. 이 딸은 자기가 그렇게 기도를 열심히 한 건 아니니까 자기 마음이 이렇게 변한 건 아마 엄마가 자기를 위해 열심히 기도하고 있어서 그런 것 같다며, "하나님이 정말 살아 계시다고 느껴져!"라는 말로 하나님의 살아 계심을 입으로 고백했다고 한다.

이렇게 우리는 이전의 나와 달리 이기적인 욕심이나 두려운 마음이 사라지고 "온전한 사랑을 받고 있구나, 내가 이전과는 다른 새 사람이 되었구나"라는 느낌을 받을 때 "하나님께서 나를 기억하고 계시는구나, 나를 선택해 주셨구나" 하고 느끼게 된다. 사도 바울이 골로새 교인들을 하나님이 선택하신 거룩하고 사랑스러운 사람이라고 부른 것처럼, 하나님이 자기 사람을 선택하시면 그 사람은 악에서 떠난 거룩함을 경험하게 되고, 내 존재 자체로, 있는 모습 그대로 무한한 사랑을 받고 있음을 느끼게 된다. 하나님의 선택은 내 존재 자체를 있는 그대로 사랑하시는 것이지만, 하나님의 사랑을 받는 순간 내 존재의 가치가 달라지고 새 사람으로 변하게 된다.

Move 3. 새 사람에게 어울리는 패션

하나님의 선택과 부르심으로 새 사람이 된 뒤에 우리는 뒤늦게 과거의 나 자신이 지금과 얼마나 달랐었는지를 돌아보게 된다. 새 사람이 된 것에 우리의 노력이 들어설 자리는 없지만, 새 사람으로 살아가기 위해서는 새 사람에 어울리는 새 옷을 입어야 한다. 사도 바울은 새로운 성도가 되기 위해 온전한 변화가 필요하다는 주장을 펼치기 위해서 옷을 갈아입는 비유를 사용하였다. 그는 예수님을 주님으로 믿게 된 골로새 교인들에게 예수님을 알기 전 자기 중심적이고 탐욕적인 옛 사람을 벗고 새 사람을 입으라고 권면한다. 우리는 바울이 로마의 교인들에게 그리스도로 옷 입으라고 권한 것을 기억한다(롬 13:14). 또 갈라디아의 교인들에게는 그리스도와 합하는 세례의 의미를 드러내기 위해 세례 받은 자는 그리스도로 옷을 입었다고 설명한다(갈 3:27). 따라서 새 사람을 입으라는 말은 그리스도와 연합하여 살아가라는 의미이다.

새 사람에게 어울리는 패션이 따로 있다. 바울은 골로새서 3장 12절에서 그리스도로 새 사람을 입은 성도들에게 어울리는 긍휼, 자비, 겸손, 온유, 오래 참음이라는 다섯 가지 덕목으로 이름 붙인 특별한 의상과 거기에 어울리는 패션 아이템을 소개한다. 그는 마치 유명한 패션 디자이너가 각기 다른 콘셉트를 담아 선택된 사람들을 위해 맞춤으로 제작한 의상들을 패션쇼의 무대에서 자신감에 넘쳐 소개하듯이 말한다. 바울은 골로새의 교인들이 이렇게 매력적인 의상들을 본 이상 그것을 입지 않겠다는 상상은 전혀 할 수 없다는 듯이 그 다섯 벌의 의상을 입으라고 권한다. 그 의상들이 상징하는 덕목들은 모두 그리스도의 성품을 반영한다. 그렇기 때문에 그리스도인이 되기 전에 골로새 사람들이 가지고 있던 의상들로는 더이상 그리스도와 연합하여 변화된 새 사람의 정체성, 다시 말해 그리스도의 성품으로 변화된 새 존재를 드러낼 수 없기 때문이다. 거기에 더하여 바울은 그 의상들과 함께 새 사람에게 어울리는 패션을 완성할 궁극의 아이템(item)이 필요하다고 주장한다. 그 아이템은 사랑이라는 이름의 허리띠 혹은 벨트(belt)이다. 드레스 자체도 충분히 아름답지만, 사랑의 벨트가 허리를 살포시 조여 옷매무새를 다듬을 때, 그리스도의 덕목을 옷 입은 새 사람은 눈부시게 빛난다.

Move 4. 새 옷은 골방에서 자랑할 수 없다.

한 영화감독이 한 장면을 촬영하고 있다. 주인공이 옷장에 가득한 옷들을 하나씩 꺼내서 입어보고 있다. 치마를 입었다가 바지를 입었다가, 격식을 갖춘 옷을 입었다가 편안한 드레스를 입었다가, 머리를 풀었다가 다시 묶기도 하고, 허리에 리본을 둘렀다가 가죽 띠를 찼다가, 가방을 한쪽 어깨에 메었다가 가로질러 메어 보기도 하였다. 주인공은 옷을 골라 입는 바쁜 와중에 꼼꼼하게 화장하는 것도 잊지 않는다. 어제 늦게 자서 부은 눈두덩을 가라앉히기 위해 밤새 얼린 숟가락을 올려놓고, 마사지 롤러로 턱을 아래위로 문지르기도 한다. 기초화장 후에 색조화장까지 마무리한 뒤, 전신 거울 앞에 선 모습을 보니 골라 입은 옷과 완벽한 소위 "(색)깔맞춤"이다. 그런데 그 영화감독은 이 장면 뒤에 외출하러 문을 열고 집 밖으로 나가는 장면을 찍지 않는다. 거울 앞에 서 있던 주인공은 다시 자기 방으로 돌아와 침대 한구석에 엉덩이를 깔고 웅크리는 장면으로 촬영은 마무리된다.

여러분은 영화감독이 이 장면을 찍으면서 주인공에 관한 무슨 이야기를 전달하려고 하는지 느껴지는가? 최고로 멋진 옷을 입고 한껏 외모를 꾸민 주인공이 어디에도 가려고 하지 않는 이유는 무엇일까? 이 장면에서 주인공은 기쁨으로 치장된 슬픔을 연기하고 있는 것인지도 모른다. 아마 영화감독은 주인공에게 밖으로 나갈 수 없는 갑작스러운 일이 발생했거나 주인공의 기대가 착오에서 비롯되었다는 것을 이와 같은 영화적 기법으로 보여 주려 했을 것이다.

여러분도 어쩌면 혼자 집에 있을 때 전신 거울에 멋진 옷을 입은 자신의 모습을 비춰보면서 상상의 연인과 손을 잡거나 팔짱을 끼는 장면을 그리며 자신이 얼마나 아름답고 멋지게 보일지 기대하며 행복에 빠진 적이 있었을지도 모르겠다. 그러나 문밖을 나서서 누군가에게 보이고, 누군가를 만나야 진정한 옷의 가치가 드러난다. 사도 바울은 그리스도라는 최고의 옷을 입은 패셔니스트들에게 자기만족과 안주의 유혹을 이기고 공동체를 위해 집을 나서라고 말한다.

Move 5. 감사는 곧 믿음이다.

사도 바울은 본문에서 "옛 사람"(골 3:9)과 달리 예수 그리스도 안에서 하나님이 택하신 "새 사람"(골 3:10), 즉 성도들에게 새로운 삶의 지향점을 제시한다. 그는 새 사람으로 부름을 받은 성도들에게 긍휼, 자비, 겸손, 온유, 오래 참음과 같은 완전한 새 사람이신 예수님의 성품을 갖추고, 자기만족에 머무르지 말고, 밖으로 나가 사람들을 만나라고 조언한다. 이들이 교회 공동체를 위해 서로를 용서하고 사랑으로 완전히 연합하지 않으면 새 사람으로 옷 입는 것은 마치 새 옷을 입고 골방에 머무는 것처럼 어리석고 슬픈 일이기 때문이다. 바울은 이를 위해 성도들이 그리스도의 평화를 마음에 지니고 감사하는 자들이 되어야 한다고 강조한다. 성도들은 모든 지혜로 서로를 가르치고 권면하고, 시와 찬미, 신령한 노래로 하나님께 감사를 드리라고 권한다. 또한, 모든 말과 행동을 주 예수님의 이름으로 하여 하나님 아버지께 감사를 드리는 삶을 살라고 강조한다.

감사를 드리는 삶에 대해 단순하지만 심오한 통찰을 담은 우리의 정서가 담긴 김현승 시인이 쓴 〈감사〉라는 제목의 시가 있다. 시인은 "감사는 곧 믿음이다 … 감사는 곧 사랑이다 … "라고 표현하면서 사람들이 "몸에 지니인 가장 소중한 것으로" 감사를 드릴 때 자신은 "서툴고 무딘 눌변(訥辯)의 시로" 감사를 드린다고 말한다.

"감사는 곧 믿음이다." 우리네 삶이 좋을 때나 좋지 않을 때나 우리는 하나님의 선택을 받고 새 사람이 되었다. 새 사람이 되었다고 느껴질 때도 있고 그렇지 않을 때도 있겠지만, 우리는 성경과 성도들의 증언을 따라 예수 그리스도의 십자가의 피로 그리스도와 연합하여 그리스도의 성품을 따라 살아가고 있다. 이렇게 우리가 믿기 때문에 우리는 우리를 새 사람으로 선택해 주신 하나님께 감사드릴 수 있다. 그러므로 감사는 곧 믿음이다. 믿음에서 감사가 시작된다.

"감사는 곧 사랑이다." 사랑도 마찬가지다. 우리를 선택하신 하나님의 사랑을 받았기에 감사할 수 있다. 그렇지만 성경의 이름 없는 과부나 여인이 드린 사랑의 선물을 감사히 받으시는 예수님의 모습을 보면서 우리는 거기에 사랑을 담으면 우리의 지극히 작은 것으로도 하나님께 드리는 감사가 될 수 있다는 사실을 배우게 된다.

사람들은 새로운 시작의 때에 의지를 새롭게 하거나 기분 전환을 위해 새로운 옷을 장만하곤 한다. 그런데 새로운 옷을 입기 위해서는 낡은 옷을 벗어야 한다. 우리도 이제 낡은 옷을 벗어버리고 새 옷을 입는 것과 같이 모든 이기적이고 파괴적인 옛 사람의 악한 습성을 벗어버리고 예수 그리스도와 연합하는 새 사람을 입어야 한다. 그에 걸맞은 새로운 옷을 입고 새 사람이 되어 교회와 이웃을 위한 작은 사랑과 작은 감사의 표현을 통해 그리스도 예수님과 함께하는 감사와 사랑의 공동체를 세워나가기를 바란다. 비록 "나의 서툴고 무딘" 감사와 사랑의 표현이 처음부터 모두에게 잘 전달되기 어려울 수 있겠지만, 새 옷을 입고 그리스도와 연합하는 삶을 살아가기로 결단하는 오늘이 공동체를 위해 새롭게 시작하는 첫날이니 그 서투름을 그분께 맡기고 용기를 내어 문밖으로 나서자.

성탄절 후 두 번째 주일

❖ 성서정과 시 147:12-20; 렘 31:7-14; 엡 1:3-14; 요 1:(1-9), 10-18

예배로 부름   Call to Worship

복 있는 사람은 악인들의 꾀를 따르지 아니하며 죄인들의 길에 서지 아니하며 오만한 자들의 자리에 앉지 아니하고 오직 여호와의 율법을 즐거워하여 그의 율법을 주야로 묵상하는도다 그는 시냇가에 심은 나무가 철을 따라 과실을 맺으며 그 잎사귀가 마르지 아니함 같으니 그가 하는 모든 일이 형통하리로다(시 1:1-3)

예배 기원   Invocation

슬프고 어두웠던 옛일은 지나가게 하시고, 풍성한 은혜와 소망으로 가득한 새날을 열어주시는 하나님 아버지! 신년 첫 주일을 맞이하여 드리는 우리의 예배를 기쁘게 받아 주옵소서. 저희 영의 눈을 열어 주셔서 세상과 나는 간 곳 없게 하시고, 구속하신 주님의 십자가만 보이게 하옵소서. 억눌려 고통 받는 성도에게는 참 자유를 주시고, 낙심하여 쓰러진 성도에게는 하늘의 소망으로 충만하게 채우시고, 다시 한번 용기를 내어 일어설 수 있게 하옵소서. 2025년에는 매일 매 순간 성령님으로 충만하게 하셔서 한 시라도 믿음의 자리를 떠나지 않고 진리의 말씀에 순종하며 살게 하옵소서. 예배의 시종을 주님께 맡기오며 예수님의 이름으로 기원하옵나이다. 아멘.

이 주일의 찬송   Hymns

온 세상이 캄캄하여서(84장) / 찬란한 주의 영광은(130장) / 하나님의 아들이(137장)
참 사람 되신 말씀(201장) / 하나님은 우리들의(223장) / 그 자비하신 주님(253장)

성시교독 Responsive Readings 시편 147:12-20

인도자 ¹² 예루살렘아 여호와를 찬송할지어다 시온아 네 하나님을 찬양할지어다

회 중 ¹³ 그가 네 문빗장을 견고히 하시고 네 가운데에 있는 너의 자녀들에게 복을 주셨으며

인도자 ¹⁴ 네 경내를 평안하게 하시고 아름다운 밀로 너를 배불리시며

회 중 ¹⁵ 그의 명령을 땅에 보내시니 그의 말씀이 속히 달리는도다

인도자 ¹⁶ 눈을 양털 같이 내리시며 서리를 재 같이 흩으시며

회 중 ¹⁷ 우박을 떡 부스러기 같이 뿌리시나니 누가 능히 그의 추위를 감당하리요

인도자 ¹⁸ 그의 말씀을 보내사 그것들을 녹이시고 바람을 불게 하신즉 물이 흐르는도다

회 중 ¹⁹ 그가 그의 말씀을 야곱에게 보이시며 그의 율례와 규례를 이스라엘에게 보이시는도다

다같이 ²⁰ 그는 어느 민족에게도 이와 같이 행하지 아니하셨나니 그들은 그의 법도를 알지 못하였도다 할렐루야

고백의 기도 Prayer of Confession

자비로우신 하나님! 오늘도 회개의 시간을 주시니 감사합니다. 나만 힘들다고 투정하였고, 내 몸만 아프다고 짜증을 내었고, 그런 나를 알아주지 않는다고 화를 냈던 우리의 모습을 되돌아봅니다. 세월이 흐르고 나이가 들어가면서 좀 더 여유롭고, 좀 더 사랑하고, 좀 더 배려하고, 좀 더 헤아릴 줄 아는 사람이 되고 싶었습니다. 그런데 지난 한 해 동안 살아왔던 저희의 모습을 돌아보니 하나님을 기쁘시게 하기는커녕 마귀가 좋아하는 죄악의 길로만 달려왔습니다. 이렇게 자신의 욕심과 안위만을 구하며 살았던 저희를 하나님께서 내치실까 두렵기까지 합니다. 사랑의 주님! 2025년도에는 지난날의 모든 죄악을 떨쳐버리고, 저 높은 곳을 향하여 날마다 나아가길 결단하오니 도와주옵소서. 택하신 자녀를 영원토록 버리지 아니하시며, 생명의 길로 인도하여 주시는 예수님의 이름으로 이 고백의 기도를 드립니다. 아멘.

사함의 확신 Assurance of Forgiveness

불법이 사함을 받고 죄가 가리어짐을 받는 사람들은 복이 있고 주께서 그 죄를 인정하지 아니하실 사람은 복이 있도다 함과 같으니라(롬 4:7-8)

오늘의 주제

하나님의 선하신 계획을 기뻐하라

🗋 석의적 접근

구약의 말씀 렘 31:7-14

야곱을 위해 기뻐 외칠 때가 왔다. 하나님의 백성들이 전파하며 찬양할 때가 왔다. 이는 여호와께서 이스라엘의 남은 자들을 구원할 순간이 왔기 때문이다 (7절). 이제 시온의 백성은 고통과 아픔의 포로기에서 벗어나 시온으로 다시 돌아가 기쁨과 만족을 누리게 될 것이다. 그렇기 때문에 하나님께서는 찬양하고 기뻐하라고 명령하시며 유다의 남은 자들을 구원할 계획을 이루신다고 말씀하고 있다. 다시 시온으로 돌아간 이스라엘 공동체는 분명한 변화와 함께 하나님의 보호하심이 있을 것이다(8-9절).

이제 시온으로 돌아간 백성은 여호와 하나님의 구원을 수많은 민족에게 전파해야 한다. 하나님의 권능으로 흩어진 백성들이 모일 것이다. 하나님께서는 그 백성들을 지켜 보호하시고 결코 눈을 떼지 않으실 것이다(10절). 더이상 시온 백성은 쫓겨난 자가 아니다(렘 30:17). 그들은 하나님과 언약을 맺은 언약 백성으로 다시 회복될 것이다. 그때에 시온 땅의 저주가 끝날 것이며 버려진 땅이 다시 회복되어 기름진 땅이 될 것이며 많은 풍요를 제공할 것이다(12절). 이제는 근심이 변하여 기쁨과 찬양이 될 것이다(13절). 다시 하나님께 드리는 온전한 제사가 회복되어 그 기름으로 제사장들의 마음이 흡족하게 되고 시온 백성이 만족을 누리게 될 것이다.

서신서의 말씀   엡 1:3-14

본문은 옥에 갇힌 사도 바울이 에베소 교회에 보낸 편지이다. 바울의 편지는 먼저 그리스도 안에서 우리에게 신령한 복을 주신 하나님을 향한 찬양으로 시작한다. 하늘에 속한 신령한 복은 그리스도를 통하여 주어진다. 그 복이 우리에게 임하기 때문에 우리는 그리스도 안에서 새롭게 거듭날 수 있다. "그런즉 누구든지 그리스도 안에 있으면 새로운 피조물이라 이전 것은 지나갔으니 보라 새 것이 되었도다"(고후 5:17). 바울은 처음부터 하나님을 찬송하라고 권면한다. 그는 하나님께서 이미 창세전부터 우리를 택하셨으며, 하나님의 사랑으로 인해 하나님의 백성들이 거룩하게 되고, 예수 그리스도라는 중보자를 통해 하나님의 자녀가 되었다고 말한다. 또한, 예수 그리스도의 피로 말미암아 죄 사함을 받는 모든 계획이 창조주 하나님의 절대적 주권에서 시작되었다고 강조한다(4-7절).

또한 바울은 하나님의 풍성한 은혜에 대한 비밀을 말한다. 그 비밀은 하나님의 기뻐하시는 뜻이 있었기에 우리에게 알려 주신 비밀이다. 그 비밀은 하나님께서 계획하신 때에 하늘과 땅에 있는 모든 것을 그리스도를 통하여 하나 되게 한다(8-10절). 즉 우주 만물이 그리스도 안에서 전부 하나가 되어 세상의 모든 질서를 회복한다는 의미이다. 세상의 모든 질서가 바로 잡힐 때 세상은 평화를 이루고 서로 화목하게 될 것이다. "그의 십자가의 피로 화평을 이루사 만물 곧 땅에 있는 것들이나 하늘에 있는 것들이 그로 말미암아 자기와 화목하게 되기를 기뻐하심이라"(골 1:20). 바울은 우리가 이 복음을 듣고 믿었기 때문에 약속하신 성령님을 받았다고 말한다(13절). 이 성령님은 구원의 때가 올 때까지 상속의 담보이며 우리로 하여금 하나님의 영광을 찬양하게 할 것이다(14절).

복음서의 말씀   요 1:(1-9), 10-18

본문은 온 우주와 존재의 근원과 함께 인간을 향한 하나님의 은혜를 설명하고 있다. 세상은 하나님으로부터 창조되었기 때문에 창조주 하나님을 인식하고 그의 뜻대로 살아야 했다. 그러나 세상은 그를 알아보지 못했다(10절). 그리스도께서 직접 세상에 오셨지만, 세상은 그를 맞이하지 못했다(11절). 그러나 세상에 오신 그리스도를 맞이한 사람들은 창조주 하나님의 자녀가 되는 특권을 누리게 된다(12절).

본문은 말씀(Logos, λόγος)이 육체가 되셨다고 선언한다(14절). 이 말씀(Logos)은 태초부터 존재하며 동시에 그 자신이 하나님이시고 이 세계를 창조하신 분이다. 이 말씀(Logos)이 인간과 똑같은 육체를 가지고 세상에 오셨다. 요한은 자기 뒤에 오실 위대한 분이 바로 지금 설명하고 있는 존재라고 증언하고 있다. 이제 태초부터 존재하셨으며 동시에 하나님이시고 세상을 창조하셨던 말씀(Logos)을 믿는 사람, 더 나아가 그 말씀이 인간의 육체를 입고 오신 예수 그리스도라는 사실을 받아들여 그분을 맞이하는 사람은 그리스도를 통하여 충만함을 받게 된다. 율법은 모세를 통하여 받았지만, 은혜와 진리는 그리스도를 통하여 받게 된다(16-17절). 하나님은 스스로 존재하시는 분이다. 그렇기 때문에 그 누구도 하나님을 스스로 알 수 없다. 하지만 우리는 성육하신 말씀(Logos)이신 예수 그리스도가 하나님을 계시해 주신다.

📖 설교를 위한 조명

복음서의 말씀(요 1:(1-9), 10-18)으로 설교 작성 / 대지 설교
"오직 예수"

말씀에로 나아감

요한은 태초부터 존재하시고 동시에 하나님이시면서 세상을 창조하신 말씀(Logos, λόγος)에 대하여 설명한다. 그 말씀(Logos)은 인간의 육체를 입고 자신이 창조한 세상에 오셨다고 말한다. 더 나아가 인간의 육체를 입고 온 그 말씀(Logos)이 바로 예수 그리스도라고 증언하며 우리가 믿어야 하는 존재가 어떤 분인지 그 근원에 대하여 구체적으로 설명하고 있다. 우리는 우리가 믿는 존재

가 어떤 분인지 정확하게 알아야 한다. 신약 시대에는 영이신 하나님이 육체라는 하급의 모양으로 오실 수 없기 때문에 이 땅에 나타난 예수님은 실체가 아니라는 이단의 주장도 있었다. 세상에 이런저런 논리로 하나님의 자녀들을 유혹하는 이단들이 얼마나 많은가? 우는 사자와 같이 삼킬 자를 두루 찾아다니는 사단의 무리가 너무나 많다. 그래서 우리는 말씀을 통해서 깨어 있어야 한다. 우리가 믿는 존재이며 우리에게 하나님을 계시하시고 우리의 중보자가 되신 말씀이신 예수 그리스도를 정확히 알아야 한다.

본문 이해와 주안점

1. 성경이 말하는 하나님을 믿어라(10절).

세상을 창조하신 분께서 창조한 세상에 저급한 인간의 육체를 입고 오셨다. 세상이 그로부터 생겨나고 인생들이 그로부터 생겨났지만, 그의 피조물들은 그를 알아보지 못하고 맞아들이지 못했다. 그 결과 그들은 자신들의 구원자를 자기들 손으로 죽이는 패착을 저지르고 말았다(마 27:20). 그들이 이런 패착을 저지른 이유는 성경이 말하는 메시아에 대해서 잘 몰랐기 때문이다. 그들은 자신들을 로마에서 구원하고 세상을 지배할 나라로 만들어 주실 자신들의 메시아는 알았지만, 하나님과 영원한 중보자 되시고 세상을 구원할 메시아는 몰랐다.

오늘날도 성경이 말하는 하나님이 아니라 자기가 만든 하나님을 믿는 사람들이 얼마나 많이 있는가? 1999년 8월 21에 방영된 "그것이 알고 싶다"에서는 자신의 어린 딸의 복부에 물이 찼지만, 병원에 보내지 않은 부모에 관한 이야기가 소개되었다. 부모는 아이가 고통에 몸부림을 치지만 하나님께서 올해 안에 고쳐 주실 거라는 믿음으로 병원에 보내지 않았다. 이 방송이 나간 후 많은 사람들이 후원을 해 주어서 병원에서 수술받게 되었지만, 치료의 시기를 놓친 아이는 결국 죽고 말았다. 아이의 병은 치료만 받으면 완치될 수 있는 병이었다. 하지만 부모의 잘못된 믿음으로 아이는 죽고 말았다.

부모가 믿은 하나님은 어떤 하나님인가? 부모가 믿은 하나님은 우리가 성경을 통해 알고 있는 사랑의 하나님이 맞는가? 더 나아가 우리가 믿고 있는 하나님은 어떤 분인가라는 물음이 우리 안에 있어야 한다. 우리 안에 이런 질문이 없고 성경을 통하여 하나님을 아는 지식이 없다면 우리는 2000년 전 예수님을 십자가에 못박은 이들과 같은 실수를 범하게 될 것이다. 내가 만든 하나님이 아니라 성경이 말하는 하나님을 믿어야 한다.

2. 하나님의 자녀 됨을 믿어라(12-14절).

요한은 구약에 약속된 메시아가 예수 그리스도라는 사실을 믿으면 하나님의 자녀가 되는 권세를 받는다고 말한다(12절). 요한은 이 믿음을 위하여 태초의 말씀(Logos)을 통해 예수님을 설명한다. 우리가 하나님의 자녀가 되는 올바른 믿음은 성경을 통하여 하나님을 온전히 알 때 생긴다. 오직 온전한 믿음을 통하여 우리는 자녀의 권세를 받고 죄악에서 벗어나 구원에 이르게 된다. 이는 인간의 혈통이나 육체적 욕망과는 전혀 상관없다. 나의 가문이 흔히 말하는 뼈대 있는 가문이든, 반대로 볼품없는 천민의 가문이든 상관없다. 인간의 육체적 욕망으로 바르지 못한 관계 속에서 태어난 사람이라고 할지라도 상관없다. 인간이 가진 생각과 뜻도 전혀 상관없다. 하나님이 자녀를 삼으신다고 하셨으니 우리가 자녀의 권세를 받는 것이다. 우리는 이 사실을 믿으면 된다. 구약 시대에 약속한 메시아가 예수 그리스도라는 사실, 예수 그리스도를 통하여 내가 하나님의 자녀가 된다는 사실을 믿기만 하면 된다. 이것을 이루시기 위하여 말씀이신 그리스도께서 인간의 모습으로 오셔서 우리 가운데 사셨다. 이제 우리는 하나님의 독생자의 영광과 충만한 은혜와 진리를 보게 될 것이다(14절).

3. 율법이 아닌 은혜로(17-18절)

구약의 이스라엘 백성은 제사를 통하여 하나님께 나아갈 수 있었다. 율법은 그들로 하여금 자신들의 죄를 깨닫게 해 주었고 자신의 죄를 용서받을 수 있는 은혜의 길을 열어 주었다. "죄가 율법 있기 전에도 세상에 있었으나 율법이 없었을 때에는 죄를 죄로 여기지 아니하였느니라"(롬 5:13). 그러나 육체로 오신 예수 그리스도의 십자가 보혈로 인하여 우리는 죄를 해결받고 하나님께 나아갈 수 있는 은혜를 얻는다. 이스라엘은 모세를 통하여 율법을 받았다. 이스라엘에게 율법을 전해 준 모세가 이제는 예수 그리스도에 대한 증인이 되었다(요 5:45-47). 이는 예수 그리스도를 통하여 받은 은혜와 진리가 모세를 통하여 받은 율법보다 더 크다는 의미이다. "율법은 약점을 가진 사람들을 제사장으로 세웠거니와 율법 후에 하신 맹세의 말씀은 영원히 온전하게 되신 아들을 세우셨느니라"(히 7:28). 그렇기 때문에 이제는 우리가 구약성경에서 약속한 메시아, 예수 그리스도를 통하여 은혜와 진리를 경험하는 것이 중요하다.

아직도 이 사실을 깨닫지 못하고 율법에 갇혀 있고 율법 아래에 있는 사람은 하나님의 은혜를 누리지 못한다. "율법 안에서 의롭다 함을 얻으려 하는 너희는 그리스도에게서 끊어지고 은혜에서 떨어진 자로다"(갈 5:4). 이제 율법에서 벗어나 예수 그리스도를 통하여 하나님의 은혜를 경험한 자는 하나님을 알게 되는 영광을 누리게 된다. 그 누구도 하나님을 본 자는 없었다. 그렇기 때문에 그 누구도 하나님에 대해서 알지 못한다. 그러나 이제 하나님의 독생자께서 우리에게 하나님을 알려 주실 것이다.

말씀의 갈무리

성경은 우리에게 예수님 외에 다른 이름으로 구원을 받을 수 없다고 말한다(행 4:12). 그렇기 때문에 우리는 예수 그리스도라는 이름이 우리에게 얼마나 중요한지 깨달아야 한다. 세상은 예수님 외에 다른 방법으로 구원받을 수 있다고 주장한다. 다른 종교를 통해서도 얼마든지 구원에 이를 수 있다고 주장한다. 우리가 이러한 무지한 주장에 반박하기 위해서는 우리부터가 예수님에 대하여 제대로 알아야 한다. 태초부터 모든 것을 계획하신 하나님에 대해서 알아야 한다. 이를 위해서 계시된 말씀을 통하여 우리는 하나님을 알기를 힘써야 한다. 계시된 말씀인 성경이 아니면 우리는 하나님에 대해서 알 수 없다. 말씀 없이 형성된 하나님에 대한 지식과 이미지는 내가 만든 하나님일 수 있다는 것을 명심해야 한다.

주현절

❖ **성서정과**   시 72:1-7, 10-14; 사 60:1-6; 엡 3:1-12; 마 2:1-12

예배로 부름   Call to Worship

일어나라 빛을 발하라 이는 네 빛이 이르렀고 여호와의 영광이 네 위에 임하였음이니라 보라 어둠이 땅을 덮을 것이며 캄캄함이 만민을 가리려니와 오직 여호와께서 네 위에 임하실 것이며 그의 영광이 네 위에 나타나리니 나라들은 네 빛으로, 왕들은 비치는 네 광명으로 나아오리라(사 60:1-3)

예배 기원   Invocation

영광과 찬송을 받으시기에 합당하신 하나님 아버지! 오늘은 우리 구주 예수님께서 구원자로서의 공생애를 사시는 동안, 그 엄위하심과 아름다움을 드러내신 것을 기념하는 주현절입니다. 예수님께서 영광에 가득 찬 모습을 온 세상에 친히 드러내신 것과 같이 저희도 이 세상을 살아가는 동안에 어두운 세상에 빛을 비추며 살아가게 하옵소서. 저희의 착한 행실을 세상 사람들이 볼 수 있도록 아름답고 향기가 나는 삶을 살게 하옵소서. 예수님의 이름으로 기원하옵나이다. 아멘.

이 주일의 찬송   Hymns

귀중한 보배합을(111장) / 저 아기 잠이 들었네(113장) / 동방에서 박사들(116장)
마리아는 아기를(129장) / 햇빛을 받는 곳마다(138장)
시온의 영광이 빛나는 아침(550장)

성시교독   Responsive Readings   **시편 72:1-7, 10-11**

인도자   ¹ 하나님이여 주의 판단력을 왕에게 주시고 주의 공의를 왕의 아들에게 주소서

| 회 중 | 그가 주의 백성을 공의로 재판하며 주의 가난한 자를 정의로 재판하리니 |

회 중	² 그가 주의 백성을 공의로 재판하며 주의 가난한 자를 정의로 재판하리니
인도자	³ 의로 말미암아 산들이 백성에게 평강을 주며
회 중	**작은 산들도 그리하리로다**
인도자	⁴ 그가 가난한 백성의 억울함을 풀어 주며 궁핍한 자의 자손을 구원하며
회 중	**압박하는 자를 꺾으리로다**
인도자	⁵ 그들이 해가 있을 동안에도 주를 두려워하며
회 중	**달이 있을 동안에도 대대로 그리하리로다**
인도자	⁶ 그는 벤 풀 위에 내리는 비 같이, 땅을 적시는 소낙비 같이 내리리니
회 중	**⁷ 그의 날에 의인이 흥왕하여 평강의 풍성함이 달이 다할 때까지 이르리로다**
인도자	¹⁰ 다시스와 섬의 왕들이 조공을 바치며 스바와 시바 왕들이 예물을 드리리로다
회 중	**¹¹ 모든 왕이 그의 앞에 부복하며 모든 민족이 다 그를 섬기리로다**

고백의 기도   Prayer of Confession

전능하신 하나님! 입술로는 선을 말하면서 속으로는 악을 생각하고, 겉으로는 화평을 말하면서 중심으로는 형제를 미워하며 증오하였습니다. 오늘은 주님의 영광을 드러내기 위하여 먼 이국땅으로 나가 복음의 빛을 비추는 선교사들을 생각합니다. 내가 가지 못하는 대신에 물질로 함께하겠다고 다짐했으면서도 실천으로 옮기는 것을 뒤로 미뤘습니다. 선교사들이 어려운 일 앞에서 낙심하지 않도록 기도로 돕겠다고 결심했지만 정작 내게 닥친 시련 앞에서 나를 위한 기도만으로도 벅차했습니다. "너희는 땅 끝까지 이르러 내 증인이 되라"고 당부하신 주님의 말씀을 잊고 살았던 저희의 허물을 용서해 주옵소서. 새해에는 저희로 선교를 향한 간절한 기도와 풍성한 지원이 끊이지 않게 하옵소서. 예수님의 이름으로 이 고백의 기도를 드립니다. 아멘!

사함의 확신   Assurance of Forgiveness

오라 우리가 여호와께로 돌아가자 여호와께서 우리를 찢으셨으나 도로 낫게 하실 것이요 우리를 치셨으나 싸매어주실 것임이라 여호와께서 이틀 후에 우리를 살리시며 셋째 날에 우리를 일으키시리니 우리가 그의 앞에서 살리라(호 6:1-2)

오늘의 주제

회복과 영광

📖 석의적 접근

구약의 말씀   사 60:1-6

이스라엘은 오랜 어둠의 시간을 보내고 있었다. 오랜 시간을 버틴 끝에 이제 다시 일어날 수 있는 빛의 시간이 도래하였다. 하나님께서는 예루살렘을 향하여 "일어나라 빛을 발하라(קומי אורי, 쿠미오리)"고 명령하신다(1절). 죄악의 심판으로 무너졌던 딸 시온은 스스로 목줄을 풀고 일어나게 된다(사 52:2). 이제 어둠 속에 있던 시온은 빛으로 오시는 분이 계시기에 일어나서 빛을 비출 수 있게 되었다(사 58:10). 어두움이 땅을 뒤덮을 것이지만 이제는 두렵지 않다. 여호와께서 시온 위에서 영광으로 임하실 것이기 때문이다(2절).

이스라엘의 회복은 여호와의 영광과 임재를 통해서 이루어진다. 어두운 땅에서 혼자 빛을 발하는 시온에게 여러 나라들과 왕들이 나아오고 무리가 모여들 것이다. 이는 여호와의 종에게 주셨던 사명인 이방의 빛이 시온의 회복을 통해 이루지는 것을 의미한다(사 62:6). 이방의 빛을 통해 하나님을 알지 못하는 족속들이 몰려올 것이다. 그들은 그곳에 임재하신 하나님과 높여진 하나님의 영광을 보게 될 것이다.

여호와의 빛은 무너진 시온을 회복하게 한다. 그 회복의 날에 이방인들을 비롯하여 수많은 재물과 짐승이 회복된 시온으로 몰려오며 다시 하나님의 영광을 나타내는 성전으로 회복하게 될 것이다. 시온의 회복은 예수님께서 빛으로 이 땅에 오심으로 성취되었다. "예수님께서는 참 빛으로 오셔서 세상에 구원의 빛을 비추셨다"(요 1:4-9). 그리고 우리를 '세상의 빛'으로 부르셨다(마 5:14; 엡 5:8). 세상의 빛으로 부름을 받은 우리는 하나님을 모르는 사람들에게 우리의 착한 행실로 하나님 아버지의 영광을 보여야 한다(마 5:16).

서신서의 말씀 엡 3:1-12

본문에서 바울은 하나님께서 주신 은혜의 경륜 곧 계시를 통하여 비밀을 알았다고 말한다. "너희를 위하여 내게 주신 하나님의 그 은혜의 경륜을 너희가 들었을 터이라 곧 계시로 내게 비밀을 알게 하신 것은 내가 먼저 간단히 기록함과 같으니"(2-3절). 그 계시의 비밀을 근거로 자신의 직분이 무엇인지 설명한다(5절). 그가 받은 은혜와 비밀의 경륜은 이방인을 향한 하나님의 사랑이다. 바울은 이방인을 향한 하나님의 사랑이라는 은혜와 비밀의 경륜을 전파하는 사명을 감당하였다.

이 사명을 전하는 바울은 제일 먼저 은혜와 비밀의 경륜을 경험한 사람이다. 바울은 다메섹에서 예수님의 음성을 듣고 변화되어 사도로서 부르심을 받았다. 회심하기 전 바울은 이방인과 다를 바가 없는 상태였다. 하나님께서는 그런 바울에게 은혜를 체험하고 구속의 섭리를 깨닫게 하셨다. 이렇게 먼저 은혜와 비밀의 경륜을 경험한 바울은 이방인들에게 구속의 섭리를 전파하였다.

이제 할례를 받지 않은 이방인들도 바울이 먼저 경험하고 전파한 은혜와 비밀의 경륜으로 말미암아 그리스도 예수 안에서 함께 상속자가 된다. "이는 이방 님들이 복음으로 말미암아 그리스도 예수 안에서 함께 상속자가 되고 함께 지체가 되고 함께 약속에 참여하는 자가 됨이라"(6절). 이것은 이방인들도 유대인들과 마찬가지로 하나님의 나라를 상속받는 자녀가 되었다는 뜻이다. 이 모든 것은 오직 예수 그리스도의 은혜이며 복음의 능력이다.

바울은 이 놀라운 은혜를 전하기 위하여 하나님께 사도로 부르심을 받았고, 이 사명을 감당하기 위해서 수많은 시련과 환난 속에서도 담대함과 확신을 가지고 하나님께 나아갈 수 있었다(7-13절). 바울과 마찬가지로 먼저 하나님의 은혜를 경험한 우리 역시 그 은혜를 전해야 하는 사명이 있다는 것을 기억해야 한다.

복음서의 말씀   마 2:1-12

본문은 한 별을 보고 예수님을 경배하기 위해 온 동방의 박사들에 대한 이야기이다. 이방에서 온 박사들이 어떻게 별을 보고 메시아의 도래를 깨닫게 되었는지 알 수 없다. 중요한 것은 이방의 박사들은 별 하나를 보고도 메시아로 오신 예수님의 탄생을 경배하러 왔지만, 정작 유대인들은 예수님께서 메시아로 이 세상에 오셨다는 사실을 깨닫지 못했다. 종교 지도자들은 메시아가 베들레헴에서 태어날 것을 알고 있었지만(미 5:2), 그들도 메시아가 이 땅에 태어난 순간을 깨닫지 못하였다.

동방박사들이 드린 예물을 통하여 그들이 아라비아에서 왔을 가능성에 대하여 유추할 수 있다. 또한 그들이 유대인의 왕을 언급한 것을 보아 그들이 이스라엘에 대하여 어느 정도의 정보를 가지고 있었다고 볼 수 있다. 동방박사의 이야기를 들은 헤롯은 큰 충격을 받는다(3-4절). 로마는 필요에 따라 언제든지 헤롯을 분봉왕의 자리에서 내릴 수 있기 때문에 예수님의 탄생은 그에게 위기로 다가왔고 아기 예수님을 제거할 계획을 꾸민다(7-8절).

동방박사는 별이 멈춘 곳에서 아기 예수님을 보고 엎드려 경배하였다. 그들은 미리 준비한 예물(황금, 유향, 몰약)을 통하여 아기 예수님을 경배하였다. 하나님을 모르는 이방인이 예수님을 경배하는 사건은 구약의 선지자 이사야의 예언을 떠올리게 한다. "나 여호와가 의로 너를 불렀은즉 내가 네 손을 잡아 너를 보호하며 너를 세워 백성의 언약과 이방의 빛이 되게 하리니 네가 눈먼 자들의 눈을 밝히며 갇힌 자를 감옥에서 이끌어 내며 흑암에 앉은 자를 감방에서 나오게 하리라"(사 42:6-7).

빛이신 예수님께서 육신의 옷을 입고 오신 날에 그 빛을 보고 이방인들이 예물을 들고 예수님께 나와 왔듯이 할례 받지 못한 이방인들이 하나님의 자녀가 되는 영광을 누리게 될 것이다.

📖 설교를 위한 조명

"하나님을 신뢰하라"

말씀에로 나아감

이방 나라의 박사들이 예수님의 탄생을 알고 경배하러 왔다. 역사의 아버지라 불렀던 헤로도토스(Herodotos)는 동방박사들이 원래 메대(Medea) 종족들 가운데 한 부족으로 아케메니아 페르시아인들의 통치 아래 제사장과 예언자의 역할을 했다고 기록한다. 즉 이방 나라의 종교 지도자가 예수님의 탄생을 알고 예수님을 경배하러 온 것이다. 그 누구보다 예수님을 인정하기 어려운 사람들이 예수님의 탄생을 경배하러 왔다.

하지만 구약의 율법을 믿는 유대인들은 이 사실을 깨닫지 못했다. 오히려 종교 지도자들은 메시아가 탄생한 장소를 알고 있었음에도 그들은 큰 관심이 없는 것처럼 보이기도 한다(4-5절). 그들의 관심은 메시아가 아니라 다른 것에 있었다. 그들은 로마로부터 받은 권한과 사람들의 존경에만 관심이 있었다. 그것을 증명하듯 그들은 예수님이 자신들의 위치를 위협한다고 판단하자 바로 예수님을 죽일 계획을 세웠다. 우리는 이들의 모습을 거울삼아서 나 자신을 볼 수 있어야 한다. 우리는 하나님을 믿는다고 하지만 오히려 하나님을 안 믿는 사람들보다 더 못한 모습을 보일 때가 있다. 오히려 하나님을 모르는 사람들보다 믿음 없는 행동을 할 때가 있다. 삶 속에서 하나님을 예배한다고 하지만 하나님을 모르는 이방인들보다 믿음 없고 더 악한 모습이 내 모습은 아닌가?

본문 이해와 주안점

1. 작은 가능성이라도 의지하여라(1-3절).

동방의 이방인 박사들이 예루살렘으로 왔다. 이들이 누구인지는 확실하게 알 수는 없으나 하늘의 별을 보고 무엇을 느꼈는지 메시아로 이 땅에 오신 아기 예수님을 경배하러 왔다고 한다. 그들은 어떤 작은 정보도 없이 아기 예수님을 경배하러 왔다. 그들은 유대인이 아니기 때문에 구약성경에 대한 정보가 하나도 없기에 예수님이 태어나신 곳을 물었다. 즉 그들은 먼 이방 땅에서 어떤 확실한 정보나 어떤 계시가 아닌 별 하나만 보고 여기까지 온 것이다.

동방박사는 별이라는 작은 가능성을 의지하였고 그 작은 가능성이 최초로 인류의 메시아 탄생을 목격하고 예물을 비치는 영광을 누리게 되었다. 우리는 동방박사와 달리 작은 가능성에 움직이지 못한다. 우리는 확실한 계시, 확실한 증거, 확실한 가능성을 따라 움직인다. 이것이 그리스도를 믿는다는 우리의 모습이다. 그래서 우리의 기도는 항상 확실한 표적을 구하고 확실한 응답을 구한다. 확실함이 충족되지 못하면 우리는 불안해 움직이지 못한다. 이는 얼마나 동방박사와 대조적인 모습인가?

2. 말씀을 나의 삶으로(4-8절)

헤롯은 상황이 자기에게 불리하게 돌아가는 것을 깨닫는다. 그래서 그는 예수님을 죽이려는 악한 계획을 꾸민다. 그는 아무것도 모르는 동방박사들에게 예수님을 찾거든 자신도 경배할 수 있도록 알려달라고 한다. 동방박사들은 예수님을 경배하러 가는 위대한 일을 하는 동시에 자신들도 모르게 헤롯의 악한 일에 도움을 주게 되었다. 모든 것을 희생하고 먼 길을 걸어왔지만, 이들의 순수한 열정과 동기는 악한 열정과 동기로부터 이용당하게 되었다.

이처럼 하나님을 경배하고 하나님께 영광을 돌리는 일에는 언제든지 악한 세력이 방해할 수 있음을 알아야 한다. 오직 하나님만 바라봐야 할 에덴동산에 사탄의 역사가 있었다. 그로 인하여 아담과 하나님의 관계가 깨지고 인류가 고통받게 되는 결과가 생겼다(창 3:1-5). 그러므로 우리는 항상 말씀을 통해 깨어있어야 한다. 그러나 아무리 말씀을 많이 읽는다고 항상 깨어있을 수는 없다. 대제사장과 서기관들은 메시아로 오시는 예수님에 대해서 알고 있었다. 하지만 그들은 성경이 자신들의 지식은 되었을지 모르겠지만 삶이 되지 못했다. 그래서 그들은 예수님을 깨닫지 못하고 헤롯과 뜻을 같이하였다. 그렇기 때문에 우리는 말씀이 삶이 되어야 한다.

3. 예배자를 위한 하나님의 보호하심(9~12절)

하나님의 인도하심으로 동방박사들은 아기 예수님을 찾을 수 있게 되었다. 하나님의 인도하심은 하늘의 별이었고, 헤롯에게 나아가지 말라는 하나님의 계시였다. 이런 하나님의 인도하심이 없었다면 그들은 예수님을 찾을 수 없었을 것이다. 더 나아가 세상을 구원할 메시아를 목격하는 영광과 함께 헤롯의 계략에 넘어가 예수님을 죽이는 악한 일에 동참하게 되었을 것이다. 그러나 하나님은 모든 어려움과 계략에서 동방박사들을 구원해 주셨다. 어쩌면 이것은 이방인까지 구원하시는 하나님의 계획에 대한 예고편으로 볼 수 있다. 구약의 계시를 모르는 이방인이 메시아를 경배하러 온 것과 구약의 계시를 누구보다 잘 알고 믿는 종교 지도자들이 오히려 악을 계획하고 그 악에서 이방인을 구원해 주는 모든 일은 결코 우연이 아니라 하나님의 계획이다. 하나님께서는 언제나 우리를 향한 계획을 가지고 계신다. 우리는 이 계획을 믿으며 우리를 보호하시는 하나님을 언제나 신뢰해야 한다.

말씀의 갈무리

예수님께서 베들레헴 땅에서 태어나시는 것을 알면서도 이스라엘의 대제사장들과 서기관들은 동방박사들과 전혀 다른 모습을 보인다. 그들은 누구보다 성경에 관해서 깊이 연구하고 하나님에 대해서 잘 아는 사람들이다. 그러나 그들은 마음에 악을 품었다. 마찬가지로 말씀이 나의 삶에 녹아들지 못하고 지식에 머무는 사람은 마음에 악을 품게 된다. 오히려 그 지식이 나와 하나님의 관계를 가로막는다. 지금도 자신의 작은 지식을 의지하고 이용하여 교회를 혼란에 빠트리고 상처를 주는 사람들을 많이 볼 수 있다. 따라서 성도는 말씀을 단순한 지식으로만 여기는 것이 아니라, 자신의 삶과 연결시킬 수 있어야 한다.

주현절 후 첫 번째 주일 / 주님의 수세 주일

❖ 성서정과   시 29; 사 43:1-7; 행 8:14-17; 눅 3:15-17, 21-22

예배로 부름   Call to Worship

백성이 다 세례를 받을새 예수도 세례를 받으시고 기도하실 때에 하늘이 열리며 성령이 비둘기 같은 형체로 그의 위에 강림하시더니 하늘로부터 소리가 나기를 너는 내 사랑하는 아들이라 내가 너를 기뻐하노라 하시니라 하나님은 영이시니 예배하는 자가 영과 진리로 예배할지니라(눅 3:21-22; 요 4:24)

예배 기원   Invocation

할렐루야! 우주 만물을 창조하시고 인류의 역사와 인간의 생사화복을 주관하시는 하나님께 감사와 찬송과 영광을 올려드립니다. 오늘은 예수님께서 요단강에서 세례 받으신 것을 기억하며 수세 주일로 지키며 예배합니다. 예수님께서는 일절 죄가 없으셨으나 하늘 아버지의 뜻을 이루어 드리기 위하여 세례를 받으셨음을 기억합니다. 저희도 예수님의 겸손한 마음을 본받아 예배하오니 죄 많은 저희일지라도 받아 주옵소서. 예수님의 이름으로 기원하옵나이다. 아멘.

이 주일의 찬송   Hymns

거룩한 주님께(42장) / 강물같이 흐르는 기쁨(182장) / 주 예수 내 맘에 들어와(289장)
너 근심 걱정 말아라(382장) / 어린 양들아 두려워 말아라(399장)
나 이제 주님의 새 생명 얻은 몸(436장)

성시교독   Responsive Readings   시편 29:1-4, 8-11

인도자   ¹ 너희 권능 있는 자들아 영광과 능력을 여호와께 돌리고 돌릴지어다

회 중	² 여호와께 그의 이름에 합당한 영광을 돌리며 거룩한 옷을 입고 여호와께 예배할지어다
인도자	³ 여호와의 소리가 물 위에 있도다 영광의 하나님이 우렛소리를 내시니
회 중	여호와는 많은 물 위에 계시도다
인도자	⁴ 여호와의 소리가 힘 있음이여 여호와의 소리가 위엄차도다
회 중	⁸ 여호와의 소리가 광야를 진동하심이여 여호와께서 가데스 광야를 진동시키시도다
인도자	⁹ 여호와의 소리가 암사슴을 낙태하게 하시고 삼림을 말갛게 벗기시니
회 중	그의 성전에서 그의 모든 것들이 말하기를 영광이라 하도다
인도자	¹⁰ 여호와께서 홍수 때에 좌정하셨음이여 여호와께서 영원하도록 왕으로 좌정하시도다
회 중	¹¹ 여호와께서 자기 백성에게 힘을 주심이여 여호와께서 자기 백성에게 평강의 복을 주시리로다

고백의 기도 Prayer of Confession

사랑의 하나님! 지난 한 주간을 돌아보니 부끄러운 모습을 감출 수 없습니다. 형제를 사랑하라 하셨건만 순간의 감정을 다스리지 못하여 급하게 분을 내었고, 험한 말을 퍼부어 형제의 마음에 깊은 상처를 입혔습니다. 곰곰이 생각해 보니 아무것도 아닌 일이었습니다. 어쩌면 나를 위한 형제의 배려였을지도 모르는데, 저희는 자격지심과 열등감에 사로잡혀서 그가 하는 말과 행동을 싫어하고 미워하였습니다. 하나님의 뜻을 깊이 생각하지 못하고 악한 마귀의 유혹을 받아 이리저리 흔들리고 있는 저희를 불쌍히 여기시고 용서해 주옵소서. 편견과 무지를 내려놓게 하시고, 성령님의 음성에 순종하며 이제부터는 이웃과 더불어 화평을 만들며 살게 하여 주옵소서. 예수님의 이름으로 이 고백의 기도를 드립니다.

사함의 확신 Assurance of Forgiveness

만일 악인이 그 행한 악을 떠나 정의와 공의를 행하면 그 영혼을 보전하리라 그가 스스로 헤아리고 그 행한 모든 죄악에서 돌이켜 떠났으니 반드시 살고 죽지 아니하리라(겔 18:27-28)

주일 낮 예배·설교 지침

주일 낮 예배·설교 지침 | 171

하나님이 행하시는 새로운 역사

석의적 접근

구약의 말씀   사 43:1-7

율법을 떠나 하나님을 경외하며 섬기는 삶에서 멀어진 이스라엘을 심판하시는 하나님은 이내 심판을 거두고 회복을 약속하신다. 선지자 이사야는 심판이 아닌 회복이 하나님의 본심임을 전한다. 이스라엘을 속량하시는 하나님은 어떤 분인가? 그분은 이스라엘의 창조주이시다. 그분은 이스라엘을 모든 위험과 위협, 파멸과 죽음으로부터 건지시고 보호하시는 분이다. 그분은 심지어 이스라엘을 위해서 다른 나라들을 제물로 삼으실 만큼 강렬하고 확고한 회복의 의지를 표명하신다. 그분의 본심은 이스라엘을 향한 간절한 사랑이다. 그분의 본심은 이스라엘의 멸망이 아니라 재건이다. 그분은 심판으로 흩어졌던 이스라엘을 다시 불러모으실 것이다. 그분의 이름을 아는 자들이 그분의 이름에 합당한 영광을 돌리게 하시려고 회복의 새 역사를 이루실 것이다.

세례는 하나님이 예정하시고 택하신 영적 이스라엘을 부르시고 회복하시는 사건이다. 세례를 통해 우리는 하나님의 백성으로 회복된다. 이스라엘을 속량하시고 구속하신 하나님은 세례를 통하여 영적 이스라엘인 신자들을 속량하시고 구속하신다. 죄로 인해 깨어지고 파편화된 개인과 공동체는 세례를 통하여 주님의 몸으로 회복되어 하나 됨을 이룬다. 세례는 우리의 창조자시요 구원자이신 하나님의 부르심 앞으로 응답하는 행위이다. 세례를 통해 하나님은 자기 백성을 창조하시고 예수 그리스도를 통해 구속하시며 성령님 안에서 그들과 동행하신다. 구원받은 신자는 주님의 재림 때까지 신실하게 보호받는다. 세례를 통해 부름을 받은 하나님의 백성은 하나님이 받으셔야 할 마땅한 영광을 그분께 돌리며 살아간다. 세례 받으신 예수님은 그 삶의 모본이 되셨다. 하나님은 예수 그리스도가 십자가 수난이라는 죽음의 강과 불을 지나 마침내 보배롭고 존귀한 부활의 영광으로 회복시켜 주셨다. 이 예수 그리스도의 이름으로 세례를 받는 모든 사람은 하나님의 구원과 영광에 참여하는 길로 부름을 받았다.

사도행전의 말씀   행 8:14-17

사마리아는 유대인들이 상종하지 않는 지역이었다. 그러나 성령님의 역사는 그 장벽과 경계를 허무셨다. 사도들은 성령님의 역사로 일어나는 하나님의 말씀을 받아들이는 사건 앞에서 사마리아인들을 만나기를 주저하지 않았다. 베드로와 요한은 말씀을 영접한 사마리아 사람들이 성령님 받기를 기도하였다. 그들이 기도할 때 사마리아 사람들이 성령님을 받았다.

사마리아 사람들은 먼저 세례를 받고 다음에 말씀을 받아들인 후 마지막으로 성령님을 받았다. 신약성경에는 세례와 말씀과 성령님을 받는 순서가 다양하게 등장한다. 말씀과 성령님을 받고 세례를 받는 예도 있고, 성령님의 오심으로 세례를 받고 말씀을 받아들이기도 한다. 중요한 것은 순서가 아니라 세례와 말씀과 성령님이 함께 역사하셔서 하나님의 구원 역사를 이루신다는 것이다.

세례 받으신 예수님은 훗날 승천하시기 전 제자들에게 땅 끝까지 이르러 예수님의 이름으로 세례를 줄 것을 명령하셨다. 예수님의 이름으로 세례를 줄 때 성령님이 임하시는 역사가 일어난다. 성령님의 역사는 단지 초자연적인 경험만이 아니다. 보다 근원적이고 본질적인 성령님의 사역은 하나님의 말씀을 깨닫게 하시며 믿어지게 하시는 역사이다. 그러므로 세례와 성령님과 말씀은 삼위일체적으로 운행하시는 하나님의 구원 역사이다.

복음서의 말씀   눅 3:15-17, 21-22

메시아에 대한 기대와 갈증이 커져갈 때 세례 요한은 이스라엘 백성들의 기대에 부응하는 존재가 되었다. 그러나 그는 자신의 정체성과 존재를 분명하게 알고 밝혔다. 요한의 세례가 물로 주는 세례라면 예수님은 성령과 불로 세례를 주시는 분임을 요한은 증언한다. 물세례는 이미 저지른 범죄, 죄의 결과를 해결한다면, 성령과 불의 세례는 죄의 근원이 되는 인간의 내면을 변화시키는, 죄의 원인을 해결하는 세례이다. 요한은 이것을 타작마당의 곡식과 탈곡 도구인 키에 비유한다. 키가 추수한 곡식들을 가차 없이 휘둘러 쳐 껍질을 벗기듯 인간과 하나 되어 있는 죄를 분리하는 심판하는 사건이 될 것이다. 이것은 예수님이 베푸시는 세례가 회개를 일으키시는 성령님의 역사임을 뜻한다. 회심은 인간 존재의 중심에 자리를 잡고 있는 죄를 분리해 내시는 성령님의 역사이며, 회개의 과정은 성령님께서 거룩한 불로 나의 죄를 태워 없애시는 시간이다.

예수님이 세례를 받으실 때 하늘이 열리고 성령님이 임하시고 하나님의 음성이 들렸다. 하늘의 열림은 하나님과의 관계 회복이다. 이는 곧 회개를 통해 이루어지는 인간에게 가장 필요한 하나님과의 화해이다. 성령님이 임하심은 세례를 주도하시고 이끄시는 분이 누구신지를 보여 준다. 세례는 인간의 선택이나 의지적 결단이 아니라 하나님 앞에 완악하고 패역한 자신의 존재를 자각하고 부복하게 하시는 성령님의 역사이다. 하나님의 음성은 우리의 존재를 회복시키시는 하나님 말씀의 임재이다. 하나님의 사랑이 아닌 다른 것으로 나의 존재와 가치를 증명하고 획득하기 위해 몸부림쳤던 삶을 종결하고 세례를 통해 우리는 하나님의 조건 없는 사랑과 기쁨을 받는 존재로 회복된다.

우리를 위해 몸소 세례 받으신 예수님은 오늘날 세례를 받는 모든 사람이 누리게 될 하나님의 은혜와 사랑을 친히 보여 주신다. 세례 받으신 주님은 예수님의 이름으로 세례를 받는 사람들 위에 성령님과 말씀으로 역사하시며 이것은 죄로 인해 깨어졌던 인간과 하나님과의 관계를 회복하고 하나님의 온전한 사랑을 받는 자로 살아가게 하는 성령님의 역사이다.

📖 설교를 위한 조명

"세례, 새로운 세계로의 진입"

말씀에로 나아감

제임스 패커는 그의 책 *I Want To be a Christian*에서 자신의 세례 경험을 복음의 의식, 결혼식, 장례식, 부활절, 생일, 그리고 임직식 등 총 일곱 가지 일상의 의식에 비유한다. 세례는 그리스도와의 혼인예식이다. 결혼예식을 통해 사랑하는 남녀가 서로에게 충성과 정절을 맹세하고 일평생 사랑과 헌신의 서약을 하듯이, 세례는 우리 영혼 신랑이신 예수 그리스도께 나의 사랑과 충성과 언약을 맹세하고 그분과의 사랑의 관계로 진입하는 예식이다. 세례는 또한 나의 옛 자아-내 맘대로, 내 멋대로, 내 욕망을 충족시키기 위해 살아왔던-의 죽음을 선언하는 장례식과 같다. 나의 정과 욕심은 십자가에 못박고 내 안에 오직 그리스도만이 사시는 삶으로의 진입이다. 그래서 세례는 제2의 생일, 영적 생일이 된다. 나에게 새로운 삶과 존재를 허락하시고 새로운 인생으로 진입하게 하신 날을 기념하는 의식이 된다.

본문 이해와 주안점

오늘 본문에서 예수님은 세례를 받으시는데 이때 세 가지 사건이 일어난다.

1. 첫 번째 사건은 하늘이 열리는 사건이다(21절).

하늘은 무엇인가? 예수님 당시 고대 사람들에게 하늘은 영적인 세계, 즉 하나님의 세계이다. 하늘이 열렸다는 것은 하나님과의 소통, 교통이 가능해졌다는 뜻이다. 하나님과의 만남이 열리게 되었고 하나님의 새로운 세계가 열리게 되었다는 뜻이다. 예수님이 세례를 받으실 때 하늘이 열렸다. 예수님은 하나님의 세계를 보시고 하나님과 만나셨다. 하나님과 소통이 상징적으로 모두에게 보이고 알려졌다.

죄는 하나님과 인간 사이를 가로막는다. 죄는 하나님과의 관계를 단절시킨다. 역대하 7장 12-16절에는 성전 건축을 마친 솔로몬에게 하나님이 나타나셔서 하시는 말씀이 나온다. "밤에 여호와께서 솔로몬에게 나타나사 그에게 이르시되 내가 이미 네 기도를 듣고 이곳을 택하여 내게 제사하는 성전을 삼았으니 혹 내가 하늘을 닫고 비를 내리지 아니하거나 혹 메뚜기들에게 토산을 먹게 하거나 혹 전염병이 내 백성 가운데에 유행하게 할 때에 내 이름으로 일컫는 내 백성이 그들의 악한 길에서 떠나 스스로 낮추고 기도하여 내 얼굴을 찾으면 내가 하늘에서 듣고 그들의 죄를 사하고 그들의 땅을 고칠지라 이제 이곳에서 하는 기도에 내가 눈을 들고 귀를 기울이리니 이는 내가 이미 이 성전을 택하고 거룩하게 하여 내 이름을 여기에 영원히 있게 하였음이라 내 눈과 내 마음이 항상 여기에 있으리라."

이 말씀에 보면 죄로 인해 막힌 하나님과의 관계, 하나님과 하나님 백성 간의 상태를 "하늘을 닫고"라고 표현한다. 또한 하나님이 하나님 백성의 회개를 받아주실 때 "하늘에서 듣고"라고 표현한다. 이처럼 하늘의 열림은 하나님과의 관계가 회복되고 하나님이 기도에 응답하시는 교통의 상태를 가리킨다. 세례는 하늘이 열리는 사건이다. 세례를 통해 우리는 하나님과의 관계로 진입한다. 하나님이 다스리시는 세상, 하나님의 나라로 들어가는 사건이 세례이다. 세례를 통해 우리는 하나님과 놀라운 교제를 시작하게 된다.

2. 두 번째 사건은 성령님이 임하시는 사건이다(22a절).

예수님이 세례를 받으실 때 성령님이 강림하셨다. 성령님은 파라클레시스, 즉 옆에서 도우시는 분이다. 창세기에서 하나님은 아담을 돕는 배필로서 하와를 그의 곁에 두신다.

구약성경에는 자기 백성을 도우시는 하나님의 영의 강림 사건이 종종 일어난다. 하나님의 영이 누군가에게 임하면 그 사람은 하나님의 감동을 받아 하나님의 능력을 행하는 존재가 된다. 사무엘상에는 이스라엘의 초대 왕 사울에게 하나님의 영이 감동되어 예언하고 왕으로 추대되는 말씀이 기록되어 있다. 안타깝게도 그는 후에 악령에게 감동되어 인생을 비참하게 마감하지만, 처음에 그는 하나님의 영에 크게 감동된 사람이었다. 하나님의 영에 감동된 사울은 하나님을 모욕하는 암몬 사람들의 이야기를 듣고 분기탱천하여 전쟁에 나서고 큰 승리를 거두게 된다.

구약에서 하나님의 백성들에게 임하신 성령님의 역사가 신약에서는 다르게 나타난다. 그것은 구약 시대에 성령님은 하나님의 일을 위해서 잠깐 필요한 사람들에게 임하셨다가 일이 끝나면 떠나가신다. 그러나 신약에서는 성령님께서 구원받고 거듭난 하나님의 자녀들을 떠나지 않으시고 영원토록 그 안에 거하신다. 이것이 오늘 우리가 누리는 굉장한 축복이다. 신자 옆에서 신자를 도우시는 성령님이 실은 신자를 성전 삼아 신자 안에 거하시기로 작정하신 것이다.

세례는 성령님이 우리 위에 임하시고 우리 안에 거하시는 사건이다. 내가 내 삶의 주인이 아니라 하나님의 영으로 인도함을 받는 새로운 삶으로 진입하는 사건이다. 세례를 통해 우리는 나를 다스리시고 인도해 가시는 성령님 안에 살아가는 새 삶으로 들어간다.

3. 세 번째 사건은 하나님의 말씀이 임하는 사건이다(22b절).

예수님이 세례 받으실 때 하늘에서 소리가 있었다. 하나님의 음성이 들린 것이다. 창세기 1장에는 하나님께서 세상을 창조하실 때의 장면이 기록되었다. 하나님은 세상을 말씀으로 창조하셨다. 여기에서 말씀은 인간이 사용하는 언어나 육성이라는 의미만이 아니라 하나님의 의지와 선언을 뜻한다. 이는 곧 하나님의 능력과 권세를 의미한다.

예수님이 세례를 받으실 때 하늘로부터 "나의 사랑, 나의 기쁨"이라는 음성이 들렸다. 이것은 세례를 통해 우리를 새로운 존재로 창조하시는 하나님의 음성이다. 세례는 하나님이 우리를 그리스도 안에서 거룩하다고, 사랑스럽다고 인정하시고 공표하시는 사건이다. 나의 모습이 아무리 못나고 모자라도, 더럽고 추해도, 어둡고 절망적이어도 예수 그리스도의 십자가 사랑 안에서 나를 사랑스럽다고 조건 없이 선언하시며 나를 기뻐하시기로 결정하시는 하나님의 일방적인 판결이다. 세례는 이러한 하나님의 신적 능력과 무죄 선언이 임하는 사건이다.

우리는 세례를 통하여서 이와 같은 하나님이 초대하시는 새로운 삶, 새로운 세상으로 들어가게 된다. 그 하나님의 나라에서 우리는 하나님을 아빠 아버지라 부르며 하나님의 은혜와 사랑을 맘껏 누리게 된다.

말씀의 갈무리

미국의 존 F. 케네디 대통령이 암살당하기 한 달 전, 미국 일간지에 실린 유명한 사진 한 장이 있다. 그것은 케네디 대통령과 그는 아들의 모습이 담긴 사진인데, 사진 속에는 백악관에서 브리핑 자료를 읽고 있는 케네디 대통령을 책상 아래서 그의 두 살배기 아들인 케네디 주니어가 물끄러미 바라보고 있는 모습이 담겨 있다. 이 사진 한 장으로 케네디 대통령은 "젊은 나이에 나라를 이끄는 대통령이면서 동시에 화목한 가정생활을 이끄는 가장"으로서의 이미지를 사람들에게 각인시켜 케네디 시대의 낭만을 상징하는 아이콘이 되었다.

이 사진 속의 장면을 상상해 보자. 케네디의 참모들은 아침 일찍 대통령에게 보고할 자료들을 준비해서 대통령 앞에 정렬해 있다. 그들은 자신들의 차례에 따라 대통령이 할 어떤 질문에도 대답할 준비를 한 채 바짝 긴장해 있었을 것이다. 모두가 숨을 죽이고 대통령의 말과 표정과 행동에 주목하고 있는 그 공간 안에서 다른 모든 사람과는 전혀 다르게 가장 편안하고 가장 친근함과 안정감을 느끼는 사람이 단 한 명 있다. 그것은 다름 아닌 케네디 대통령의 아들 존 F. 케네디 주니어이다. 케네디 주니어만큼은 그곳에서 아무런 두려움이나 긴장이 없다. 그 이유는 단 하나이다. 바로 미국의 대통령이 자신의 아버지이기 때문이다.

온 우주 만물의 주인이 되시고 통치자가 되시는 하나님 앞에서 가장 편안하고 가장 친근함을 느끼며 그분 앞에 나아갈 수 있는 사람들이 있다. 바로 세례를 통해 하나님의 사랑받는 자녀가 된 우리이다. 지극히 거룩하시고 지극히 전지전능하신 하나님 앞에서 우리는 두려움이나 긴장이 아닌 감사와 찬양과 기쁨으로 뛰놀 수 있다. 이것이 세례를 통해 우리에게 열린 새로운 관계이며 새로운 세상이다.

세례는 일회적 사건이지만 우리는 세례를 기억해야 한다. 하나님의 자녀 됨을 기억하고 세례의 감격을 회복해야 한다. 세례를 통해 우리를 새로운 세계로 부르시는 주님께 믿음으로 응답하자.

주현절 후 두 번째 주일

❖ **성서정과** 시 36:5-10; 사 62:1-5; 고전 12:1-11; 요 2:1-11

예배로 부름   Call to Worship

너희 중에 있는 이방 신상들을 버리고 자신을 정결하게 하고 너희들의 의복을 바꾸어 입으라 우리가 일어나 벧엘로 올라가자 내 환난 날에 내게 응답하시며 내가 가는 길에서 나와 함께하신 하나님께 내가 거기서 제단을 쌓으려 하노라(창 35:2b-3)

예배 기원   Invocation

사랑이 많으신 하나님 아버지! 언제나 좋은 것으로 채워 주셔서 저희의 소원을 만족하게 하여 주시는 은혜에 감사를 드립니다. 주님께 사랑을 받는 자녀가 되어 한 주일을 평안하고 안전하게 살다가, 오늘은 구별하신 거룩한 날임을 기억하고 성전으로 올라왔습니다. 받은 은혜에 감사하며 구원의 감격을 새롭게 깨닫는 신령한 예배가 되게 하여 주옵소서. 가슴이 뜨거워지는 기도와 찬송으로 하나님께만 영광을 돌리는 예배가 되게 하여 주옵소서. 오늘도 살아 계셔서 우리와 함께하시며 우리의 손을 잡아 이끌어 주시는 예수 그리스도의 이름으로 기원하옵나이다. 아멘.

이 주일의 찬송   Hymns

주 예수 이름 높이어(36장) / 가나의 혼인 잔치(136장) / 성령의 은사를(196장)
주의 말씀 듣고서(204장) / 주 날 불러 이르소서(329장) / 오 신실하신 주(393장)

성시교독 Responsive Readings　　　　　　시편 36:5-6a, 7-10

인도자　⁵ 여호와여 주의 인자하심이 하늘에 있고 주의 진실하심이 공중에 사무쳤으며

회 중　⁶ᵃ 주의 의는 하나님의 산들과 같고 주의 심판은 큰 바다와 같으니이다

인도자　⁷ 하나님이여 주의 인자하심이 어찌 그리 보배로우신지요

회 중　사람들이 주의 날개 그늘 아래에 피하나이다

인도자　⁸ 그들이 주의 집에 있는 살진 것으로 풍족할 것이라

회 중　주께서 주의 복락의 강물을 마시게 하시리이다

인도자　⁹ 진실로 생명의 원천이 주께 있사오니

회 중　주의 빛 안에서 우리가 빛을 보리이다

인도자　¹⁰ 주를 아는 자들에게 주의 인자하심을 계속 베푸시며

회 중　마음이 정직한 자에게 주의 공의를 베푸소서

고백의 기도 　Prayer of Confession

자비로우신 하나님! 지난 일주일도 강하고 능하신 손으로 붙들어 주신 것에 감사를 드립니다. 그러나 저희는 주님의 함께하심을 느끼면서도 못 본 척, 못 들은 척하며 육신의 정욕대로 살았습니다. 하나님의 자녀는 거듭난 성도답게 의로운 삶을 살아야 한다고 말씀으로 들었고, 듣는 순간 깨닫기도 하였으며 실천하며 살기로 마음을 먹기도 하였습니다. 그러나 실제 생활에서는 지극히 작은 이익에 현혹되어 순간 순간 그 귀한 말씀과 교훈을 저버렸습니다. 죄인 줄 알면서도 방탕한 말과 행동에 젖어 살았으며, 불의와 타협하며 물질의 노예가 되어 지냈습니다. 마음은 원이로되 육신이 약하다는 핑계를 대며 게으름과 나태함 속에서 악한 죄를 반복하고 있는 저희를 불쌍히 여겨 주옵소서. 회개하는 이 시간 성령님의 능력으로 깊은 감동을 주셔서 악한 행실을 버리고 의로운 길을 걸을 수 있도록 도와주옵소서. 예수님의 이름으로 이 고백의 기도를 드립니다. 아멘!

사함의 확신 　Assurance of Forgiveness

무릇 마음이 가난하고 심령에 통회하며 내 말을 듣고 떠는 자 그 사람은 내가 돌보려니와(사 66:2b)

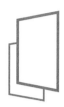

오늘의 주제

하나님의 공동체

📖 석의적 접근

구약의 말씀　사 62:1-5

　　이사야 62장 1-5절은 구약성경에서 시온을 향한 하나님의 애정과 축복이 매우 감동적으로 묘사된 부분이다. 이 구절은 제3이사야라고 불리는 이사야 56-66장의 일부이다. 제3이사야는 바벨론 포로기가 끝난 후 이스라엘의 일부가 예루살렘으로 돌아왔을 때의 시대적 상황을 반영한다. 이 시대에는 예루살렘과 성전의 재건이 이루어지기는 했지만, 여전히 페르시아의 식민지로서 억압과 고통을 겪고 있었다. 제3이사야의 저자는 이러한 상황에서 하나님의 백성에게 새로운 희망과 힘을 주려고 했다. 그는 하나님의 구원이 곧 진행될 것이며, 하나님의 백성이 새로운 시온을 통해 하나님의 영광과 통치의 특징을 나타낼 것이라고 예언한다. 이 구절의 주된 이미지는 결혼과 왕관이다. 결혼은 하나님과 시온의 계약관계를 상징하며, 왕관은 하나님이 그의 백성에게 수여한 영광과 권위를 상징한다.

　　1절에서는 하나님의 백성을 위해 잠잠하지 않으시는 하나님의 열정과 행동이 드러난다. 하나님은 자신의 의(צֶדֶק, 체데크)와 구원(יְשׁוּעָה, 예수아)을 세상에 드러내려고 하신다. '의'는 하나님의 본질과 행동을 상징하는 단어로, 그의 정의롭고 신실한 측면을 나타낸다. 구원은 하나님의 백성을 적대세력과 죄에서 건지시는 행위를 의미한다. 2절에서는 하나님의 백성이 새 이름을 받는다. 새 이름은 새로운 정체성과 지위를 나타낸다. 4절에서 그 새 이름이 나오는데, 헵시

바(חֶפְצִי־בָהּ)는 '나의 기쁨이 그녀에게 있다'라는 뜻이고, 쁠라(בְּעוּלָה)는 '결혼함'이라는 뜻이다. 이 이름들은 하나님의 백성이 하나님의 기쁨과 사랑의 대상이 되었음을 보여 준다. 3절에서는 하나님의 백성이 하나님의 손에 든 관과 면류관이 된다. 관과 면류관은 왕권과 영광의 상징이다. 이것은 하나님의 백성이 하나님의 영광을 세상에 비추는 하나님의 나라의 일원이 되었음을 의미한다. 4-5절에서는 결혼식의 이미지가 핵심적으로 다뤄진다. 젊은 연인들이 혼인하여 기쁨을 나누는 모습은, 신랑이신 하나님과 신부 예루살렘이 결혼하는 것에 비유된다. 또한 결혼을 통해 신분이 변함과 동시에 새로운 이름을 얻는다는 개념도 포함되어 있다. 4절에서는 하나님의 백성이 더이상 '버림받은 자(עֲזוּבָה)'나 '황폐한 땅(שְׁמָמָה)'이라고 불리지 않고, '나의 기쁨이 그녀에게 있다(חֶפְצִי־בָהּ)'와 '결혼(בְּעוּלָה)'이라고 불리게 된다. 이것은 하나님의 백성이 하나님과 계약관계를 맺고, 그에 따른 축복을 받는 것을 상징한다. 5절에서는 하나님의 백성이 하나님의 신부가 되고, 하나님은 그들을 기뻐하시고 즐거워하신다. 이것은 하나님의 백성이 하나님의 사랑의 대상이 되고, 하나님과 가장 친밀한 관계를 맺게 되었음을 보여 준다. 이처럼 본문은 우리에게 하나님과의 관계에 대해 깊이 생각하게 한다.

서신서의 말씀　고전 12:1-11

본문은 성령의 은사에 관한 사도 바울의 가르침을 담고 있는데, 다음과 같은 세 가지 주제를 다룬다.

첫째, 성령의 은사는 예수 그리스도의 주권을 고백하는 데 있어 필수적이다 (1-3절). 바울은 고린도인들이 이전에는 말 없는 우상들에게 끌려갔던 것을 상기시키며, 이제는 성령님의 영향을 받아 예수님을 저주하는 자는 없고, 예수님을 주님이라고 말하는 자는 성령님으로 말하는 것임을 알려 준다. 즉 성령님의 활동은 예수님의 신분과 구원의 역사를 드러내는 것이다. 3절 하반절의 "성령으로 아니하고는 누구든지 예수를 주시라 할 수 없느니라"에서 "주"는 헬라어로 큐리오스(Κύριος)라는 단어이다. 이 단어는 구약을 낭독할 때 하나님의 이름

(יהוה)을 "망령되이 일컫지" 않기 위해 대신 발음했던 주(אֲדֹנָי, 아도나이, 시 16:2)를 헬라어로 번역한 것이다. 이를 통해 바울은 예수님을 하나님의 이름으로 부르는 것이 성령님의 역할임을 강조한다.

둘째, 성령의 은사는 하나님의 삼위일체적 성격을 반영한다(4-6절). 바울은 성령님, 주님, 하나님을 각각 은사, 직무, 효력과 연관시켰다. 그는 성령의 은사는 다양하되 근원은 하나이며, 성령님은 하나님의 뜻대로 모든 사람에게 서로 다른 은사를 주는 것임을 강조한다. 즉 성령의 은사는 하나님의 일치와 다양성을 표현하고 있다. 은사, 직무, 효력이라는 세 가지 용어는 헬라어로 각각 카리스마(χάρισμα), 디아코니아(διακονία), 에네르게마(ἐνέργημα)이며, 이들은 모두 성령님의 작용을 나타내는 단어이다. 바울은 이들을 성령님, 주님, 하나님과 연결시켜, 삼위일체의 공동체적이고 조화로운 관계를 드러낸다.

셋째, 성령의 은사는 교회의 공동체적 성장을 위한 것이다(7-11절). 바울은 "성령님의 나타나심"으로서의 은사를 구체적으로 열 가지로 나열하며, 이들은 모두 성령님에 의해 주어지고, 성령님에 의해 작동하며, 성령님에 의해 분배되는 것임을 명시한다. 그리고 이러한 은사의 목적은 개인의 이익이 아니라 공동체의 유익을 위한 것임을 밝힌다. 즉, 성령의 은사는 교회의 성숙과 성장을 돕는 것이다. "나타나심"이라는 표현은 헬라어로 파네르오시스(φανέρωσις)이며, 이는 성령의 은사가 보이는 것이 아니라 성령님이 나타나는 것임을 의미한다. 이를 통해 바울은 성령의 은사가 성령님의 존재와 활동을 증거하는 것임을 강조한다.

복음서의 말씀   요 2:1-11

본문은 예수님이 갈릴리 가나에서 혼인 잔치에 참석한 사건을 다룬다. 이 사건은 예수님의 첫 번째 기적으로, 물을 포도주로 변화시키셨다. 이 기적은 예수님의 신성과 그의 사역의 시작을 나타내며, 다음과 같은 여러 중요한 신학적 주제들을 포함하고 있다.

먼저 혼인 잔치는 "사흘째 되던 날(3일)"에 일어났는데, 이는 여러 가지로 해석될 수 있다. 이는 세례 요한이 세례를 행하던 곳에서 갈릴리 가나까지 이동한 기간을 가리킬 수 있다. 어떤 학자들은 이 "3일"이 요한복음 1장에서 언급된 4일에 더해져서, 창세기 1장에서의 창조의 7일과 평행하는 "새로운 창조의 7일"을 상징한다고 주장한다. 그리고 이 3일은 예수님의 부활을 희미하게 예고하는 것일 수도 있다.

가나의 혼인 잔치가 점차 진행되는 중에 한 사건이 발생한다. 혼인 잔치에서 포도주가 떨어졌다. 예수님의 어머니 마리아는 이 사건과 관련하여 예수님에게 도움을 요청한다. 예수님은 구약에서 요청을 온건하게 거절하던 대답의 방식과 유사하게 "여자여 나와 무슨 상관이 있나이까 내 때가 아직 이르지 아니하였나이다"(4b절)라고 대답한다. 이는 예수님이 자신의 사역 시기와 방법을 스스로 결정한다는 것을 나타낸다. 그러나 마리아는 하인들에게 예수님이 시키는 대로 하라고 지시한다. 이는 마리아가 예수님의 능력을 믿고 있었음을 보여 준다.

예수님은 하인들에게 여섯 개의 돌 항아리에 물을 채우라고 명령한다. 이 돌 항아리는 유대인의 정결예식에 사용되던 것으로, 예수님은 이 물을 포도주로 변화시킨다. 이 기적은 예수님의 창조적인 능력을 나타내며, 물이 포도주로 변하는 것은 단순한 혼합이 아닌 새로운 창조임을 강조한다. 또한, 이 기적은 예수님이 유대인의 전통적인 정결예식을 초월하여 새로운 질서를 가져옴을 상징한다. 시리아인 에프렘(Ephrem the Syrian)은 예수님이 돌을 변화시키지 않고 갈릴리 가나에서 물을 변화시켰다고 주목하며, 이것이 예수님의 권능을 보여 준다고 말한다. 힐라리우스 픽타비엔시스(Hilary of Poitiers)는 물이 포도주로 변한 것은 혼합이 아니라 창조였으며, 이것은 눈과 감각을 당혹시키지만 하나님의 권능을 나타냈다고 강조한다. 카이사레아의 유세비오스(Eusebius of Caesarea)는 갈릴리의 가나에서 물을 포도주로 바꾼 첫 번째 기적을 70인역의 이사야 9장 1절의 예언과 연결시킨다. "이것을 먼저 마셔라. 서둘러라, 스불론의 땅과 납달리의 땅, 이방인의 갈릴리여." 그는 이 포도주를 "새 언약에 관한 믿음의 포도주"라고 부르며, 예수님이 육체의 즐거움을 주는 포도주가 아니라 마음과 영혼의 즐거움을 가져오는 포도주로 변화시켰다고 말했다("복음의 증거」 〈Proof of the

Gospel〉, 9.8.8.).

연회장은 이 포도주를 맛보고 신랑에게 "사람마다 먼저 좋은 포도주를 내고 취한 후에 낮은 것을 내거늘 그대는 지금까지 좋은 포도주를 두었도다"(10절)라고 말한다. 이는 예수님이 주시는 것이 항상 최고임을 나타내며, 예수님의 은혜와 축복이 풍성하다는 것을 상징한다. 이 기적을 통해 예수님의 제자들은 그를 믿게 되었으며, 이는 예수님의 신성을 증명하는 중요한 사건이 되었다.

📖 설교를 위한 조명

서신서의 말씀(고전 12:1-11)으로 설교 작성 / 대지 설교
"같은 성령으로 세워지는 교회"

말씀에로 나아감

고린도는 그리스 본토와 펠로폰네소스 반도를 잇는 지협에 위치한 도시였다. 이러한 지정학적 이점 때문에 상업과 금융의 중심도시로 발전하여 사람들이 많이 드나드는 도시가 되었다. 그리고 고린도는 호머의 시에서 등장할 정도로 위상이 높았는데, 고린도라는 도시의 이름 앞에는 늘 "부유한"이라는 수식어가 붙었다고 한다. 하지만 건전한 학문적인 열망이 높았던 아테네와 달리 고린도에서 아카데미에 대한 기록은 발견하기 어렵다고 한다. 대체로 부유한 상업 도시들이 그러하듯이 고린도에서는 즐거움과 쾌락을 추구하는 문화가 팽배했던 것 같다. 또 세계 각지에서 흘러 들어온 사람들이 많았던 고린도에는 상업과 금융 분야의 치열한 경쟁을 이겨낸 신흥 부자들도 많았다. 그들은 자신의 출신 계층 때문이 아니라 경제적인 성공 때문에 사회적 지위를 얻었기 때문에, 그 지위를 유지하기 위해 서로 간의 경쟁이 심했다. 그래서 많은 고린도 시민들은 자신의 지위에 대해 불안해하는 삶을 살고 있었다. 그들이 의지할 수 있는 것이라고는 자기 재산과 세계 각지에서 흘러 들어온 혼합주의적인 양태의 우상숭배뿐이었다.

사도 바울은 이러한 고린도 지역을 거점으로 삼아 1년 6개월 동안 교회의 터를 닦아 복음을 전했다. 이후 에베소로 돌아간 바울이 고린도 교회로 첫 편지를 보냈다. 그때는 아마도 고린도 교인들이 교회로서의 여정을 시작한 지 채 4-5년이 지나지 않았을 것이다. 여전히 고린도 교회 안에는 기초적인 교리와 그리스도인의 생활에 관한 질문이 많았고, 그로 인해 다투기도 많이 하였다. 또 고린도 교회를 찾은 순회 설교자들 중에는 헬라 문화의 영향을 받아 예수 그리스도의 죽음보다는 병을 고치는 능력이나 기적에만 관심을 두고 있는 이들도 있었다. 그들은 초기 기독교 시대에 활동했던 이단인 영지주의자들이다. 영지주의자들은 일반적으로 물질세계를 악으로 보고, 영적인 세계를 선으로 여겼다. 그들은 구원이 비밀스러운 지식(영지, γνῶσις)을 통해 이루어진다고 믿었다. 이러한 태도는 바울이 전한 복음의 핵심인 예수 그리스도의 십자가와 부활의 의미를 왜곡하는 것이었다. 이런 배경에서 고린도 교인들은 그들의 당면한 문제들에 대한 바울의 견해를 질문하였다. 고린도 교인들이 바울에게 질문한 주제들은 크게 일곱 가지로 정리된다. 바울은 그 주제들 중 하나를 오늘 본문인 고린도전서 12장에서 다루는데, 그것은 신령한 것에 대한 것이다. 고린도 교인들은 신령한 것, 다시 말해 성령님에 관해 깊은 관심이 있었다. 이에 바울은 성령님과 성령의 은사에 관해 다음과 같이 세 가지 가르침을 주었다. 고린도 교회에 전한 바울의 가르침을 하나씩 살펴보면서 이 시대의 교회들에게 주시는 하나님의 말씀에 음성을 기울이자.

본문 이해와 주안점

1. 성령님의 역할(1-3절)
바울의 첫 번째 가르침은 성령님이 주님이신 예수님의 신분과 구원의 역사를 드러내는 역할을 한다는 가르침이다. 그는 2절에서 고린도 교인들에게 그들이

신자가 되기 전에는 고린도에 팽배한 혼합주의적인 우상숭배의 영향 아래 끌려다녔다는 사실을 상기시킨다. 이는 그들이 성령님의 인도가 있기 전까지 예수님에 관해 바르게 알지 못했다는 사실을 내포한다. 그러나 그들이 그리스도인이 된 지금, 바울은 그들이 영지주의자들의 거짓된 주장에 영향을 받지 않도록 신령한 것에 대해 알 필요가 있다고 역설한다. 우상숭배적 종교를 포함한 일반적인 종교 현상 가운데도 방언이나 치유 등과 같은 현상이 발생할 수 있다는 것을 고린도 교인들이 직간접적인 경험으로 알고 있었기 때문에, 바울은 기독론에 입각한 성령님의 역할을 첫 번째 가르침으로 제시하고 있다.

이 가르침은 다음과 같이 추정되는 두 가지 사건을 배경으로 주어졌을 것이다. 첫 번째 사건은 소위 방언을 한다는 사람(들)이 예수님을 욕하거나 저주하는 경우가 발생했던 것 같다. 그들이 고린도 교회의 소속이었을 가능성을 배제할 수는 없지만, 교인들은 예수님을 주님으로 섬기며 교회의 머리로 인정하기 때문에 그럴 가능성은 아주 낮다. 오히려 고린도 교회를 반대하는 어떤 이방 종교의 영적인 지도자가 신적 기원의 방언을 빌미로 예수님을 비방했을 가능성이 높다. 따라서 바울은 고린도 교인들에게 예수님을 저주하고 비방하는 방언은 성령님에게서 기원한 것이 아니라고 가르쳤다. 두 번째 추정되는 사건은 고린도 교인들이 그들에 속하지 않는 사람들 중에 예수님을 주님으로 인정하는 사람이 존재한다는 사실을 경험한 것이다. 이들은 예수님을 주님으로 인정하나 고린도 교회의 구성원으로 포함되지 않은 사람일 수도 있고, 다른 교회의 추천서 없이 순회하는 설교자였을 수도 있다. 바울은 그들이 예수 그리스도의 주권을 인정한다면 성령님의 인도를 받는 자라고 판단해도 된다고 가르쳤다.

이렇게 성령님의 역할은 예수님의 신분과 구원의 역사를 드러내는 것이다. 3절 하반절의 "성령으로 아니하고는 누구든지 예수를 주시라 할 수 없느니라"는 구절에서, "주"는 헬라어로 큐리오스(Κύριος)라는 단어이다. 이 단어는 구약을 낭독할 때 하나님의 이름(יהוה)을 "망령되이 일컫지" 않기 위해 대신 발음했던 주(אֲדֹנָי, 아도나이, 시 16:2)를 헬라어로 번역한 것이다. 이를 통해 바울은 예수님을 '주님'이라는 하나님의 호칭으로 부르도록 인도하는 것이 성령님의 역할임을 강조하였다. 동시에 어떤 사람이 예수님의 주님이신 신분을 인정하지 않는다면, 그 사람은 하나님의 영을 받지 않은 사람이라고 판단해도 무방하다고 가르쳤다.

오늘날에도 자칭 영적인 지도자 중에 하나님이나 예수님, 성령님의 이름을 가볍게 부르고 조롱하는 사람이 있다. 그들이 어떠한 영적인 체험을 했는지, 성령의 은사를 받았는지 그들의 행위의 열매에서 잘 드러나지 않을지 몰라도, 입술의 악한 열매를 보면 이들이 하나님의 주권을 인정하지 않는 교만한 자들임을 알 수 있다. 이들이 아무리 하나님을 위한 일을 한다고 현란하게 말하더라도 그 속에 예수님의 주님 되심을 겸손히 인정하지 않는다면 그것은 예수님을 비방하고 저주하는 것과 다를 바 없다. 우리 모두는 자칭 영적인 지도자들의 거짓과 기만을 알아차릴 수 있도록 모든 일에 예수님의 주님 되심을 인정하고 성령님의 인도를 구해야 할 것이다.

2. 성령의 은사의 삼위일체적 특징(4-6절)

사도 바울은 고린도 교인들에게 보낸 편지에서 성령님에 관한 두 번째 가르침으로 성령의 은사의 삼위일체적 특징을 소개한다. 우리가 성령의 은사를 구할 때, 하나님은 우리의 형편과 상황을 따라 한 성령으로부터 다양한 은사를 나누어주신다.

은사는 곧 선물을 말한다. 내가 상대방에게 무언가를 줄 때, 상대방이 무언가를 잘해서 주면 상이고, 내가 상대방에게 잘못한 것이 있어서 주면 배상이고, 남에게 잘 봐달라고 주면 뇌물이다. 그러나 내가 상대방에게 아무런 대가를 바라지 않고 줄 때, 그것을 가리켜 선물이라고 한다. 선물은 대가를 바라지 않고 주고받는 것이기 때문에 주는 사람도 기쁘고 받는 사람도 행복하다. 그래서 사람들은 가족이나 친구의 생일을 축하하며 선물을 주기도 하고, 시험을 앞둔 사람들을 격려하는 의미를 담아 선물을 주기도 하고, 고마운 사람들에게 감사의 선물을 주기도 한다.

이처럼 바울은 4절에서 성령 하나님이 아무런 대가도 바라지 않으시고 고린도 교인들에게 은사, 즉 선물을 주셨다고 알려준다. 그런데 선물은 각 사람의 취향이나 필요에 따라 종류가 다양하다. 사도 바울은 성령의 다양한 은사를 삼위일체적인 구조에서 가르친다. 바울은 성령님, 주님, 하나님을 각각 은사, 직무, 효력과 연관시킨다. 은사, 직무, 효력이라는 세 가지 용어는 헬라어로 각각 카리스마(χάρισμα), 디아코니아(διακονία), 에네르게마(ἐνεργήμα)이며, 이들은 모두 성령님의 작용을 나타내는 단어이다. 그는 성령의 은사는 다양하되 근원은 하나이며, 성령님은 하나님의 뜻대로 모든 사람에게 서로 다른 은사를 주는 작용임을 강조한다. 즉, 성령의 은사는 하나님의 일치와 다양성을 표현하는 것이다. 그러므로 서로 다양한 은사를 가진 성도들은 은사의 우위나 비중을 따지지 말고 타자를 위한 삶을 살아가게 하시는 삼위일체 하나님의 관계적 본성을 본받아 자기가 맡은 직분과 사역을 잘 감당할 수 있도록 서로 협력해야 할 것이다.

3. 공동체 성장을 위한 성령의 은사들(7-11절)

앞서 살펴본 대로 삼위일체적인 특성을 지닌 성령의 은사는 개인적 유익보다 교회 공동체적 성장을 위해 주어진 것임을 알 수 있다.

7절 이하에서 바울은 삼위일체 하나님이 "각 사람에게 성령을 나타내심"의 결과인 은사들을 구체적으로 열 가지로 나열하였다. "나타내심"이라는 표현은 헬라어로 파네르오시스(φανέρωσις)이며, 이는 성령의 은사가 보이는 것이 아니라 성령님이 나타나는 것임을 의미한다. 이를 통해 바울은 성령의 은사가 성령님의 존재와 활동을 증거하는 것임을 강조한다. 바울은 이들 은사들이 모두 같은 한 성령님에 의해 주어지고, 작동하며, 분배되는 것임을 명시하였다. 그는 이러한 은사들이 개인에게 주어진 목적이 개인의 이익이 아니라 공동체의 유익을 위한 것임을 밝힌다. 즉, 성령의 은사는 교회의 성숙과 성장을 돕기 위해 주어졌다.

성령의 은사에 대한 공동체적인 사도 바울의 이해와 그에 따른 가르침은 복음서에서도 찾아볼 수 있다. 요한복음 20장 22절에서 예수님은 "숨을 내쉬며 이르시되 성령을 받으라"고 말씀하셨다. 마치 성령님이 입김을 불거나 숨을 내쉬는 행동을 통하여 일어나는 것처럼 보인다. 그런데 '숨'이라는 표현은 구약에서 "하나님께서 생명을 주시는 것"을 나타내는 표시이다(창 2:7, "여호와 하나님이 땅의 흙으로 사람을 지으시고 생기를 그 코에 불어넣으시니 사람이 생령이 되니라"; 왕하 4:34; 겔 37:9; 지혜 15:11). 요한복음에서 성령님을 받은 제자들은 부활하신 예수님으로부터 새 생명을 받아 이제는 내가 아닌 하나님을 위한 삶을 살아갈 수 있게 된다. 즉 그들은 공동체적 삶을 살아갈 수 있게 되었다.

또한, 요한복음 20장 22절의 하반부에 기록된 예수님의 말씀에 따르면, 부활하신 예수님은 그분의 십자가 처형 이후에 두려움에 떨고 있는 제자들에게 성령님을 선물로 주셨다. "성령을 받으라." 이어지는 23절에서 예수님은 "누구의 죄든지 너희가 용서해 주면 그들의 죄는 용서받을 것이고 용서해 주지 않으면 용서받지 못한 채 남아있을 것이다"(공동번역 개정판)라고 말씀하셨다. 이 구절은 예수님이 제자들에게 주신 성령님의 효력에 관한 설명이다. 우리는 이 말씀을 통해서 예수님이 제자들에게 주신 성령님의 효력이 죄의 용서와 화해라는 것을 확인하게 된다. 다시 말해 성령님은 그리스도인 공동체 안팎에서 서로에 대한 죄의 용서와 화해를 이루도록 인도하신다. 성령의 다양한 은사를 받은 제자들의 삶은 죄를 용서할 수 있는 능력을 통해 세상 속에 하나님의 평화와 화해를 이루는 공동체를 세워 나감으로 완성될 것이다.

말씀의 갈무리

오늘 우리는 사도 바울이 고린도 교회에 전한 성령님의 역할과 은사에 대한 가르침을 살펴보았다. 사도 바울은 성령님이 예수님의 신분과 구원의 역사를 드러내며, 성령의 은사가 삼위일체적 특징을 반영하고 교회의 공동체적 성장을 위해 주어진 것임을 강조하였다. 이러한 가르침을 통해 우리는 성령의 은사가 개인의 유익이 아니라 공동체의 유익을 위한 것임을 깨닫게 되었다.

이제 우리 모두가 같은 성령님으로 주님의 교회를 바르게 세워나가기 위해 다음과 같은 세 가지 사항을 실천할 수 있기를 바란다.

첫째, 우리는 예수님의 주님 되심을 고백하고 인정해야 한다. 우리의 모든 말과 행동에서 예수님의 주님 되심을 고백하고, 그분의 주권을 인정하는 삶을 살아야 한다. 이를 통해 우리는 성령님의 인도를 받으며, 하나님의 뜻을 이루어 나갈 수 있다.

둘째, 우리는 다양한 성령의 은사를 존중하고 협력해야 한다. 각자가 받은 은사를 통해 서로에게 힘이 되어 주고, 함께 성장하는 교회를 만들어 나가야 한다. 예를 들어, 가르침의 은사를 받은 성도가 신앙교육을 책임지거나, 음악의 은사를 받은 성도가 예배 중 찬양을 인도하는 것처럼, 재능 기부의 은사를 가진 성도가 사회봉사 활동을 조직하고, 상담의 은사를 가진 성도가 개인적인 고민을 듣고 해결책을 제시하는 역할을 할 수 있다. 또 다른 예로, 재정 관리의 은사를 가진 성도가 교회의 재정을 투명하게 관리하고, 환대의 은사를 가진 성도가 새로운 성도들을 환영하며 돌보는 역할을 하는 등, 각자의 은사를 적극적으로 활용하여 공동체의 유익을 도모해야 한다. 이렇게 우리 모두는 성령님께서 주신 다양한 은사를 통해 서로를 세우고, 하나님께서 주신 사명을 함께 이루어 나가는 교회를 세워가야 한다.

셋째, 우리 모두는 죄의 용서와 화해를 실천해야 한다. 성령의 은사를 받은 우리는 일상 속에서도 서로의 죄를 용서하고 화해를 이루는 삶을 살아야 한다. 구체적인 실천 방안으로는, 먼저 개인적인 갈등이 있을 때 대화를 통해 서로의 마음을 열어야 한다. 상대방의 처지를 이해하고 공감하며, 진정성 있는 사과와 용서를 나눌 수 있어야 한다. 또한, 교회 내에서 용서와 화해를 장려하는 프로그램을 운영할 수 있다. 예를 들어, 용서와 화해를 주제로 한 세미나나 워크숍을 개최하여 성도들이 용서의 중요성을 깨닫고 이를 실천할 수 있도록 돕는 것이다. 마지막으로, 공동체 전체가 서로를 위해 기도하고 지지하는 환경을 조성하는 것도 중요하다. 예를 들어, 분쟁이 생겼을 때 중재 역할을 할 수 있는 화해 팀을 조직하거나, 용서와 화해를 주제로 한 기도 모임을 정기적으로 개최하는 것이다. 이렇게 할 때 우리는 성령님의 인도하심을 받아 죄의 용서와 화해를 실천하며, 하나님의 평화와 사랑을 이루는 공동체를 세워나갈 수 있게 된다.

이제 우리는 같은 성령으로 세워지는 교회를 위해 세 가지 실천 방안을 마음에 새기고 삶 속에서 실천해야 한다. 성령님의 인도하심을 따라 예수님의 주님 되심을 고백하고, 다양한 은사를 존중하며, 죄의 용서와 화해를 실천하는 삶을 살아가자.

이 모든 것을 위해 삼위일체 하나님의 이름으로 간절히 기도하며, 우리 모두가 이 말씀을 실천하여 하나님의 영광을 드러내는 교회가 되기를 바란다.

주현절 후 세 번째 주일

❖ **성서정과** 시 19; 느 8:1-3, 5-6, 8-10; 고전 12:12-31a; 눅 4:14-21

예배로 부름 Call to Worship

안식일을 기억하여 거룩하게 지키라 이는 엿새 동안에 나 여호와가 하늘과 땅과 바다와 그 가운데 모든 것을 만들고 일곱째 날에 쉬었음이라 그러므로 나 여호와가 안식일을 복되게 하여 그날을 거룩하게 하였느니라(출 20:8, 11)

예배 기원 Invocation

우리가 드리는 예배를 기쁘게 받으시는 하나님 아버지! 하나님께서 베풀어 주신 그 놀라운 사랑을 잊지 못하여 예배의 자리로 달려 나왔습니다. 손을 높이 들어 삼위일체 하나님께 영광을 돌립니다. 겸손하게 마음의 문을 열고 주님의 종을 통하여 들려주시는 말씀에 귀를 기울입니다. 최선을 다하여 준비한 예물을 가장 겸손한 마음으로 바칩니다. 이렇게 마음과 뜻과 정성을 다하여 예배하오니, 저희가 드리는 예배를 기쁘게 받아 주옵소서. 예수님의 이름으로 기원하옵나이다. 아멘.

이 주일의 찬송 Hymns

저 높고 푸른 하늘과(78장) / 이 기쁜 소식을(185장) / 주 믿는 형제들(221장)
어두운 내 눈 밝히사(366장) / 가난한 자 돌봐주며(517장) / 나 맡은 본분은(595장)

성시교독 Responsive Readings   시편 19:1-10

인도자	¹ 하늘이 하나님의 영광을 선포하고 궁창이 그의 손으로 하신 일을 나타내는도다
회 중	**² 날은 날에게 말하고 밤은 밤에게 지식을 전하니**
인도자	³ 언어도 없고 말씀도 없으며 들리는 소리도 없으나

회 중	4 그의 소리가 온 땅에 통하고 그의 말씀이 세상 끝까지 이르도다
인도자	하나님이 해를 위하여 하늘에 장막을 베푸셨도다
회 중	5 해는 그의 신방에서 나오는 신랑과 같고 그의 길을 달리기 기뻐하는 장사 같아서
인도자	6 하늘 이 끝에서 나와서 하늘 저 끝까지 운행함이여
회 중	그의 열기에서 피할 자가 없도다
인도자	7 여호와의 율법은 완전하여 영혼을 소성시키며 여호와의 증거는 확실하여 우둔한 자를 지혜롭게 하며
회 중	8 여호와의 교훈은 정직하여 마음을 기쁘게 하고 여호와의 계명은 순결하여 눈을 밝게 하시도다
인도자	9 여호와를 경외하는 도는 정결하여 영원까지 이르고 여호와의 법도 진실하여 다 의로우니
회 중	10 금 곧 많은 순금보다 더 사모할 것이며 꿀과 송이꿀보다 더 달도다

주일 낮 예배·설교 지침

고백의 기도　Prayer of Confession

자비로우신 하나님! 우리가 지은 모든 죄를 고백하며 회개합니다. 주님께 예물을 드릴 때는 인색하면서, 썩어 없어질 내 육신을 위해서는 얼마나 많은 물질을 아낌없이 사용하는지요. 성전에 나와 봉사 한 번 하고는 자랑 삼아 크게 떠들어 대면서, 내가 사는 집은 날마다 얼마나 정성껏 닦는지요. 또한 어쩌다가 이웃에게 물질로 작은 도움을 한 번 준 것에 대해서는 얼마나 소리 높여 나팔을 부는지요. 부모님께 평소에는 전화 한 번 안 하면서, 명절을 앞두고 적은 용돈을 보낸 후에 효자인 척 자부심을 느끼는 저희입니다. 사랑의 하나님! 바리새인과 같이 외식하는 믿음으로 만족을 누리며 살았던 저희의 어리석음을 불쌍히 여기시고 용서해 주옵소서. 예수님의 이름으로 이 고백의 기도를 드립니다. 아멘.

사함의 확신　Assurance of Forgiveness

너희가 과연 이 모든 악을 행하였으나 여호와를 따르는 데에서 돌아서지 말고 오직 너희의 마음을 다하여 여호와를 섬기라 여호와께서는 너희를 자기 백성으로 삼으신 것을 기뻐하셨으므로 여호와께서는 그의 크신 이름을 위해서라도 자기 백성을 버리지 아니하실 것이요(삼상 12:20b, 22)

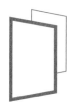
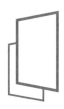

오늘의 주제

말씀으로 하나 되게 하소서

📖 석의적 접근

구약의 말씀   느 8:1-3, 5-6, 8-10

느헤미야는 제3차 포로 귀환 후에 이스라엘 성벽을 재건하고 신앙의 회복에 집중하게 된다. 그때 학사인 에스라가 이스라엘 백성에게 율법책을 읽어주는 내용이 오늘 본문의 내용이다.

이스라엘 백성은 학사 에스라에게 나아가 율법을 통한 교훈 받기를 청했는데(1절), 영적인 부족함을 크게 느낀 이유도 있었지만 일곱째 달 초하루에 드리는 나팔절을 경건하게 지키려는 열망이 컸기 때문이었다. 나무 강단에 선 에스라는 모세오경인 모세의 율법책을 낭독하였고, 하나님의 말씀을 알아들을 만한 사람, 특정 계층이 아닌 말씀을 듣고 이해할 수 있는 모든 부류의 사람이 모여서 그 말씀에 귀를 기울인다. 에스라가 책을 펴고 하나님을 송축할 때 모든 백성이 일어나 손을 들고 아멘으로 응답하며 하나님께 경배하였고, 그 말씀이 해설될 때 그 말씀을 알아들은 이스라엘 백성은 그 말씀을 깨닫고 감동하여 울기 시작한다(8-9절). 느헤미야와 에스라, 레위 사람들은 하나님의 거룩한 날이니 울지 말라고 당부하며, 오히려 하나님으로 인해 기뻐하며 음식을 먹고 마시고 나누라고 권한다.

이 귀한 공동체가 함께 모여 율법을 들었고 율법을 배우는 일이 일어나면서 그로 인한 영적 부흥을 가져오게 되었다.

서신서의 말씀   고전 12:12-31a

은사는 사랑 안에서 시작되며 사랑 안에서 잘 가꾸어진다. 한 몸인 교회에서 그리스도께서 나뉠 수 없는 것처럼 교회 또한 본질적으로 나뉠 수 없다. 몸의 각 지체가 각각의 기능과 역할이 다르다고 해도 서로 조화하고 보조함으로 생명을 유지하는 것처럼 그리스도 안에서 하나로 모인 성도들도 주님의 몸 된 교회를 온전히 세워가는 데 반드시 필요하다. 성령님으로 하나 됨을 이룰 때 서로의 은사를 통해 합력하여 선을 이루어 나갈 수 있으며, 그 과정에서 성숙한 공동체를 만들어가도록 노력해야 한다.

은사의 다양성은 하나님께서 우리에게 의도하신 것이다. 다양한 은사를 가진 교회는 더 많은 일을 효율적으로 할 수 있다. 하지만 은사를 가진 사람을 격려하고 세워 주지 못한다면 공동체를 유익하게 하기 어렵다. 특별히 부각되는 은사를 가진 사람을 지나치게 강조하고 높일 때 소외당하는 사람이 생길 수도 있다. 각 성도는 높고 낮음이 없이 주님께서 허락하신 은사를 가지고 나아가야 한다. 자신을 낮게 여기고 오히려 남을 친절히 대하고 하나님이 그리스도 안에서 우리에게 하신 것처럼 사랑으로 나아가야 한다. 그렇게 공동체성을 가지고 나아갈 때 우리는 건강한 그리스도의 일을 하게 될 것이며 하나님께 영광을 돌리는 귀한 순간이 될 것이다.

복음서의 말씀   눅 4:14-21

광야에서 사탄에게 40일 동안 시험을 받으신 예수님은 성령님의 능력으로 갈릴리로 돌아가게 된다. 드디어 회당으로 나아가 예수님의 사역을 공식적으로 진행할 때 이방의 땅 갈릴리에서의 사역이 성공적으로 시작되었지만, 곧바로 나사렛에서 있었던 이야기로 넘어간다. 16절의 1세기 회당 예배는 다섯 가지 순서를 따라 진행이 되었는데, 첫째 쉐마를 암송하였고, 둘째 공동기도문이었던 쉐모네 에스레(18조)를 암송했으며, 셋째 파라쉬(모세오경 독서)를 하고, 넷째 하프타레(예언서 독서)를 하였으며, 마지막으로 드라샤(설교)를 하였다. 그때 예수님은 이사야 61장 1-2절의 말씀을 통해 그분의 사역을 선포하신다.

또한, 예수님의 사역을 이어받는 교회의 사역이 지닌 본질을 가르쳐주고 계신다. 주님의 성령이 임하실 때 세 가지 사역을 볼 수 있는데, 먼저 기름을 부으신 목적은 "가난한 자에게 복음을 전하기 위해서"이며, 나를 보내신 목적은 "포로 된 자에게 자유를, 눈먼 자에게 다시 보게 함을 전파하여 눌린 자를 자유롭게" 하기 위해서이며, "주의 은혜의 해를 전파"하기 위해서이다. 이것은 희년의 선포를 이야기하며 죄로부터의 자유를 뜻하기도 한다. 결국 예수님께서 오심은 자유를 잃어버린 채 살아가는 많은 이들에게 매 50년마다 지키는 희년과 같이 모든 사람들을 하나님이 지으신 본래의 상태로 되돌리시기 위함이다.

🗋 설교를 위한 조명

구약의 말씀(느 8:1-3, 5-6, 8-10)으로 설교 작성 / 대지 설교

"다시 말씀으로"

말씀에로 나아감

사람들은 저마다 목마름에 애를 태우고 살아간다. 모든 것이 풍성하지만 늘 갈증을 느끼며 행복 지수가 낮아지는 삶을 사는 것 말이다. 이어령 교수는 자신을 "평생 우물을 파는 사람"이라고 고백했다. 그가 간증한 책을 보면 자신은 무언가에 대한 갈증이 늘 있었다고 한다. 그런데 그 갈증을 명예로도 채워보고, 돈으로도 채워보고, 극장으로도 채워보고 했지만 결국 한계가 있었다고 한다. 세상으로는 절대 채울 수 없는 갈증이다. 후에 예수 그리스도를 만나 영적인 회복을 하게 되지만 그 전까지의 갈급함은 오늘 우리의 모습을 보게 한다. 본문의 말씀 또한 마찬가지로 이스라엘 백성이 성벽을 재건하는 동안 영적인 갈급함을 느끼는 모습을 볼 수 있다. 채움이 필요할 때 어떻게 나아가고 있는가?

본문 이해와 주안점

1. 말씀 듣기를 사모하라(1-4절).

성벽 공사를 무사히 완수한 이스라엘 백성은 성공과 승리에 도취되는 것이 아닌 다시금 하나님의 말씀을 듣기 위해 앞으로 나아갔다. 때마침 다가온 칠월 초하루 절기, 이스라엘 백성은 하나님께 감사드리고 절기를 지키기 위해 수문 앞 광장으로 모인 뒤, 율법에 정통했던 학사 에스라에게 모세의 율법을 낭독해 달라고 요청한다. 성전과 성벽을 재건하는 일도 중요한 과업이었지만, 이들에게 영적 회복이야말로 제일 중요한 일이었기 때문이다. 율법을 듣기 위해 남녀노소를 막론하고 율법을 알아들을 만한 자들이면 다 모였다. 그것도 새벽부터 모여 두루마리에 기록된 말씀을 듣기 시작하였다. 진지한 분위기 속에서 귀를 기울여 율법의 말씀에 집중하였다. 다시 주님의 말씀으로 하나가 되어가기 시작하였다.

그리스도인은 하나님의 말씀과 결코 떨어질 수 없는 존재이다. 제일 중요한 것은 하나님의 말씀에 귀를 기울이며 낮은 마음을 가지는 것이다. 하루의 일과를 시작하기 전에 먼저 말씀을 읽고 묵상하는 시간이 우리에게는 필요하다.

2. 말씀에 순종으로 반응하라(5-8절).

에스라가 백성 위에 서서 율법책을 펴자 백성은 모두 일어나 하나님의 위엄에 대한 경외심과 말씀에 순종하고자 하는 의지를 표현했다. 또한 에스라가 하나님을 찬양하자 백성은 두 손을 들고 화답하면서 몸을 굽혀 얼굴을 땅에 대고 "아멘, 아멘"이라고 응답했다. 아멘은 "네, 주님, 맞습니다. 하나님의 말씀이 이루어질 줄 믿습니다"라는 뜻이다. 긍정의 의미도 있지만 순종의 의미 또한 지니고 있다. 오늘 에스라를 통한 모세의 율법책 말씀을 들었던 수문 앞 광장의 백성은 "아멘(Amen)" 이 말을 두 번이나 반복해서 외쳤다.

오늘날 많은 성도들이 가지고 있는 문제 중 두 가지를 확인해 볼 수가 있다. 하나는 자신의 문제가 해결되거나 은혜로운 말씀을 주실 때만 아멘으로 받는 것이다. 상황에 따라 하나님의 말씀을 받고, 안 받고의 결정이 일어난다. 어떠한 상황에 처하든지, 어떤 말씀을 주시든지 순종함으로 받아들이지 못한다. 두 번째는 설교 시간에 말씀을 듣고 "아멘"을 외치지만 실상 교회 밖을 나갔을 때 그 말씀에 진실로 긍정적으로 받아들이며 순종함으로 반응하지 못하고 살아가는 것이다. 온전한 순종, "말씀대로 이루어지이다"라는 이 고백을 가지고 나아가는 것이 우리에게 필요하다. 새벽부터 정오까지 그 긴 시간 동안 두렵고 떨리는 마음으로 말씀을 들었던 유다 백성의 모습을 보면서 우리는 어떤 마음으로 말씀을 듣고 행하고 있는지 깊이 되돌아보아야 한다.

3. 말씀으로 변화된 삶을 살라(9-10절).

이스라엘 백성은 하나님의 말씀을 사모했고 그 말씀을 들으며 '아멘'으로 반응했다. 심지어 그 말씀을 들은 모두가 울었다. 이들의 울음은 부끄러움과 감사, 회개의 표현이었을 것이다. 하나님은 여기서 말씀에 감격할 뿐만 아니라 변화된 삶까지 살아가길 원하신다. "하나님의 말씀은 살아 있고 활력이 있어 좌우에 날선 어떤 검보다도 예리하여 혼과 영과 및 관절과 골수를 찔러 쪼개기까지 하며 또 마음의 생각과 뜻을 판단"(히 4:12)하신다. 말씀을 통해 많은 역사 속에서 그리스도인들의 삶을 변화시켜 놓았고, 현재에도 많은 사람들의 삶을 변화시키신다. 이스라엘 백성은 처음에는 슬픈 기색을 보였지만 얼마 지나지 않아 말씀 앞에서 태도를 바꾸며 기뻐하고 감사했다. 또한 가난한 자와 아무것도 준비하지 못한 자들이 소외되지 않도록 그들과 음식을 나누었으며 이웃과 화목하는 모습을 보여 주었다. 우리 또한 마찬가지로 하나님의 말씀으로 회개하고 죄에서 돌이켰다면 구체적인 변화된 삶으로 살아가야 한다. 그리고 그 삶을 잃지 않기 위해 매 순간 말씀으로 살아내야 한다.

말씀의 갈무리

하나님께서는 여전히 우리에게 원하신다. 기록된 하나님의 말씀을 힘써 지키는 것, 힘써 여호와를 알아가는 것, 힘써 여호와께로 돌아가는 것! 우리는 하나님과의 관계 회복을 위해 다시금 말씀으로 돌아가야 한다. 우리에게 명하는 "이 말씀을 너는 마음에 새기고"(신 6:6), "아멘"으로 화답하여 주님이 주신 이 땅에서의 삶을 사는 동안 변화된 삶으로 나아가야 한다. 주님의 말씀을 통해 나의 죄과를 생각하고 그 죄를 대속해 주신 예수 그리스도를 바라보며 다시 말씀으로 주님께로 나아가는 시간이 되어야 한다. 그럴 때 하나님께서는 우리를 기뻐 받으시고 영광 받으실 것이다.

주현절 후 네 번째 주일

❖ **성서정과**　시 71:1-6; 렘 1:4-10; 고전 13:1-13; 눅 4:21-30

예배로 부름　Call to Worship

하나님이 그 일곱째 날을 복되게 하사 거룩하게 하셨으니 이는 하나님이 그 창조
하시며 만드시던 모든 일을 마치시고 그날에 안식하셨음이니라 하나님은 영이시니
예배하는 자가 영과 진리로 예배할지니라(창 2:3; 요 4:24)

예배 기원　Invocation

선한 목자가 되시는 하나님 아버지! 광야 같은 세상을 걸어갈 때 연약한 손을 잡아
이끌어주신 은혜에 감사를 드립니다. 그 사랑으로 한 주간을 버티었고, 그 손길에
힘입어 지난 한 주간도 넘어지지 않고 견디었습니다. 오늘은 그토록 사랑을 베풀어
주신 하나님께 감사와 찬미를 드리기 위하여 성산으로 올라왔습니다. 저희가 부르
는 힘찬 찬양이 하늘에 이르게 하시고, 간절하고 진실한 기도는 하늘 보좌에 상달
하게 하여 주옵소서. 오늘도 해처럼 빛나는 영광의 얼굴을 우리에게 돌리셔서 부족
한 저희를 받아 주옵소서. 진리의 말씀으로 꼴을 먹여 주셔서 목자이신 주님 품 안
에서 복과 안식과 평강을 누리는 예배가 되게 하여 주옵소서. 예수님의 이름으로
기원하옵나이다. 아멘.

이 주일의 찬송　Hymns

피난처 있으니(70장) / 사랑하는 주님 앞에(220장) / 만세 반석 열린 곳에(386장)
오 놀라운 구세주(391장) / 나의 기쁨은 사랑의 주님께(409장)
세상 모두 사랑 없어(503장)

성시교독　Responsive Readings
시편 71:1-6

인도자　¹ 여호와여 내가 주께 피하오니

회 중　내가 영원히 수치를 당하게 하지 마소서

인도자　² 주의 의로 나를 건지시며 나를 풀어주시며

회 중　주의 귀를 내게 기울이사 나를 구원하소서

인도자　³ 주는 내가 항상 피하여 숨을 바위가 되소서

회 중　주께서 나를 구원하라 명령하셨으니 이는 주께서 나의 반석이시요 나의 요새이심이
니이다

인도자　⁴ 나의 하나님이여 나를 악인의 손 곧 불의한 자와 흉악한 자의 장중에서 피하게 하
소서

회 중　⁵ 주 여호와여 주는 나의 소망이시요 내가 어릴 때부터 신뢰한 이시라

인도자　⁶ 내가 모태에서부터 주를 의지하였으며 나의 어머니의 배에서부터 주께서 나를 택
하셨사오니

회 중　나는 항상 주를 찬송하리이다

2
주일 낮 예배·설교 지침

고백의 기도　Prayer of Confession

죄인들의 회개를 들으시며 용서하여 주시는 하나님 아버지! 저희는 늘 주님과 동행
하고자 노력하나 불신 세상 속에서 분주한 삶을 살다 보니 주님께서 나와 함께하시
는 것조차도 잊어버리고 살아갑니다. 올해에는 이른 새벽에 기도로 하루의 일과를
시작하고자 하였으나 밤늦게까지 고단한 업무에 지쳐 있는 육신은 자꾸만 쉬고자
합니다. 기도 없이 시작된 하루는 영적인 능력을 상실하여 하나님의 자녀로서의 구
별됨도 유지하지 못했고, 입술에는 파수꾼을 세우지 못하여 온갖 거짓되고 망령된
말을 많이 하였습니다. 사랑의 하나님! 이 모든 죄를 용서하여 주옵소서. 하나님의
자녀로서 합당한 삶을 살아갈 수 있도록 힘을 주옵소서. 예수님의 이름으로 이 고
백의 기도를 드립니다. 아멘!

사함의 확신　Assurance of Forgiveness

하나님이 그들이 행한 것 곧 그 악한 길에서 돌이켜 떠난 것을 보시고 하나님이 뜻
을 돌이키사 그들에게 내리리라고 말씀하신 재앙을 내리지 아니하시니라(욘 3:10)

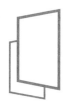

오늘의 주제

은혜를 받기 위한 자세

석의적 접근

시편의 말씀 시 71:1-6

본문은 개인의 탄원시이다. 앞선 70편과 마찬가지로 탄원시의 요소를 그대로 사용하고 있다. 탄원(1-4, 8, 12-13절), 불평불만(10-11절), 믿음의 고백(5-6, 17, 20-21절)이다. 1절에서는 기도자가 하나님께 피난처를 찾으면서 시작한다. 기도자는 하나님의 도움으로 수치를 피하기를 원한다. 2절에서는 하나님의 보호를 '건져내심'으로 표현한다. 기도자는 상황을 관찰하시는 하나님께서 올바른 판단으로 긍휼을 베푸시기를 원한다. 3절에서는 기도자의 절박한 상황을 알 수 있다. 기도자는 빨리 숨을 수 있는 바위와 반석이 필요한 상황이다. 4절에서는 악인으로 인하여 기도자가 어려운 상황에 있다는 것을 알게 된다. 후반절에는 불의한 자, 악한 자와 같이 더 직접적인 표현을 사용한다. 5절은 하나님을 향한 신뢰의 찬송이 나온다. 기도자는 하나님께서 자신의 보호자가 되신다고 고백한다.

기도자는 악인이 불의를 행하는 어려움 가운데 하나님께 피하고 있다. 기도자의 이런 행동은 하나님은 의로우시며 유일한 희망이라는 믿음의 확신에서 비롯되었다(2절). 기도자는 지나온 삶의 여정을 되돌아보며 어린 시절부터 신뢰해 왔던 하나님에 대한 믿음을 확인한다(5절). 하나님께서는 우리를 택하셨다. 우리를 선택하신 하나님께서 우리의 피난처가 되시니 우리는 항상 주님을 찬송할 수 있어야 한다(6절).

서신서의 말씀　고전 13:1-13

　본문은 사랑에 관해서 설명한다. 그 어떤 것보다 사랑이 우선이며 사랑이 없이 행해지는 모든 은사들에 대해서 부정적으로 묘사한다. 고린도 교회의 성도들은 신비롭고 영적인 은사들이 다른 은사들보다 중요하다고 생각했다. 그래서 바울은 사랑이 그 어떤 은사보다 중요하다고 가르쳤다(2절). 더 나아가 사람을 돕는 구제라고 할지라도 그 안에 사랑이 없으면 아무런 유익이 없다며 사랑이 봉사의 본질이라는 것을 설명하였다. 아무리 영적인 것이고 선한 것이라 할지라도 바울은 사랑만큼 가치가 있는 것은 없다고 말한다. 사랑은 성도에게 오래 참게 하고 온유하며 시기하지 않고 자랑하지 않고 교만하지 않게 한다(4절). 하지만 은사와 봉사는 성도의 내면을 변화시키지 못한다.

　언젠가는 예언도 사라지고, 방언도 그치고, 지식도 사라진다. 이렇듯 모든 것은 다 일시적이다. 그러나 사랑은 영원하다. 그렇기 때문에 사랑은 그 어떤 것보다 가치가 있다. 바울은 믿음, 소망, 사랑이라는 성도의 세 가지 덕목을 설명한다(13절). 특히 바울은 세 가지 덕목을 데살로니가전서 1장 3절과 5장 8절에서도 언급한다. 바울은 여러 편지에서 이 세 가지 덕목을 실천하도록 권면한다.

　그러나 본문에서는 세 가지 덕목 중에서도 특별히 사랑이 제일이라고 말한다. 교회에 아무리 방언이 넘쳐나고 예언이 넘쳐나도 사랑이 없으면 아무런 소용이 없다. 기독교의 본질은 사랑이다. 인간을 향한 하나님의 사랑이 있었기 때문에 모든 것이 시작되었다. 그러므로 우리는 서로 사랑하기를 힘써야 한다.

2

복음서의 말씀　눅 4:21-30

　본문은 나사렛 회당에서 말씀을 읽으신 후 말씀을 전하시는 내용이다. 말씀을 듣고 회중은 모두 놀랐으며 요셉의 아들 예수가 이런 말씀을 전한다는 것에 한 번 더 놀랐다. "오늘 너희 귀 안에서 이루어지라"(21절)는 선포를 어떻게 요셉의 아들 예수가 할 수 있는가? 회중의 반응은 좋지 못했다. 그들은 예수님에 대한 소문을 들었고 예수님께 소망을 두고 있었다. 그러나 그들은 정작 예수님을 만나자 편견에 사로잡혔다. 그들의 마음은 기쁨과 의구심이 공존하였다. 다른 곳에서는 환영받았지만 정작 고향에서는 다른 반응이 나왔다. 예수님은 그들 마음속 생각을 정확히 짚어내셨고 회중에게 "의사야 너 자신을 고치라"(23b절)는 속담을 인용하셨다. 이 속담은 의사의 능력을 믿지 못할 때 내뱉는 비난의 말이다. 회중은 예수님이 나사렛 사람이라는 사실 때문에 예수님을 믿지 못하였다. 나사렛 사람들이 예수님을 받아들이지 못하는 모습은 유대인 전체가 예수님을 받아들이지 못하는 모습을 예견한다.

이런 측면에서 "선지자가 고향에서는 환영을 받는 자가 없느니라"(24b절)는 이 말씀이 더욱 크게 느껴진다. 예수님은 엘리야, 엘리사, 이 두 선지자 이야기를 하시면서 구약 시대부터 예견된 이방인을 향한 구원의 섭리를 말씀하신다. 하지만 회중은 예수님의 말씀에 분노하였다. 그들은 자신들이 기다린 메시아를 동네 밖으로 쫓아내고 산 낭떠러지까지 끌고 가 죽이려는 아이러니한 모습을 보인다. 이는 메시아를 기다리고 그의 이적은 기뻐하지만, 메시아의 말씀과 계획을 받아들이지 못하는 이기적인 인간의 모습이다. 우리의 모습도 마찬가지다. 하나님의 은혜는 기뻐하나 정작 하나님의 말씀과 율법은 부담스러워하고 거부하는 것이 우리의 모습이 아닌가?

📖 설교를 위한 조명

복음서의 말씀(눅 4:21-30)으로 설교 작성 / 대지 설교
"은혜를 받아들이는 자세 "

말씀에로 나아감

예수님에 대한 적대감은 아이러니하게도 고향에서부터 일어났다. 예수님이 행하는 기적은 기뻐했지만, 그들은 예수님의 말씀을 완전히 받아들이지 못하였다. 예수님과 함께 지냈던 고향 사람들이 오히려 복음을 받아들이지 못했다. 그

들이 예수님을 알았고, 예수님과 함께 지냈던 사실이 그들로 하여금 온전히 복음을 받아들이지 못하고 오히려 예수님을 죽이려 하는 모습까지 보였다. 사람이 무엇을 익히기 위해서는 기존에 내가 알고 있는 지식을 버려야 한다는 말이 있다. 누군가를 가르쳐 본 경험이 있는 사람은 안다. 백지처럼 아무것도 모르는 사람보다 어설프게 조금 아는 사람을 가르치는 것이 더 힘들다는 것을 안다. 그렇기 때문에 우리는 내가 알고 있는 성경 지식을 전부라고 생각하면 안 되며 내 신앙이 전부라고 생각하면 안 된다.

본문 이해와 주안점

1. 말씀을 마음에 품으라(21절).

회당에서 예수님은 율법을 읽는 시간에 다음과 같은 이사야서의 말씀을 읽으셨다. "주의 성령이 내게 임하셨으니 이는 가난한 자에게 복음을 전하게 하시려고 내게 기름을 부으시고 나를 보내사 포로 된 자에게 자유를, 눈 먼 자에게 다시 보게 함을 전파하며 눌린 자를 자유롭게 하고"(눅 4:18). 예수님은 가난한 자, 포로 된 자, 눈먼 자, 눌린 자에게 자유와 회복을 약속하는 이 말씀이 사명임을 전한다. 이렇듯 예수님은 이사야의 말씀을 마음에 품고 실천하셨다. 예수님의 제자 된 우리는 무엇을 마음에 품고 있는가? 말씀을 품고 있는가? 아니면 세상의 자랑과 세상의 물질을 마음에 품고 있는가? 현재 세상에서 한국교회는 지탄의 대상이 되었고 그로 인해 많은 사람들이 교회에 실망하고 있다.

그들이 교회에 실망하는 이유는 무엇인가? 그것은 바로 교회가 세상과 다를 바가 없기 때문이다. 성도들은 뭔가 다를 줄 알았는데 세상 사람들과 다를 바가 없기 때문이다. 교회가 세상과 구별되지 않고, 성도가 세상과 구별되지 못하는 이유는 무엇인가? 그것은 마음에 하나님의 말씀을 품지 않았기 때문이다. 새의 알을 품으면 새의 새끼가 나오는 결과를 맞이하고, 독사의 알을 품으면 독사의 새끼가 나오는 결과를 맞이한다. 마찬가지로 교회가 하나님의 말씀이 아닌 세상의 것을 마음에 품고 있기 때문에 복음의 능력이 아니라 세상과 똑같은 거룩하지 못한 것이 나오게 된다. 우리는 지금 무엇을 품고 있는가? 한국교회는 지금 무엇을 품고 있는가? 하나님의 말씀을 품고 있는가? 세상의 가치를 품고 있는가? 오늘 말씀을 통하여 돌아보길 바란다.

2. 선입견에서 벗어나라(22-24절).

사람에게는 스스로 만들어낸 장애물이 있다. 그것은 바로 편견이다. 사람은 나이, 학력, 외모, 지역 등 제한된 정보만으로 쉽게 선입견을 만들어낸다. 이 선입견은 사람으로 하여금 진실과 전혀 다른 방향으로 판단을 하게 만든다. 선입견의 특징은 한 번 각인되면 쉽게 바뀌지 않는다. 예수님께서 자기 고향인 나사렛 회당에서 이사야서를 읽으신 후 이사야의 예언이 자신을 통하여 성취되었음을 선포하셨다. 선포된 말씀을 통하여 은혜를 받고 감동한 사람이 있었지만, 예수님께서 속담을 인용하여 불신을 지적하자 예수님을 죽이려는 사람도 있었다. 그들에게 있어서 예수님은 이사야가 예언한 메시아가 아닌 나사렛 목수의 아들 그 이상도 이하도 아니었다. 그렇기 때문에 복음이 선포되었지만 그들의 인간적인 편견으로 인하여 복음을 받아들이지 못하였다.

우리의 신앙을 방해하는 편견은 무엇인가? 우리로 하여금 말씀에 순종하지 못하게 하는 편견은 무엇인가? 신앙생활을 오래 한 성도일수록 편견은 심해진다. 그래서 말씀의 능력에 주의하지 않고 말씀에 큰 감흥을 느끼지 못한다. 예배는 점점 습관적 예식이 되어버린다. 편견을 극복하는 것은 어려운 일이다. 그러나 나 자신을 위해서라도 우리는 신앙의 편견을 극복할 수 있어야 한다.

3. 가리어진 눈을 떠라(25-30절).

이사야를 인용한 예수님의 말씀을 들을 때 회중은 그 말씀에 놀라며 은혜를 받았다. 그러나 본인들을 지적하는 말씀에 그들 중 일부는 갑자기 태도를 바꿔 예수님을 죽이려고 들었다. 엘리야 시대에 흉년이 들었을 때 하나님은 이스라엘의 과부들이 아니라 이방의 과부 한 명을 구하셨다. 엘리사 시대에는 이스라엘의 나병환자들이 아니라 이방 나라의 군대 장관을 구원하셨다. 하나님이 유대인이 아닌 이방인들을 고치고 구원한 내용은 그 당시 지독한 선민사상을 지니고 있던 회중이 받아들이기 어려웠다.

2021년에 개봉한 〈자산어보〉라는 영화가 있다. 이 영화는 조선 시대의 학자였던 정약전이 1801년 천주교 박해사건인 신유박해 때 전라도 흑산으로 유배되어 1814년까지 생활했던 내용을 배경으로 만들어졌다. 이 영화는 여러 가지 명대사가 있는데 그중에서 제일 의미 있는 명대사는 "주자는 참 힘이 세구나"라는 대사이다. 이 대사는 정약전이 자신이 서양 학문과 천주교를 공부했다는 이유로 주자학을 기준으로 삼아 자신을 죄악시하고 혐오하는 자신의 제자에게 한 말이다. 대부분의 사람은 그 시대의 주류 사상을 기반으로 가치판단을 한다. 그래서 그런지 조선 사람들은 그동안 알고 있던 성리학에 기초한 사상 외에 다른 학문과 사상을 받아들이지 못했다.

마찬가지로 나사렛 회중도 역시 지독한 선민사상 때문에 예수님의 말씀을 받아들이지 못했다. 그들은 예수님의 지적에 모욕감을 느꼈고 분노했다. 그들의 선민사상은 그들을 교만하게 만들었고 그들의 눈을 가렸다. 우리로 하여금 말씀을 받아들이지 못하도록 눈을 가리는 것은 무엇인가? 나의 편협한 자기 의인가? 아무도 알아주지 않는 나의 개똥철학인가? 나의 세상에서 벗어나지 못하면 하나님의 온전한 뜻을 받아들이지 못하고 그 뜻에 순종할 수 없다.

말씀의 갈무리

나사렛 사람들은 자신들이 가지고 있던 선입견과 편견으로 인하여 예수님을 받아들이지 못했다. 그들의 지독한 선민사상은 그들의 선입견과 편견을 더욱 크게 만들었다. 자기의 신념과 철학으로만 마음이 가득 찬 사람들은 하나님의 말씀을 은혜로 받지 못한다. 오히려 하나님의 말씀을 자기의 신념으로 판단하고 자기의 철학으로 재단하려고 한다. 영적인 현장과 은혜의 순간에도 그들은 자신의 의를 드러내려고 한다. 우리는 하나님의 말씀을 어떻게 받아들이는가? 말씀을 은혜로 받아들이는가? 혹시 나의 편견과 나의 신념에 사로잡혀 하나님의 말씀을 은혜가 아닌 거북한 지적으로 받아들이고 있지는 않은가?

주현절 후 다섯 번째 주일

❖ **성서정과**   시 138; 사 6:1-8, (9-13); 고전 15:1-11; 눅 5:1-11

예배로 부름   Call to Worship

이 날은 여호와께서 정하신 것이라 이 날에 우리가 즐거워하고 기뻐하리로다 여호
와여 구하옵나니 이제 구원하소서 여호와여 우리가 구하옵나니 이제 형통하게 하
소서(시 118:24-25)

예배 기원   Invocation

주린 자에게는 양식으로 채우시며, 목마른 자에게는 생수로 만족을 주시는 하나님
아버지! 거룩한 주일 아침에 저희는 갈급하게 시냇물을 찾고 있는 사슴과 같이 성
전으로 올라왔습니다. 사랑이 많으신 하나님! 의에 주리고 목이 마르오니 예배하는
이곳에 영생하도록 솟아나는 샘물을 허락하셔서 우리 영혼으로 참 만족을 얻게 하
여 주옵소서. 하늘에서 내리는 풍성한 만나로 먹여 주셔서 우리의 심령을 배부르게
하여 주옵소서. 걱정과 근심을 모두 내려놓고 예수님만 의지하오니, 세상이 줄 수
없는 평안으로 채워 주옵소서. 예수 그리스도의 이름으로 기원하옵나이다. 아멘.

이 주일의 찬송   Hymns

거룩 거룩 거룩 전능하신 주님(8장) / 주의 영광 빛나니(132장)
나 주의 도움 받고자(214장) / 내 주 하나님 넓고 큰 은혜는(302장)
흑암에 사는 백성들을 보라(499장) / 역사 속에 보냄 받아(571장)

성시교독   Responsive Readings   시편 138:1-8

인도자   ¹ 내가 전심으로 주께 감사하며 신들 앞에서 주께 찬송하리이다

회　중	² 내가 주의 성전을 향하여 예배하며 주의 인자하심과 성실하심으로 말미암아 주의 이름에 감사하오리니
인도자	이는 주께서 주의 말씀을 주의 모든 이름보다 높게 하셨음이라
회　중	³ 내가 간구하는 날에 주께서 응답하시고 내 영혼에 힘을 주어 나를 강하게 하셨나이다
인도자	⁴ 여호와여 세상의 모든 왕들이 주께 감사할 것은 그들이 주의 입의 말씀을 들음이오며
회　중	⁵ 그들이 여호와의 도를 노래할 것은 여호와의 영광이 크심이니이다
인도자	⁶ 여호와께서는 높이 계셔도 낮은 자를 굽어살피시며 멀리서도 교만한 자를 아심이니이다
회　중	⁷ 내가 환난 중에 다닐지라도 주께서 나를 살아나게 하시고 주의 손을 펴사 내 원수들의 분노를 막으시며 주의 오른손이 나를 구원하시리이다
인도자	⁸ 여호와께서 나를 위하여 보상해 주시리이다
회　중	여호와여 주의 인자하심이 영원하오니 주의 손으로 지으신 것을 버리지 마옵소서

고백의 기도　Prayer of Confession

"여호와의 손이 짧아 구원하지 못하심도 아니요, 귀가 둔하여 듣지 못함이 아니요, 오직 너희의 죄가 너희와 나 사이를 내었다"고 말씀하신 하나님! 저희에게는 기도를 멈춘 죄가 있습니다. 이웃을 돌보지 못한 죄가 있습니다. 거짓되고 악한 말을 한 죄가 있습니다. 형제를 미워하고 시기하고 질투했던 죄가 있습니다. 주일을 거룩하게 지키지 못한 죄가 있습니다. 먹든지 마시든지 무엇을 하든지 하나님께 영광을 돌리지 못한 죄가 있습니다. 자비의 하나님! 머리털보다도 더 많은 죄를 고백하오니, 동이 서에서 먼 것과 같이 우리의 죄와 허물을 멀리 옮기시고 기억하지 마옵소서. 회개하는 저희를 정결케 하사 합당한 예배자로 서게 하여 주옵소서. 예수님의 이름으로 이 고백의 기도를 드립니다. 아멘.

사함의 확신　Assurance of Forgiveness

주와 같은 신이 어디 있으리이까 주께서는 죄악과 그 기업에 남은 자의 허물을 사유하시며 인애를 기뻐하시므로 진노를 오래 품지 아니하시나이다(미 7:18)

하나님의 선하신 계획을 기뻐하라

📑 석의적 접근

구약의 말씀 사 6:1-8, (9-13)

본문은 이사야의 소명을 다룬다. 1-5장은 이스라엘을 향한 하나님의 질책을 다룬다. 아비가 자식을 돌보듯(사 1:2) 포도원 농부가 자기의 포도원을 가꾸듯이 (사 5:1-2) 하나님께서는 자신의 백성을 돌보셨지만 백성은 하나님의 율법을 버리고 멸시하며 언약을 스스로 파기하였다. 이들의 행태에 하나님께서는 진노하셨고 자신의 백성을 심판하실 계획을 세우셨지만, 오히려 그 심판을 통하여 자신의 백성을 다시 정결하게 하여 구원하시려고 하였다. 하나님의 그 선하신 계획을 위하여 하나님께서 이사야를 부르시고 그를 교만하고 부정한 백성에게 보내신다. 이사야는 하나님의 부르심을 통하여 자신과 이스라엘 백성의 부정함을 보게 된다(5절).

자신의 부정함을 깨달은 이사야를 하나님께서는 제단 숯불로 정화하시고 그에게 소명을 맡기셨다(6-9절). 이 사건은 부정한 이스라엘 백성의 정화를 보여주는 하나의 예표로 볼 수 있다. 더 나아가 인간의 육체를 입고 이 땅에 오실 예수 그리스도를 통한 구원의 예표로 확장하여 볼 수 있다. 자기 백성을 향한 하나님의 구원은 이미 실행되었다. 그렇기 때문에 우리는 자신의 죄를 깨닫고 하나님께 나아가야 한다. 우리가 회개의 마음으로 하나님 앞에 나아갈 때 우리를 깨끗하게 하실 것이다(요일 1:9).

서신서의 말씀　고전 15:1-11

본문은 고린도 교회에서 일어난 부활 논쟁에 대하여 다룬다. 당시 고린도 교회 교인들의 일부가 부활에 대하여 부정적인 생각을 가지고 있었다. 부활에 대한 부정적인 인식은 당시 사람들의 가치관을 점령한 헬라 사상의 영향이 컸다. 헬라 사상의 근원이 된 헬라 철학은 인간의 육체를 영혼에 비해서 천하고 악한 것으로 생각했다. 그렇기 때문에 구원을 통하여 영혼이 불멸하는 것을 받아들이는 데는 아무런 문제가 없었지만, 몸의 부활은 받아들이기 힘들었다. 바울은 이들에게 예수님의 부활은 부활을 목격한 증인들에 의해 입증되었다고 설명한다. 게바, 열두 제자, 오백여 형제, 야고보, 바울 등 많은 사람들이 부활을 목격하였고 그들의 대다수는 아직도 살아 있다고 말하며 부활이 사실임을 밝힌다(5-8절). 또한 바울은 자신이 교회를 박해하던 시절에 대하여 말하며 이런 자신이 부활하신 예수님을 만났기 때문에 사도로 거듭날 수 있었다고 설명한다(9-10절). 바울은 예수님을 만난 은혜를 설명하면서 부활의 은혜를 누린 사람들이 부활의 소식을 전하였다고 말한다(11절).

복음서의 말씀　눅 5:1-11

본문은 시몬과 그의 동료들이 예수님을 만나게 된 내용을 다룬다. 예수님께서는 시몬의 배에 오르시고 배에 앉아서 무리를 가르치셨다(2-3절). 예수님께서는 말씀을 그치시고 밤새 아무것도 잡지 못한 시몬에게 깊은 곳에 가서 고기를 잡으라고 말씀하신다(4절). 베드로의 배에는 다른 어부들이 함께 있었을 것이다. 일반적으로 고기를 잡는 배는 혼자서 운행하거나 작업할 수 없다. 그물을 내리거나 올리는 작업은 여러 사람의 손이 필요하기 때문이다. 베드로가 예수님을 선생님이라 부르는 호칭을 통하여 베드로는 예수님의 말씀을 어떤 지침 정도로 이해했다. 그러나 베드로는 자신이 의지하고 순종한 말씀이 선생이 내린 어떤 지침 따위가 아니라는 것을 깨달았다. 그물이 찢어질 정도로 고기가 많이 잡히는 것을 보며 예수님의 말씀이 자신의 경험과 상식을 뛰어넘는 것을 경험한다. 베드로는 즉시 엎드려 자신이 죄인이라는 것을 고백하며 예수님께서 자신을 떠나주실 것을 요청한다. 10절의 말씀을 보면 야고보와 요한이 함께 있었음을 알 수 있다. 하지만 오늘 본문은 베드로에게 초점을 맞추고 있다. 예수님께서는 자신을 떠나달라고 부탁하는 베드로에게 도리어 사람을 낚는 어부가되어 자신을 따르라고 말씀하신다. 예수님의 초청에 베드로는 그물을 던졌던결단과 마찬가지로 모든 것을 내려놓고 예수님을 따라간다.

🗎 설교를 위한 조명

복음서의 말씀(눅 5:1-11)으로 설교 작성 / 대지 설교
"부르심을 향하여"

말씀에로 나아감

본문은 베드로가 예수님의 제자로 부르심을 받은 내용을 다루고 있다. 이제는 고기를 낚는 어부가 아닌 사람을 낚는 제자로 부르심을 받았다. 베드로는 바다 한가운데서 예수님의 능력을 경험한 후 예수님으로부터 나오는 신성을 느꼈다. 베드로는 곧바로 자신이 죄인이라는 것을 고백한 후 예수님께 자신을 떠나달라고 부탁했지만, 오히려 예수님은 베드로를 제자로 부르셨다. 이처럼 예수님께서는 죄인인 우리를 제자로 부르신다. 우리는 더럽고 연약하여 자격이 없지만 그럼에도 불구하고 예수님께서는 우리에게 함께하자고 손을 내미신다.

본문 이해와 주안점

1. 하나님의 말씀 앞에 모든 것을 내려놓다(1-7절).

한적한 시골 마을이 갑자기 분주해지고 활기가 넘쳤다. 그 이유는 예수님이그 마을에 오셨다는 소문이 났기 때문이다. 소문을 들은 많은 사람들이 마을로

발걸음을 향했고 그들은 여러 기적을 목격하고 큰 가르침을 받을 생각에 들떠 있었다. 예수님은 마을에 오셔서 자신들을 보러 온 무리에게 하나님의 말씀을 전하셨다. 그 후 예수님께서는 호숫가에 있던 베드로의 배에 올라타셨고 육지로부터 조금 벗어나기를 요청하셨다. 배에 타고 있던 베드로와 그의 동료들은 밤새 조업했지만 고기가 잡히지 않아서 낙심에 빠져 있었다. 그런 베드로와 동료들에게 예수님은 깊은 데로 가서 그물을 내리라고 말씀하셨다.

베드로가 깊은 데로 가서 그물을 내리라는 예수님의 말씀을 받아들이는 것은 쉽지 않았다. 베드로는 평생을 어부로 산 사람이다. 고기를 잡는 일에 대해서는 예수님이 자신보다 더 잘 알 수는 없다고 생각했다. 지금 예수님의 조언대로 깊은 곳에 가면 결코 고기를 잡을 수 없다는 사실을 누구보다 베드로는 잘 알고 있다. 그러나 베드로는 어부로서 받아들일 수 없는 예수님의 조언을 받아들인다. 예수님의 조언을 받아들인 베드로는 그물이 찢어질 정도의 물고기를 들어 올리는 경험을 한다. 이 사건으로 인해 베드로는 모든 것을 내려놓고 예수님의 제자로서 예수님을 따른다. 베드로는 자기의 생각과 경험을 예수님의 말씀 앞에 내려놓았다.

아무리 예수님의 말씀이지만 자신이 수십 년 동안 쌓아온 경험과 생각을 내려놓는 것은 쉬운 일이 아니다. 그러나 베드로는 예수님의 말씀 앞에 자신의 모든 것을 내려놓았다. 우리는 어떠한가? 하나님의 말씀 앞에 나의 모든 것을 내려놓고 있는가? 그 고상하고 고귀한 말씀 앞에 나의 모든 경험과 지식, 나의 가치관을 배설물로 여기고 있는가? 하나님의 말씀보다 나의 편협한 경험과 지식이 앞서면 우리는 결코 예수님을 따를 수 없다. 베드로가 예수님을 따라가기 전 자신의 모든 것을 말씀 앞에 내려놓았다는 것을 우리는 기억해야 한다.

2. 만선이 아니라 주님을 바라보자(8-10절).

베드로가 예수님의 말씀을 받아들이고 깊은 곳에 그물을 던지자 그물이 끊어질 정도로 많은 물고기가 잡혔다. 그물이 끊어질 정도로 많이 잡힌 물고기를 베드로와 그의 동료들은 본 적이 있을까? 이 광경은 오랫동안 어부를 했던 그들도 처음 본 진귀한 경험일 것이다. 하지만 베드로는 이 진귀한 광경에는 관심이 없다. 그물이 끊어질 정도로 많이 잡힌 물고기를 들어올리는 경험은 지금 베드로에게 중요한 것이 아니다.

지금 베드로에게 중요한 것은 지금 내 앞에 계신 분이 누구인가라는 것이다. 베드로가 스스로 이런 질문을 하는 것은 그물이 끊어질 정도로 물고기가 많이 잡힌 기적을 경험해서가 아니다. 이 사건을 통하여 베드로는 예수님에게서 신성을 느꼈기 때문이다. 신성은 사전적 의미로 "함부로 가까이할 수 없을 만큼 고결하고 거룩함"이라는 뜻이다. 신성을 느낀 베드로는 예수님께 자신이 죄인이라는 것을 고백하고 가까이할 수 없으니 자신을 떠나달라고 부탁한다. 예수님께서는 이런 베드로에게 "무서워하지 말라 이제 후로는 네가 사람을 취하리라"고 말씀하신다(10b절). 물고기로 가득 찬 배를 몰고 귀향하는 것은 모든 어부의 꿈이고 로망이다. 그러나 베드로는 그것에 관심을 두지 않았다. 베드로는 만선과 비교할 수 없는 예수님의 신성을 느꼈고 모든 시선과 관심을 예수님께 두었다.

마찬가지로 우리가 세상의 성공과 꿈이 아니라 오직 주님께만 집중할 때 우리는 세상을 주관하시는 하나님을 만나게 된다. 그럼에도 불구하고 우리는 하나님보다 성공, 결혼, 권력이라는 만선의 꿈에만 최선을 다한다. 그래서 본질이신 하나님을 바라보지 못하고 물고기 하나에 일희일비하게 된다. 오늘 나는 무엇을 바라보고 있는가? 만선이라는 세상적 성공 때문에 모든 것에 본질 되시는 하나님을 놓치고 있지는 않은가?

3. 믿음으로 예수님을 따라가자(11절).

예수님을 따랐던 베드로는 예수님과 함께하면서 수많은 기적들을 경험한다. 그중 제일 큰 경험은 십자가에서 부활하신 기적이었을 것이다. 예로부터 죽음을 이기는 것, 죽음을 초월하는 것은 신의 영역이었다. 그동안 자신을 신격화했던 제왕들조차도 죽음을 피하지 못했다. 그런데 예수님께서 부활이라는 기적을 통해서 자신이 하나님의 아들이라는 것을 온 세상에 알리셨다. 그 모든 기적의 현장에 베드로가 있었다. 사람들은 저마다 기적을 꿈꾼다. 저마다 어떤 모양이든지 하나님께서 내려주신 기적의 사연들을 경험하고 강단에서 간증하기를 원할 것이다. 그러나 기적이라는 것은 하나님을 온전히 신뢰할 때 가능한 일이다. 이미 실패한 바다에서 다시 그물을 던지라는 말씀을 받아들이고 순종할 수 있는 신뢰가 있을 때 가능한 일이다.

팀 켈러의 『왕의 십자가』에 나오는 내용이다. 150년 전 조지 맥도널드는 『공주와 고블린』이라는 아동서적을 썼다. 여덟 살 아이린은 어느 날 집에서 다락방을 발견한다. 아이린이 다락방에 올라가면 가끔 요정 할머니가 나타난다. 하지만 다락방에 갈 때마다 요정 할머니가 있는 것은 아니다. 그래서 하루는 할머니가 아이린에게 작은 실타래에 연결된 반지 하나를 준다. 아이린은 이 실타래를 늘 지니고 다니겠다고 약속한다. 실타래에 실이 보이지 않는다는 말에 할머니는 실이 너무 가늘어서 보이지 않고 느낄 수만 있다고 말한다. 할머니는 아이린에게 위기가 생길 때 손에 있는 반지를 빼서 베개 밑에 두고 집게손가락을 실에 대고 실이 이끄는 곳으로 따라가라고 말한다. "이 실이 내가 있는 곳으로 인도하겠지만 많이 돌아갈 것이다. 하지만 그래도 실을 의심하면 안 돼. 네가 이 실을 잡고 있는 동안 나도 이 실을 잡고 있다는 것을 기억하렴."

신앙생활이 이와 비슷하다. 우리는 눈에 보이지 않는 믿음의 실을 의지하여 예수님을 향해 나아간다. 때론 그 실을 따라가면 많이 돌아가는 것 같고 이상한 곳으로 가는 것 같다. 그러나 믿음의 실을 놓지 않고 따라가면 언젠가 우리를 기다리시는 예수님을 만나게 된다.

말씀의 갈무리

베드로는 예수님을 따라가면서 모든 것을 내려놓았다. 우리는 예수님을 따라간다고 하면서 무엇을 내려놓고 있는가? 나의 것을 포기하지 않고서는 예수님을 따라갈 수 없다. 예수님은 끊임없이 우리에게 내려놓음을 요구하고 계신다 (마 6:24). 오늘 나는 예수님을 따라가기 위해 무엇을 포기하고 있는가? 제자의 삶을 살기 위해 오늘 내가 버려야 할 것은 무엇인가?

주현절 후 여섯 번째 주일

❖ 성서정과   시 1; 렘 17:5-10; 고전 15:12-20; 눅 6:17-26

예배로 부름   Call to Worship

어떤 사람은 병거, 어떤 사람은 말을 의지하나 우리는 여호와 우리 하나님의 이름을 자랑하리로다 그들은 비틀거리며 엎드러지고 우리는 일어나 바로 서도다 여호와여 우리가 부를 때에 우리에게 응답하소서(시 20:7-8, 9b)

예배 기원   Invocation

우리의 힘과 능력과 방패가 되시는 하나님 아버지! 전심으로 주님을 사랑하나이다. 온 마음과 뜻을 다하여 홀로 한 분이신 하나님께만 경배를 드립니다. 세상에서 의지하며 붙잡고 살았던 명예와 재물과 건강과 지식을 모두 내려놓고 눈을 들어 오직 한 분 하나님만 바라봅니다. 참 마음으로 예배하는 저희를 받아 주셔서 자비로운 자에게 주의 자비를 나타내시며, 완전한 자에게 주님의 완전하심을 보이시며, 가난한 마음으로 은혜를 갈구하는 자에게는 진리의 말씀으로 배부르게 먹여 주옵소서. 모든 영광을 삼위일체 거룩하신 하나님께 올려드리오며 예수 그리스도의 이름으로 기원하옵나이다. 아멘.

이 주일의 찬송   Hymns

복의 근원 강림하사(28장) / 너 주의 사람아(328장) / 너 시험을 당해(342장)
오 신실하신 주(393장) / 주와 같이 길 가는 것(430장) / 예수 따라가며(449장)

성시교독   Responsive Readings   시편 1:1-6

인도자   **1** 복 있는 사람은 악인들의 꾀를 따르지 아니하며 죄인들의 길에 서지 아니하며 오

만한 자들의 자리에 앉지 아니하고

회 중	² 오직 여호와의 율법을 즐거워하여 그의 율법을 주야로 묵상하는도다
인도자	³ 그는 시냇가에 심은 나무가 철을 따라 열매를 맺으며 그 잎사귀가 마르지 아니함 같으니
회 중	그가 하는 모든 일이 다 형통하리로다
인도자	⁴ 악인들은 그렇지 아니함이여
회 중	오직 바람에 나는 겨와 같도다
인도자	⁵ 그러므로 악인들은 심판을 견디지 못하며
회 중	죄인들이 의인들의 모임에 들지 못하리로다
인도자	⁶ 무릇 의인들의 길은 여호와께서 인정하시나
회 중	악인들의 길은 망하리로다

고백의 기도   Prayer of Confession

공의로우신 하나님! 이 시간 하나님의 섭리를 믿지 못하고 의심과 불평 중에 살았던 지난날의 잘못을 회개합니다. 의심이 많았던 도마처럼 말씀에 확신을 갖지 못하였습니다. 사명을 저버리고 딴 길로 갔던 요나처럼 방황하였습니다. 하박국 선지자처럼 "하나님께서 살아 계시다면 왜 이런 부당한 일이 생기는 것일까? 악인은 장수하며 잘만 사는데 신실한 성도는 왜 가난하고 병마에 시달릴까?" 하면서 믿음이 흔들렸습니다. 저희는 하나님께서 빚은 질그릇일 뿐인데 구원의 섭리와 살아 계신 능력을 믿지 못하여 불신앙의 수렁에서 헤어나오지 못했습니다. 능력의 하나님! 갈대처럼 흔들리는 저희의 나약한 믿음을 불쌍히 여겨 주옵소서. 이제부터는 하나님의 능력과 섭리를 확실히 믿고 흔들리지 않는 믿음으로 살아가게 하옵소서. 예수님의 이름으로 이 고백의 기도를 드립니다. 아멘.

사함의 확신   Assurance of Forgiveness

주께서는 용서하시는 하나님이시라 은혜로우시며 긍휼히 여기시며 더디 노하시며 인자가 풍부하시므로 그들을 버리지 아니하셨나이다(느 9:17b)

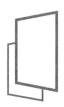

오늘의 주제

참된 복

📖 석의적 접근

구약(시편)의 말씀 　렘 17:5-10; 시 1

예레미야 17장의 본문은 한편으로는 신명기 27-28장의 복과 저주를, 다른 한편으로는 시편 1편을 떠오르게 한다. 만일 백성이 사람을 의지하며 사람의 힘을 의지하여 하나님으로부터 떠난다면, 그들의 삶은 사막의 떨기나무 같이 번성하지 못할 것이다. 그러나 하나님을 신뢰하는 자들은 이와 완전히 정반대이다(7-8절). 하나님을 신뢰하는 사람은 물가에 심은 나무와 같아서 언제나 푸르다. 때론 무더위와 같은 어려움이 찾아올 수 있지만 걱정할 필요가 없다. 물가에서 끊임없이 수분이 공급되듯 하나님은 우리와 함께하시기 때문이다. 9-10절은 인간의 본질적인 죄성을 밝히며, 그 마음을 헤아리는 분은 오직 하나님임을 강조한다.

서신서의 말씀 　고전 15:12-20

국제적 항구도시 고린도의 혼합 종교적인 분위기 속에는 죽음과 그 이후에 대한 다양한 견해들이 있었다. 플라톤 철학의 영향을 받은 사람들은 영혼이 죽음을 통하여 몸으로부터 분리된다고 믿었고, 에피쿠로스학파의 추종자들은 죽음으로 한 인간의 존재는 완전히 끝난다고 보았다. 신비 종교들의 신봉자들은 신과 연합하여 이 세상에서는 행복한 삶을 얻고, 죽음 후에도 영혼의 지속적인 삶을 얻을 수 있다고 보았다. 그러나 이런 다양성에도 불구하고 모든 헬라인들은 그들의 근본적인 이원론(영-육)에 근거하여 죽은 자의 몸이 부활하여 영생한 다는 것은 받아들일 수가 없었다. "그들이 죽은 자의 부활을 듣고 어떤 사람은 조롱도 하고 어떤 사람은 이 일에 대하여 네 말을 다시 듣겠다 하니"(행 17:32). 하지만 사도 바울은 부활이 없으면 바울이 전한 복음이 헛되고 거짓된 것이며, 믿음도 헛되고 죄 사함도 없으며, 그리스도를 믿고 죽은 자들도 영영 죽은 것이 며, 이생을 넘어서는 소망은 있을 수 없고, 그러기에 그리스도인들은 가장 불쌍 한 사람들이 되고 만다라고 설명한다. 그러나 사도 바울은 20절에서 그리스도 께서 잠자는 자들의 첫 열매가 되었다고 강조하며 부활의 실제성을 강조한다.

복음서의 말씀   눅 6:17-26

'평지 설교'는 누가복음 5-7장에 있는 훨씬 더 긴 '산상 수훈'의 누가의 버전 이다.

설교는 두 종류의 사람들을 대조하는 것으로 시작한다. 첫 번째 그룹은 겉으 로 보기에는 불쌍해 보이지만 예수님 눈에는 약속된 것 때문에 복을 받거나 행 복하다. 그들은 가난하고 궁핍하며 배고프고 슬픈 사람들이다. 여기서 가난하 고 궁핍하며 배고픈 사람들은 문자 그대로의 상태를 포함한 영적인 의미에서 자신의 처지에 어려움을 느끼고 하나님께서 주셔야 할 것을 갈망하는 사람들로 이해해야 한다. "심령이 가난한 자는 복이 있나니 천국이 그들의 것임이요, 의 에 주리고 목마른 자는 복이 있나니 그들이 배부를 것임이요"(마 5:3, 6). 그들은 하나님 나라에서 그들의 갈망이 성취될 것이라고 약속받는다. 이 사람들은 인 자를 신뢰한다는 이유로 그들을 미워하고 모욕할 수 있지만, 선지자들과 마찬 가지로 하나님으로부터 보상을 받게 될 것이다.

다른 그룹의 사람들은 물질적 풍요와 행복, 세상에서 좋은 평판을 얻고자 하 는 욕구를 충족시키며 더이상 아무것도 원하지 않는다. 그들은 이미 충분하다 고 생각하기 때문에 기도로 하나님께 부르짖을 필요가 없다고 생각한다. 그러 나 예수님은 그들이 아무것도 갖지 못할 때가 올 것이라고 말씀하신다(5:34 참 조).

🗂 설교를 위한 조명

시편의 말씀(시편 1)으로 설교 작성 / 대지 설교
"행복한 사람은"

말씀에로 나아감

나태주 시인은 〈풀꽃〉이라는 시로 유명세를 타고 있다. 그의 시는 따뜻하고 다정하다. 강연이나 영상에 등장하는 나태주 시인은 키도 작고 왜소하지만 얼굴이 참 행복해 보인다. 그는 신앙인이다. 과거의 자신을 '선데이 크리스천'이라고 말하였으나, 죽음의 고비를 신앙으로 이겨낸 이후 그는 모든 것을 주관하시는 하나님의 섭리를 발견하였다.

이러한 인생의 굴곡을 경험한 그가 그의 시에 담고자 했던 것이 있다면 그것은 '행복'이었다. 그러면서 "행복의 비결 중의 하나는 좋아하고 즐기는 데서 온다"라고 설명한다. 그는 논어에 나오는 공자를 인용해서 말한다. "지지자 불여 호지자요, 호지자 불여락지자(知之者 不如好之者 好之者 不如樂之者)." 즉 "잘 아는 사람보다는 좋아하는 사람이 낫고, 좋아하는 사람보다 즐기는 사람이 낫다"라는 말이다. 신앙인에게 적용하자면, 하나님께서 허락하신 인생을 감사하고 즐거워하는 것이 참 행복임을 말하고 있다. 그런데 오늘 시편 1편을 보니 이와 맥락이 비슷하다. 시편 1편은 '복 있는 사람', '행복한 사람'은 누구인가에 대해서 노래하고 있다.

본문 이해와 주안점

1. 행복한 사람은 옳은 것을 선택하는 사람이다(1절).

시편 1편의 시인은 먼저 복 있는 사람의 모습을 설명하기에 앞서 복 있는 사람이 회피해야 할 길을 제시한다. 그 길은 악인들의 꾀, 죄인들의 길, 오만한 자들의 자리이다. 우리는 언제나 선택하는 존재이다. 무엇을 선택하느냐에 따라 우리의 인생이 달라진다. 피천득 시인이 번역한 로버트 프로스트(Robert Frost)의 〈가지 않은 길〉(The Road Not Taken)이라는 시가 있다. 그 시에서 시인은 두 개의 길 중 한 길을 선택하였고 결국 그 길이 시인의 모든 것을 바꾸어놓았다고 말한다.

오늘 우리는 시편 1편에서도 다른 길을 걷고 있는 두 종류의 사람을 만난다. 두 사람은 누구인가? 복 있는 사람과 악인이다. 복 있는 사람의 삶은 불의한 자들과 함께하지 않는 것이다. 복 있는 사람은 불의한 자들과 함께하지 않기를 선택한 사람이다. 오히려 복 있는 사람은 그들의 영향을 받지 않겠다고 결심한다. 악한 사람들로부터 악한 영향을 받지 않는 것보다 더 중요한 것은 선한 것들로부터 선한 영향을 받는 것이다. 무엇보다 우리는 말씀을 선택해야 한다.

2. 행복한 사람은 말씀을 즐거워하는 사람이다(2a절).

2절 상반절은 "오직 여호와의 율법을 즐거워하여"라고 말한다. 앞에서 나태주 시인이 인용한 공자의 말대로 즐기는 자는 행복하다. 무엇보다 하나님의 말씀을 즐기는 자야말로 참으로 행복한 자임을 성경은 말씀하고 있다. 왜 그럴까? 하나님의 말씀 자체가 우리를 즐겁게 하기 때문이다. 우리가 여행을 가서 멋진 풍경을 보게 되면 환호를 지른다. 말씀을 읽다 보면 진리의 풍경을 만난다. 그때 즐거움이 크다.

요즘 '먹방' 프로그램이 많다. 좋은 평가를 받은 맛집만 찾아다니는 사람들도 많이 있다. 미각이 발달한 사람들은 맛있는 음식을 찾아다니며 즐긴다. 맛있는 음식을 먹을 때 즐거움이 크다. 인생에서 먹는 즐거움을 누린다는 것은 행복한 일이다. 어떤 사람은 행복에 대한 소박한 정의를 내린다. 행복이란 좋아하는 사람과 함께 맛있는 것을 먹는 것이라고 말이다. 그러나 믿는 자들은 조금 다른 차원의 행복을 생각하는 사람들이다. 교회의 한 장로님과 먹는 것을 큰 즐거움으로 삼는 이들이 참 많다는 이야기를 소소하게 나누다가 우리 믿는 자들의 즐거움은 어디에서 오는가에 대한 화두가 넘어가면서 행복에 대해, 믿는 자에 대해 이렇게 정의하는 것을 들었다. "참된 신앙인은 영적 미각이 발달한 사람들인지도 모르겠습니다."

영적 미각은 영적인 세계의 맛을 느끼는 것이다. 영적인 세계의 맛은 말씀의 맛, 진리의 맛이다. 하나님의 말씀을 읽고 묵상할 때 찾아오는 즐거움이 있다. 신앙이 깊어진다는 것은 말씀의 즐거움 안으로 빠져들어 가는 것이다. 이러한 상태를 시편 119편 103절은 이렇게 묘사한다. "주의 말씀의 맛이 내게 어찌 그리 단지요 내 입에 꿀보다 더 다니이다."

3. 행복한 사람은 주야로 묵상하는 사람이다(2b-3절).

성경에서 말하는 묵상은 '읊조리다'라는 의미이다. 하나님의 말씀을 마음속으로만 되뇌는 것이 아니라 소리를 내어서 읽고 또 읽고 또 읽어서 하나님의 마음을 헤아리는 작업을 말한다.

또한, 2절에 보면 "주야"라는 표현이 있다. 주야를 낮과 밤으로 따로 떼어놓고 생각해 보면 그 의미가 새롭다. 낮은 밝고 형통하고 즐거울 때를 가리킨다. 밤은 어둡고 슬프고 실패할 때를 의미한다. 그러므로 주야로 말씀을 묵상한다는 것은 환경을 초월하여 주님의 말씀을 묵상하고 실천한다는 뜻이다. 한결같음을 강조하고 있다. 한결같이 하나님의 말씀을 붙들고 묵상하는 사람이야말로 참 행복한 사람인 것을 시편은 노래한다.

시편은 이렇게 악인의 길을 선택하지 않고 여호와의 율법을 즐거워하여 주야로 묵상하는 자를 참으로 행복한 자라 말한다. 그리고 이렇게 하나님의 뜻 안에서 행복한 자에게 축복을 주신다고 말씀한다.

3절은 축복의 세 가지 측면을 우리에게 알려준다. 첫 번째는 열매 맺는 사람이 된다. 열매는 또 다른 사람에게 영양을 전달한다. 행복한 우리로 말미암아 다른 이들이 또다시 영양을 공급받고 치유받을 수 있다. 행복한 사람은 축복의 통로가 된다. 두 번째는 행복한 사람은 지속성을 가진다. 보통 뜨거운 바람이 불고 비가 내리지 않으면 개울가에 심지 않은 모든 나무들은 시들어 죽는다. 그러나 시냇가에 심은 나무는 모든 더위와 가뭄에도 불구하고 자기 잎을 푸르게 유지한다. 하나님의 말씀을 주야로 묵상하는 행복한 사람이 이와 같다. 상황이 어떠하든지 변하지 않는다. 세 번째는 하나님의 말씀을 기뻐하고 밤낮으로 묵상하는 사람은 "무슨 일을 하든 형통할 것"이다. 임마누엘 하나님이 함께하시기 때문이다.

말씀의 갈무리

세상 사람들이 생각하는 복 있는 사람은 어떤 사람일까? 아마도 부와 명예를 추구할 것이다. 혹시 우리 이런 사람이 되고 싶지는 않은가? 하지만 복 있는 사람은, 참으로 행복한 사람은 결국에 없어질 것을 소망하지 않는다. 복 있는 사람은 없어질 것을 소망하는 것이 아니라 영원한 것을 바라본다. 영원한 것은 하나님의 말씀이다. "풀은 마르고 꽃은 시드나 우리 하나님의 말씀은 영원히 서리라"(사 40:8).

주현절 후 일곱 번째 주일

❖ **성서정과** 시 37:1-11, 39-40; 창 45:3-11, 15; 고전 15:35-38, 42-50; 눅 6:27-38

예배로 부름   Call to Worship

진실로 생명의 원천이 주께 있사오니 주의 빛 안에서 우리가 빛을 보리이다 주를 아는 자들에게 주의 인자하심을 계속 베푸시며 마음이 정직한 자에게 주의 공의를 베푸소서(시 36:9-10)

예배 기원   Invocation

"수고하고 무거운 짐 진 자들아 다 내게로 오라 내가 너희를 쉬게 하리라" 말씀하신 예수님! 그 초청의 말씀에 의지하여 무거운 짐을 지고 시달리며 세상에서 끝없는 고통을 받던 저희가 믿음을 가지고 주님께로 왔습니다. 우리의 상한 마음을 어루만져 치료해 주시고, 아프고 병든 몸은 성령님의 능력으로 싸매시고 고쳐 주옵소서. 지치고 고달픈 자녀들을 주님의 날개 그늘 아래 모으사 평안과 안식을 주옵소서. 예수 그리스도의 이름으로 기원하옵나이다. 아멘.

이 주일의 찬송   Hymns

내 영혼아 찬양하라(65장) / 네 맘과 정성을 다하여서(218장) / 너 시험을 당해(342장) 너 하나님께 이끌리어(312장) / 나의 갈 길 다 가도록(384장) / 어려운 일 당할 때(543장)

성시교독   Responsive Readings   시편 37:1-11, 39-40

인도자	¹ 악을 행하는 자들 때문에 불평하지 말며 불의를 행하는 자들을 시기하지 말지어다
회 중	**² 그들은 풀과 같이 속히 베임을 당할 것이며 푸른 채소 같이 쇠잔할 것임이로다**
인도자	³ 여호와를 의뢰하고 선을 행하라 땅에 머무는 동안 그의 성실을 먹을거리로 삼을지

어다

회 중	**⁴ 또 여호와를 기뻐하라 그가 네 마음의 소원을 네게 이루어 주시리로다**
인도자	⁵ 네 길을 여호와께 맡기라 그를 의지하면 그가 이루시고 ⁶ 네 의를 빛 같이 나타내시며 네 공의를 정오의 빛 같이 하시리로다
회 중	**⁷ 여호와 앞에 잠잠하고 참고 기다리라 자기 길이 형통하며 악한 꾀를 이루는 자 때문에 불평하지 말지어다**
인도자	⁸ 분을 그치고 노를 버리며 불평하지 말라 오히려 악을 만들 뿐이라
회 중	**⁹ 진실로 악을 행하는 자들은 끊어질 것이나 여호와를 소망하는 자들은 땅을 차지하리로다**
인도자	¹⁰ 잠시 후에는 악인이 없어지리니 네가 그곳을 자세히 살필지라도 없으리로다
회 중	**¹¹ 그러나 온유한 자들은 땅을 차지하며 풍성한 화평으로 즐거워하리로다**
인도자	³⁹ 의인들의 구원은 여호와로부터 오나니 그는 환난 때에 그들의 요새이시로다
회 중	**⁴⁰ 여호와께서 그들을 도와 건지시되 악인들에게서 건져 구원하심은 그를 의지한 까닭이로다**

고백의 기도 Prayer of Confession

죄인도 용서하시고 구원의 기쁜 소식을 듣게 해 주시는 하나님 아버지! 저희는 복음의 빚진 자로서 값없이 새 생명을 얻어 살고 있으면서도 빛이 없는 자처럼 뻔뻔한 모습을 가지고 있습니다. 전도의 당위성을 잘 알고 있으면서도 실천에 옮기지 못하고 있습니다. 낯선 사람 앞에서는 거부당할까 두려웠고, 친척과 친구들에게는 비웃음당할까 두려워 복음을 전하지 못했습니다. 나 자신은 이렇게 비겁한 모습으로 살면서도 정작 복음을 전하는 성도들을 향해서는 비웃었습니다. 전도지를 건네는 사람에게는 꼭 이렇게까지 해야 하느냐며 속으로 비판했습니다. 주님, 복음의 빚진 자임을 잊지 않고 저희도 때를 얻든지 못 얻든지 복음을 전하는 자로 살게 하여 주옵소서. 예수님의 이름으로 이 고백의 기도를 드립니다. 아멘!

사함의 확신 Assurance of Forgiveness

내가 이르기를 내 허물을 여호와께 자복하리라 하고 주께 내 죄를 아뢰고 내 죄악을 숨기지 아니하였더니 곧 주께서 내 죄악을 사하셨나이다(시32:5)

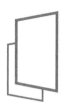

오늘의 주제

화해와 회복의 예정

🗂 석의적 접근

구약의 말씀 창 45:3-11, 15

본문은 요셉이 애굽의 총리로서 자기 형제들과 재회하는 장면을 다루고 있다. 이 장면은 요셉의 용서와 하나님의 섭리라는 두 가지 중요한 주제를 드러낸다. 기독교 신학의 핵심인 하나님의 섭리는 용서, 화해, 그리고 구원의 행위와 밀접하게 연관되어 있다. 요셉의 생애는 기독교 역사에서 그리스도의 용서와 그의 섭리에 관한 모형으로 해석되곤 했다. 이러한 주제와 해석은 요셉의 이야기를 통해 하나님의 섭리를 인식하고 그의 구원 계획을 신뢰하는 데 도움을 준다.

창세기 45장 3절에서 요셉은 형제들에게 자신의 정체를 밝히는 말로 "나는 요셉이라"고 한다. 히브리어 원문에서는 "אֲנִי יוֹסֵף(아니 요세프)"라고 되어 있는데, 이 구절은 요셉이 자신의 정체를 밝히는 순간의 긴장과 감동을 전달한다.

창세기 45장 4-5절에서 요셉은 형제들에게 그들이 자신을 팔았던 행위를 용서하겠다고 말한다. 그는 이를 하나님의 섭리로 이해하고, 하나님이 그들의 가족과 온 백성의 생명을 구원하기 위해 자신을 애굽에 먼저 보내셨음을 깨달았다고 말한다. 요셉의 자기희생이 그의 형제와의 화해의 토대로 작용한다. 요셉은 하나님의 섭리에 대한 신뢰와 감사로 가득 찬 태도를 보인다.

창세기 45장 6-8절에서 요셉은 앞으로도 계속될 흉년의 심각성을 설명하고, 하나님이 자신을 애굽에 보내신 이유는 생명을 구원하고 형제들의 후손을 세상에 남기기 위함임을 다시 한 번 강조한다. 요셉은 하나님이 자신을 애굽의 총리로 삼으신 것은 자기 가족과 온 이스라엘 백성을 보호하고 유지하기 위한 계획이라고 말한다. 요셉은 하나님의 섭리에 대한 순종과 책임감을 보인다.

창세기 45장 9-11절에서 요셉은 형제들에게 그들의 아버지와 가족, 그리고 가축들을 모두 애굽의 고센 땅으로 데려오라고 부탁한다. 이는 고센 땅이 유목민들에게 적합한 땅이었기 때문이다. 요셉은 가족을 모으고 보살피려는 그의 사랑과 배려를 보인다.

창세기 45장 15절에서 요셉은 형제들을 품에 안고 입맞추며 울면서 그들을 위로한다. 이는 요셉의 용서와 사랑, 그리고 가족 간의 화해를 상징한다. 요셉은 하나님의 섭리에 대한 기쁨과 평화를 보인다.

교부들은 요셉의 이야기를 그리스도의 삶과 그의 섭리와 연관하여 해석하였다. 암브로시우스(Ambrose)는 요셉의 행동들을 그리스도의 행동들과 비교하며, 요셉이 하나님의 섭리를 따르고 그의 형제들을 용서하고 구원한 것은 그리스도가 인류를 용서하고 구원한 것과 유사하다고 말한다. 크리소스톰(Chrysostom)은 초기 기독교의 중요한 신학자이자 명설교가로 유명한데, 그는 요셉이 모든 일을 하나님의 섭리를 기준으로 보았기 때문에 그의 성격이 견고하고 평정심을 유지할 수 있었다고 주장한다. 아를의 카이사리우스(Caesarius of Arles)는 요셉이 정절과 관대함, 그리고 진정한 자선의 모델이라고 말한다. 이러한 교부들의 해석을 종합해 볼 때, 요셉의 이야기는 그리스도의 삶과 그의 섭리와 관련되어 있으며, 그 이야기의 모든 요소들은 우리가 하나님의 섭리를 인식하고 그의 구원 계획을 신뢰하는 데 도움을 준다.

서신서의 말씀   고전 15:35-38, 42-50

이 본문은 부활 개념과 하나님 나라를 상속받을 믿는 이들의 변화를 심오하게 탐구한다. 첫 구절인 35절은 부활한 몸의 본질에 관한 질문으로 시작하는데, 바울은 씨앗이 죽고 새로운 생명이 나오는 것처럼 우리의 죽을 몸도 부활에 참여하기 위해서는 바뀌어야 한다고 대답한다. 이 변형은 단순히 육체의 부활이 아니라 새롭고 영광스러운 상태로의 급진적인 변화이다.

45절에서 바울은 첫 번째 사람 아담과 마지막 아담 그리스도를 대조하여 이 변형의 본질을 더욱 자세히 설명한다. 첫 번째 사람은 땅에 속해 있기에 썩을 수 있고 약하다는 점에서 현재 인간의 필멸 상태를 나타낸다. 하지만 마지막 아담은 부활하고 썩지 않는 상태를 믿는 이들에게 주는 영이라는 점에서, 우리가 물려받을 새로운 상태를 보여 준다. 이 대조는 지상의 존재에서 천상의 존재로 옮겨가는 부활에 관련된 연속성과 변형을 강조한다.

마지막으로, 50절에서 바울은 "혈과 육은 하나님 나라를 유업으로 받을 수 없다"는 것을 강조하여 우리의 현재 육체적 상태가 하나님 나라에서 약속된 영원한 삶과 양립할 수 없음을 나타낸다. 이것은 우리 몸뿐만 아니라 우리 존재 전체의 변형이 필요함을 강조하는 것이다. 우리가 땅에서 난 사람의 모습을 지녀왔던 것처럼, 우리는 또한 하나님 나라에 속한 사람의 모습을 지니도록 부름을 받았다. 이 변형은 단지 미래의 사건이 아니라, 믿는 자들에게 현재의 현실이며 현재와 여기에서 우리의 정체성과 소명을 형성한다. 따라서 고린도전서의 이 본문은 부활에 대하여 호소력이 짙은 비전을 제시하여 우리가 미래의 변형과 하나님의 나라에서의 상속을 염두에 두고 살아가도록 도전한다.

복음서의 말씀 　눅 6:27-38

"평지에서의 설교"라고 불리는 일련의 설교에 속하는 이 본문은 예수님의 사랑, 자비, 용서에 대한 혁신적인 가르침을 담고 있다. 예수님의 긴 가르침이 마태복음 5장에서는 산 위에서 행해진 것과 달리 누가복음에서는 그와 대조되는 '평지'에서 이루어졌다. 평지에서 말씀을 전하는 예수님 주위로 제자들이 둘러싸고 있고, 또 그 주위에는 여러 지방에서 온 다양한 청중이 모여서 동심원을 이루고 있으므로 예수님의 말씀은 고르게 퍼져 나갔다. 예수님의 가르침은 유대 사회에서 주고받음과 호혜의 개념이 깊이 뿌리내린 역사적, 문화적 맥락에서 전달되었다. 베푸는 행위는 의로운 행위이자 하나님께 영광을 돌리는 방법으로 간주되었다. 특히 "너희 원수를 사랑하라"는 명령(27절)은 상식과 사회적 통념에 반하는 심오한 지침이다. 여기서 예수님의 가르침은 새로운 율법을 제시하는 것이 아니라 하나님의 원래 계명의 완전한 의도를 설명한다. 이러한 해석은 단순한 행동을 넘어 생각과 의도를 포괄하는 하나님의 율법의 깊이와 폭을 강조한다.

이 본문은 또한 심판과 정죄에 관한 문제를 다루고 있다. 예수님은 남을 비판하는 태도와 과도한 비난을 경계하고, 그 대신에 자비로운 판단을 권장하였다. 그는 또한 용서의 중요성을 강조하며, 하나님의 자비로우심을 본받아 원수와 죄인들에게도 자비를 베풀라고 권면한다. 이 맥락에서의 자비는 그들이 받을 만한 비난을 면제하는 것이다. 고대 세계에서 많은 집단들은 공동체가 그들의 지도자를 모방해야 한다고 생각했다. 예수님은 누가복음 6장 36절에서 이 원리에 근거해서 공동체가 하나님께서 자비로우시듯 자비로워야 한다고 설교하셨다.

마지막으로 예수님은 같은 맥락에서 타자에 대한 넉넉한 마음을 권장하며, 그것을 곡식을 가득 채운 말(됫박)에 비유하였다. "남에게 주어라. 그러면 너희도 받을 것이다. 말에다 누르고 흔들어 넘치도록 후하게 담아서 너희에게 안겨 주실 것이다. 너희가 남에게 되어 주는 분량만큼 너희도 받을 것이다"(눅 6:38, 공동번역). 이 비유는 자비로움의 호혜적 성격을 보여 주며 예수님의 제자들에게 자비로운 자가 되라는 소명을 강조한다. 이처럼 본문에서 자비라는 개념은 종말론적인 관점을 가지고 있으며, 불순종과 형벌에서 돌이켜 하나님 나라로 나아갈 가능성을 제시한다.

본문을 종합적으로 살펴볼 때, 예수님의 가르침은 제자 공동체가 하나님의 나라의 부분적인 현존과 최후의 도래를 고려하여 자신들의 상황에서 충실하게 살고 증거할 수 있는 방법에 대한 지침을 제공한다. 본문에 언급된 명령들은 공동체에 대한 윤리적인 격언의 포괄적인 목록이 아니라, 누가의 시대적 상황에서 자비에 대한 행위의 대표적인 예들이다. 이 가르침들은 하나님의 자비가 없으면 파멸적인 삶을 살아가게 될 사람들에게 하나님의 자비가 미치는 범주를 늘려서 하나님의 나라의 일원이 될 수 있는 희망을 제공한다.

📖 설교를 위한 조명

말씀에로 나아감

오늘 우리는 요셉의 이야기를 통해 실수가 없는 하나님이 이루어 가시는 구속사의 중요한 전환점을 다루려고 한다. 2000년에 개봉된 애니메이션 〈이집트 왕자 2(Joseph: King Of Dreams)〉 덕에 일반인들에게도 유명해진 요셉이다. 우리에게 요셉은 어떠한 인물인지, 가장 인상 깊은 요셉의 인생 이야기를 나눠보자. 요셉의 인생을 뒤바꾼 중요한 사건들이나 기억에 남는 이야기는 무엇이 있는지 얘기해 보자. 나 같은 경우는 요셉이 그의 삶의 전환점마다 꾸었던 꿈에 관한 이야기가 아주 인상이 깊었다. 요셉이 어렸을 때 꾸었던 해, 달, 별, 곡식단 등에 관한 꿈이나, 그가 이집트의 총리가 되기 전후에 파라오의 신하들의 운명을 가를 포도주와 빵에 관한 꿈이나, 이집트의 총리로 부름을 받게 되는 결정적인 파라오의 풍년과 흉년에 관한 꿈들 말이다. 그래서 요셉에게는 "꿈의 사람"이라는 별명이 붙었나 보다.

요셉은 야곱의 가장 사랑했던 아내 라헬의 맏아들로 태어났다. 요셉은 어린 시절부터 아버지의 편애를 받았기 때문에 다른 형들에게 시기를 받았다. 청소년기에는 다른 형제들과 달리 고운 색동옷을 입고 구별되었다. 그러나 청년기로 접어들자 요셉은 결국 형제들의 시샘으로 인해 이집트 보디발 장군 집에 노예로 팔려 가서 파라오의 꿈을 해몽하고 이집트의 총리가 된다. 그리고 장년기에 이르러서는 이집트를 다스리며 야곱의 아들들인 요셉의 형제들과 그들의 가족을 이집트로 데려와서 가나안 땅의 작은 유목민 부족에서 큰 민족을 이루는 토대를 쌓게 된다. 요셉이 이렇게 이집트로 팔려 드라마틱한 인생을 산 것에는 어떤 이유나 목적이 있었을까?

본문 이해와 주안점

1. 하나님의 은혜로운 예정(3-11, 15절)

오늘 본문은 요셉의 인생 이야기에서 극적인 반전을 이루는 장면이다. 노예가 되어 갖은 고초를 겪고 난 뒤 이집트의 총리가 된 요셉이 어린 시절 그를 이집트에 노예로 팔았던 형들을 만나는 장면이다. 가나안 땅에 든 가뭄으로 식량을 사려고 간청하는 형들과 식량 판매의 결정권을 가지고 있는 이집트의 총리인 요셉의 만남이라는 상황이 펼쳐지고 있다. 요셉이 어린 시절 노예로 팔려 간 뒤 겪었던 고생을 돌이켜보면 지금이야말로 형들에게 복수하기에 가장 통쾌한 순간이다. 그러나 요셉은 그사이에 나이만 든 것이 아니라 인격과 신앙의 성숙을 이루었다. 그는 더이상 형들에게 복수하려고 하지 않았다. 요셉은 자신이 이집트로 팔려 가서 어려움을 겪어야 했던 원인을 요셉을 향한 형들의 폭력적인 질투심에서 찾지 않았고, 오히려 그 사건을 통해서 야곱 가문의 구원을 예비하신 하나님의 은혜로운 예정에서 찾았기 때문이다.

요셉을 통한 하나님의 예정은 무엇인가? 요셉은 형들에 의해 노예로 팔린 것이 아니라 하나님에 의해 구원의 전파자로 파송되었다는 깨달음을 얻었다. 이것이 하나님의 은혜로운 예정이다. 요셉은 자신이 형제들의 미움을 받고 이집트로 팔려 갔던 불행한 과거를 돌이켜보면서 하나님이 요셉의 인생을 신실하게 계획하셨음을 확인하게 된다. 요셉의 형들이 자신을 이집트에 노예로 팔았던 행동은, 비록 그들의 동기는 악했지만 언약을 지켜 가시는 하나님의 특별한 파송 방식으로 받아들여졌기 때문이다. 하나님은 노예로 팔린 요셉의 굴곡진 인생을 통해서 그의 가족들을 가뭄에서 구원하여 풍요로운 이집트 땅에서 살아가도록 인도하셨고, 정하신 때가 되어 그의 후손들이 다시 이집트를 나오게 되는 날까지 아브라함과 맺은 하나님의 축복 언약을 이어가도록 동행하셨다.

2. 파송의 목적 1: 생명 구원과 보존(5b, 7절)

요셉은 자신의 파송 목적을 5절 하반절과 7절에서 반복하여 "생명의 구원"과

"생명의 보존"이라고 형들에게 증언하였다. 하나님의 파송은 신약 시대에 예수 그리스도를 통해서 계속해서 이어진다. 누가복음 9장에는 하나님의 아들로 세상에 파송을 받은 예수님께서 제자들에게 자신의 권한을 위임하여 세상에 파송하시는 이야기를 전한다. 누가복음 9장 1-2절에는 "예수께서 열두 제자를 불러 모으사 모든 귀신을 제어하며 병을 고치는 능력과 권위를 주시고 하나님의 나라를 전파하며 앓는 자를 고치게 하려고 내보내시며"라고 기록되어 있다. 이 구절을 통해 우리는 누가가 예수님이 제자들을 파송하신 이유로 크게 두 가지를 들고 있음을 알 수 있다.

첫째는 제자들을 통해 "하나님 나라를 전파"하여 하나님의 통치가 시작되었음을 전파하게 하시려는 것이다. 둘째는 악의 거짓 통치에 억눌려서 영과 육의 질병을 앓고 있는 하나님의 백성들을 구원하시려는 것이다. 이처럼 제자들의 파송 목적은, 요셉의 표현을 빌자면, 예수님의 능력과 권위에 의지하여 하나님 백성들의 영과 육의 치료를 동반하는 "생명의 구원"과 하나님 나라의 통치 아래에서 더이상 이들의 생명이 위협받지 않도록 보호하시는 "생명의 보존"이라고 할 수 있다.

3. 파송의 목적 2: 믿음의 성숙(8절)

하나님의 파송에는 예기치 않은 고통이 뒤따르지만, 하나님은 이를 통해 제자들에게 믿음의 성숙을 이루게 하신다. 예수님의 제자들처럼 우리도 예수님의 부름을 받아서 교회로 나왔고, 그곳에서 예수님의 권한을 위임받은 제자로 훈련받고 난 후에 세상으로 다시 파송을 받는다. 그렇지만 우리 그리스도인들도 때로는 요셉처럼 인생의 고초를 겪을 때가 있다. 성숙한 요셉과 달리 우리 인생의 어려움이 하나님께서 우리를 세상에 파송하시는 고유하고 독특한 방식이라는 사실을 깨닫지 못할 때도 많다. 그래서 이러한 질문을 던지곤 한다. "내 인생에서 지금 겪고 있는 이 고통의 의미는 무엇인가?" 다시 말해, "나는 왜, 혹은 누구 때문에, 무엇을 위해서, 지금 여기 고통의 자리에 있는가?" 그렇지만 우리가 이러한 질문들을 성경의 말씀에 비추어 살펴보면, 요셉의 방식으로 다시 질문해야 한다는 사실을 발견하게 된다.

　요셉은 "내가 왜 이집트로 팔려 와서 고통을 겪었는가?"로 묻지 않고, "하나님이 왜 나를 이집트로 팔려 오는 고통을 겪게 만드셨나?"라고 물었다. 질문의 주어를 "나"나 "형제"나 다른 "어떤 이유"가 아니라, "하나님"으로 바꾸어 물어보아야 한다는 말이다. 예컨대, "내가 왜 이 일을 하고 있는가?"가 아니라 "하나님께서는 왜 나에게 이 일을 시키셨는가?"로 물어보는 것이 그리스도인다운 질문이 될 것이다. 이러한 인생의 어려움에 관한 질문에 맞는 해답을 찾아가려면, 우리는 하나님은 어떤 분인지, 우리를 왜 이 땅에 파송하셨는지, 우리 인생의 경험을 하나님의 말씀에 비추어 성찰해야 성숙한 믿음의 해답을 찾을 수 있을 것이다.

4. 파송의 목적 3: 화해(4, 15절)

　하나님이 우리를 세상에 파송하신 궁극적인 목적은 화해이다. 하나님의 화해는 개인적인 차원과 공동체적인 차원을 모두 아우른다. 앞서 기술한 믿음의 성숙은 개인적인 차원에서 하나님과의 화해로 인도한다. 하나님께 파송받은 자로 자신을 수긍하는 성숙한 믿음을 통해, 다시 말해, 나에게 예정된 하나님의 구별된 부르심을 자기 인생의 사명으로 수용하게 될 때, 있는 그대로의 '나'를 수용할 수 있는 자기 화해를 경험하게 된다. 요셉은 창세기 45장 4절 하반절에서 "나는 '당신들의 아우 요셉'이니 '당신들이 애굽에 판 자'라"고 형제들에게 당당하게 고백하며, '형제에게 따돌림당하던 나', '노예로 팔려 비참한 삶을 살아왔던 나'라는 과거의 '나'를 수용하는 모습을 보여 준다. 요셉은 성숙한 믿음으로 자신의 비참하고 억울했던 과거를 하나님 탓으로 돌리며 원망하지 않았다. 그는 자기 백성을 구원하시려는 하나님의 예정에 따른 파송으로 자신의 상황을 수긍함으로 하나님과의 개인적인 화해를 이루었다.

　이제 파송의 목적을 공동체적인 차원에서 하나님과의 화해로 지시하는 성경의 사건을 살펴보자. 다시 요셉의 이야기로 돌아가자. 창세기 45장 10-11절과 15절에서 요셉은 자기 형제와 그들의 자손들을 구원하는 파송의 목적을 이룬 후에 그들과 가까이 지내면서 다시 가족 공동체를 회복하기를 원한다. 개인적인 차원에서 하나님과 화해를 이룬 요셉이 이제 하나님의 인도하심으로 공동체적인 차원에서 자기 가족 모두와 화해를 이루려고 한다. 이런 요셉의 마음이 그의 형제들에게 전달된 사건은 공동체적 화해를 이루시려는 하나님의 역사다. 이에 창세기 45장 15절은 "요셉이 또 형들과 입맞추며 안고 우니 형들이 그제서야 요셉과 말하니라"고 증언한다. 요셉의 형제들은 요셉이 이집트의 총리라는 것을 밝힌 이후 과거 요셉을 박해했던 죄 때문에 벌을 받을까 두려워했지만, 마침내 하나님께서 형제들의 마음에 감동을 주어 요셉과 화해를 이루었다.

공관복음에서 예수님이 열두 제자를 파송하신 사건을 통해서 공동체적인 차원에서 하나님과의 화해의 의미가 드러난다. 예수님이 열두 제자를 파송하시는 사건은 마태, 마가, 누가의 복음서에 모두 포함되어 있다. 그런데 그중에서 마태복음만이 제자들을 파송하면서 앞서 소개한 파송의 목적들을 따르라고 명령하신 후에 궁극적으로 공동체적 차원에서 하나님과의 화해를 이루라는 예수님의 말씀을 포함했다. 예수님은 제자들에게 이렇게 말씀하셨다. "또 그 집에 들어가면서 평안하기를 빌라"(마 10:12). 예수님은 이 말씀에 앞서 열두 제자에게 그들이 어떤 성이나 마을에 들어갈 때 그들을 합당하게 받아들이는 사람을 찾아 복음을 전하는 공동체로 세우라고 권면하셨는데, 방금 읽은 12절의 말씀에 따르면 그 공동체는 구체적으로 평안의 공동체가 되어야 했다. 12절의 "평안을 빌라"는 말은 헬라어 원문에서는 남의 집에 들어갈 때 서로 포옹하며 복을 비는 인사를 나누는 관습을 의미하는 '아스파조마이(ἀσπάζομαι)'라는 동사를 사용했다. 그렇지만 우리는 13절에서 한글 성경이 번역한 평안의 인사말이 헬라어로도 평안을 뜻하는 '에이레네(εἰρήνη)'라는 사실을 볼 때 12절의 '아스파조마이'라는 평안을 비는 행위에 '에이레네'라는 인사말이 포함되었을 것으로 추정할 수 있다. "평안"이라는 인사말은 히브리식 인사말에서 유래한다. 다시 말해, 신약에서 사용된 헬라어 '에이레네'는 구약의 인사말이었던 '샬롬(שָׁלוֹם)'을 직역한 것이다. 이스라엘의 역사를 되돌아볼 때, '샬롬'은 공동체적인 차원에서 하나님과의 바른 관계가 회복된 상태, 즉 하나님과 이스라엘의 언약의 성취라는 함의를 갖고 있다(사 54:10; 겔 34:25, 37:26 등). 따라서 예수님이 제자들을 파송한 궁극적인 목적은 하나님이 주시는 평안으로 화해를 이루는 공동체를 세우는 것이라는 사실을 알게 된다.

말씀의 갈무리

우리 모두는 열두 제자가 파송받은 자의 삶을 살아갔던 것처럼 동일한 삶의 목적을 가지고 이 땅에 파송되기로 예정되었다는 사실을 기억하자. 우리 시대에는 예수님 시대와는 또 다른 형태의 악과 죄가 만연하다. 그러므로 하나님 나라의 통치와 구원을 전하도록 파송된 우리는 우리 시대에 특히 문제가 되는 모든 악과 죄의 영향력에 대항하면서, 영적 육체적 질병을 겪고 있는 모든 이들의 회복을 위해 기도하면서 생명의 구원과 보존을 추구해야 한다. 우리는 우리를 파송하신 하나님의 목적을 깨닫고 실천하면서 하나님의 예정하심에 대한 성숙한 믿음을 갖게 된다. 우리 삶에 우리의 계획대로 되지 않는 일들이 발생하고 꽃길이 아닌 가시밭길을 겪게 될 때도 있겠지만, 하나님께서 우리 삶 안의 모든 일을 선하게 사용하셔서 하나님 나라를 전파하는 일에 부족함이 없도록 예정하신다는 사실을 굳게 믿어야 할 것이다.

하나님께서 우리를 이 땅에 파송하신 궁극적인 목적이 하나님과의 개인적인 화해뿐만 아니라, 공동체적인 화해를 이룸으로, 하나님 나라의 평화의 복음을 전파하는 선교적 공동체를 이루는 것이다. 요셉을 이집트 땅으로 미리 보내셔서 샬롬의 공동체를 이루셨던 하나님께서, 우리 모두를 위해 예수 그리스도를 예정하셔서 평화와 회복의 공동체를 이루도록 인도하실 것이다. 이제 다시 세상으로 파송되는 이 시간, 서로를 향한 평화의 인사를 나누기를 원한다. 샬롬! 에이레네! 하나님의 평화가 영원히 함께하시기를!

주현절 후 여덟 번째 주일 /산상 변모 주일

❖ **성서정과** 시 99; 출 34:29-35; 고후 3:12-4:2; 눅 9:28-36, (37-43)

예배로 부름　Call to Worship

예수께서 베드로와 야고보와 요한을 데리시고 따로 높은 산에 올라가셨더니 그들 앞에서 변형되사 그 옷이 광채가 나며 세상에서 빨래하는 자가 그렇게 희게 할 수 없을 만큼 매우 희어졌더라 마침 구름이 와서 그들을 덮으며 구름 속에서 소리가 나되 이는 내 사랑하는 아들이니 너희는 그의 말을 들으라 하는지라 문득 둘러보니 아무도 보이지 아니하고 오직 예수와 자기들뿐이었더라(막 9:2-3, 7-8)

예배 기원　Invocation

우리 구주 예수님께서 영광스러운 모습으로 변모하셔서 하나님의 아들이심을 증거 하신 산상변모 주일을 맞이하여 예배를 드립니다. 거룩하고 자비로우신 하나님 아 버지! 오늘 예배하는 저희에게도 예수님의 영광스러운 모습을 보게 하여 주옵소서. 예수님의 아름다운 모습처럼 우리 자신도 경건하고 거룩한 예배자의 모습으로 변 화되게 하여 주옵소서. 진리의 말씀을 들려주셔서 우리의 심령을 새롭게 하시고, 성령님의 능력으로 임재하셔서 우리의 삶을 아름답고 정결하게 변화시켜 주옵소 서. 성도가 드리는 예배를 영광 중에 온전히 받아주시기를 원하오며 예수 그리스도 의 이름으로 기원하옵나이다. 아멘.

이 주일의 찬송　Hymns

영광의 왕께 다 경배하며(67장) / 구주를 생각만 해도(85장)
찬란한 주의 영광은(130장) / 예수를 나의 구주 삼고(288장)
내가 예수 믿고서(421장) / 저 장미꽃 위에 이슬(442장)

성시교독 Responsive Readings   시편 99:1-4, 6-7, 9

인도자 ¹ 여호와께서 다스리시니 만민이 떨 것이요

회 중 여호와께서 그룹 사이에 좌정하시니 땅이 흔들릴 것이로다

인도자 ² 시온에 계시는 여호와는 위대하시고 모든 민족보다 높으시도다

회 중 ³ 주의 크고 두려운 이름을 찬송할지니 그는 거룩하심이로다

인도자 ⁴ 능력 있는 왕은 정의를 사랑하느니라

회 중 주께서 공의를 견고하게 세우시고 주께서 야곱에게 정의와 공의를 행하시나이다

인도자 ⁶ 그의 제사장들 중에는 모세와 아론이 있고 그의 이름을 부르는 자들 중에는 사무엘이 있도다

회 중 그들이 여호와께 간구하매 응답하셨도다

인도자 ⁷ 여호와께서 구름 기둥 가운데서 그들에게 말씀하시니

회 중 그들은 그가 그들에게 주신 증거와 율례를 지켰도다

인도자 ⁹ 너희는 여호와 우리 하나님을 높이고 그 성산에서 예배할지어다

회 중 여호와 우리 하나님은 거룩하심이로다

고백의 기도 Prayer of Confession

자비로우신 하나님 아버지! 지난 1주일 동안 저희는 하나님의 자녀로서 진실하게 살지 못하고 겉과 속이 다르게 외식하는 신앙인으로 지냈습니다. 이웃을 섬기며 교회를 위해 봉사하는 일에 참여하였지만, 진심으로 원해서가 아니라 사람의 눈을 의식해서 억지로 한 적이 많았습니다. 죄를 짓는 형제에게 얼굴로 웃으며 말로는 이해한다 했지만, 속으로는 못마땅해하며 정죄하였습니다. 내 눈의 들보는 보지 못하고 남의 눈에 티를 보고 판단하고 흉을 보면서 업신여겼습니다. 사람의 이목 앞에서는 거룩한 척 행동했으나, 혼자 있을 때는 흐트러진 모습으로 아무렇게나 행동하였습니다. 겉과 속이 다르게 외식하는 신앙생활을 하는 저희의 죄를 용서하여 주옵소서. 예수님의 이름으로 이 고백의 기도를 드립니다. 아멘.

사함의 확신 Assurance of Forgiveness

그런즉 한 범죄로 많은 사람이 정죄에 이른 것 같이 한 의로운 행위로 말미암아 많은 사람이 의롭다 하심을 받아 생명에 이르렀느니라(롬 5:18)

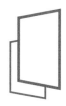

오늘의 주제

눈부신 하나님의 영광

🗂 석의적 접근

구약의 말씀   출 34:29-35

본문은 모세의 얼굴이 광채로 빛난 변모 사건을 다룬다. 모세가 시내 산에 올라간 지 40일 만에 이스라엘 백성에게 나타났다. 이스라엘 백성은 모세의 얼굴에 광채가 나자 두려워 떨며 숨었다. 모세는 자신을 피하는 사람들에게 하나님이 자신에게 하신 모든 말씀을 전해준다(32절). 그러나 사람들의 두려움은 계속되었다. 그 두려움은 자칫 모세가 교만에 빠지게 할 수 있고 이스라엘 백성에게 신격화될 수 있는 위험 요소가 있었다. 그래서 모세는 이런 위험 요소를 제거하기 위해 수건으로 자신의 얼굴을 가려야 했다.

브루그만(Brueggemann)은 이 사건을 출애굽기 24장 15-18절과 40장 34-38절과 연결시킨다. 모세의 얼굴에 광채가 생긴 것은 하나님 영광이 모세의 얼굴에 담겨졌기 때문이다. 모세는 하나님의 영광을 얼굴에 담은 채 산에서 내려왔다. 모세를 통해서 산에서 내려온 영광은 장막에 거하게 되었다. 이처럼 모세는 하나님 영광의 중개자 역할을 하였다.

서신서의 말씀   고후 3:12-4:2

본문은 율법과 복음 그리고 옛 언약과 새 언약을 대비시킨다. 율법은 하나님의 영광을 통하여 온다. 하지만 예수 그리스도를 통하여 이루어지는 더 큰 영광에 비하면 율법은 오직 죽음과 정죄함을 가져다준다. 모세의 율법은 이스라엘 백성의 눈을 부시게 할 정도로 영광스러웠다. 하지만 이제는 그리스도를 통하여 더 밝은 빛이 생겼다. 모세는 자기 얼굴에 드러난 하나님의 영광을 가리기 위해서 수건을 덮었다. 신약에 와서 이 수건은 그리스도의 빛을 가리는 유대의 전통과 질서를 의미한다. 바울은 "주의 영이 계신 곳에는 자유가 있느니라"(17b절)고 말한다. 바울은 이 표현을 통하여 주님 안에서 누릴 수 있는 자유를 설명한다. 주님의 영에 의해 자유함을 얻은 자는 수건을 벗은 얼굴로 율법의 참 의미를 깨닫게 된다. 수건을 벗은 얼굴로 거울을 보는 것처럼 주님의 영광을 보고 주님의 영으로 인하여 영광에 이르게 된다(18절). 그러므로 우리는 하나님의 자비하심으로 직분을 받았으니 낙심할 필요가 없다. 우리는 부끄러워서 드러내지 못할 일을 배격하였다. 우리는 간교하게 행하지도 않고, 하나님의 말씀을 왜곡하지 않으며, 진리를 드러냈으니 양심에 우리 자신을 떳떳하게 내세워야 한다.

복음서의 말씀   눅 9:28-36, (37-43)

본문은 예수님이 변화산에서 기도하시면서 변형된 사건을 다루고 있다. "이 말씀을 하신 후"라는 문장은 변화산 사건 앞에 있던 가르침과 연관이 있음을 암시한다. 마가는 엿새 후(막 9:2)라고 했지만 누가는 "팔 일쯤 되어"라고 설명한다. 예수님은 베드로, 요한, 야고보를 데리고 산에 올라가셨다. 세 제자는 예수님의 얼굴이 변하고 그 옷이 눈부시게 빛나는 것을 보게 된다(29절). 더 나아가 세 제자는 예수님과 대화를 하는 모세와 엘리야를 보게 된다.

베드로는 변형된 예수님의 모습을 보고 그 모습이 재림하실 때의 모습이라고 확신하였다(벧후 1:12-18). 하늘에서 예수님에 대한 음성이 들린다. "이는 나의 아들 곧 택함을 받은 자니 너희는 그의 말을 들으라"(35b절). 이 음성은 예수님에 대한 음성이지 모세와 엘리야에게는 해당되지 않는다. 더 나아가 변화산 사건은 십자가에서 돌아가실 예수님의 죽음을 암시한다. 예수님과 모세, 엘리야는 예수님께서 예루살렘에서 죽임을 당하실 것을 말한다. 이는 예수님의 십자가 죽음을 제자들에게 미리 알려 주시려는 의도이다. 그러나 그것이 끝이 아니라 새로운 시작이라는 것을 알려 주신다.

설교를 위한 조명

복음서의 말씀(눅 9:28-36, 37-43)으로 설교 작성 / 대지 설교
"영광을 바라보라"

말씀에로 나아감

본문은 예수님께서 변화산에서 변형된 사건을 다루고 있다. 예수님이 변형된 사건은 마태와 마가복음에서도 공유되지만 누가는 더 구체적으로 다루고 있다.

영광 중에 계신 예수님은 혼자가 아니었다. 예수님의 구약의 율법과 예언서를 떠올리게 하는 모세와 엘리야가 함께하였다. 하지만 하나님께서는 모세와 엘리야가 아닌 예수님 한 분만을 언급하시며 예수님의 신성을 증언하신다(35절). 하나님의 말씀을 통하여 아무리 모세, 엘리야라고 할지라도 예수님과 동등할 수 없음을 선언하신다. 그러므로 모세의 율법과 엘리야의 예언이 결코 예수님의 십자가 사랑보다 높을 수 없다. 모세와 엘리야가 예수님의 '별세'를 언급하면서 예수님의 수난과 죽음 그리고 부활과 승천을 암시한다. 예수님의 수난과 죽음은 잔인하고 비참한 십자가에서 이루어진다. 그러나 십자가의 죽음을 통과하고 이겨낼 때 장차 비교할 수 없는 영광을 맞이하게 된다.

본문 이해와 주안점

1. 영광을 위한 초막집을 지어라(29-33절).

예수님은 베드로와 요한, 야고보와 함께 기도하러 산에 오르신다. 세 명의 제자는 그날 결코 잊을 수 없는 광경을 목격하게 된다. 그들은 기도 중에 예수님의 용모가 변하고 옷에는 광채가 나는 것을 보게 된다. 그것은 마치 구약 시대에 시내 산에서 내려온 모세의 얼굴이 빛난 것과 같은 광경이었다. 심지어 예수님보다 먼저 하나님의 영광의 빛을 경험한 모세가 엘리야와 함께 예수님과 대화를 하고 있다. 깊이 졸고 있던 제자들은 이 광경을 보고 정신을 차리지 못한다(32절). 베드로는 예수님과 모세와 엘리야를 위해 초막을 짓겠다(33b절)는 자신도 이해하지 못하는 말을 하기도 한다. 베드로가 자기도 이해하지 못하는 말을 하는 이유는 무엇이었을까? 그저 깊이 졸다가 깨서 정신을 차리지 못한 것일까? 그렇지 않다. 그들은 자신들이 감당할 수 없는 하나님의 영광을 목격했기 때문이다.

베드로는 하나님의 영광이 임하는 장소를 떠나고 싶지 않았다. 바꾸어 말하면 그 공간에 하나님의 영광이 떠나는 것을 보고 싶지 않았다. 그래서 베드로는 세 개의 초막을 지어서라도 하나님의 영광을 계속 경험하고 싶었다. 베드로는 하나님의 영광을 사모하는 마음을 품고 있었다. 그래서 그는 세 개의 초막을 만들겠다는 열정을 입술로 고백하였다. 오늘 우리는 어떠한가? 초막 세 개를 지을 만큼 하나님을 향한 사모함이 있는가? 은혜에 대한 간절함이 있는가? 우리가 하나님을 믿음에도 불구하고 여전히 세상의 성공과 재물에 과도하게 집착하는 이유는 위대하고 거룩하신 하나님의 영광을 맛보지 못했기 때문이다. 한순간에 모든 것을 잃은 욥이 고난 가운데도 하나님께 회개하고 고백할 수 있었던 이유는 그가 세상을 창조하신 하나님의 영광을 경험했기 때문이다. 마찬가지로 우리가 하나님의 영광을 경험할 때 사도 바울처럼 세상의 모든 것을 배설물(빌 3:8)로 여길 수 있게 된다.

2. 말씀을 통하여 하나님을 알아가라(35-36절)

성경에서 하늘과 구름은 하나님의 현현을 의미한다. 하나님의 음성도 주로 하늘에 있는 구름 속에서 들려온다(출 24:16). 예수님께서 세례를 받으실 때도 하늘에서 음성이 들려왔다(눅 3:21-22). 오늘 본문도 마찬가지로 변화산 위 구름에서 하나님의 음성이 들려왔다(35절). 이 음성은 누가복음 3장에서 예수님이 세례를 받으실 때와 마찬가지로 예수님께서 하나님의 아들이라는 선포의 음성이다. 누가복음 3장의 음성과 본문의 음성과 다른 점이 있다면, 누가복음 3장에서는 하나님의 음성이 세례를 받는 예수님을 향한 말씀이라면, 오늘 본문의 음성은 제자들을 향한 말씀이라는 점이다. 즉 하나님께서 선택받은 제자들에게 예수님에 대하여 친히 말씀해 주신 것이다. 구약의 모세처럼 하나님의 영광으로 인하여 빛나는 모습, 율법과 예언을 상징하는 모세와 엘리야의 등장 후에 들려오는 하나님의 음성은 세 명의 제자에게 자신이 따르는 예수님이 어떤 분인지 확실하게 깨닫게 해 주었다. 특히 모세와 엘리야의 등장은 예수님의 부활과 승천에 대한 암시임을 우리는 알 수 있다.

모세와 엘리야는 시내 산에서 하나님께 계시를 받았다(출 19:3; 왕상 19:1-18). 또한 모세는 벳브올 맞은편 모압 땅에 있는 골짜기에 장사 되었지만, 그가 묻힌 곳을 아는 자가 아무도 없었다(신 34:6). 엘리야는 살아 있는 상태로 회오리바람에 의해 하늘로 올라갔다(왕하 2:11). 하나님께 똑같은 장소에서 계시를 받았던 두 사람의 죽음은 불분명하다. 마찬가지로 구름 속 음성을 통하여 하나님의 계시를 받은 예수님은 죽으셨지만 부활하신다. 그것도 모자라 하늘로 승천까지 하신다. 이렇게 본문은 공통점을 가지고 있는 모세와 엘리야를 등장시키며 하나님의 선택을 선포하며 그 죽음까지 예고해 주신다. 이처럼 하나님께서는 선택받은 제자들을 위해 친히 말씀해 주신다. 제자들에게 구름 속 음성으로 말씀하신 것처럼 제자 된 우리에게 성경을 통하여 말씀해 주신다. 우리는 이 말씀에 얼마나 귀를 기울이는가? 계시 된 말씀을 읽지 않고서는 그 누구도 하나님에 대하여 온전하게 알 수 없다. 말씀에 기초하지 않은 하나님에 대한 지식과 믿음은 온전하지 못하며 불완전하다. 말씀 없이 형성된 하나님에 대한 지식은 불완전하기 때문에 쉽게 이단에 빠지게 한다. 나는 성경을 통하여 얼마나 하나님에 대하여 알고 있는가? 이제는 우리가 말씀으로 돌아갈 때이다.

3. 지속적으로 기도하라(37-43절).

변화산 사건을 경험한 제자들이 산에서 내려오자마자 귀신 들린 아들을 고쳐 달라고 부탁하는 아버지가 나타난다. 귀신 들린 아이는 아버지의 외아들이었고 증상은 간질이었다(마 17:15). 변화산 사건을 경험한 제자들 외에 다른 제자들이 아이를 치료하고자 했으나 제자들은 무력했다. 사실 제자들이 병에 걸린 사람을 치료하는 행위가 이번이 처음도 아니었다. 그들은 이미 복음을 전하며 병을 고치는 능력을 행했던 경험이 있다. 그럼에도 불구하고 무력한 모습을 보였다. 결국 예수님께서 더러운 귀신을 꾸짖으셨고 아이는 고침을 받았다(42절).

제자들은 무력하게 실패했지만 그들의 실패는 우리에게 교훈을 준다. 우리가 한 번 하나님의 능력을 경험했다고 해서 마치 모든 것을 다 경험한 것처럼 행동하면 안 된다. 제자들은 복음을 전파하며 사람들의 병을 고쳤다. 헤롯 왕을 심히 당황하게 할 만큼 그들의 능력은 대단했다. 하지만 그런 그들이 이번에는 귀신 하나를 쫓지 못해서 당황해하며 예수님께 꾸지람을 듣는다. 만약 제자들의 능력으로 불가능한 일이었다면 예수님이 그들을 꾸짖지 않으셨을 것이다. 그러나 그들은 몇 번의 성공으로 인하여 우쭐해하며 교만한 모습을 보였을 것이다. 마치 모든 것을 다 마스터한 것처럼 기도를 소홀히 했을 것이다. 이런 한순간의 교만으로 가득 찬 제자들은 당연히 해결해야 할 일을 해결하지 못했다. 그렇기 때문에 예수님께서 제자들을 믿음이 없는 패역한 세대라고 꾸짖으셨다(41절).

이처럼 내가 하나님께 능력을 받았다고 해서 교만하고 안주한다면 하루아침에 그 능력은 사라지고 만다. 신앙생활은 양치질과 같다. 양치질은 평생 해야 한다. 아침에 양치했다고 해서 점심과 저녁에 양치하지 않으면 치아는 금세 썩어버린다. 하나님의 은혜를 경험했는가? 그렇다면 더 바짝 엎드려 그 은혜가 소멸하지 않기를 기도하라. 하나님의 능력을 경험했는가? 그렇다면 그 능력이 언제나 임하기를 기도하라.

말씀의 갈무리

변화산 사건은 예수님이 십자가 죽음 이후 부활하실 때 얻으실 영광을 보여 준다. 그래서 예수님은 모세, 엘리야와 '별세'에 대한 이야기를 하셨다. 예수님의 죽음은 그냥 죽음이 아니라 탈출을 의미한다. 예수님의 죽음이 있어야 우리는 죄와 사망의 골짜기에서 벗어나 하나님의 영광으로 들어갈 수 있다. 십자가라는 고난은 장차 우리에게 나타날 영광과 결코 비교할 수 없다. 그렇기에 우리는 미래에 맞이할 영광을 바라보며 십자가를 지는 삶을 살아야 한다.

참회의 수요일

❖성서정과 시 51:1-17; 사 58:1-12, (욜 2:1-2, 12-17);
고후 5:20b-6:10; 마 6:1-6, 16-21

예배로 부름 Call to Worship

내가 금식하며 베옷을 입고 재를 덮어쓰고 주 하나님께 기도하며 간구하기를 결심하고 내 하나님 여호와께 기도하며 자복하여 이르기를 크시고 두려워할 주 하나님, 주를 사랑하고 주의 계명을 지키는 자를 위하여 언약을 지키시고 그에게 인자를 베푸시는 이시여 귀를 기울이시고 행하소서 지체하지 마옵소서(단 9:3-4, 19b)

예배 기원 Invocation

거룩하신 주님, 사순절 절기가 시작되는 첫날인 참회의 수요일에 저희가 가장 겸손한 마음으로 예배합니다. 저희의 육신에만 재를 덮는 것이 아니라, 마음 중심에도 재를 뿌려 깊은 참회의 심정으로 하나님 앞에 서 있습니다. 저희는 예수 그리스도의 십자가 공로가 아니면 죄악 중에서 멸망할 존재입니다. 자비로우신 하나님! 먼지 같은 저희이오나 십자가 보혈을 의지하여 예배하오니 우리의 찬송과 기도와 예물을 기쁘게 받아 주옵소서. 예수 그리스도의 이름으로 기원하옵나이다. 아멘.

이 주일의 찬송 Hymns

웬말인가 날 위하여(143장) / 나 주의 도움 받고자(214장) / 내 주의 보혈은(254장)
큰 죄에 빠진 날 위해(282장) / 이 죄인을 완전케 하시옵고(426장)
귀하신 주여 날 붙드사(433장)

성시교독 Responsive Readings   시편 51:1-11

인도자 ¹ 하나님이여 주의 인자를 따라 내게 은혜를 베푸시며

회 중 주의 많은 긍휼을 따라 내 죄악을 지워 주소서

인도자	² 나의 죄악을 말갛게 씻으시며 나의 죄를 깨끗이 제하소서
회 중	**³ 무릇 나는 내 죄과를 아오니 내 죄가 항상 내 앞에 있나이다**
인도자	⁴ 내가 주께만 범죄하여 주의 목전에 악을 행하였사오니
회 중	**주께서 말씀하실 때에 의로우시다 하고 주께서 심판하실 때에 순전하시다 하리이다**
인도자	⁵ 내가 죄악 중에서 출생하였음이여 어머니가 죄 중에서 나를 잉태하였나이다
회 중	**⁶ 보소서 주께서는 중심이 진실함을 원하시오니 내게 지혜를 은밀히 가르치시리이다**
인도자	⁷ 우슬초로 나를 정결하게 하소서 내가 정하리이다
회 중	**나의 죄를 씻어 주소서 내가 눈보다 희리이다**
인도자	⁸ 내게 즐겁고 기쁜 소리를 들려주시사 주께서 꺾으신 뼈들도 즐거워하게 하소서
회 중	**⁹ 주의 얼굴을 내 죄에서 돌이키시고 내 모든 죄악을 지워 주소서**
인도자	¹⁰ 하나님이여 내 속에 정한 마음을 창조하시고 내 안에 정직한 영을 새롭게 하소서
회 중	**¹¹ 나를 주 앞에서 쫓아내지 마시며 주의 성령을 내게서 거두지 마소서**

고백의 기도   Prayer of Confession

인간의 생사화복을 주관하시는 하나님! 재의 수요일을 맞이하여 참회의 기도를 드립니다. 저희는 주님의 뜻대로 살아가고자 하였으나 연약한 믿음으로 인해 세상에서 요구하는 불의에 굴복하였습니다. 성령님의 인도하심을 따라 우리의 지체를 의의 병기로 드리고자 하였으나 결심에 그쳤을 뿐, 실생활에서는 정욕의 도구로 사용하였습니다. 스스로의 연약함과 부족함으로 인하여 죄악과 더불어 먹고 마셨으나, 자기 성찰을 하는 대신에 가족을 원망하였고, 교회의 성도를 원망하였고, 심지어는 하나님까지도 원망하면서 모든 잘못을 내가 아닌 외부로 돌리려 하였습니다. 주님, 머리에 재를 뒤집어쓰고 참회합니다. 하나님을 떠나 죄악 중에 살았던 모든 죄를 용서하여 주옵소서. 예수님의 이름으로 이 고백의 기도를 드립니다. 아멘.

사함의 확신   Assurance of Forgiveness

무릇 시온에서 슬퍼하는 자에게 화관을 주어 그 재를 대신하며 기쁨의 기름으로 그 슬픔을 대신하며 찬송의 옷으로 그 근심을 대신하시고 그들이 의의 나무 곧 여호와께서 심으신 그 영광을 나타낼 자라 일컬음을 받게 하려 하심이라(사 61:3)

오늘의 주제

회개와 은혜

📖 석의적 접근

시편의 말씀 시 51:1-17

본문은 회개에 관한 내용을 담고 있다. 본문의 배경은 사무엘하 11-12장에서 나오는 '다윗의 범죄 사건'이다. 자기 부하인 '우리아'의 아내 '밧세바'와 간통한 것으로도 모자라 우리아를 죽게 만든 다윗의 구체적인 범죄의 이야기와 본문은 연관되어 있다. 본문은 죄의 고백이라는 가장 정형적인 형태로 이루어져 있기에 참회에 대한 일반적인 고백을 들려주고 있다. 그래서 본문은 교회에서 자주 사용되는 시편 가운데 하나이다.

하나님의 보내심을 받은 선지자 나단이 다윗의 범죄에 대하여 책망한다. 다윗은 나단의 책망을 듣자마자 바로 자기 잘못을 인정하고 회개한다. 본문은 이 다윗의 회개를 배경으로 한다. 본문은 참회의 관점에서 크게 네 부분으로 나눌 수 있다. 하나님께 자신의 죄를 고백(1-6절), 간절한 용서의 간구(7-12절) 용서받은 자의 서원(13-17절), 회복의 노래(18-19절)이다. 다윗은 자신의 죄악을 회개한다. 하지만 다윗의 회개는 단순히 간음과 살인과 관련한 도덕적인 죄만 회개한 것이 아니다. 다윗은 자신이 죄인이며, 마음에 중심을 잃어버려 하나님까지 잃어버려서 죄를 범하였다고 고백한다. 그래서 다윗은 "나를 주 앞에서 쫓아내지 마시며 주의 성령을 거두지 마소서"(11절)라고 간구하며 하나님과의 관계 회복을 갈망한다.

구약성경의 메시지는 대부분 공동체성을 전제한다. 개인의 회복과 개인의 변화로 끝나는 것이 아니라 공동체의 회복과 변화로 이어져야 한다. 그래서 개인의 회개는 개인을 통한 공동체의 회복을 상징한다. 19절은 이스라엘 공동체가 회복되었음을 보여 준다. 회복의 이유는 다윗이라는 개인이 회복되었기 때문이다. 이스라엘의 회복을 통하여 개인의 회개가 공동체로 확장되었다는 것을 알 수 있다.

서신서의 말씀　고후 5:20b-6:10

본문은 화해에 관한 내용을 다룬다. 특별히 하나님과의 화해를 깊이 있게 다룬다. 하나님과의 화해는 이미 그리스도를 통해서 우리에게 주어졌다. 우리가 수많은 범죄 가운데서 벗어나 하나님과의 화해를 이룰 수 있는 이유는 예수님의 십자가 구속 때문이다. 하나님께서는 독생자를 세상에 보내셨다. 독생자가 세상에 보내진 이유는 화해의 다리를 놓기 위해서다. 그렇기 때문에 하나님께서는 사람들에게 그 화해의 다리를 건너오라고 우리를 초청하신다(20절). "하나님이 죄를 알지도 못하신 이를 우리를 대신하여 죄로 삼으신 것은 우리로 하여금 그 안에서 하나님의 의가 되게 하려 하심이라"(21절)고 말씀하신다.

6장에서 바울은 은혜를 헛되이 받지 말라고 권고한다(1절). 은혜를 입었지만 그 은혜를 인정하지 않고 받아들이지 않는다면 그 은혜는 헛되게 되며, 은혜를 받고도 어떤 변화가 없다면 그것은 큰 문제이다. 3절에서 바울은 직분이 비방의 대상이 되어 복음의 방해물이 되지 않도록 하라고 권고한다. "우리가 이 직분이 비방을 받지 않게 하려고 무엇에든지 아무에게도 거리끼지 않게 하고"(3절). 아무에게도 거리끼지 않게 하려면 윤리적인 측면을 신경 써야 한다. 만일 바울이 비윤리적인 행위를 하여 그것이 사람들에게 드러난다면 바울이 전하는 복음은 비방을 받게 될 것이다. 바울은 복음을 전하다가 자신이 겪은 고난들을 설명한다(4-5절). 바울은 수많은 고난을 겪었지만, 사랑과 능력으로 자기 직분을 감당했다. 그가 수많은 고난과 아픔 속에서도 오래 참고 인내하며 말씀의 능력으로 살 수 있는 것은 바울의 어떠함이 아니라 오직 하나님의 은혜이다.

복음서의 말씀　마 6:1-6, 16-21

본문은 사람들에게 칭찬받거나 어떤 이익을 얻으려는 외식적인 선행을 조심하라고 경고한다(1-4절). 사람을 의식하며 뭔가를 바라며 의로운 일을 행하는 자는 하나님께 상을 받지 못한다며 강하게 경고한다. 선하고 의롭게 살아가는 것(마 5:13-16)과 선하고 의롭다고 평가받기 위해 그렇게 사는 것은 분명히 다르다. 선하고 의롭게 살아가는 것은 하나님께 영광을 돌리는 것이지만, 사람에게서 좋은 평가를 받기 위해 선하고 의로운 일을 행하는 것은 나를 위함이다.

2-4절은 올바른 구제에 관해서 설명한다. 유대인들에게 구제는 선택이 아닌 의무였다. "네 하나님 여호와께서 네게 주신 땅 어느 성읍에서든지 가난한 형제가 너와 함께 거주하거든 그 가난한 형제에게 네 마음을 완악하게 하지 말며 네 손을 움켜 쥐지 말고 반드시 네 손을 그에게 펴서 그에게 필요한 대로 쓸 것을 넉넉히 꾸어주라 삼가 너는 마음에 악한 생각을 품지 말라 곧 이르기를 일곱째 해 면제년이 가까이 왔다 하고 네 궁핍한 형제를 악한 눈으로 바라보며 아무것도 주지 아니하면 그가 너를 여호와께 호소하리니 그것이 네게 죄가 되리라 너는 반드시 그에게 줄 것이요, 줄 때에는 아끼는 마음을 품지 말 것이니라 이로 말미암아 네 하나님 여호와께서 네가 하는 모든 일과 네 손이 닿는 모든 일에 네게 복을 주시리라 땅에는 언제든지 가난한 자가 그치지 아니하겠으므로 내가 네게 명령하여 이르노니 너는 반드시 네 땅 안에 네 형제 중 곤란한 자와 궁핍한 자에게 네 손을 펼지니라"(신 15:7-11). 진정한 구제는 사람들을 의식해서 베푸는 것이 아니라 그런 것과 상관없이 베풀어야 한다. 2절에서 '나팔을 분다'라는 표현은 사람들의 주의를 자신에게 집중시킨다는 비유적 표현이다. 이와 반대로 은밀하게 구제를 행하면 사람들의 칭찬은 없을 수 있으나 모든 것을 아시는 하나님께서 보상해 주실 것이다.

5-6절은 기도에 관하여 설명한다. 예수님은 제자들에게 '골방'에 들어가 기도하라고 가르치신다. "너는 기도할 때에 네 골방에 들어가 문을 닫고 은밀한 중에 계신 네 아버지께 기도하라 은밀한 중에 보시는 네 아버지께서 갚으시리라"(6절). 그렇다고 해서 예수님께서 공적인 기도를 금하거나 싫어하신 것이 아

니다. 기도하는 모습을 통하여 자신을 과시하고 사람들에게 좋은 평판을 받고자 하는 행위를 경계하셨다. 그리스도인들은 경건 생활에 힘을 써야 한다. 그러나 하나님을 향한 마음 외에 다른 마음이 있다면 그 경건은 실패한 경건이다. 우리는 경건한 생활을 통하여 오직 하나님만 바라볼 수 있어야 한다.

설교를 위한 조명

시편의 말씀(시 51:1-17)으로 설교 작성 / 이야기 설교
"죄악의 공간에서 희망의 공간으로"

Stage 1. 죄악의 공간

죄라는 것은 아무리 작은 것이라도 위험하다. 바늘도둑이 결국 소도둑이 되는 것처럼 죄라는 것은 끊임없이 다른 죄를 탄생시킨다. 그렇기 때문에 우리는 죄의 공간에 조금이라도 발을 들이지 않도록 주의해야 한다. 하지만 그것은 그렇게 쉬운 일은 아니다. 왜냐하면 죄는 어느 특정한 공간에만 있는 것이 아니다. 더 나아가 죄는 늘 혼자만 있는 것이 아니라 선한 공간에도 죄는 존재할 수 있다. 쉽게 말해 선과 죄악이 같은 공간에 공존할 수도 있다.

헤르만 헤세(Hermann Hesse)의 『데미안』(Demian)에 등장하는 주인공 에밀 싱클레어의 회상에서 싱클레어는 자기 집안 분위기를 이렇게 표현한다. "이 세계에는 미래로 통하는 곧은 선들과 길들이 있었고 의무와 책임, 양심의 가책과 고해, 용서와 선의, 사랑과 존경, 성경의 말씀과 지혜가 있었다." 그런데 싱클레어가 열 살쯤 되던 해에 집에서 들리지 않던 소리를 듣게 된다. 그것은 선의 공간에서 들을 수 없는 악의 소리였다. 결국 싱클레어의 집은 선과 악이 맞닿아 공존하는 세계였다.

학교에 들어간 싱클레어는 동네에서 일어난 과수원집 범죄를 자신이 저질렀

다고 거짓말을 하였다. 하지만 크로머라는 아이에게 거짓말이 들통이 나고 싱클레어는 오랜 기간 크로머에게 돈을 가져오라는 협박에 시달리게 된다. 싱클레어는 크로머에게 돈을 주기 위해 또 다른 거짓말을 만들어내며 스스로 지옥이라는 공간으로 들어간다.

싱클레어와 같이 다윗은 자기의 죄로 인해 스스로 지옥의 공간에 들어갔다. 하나님 마음에 합한 자가 선하고 거룩한 하나님의 나라에서 간음죄를 저지르고 그것도 모자라 살인죄를 저지른다. 자신의 충직한 부하 우리아의 인생을 파탄내고 한순간에 밧세바를 과부로 만들어버렸다. 이렇게 다윗은 선하고 거룩한 하나님의 나라에 악의 공간을 만들어버렸다.

다윗이 이 죄의 공간에서 벗어나는 방법은 무엇인가? 그것은 바로 하나님께 용서를 구하는 것이다. 하나님께 인자와 긍휼을 구하는 것이다. 자기 자신이 뼛속까지 죄인이라는 것을 인정하고 진실함으로 용서를 구하는 것이다. 용서를 구하는 자에게 하나님의 용서의 은혜가 임하고, 그때서야 다윗은 죄의 공간에서 빠져나올 수 있게 된다. 다른 방법은 존재하지 않는다.

Stage 2. 마음이 사라진 공간

에덴동산이라는 선하고 거룩한 공간에 죄가 들어왔듯이 선하고 거룩한 하나님의 나라에 작은 죄가 태어났다. 그 죄는 점점 강성하였고 선과 악이 공존하게 되는 것처럼 보였지만 어느새 악이 더 강성해지는 결과를 보게 되었다. 선보다 죄악이 더 강성해진 이스라엘에는 더이상 희망이 없다. 이제 그들에게 남은 것은 심판밖에 없다. 하지만 하나님께서는 진노 중에서라도 긍휼을 잊지 않는 분이며 한이 없는 사랑으로 인자를 베푸시는 분이다. 하나님께서는 죄를 향해 진노하실 수밖에 없으시나 그 마음의 공간 한구석에는 인간을 향한 사랑이 공존한다. 이런 하나님의 마음을 알고 있던 구약의 선지자들은 하나님께 돌아오라고 눈물로 호소하며 권면하였다.

다윗은 하나님께서 기름 부은 왕이었다. 사울이라는 초대 왕의 아픔이 있었지만, 하나님께서는 그 아픔만큼 다윗을 향한 사랑과 기대를 가지고 계셨다. 그러나 다윗의 시작은 참으로 어려웠다. 사울의 질투로 인하여 억울한 누명을 쓰고 20년을 넘게 도망자의 삶을 살아야 했다. 자신의 실수로 하나님의 제사장들을 죽게 만든 죄책감 속에 살아야 했고, 원수의 나라에서 미친 척하며 모든 자존심을 버리고 살아야 했다. 그러나 다윗은 이 모든 것을 이겨냈다. 그것은 다윗이 뛰어나서가 아니라 그가 철저하게 하나님을 의지했기 때문이다. 그의 마음에는 하나님으로 가득했다. 이 정도의 고난을 당했으면 하나님에 대한 의심이 생기거나 하나님에 대한 마음이 사라질 법한데 다윗의 마음은 하나님으로 가득했다. 그래서 다윗은 오랜 도망자의 삶을 끊을 수 있는 두 번의 기회가 있었음에도 불구하고 하나님의 마음을 우선으로 하며 그 기회를 스스로 포기한다. 이런 다윗에게 하나님은 그동안의 모든 아픔과 상처를 잊게 해 줄 만큼 커다란 선물을 주신다. 그는 하나님의 은혜를 입어 통일된 이스라엘의 2대 왕이 되었다. 이스라엘의 2대 왕으로서 다윗은 많은 것을 누렸고, 또한 왕으로서 많은 업적을 이루었다.

그러던 어느 날 다윗은 정욕을 이기지 못하고 큰 범죄를 저질렀다. 수년간 수많은 고난과 아픔을 이겼던 다윗이지만 순간적인 정욕 앞에서 너무도 쉽게 무너졌다. 다윗은 자기 부하 우리아의 아내를 범한다. 우리아가 누구인가? 다윗의 충직한 부하가 아닌가? 지금도 자신을 위해 목숨을 걸고 전쟁터에서 싸우고 있는 충직한 부하가 아닌가? 하나님께 은혜를 입고 기름 부음을 받은 왕이 한순간에 범죄자가 되었다. 다윗은 자신의 죄악이 여기서 끝나길 바랬지만 현실은 냉혹하였다.

밧세바가 임신하면서 다윗은 또 다른 죄악을 만들게 되었다. 결국 그는 살인이라는 또 다른 죄악을 만들었다. 다윗은 어쩌다가 이런 신세가 되었는가? 그것은 그가 인간의 마음을 상실했기 때문이다. 더 나아가 하나님의 마음을 상실했기 때문이다. 많은 싸움에서 이겼던 다윗이 고작 한순간 정욕에 패배한 이유가 무엇인가? 그것은 왕이라는 권력과 부에 취하여 자신도 모르게 인간의 마음과 하나님의 마음을 잃어버렸기 때문이다. 그러나 이런 다윗에게 하나님이 주신 기회가 다가왔다. 비록 그 기회의 형태는 차갑고 날카로워 보이나 다윗은 그 기회를 붙잡아야 한다.

Stage 3. 회개의 공간

다행히 다윗은 용서의 기회를 붙잡고 회개의 공간으로 들어간다. 다윗은 하나님 앞에 엎드려 자비를 구한다. "하나님이여 주의 인자를 따라 내게 은혜를 베푸시며 주의 많은 긍휼을 따라 내 죄악을 지워 주소서"(1절). 자신의 죄를 고백하면서 그는 다시 하나님을 두려워하고 하나님을 의지하는 사람이 되었다. 다윗의 죄는 절대로 용서받을 수 없는 죄다. 세상에서는 다윗이 왕이라는 권력의 최상층에 있기 때문에 그냥 넘어갈 수도 있다. 군주 시대에 다윗의 죄악은 흔한 일이기도 하였다. 그러나 하나님께서는 세상 위에 계신 분이다. 하나님께 다윗은 수많은 피조물 중에 하나이다. 그렇기 때문에 다윗은 하나님 앞에 철저하게 엎드려 자비를 구해야 한다. 왕이라는 자신의 세상적 위치만 생각한다면 다윗은 하나님께 겸손히 엎드리지 못할 것이다. 그러나 다윗은 왕이라는 위치 때문에 하나님을 인식하지 못하는 어리석은 자가 아니었다. 그는 하나님 앞에 왕이라는 위치는 아무것도 아니라는 것을 알았다.

철학자 소크라테스는 "너 자신을 알라"는 희대의 명언을 남겼다. 물론 이 문구는 델피의 신전 입구에 쓰인 문구이기 때문에 소크라테스의 명언이라고 단정 지을 수는 없다. 이 문구가 왜 델피 신전에 쓰였는지는 명확하게 알 수는 없으나 "오이디푸스 설화"를 통하여 유추할 수는 있다.

테베의 왕 라이오스는 아들이 장차 자신을 죽이고 자기 아내와 결혼할 것이라는 신탁을 받게 된다. 이에 라이오스는 부하를 시켜 아이를 산속에 버리라고 명령한다. 하지만 마음이 약해진 신하는 아기의 발을 나무에 묶어놓았고, 이를 발견한 코린토스의 목동이 그를 데리고 가 코린토스의 왕에게 바친다. 나무에 묶여 있던 탓에 퉁퉁 부어있던 발 때문에 '오이디푸스'라는 이름을 얻는다. 다 자란 오이디푸스도 라이오스 왕과 같은 신탁을 듣게 되는데, 당연히 코린토스 왕과 왕비를 생부모라고 여겼던 그는 운명에서 벗어나기 위해 코린토스를 떠난다. 테베를 여행하던 중, 우연히 길에서 오이디푸스와 라이오스 왕이 시비가 붙었고 싸움 끝에 라이오스 왕이 오이디푸스의 손에 죽게 된다.

오이디푸스는 두 딸을 낳고 잘살고 있었는데, 갑자기 테베에서 역병이 돌게 된다. 원인을 찾기 위해 다시 델피에서 신탁을 받고, 선왕 라이오스를 죽인 자를 찾아 복수하면 역병이 물러간다는 말을 듣게 된다. 자신이 죽인 자가 라이오스 왕인지도 모른 채 사건 수사에 전력을 다한다. 그러다 유명한 예언자 테이레시아스, 아기였던 자신을 숲속에 버린 신하, 그 버려진 아이를 거둔 목동 등 증인이 하나둘 등장한다. 이오카스테 또한 아들이 아버지를 죽이고 아내와 결혼할 것이라는 신탁을 알고 있는바, 오이디푸스가 자기 아들이었다는 사실을 깨닫고 자살한다. 오이디푸스 또한 자신의 무시무시한 신탁이 그대로 이루어진 것을 알게 됨과 동시에 자책하며 자신의 두 눈을 찌르고 소경이 된다. 그는 딸 안티고네와 함께 바로 테베를 떠났고 그리스 지역을 떠돌다가 죽는다. 오이디푸스가 진짜 본인 자신이 누구인지 알았다면 이런 비극이 탄생하지 않았을 것이다.

다윗은 오이디푸스와 달리 자신이 어떤 존재인지 알았다. 그는 세상에서 왕일지 몰라도 하나님 앞에서는 그저 수많은 피조물 중 하나라는 것을 알았다. 그렇기 때문에 다윗은 하나님 앞에 엎드려 회개의 공간으로 나아갈 수 있었다.

Stage 4. 정결의 공간

사람은 연약하다. 또한 아담과 하와의 선악과 사건으로 인하여 세상에 죄가 들어왔다. 그렇기 때문에 사람은 인생을 살면서 어쩔 수 없이 죄를 범하게 된다. 타락한 인간의 본성은 자기 자신을 죄의 공간에 밀어넣는다. 사탄 역시 인간을 그 공간에 들어가라고 늘 유혹한다.

죄의 공간에 들어온 인간은 하나님과 멀어진다. 그 공간에 오래 머물면 머물수록 하나님과의 간격은 더욱 멀어진다. 죄의 공간에서 벗어나는 길은 회개이다. 회개는 단순히 자기 죄를 인정하고 시인하는 것이 아니다. 회개는 돌이키는 것이다. 잘못된 삶에서 돌이키는 것이고, 잘못 들어선 그 길에서 완전하게 돌아서는 것이다.

오랜 고생과 수많은 아픔과 상처를 이겨내고 결국 하나님의 큰 은혜를 받은 다윗이었지만, 그는 너무나도 쉽게 넘어졌다. 그는 순식간에 무너져 죄악의 낭떠러지로 떨어졌다. 그러나 그는 다시 은혜의 날개를 달고 회복한다. 그가 다시 회복할 수 있었던 비결은 하나님 앞에서 자기 자신을 돌이킴에 있다.

다윗은 하나님 앞에 통회하고 자복하면서 정결한 마음을 구하였다. "우슬초로 나를 정결하게 하소서 내가 정하리이다 나의 죄를 씻어 주소서 내가 눈보다 희리이다"(7절). 그는 다시 하나님 앞에서 정결해지기를 원했다. 단순히 죄를 용서받는 것을 넘어서 정결한 마음으로 하나님 앞에 서기를 원했다. 그래서 다윗은 다시 고백한다. "하나님이여 내 속에 정한 마음을 창조하시고 내 안에 정직한 영을 새롭게 하소서"(10절). 정직한 영은 하나님께서 기뻐하시는 마음이다. 정직한 영은 하나님이 기뻐하시고 즐거워하시는 마음을 추구하는 마음이다. 앞으로는 나의 정욕이 아닌 하나님이 기뻐하시고 즐거워하시는 행동만 하겠다는 다윗의 고백이다.

죄악의 공간에 있던 다윗은 그곳에서 벗어나 회개의 공간으로 향하였다. 회개의 공간은 다윗을 정결의 공간으로 인도하였다. 정결의 공간에서 다윗은 다시 일어날 것이다.

Stage 5. 희망의 공간

회개는 죄로 인하여 절망에 빠진 인간을 희망으로 인도한다. 그렇기 때문에 구약의 선지자들은 죄에 빠진 하나님의 백성들에게 회개를 촉구한다. 그러나 구약의 이스라엘은 회개의 기회를 놓쳐버리고 하나님의 징계를 받게 된다. 이스라엘은 앗수르와 바벨론이라는 절망과 고통의 공간으로 들어서게 된다. 그러나 구약성경에는 이스라엘처럼 회개의 기회를 놓친 나라만 등장하지 않는다. 우리는 요나를 통해서 회개의 기회를 잡은 니느웨를 보게 된다. 니느웨는 하나님의 징계로 인하여 멸망할 나라였지만 요나의 말씀을 듣고 대국적 회개를 하게 된다. 다윗과 니느웨는 하나의 공통점이 있다. 그것은 회개하라는 말씀을 듣고 받아들였다는 것이다.

오늘날 강단에서 선포되는 말씀을 듣고 회개하는 사람은 얼마나 될까? 말씀을 통하여 자기의 죄를 깨닫고 눈물로 하나님 앞에 엎드리는 사람이 얼마나 될까? 하나님 앞에 나의 죄를 고백하고 용서를 구하는 것이 죄악 된 우리가 살 수 있는 유일한 방법이다.

이것을 위해서 하나님께서는 자신의 독생자를 희생시키셨다. 예수님의 십자가 사건으로 인하여 우리는 하나님께 다시 나아갈 수 있는 희망이 생겼다. 하나님은 그 희망의 길로 우리가 나아가기를 원하신다. 죄악의 공간에서 벗어나지 못하고 있는 죄인들이여, 회개하고 돌이키라. 인간의 편협한 지혜와 자기만의 의는 절대로 우리에게 희망을 주지 못한다.

사순절 첫 번째 주일

❖ **성서정과**   시 91:1-2, 9-16; 신 26:1-11; 롬 10:8b-13; 눅 4:1-13

예배로 부름   Call to Worship

여호와의 산에 오를 자가 누구며 그의 거룩한 곳에 설 자가 누구인가 곧 손이 깨끗하며 마음이 청결하며 뜻을 허탄한 데에 두지 아니하며 거짓 맹세하지 아니하는 자로다 그는 여호와께 복을 받고 구원의 하나님께 의를 얻으리니 이는 여호와를 찾는 족속이요 야곱의 하나님의 얼굴을 구하는 자로다(시 24:3-6)

예배 기원   Invocation

예수 그리스도의 수난을 묵상하며 경건하게 부활절을 준비하는 사순절을 맞이하여 살아 계신 하나님께 예배를 드립니다. 사순절 동안 예배할 때에 저희에게 큰 자비와 은혜를 베푸셔서 예수님의 구속의 은혜를 체험할 수 있게 하시고, 십자가에서 흘리신 주님의 보혈이 우리의 혈관에도 흐르게 하여 주옵소서. 예수님께서 우리를 위하여 걸어가신 고난의 발자취를 따라가게 하옵소서. 그리하여 오직 십자가의 은혜로 구원을 받는 신비와 섭리를 확신하게 하여 주옵소서. 십자가에서 물과 피를 다 쏟아주심으로 인류의 죄를 속량하신 우리 구주 예수 그리스도의 이름으로 기원하옵나이다. 아멘.

이 주일의 찬송   Hymns

오 하나님 우리의 창조주시니(68장) / 예부터 도움 되시고(71장)
예수가 함께 계시니(325장) / 너 시험을 당해(342장)
눈을 들어 산을 보니(383장) / 자비하신 예수여(395장)

성시교독 Responsive Readings 시편 91:1-2, 9-12, 14-16

인도자   ¹ 지존자의 은밀한 곳에 거주하며 전능자의 그늘 아래에 사는 자여,

회 중   **² 나는 여호와를 향하여 말하기를 그는 나의 피난처요 나의 요새요 내가 의뢰하는 하나님이라 하리니**

인도자   ⁹ 네가 말하기를 여호와는 나의 피난처시라 하고 지존자를 너의 거처로 삼았으므로

회 중   **¹⁰ 화가 네게 미치지 못하며 재앙이 네 장막에 가까이 오지 못하리니**

인도자   ¹¹ 그가 너를 위하여 그의 천사들을 명령하사 네 모든 길에서 너를 지키게 하심이라

회 중   **¹² 그들이 그들의 손으로 너를 붙들어 발이 돌에 부딪히지 아니하게 하리로다**

인도자   ¹⁴ 하나님이 이르시되 그가 나를 사랑한즉 내가 그를 건지리라

회 중   **그가 내 이름을 안즉 내가 그를 높이리라**

인도자   ¹⁵ 그가 내게 간구하리니 내가 그에게 응답하리라

회 중   **그들이 환난 당할 때에 내가 그와 함께하여 그를 건지고 영화롭게 하리라**

인도자   ¹⁶ 내가 그를 장수하게 함으로 그를 만족하게 하며

회 중   **나의 구원을 그에게 보이리라 하시도다**

2

주일 낮 예배·설교 지침

고백의 기도   Prayer of Confession

사랑의 하나님! 지난 한 주간 저희에게는 하나님을 사랑하며, 하나님과 교제하며, 하나님과 동행했던 시간이 너무나도 적었습니다. 하나님을 만나는 대신에 분위기 좋은 카페를 찾아 우정을 나누었으나 그곳에는 참된 위로가 없었습니다. 형제자매와 가족 간에 우애를 나누며 웃음꽃을 피워도 보았지만 참된 만족을 느낄 수 없었습니다. 주님과 함께하지 않았던 모든 시간과 장소는 허무하고 무의미했습니다. 하나님 없이도 행복할 수 있다고 착각하여 많은 시간을 낭비한 후에야 어리석음을 깨닫습니다. 하나님의 사랑을 외면한 채로 살았던 지난날이 너무나도 죄송하여 눈물이 납니다. 사랑의 주님! 이 눈물이 다음 주일에 똑같이 반복되지 않도록 저희 마음과 생각을 주관하여 주옵소서. 예수님의 이름으로 이 고백의 기도를 드립니다. 아멘.

사함의 확신   Assurance of Forgiveness

다시 우리를 불쌍히 여기셔서 우리의 죄악을 발로 밟으시고 우리의 모든 죄를 깊은 바다에 던지시리이다(미 7:19)

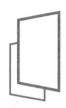

오늘의 주제

허락하신 은혜

📂 석의적 접근

구약의 말씀 신 26:1-11

모세의 두 번째 설교가 끝나는 26장은 지금까지의 교훈을 정리하고 있다. 특히 두 부분으로 크게 나눌 수 있는데, 하나님께 대한 성도의 의무와 사랑(1-11절)과 이웃에 대한 성도의 의무와 사랑(12-15절)으로 볼 수 있다. 율법의 대강령인 '하나님 사랑'과 '이웃 사랑'이 다시 한 번 강조되고 있다. 오늘의 본문은 하나님이 주시는 기업의 땅 가나안에 들어가서 얻게 되는 첫 곡식 예물에 대한 규례를 설명하고 있다. 이스라엘이 가나안 땅에 들어가서 첫 번째 수확을 얻고 하나님께 감사 예물을 어떻게 해야 하는지를 가르친다.

처음 것을 하나님께 드리는 것은 추수한 모든 것이 하나님께서 주신 것이라는 신앙고백을 가져야 하며, 모든 재물은 하나님의 선물이라는 것을 기억해야 한다. 또한 행위 이전에 하나님에 대한 감사와 신앙고백이 반드시 전제되어야 한다. 하나님께 진정으로 감사하고 자신의 신앙을 고백하는 믿음의 행위가 있어야 한다.

만나를 받아먹던 삶이 그치고 선물로 주신 땅에서 추수하는 기쁨을 주셨다. 비를 내려주시고 햇빛을 내려주셔서 맺힌 열매이기에 하나님의 것이며 하나님께 드려야 하는 것은 당연하다. 하나님을 믿는 대로 하나님의 말씀대로 행해야 한다.

서신서의 말씀 롬 10:8b-13

바울은 본 장을 통해서 선택받은 민족으로 자부했던 유대인들이 성육신하신 예수 그리스도를 거부했을 뿐만 아니라 그들에게 전파된 복음마저 무시해 버림으로써 결국 구원에 이르지 못하게 됨을 증언하고 있다. 바울은 신명기 30장 14절의 말씀을 인용해 '너'에게 가까워 '너'의 입과 마음에 있다고 하고는, 그 말씀을 복음 전도자가 전하는 믿음의 말씀이라고 한다(8절). 복음 안에는 이 땅에 와서 구속 사역을 끝낸 메시아에 대한 증거가 있기에, 유대인은 다른 곳에서 메시아를 찾을 필요가 없이 복음에 대해 믿음의 반응만 하면 되는 것이었다.

여기서 두 가지의 문장 구조를 확인할 수 있는데, 첫째는 입으로 시인하여 마음으로 믿고(구원받음), 마음으로 믿어 입으로 시인(구원받음)하는 형태의 구조이다. 이 형태는 입으로 시인하는 것과 마음으로 믿는 것의 경중을 논하는 것이 무의미함을 말해준다. 그러나 마음이 사람 인격의 중심이며 입은 마음을 표현하는 통로이기에, 이 둘은 안에서의 믿음을 밖으로 표현하는 과정으로 볼 수 있다. 두 번째는 믿음과 시인이다. 믿음과 시인은 예수님의 부활에 대한 것이지만, 이는 십자가 사역을 포함한 구속 사역 전체를 의미하는 것으로 보아야 한다. 시인하는 내용은 예수님이 주님이시라는 것이다. 두 영역을 배경으로 구원의 영역에서 예수님을 새로운 주인으로 모시고 살겠다는 고백이 필요하다.

11-13절에서 구원은 차별이 없는 개방성을 지니고 있음을 말하고 있는데, 성경이 메시아를 믿는 자는 결코 부끄러움을 당하지 않는다(사 28:16)고 말한 것처럼, 예수님으로 인한 구원 과정은 유대인이나 비유대인이나 모두에게 차별 없이 열려 있다고 말한다. 9-10절처럼 믿음으로 주님의 이름을 부르기만 하면 된다. 이렇게 율법에서 난 의와 믿음에서 난 의를 대조한 것은 하나님이 유대인에게도 은혜의 기회를 열어 주셨음에도 그들이 믿음으로 응답하지 않아 지금의 상태가 되었다는 것을 지적하려는 의도이다.

복음서의 말씀 눅 4:1-13

본문은 메시아로서, 하나님의 아들로서 시험받으신 예수님의 모습을 기록하고 있다. 누가의 기사는 마태복음과 마가복음의 해당 기사와 병행을 이루지만, 자세히 살펴보면 세 복음서 간의 공통점과 차이점이 드러나는 것을 확인할 수 있다. 1절에서 누가가 전하는 내용의 핵심은 예수님이 요단 강에서 돌아와 광야로 들어갔다는 장소의 이동이 아니라 성령의 충만함을 입었다는 사실이다. 성령님은 예수님을 광야로 이끌었을 뿐만 아니라, 광야에 계신 40일 내내 이끄시고 충만함을 더했다.

예수님이 공생애 시작 전에 받은 첫 번째 시험은 40일간 금식하며 허기진 상태에 있을 때 일어났다. 마귀가 예수님을 찾아와서 배고픔을 언급하는 대신 오히려 하나님의 아들이라는 존귀한 신분을 상기시키면서 떡을 만들어 먹으라고 유혹했다. 이렇게 함으로 마귀는 겉으로는 예수님을 높이는 척하지만, 은연중 예수님을 비천하고 평범한 인간으로 폄하하였다. 한편으로 마귀는 예수님의 자존심과 명예심을 부추기기도 하지만 동시에 육체적 본능을 만족시키라고 제안했다. 예수님은 분명 그렇게 할 수 있는 능력이 있었지만 자신의 굶주림을 채우기 위해, 즉 육신의 정욕을 위하여 하나님의 능력을 사용하지 않으셨다.

두 번째 시험은 천하만국의 권위와 영광을 걸고 마귀에게 엎드려 절하라는 것이었다. 육체의 배고픔을 달래는 유혹에서 사회와 정치, 역사적인 의미를 갖는 고차원적 시험으로 변경한 것을 볼 수 있다. 유대인들의 메시아 사상에는 정치적인 것과 군사적인 패권도 들어 있었기 때문에 마귀가 이렇게 제안하는 것은 이스라엘이 원하는 메시아 상에 걸맞은 존재가 되라는 말이기도 하다. 첫 번째 시험과 마찬가지로 마귀는 마치 예수님에게 유익이 되는 것을 이루어 줄 것처럼 행세하지만 자신에게 절하라는 것은 단지 인사하는 정도가 아니라 자신을 하나님으로 대접해 달라는 요청이었다. 그러나 예수님은 "하나님 이외에 다른 것을 섬기지 말라"(신 6:13)는 말씀으로 두 번째 유혹도 물리쳤다.

세 번째 시험에서 마귀는 첫 번째 시험에서 사용했던 "하나님의 아들이어든"(3절)의 구절을 다시 사용하면서 예수님을 성전 꼭대기에 세운다. 마귀는 이전에 하지 않았던 성경 말씀까지 인용하며(시 91:11-12) 예수님을 유혹한다. 높은 곳에서 떨어진다 해도 천사들이 동원될 것이니, 많은 사람들 앞에 뛰어내려 하나님의 아들임을 알리라는 것이었다. 또 다른 종류의 교만과 이생의 자랑으로 유혹한 것이다. 하지만 말씀의 주체이신 예수님은 다시 "주 너의 하나님을 시험하지 말라"(신 6:16)의 말씀으로 응대하면서 마귀의 시험에서 온전히 승리했다.

⬜ 설교를 위한 조명

복음서의 말씀(눅 4:1-13)으로 설교 작성 / 네 페이지 설교
"성령의 검 하나님의 말씀으로"

Page 1. 그리스도에게 나타나는 유혹(성경 속의 문제)

아무것도 보이지 않는 메마른 광야에서 예수님은 터벅터벅 걸음을 이어가신다. 마귀는 하나님의 아들이신 예수님이라는 것을 알면서도 그의 마음을 뒤흔들 생각에 기뻐하고 있다. 40일 동안 아무것도 드시지 않은 예수님을 바라보면서 조금이나마 더 가능성 있는 치밀하고 교묘한 방법을 생각해 낸다. 예수님은 성령님에 이끌리어 묵묵히 걸어 나가신다.

이쯤이면 괜찮겠다고 생각한 마귀는 예수님 앞에 서서 첫 번째 유혹을 낸다. "네가 하나님의 아들이면 이 돌들에게 말해서 빵이 되게 하라." 굶주렸을 때 먹을 것이라는 유혹이 눈앞에 다가오게 했다. 예수님은 말씀으로 반응하시고 계속 묵묵히 걸어가신다. 그러자 마귀는 다시 예수님 앞에 나타나 두 번째 유혹을 한다. "네가 나에게 절하면 천하 만국의 권위와 영광을 다 주겠다. 지금 이 꼴이 무엇이냐? 편한 것을 택하여라." 낮고 낮은 인간의 모습으로 이 땅에 오신 예수님을 당장 높은 곳에서 군림할 수 있도록 유혹한다. 마귀는 지금의 상황을 180도 바꿀 수 있는 유혹을 예수님의 눈앞에 보인다. 예수님은 다시 한 번 말씀으로 반응하시고 계속 묵묵히 걸어가신다. 마귀는 포기하지 않고 다시 나타나 세 번째로 유혹한다. 지칠 대로 지치신 예수님을 예루살렘 성전 꼭대기에 세운 상

태로 말이다. 조금이라도 정신을 놓으면 떨어지는 그런 순간에 마귀는 마지막으로 이렇게 이야기한다. "예수여, 네가 정말 하나님의 아들이라면 여기서 뛰어내리려. 분명 성경에 나와 있는 대로 천사들이 너를 받들어 다치지 않게 지켜줄 것이다." 이것은 하나님의 아들로 오신 예수님께 할 수 있는 교묘하고 세밀한 유혹이었다. 어려운 십자가로 증명하지 말고 놀라운 이적을 보여서 자신을 세우고 높이게끔 유혹한 것이다. 하지만 예수님께서는 하나님의 참된 모습을 기억하며 계속 걸어가신다.

Page 2. 그리스도인에게 나타나는 유혹(세상 속의 문제)

우리에게도 유혹은 찾아온다. 완벽하고 계획적인 삶을 살아가려고 노력하지만, 마귀는 우리의 연약하고 부족한 부분들을 너무나도 잘 알고 있으며 그 연약함을 통해 틈을 비집고 들어온다.

C. S. 루이스가 쓴 『스크루테이프의 편지』에는 이러한 메시지가 적혀 있다.

"일어나지 않은 미래의 일에 매달리게 하여 두려움을 심고, 지금 이 순간에 집중하지 못하게 한다."

"본질적이지 않은 것들에 집중하게 하고 교회 안의 분파에 매달려 서로에게 증오심을 갖게 한다."

"따분한 일로 시간을 낭비하게 하고, 정작 해야 할 일이나 좋아하는 일은 하나도 못한 채 인생의 대부분을 보내고 지옥에 도착하게 만든다."

마귀는 이것보다도 훨씬 더 교묘하게 우리를 하나님에게서 멀어지게 하려고 우리의 틈을 노리고 있다. 그리고 쉬지 않으며 우리를 세상의 유혹 속으로 초대한다. 돈, 명예, 권력 등 얼마나 많은 세상의 유혹들이 우리를 가로막고 있는가? 여러분은 세상이라는 파도치는 바다에서 허우적거리고 있지는 않은가?

Page 3. 말씀으로 이기신 그리스도(성경 속의 은혜)

그 어렵고 힘든 상황 가운데서 예수님은 말씀 속에 거하신다. 어떻게든 자신을 유혹하려고 들어오는 마귀를 예수님께서는 말씀으로 이겨내신다.

마귀가 첫 번째로 유혹하였을 때 예수님께서는 "사람이 떡으로만 살지 않고 여호와의 말씀으로 산다"(신 8:3)는 말씀으로 시험을 이기신다. 말씀으로 충만하셨고 성령으로 충만하셨기 때문에 육체의 소욕을 이겨내셨다.

두 번째 안목의 정욕을 가지고 유혹을 하였을 때도 예수님은 "네 하나님 여호와를 경외하고 섬기라"(신 6:13)는 말씀으로 대응하신다.

마지막으로 이생의 자랑을 가지고 유혹하였을 때에 예수님께서는 "주 너의 하나님을 시험하지 말라"(신 6:16)는 말씀으로 시험을 이기신다.

마귀는 예수님을 애써 무너뜨리려고 상황을 만들고 장황하게 설명했지만, 예수님은 간단하게 말씀으로만 대적하셨다. 유혹에 관련해서 길게 끌지 않으시고 진리로 나아가셨다. 그리고 마귀를 살아 계신 하나님의 말씀으로 이기셨다.

Page 4. 말씀으로 이기는 그리스도인(세상 속의 은혜)

하나님께서는 우리에게 진리의 말씀을 주셨다. 우리에게 있어서 가장 필요한 것은 하나님의 말씀에 있어 진정성이다. 하나님의 말씀을 가볍게 생각할수록 마귀가 주는 세상의 유혹에 빠질 수밖에 없지만, 이 말씀을 깊이 이해하며 나아간다면 그리고 하나님이 주신 이 말씀의 완전성을 믿는다면 마귀가 가져다주는 어떠한 유혹도 이길 수 있다. 시편 기자는 "주의 법을 사랑하는 자에게는 큰 평안이 있으니 그들에게 장애물이 없으리이다"(시 119:165)라고 말하고 있다.

하나님을 사랑하는 자! 정말 하나님이 없으면 살아갈 수가 없는 자들은 주님의 말씀을 사모한다. 완전하신 주님께서 모든 것이 합력하여 선을 이루실 줄을 확신한다. 말씀이 육신이 되어 우리 가운데 오신 예수 그리스도가 길이 되시고, 진리가 되시며, 생명이 되심을 믿고 소망하며 나아간다.

세상을 살아가는 동안 수많은 유혹을 받는다. 유혹은 넘어가는 것이 아니라 이기는 것이다. 우리의 힘과 능력이 아닌 오직 살아 계신 하나님의 말씀으로 말이다. 사순절 기간뿐만 아니라, 우리가 사는 날 동안 주님의 말씀으로 나아가는 자들이 되어야 한다.

사순절 두 번째 주일

❖ **성서정과** 시 27; 창 15:1-12, 17-18; 빌 3:17-4:1; 눅 13:31-35

예배로 부름 Call to Worship

이스라엘아 들으라 우리 하나님 여호와는 오직 유일한 여호와이시니 너는 마음을
다하고 뜻을 다하고 힘을 다하여 네 하나님 여호와를 사랑하라(신 6:4-5)

예배 기원 Invocation

나의 반석이시요, 산성이 되시는 하나님 아버지! 지난 한 주간도 주님께서 드리워
주신 날개 아래 안전하게 살다가 거룩한 주일을 맞이하여 예배의 자리로 나왔습니
다. 하나님만 바라보며 마음과 뜻과 정성을 다하여 예배하기를 원합니다. 정결한
마음으로 기도하며, 중심을 다하여 찬양하며, 온 마음을 열어 진리의 말씀을 듣기
원합니다. 삼위일체 거룩하신 하나님께서 친히 이곳에 임재하셔서 저희가 드리는
이 예배를 기쁘게 받아 주옵소서. 모든 영광을 하나님께 올려드리며, 우리 죄를 사
하시려고 고난의 길을 걸어가신 예수 그리스도의 이름으로 기원하옵나이다. 아멘.

이 주일의 찬송 Hymns

다 찬양하여라(21장) / 구주의 십자가 보혈로(250장) / 비바람이 칠 때와(388장)
나의 반석 나의 방패(402장) / 주 예수 넓은 품에(417장)
이 죄인을 완전케 하시옵고(426장)

성시교독 Responsive Readings   시편 27:1-7

인도자 **1** 여호와는 나의 빛이요 나의 구원이시니 내가 누구를 두려워하리요

회 중 **여호와는 내 생명의 능력이시니 내가 누구를 무서워하리요**

인도자	[2] 악인들이 내 살을 먹으려고 내게로 왔으나
회 중	**나의 대적들, 나의 원수들인 그들은 실족하여 넘어졌도다**
인도자	[3] 군대가 나를 대적하여 진 칠지라도 내 마음이 두렵지 아니하며
회 중	**전쟁이 일어나 나를 치려 할지라도 나는 여전히 태연하리로다**
인도자	[4] 내가 여호와께 바라는 한 가지 일 그것을 구하리니
회 중	**곧 내가 내 평생에 여호와의 집에 살면서 여호와의 아름다움을 바라보며 그의 성전에서 사모하는 그것이라**
인도자	[5] 여호와께서 환난 날에 나를 그의 초막 속에 비밀히 지키시고 그의 장막 은밀한 곳에 나를 숨기시며
회 중	**높은 바위 위에 두시리로다**
인도자	[6] 이제 내 머리가 나를 둘러싼 내 원수 위에 들리리니
회 중	**내가 그의 장막에서 즐거운 제사를 드리겠고 노래하며 여호와를 찬송하리로다**
인도자	[7] 여호와여 내가 소리를 내어 부르짖을 때에 들으시고
회 중	**또한 나를 긍휼히 여기사 응답하소서**

고백의 기도 Prayer of Confession

천지를 창조하시고 만물을 다스리시는 하나님 아버지! 예수님께서는 일곱 번씩 일흔 번이라도 용서하라 하셨건만, 저희는 이렇게 용서하지 못하고 괴로움에 잠겨 있습니다. 물질의 손해를 입은 것만 생각해도 너무 괴로운데, 험악한 말로 가슴에 깊은 상처를 받은 것까지 생각할 때 어찌 그 사람을 용서할 수 있나이까? 예수님의 말씀에 순종하여 원수까지도 용서해 주는 것이 성도의 본분이라는 것을 알고 있으나 그 실천이 왜 이리도 어려운지요? 예배하며 기도할 때에는 용서할 수 있을 것도 같은데, 정작 얼굴을 마주하면 미움과 원망이 솟아나 가슴이 타들어갑니다. 주님, 저 혼자만의 힘으로는 용서할 수 없사오니 성령님의 능력 안에서 용서할 수 있는 마음을 주옵소서. 예수님의 이름으로 이 고백의 기도를 드립니다. 아멘.

사함의 확신 Assurance of Forgiveness

이와 같이 너희도 너희 자신을 죄에 대하여는 죽은 자요 그리스도 예수 안에서 하나님께 대하여는 살아 있는 자로 여길지어다(롬 6:11)

하늘을 소망하고 바라보는 사람들

📖 석의적 접근

구약의 말씀 창 15:1-12, 17-18

하나님은 위대하고 풍성한 약속을 아브라함에게 주신다. 그의 자손이 하늘의 별처럼 많아질 것이라는 약속과, 이 땅을 그에게 소유로 주실 것이라는 약속이다. 자손과 땅은 고대 세계에서 한 사람의 위대함과 명성을 결정짓는 중요한 두 가지 요소이다. 아브라함은 "나는 네 방패요 너의 지극히 큰 상급이니라"라는 음성과, 제물 사이로 불이 지나가는 기적을 통해 약속을 확증받는다.

하지만 이 모든 위대한 약속과 확증에도 불구하고 아브라함의 현재 모습은 초라하기 짝이 없다. 그는 자신이 살던 고향을 떠나와서 땅 한 평 소유하지 못한 나그네일 뿐이다. 별처럼 많은 자손은커녕 자기 자녀가 한 명도 없는 사람일 뿐이다. 하나님의 위대한 약속과 자신의 초라한 현실 사이의 커다란 간격을 메꾸는 것은 아브라함의 믿음이다(6a절). 아브라함 자신의 초라한 현실로부터 하나님의 위대한 계획을 체감할 수 있도록 하나님은 아브라함으로 하여금 땅이 아닌 하늘을 바라보라고 말씀하신다(5절). 그리스도인은 땅이 아닌 하늘을 보는 사람이다. 현실이 아닌 하나님을 바라보는 사람이다. 그 바라봄에서 우리의 소망과 하나님의 일하심이 시작된다.

서신서의 말씀 빌 3:17-4:1

바울은 교회 안에 존재하는 '십자가의 원수'에 대해서 눈물을 흘리며 탄식하고 있다. 십자가의 원수란 무엇인가? 자기 욕망의 실현만이 참된 행복이라고 여기는 사람이다. 십자가는 자기 의와 자기 숭배에 대한 철저한 정죄이자 오직 하나님의 은혜로만 구원이 가능함을 보여 준 사건이기에, 자기 숭배는 십자가의 원수가 된다. 많은 빌립보 교회의 성도들이 그런 원수의 삶을 살고 있었기에 바울은 "나를 본받으라"고 말하며 자신의 믿음을 권면한다.

바울은 자신의 어떤 믿음을 본받으라고 말하는 걸까? 바로 '하늘의 시민권자'로서의 삶을 말한다. 자기의 배를 하나님으로 삼고, 땅의 것만을 생각하는 자기 숭배자들은 결코 하나님 나라를 유업으로 받을 수 없다. 이 땅 위에서 살아가지만, 우리가 속해 있고 우리가 따라야 할 법이 있는 곳은 하나님이 계신 하늘임을 아는 사람만이 참된 천국 백성이고 그 천국을 유업으로 받을 수 있다. 십자가의 원수가 되지 않기 위해서는 우리가 이 땅에서는 단지 나그네의 삶일 뿐, 참된 시민권은 하늘에 있음을 늘 잊지 않고 살아야 한다.

복음서의 말씀   눅 13:31-35

34절에서 예수님은 예루살렘 성을 보면서 탄식하신다. "암탉이 제 새끼를 날개 아래에 모음 같이 내가 너희의 자녀를 모으려 한 일이 몇 번이냐!" 그런데 이 탄식은 비단 예수님의 탄식일 뿐만 아니라 구약에서도 반복된 하나님의 탄식이기도 하다. 하나님의 구원 의지와 그들을 향한 자비와 용서에도 불구하고 이스라엘 백성은 계속 불신과 반역의 모습을 보였고 하나님은 그들의 완고함을 보시고 탄식하며 후회하셨다. 왜 구약의 백성은 반복해서 하나님을 배반했으며, 신약의 유대인들은 예수님을 미워하고 하나님 나라를 거부했을까? 지식이 부족해서였을까? 의지가 약해서였을까? 아니다. 예수님은 분명히 말씀하신다. "너희가 원하지 아니하였도다"(34b절). 입으로는 하나님의 뜻을 소중히 여긴다고 말하지만, 예수님을 통해 임하는 하나님의 나라를 원하지 않았다. 내 영향력이 줄어들까 봐, 내가 원하는 것이 방해를 받을까 봐 그들은 원하지 않았다.

사순절을 보내며 우리에게 필요한 것은 우리의 욕망이 새로워지는 것이다. 원해야 할 것을 원하는 것이다. 먼저 그의 나라와 그의 의를 구하는 것이다.

🚪 설교를 위한 조명

"우리의 시민권은 하늘에 있습니다"

Page 1. 십자가의 원수로 살아가는 사람들(성경 속의 문제)

오늘 본문에서 바울은 빌립보 교인들을 향해 "십자가의 원수"(18절)라는 과격하고도 단호한 말로 비판하고 있다. 이런 말은 바울의 사역에서 전무후무한 단어이다. 그를 대적하는 사람이 많았지만 바울은 이런 단어를 사용하지 않았다. 바울이 옮겨가는 곳마다 쫓아와서 유대인들을 선동해서 고발하기도 하고 내쫓기도 했지만 그들을 '십자가의 원수'라고 부르지는 않았다.

바울이 말하는 이 사람들은 누구이고, 또 어떤 모습이기에 이렇게 극단적인 언어로 비판하며 책망하고 있는가? 다음 절인 19절에 그들의 모습이 나온다. 바울은 그들이 "배를 자기네의 하나님으로 삼는 자들"(새번역)이라고 말한다. "배를 자신의 하나님"으로 삼는다는 말은 무슨 의미인가? 많은 주석가들은 이것이 자신의 욕망을 가장 중요시하고 그 욕망을 추구하며 살아가는 사람들, 즉 당시의 반도덕주의적 영지주의자들을 가리킨다는 데 동의한다.

이것이 왜 십자가의 원수인가? 간단하다. 예수님은 "자기를 부인하는 것"을 "자기 십자가를 지는 것"의 핵심으로 말씀하셨기 때문이다. 자기를 부인하는 것이 아니라 자신의 배, 즉 자신의 욕망을 최우선으로 삼는 자들은 하나님을 조종하려고 하고 신앙을 수단화하려는 유혹에 취약할 수밖에 없다.

한때 한국교회에 선풍적 인기를 끌었던 『긍정의 힘』이라는 책이 있다. 미국에서 큰 영향력을 가졌던 '번영 신학'의 대표자인 조엘 오스틴이 쓴 책이다. 어려움 가운데 있는 자들에게 힘을 줄 수 있고 불신자들의 눈과 귀를 주목하게 할 수 있는 책이지만, 그 책은 '십자가의 가장 큰 원수'라고 볼 수 있다. 다음은 그 책에 나오는 내용 중 일부이다.

"우리 부부는 신혼 초에 동네를 거닐다가 공사가 거의 끝나가는 아름다운 집을 보았다. 동화에나 나올 것 같고, 가슴이 두근거릴 정도로 멋진 집이었다. 아내는 그 집에서 나온 후에도 자꾸 뒤돌아보며 말했다.

'여보, 우리도 저렇게 아름다운 집에서 살날이 올 거예요.'

'여보, 너무 허황된 꿈을 꾸는구려. 우리가 어떻게 저런 집을 살 수 있겠소?'

'조엘, 그렇지 않아요. 마음속 깊은 곳에서 반드시 이 소망이 이루어질 거라는 느낌이 들어요.'

이후 몇 달 동안 우리도 그런 우아한 집에서 살 수 있다는 아내의 믿음이 점점 내 마음을 움직였다. '하나님이 반드시 이루어 주실 거야!'

몇 년 후에 우리는 낡은 집을 팔았다. 그리고 다른 땅을 사서 우리가 꿈에 그리던 그런 집을 지었다. 꿈이 이루어지는 순간이었다."

자기를 부인하고 십자가를 따르는 삶이 아니라, 내 욕망을 부풀리며 십자가에 달린 예수님마저 내 욕망을 충족시키는 수단으로 전락시키는 이런 신앙은 결국 십자가의 원수로 귀결될 수밖에 없다.

Page 2. 무신론에 기반한 자기 충족적인 사람들(세상 속의 문제)

무신론의 가장 큰 비극은 소원을 빌 대상이 없는 것도 아니고, 미운 사람 혼내줄 능력자를 갖지 못한 것도 아니다. 영국의 무신론자인 줄리언 반스는 이렇게 말했다. "내 삶이 너무도 환상적이어서 나는 여기에 큰 감사를 느낀다. … 하지만 내게는 이 감사를 표현할 대상이 없다. 나는 공허하다. 이것은 내 깊은 내면에 존재하는 공허함, 즉 누군가에게 감사하기를 원하는 공허함이다. 내게는 이것을 채울 마땅한 방법이 없다."

무신론의 가장 큰 비극은 바로 삶의 가장 경이로운 순간에 감사할 대상을 갖고 있지 않다는 사실이다. 감사할 대상을 찾지 못하는 사람들의 종착지는 자기 충족의 삶, 자기 숭배의 삶이다. 자기 삶의 모든 것이 주어진 것임을 알지 못하고 자신이 소유한 것과 성취한 것에서 만족을 찾으려고 한다. 하지만 그 모든 만족들은 거짓인 바, 모래 위에 세운 성처럼 인생의 작은 파도에도 금방 무너지

2

주일 낮 예배·설교 지침

고 흔적도 없이 사라진다.

오늘날의 많은 사람들은 더 큰 영적인 세계를 보지 못하고 "땅의 일"(19절)만 바라보는 '영적 난시'로 살아가고 있다. 내가 원하는 것이 충족되는 것만이 행복한 삶이라고, 오직 이 땅에서의 성공만이 참된 만족을 가져다 준다고 확고하게 믿고 있다. 하나님을 인정하지 않는 무신론에 물든 이 세상의 세계관에 물들고 동화된 까닭이다.

Page 3. 하늘에 있는 우리의 시민권(성경 속의 은혜)

이렇게 십자가의 원수로 살아가는 빌립보 교인들을 향해 바울은 20절에서 이렇게 말한다. "우리의 시민권은 하늘에 있는지라." 이 말은 마치 우리 신앙을 내세 지향적이고 현실 도피적인 신앙으로 이끄는 말처럼 들린다. 하지만 바울의 이 말은 이 땅의 것은 다 무익하기에 하늘만 바라봐야 한다는 말이 아니다. 오히려 바울의 이 말은 현재 우리 삶을 더 큰 맥락에서 볼 수 있도록 함과 동시에 현재의 삶을 어떤 자세로 살아가야 하는지 상기시키는 말로 볼 수 있다. C. S. 루이스에 의하면, 이 세상을 위해 가장 많이 일한 그리스도인들은 역설적이게도 천국에 대해 가장 많이 생각했던 이들이었다. 로마 제국이 기독교 국가로 전환하는 데 토대를 놓은 사도들이나 중세 철학과 과학의 발전에 지대한 영향을 미친 자들, 노예 제도를 폐지시킨 사람들이 그런 위대한 흔적을 남길 수 있었던 것은 그들의 마음이 천국에 사로잡혀 있었기 때문이라는 것이다. 그러면서 그는 덧붙인다. "천국을 지향하면 세상을 '덤으로' 얻을 것입니다. 그러나 세상을 지향하면 둘 다 잃을 것입니다"(『순전한 기독교』, "소망").

헝가리의 철학자 루카치는 『소설의 이론』 첫 머리에서 이런 글을 남겼다. "별이 빛나는 창공을 보고 길을 갈 수가 있었고 또 가야만 하는 길의 지도를 읽을 수 있던 시대는 얼마나 행복했던가?" 별을 보고 길을 찾는다는 것은 자신의 삶을 영원의 세계와 관련시켜 바라보는 눈을 갖는 것을 의미한다.

오늘날 별을 보고 길을 찾는 사람은 없다. 모두가 네비게이션 화면을 보고 길을 찾는다. 그런 방식으로 우리는 점점 땅의 현실에만 눈을 고정하고 있다. 우리의 시민권이 하늘에 있음을 기억하는 것은 자신의 욕망과 바람이 우리 삶을 지배하는 현실, 그것을 부추기는 이 세상 속에서 더 큰 인생의 목적과 의미가 있음을 알게 해 주는 신앙의 표지판이 된다.

Page 4. 두 가지 소속감으로 살아가기(세상 속의 은혜)

프랑스의 신학자 자크 엘륄은 그리스도의 정체성을 가리켜서 "세상 속에 침투한 하나님 나라의 스파이"라고 표현하였다. 조금 과격한 표현인 것 같지만 예수님의 말씀과도 일맥상통하는 말씀이다. 예수님은 제자들을 위한 마지막 기도에서 이렇게 말씀하신다. "그들은 세상에 있사옵고 … 세상에 속하지 아니하였사옵나이다"(요 17:11, 16). 즉 우리는 세상 '안에서' 살아가지만, 세상에 '속하지 않은' 존재라는 말씀이다.

1999년에 개봉하여 흥행한 〈쉬리〉라는 영화가 있다. 북한에서 특수 임무를 받고 남파한 간첩이 남한의 정보요원과 사랑에 빠지면서 일어나는 비극적인 이야기를 흥미롭게 담은 영화이다. 정치적인 내용을 제외하고 말한다면, 스파이는 본인의 정체성을 잃으면 안 되는 존재이다. 본인이 부여받은 임무와 자신이 어떤 존재인지를 늘 잊지 않고 살아야 한다는 말이다. 하지만 영화 속 여성은 남한의 정보요원과 사랑에 빠지게 되면서 자신의 정체성에 혼돈을 갖게 되었고 그 과정에서 많은 어려움을 겪게 되면서 비극적으로 삶을 마치게 된다.

세상은 무신론에 기반한 자기 충족적 삶이 행복한 삶이라고 끊임없이 그리스도인들을 유혹한다. 교회 밖의 많은 사람들은 그런 삶을 갈망하며 그곳을 향해 질주한다. 이런 세상에서 "우리의 시민권은 하늘에 있는지라"라는 하나님의 말씀은 우리가 이 땅에서의 삶을 어떻게 살아야 하는지를 말해 준다.

우리는 이 세상에서 '영주권'을 가지고 살아가는 것이 아니라, '체류 비자'를 받고 살아가고 있음을 말해 준다. 우리의 시민권이 이 땅에 있지 않고 하늘에 있다는 사실은 우리 삶을 내세 지향적으로 만드는 것이 아니라 오히려 이 세상을 살아가는 우리의 마음가짐과 자세와 방향 모든 것을 바꾼다는 말이다. 하늘 시민권을 가진 백성으로서, 십자가의 원수가 아닌 십자가가 성취한 것을 온전히 살아내는 그리스도인으로 살아가야 하겠다.

사순절 세 번째 주일

❖ **성서정과** 시 63:1-8; 사 55:1-9; 고전 10:1-13; 눅 13:1-9

예배로 부름 Call to Worship

오직 나는 가난하고 슬프오니 하나님이여 주의 구원으로 나를 높이소서 내가 노래로 하나님의 이름을 찬송하며 감사함으로 하나님을 위대하시다 하리니 이것이 소 곧 뿔과 굽이 있는 황소를 드림보다 여호와를 더욱 기쁘시게 함이 될 것이라(시 69:29-31)

예배 기원 Invocation

사랑과 은혜가 충만하신 하나님 아버지! 거룩한 주일을 맞아 성전에 나와 감사의 마음을 담아 예배하오니 아벨의 제사와 같이, 온전한 번제와 같이 기쁘게 받아 주옵소서. 성부 하나님께서 세상의 모든 죄인을 구원하시기 위하여 독생자를 보내 주셨으니 감사를 드립니다. 성자 예수님께서 죄 없으신 몸으로 십자가에 달려 우리의 모든 죄를 대속해 주셨으니 찬양을 드립니다. 이 모든 것을 믿게 하시는 성령 하나님의 인도하심을 따라 마음과 뜻과 정성을 다하여 예배하오니 삼위일체 거룩하신 하나님, 홀로 영광을 받아 주옵소서. 예수 그리스도의 이름으로 기원하옵나이다. 아멘.

이 주일의 찬송 Hymns

귀하신 주님 계신 곳(207장) / 큰 죄에 빠진 날 위해(282장) / 예수 앞에 나오면(287장)
속죄하신 구세주를(298장) / 너 하나님께 이끌리어(312장) / 만세 반석 열리니(494장)

성시교독 Responsive Readings   시편 63:1-8

인도자 ¹ 하나님이여 주는 나의 하나님이시라

회 중   내가 간절히 주를 찾되 물이 없어 마르고 황폐한 땅에서 내 영혼이 주를 갈망하며

	내 육체가 주를 앙모하나이다
인도자	² 내가 주의 권능과 영광을 보기 위하여
회 중	**이와 같이 성소에서 주를 바라보았나이다**
인도자	³ 주의 인자하심이 생명보다 나으므로 내 입술이 주를 찬양할 것이라
회 중	**⁴ 이러므로 나의 평생에 주를 송축하며 주의 이름으로 말미암아 나의 손을 들리이다**
인도자	⁵ 골수와 기름진 것을 먹음과 같이
회 중	**나의 영혼이 만족할 것이라**
인도자	나의 입이 기쁜 입술로 주를 찬송하되
회 중	**⁶ 내가 나의 침상에서 주를 기억하며**
인도자	새벽에 주의 말씀을 작은 소리로 읊조릴 때에 하오리니
회 중	**⁷ 주는 나의 도움이 되셨음이라 내가 주의 날개 그늘에서 즐겁게 부르리이다**
인도자	⁸ 나의 영혼이 주를 가까이 따르니
회 중	**주의 오른손이 나를 붙드시도다**

고백의 기도 Prayer of Confession

사랑이 많으신 하나님 아버지! 사순절 기간에 예수님께서 지신 골고다 언덕의 십자가를 묵상하며 이 고백의 기도를 드립니다. 십자가에 달려 돌아가시기까지 물과 피를 흘려주신 예수님의 은혜로 말미암아 참 생명을 보존하고 있거늘, 저희는 이 생명과 육신이 모두 다 내 것인 양 살아가고 있습니다. 특별히 사순절은 십자가의 고난을 묵상하며 경건하고 거룩하게 지내야 하는 기간이지만 저희는 지난 주간에 바쁜 세상일에 얽매어 주님을 잊고 살았습니다. 사업장을 지켜야 하기 때문에, 돈을 벌어야 하기 때문에, 가정을 세워야 하기 때문에 어쩔 수 없다고 하면서 성도로서 하지 말아야 할 말과 행동과 선택을 했습니다. 고난당하고 계신 예수님을 모른다고 부인하던 베드로의 모습이 오늘 저희 안에 있음을 고백합니다. 주님! 어리석고 나약한 저희를 불쌍히 여기시고 모든 죄와 허물을 용서하여 주옵소서. 예수님의 이름으로 이 고백의 기도를 드립니다. 아멘.

사함의 확신 Assurance of Forgiveness

작은 자야 안심하라 네 죄 사함을 받았느니라(마 9:2b)

현대사회에서 회개와 용서의 확신

석의적 접근

구약의 말씀　사 55:1-9

이 본문의 앞선 두 장인 53, 54장에서 이사야는 많은 사람의 죄를 담당하는 하나님의 종의 사명과 죄 많은 이스라엘의 회복에 대한 하나님의 약속을 다루었다. 이제 본문에서 이사야는 하나님의 구속 계획의 본질에 관한 하나님의 뜻을 드러낸다.

하나님의 구속 계획은 이스라엘뿐만 아니라 알지 못하는 나라를 불러 하나님의 말씀에 순종하며 살아가는 영원한 언약을 맺는 것이다. 하나님의 부르심은 개인의 선택을 존중하며, 이를 수용하거나 거부할 수 있는 은혜로운 초대의 형식을 띤다. 이 초대는 일시적인 잔치가 아니라 영원한 잔치를 의미하며, 하나님께서 주시는 생명의 풍성함을 상징한다.

하나님의 약속은 종말론적인 특성을 가지고 있다. 바벨론의 포로들은 보통 음식과 물에 접근할 수 있었을 것이다. 그렇지만 1, 2절에서 하나님은 물, 포도주, 젖 등으로 대표되는 잔치의 음식을 무상으로 제공하는 잔치를 열고 목마른 자, 돈 없는 자들을 그 잔치의 손님으로 초대하고 있다. 목마른 자, 돈 없는 자로 대표되는 이들은 바벨론 포로기에 고통을 당하고 있던 이스라엘 백성이나 그들과 비슷한 처지에 놓인 민족들의 현실을 대변한다. 그러나 그들은 마치 출애굽 때 이스라엘 민족처럼 사막에 있는 것처럼 묘사되며, 새로운 출애굽을 위해 필요한 모든 것을 충족시키기 위해서 오직 하나님께 의지해야 한다. 이와 같은 실재적인 상황이 하나님으로부터 받은 영원한 초대의 배경이 된다.

3절은 다윗에게 베푸신 하나님의 불변한 사랑을 강조하면서 다윗과 맺은 하나님의 언약과의 연관성을 드러낸다. 언약적인 사랑은 선물로 제공되는데, 이는 이스라엘이 노력해서 얻을 수 있는 것이 아니라 값없이 얻게 되는 것이다.

이 본문에 나타나는 복음은 하나님께서 인간이 다른 모든 사람이 범하는 근본적인 죄를 범하는 바로 그 순간에 인간에게 용서를 베푸신다는 것이다. 인간은 자신의 자유 의지에 따라 "슈브, שׁוּב", 즉 돌아서서 야훼께 "돌아와야" 한다. (7절) 그러나 "만날 만한 때에 찾으라"로 번역된 히브리어 구절은, "그가 발견될 수 있는 곳"으로 번역하는 것이 낫다(6절).

우리는 악인의 생각이 악한 계획으로 나타난다는 것을 안다. 따라서 하나님의 생각 역시 그의 본성을 따라 자비롭고 창조적인 계획과 행동에서 나타난다는 것을 우리는 깨닫게 된다. 따라서 생각 혹은 계획이라는 단어는 신학적인 의미로 이해되어야 한다.

예레미야 29장 11절에서 볼 수 있듯이, 8-9절에서 하나님과 인간이 지닌 생각의 차이를 부각시키는 까닭은 인간이 하나님의 목적은 이러이러할 것이라고 이제껏 머리를 짜내어 온 생각을 초월하는 하나님의 목적들이 이제 계시되었음을 말한다. 사실 그 목적들은 이제 종의 자기희생이라는 이상을 통해 '육신'이 되는 과정에 있다.

제2이사야에게 그러한 계획이야말로 하나님의 자연 세계의 경이로움 속에 여전히 숨겨진 신비보다 훨씬 더 놀라운 현실이다. 사실, 인간은 이스라엘의 거룩하신 분이 세상을 구원하기 위해 자신의 종 안에서 자신을 비우신 것을 고려할 때, 하나님의 사랑과 창조물 전체를 포괄하는 구원 계획의 깊이와 높이를 이해하기 시작조차 할 수 없다.

결론적으로, 이사야 55장 1-9절의 본문은 하나님의 종을 통한 하나님의 구속 계획, 영원한 잔치에 참여하도록 받은 초대, 다윗에서 이스라엘까지 이어지는 하나님의 언약적 사랑을 보여 주는 강력한 구절들로 구성되어 있다. 이 구절은 완전한 종을 통해 나타날 여호와의 영광과, 이 영광이 실제로 이스라엘에서 나타날 것이라는 약속을 강조한다. 이 구절은 이사야가 세상에 전한 메시지의 정점이다.

서신서의 말씀 고전 10:1-13

고린도전서 10장의 구절은 그리스도의 죽음과 부활을 통해 옛 것은 지나가고 새 것이 시작되었음을 강조하는 바울의 종말론적 관점을 이어가고 있다. 구약의 이야기는 하나님의 새 백성 안에서 종말론적으로 성취될 것을 가리키는 유형학적 요소로 작용한다.

고린도전서 10장 1-5절에서 바울은 두 부분으로 구성된 논증을 제시한다. 첫 번째 부분(1-5절)에서는 "우리 조상들"이라고 불리는 이스라엘의 예를 들어, 그들이 일종의 "세례"와 "성찬"을 가졌음에도 불구하고 하나님을 기쁘시게 하지 못하였으므로, 사막에 흩어졌던 역사를 설명한다. 바울은 그들 모두가 이러한 특권을 가졌지만 대부분 하나님의 노여움을 샀다고 강조한다. 그는 이스라엘이 홍해를 건넌 것과, 만나와 반석에서 나온 물로 생존한 것을 기독교 세례와 성찬의 관점에서 해석한다. 그러나 그는 대다수가 광야에서 하나님의 심판 아래 떨어졌다고 결론짓는다. 바울은 우리의 "세례"와 "성찬"의 경험이라는 측면에서 이스라엘이 참으로 우리를 예표하기는 하지만, 우상숭배와 그에 따른 심판에서도 우리를 예표해서는 안 된다고 지적한다.

논증의 두 번째 부분(6-13절)에서는 이를 고린도 교인들에게 직접 적용한다. 바울은 출애굽기에서 네 가지 예를 들어 여러 차례에 걸쳐 왜 이스라엘의 일부가 타락했는지를 설명한다. 첫 번째 예는 우상숭배, 특히 이스라엘 백성이 금송아지를 숭배한 것과 비교되는 우상 앞에서 음식을 먹는 우상숭배적 관행에 대해 경고한다. 두 번째 예는 우상숭배 잔치와 연관된 성적 부도덕에 대해 경고한다. 세 번째 예는 그리스도를 시험하는 것에 대해 경고하며, 출애굽 당시 이스라엘 백성들의 불평과 바울의 가르침에 대한 고린도 교인들의 도전 사이에 비슷한 점이 있음을 보여 준다. 마지막 예는 이스라엘 백성이 모세에게 했던 것처럼 하나님께서 임명하신 지도자에 대해 불평하는 것을 경고한다. 바울은 이 예화들을 통해 자신들이 '타락' 위에 있다고 생각하는 고린도 교인들에게 분명하게 경고한다.

마지막으로 13절에서 바울은 진정한 "시험"을 경험하는 사람들을 격려한다. 바울은 고린도 교인들에게 평범한 인간의 시련에 관해서는 하나님께서 그들을 위해 헌신하셨기 때문에 넘어질 필요가 없다고 격려한다. 하나님은 신실하시므로 그들이 감당할 수 있는 것 이상의 시험은 허락하지 않으실 것이다. 시험을 받을 때 하나님은 그들이 견딜 수 있도록 피할 길을 마련해 주실 것이다.

종합하자면, 바울은 이스라엘의 역사적 사건이 고린도 교인들에게 본보기와 경고의 역할을 한다는 점을 강조한다. 이스라엘 백성의 경험은 단순한 역사적 사건이 아니라 미래 세대의 유익을 위해 기록된 신성한 본보기라는 것이다. 고린도 교인들은 이러한 예에서 배우고 같은 실수를 피하라는 권고를 받는다. 이 주장의 본질은 "자신이 서 있다고 생각하는" 사람들이 성례전에 대한 다소 신비주의적인 견해에 근거하여 그렇게 하고 있음을 강력하게 시사한다. 바울의 요점은 하나님께서 이스라엘의 우상숭배를 용납하지 않으신 것처럼 고린도 교인들의 우상숭배도 용납하지 않으실 것이라는 사실이다.

복음서의 말씀 눅 13:1-9

누가복음 13장 1-5절은 고통, 정의, 그리고 자비의 본질에 관한 깊은 탐구를 제공한다. 이 구절은 갈릴리 순례자들이 빌라도의 병사들에 의해 학살당한 비극적인 사건과 무너진 실로암 망대에 깔려 18명의 사람들이 희생당한 사건을 배경으로 인과응보 사상과 회개에 관한 예수님의 가르침을 담고 있다.

갈릴리의 순례자들은 아마도 유월절 축제를 위해 예루살렘으로 여행을 떠났을 것이다. 그들이 성전에 들어갔을 때, 빌라도가 보낸 병사들이 그들을 차가운 피로 학살했다. 이는 피비린내 나는 현장이었다. 이 순례자들이 동물 희생을 가져가고 제물을 바칠 때, 빌라도의 병사들은 숭배자들의 몸을 베어 피가 튀어나와 그들의 희생물의 피와 섞였을 것이다.

이런 비극이 일어날 때마다 모든 신자들이 하는 질문이 있다. "이 모든 것 속에서 하나님은 어디에 계셨는가?" 이 비극의 원인에 대해 추측하는 사람들의 한 가지 제안은 희생당한 사람들이 겉으로는 경건해 보였지만 실제로는 부패 했으리라는 것이었다. 그들은 고통의 정도와 우리가 저지른 죄의 정도 사이에 는 반드시 관계가 있어야 한다고 생각했다. 이 사건을 전하는 두어 사람에게 예 수님은 무너진 실로암 망대에 사람들이 깔린 또 다른 사건을 들어 희생자들에 게 더 큰 죄가 있었을 것이라는 인과응보적인 판단을 거부하셨다. 고통은 항상 개인의 죄의 직접적인 결과는 아니라는 말씀이다. 예수님은 오히려 모두가 죄 를 짓는다면 심판을 받게 될 것이라고 주장하며 모든 사람들에게 회개를 촉구 하셨다. 어떤 신학자에 따르면, 이러한 고통과 죄의 문제에 있어서 우리가 진짜 가져야 할 물음은 "왜 나는 갈릴리 순례자들과 같이 죽임당하지 않고 살아 있는 가? 왜 하나님께서 우리를 용서하고 구원해 주시는가?"라는 질문이다.

19세기 영국의 철학자 존 스튜어트 밀(John Stuart Mill)은 그의 「유신론」 (Theism)이라는 에세이에서 기독교 신론에 대한 가장 유명한 반론 중 하나를 제 시했다. 그의 주장은 기독교가 하나님은 선하고 전지전능하다고 주장하는데, 이 두 가지는 모든 고통, 고난, 비극이 있는 이 세상에서 동시에 참일 수 없다 는 것이다. 만일 하나님이 선하고 전지전능하다면 하나님이 세상의 모든 고통 을 제거해야 하나 여전히 세상에 고통이 남아있으므로 하나님은 존재하지 않든 지, 혹은 존재한다면 그 하나님은 고통을 제거하지 않으니 선하지 않다고 하는 논증이다. 그러나 그의 주장은 하나님의 거룩함과 인간의 죄성이 공존하고 있 다는 것을 무시했다. 모든 것이 구속될 때까지 이 세상에는 고통과 슬픔이 있을 것이다. 예수님의 대응은 이러한 비극에 대한 회개의 촉구로, 우리 모두가 하나 님의 자비를 필요로 한다는 것을 상기시킨다.

누가복음 13장 6-9절은 예수님께서 회개의 필요성과 진정한 회개의 증거를 더욱 강조하기 위해 포도원에 있는 무화과나무에 대한 비유를 제시한다. 무화 과나무는 가장 좋은 토양에 심어지고 최고의 보살핌을 받았음에도 불구하고 열 매를 맺지 못한다. 무화과나무에 열매가 맺히지 않는 것은 회개가 부족하다는 상징이다. 거름을 충분히 주고 보살펴 열매를 맺기까지 한 해를 더 지켜보기로 한 주인의 결정은 하나님의 은혜와 인내를 상징한다. 그럼에도 불구하고 무화과나무가 열매를 여전히 맺지 못할 때 베어 버릴 것이라는 경고는 회개의 시급함을 강조한다. 이 비유는 성도들에게 하나님의 은혜를 당연시해서는 안 되고 오늘이 회개하고 주 예수 그리스도를 믿을 수 있는 마지막 기회임을 상기시킨다.

📄 설교를 위한 조명

> 구약의 말씀(사 55:1-9)으로 설교 작성 / 대지 설교
> ## "하나님을 만날 만한 때"

말씀에로 나아감

래리 오스본(Larry Osborne)은 『바벨론에서 그리스도인으로 살기』라는 흥미로운 제목의 책에서 성경 속 바벨론과 같은 현대 사회에서 그리스도인으로 살아가는 방법을 소개하고 있다. 이 책은 제국 간의 전쟁과 반란, 이교적인 풍습 등의 역사적 배경에서 바벨론의 포로로 살아가던 성경 속 인물 다니엘의 삶을 새로운 각도에서 조명하면서, 급격한 변화와 불경건으로 대변되는 현대 사회에서 그리스도인들이 어떻게 신앙을 지키며 살아갈 수 있는지에 대한 통찰을 제공한다. 이 책은 그리스도인들이 현실에서 소망을 품고 겸손히 살며 지혜를 발휘하는 것이 우리의 소명임을 강조하며, 신앙을 지키기 위한 다양한 방법을 소개한다.

이사야서 55장 말씀은 다니엘이 살았던 시기를 지나 바벨론으로 끌려온 지 오랜 기간 동안 포로 생활을 하면서 하나님의 정의와 공의에 목말라하는 이스라엘 백성을 배경으로 한다. 이사야는 목마른 사람들에게 값없는 은혜를 베푸시고, 그들의 영혼을 살리는 언약을 맺으실 하나님의 음성을 1차적으로는 이스

라엘의 포로들에게, 2차적으로는 오늘날의 우리에게 들려준다. 하나님께서는 오늘 이 말씀을 듣는 우리에게 하나님과 함께하는 행복이 얼마나 풍성할 것인지를 약속하시고, 혹시 우리가 악한 일을 저질렀거나 불의한 생각을 했더라도 회개하고 하나님께로 돌아오면 너그럽게 용서해 주시리라는 것을 확실히 보여주실 것이다. 왜냐하면 우리 역시 다윗의 자손인 예수 그리스도 안에서 하나님과 "확실한 은혜의 언약"을 맺었기 때문이다.

본문 이해와 주안점

1. 하나님께 돌아오라는 명령과 용서의 약속(6-7절)

이사야는 6절의 말씀에서 "너희는 여호와를 만날 만한 때에 찾으라 가까이 계실 때에 그를 부르라"고 우리에게도 외치고 있다. 언제 하나님을 찾고 부르라고 말하나? "여호와를 만날 만한 때, 가까이 계실 때"가 정답이다. 하나님께서 사람들이 하나님을 찾을 수 있도록 허용해 주실 때 찾으라는 말이고, 저 멀리 하늘나라가 아니라 우리와 가까운 곳에 계실 때 하나님을 부르라는 말이다. 이 말씀은 하나님께서 우리를 만나려고 하시지 않으면 우리가 하나님을 만날 수 없다는 전제가 깔려 있다. 그럼 지금 우리는 하나님을 만날 만한 때를 살고 있을까? 그렇다. 아직 우리가 살아 있고, 세상의 마지막 날이 우리에게 임하지 않았기 때문이다. 우리는 하나님을 찾기만 하면 하나님께서 우리를 만나 주시는 은혜의 시간을 살고 있다.

그렇다면 하나님은 지금 어디에 계실까? 6절의 말씀은 하나님께서 가까이 계신다고 우리에게 알려 준다. 하나님께서 계신 우리와 가까운 그곳은 어디인가? 우리 한국 사회가 지난 역사에서 경험했던 것처럼, 민주화항쟁을 하던 거리의 시민들과 함께하셨고, 자본과 권력에 눌려 소리를 내지 못하고 기계의 부품처럼 소모되어 가던 공장의 여공들, 건설현장과 산업시설의 노동자들과 함께하셨다. 하나님은 지금 우리 사회의 가난한 이들과 함께하시고, 소외당하고 고통 받는 자들과 함께하신다. 하나님은 그들에게 생명과 희망의 말씀을 전해주시기 위해서 고통과 아픔의 자리로 가셔서 하나님의 말씀이 말로만 끝나는 것이 아니라는 것을 보여 주시려고 그들과 고통을 함께하셨다. 우리는 하나님의 말씀이 적혀 있는 그리스도의 편지다. 편지가 우체통에 들어가지 않고 자기 방에 곱게 모셔 둔다면 그 편지에 적혀 있는 메시지를 전달하지 못하니 아무런 영향력을 발휘하지 못한다. 우리가 하나님의 생명의 말씀을 마음에 새기지만, 그 말씀을 함께 들어야 할 사람들에게 전달하지 않는다면, 하나님 말씀이 주시는 생명의 능력이 우리를 통해서 발생하지 않는다.

"내가 오늘 네게 명령한 이 명령은 네게 어려운 것도 아니요 먼 것도 아니라"로 시작하는 신명기 30장 11절 이하의 말씀은, 하나님의 말씀이 멀리 있지 않고 우리와 매우 가까이 있다고 말한다. 하나님의 말씀이 지금 어디에 있다고 말하는가? 이어지는 신명기 30장 14절의 말씀에서 답을 얻을 수 있다. "오직 그 말씀이 네게 매우 가까워서 네 입에 있으며 네 마음에 있은즉 네가 이를 행할 수 있느니라." 우리와 가까이 있는 위로와 희망이 필요한 사람들과 하나님의 말씀은 함께하신다.

여기에 하나님 말씀의 신비가 있다. 우리는 성경을 통해서 하나님께서 소외되고 가난한 사람들을 위로하신다는 말씀을 들을 수 있지만, 우리가 가난하고 소외된 자에게 임하신 하나님의 말씀을 눈으로 보기 위해서는 하나님께서 계신 그 현장으로 나아가야지만 살아 계신 하나님의 말씀을 들을 수 있다는 것이다.

우리가 가난하고 소외당하고 고통 받는 이들에게 가까이 갈 때, 그들을 위로하시고, 그들을 억압하는 악을 물리치고 선을 이루기 위해서 일하시는 하나님 말씀을 종이에 적힌 문자가 아니라 삶의 드라마로 볼 수 있다. 하나님께서 일하시는 곳은 우리와 아주 가까이 있고, 우리가 갈 수 있는 곳이다. 우리는 하나님을 부를 수 있다. 바로 지금 이 시간이 우리가 하나님을 만날 만한 때다.

그러므로 하나님께 돌아가기 위해서 우리는 우리 자신의 악한 행실과 불의한 신앙을 버려야 한다. 이사야 55장 7절의 말씀은, "악인은 그의 길을, 불의한 자는 그의 생각을 버리고 여호와께로 돌아오라"고 말하면서도, "그리하면 그가 긍휼히 여기시리라 우리 하나님께로 돌아오라 그가 너그럽게 용서하시리라"고 말한다. 악인과 불의한 자는 하나님께서 일하시는 곳에 가기를 꺼리는 사람이고, 하나님의 의가 아니라 자신의 의를 추구하기 위해 하나님을 훼방하는 사람이다. 이런 사람들은 하루빨리 하나님께로 돌아와야 하나님께 긍휼히 여기심도 받고, 용서도 받는다는 말이다.

그런데 당시 사람들은 약속을 맺었다가 쉽게 어겼는지, 하나님께서 용서하시겠다는 약속에 대해서도 의심했나 보다. 그래서 이사야는 8절 이하에서 하나님의 약속이 왜 믿을 만한 것인지에 대해 하나님이 스스로 보장하시는 말씀을 전한다.

2. 하나님이 보장하시는 용서가 확실한 이유(8–11절)

하나님이 보장하시는 용서가 확실한 이유는 8절 이하에서 3번이나 반복해서 점점 더 강하게 선언된다.

"이는 내 생각이 너희의 생각과 다르며 내 길은 너희의 길과 다름이니라 여호와의 말씀이니라"(8절).

8절에서는 하나님의 생각과 행동과 말씀은 인간의 그것들과 다르기 때문에 하나님이 보장하시는 용서는 확실하다고 보여 준다.

"이는 하늘이 땅보다 높음 같이 내 길은 너희의 길보다 높으며 내 생각은 너희의 생각보다 높음이니라"(9절).

9절에서 하나님은 점층법적으로 하나님과 인간의 차이를 다시 한 번 강조한다.

"이는 비와 눈이 하늘로부터 내려서 그리로 되돌아가지 아니하고 땅을 적셔서 소출이 나게 하며 싹이 나게 하여 파종하는 자에게는 종자를 주며 먹는 자에게는 양식을 줌과 같이"(10절).

10절 이하에서는 하나님의 말씀에 대해서 비, 눈과 농사의 구체적인 비유를 들어서 설명한다. 하늘에서 비와 눈이 내려와서 헛되게 하늘로 돌아가는 것이 아니라 작물의 씨앗이 자라나게 해서 배고픈 자들에게 양식을 공급해 준다. 11절을 마저 보자.

"내 입에서 나가는 말도 이와 같이 헛되이 내게로 되돌아오지 아니하고 나의 기뻐하는 뜻을 이루며 내가 보낸 일에 형통함이니라"(11절).

하늘에서 내린 비와 눈이 땅에 수분을 공급해서 생명을 낳게 하는 것처럼, 하나님의 말씀이 하나님의 입에서 나오면 헛되게 사라지지 않고 반드시 생명을 살리고 배고픈 자에게 양식을 공급하시는 하나님의 기쁜 뜻을 순조롭게 완성하실 것이라는 말씀이다. 그러므로 이와 같이 하나님께 돌아오면 용서해 주실 것이라는 하나님의 말씀 역시 하나님의 입에서 나가는 말씀이므로 확실히 이루어질 것이라고 믿을 수 있다.

3. 용서의 결과(12-13절)

이제 하나님께서는 이사야 55장 12절과 13절에서 하나님께 돌아와서 확실한 용서를 받은 사람들이 누리게 될 용서의 결과와 새로운 삶에 대한 비전을 우리에게 보여 준다. 먼저 하나님께서는 12절에서 "너희는 기쁨으로 나아가며 평안히 인도함을 받을 것이요"라고 약속해 주신다. 용서를 구하지 않는 죄인들은 하나님께 나아가지 못하고 깊은 곳에 숨으려고 하지만, 하나님께 돌아온 사람들은 하나님이 기뻐하시는 뜻을 따라서 그들이 숨어있던 곳에서 기쁨으로 나오게 된다. 그리고 하나님께서는 회개한 사람들에게 미션(mission)을 주셔서 기쁘으로 나아가게 하시고, 하나님의 미션을 달성할 수 있도록 평화롭게 인도해 주실 것이다. 다시 말해 하나님께서는 회개한 사람들에게 선교적 삶을 살아가라는 미션을 요청하신다.

이제 12절의 후반부에서 13절까지 이어지는 말씀은 선교적 삶을 살아가려는 사람들에게 하나님께서 보여 주시는 비전이다. "산들과 언덕들이 너희 앞에서 노래를 발하고 들의 모든 나무가 손뼉을 칠 것이며 잣나무는 가시나무를 대신하여 나며 화석류는 찔레를 대신하여 날 것이라." 선교적 삶을 살아가기로 결단한 사람들은 자기만족이나 세상에 대한 두려움으로 인해서 자기 안에 머무는 것이 아니라, 이러한 비전(vision)을 따라서 들과 산으로 즐겁게 나아가야 한다. 산들과 언덕들은 물론 들의 나무들이 그들과 함께 하나님을 찬양하며 그들을 격려한다.

하나님께서 회개하는 사람들의 죄를 용서해 주시는 땅에는 가시나무나 찔레처럼 쓸모없는 나무들이 아니라, 잣나무와 화석류와 같이 과실을 맺고 향기로운 나무들이 자라나서 사람들의 생명을 풍성하게 할 것이라고 약속하셨다. 마지막으로 하나님은 말씀하신다. "이것이 여호와의 기념(이름)이 되며 영영한 표징이 되어 끊어지지 아니하리라." "이것"은 하나님께 돌아오는 모든 사람들이 세상으로 나가서 선교적 삶을 살아가는 것을 말한다.

말씀의 갈무리

하나님은 하나님께 돌아와서 회개하는 모든 사람들을 용서해 주신다. 하나님은 그들에게 선교적 삶을 살아가도록 풍성한 생명과 기쁨의 비전을 주신다. 하나님은 선교적 삶을 생명과 평화의 삶으로 인도하시기를 기뻐하신다. 그러므로 우리의 회개와 선교적 삶은 하나님을 영원히 기념할 수 있는 "표징"이 될 것이다.

이사야 선지자의 입을 통해서 악인은 그의 길을, 불의한 자는 그의 생각을 버리고 여호와께로 돌아오라는 음성을 듣는 지금이 하나님을 만날 만한 때다. 하나님은 하나님께 돌아오는 자는 누구나 긍휼히 여기시고 너그럽게 용서해 주실 것이라고 약속하셨다. 용서가 필요한 지금이 여호와를 만날 만한 때다. 우리는 오늘의 말씀을 통해서 선교적 삶의 비전을 찾아야 한다. 우리와 가까이 있는 소외되고 고통당하고 억압받는 이웃과 함께하시는 하나님을 찾으라. 그곳을 찾아가서 우리 가까이에 계시는 하나님께 삶의 비전을 보여 달라고 부르짖어 기도하자. 하나님께서는 그 자리에서 반드시 우리의 기도를 들으시고, 우리에게 합당한 비전을 보여 주실 것이다.

2

주일 낮 예배·설교 지침

사순절 네 번째 주일

❖성서정과 시 32; 수 5:9-12; 고후 5:16-21; 눅 15:1-3, 11b-32

예배로 부름 Call to Worship

내가 주의 권능과 영광을 보기 위하여 이와 같이 성소에서 주를 바라보았나이다 주의 인자하심이 생명보다 나으므로 내 입술이 주를 찬양할 것이라 이러므로 나의 평생에 주를 송축하며 주의 이름으로 말미암아 나의 손을 들리라(시 63:2-4)

예배 기원 Invocation

말씀으로 세상을 창조하신 하나님 아버지! 찬송과 영광과 존귀를 올려 드립니다. 사모하고 기다리던 주일을 맞이하여 기쁨을 안고 성전으로 나왔습니다. 오늘도 강단에서 선포되는 진리의 말씀을 들으면서 한 주간 고달픈 세상살이에 지친 몸과 마음이 위로받기 원합니다. 자비로운 하나님의 음성이 들려올 때 낙심한 심령이 용기를 얻기 원합니다. 좌우에 날 선 검과 같은 예리한 말씀을 들으면서 저희의 나태해진 신앙생활이 도전을 받기 원합니다. 천지는 없어져도 영원토록 변함이 없을 귀하고 복된 말씀으로 오늘도 우리 심령을 충만하게 채워 주옵소서. 말씀이 육신이 되어 우리 가운데로 오신 예수 그리스도의 이름으로 기원하옵나이다. 아멘.

이 주일의 찬송 Hymns

찬양하라 복되신 구세주 예수(31장) / 나 주를 멀리 떠났다(273장)

천부여 의지 없어서(280장) / 내가 예수 믿고서(421장)

돌아와 돌아와(525장) / 어서 돌아오오(527장)

성시교독 Responsive Readings　　　　시편 32:1-5, 10-11

인도자　¹ 허물의 사함을 받고 자신의 죄가 가려진 자는 복이 있도다

회 중　² 마음에 간사함이 없고 여호와께 정죄를 당하지 아니하는 자는 복이 있도다

인도자　³ 내가 입을 열지 아니할 때에 종일 신음하므로 내 뼈가 쇠하였도다

**회 중　⁴ 주의 손이 주야로 나를 누르시오니 내 진액이 빠져서 여름 가뭄에 마름 같이 되었
　　　　나이다(셀라)**

인도자　⁵ 내가 이르기를 내 허물을 여호와께 자복하리라 하고 주께 내 죄를 아뢰고 내 죄악
　　　　을 숨기지 아니하였더니

회 중　곧 주께서 내 죄악을 사하셨나이다(셀라)

인도자　¹⁰ 악인에게는 많은 슬픔이 있으나

회 중　여호와를 신뢰하는 자에게는 인자하심이 두르리로다

인도자　¹¹ 너희 의인들아 여호와를 기뻐하며 즐거워할지어다

회 중　마음이 정직한 너희들아 다 즐거이 외칠지어다

고백의 기도 Prayer of Confession

회개하는 죄인을 내치지 아니하시고 용서하시는 하나님 아버지! 그 인애를 의지하
여 고백의 기도를 드립니다. 매일 매 순간을 경건하게 보내야 하는 사순절 기간에
도 저희에게는 회개할 사연만이 가득합니다. 십자가의 은혜가 아니면 영원히 멸망
할 수밖에 없는 저희이건만, 지난 한 주간 십자가를 외면하면서 살았습니다. 부활
의 영광은 꿈꾸면서도 고난의 가시밭길을 걷는 것은 싫어했습니다. 피 흘리시는 예
수님의 아래에서 속옷을 제비뽑았던 병정들처럼, 저희도 십자가의 구원과 신앙의
본질에는 관심이 없고 그저 종교 생활을 하면서 얻게 될 물질의 이익과 육체의 만
족을 나누어 가지고자 했습니다. 오, 하나님! 골고다 언덕에 올라와서까지 예수님
을 보지 못하고 육신의 욕심에만 붙들려 살고 있는 어리석음을 용서해 주옵소서.
예수님의 이름으로 이 고백의 기도를 드립니다. 아멘.

사함의 확신 Assurance of Forgiveness

내가 너희에게 이르노니 이와 같이 죄인 한 사람이 회개하면 하늘에서는 회개할 것
이 없는 의인 아흔아홉으로 말미암아 기뻐하는 것보다 더하리라(눅 15:7)

오늘의 주제

화목의 그리스도

📖 본문의 접근

본문의 재경청   고후 5:16-21

¹⁶ 그러므로 이제부터 우리는 아무도 육신의 잣대로 알려고 하지 않습니다. 전에는 우리가 육신의 잣대로 그리스도를 알았지만, 이제는 그렇지 않습니다. ¹⁷ 누구든지 그리스도 안에 있으면, 그는 새로운 피조물(크티시스, κτίσις, creaation)입니다. 옛 것은 지나갔습니다. 보십시오, 새 것이 되었습니다. ¹⁸ 이 모든 것은 하나님에게서 났습니다. 하나님께서는 그리스도를 내세우셔서, 우리를 자기와 화해하게(카탈랏소, καταλλάσσω, reconcile) 하시고, 또 우리에게 화해의 직분(디아코니아, διακονία, service)을 맡겨 주셨습니다. ¹⁹ 곧 하나님께서 사람들의 죄과를 따지지 않으시고, 화해의 말씀을 우리에게 맡겨 주심으로써, 세상을 그리스도 안에서 자기와 화해하게 하신 것입니다. ²⁰ 그러므로 우리는 그리스도의 사절입니다. 하나님께서는 우리를 시켜서 여러분에게 권고하십니다. 우리는 그리스도를 대리하여 간청합니다. 여러분은 하나님과 화해하십시오. ²¹ 하나님께서는 죄를 모르시는 분에게 우리 대신으로 죄를 씌우셨습니다. 그것은 우리가 그리스도 안에서 하나님의 의가 되게 하시려는 것입니다. 〈새번역〉

본문 개관

고린도교회를 향해 바울은 자신의 사도됨에 대해 설명한다. 바울을 비난하는 사람들의 근거 없는 비방에도 복음은 전달되어야 마땅했다. 사도의 덕목으로 여러 가지를 들 수 있지만 본문에서는 화목하게 하는 사람이 사도임을 강조한다. 이 화목은 단순히 사람 사이의 친목을 의미하지 않는다. 하나님을 알지 못하거나 떠나 있는 사람들이 하나님과 화목하게 되는 것이다. 하나님과의 화목은 일방적인 인간의 굴종으로 가능한 것이 아니다. 하나님이 먼저 스스로를 내어주셨다. 사순절은 인간에게 자신을 주신 하나님과 그 길이 되신 예수님에 대해 묵상하는 기간이다.

본문 분석

1. 육신을 따라(16절)

육신은 단순히 인간의 신체를 의미하지 않는다. 인간이 노력하여 이루어놓은 모든 상식과 기준이 바로 육신이다. 심지어 동물적인 속성을 의미하는 육체마저도 인간은 완전하지 않다. 그래서 눈으로 보고 듣는 것이 왜곡되는 경우가 많다. 사고의 측면에서도 인간은 헛된 욕망과 경쟁심에 휘둘릴 때가 많다. 육신을 따라 사는 삶이 가진 한계이다.

2. 알았으나(16절)

본문을 통해 그리스도를 아는 방법에 차이가 있음을 알게 된다. 그저 자연인으로 예수님을 알 수도 있다. 역사적 인물로 알 수도 있다. 바울은 믿음 없이는 그저 그리스도를 육신으로 알 수밖에 없음을 지적한다. 그것은 단순히 죄인의 관점에서 그리스도를 그저 인지한다는 말이다.

3. 지나갔으니(17절)

육신을 기준으로 살던 우리가 새로운 피조물이 되었다. 이전 것은 지나갔다. 태어난 이후 주님을 영접한 사람도 거듭난 새 피조물이라 할 수 있다. 같은 육체이나 전혀 다른 존재이다. 옛 존재는 지나가버렸다. 신앙으로 거듭난 사람이라면 다시 돌아갈 수 없다.

4. 화목하게 하는 직분(18절)

화목은 하나님이 원하시는 일이다. 하나님이 그것을 이루기 위해서 애쓰시는 일이다. 그러나 하나님만의 일인 것은 아니다. 하나님은 우리도 그 화목을 세상에서 이루기를 원하신다. 그저 바라시는 데 그치지 않고 화목을 위해서 우리가 일하기를 명하신다. 인간이 하나님과 동등한 위치에 설 수는 없지만 하나님과 같은 일을 할 수 있다는 것은 그 자체로 영광이다.

5. 죄를 그들에게 돌리지(19절)

죄는 스스로 사라질 수 없다. 반드시 그 값을 치러야 한다. 우리의 죄도 당연히 우리가 책임을 져야 마땅하다. 그러나 하나님을 향한 인간의 죄는 사망으로밖에 갚을 길이 없다. 이런 곤경에서 하나님의 은혜가 제시된다. 하나님이 죄를 우리에게 돌리지 않으신다는 선언이다. 죄에 대해 무기력할 수밖에 없는 내가 이 사랑으로 인해 다시 생기를 얻는다.

본문의 신학

1. 사도의 시각

바울은 철저히 유대교의 관점에서 세상을 봤던 사람이다. 그러나 그리스도를 체험한 이후 자신에게 사도의 사명이 주어진 것을 깨달았다. 그래서 예전처럼 육신에 따라 사람을 평가하지 않게 되었음을 선언한다. 물론 그리스도의 이름을 몰랐던 것은 아니다. 그러나 복음의 관점에서 해석할 도리가 없었음을 의미한다. 이런 바울에게 하나님은 믿음을 주셨다. 선물로 주셨다. 인간은 자신이 스스로 알 수도 있고 행할 수도 있다고 생각한다. 그러나 우리는 하나님 아니면 깨닫지 못하고 눈앞의 현상을 바로 해석할 수도 없다.

2. 거함이 창조

하나님이 세상에 먼저 손을 내미셨다. 아들을 세상에 보내셨다. 이 세상은 죄로 오염된 곳이다. 인간의 부패와 악으로 희망을 찾을 수 없었다. 그런데 하나님으로 말미암아 새로워졌다. 이전의 속성은 사라졌다. 새롭게 창조되었다. 재창조가 가능해진 이유는 바로 그리스도 안에 거하는 것이다. 성도는 그리스도 안에 있기만 해도 이전과는 전혀 다른 존재가 된다.

3. 하나님의 일하심

처음 창조는 하나님이 주도하셨다. 그러면 그 이후 하나님은 그저 세상이 돌아가도록 두셨는가? 아니다. 인간을 구원하시기 위해 아들을 세상에 다시 보내시고, 믿는 성도가 그리스도 안에 거할 수 있게 하시는 방법으로 다시 창조를 이루셨다. 하나님은 예전에도 그리고 지금도 일하신다.

4. 하나님이 싫어하시는 것

하나님은 화목을 원하신다. 인간이 탐나서 인간을 소유하려고 하시는 것이 아니다. 왜냐하면 애초에 인간을 지으신 분이 하나님이시기 때문이다. 하나님은 우리를 당신 마음대로 하기 원하지 않으신다. 하나님이 바라시는 것은 우리와의 관계이다. 피조물이 하나님을 바로 알고 하나님 안에서 사는 것이 이상적이나 우리의 죄악으로 화목을 이루지 못했다. 바로 이런 우리의 모습을 하나님이 안타까워하신다.

5. 화목하는 삶

바울은 너희가 하나님과 화목하라고 한다(20절). 고린도후서가 고린도 교회 교인들을 대상으로 한다는 점에서 일단 너희가 고린도 교회의 성도들임을 알 수 있다. 그런데 화목이 단순히 회심을 의미하는 것이라면 바울은 지금 고린도 교회 교인들이 회심하지 않은 상태라는 것을 말하고, 회심하지 않은 사람들은 아직 교인이라고 볼 수 없다는 결론에 이르게 된다. 물론 고린도 교회 안에 아직 신앙이 약한 초신자들이 있을 수도 있고 그들을 지목해서 말한 것으로 볼 수도 있다. 그러나 하나님과의 화목은 모든 성도가 매일의 삶에서 품어야 할 성도의 덕목이기도 하다.

📖 평행 본문

시편 32

시편 6편이나 51편 등과 성격을 같이하는 참회시이다. 죄 사함을 받은 사람의 복, 침묵할 때의 고통, 죄의 자복, 악인의 슬픔과 의인들의 즐거움을 내용으로 한다. 시인은 죄로 말미암아 고뇌에 빠진다. 뼈가 쇠할 정도의 고통이다. 그래서 마침내 하나님께 자신의 허물을 자복한다. 인애하신 하나님은 허물을 사하시기에 죄가 가리워지는 복을 받는다. 죄의 고통에서 새로운 사람으로 다시 살아난다.

누가복음 15:1-3, 11b-32

유대교의 지도자들은 세리와 죄인들과 예수님이 어울리시는 것을 못마땅해한다. 이들에게 예수님이 비유로 말씀하신다. 큰 아들은 그저 아버지 곁에서 자신의 일을 하는 것으로 만족하지 못했다. 집을 떠난 동생을 비난하고 정죄하는 것에 온 마음을 쏟았다. 그래서 돌아온 동생을 기쁜 마음으로 맞이하지 못했다. 아버지는 이 형이 동생을 위한 잔치에 참여하고 기뻐하는 것이 마땅하다고 하신다. 그저 무관심하거나 무덤덤한 것으로 충분하지 않다. 가족이라면 새로운 생명을 얻는 것을 자신의 일처럼 즐거워해야 한다. 그래야 자신이 돌아올 때 그러한 환영을 받게 될 것이다.

🗂 설교를 위한 적용

오늘에 적용

- **16절 "알지 아니하노라"** : 그리스도를 아는 것이 시작이다. 정보를 습득하는 차원에서 아는 것으로는 부족하다. 그리스도의 능력과 사랑과 계획을 깨닫고 신뢰하는 것이 아는 것이다. 이런 사람은 그 전과 이후를 바울처럼 명확하게 구분할 수 있다.

- **17절 "그리스도 안에 있으면"** : 창조는 내가 주도하지 않는다. 우리는 피조물이다. 피조물은 애초에 스스로가 무엇인가를 할 수 있는 능력이 없다. 지어지고 나서야 무언가 할 수 있기 때문이다. 우리가 새로운 존재로 거듭나기 위해서는 내가 어떤 일을 하거나 일정한 조건을 성취하는 방식은 통하지 않는다. 본문처럼 그저 그리스도 안에 있으면 된다.

- **18절 "자기와 화목하게"** : 화목이 생명임을 알아야 한다. 하나님은 스스로를 인간과 화목하게 하셨다. 그것을 위해 아들을 내어주셨다. 이 화목은 단어가 주는 느낌처럼 단순히 사이가 좋은 것을 말하지 않는다. 죄에서 돌이켜 하나님께로 돌아가는 인생의 중대한 사건이다.

- **20절 "너희는 하나님과 화목하라"** : 직분을 맡은 자가 모범을 보여야 한다. 하나님과의 화목은 아직 믿지 않는 이들에게만 필요한 것이 아니다. 바울은 우리가 그리스도를 본받아서 화목의 사역을 행하는 직분자임을 강조했다. 화목을 전파해야 할 사람은 먼저 실천해야 한다. 신앙이 있음을 과신할 것이 아니라 매일의 삶에서 자신을 돌아보며 이웃과 먼저 화목하고, 바로 그런 모습으로 하나님과 화목해야 한다.

- **21절 "죄를 알지도 못하신 이를"** : 그리스도의 희생을 기억해야 한다. 화목을 위해 그리스도는 죄로 삼으신바 되셨다. 죄에 대해서 알지도 못하시고 아무런 관련도 없는 분이 죄인이 되신 것은 아니지만 죄인과 같은 취급을 받게 되셨다. 이 모든 희생은 우리를 구속하시기 위한 하나님의 선택이다.

설교 개요

- "과거를 묻지 마세요." 옛 대중가요 제목이기도 하고 영화의 제목이기도 하다. 그런데 묻지 말라고 할수록 과거가 궁금해지고는 한다. 인간이라는 존재가 과거에 얽매이기 때문이다. 잊으려고 해도 자꾸 생각난다. 그러나 하나님은 과거를 묻지 않으신다. 오늘 본문에서도 하나님은 과거에 대한 이야기를 하지 않으신다. 그저 앞으로 피조물인 우리와 화목할 것을 말씀하신다.

- 화목의 방법은 먼저 손을 내미는 것이다. 하나님은 자신의 모든 것을 주신다. 그것이 쉬워서가 아니다. 아들을 내어주는 것은 그 자체로 고통이다. 그리고 그 자체로 새롭게 창조하는 것이다.

- 하나님은 우리를 위해 이 수고를 마다하지 않으신다. 인간은 이런 하나님의 모습을 보면서 스스로의 죄를 돌아봐야 한다. 회개의 자리로 나가야 한다.

- 이런 기회는 하나님이 뒤를 돌아보지 않으셨기 때문에 가능하다. 하나님의 관심은 우리가 어떠했는가가 아니다. 우리가 어떻게 할 것인가이다. 그래서 하나님은 새로운 직분을 주신다. 우리를 신뢰하신다는 의미이다. 우리를 믿지 않으셨으면 아들을 주시지 않으셨을 것이다. 또한 직분도 맡기지 않으셨을 것이다.

- 이렇게 바울의 편지를 통해 우리의 과거를 묻지 않으시고 무한 신뢰하시며 직분을 주셨음을 확인할 수 있다. 하나님이 주신 직분은 우리의 능력을 넘어서는 것이 아니다. 화목하는 것이다. 우리는 화목을 경험했다. 하나님으로 말미암아 화목하는 법을 알았다. 우리가 화목하게 하면 이 직분대로 사는 것이다.

설교를 위한 예화

학교폭력(학폭) 건수와 관련 소송이 매년 늘어나는 가운데 지역 학부모들이 중재자로 나서 8개월간 20여건의 학폭 문제를 조정·해결한 것으로 나타났다. 학부모 눈높이에서 학생·학부모와 소통한 게 효과를 거뒀다는 평가다. 서울시 북부교육지원청은 '학부모 관계가꿈 지원단'이 작년 11월부터 올해 7월까지 초등학교 13건, 중고교 14건 등 총 27건의 학폭 사안 관계 조정을 시도해 22건

(81%)의 조정에 성공했다고 24일 밝혔다. 이 가운데 10건은 학부모 간 갈등으로까지 번진 심각한 사안이었다.

학폭의 경우 학교장 자체 해결이 어려우면 교육지원청에서 학교폭력대책심의위원회(학폭위)를 개최한다. 학폭위에서는 피해 학생 보호, 가해 학생 선도 조치 등을 내리는데, 갈등이 심한 경우 소송 등 법적 다툼으로 이어지기도 한다. 학부모 관계가꿈 지원단은 학폭위가 열리기 전 학교 안에서 사안을 자체 해결하도록 조정하는 역할을 한다. 서울에선 처음 만들어진 학부모 지원단이다. 지원단 운영 기간에 북부교육지원청이 접수·심의한 학폭위 건수가 162건임을 고려하면 조정 22건은 많은 편이라는 게 지원청의 설명이다.

학폭 조정에서 가장 중요한 건 갈등의 '골든타임'을 놓치지 않고 신속하게 서로의 입장을 듣는 것이다. 고화정 학부모 관계가꿈 지원단 대표는 "학부모 마음으로 양쪽 이야기를 충분히 경청하고 공감하면 격했던 감정이 사그라들고 오해가 풀리는 경우가 있다"고 말했다. 이어 "얼굴도 안 보겠다던 학생들 사이에 지원단이 다리를 놓으면서 가해자 사과로 이어져 해결되기도 한다"며 "교사도 '이게 되네?'라며 놀란다"고 덧붙였다. 신재영 북부교육지원청 학교통합지원센터 장학사는 "최근 소모적인 갈등이 많아 학교도 많은 어려움을 겪었는데 이런 고충을 줄여 주는 대안이 될 것"이라고 했다.

〈김지예 기자, 「서울신문」, 2024.07.25., "부모들이 학폭 중재 나섰더니…학폭위 안 가고 81% 해결", https://www.seoul.co.kr/news/society/education-news/2024/07/25/20240725012003〉

하나님은 그리스도를 아는 우리를 화목하게 하는 사신으로 세상에 보내셨다. 사신은 보내신 이의 의도를 잘 알아야 한다. 동시에 효율적으로 상대방이 메시지를 받아들이게 해야 한다. 이를 위해 그리스도의 사신된 우리는 그리스도의 눈으로 사람을 볼 필요가 있다. 학폭의 현장에서 학폭에 연루되었던 경험이 있는 부모님들의 역할이 효과가 있었을 것이다. 그 누구보다 당사자의 마음을 잘 알고 있었을 것이기 때문이다.

사순절 다섯 번째 주일

❖ **성서정과** 시 126; 사 43:16-21; 빌 3:4b-14; 요 12:1-8

예배로 부름 Call to Worship

내가 또 보고 들으매 보좌와 생물들과 장로들을 둘러선 많은 천사의 음성이 있으니 그 수가 만만이요 천천이라 큰 음성으로 이르되 죽임을 당하신 어린 양은 능력과 부와 지혜와 힘과 존귀와 영광과 찬송을 받으시기에 합당하도다 하더라(계 5:11-12)

예배 기원 Invocation

거룩하신 하나님 아버지! 사순절 기간이 다하여가는 마지막 주일에 예배를 드립니다. 예수님께서 고난당하고 계신 골고다의 십자가가 더욱 선명하게 다가오는 아침입니다. 저 십자가에서 흐르는 피는 그 누구도 아닌 나의 죄를 속량하는 보혈인 것을 믿습니다. 그 보혈을 지나서 삼위일체 하나님께서 좌정하여 계신 거룩한 보좌 앞으로 나아가 예배하오니, 창조주이시며 만유의 주재이시며 구원자가 되시는 삼위일체 하나님만 홀로 영광을 받아 주옵소서. 그리고 간절한 마음으로 은혜를 사모하는 모든 성도에게는 구원의 은총과 넘치는 사랑을 베풀어 주옵소서. 예수 그리스도의 이름으로 기원하옵나이다. 아멘.

이 주일의 찬송 Hymns

주는 귀한 보배(81장) / 주 예수보다 더 귀한 것은 없네(94장)

값비싼 향유를 주께 드린(211장) / 나의 생명 드리니(213장)

높으신 주께서 낮아지심은(467장) / 새벽부터 우리(496장)

성시교독　Responsive Readings　　　　　　　시편 126:1-6

인도자	[1] 여호와께서 시온의 포로를 돌려보내실 때에
회　중	**우리는 꿈꾸는 것 같았도다**
인도자	[2] 그때에 우리 입에는 웃음이 가득하고
회　중	**우리 혀에는 찬양이 찼었도다**
인도자	그때에 뭇 나라 가운데에서 말하기를
회　중	**여호와께서 그들을 위하여 큰 일을 행하셨다 하였도다**
인도자	[3] 여호와께서 우리를 위하여 큰 일을 행하셨으니 우리는 기쁘도다
회　중	**[4] 여호와여 우리의 포로를 남방 시내들 같이 돌려보내소서**
인도자	[5] 눈물을 흘리며 씨를 뿌리는 자는 기쁨으로 거두리로다
회　중	**[6] 울며 씨를 뿌리러 나가는 자는 반드시 기쁨으로 그 곡식 단을 가지고 돌아오리로다**

고백의 기도　Prayer of Confession

상한 갈대도 꺾지 않으시고 꺼져가는 등불도 끄지 않으시는 자비로우신 하나님 아버지! 한 주간을 살면서 죄악 중에 거하던 저희의 몸은 상한 갈대처럼 시들어졌습니다. 하나님을 떠나 교만하기만 했던 저희의 마음은 이제 꺼져가는 등불처럼 위태로워졌습니다. 하나님이 없이도 성공할 수 있다고 확신했고, 하나님이 도와주지 않으셔도 모든 것을 성취할 수 있다고 믿었기에 저희는 탕자처럼 아버지의 집을 떠나 살았습니다. 내 마음대로 먹고 마시며 원 없이 쾌락을 즐겼다고 여겼으나, 남은 것은 무저갱 같은 허무와 죽음 같이 두려운 절망뿐입니다. 하나님의 인도를 받지 않고 걸어가는 인생길의 종점은 사망의 골짜기인 것을 깨닫지 못했습니다. 사랑의 하나님! 이 죄인의 때늦은 회개도 받아 주시기를 간구합니다. 가슴을 두드리며 통회하고 있사오니, 이 상한 몸과 꺼져가는 마음을 회복시켜 주옵소서. 예수님의 이름으로 이 고백의 기도를 드립니다. 아멘.

사함의 확신　Assurance of Forgiveness

네 악이 제하여졌고 네 죄가 사하여졌느니라(사 6:7b)

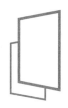

오늘의 주제

고난에 참여함

📖 본문의 접근

본문의 재경청   빌 3:4b-14

⁴ 하기야, 나는 육신에도 신뢰(페포이데시스, πεποίθησις, trust)를 둘 만합니다. 다른 어떤 사람이 육신에 신뢰를 둘 만한 것이 있다고 생각하면, 나는 더욱 그러합니다. ⁵ 나는 난 지 여드레 만에 할례를 받았고, 이스라엘 민족 가운데서도 베냐민 지파요, 히브리 사람 가운데서도 히브리 사람이요, 율법으로는 바리새파 사람이요, ⁶ 열성으로는 교회를 박해한(디오코, διώκω, pursue) 사람이요, 율법의 의로는 흠 잡힐 데가 없는 사람이었습니다. ⁷ [그러나] 나는 내게 이로웠던 것은 무엇이든지 그리스도 때문에 해로운 것으로 여기게 되었습니다. ⁸ 그뿐만 아니라, 내 주 예수 그리스도를 아는 지식이 가장 고귀하므로, 나는 그 밖의 모든 것을 해로 여깁니다. 나는 그리스도 때문에 모든 것을 잃었고, 그 모든 것을 오물(스퀴발론, σκύβαλον, refuse, dung)로 여깁니다. 나는 그리스도를 얻고, ⁹ 그리스도 안에 있는 사람으로 인정받으려고 합니다. 나는 율법에서 생기는 나 스스로의 의가 아니라, 그리스도를 믿는 믿음으로 말미암아 오는 의 곧 믿음에 근거하여, 하나님에게서 오는 의를 얻으려고 합니다. ¹⁰ 내가 바라는 것은, 그리스도를 알고, 그분의 부활의 능력을 깨닫고, 그분의 고난에 동참하여, 그분의 죽으심을 본받는 것입니다. ¹¹ 그리하여 나는 어떻게 해서든지, 죽은 사람들 가운데서 살아나는 부활에 이르고 싶습니다. ¹² 나는 이것을 이미 얻은 것도 아니며, 이미 목표점에 다다른 것도 아닙니다. 그리스도 [예수]

께서 나를 사로잡으셨으므로, 나는 그것을 붙들려고 좇아가고 있습니다. [13] 형제자매 여러분, 나는 아직 그것을 붙들었다고 생각하지 않습니다. 내가 하는 일은 오직 한 가지입니다. 뒤에 있는 것은 잊어버리고, 앞에 있는 것을 향하여 몸을 내밀면서, [14] 그리스도 예수 안에서, 하나님께서 위로부터 부르신 그 부르심의 상(브라베이온, βραβεῖον, award)을 받으려고, 목표점(스코포스, σκοπός, mark)을 바라보고 달려가고 있습니다. 〈새번역〉

본문 개관

이단과의 끊임없는 싸움이 이어지던 초대교회의 정황이 오늘 본문에도 드러난다. 그들은 단순하게 자신들의 논리를 주장하지 않았다. 교회를 박해하며 복음을 공공연히 폄훼했다. 특히 율법주의자들은 자신들이 마치 기득권을 가지고 있는 양 당당하게 복음과 다른 내용을 성도들에게 강요했다. 그들에게는 그리스도로 말미암은 신앙보다 육체로 대변되는 전통이 더욱 중요했다. 하나님의 구원 사역보다 글로 정착된 율법을 더 우선시했다. 이런 주장에 대해 바울은 그리스도의 부활과 고난이 유일한 답인 것을 천명한다. 부활은 고난 없이 있을 수 없다. 수난을 깊이 묵상할 때 우리를 번민에 빠지게 하는 것은 우리와 낯선 것들이 아니다. 유대인들에게 참으로 익숙했던 율법이 은혜를 가로막았다. 고난과 은혜는 결코 분리되지 않는다.

본문 분석

1. 육체를 신뢰(4절)

본문의 육체는 그리스도와 구별이 된다. 그리스도이신 예수님으로 말미암아 구원을 받는 것과 상관이 없는 혈통, 가문, 율법에 대한 충성이 육체이다.

2. 팔일 만에 할례를(5절)

신생아에게 할례를 베푸는 것은 유대인의 전통을 따르는 것이었다. 그런데 모든 유대인이 이 전통을 생후 팔일 만에 베풀 수는 없었다. 그래서 바울은 그 기간 안에 자신이 할례를 받은 것을 따로 강조하고 있다. 율법이라는 관점을 놓고 보면 자신만큼 철저하게 자격을 갖춘 사람이 또 있느냐는 자신감의 표현이다.

3. 흠이 없는 자라(6절)

율법을 중요하게 여기고 강조하는 사람들 중 하나였던 바울이 스스로 율법에 흠이 없을 정도라고 한다. 물론 율법이 구원을 얻는 데 있어서 제일 중요하다고 아직까지 생각하고 있는 것은 아니다. 율법에 흠이 없을 정도의 경지에 있었지만 여전히 참된 구원이 필요했음을 역설적으로 말한다.

4. 지식이 가장 고상하기(8절)

예수님을 경멸하던 바울이 예수님에 대해서 아는 것 자체가 가치 있음을 말한다. 고상하다는 것은 우아하다거나 하는 의미라기보다 다른 그 어떤 것보다 우월하고 뛰어나다는 뜻이다.

5. 죽으심을 본받아(10절)

그리스도의 죽으심을 본받는다고 할 때 그 원뜻은 모양을 갖는다는 것이다. 그리스도의 죽으심이라는 모양을 우리가 갖는 것이 본받는 것이다.

본문의 신학

1. 신뢰한다는 것

바울은 육체를 믿음의 기반으로 하지 않는 것에 대해서 이미 하나님의 성령으로 봉사하고 그리스도 예수로 자랑하는 사람들로 규정을 했다. 그렇다면 신뢰한다는 것은 무엇인가? 하나님으로부터 온 성령님이나 예수님에 대한 순수한 믿음이 아니라 인간적인 훈련이나 전통, 도덕 등을 참된 구원의 길로 믿고 의지하고 받아들이는 것을 말한다.

2. 자격의 문제가 아님

인간적이고 눈에 보이는 것이 구원의 방법이 아닌 것을 바울이 알리면서 자신은 그런 면에서 더욱 내세울 것이 많음을 강조한다. 이런 바울의 접근을 볼 때 구원의 문제는 객관적으로 많이 갖추고 있느냐 그렇지 않느냐의 문제가 아님을 알 수 있다. 율법주의자들의 주장처럼 경건한 모습을 얼마나 갖추었는지, 어떤 학파인지, 누구의 제자인지와 같이 일정한 자격을 갖추는지는 신앙에서 중요하지 않다. 단 한가지만이라도 올바르게 선택하는 것이 중요하다.

3. 그리스도를 얻음

세상이 부러워할 만한 것들을 잃고, 그것도 모두 잃어버리고 오히려 해로 여기는 것이 옳다고 주장하는 것에는 이유가 있다. 그리스도를 얻기 위함이다(8절). 그리스도를 얻으려면 무엇인가를 내줘야 한다. 내주는 것은 혈통이나 율법의 준수나 세상의 자랑이다. 그 모든 것보다 그리스도는 더욱 귀중하다. 그래서 아낌없이 내어줄 수 있다.

4. 하나님의 의

율법은 의로움을 지향한다. 그래서 율법에 의지하는 사람들은 율법이 의를 낳는다고 생각한다. 그러나 우리의 의롭다 함은 율법이 아닌 그리스도로 말미암았다. 그러면 그리스도를 믿는 믿음은 인간적인 요소가 아니냐는 반문을 할 수 있다. 이에 대해 바울은 우리가 그리스도를 믿는 그 믿음마저도 하나님께로부터 난 것으로 "믿음으로 하나님께로부터 난 의"임을 명확히 한다. 인간은 하나님 없이는 의로워질 능력이 없다.

5. 이미와 아직

바울은 자신이 구원을 이미 얻은 것이 아니라고 한다. 그런데 그리스도를 이미 만나지 않은 사람이 어떻게 구원의 도를 깨달았으며, 빌립보 교회에 편지를 보낼 수가 있었겠는가. 바울이 예수님을 만나서 구원을 얻은 것 자체를 부정하는 것이 아니다. 그리스도의 죽으심을 본받는 과정에 이미 다 이루었다는 것은 우리에게 불가능함을 말한다.

📖 평행 본문

이사야 43:16-21

[16] 내가 바다 가운데 길을 내고, 거센 물결 위에 통로를 냈다. [17] 내가 병거와 말과 병력과 용사들을 모두 이끌어 내어 쓰러뜨려서, 다시는 일어나지 못하게 하고, 그들을 마치 꺼져 가는 등잔 심지같이 꺼버렸다. 나 주가 말한다. [18] 너희는 지나간 일을 기억하려고 하지 말며, 옛일을 생각하지 말아라. [19] 내가 이제 새 일을 하려고 한다. 이 일이 이미 드러나고 있는데, 너희가 그것을 알지 못하겠느냐? 내가 광야에 길을 내겠으며, 사막에 강을 내겠다. [20] 들짐승들도 나를 공경할 것이다. 이리와 타조도 나를 찬양할 것이다. 내가 택한 내 백성에게 물을 마시게 하려고, 광야에 물을 대고, 사막에 강을 내었기 때문이다. [21] 이 백성은, 나를 위하라고 내가 지은 백성이다. 그들이 나를 찬양할 것이다."〈새번역〉

하나님은 이스라엘을 애굽에서 인도하시고 바다 위에 길을 내셔서 구원하셨다. 이런 관심과 사랑으로 다시 말씀하신다. 다시는 이전 일을 기억하지 말라고 하신다. 이제까지 구원하신 것이 크고 놀랍지만 앞으로는 더욱 장대한 구원의 드라마를 이 백성이 체험하게 될 것이다. 그것은 전혀 새로운 일이다. 하나님의 아들이 오셔서 우리를 대신해 이 죄악된 세상에서 우리를 위해 죽으시고 다시 부활하실 것이다. 하나님이 그렇게 하시는 이유는 백성을 지으셨고, 그 백성을 통해 찬양을 받기 원하시기 때문이다.

요한복음 12:1-8

¹ 유월절 엿새 전에, 예수께서 베다니에 가셨다. 그곳은 예수께서 죽은 사람 가운데에 살리신 나사로가 사는 곳이다. ² 거기서 예수를 위하여 잔치를 베풀었는데, 마르다는 시중을 들고 있었고, 나사로는 식탁에서 예수와 함께 음식을 먹고 있는 사람 가운데 끼여 있었다. ³ 그때에 마리아가 매우 값진 순 나드 향유 한 근을 가져다가 예수의 발에 붓고, 자기 머리털로 그 발을 닦았다. 온 집 안에 향유 냄새가 가득 찼다. ⁴ 예수의 제자 가운데 하나이며 장차 예수를 넘겨줄 가룟 유다가 말하였다. ⁵ "이 향유를 삼백 데나리온에 팔아서 가난한 사람들에게 주지 않고, 왜 이렇게 낭비하는가?" ⁶ (그가 이렇게 말한 것은, 가난한 사람을 생각해서가 아니다. 그는 도둑이어서 돈자루를 맡아 가지고 있으면서, 거기에 든 것을 훔쳐내곤 하였기 때문이다.) ⁷ 예수께서 말씀하셨다. "그대로 두어라. 그는 나의 장사 날에 쓰려고 간직한 것을 쓴 것이다. ⁸ 가난한 사람들은 언제나 너희와 함께 있지만, 나는 언제나 너희와 함께 있는 것이 아니다." 〈새번역〉

　　예수님의 사역이 세상에 알려질수록 이를 반대하는 저항도 거세어졌다. 요한복음 12장에서는 유대교 종교지도자들이 예수님과 나사로까지 죽이려고 모의하는 모습이 나오는데, 이렇게 예수님과 거리가 먼 사람들뿐만 아니라 예수님의 제자들 가운데서도 예수님을 완전히 이해하지 못하는 사람도 나타난다. 바로 가룟 유다이다. 유월절 엿새 전 마리아가 향유인 나드 한 근을 예수님 발에 부었는데 유다는 이런 마리아의 행위를 책망한다. 유다는 가난한 자들을 진심으로 위하지 않고 오히려 그들을 이용해 자신이 계산한 것을 취하려 했다. 예수님이 십자가 언덕을 향해 가실 때에도 이렇게 인간의 죄악은 계속된다.

📖 설교를 위한 적용

오늘에 적용

- 5절 "베냐민 지파요" : 신앙에서 주어진 것은 자랑할 것이 아니다. 바울은 이스라엘 족속이고 베냐민 지파로 태어난 것이 자기가 노력해 얻은 것도 아니고 구원에 필수적인 것도 아님을 알았다. 신앙의 영역에서 결코 자랑할 만한 것이 아님도 잘 알았다.

- 10절 "죽으심을 본받아" : 본질을 본받아야 한다. 바울의 그리스도의 죽으심을 본받는다는 말을 문자 그대로 해석해서 우리도 실제로 십자가에서 처형을 당함이 마땅하다는 것이 아니다. 하나님의 뜻과 계획을 위해 목숨을 내놓으신 예수님처럼 우리도 진리를 위해 십자가를 져야 한다.

- 13절 "잡은 줄로 여기지 아니하고" : 매사에 겸손해야 한다. 바울과 같은 사도도 자신이 구원의 도를 확실히 잡은 것으로 여기지 않았다고 한다. 아무리 좋은 의도와 목표를 가졌다고 하더라도 겸손하게 접근해야 한다.

- 13절 "뒤에 있는 것은 잊어버리고" : 앞을 향해 달려야 한다. 바울은 과거에 얽매이지 말라고 한다. 그 과거에는 잊어버리고 싶은 일들만 있는 것이 아닐 것이다. 유대인으로서 자랑스러웠던 것에 더해서 사도로 부름을 받았을 때의 감격과 벅참도 포함된다. 그러나 그 모든 것들은 잊어버려야 한다.

- 14절 "부름의 상을 위하여" : 마땅한 것을 기대해야 한다. 하나님이 준비하신 상을 기대해야 한다. 이 경우는 하나님이 우리를 부르신 그 부름, 즉 구원으로의 초대라는 상이다.

설교 개요

- 구원은 다시 태어남이다. 우리가 아기 때 자신의 선택으로 태어난 사람이 없듯이 우리의 구원도 하나님의 초대하심이 없으면 불가능하다. 그래서 부르신 부름에 귀를 기울여야 한다.

- 이 구원은 우리의 과거를 잊어버리는 것에서 시작한다. 과거를 돌아보면 안

된다. 그것이 화려하고 아름다운 것이었을지라도 잊어버려야 한다. 그래서 구원은 어쩌면 탈피와 같다. 매미가, 또 나비가 고치에서 벗어나야 새로운 삶을 얻듯이 우리의 구원도 과거에 고착되어 있어서는 안 된다.

• 구원을 위해서 앞으로 달려나가야 한다. 이를 위해 내가 가진 것도 잊어버려야 한다. 바울은 잊어버렸다. 특권을 빼앗겼다. 얼마나 이 부분이 컸으면 "모든 것을 잃어버렸다"(8절)고 강조했을 정도였다. 그럼에도 불구하고 억울해하거나 원망하지 않았다. 어차피 과거의 것들은 탈피해야 하기 때문이다.

• 물론 로마의 시민권과 같은 권리도 포기한 것은 아니었다. 자신이 가지고 있던 글을 쓰는 능력과 시민권 등은 복음을 전파하는 데 최대한 활용했다. 그런 의미에서 바울은 성장을 위한 탈피를 한 것이다.

• 바울의 표현대로 권한과 자격 등은 빼앗겼지만 그 과정을 통해 스스로 배설물로 여기는 지혜를 얻었다. 그래서 편하게 떠나보낼 수 있었다. 누구도 탈피한 껍데기를 붙들고 아쉬워하는 법은 없다.

설교를 위한 예화

번데기는 탈피를 하는 고치를 말하는 용어가 아니다. 그 고치 안에서 바뀌는 주체가 되는 몸통이다. 곤충과 같이 생명체가 탈피를 하는 과정을 변태라고 한다. 그 말 그대로 몸이 바뀌는 것이다. 몸 구조가 더이상 예전의 것이 아니다. 약하고 무기력하기까지 한 애벌레의 몸이 변태를 통해 스스로 살 능력을 갖춘 성충이 된다.

2025

4.13

종려 주일 / 수난 주일

❖ **성서정과** 시 118:1-2, 19-29, (31:9-16); 사 50:4-9a;
빌 2:5-11; 눅 23:1-49, (22:14-23:56)

예배로 부름   Call to Worship

시온 딸에게 이르기를 네 왕이 네게 임하나니 그는 겸손하여 나귀, 곧 멍에 메는 짐
승의 새끼를 탔도다 하라 앞에서 가고 뒤에서 따르는 무리가 소리 높여 이르되 호
산나 다윗의 자손이여 찬송하리로다 주의 이름으로 오시는 이여 가장 높은 곳에서
호산나 하더라(마 21:5, 9)

예배 기원   Invocation

사랑의 하나님! 오늘은 예수님께서 십자가를 지시려고 예루살렘 성으로 들어오신
종려 주일입니다. 예수님께서는 정복자와 같이 군마를 타고 입성하지 않으시고, 섬
기는 종이 되어 나귀 새끼를 타고 오셨습니다. 저희도 예수님을 본받아 섬기고 봉
사하고 희생하는 삶을 살기 원합니다. 예수님을 맞이하는 백성들이 종려나무 가지
를 흔들어 환영하였던 것과 같이, 저희도 두 손을 높이 들고 마음을 활짝 열어 예수
님을 영접합니다. 앞에서 가고 뒤에서 따르는 무리가 호산나를 외치며 예수님께 합
당한 영광을 돌렸던 것과 같이, 저희도 이 시간 예수님만 찬양하며 예수님께만 영
광 돌리기를 원하오며 예수님의 이름으로 기원하옵나이다. 아멘.

이 주일의 찬송   Hymns

주 예수 이름 높이어(37장) / 슬픈 마음 있는 사람(91장)
주 달려 죽은 십자가(149장) / 그 참혹한 십자가에(269장)
주님의 마음을 본받는 자(455장) / 우리 주 십자가(533장)

성시교독   Responsive Readings   시편 31:9-10, 12-16

인도자   9 여호와여 내가 고통 중에 있사오니 내게 은혜를 베푸소서

회 중   **내가 근심 때문에 눈과 영혼과 몸이 쇠하였나이다**

인도자   10 내 일생을 슬픔으로 보내며 나의 연수를 탄식으로 보냄이여

회 중   **내 기력이 나의 죄악 때문에 약하여지며 나의 뼈가 쇠하도소이다**

인도자   12 내가 잊어버린 바 됨이 죽은 자를 마음에 두지 아니함 같고 깨진 그릇과 같으니이다

회 중   **13 내가 무리의 비방을 들었으므로 사방이 두려움으로 감싸였나이다**

인도자   그들이 나를 치려고 함께 의논할 때에 내 생명을 빼앗기로 꾀하였나이다

회 중   **14 여호와여 그러하여도 나는 주께 의지하고 말하기를 주는 내 하나님이시라 하였나이다**

인도자   15 나의 앞날이 주의 손에 있사오니 내 원수들과 나를 핍박하는 자들의 손에서 나를 건져 주소서

회 중   **16 주의 얼굴을 주의 종에게 비추시고 주의 사랑하심으로 나를 구원하소서**

고백의 기도   Prayer of Confession

다함이 없는 사랑으로 죄인을 구원하여 주시는 하나님 아버지! 이 땅에 구세주로 오신 예수님을 묵상하면서 이 고백의 기도를 드립니다. 예수님께서는 털 깎는 자 앞에서 잠잠한 어린 양과 같이 순종하셨는데, 저희는 하나님의 뜻을 거역하며 불순종했습니다. 그동안 저희는 이기적인 욕망을 갈구하는 것이 기도라 착각하며 내 욕심을 표출하였습니다. 가장 거룩하고 순수해야 할 기도의 내용까지도 왜곡하며 신앙생활을 했던 저희의 어리석음을 용서해 주옵소서. 자신을 십자가에 못박는 자들까지 용서하시던 주님을 바라보면서 이웃을 정죄하던 저희의 냉혹했던 태도를 회개합니다. 자비로우신 하나님! 십자가의 보혈로 이 모든 죄를 씻어 주옵소서. 예수님의 이름으로 이 고백의 기도를 드립니다. 아멘.

사함의 확신   Assurance of Forgiveness

나 곧 나는 나를 위하여 네 허물을 도말하는 자니 네 죄를 기억하지 아니하리라(사 43:25)

수난 주간의 결정적 사건

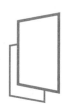

📖 석의적 접근

시편의 말씀　시 118:1-2, 19-29

종려 주일에 성서정과로 선정된 시편 118편은 다음 주일인 부활절 말씀으로도 사용한다. 시의 시작을 알리는 1절과 2절은 공통 구절이고 14절 이후에 주일의 성격에 따라 선택의 차이를 보인다. 이는 시편 118편이 그만큼 폭넓은 주제를 갖고 있으며 성전에서 즐겨 불렀던 찬양이었다는 증거가 된다. 전통적으로 유대교에서는 시편 113-118편을 할렐, 또는 찬양의 노래라 하여 유월절을 비롯한 주요 절기에 사용하였다. 특히 118편은 그때마다 찬양의 절정을 이루는 위치에 있었다.

이 시는 '여호와께 감사하라'는 요청과 명령을 내리면서 감사의 대상들을 차례로 언급한다. 그 대상을 하나로 압축한 표현인 '이스라엘'은 여호와 하나님의 인자하심을 경험한 예배자들 모두를 가리킨다. 19절에서 예배자는 성전 문지기에게 '의의 문'을 열어 달라고 요구하며, 문지기의 응답을 받는다. 여기에는 한때 버림받았던 돌이 요긴한 머릿돌이 되었다고 하는 비유가 있는데 이를 예수님께서 자신에게 적용하심으로써 그 중요성이 극대화되었다(눅 20:17 참고). 그리고 25-26절은 그리스도의 예루살렘 입성 때 거기 모인 군중이 외친 구절이다. "이제 구원하소서"라는 말은 히브리어 '호산나'이며, 그들은 예수님을 '여호와의 이름으로 오는 자'로 인식했음을 알 수 있다(마 21:9 참고).

서신서의 말씀   빌 2:5-11

바울 사도는 그리스도의 정신을 한마디로 압축하여 '겸손한 마음'이라 일컫는다. 그는 빌립보 교인들에게 한마음으로 겸손하기를 가르치면서 예수 그리스도가 스스로 취하신 낮춤과 복종을 떠올리게 하였다. 이 구절은 단순히 마음의 자세를 겸손하게 가져야 한다는 교훈에 그치지 않고 예수 그리스도의 근본과 인류 구원의 의미를 알려 주며, 이에 따른 그리스도인들의 삶의 자세를 바로 세우게 하는 말씀이 되었다.

그리스도는 본질상 하나님이시지만, 성육신하여 종의 형체로 세상에 오셨다. 인간을 구원하시기 위해서는 자신을 낮추어 십자가에서 죽음을 맞기까지 복종하지 않으면 안 되었다. 이러한 겸손은 자기를 비우는 데서 가능하다. 이 상태를 가리켜 헬라어 원문은 '헤아우톤 에케노센(έαυτόν έκένωσεν)'이라 기록하였다. 이는 자아 부정을 의미하는 것으로서 우리말로는 '자기를 비워'로 번역한다. '케노시스(κενοσις)'는 예수 그리스도의 겸손을 나타내는 '비움'의 뜻으로 널리 쓰이는 용어가 되었다.

복음서의 말씀   눅 22:14-23:56

그리스도의 고난을 포괄적으로 기록한 이 본문은 마지막 만찬부터 주님의 시체가 바위 무덤에 넣어지기까지 많은 분량으로 이루어졌다. 정작 종려 주일에 있었던 일은 본문의 범위에서 벗어났다. 하지만 수난 주일의 성서정과는 주님이 당하신 고난을 폭넓게 다룬다. 그런 의미에서 오늘의 누가복음 본문은 수난 주간에 가진 주님의 만찬에 초점을 맞추며 시작한다고 볼 수 있다. 특히 만찬의 순서가 다른 복음서와 달리 잔-떡-잔으로 전개되는 특이한 양상을 보인다. 처음 잔은 공동체의 일체감 형성을 위함이며, 나중의 잔은 주님의 죽음과 관련하여 피의 언약을 나타낸 것으로 이해된다.

만찬 이후에 주님은 베드로가 세 번 부인할 것을 예고하시고 감람산으로 나아가 기도하신다. 이 과정에 누가복음에만 기록된 전대, 배낭, 검에 관한 말씀이 있다. "그들에게 이르시되 내가 너희를 전대와 배낭과 신발도 없이 보내었을 때에 부족한 것이 있더냐 이르되 없었나이다 이르시되 이제는 전대 있는 자는 가질 것이요 배낭도 그리하고 검 없는 자는 겉옷을 팔아 살지어다 내가 너희에게 말하노니 기록된 바 그는 불법자의 동류로 여김을 받았다 한 말이 내게 이루어져야 하리니 내게 관한 일이 이루어져 감이니라 그들이 여짜오되 주여 보소서 여기 검 둘이 있나이다 대답하시되 족하다 하시니라"(눅 22:35-38). 여기서 칼을 사라는 말씀은 평화를 깨뜨린다는 의미가 아니라 앞으로 닥쳐올 박해를 이겨낼 수 있도록 담대한 용기를 가져야 한다는 해석이 타당성을 갖는다.

이어서 주님은 잡히시고 빌라도 총독 앞에 서셨다. 누가복음은 빌라도가 책임 회피를 위해 마침 예루살렘에 왔던 갈릴리 지역 분봉왕 헤롯 안디바에게 예수님을 보낸 일을 자상하게 기록하였다. 결국, 예수님은 십자가에 못박히시고 용서의 기도를 비롯하여 세 마디의 말씀을 남기셨다. 이를 본 사람들은 자책감으로 가슴을 치며 괴로워했고, 공회 의원 요셉이 예수님의 시신을 무덤에 넣었다. 예수님께 바를 향유를 준비한 여인들은 안식일이 지나기를 초조하게 기다리고 있었다.

📖 설교를 위한 조명

복음서의 말씀(눅 22:14-23:56)으로 설교 작성 / 귀납적 설교
"피로 세우는 새 언약"

I. 피눈물을 흘리며 예루살렘에 들어오심

오늘은 종려 주일, 수난 주간이 시작하는 첫날이다. 그런데 이날의 성서정과로 설정된 누가복음 말씀은 예수 그리스도의 예루살렘 입성 순간이 아니라 마지막 만찬 자리로부터 열리고 있음을 본다. 주님의 수난을 본격적으로 다루기 위한 핵심 소재가 마지막 만찬임을 강조하면서 여기에 등장하는 상징적 화소

(motif)로 '피'를 제시한 것이 누가복음의 특징이다. 이 자리에서 주님이 친히 하신 말씀 속에 '피로 세우는 새 언약'이 전체의 의미를 반영한다.

누가복음에서 예수 그리스도의 수난은 피의 언약으로 시작되고 십자가에서의 피 흘림으로 끝난다. 구체적으로 살펴보면 수난 주간의 첫날 예루살렘에 들어오실 때 주님께서 그 성을 보고 우셨다고 한다. "가까이 오사 성을 보고 우시며 이르시되 너도 오늘 평화에 관한 일을 알았더라면 좋을 뻔하였거니와 지금 네 눈에 숨겨졌도다"(눅 19:41-42). 누가복음은 주님의 예루살렘 입성 기사에서 다른 복음서에 없는 슬픔과 눈물의 사연을 앞세웠다. 이는 장래에 있을 예루살렘 성의 파멸이 직접적 이유였다.

그리스도께서는 자신의 눈물과 관련하여 '평화'를 언급하셨다. 하나님의 참된 평화가 사라져 버린 세상을 향한 강렬한 슬픔의 표현으로 보아야 한다. 42절에 나온 '우시며'의 헬라어 단어는 '에클라우센(ἔκλαυσεν)'인데 이 동사의 기본형인 '클라이오(κλαίω)'는 비탄에 빠져 소리 높여 통곡한다는 뜻이다. 단순히 눈물을 흘리신 것이 아니라 예루살렘 백성과 죄에 빠진 사람들이 상실한 하나님의 평화가 안타까워 피눈물을 쏟으신 것이다. 수난 주간은 이처럼 주님의 피눈물로 시작되고 있었다.

이어서 예수님께서는 성전을 세속적인 상업의 자리로 변질시킨 사람들을 내쫓으시고 거기서 복음을 전하셨다. 그 말씀 가운데 듣는 이들의 울림이 가장 컸던 가르침은 포도원 농부의 비유였다(눅 20:9-18). 포도원 주인의 명을 받아 소출을 받으러 간 종들을 능욕하던 농부들은 끝내 악한 욕심에 사로잡혀 주인의 아들을 죽이고 말았다. 이 피의 대가로 농부들은 벌을 받고 포도원은 다른 사람들에게 넘어갔다. 구원 역사의 대상이 이방 세계로 향할 것을 예고하는 말씀이었다. 그리고 머지않아 예루살렘의 환난과 함께 하나님의 진노가 칼날처럼 내려오리라는 선포가 이어졌다. 예수 그리스도의 수난 주간 말씀은 피로 세우는 언약을 예고하신 내용으로 채워져 있다.

II. 하나님 나라에서 실현되는 것

드디어 마지막 만찬의 시간이 왔다. 예수님께서는 제자들과 더불어 식탁에 앉으시더니 마음속에 품으신 생각, 곧 진심 어린 회포를 풀어놓으셨다. 이 소감의 표현도 누가복음에만 나오는 독특한 기록이다. "내가 고난을 받기 전에 너희와 함께 이 유월절 먹기를 원하고 원하였노라"(눅 22:15). 너희와 이 자리를 함께하고자 원하고 또 원했다고 하시니 얼마나 제자들을 애틋하게 사랑하셨는지 짐작이 간다. 그 만찬은 주님께서 사랑하는 제자들을 위해 계획하신 은총의 자리였다.

주님의 말씀이 이어진다. "내가 너희에게 이르노니 이 유월절이 하나님의 나라에서 이루기까지 다시 먹지 아니하리라"(눅 22:16). 이러한 뜻깊은 만찬은 여기 이 자리에서 마치는 것이 아니라 하나님의 나라에서 완전히 실현될 것이라고 하셨다. 우리 주님과 나누는 사랑의 교제가 이 세상의 일로써 완성된다고 생각지 말라. 예수 그리스도께서는 피 흘리심으로 세상의 것들과 작별하려 하신다. 그 피가 우리에게 새 언약이 된다.

만찬의 자리에서 주님은 제자들에게 분명한 약속을 주셨다. 거기 참여한 사람들은 이제 하나님의 나라에서 주님과 다시 만나고, 그 나라에서 영원히 누릴 구원의 기쁨을 경험하는 것이 곧 만찬의 참된 의미임을 깨닫게 되었다. 우리도 주님의 성찬을 받을 때 이런 마음이 되어야 한다. 우리를 불러 먹이도록 원하고 원하신 주님께서 하늘나라의 완성이라는 언약을 주시면서 세상에서 함께 행할 마지막 시간이 왔다고 하신다. 이 약속의 상징이 곧 피로 세우는 언약인 포도주 잔이었다.

III. 두 번 나누는 잔의 의미

누가복음에서는 만찬의 순서가 잔-떡-잔이라는 특별한 순서로 되어 있다. 예수님께서 잔을 먼저 받아 감사 기도를 하신 후 "이것을 갖다가 너희끼리 나누라"(눅 22:17)고 하셨다. 이는 만찬상에 앉은 직후에 나온 잔으로서, 주님이 제자들에게 일일이 따라 주신 포도주가 아니라 제자들이 나누어 먹도록 내놓은 것이었다. 서로 다투지 말고 화목하게 나누라 하신 것은 참석자들의 일체성을 강조하는 의미가 있다.

지금 우리는 성찬에 참여할 때, 잔을 두 번 나누지 않고 함께 합하여 한 차례로 마신다. 개인용 잔을 큰 성찬기(tray) 하나 속에 두고 사용하는 일이 어려우므로 하나의 성찬기에 많은 잔을 담아 공동의 사랑을 나누는 뜻을 실현하고 있다. 주님께서 가르쳐 주신 이 나눔의 의미를 되새기며 교회 공동체 성도들은 하나의 큰 잔 속에서 화평을 이루어 나아가야 한다.

식사 후에 주님은 제자들의 잔 하나하나마다 포도주를 채워 주시며 말씀하셨다. "이 잔은 내 피로 세우는 새 언약이니 곧 너희를 위하여 붓는 것이라"(눅 22:20b). 주님이 주신 잔으로 인하여 이제 새로운 언약 관계가 이루어지게 되었다. 옛 언약은 무엇이었던가? 하나님께서 이스라엘 백성에게 율법을 세우시면서 이를 지키면 하나님께서 그들의 하나님이 되시고 그들은 거룩한 백성이며 제사장 나라가 된다고 하셨다. 이 언약을 지키기 위하여 짐승의 피로 인을 쳤다. 그러나 그들은 자꾸 죄를 지음으로써 하나님과의 약속을 어겼다. 그때마다 하나님과의 화해에 대속의 희생물, 곧 피가 요구되었다. 죄인들을 대신하여 짐승들이 피를 흘렸다.

이러한 흐름을 반복하던 중에 선지자 예레미야를 통해 하나님의 뜻이 선포되었다. "보라 날이 이르리니 내가 이스라엘 집과 유다 집에 새 언약을 맺으리라"(렘 31:31b). 그 언약의 내용은 이렇게 이어진다. "내가 이스라엘 집과 맺을 언약은 이러하니 곧 내가 나의 법을 그들의 속에 두며 그들의 마음에 기록하여 나는 그들의 하나님이 되고 그들은 내 백성이 될 것이라"(렘 31:33). 돌비석에 새긴 계명이 아니라 인간의 마음에 새겨 주시는 약속이다. 이 예언에 따라 하나님의 아들이신 예수 그리스도께서는 '내 피로 세우는 새 언약'이라 하시면서 자신의 피를 우리를 위해 부어 주시겠다고 약속하셨다.

IV. 언약의 피를 마심

우리의 육신을 지탱하는 데 가장 중요한 것이 피다. 몸이 아파 병원에 입원하면 맨 먼저 채혈, 곧 피를 뽑는 순서부터 시작한다. 아니, 머리가 아프거나 가슴 또는 허리와 팔다리가 아파서 왔는데 왜 피를 검사하는 것일까? 피를 보면 원인과 상태를 모두 알 수 있기 때문이다. 몸에 얼마나 이상이 있는지는 피가 증명해 준다. 피가 더러워지고 굳어지고 끈끈해지면 그에 따른 병이 필연적으로 생겨난다. 맑은 피가 몸을 잘 순환하고 있어야 건강하다. 피는 폐에서 섭취한 산소와 소화관에서 흡수한 영양소를 전신으로 보내고, 탄산가스나 노폐물들을 배설하도록 운반한다.

'나쁜 피'라는 용어가 사용되고 있음을 본다. 이는 천성적으로 인간의 몸을 돌고 있는 우울과 불안의 본능을 가리킨다. 자기도 모르게 범죄와 파멸의 길로 이끌어가는 근원적 흐름을 나쁜 피라고 부른다. 오래전, 〈Bad Blood〉라는 영화가 상영된 적이 있다. 영화를 지배하는 흐름은 갱, 살인, 무더위, 에이즈, 일방적 사랑이나 도피 같은 불안감이었다. 이런 나쁜 피를 제거해야 한다. 인간의 죄를 만드는 독소인 더러운 피를 씻어내고 정결하게 하는 새로운 피가 어디에 있을까?

그 피는 우리 주님 예수 그리스도의 보혈이다. 이 피를 받기만 하면 영혼의 나쁜 피, 죄의 노폐물과 독가스, 굳어진 병들이 깨끗이 씻긴다. 주님께서 이 새 언약의 피를 잔에 담아 우리를 위해 부으시고 마시게 하셨다. 영적으로 주님의 임재가 있는 이 잔이 우리의 혈관을 타고 들어가는 순간, 나쁜 피는 완전히 사라지고 만다. 그리스도와의 새로운 언약 관계가 성립되어 그 은혜와 힘을 공급받는 새 삶을 살아가게 된다. 육신으로 마시는 것이 비록 한두 방울일지라도 은혜의 능력은 폭포수와 같이 크고 힘이 있다. 우리의 작은 믿음도 큰 폭포가 되어 주님 중심의 존재로 변화를 이루어간다.

V. 그리스도가 흘리신 구원의 피

이후로 수난 주간의 사건들이 진행된다. 주님께서는 감람산에 가셔서 기도하시고, 유다의 배신과 가증스러운 입맞춤으로 대제사장이 보낸 무리에게 잡혀가신다. 베드로가 세 번이나 예수님을 모른다고 부인하는 가운데 불법한 재판이 밤새껏 속도를 낸다. 빌라도와 헤롯이 서로 재판하기를 회피했으나 결국 대제사장 수하 무리의 재촉을 견디지 못하고 빌라도가 예수님을 십자가에 못박도록 넘겨주고 말았다.

　예수님께서 해골이라는 곳으로 끌려나가 다른 죄수 두 사람과 함께 십자가에 못박히셨다. 주님의 피 흘림 속에 해가 빛을 잃었다. "아버지 내 영혼을 아버지 손에 부탁하나이다"(눅 23:46b) 하시고 숨지셨다. 그때 사람들은 비록 알지 못하였으나 부활의 은총을 경험한 후에 비로소 깨닫게 된 진리가 있다. 주님께서 피 흘림으로 하신 이 말씀은 그 피로 세우시는 영원한 구원의 언약이라는 사실이다.

2025

4.17

성 목요일

❖ 성서정과 시 116:1-2, 12-19; 출 12:1-4, (5-10), 11-14;
고전 11:23-26; 요 13:1-17, 31b-35

예배로 부름 Call to Worship

예수께서 대답하시되 네 말과 같이 내가 왕이니라 내가 이를 위하여 태어났으며 이를 위하여 세상에 왔나니 곧 진리에 대하여 증언하려 함이로라 무릇 진리에 속한 자는 내 음성을 듣느니라(요 18:37b)

예배 기원 Invocation

사랑이 많으신 하나님 아버지! 예수님께서 십자가를 준비하시면서 제자들을 사랑하시되 끝까지 사랑하셔서 그들의 발을 씻어 주시고, 은혜의 만찬을 베풀어 주시며, 겟세마네 동산에 올라 아버지의 뜻을 이루시고자 기도하신 성 목요일에 벅찬 감격을 안고 주님의 발자취를 따르고자 예배를 드립니다. 이 예배를 통하여 저희도 주님의 성품을 본받게 하시고 하나님을 섬기며 이웃을 위해 봉사하는 삶을 살게 하여 주옵소서. 내 소원을 버리고 아버지의 원대로 결단하셨던 예수님을 따라 우리도 하나님의 뜻을 이루는 기도와 결단과 실천이 있게 하여 주옵소서. 예수 그리스도의 이름으로 기원하옵나이다. 아멘.

이 주일의 찬송 Hymns

정한 물로 우리 죄를(224장) / 주 십자가를 지심으로(265장)
죽을 죄인 살려주신(306장) / 하늘 보좌 떠나서(437장)
생명 진리 은혜 되신(462장) / 죽기까지 사랑하신 주(466장)

성시교독　Responsive Readings　　　시편 116:1-2, 12-18

인도자　¹ 여호와께서 내 음성과 내 간구를 들으시므로 내가 그를 사랑하는도다

회 중　² 그의 귀를 내게 기울이셨으므로 내가 평생에 기도하리로다

인도자　¹² 내게 주신 모든 은혜를 내가 여호와께 무엇으로 보답할까

회 중　¹³ 내가 구원의 잔을 들고 여호와의 이름을 부르며 ¹⁴ 여호와의 모든 백성 앞에서 나는 나의 서원을 여호와께 갚으리로다

인도자　¹⁵ 그의 경건한 자들의 죽음은 여호와께서 보시기에 귀중한 것이로다

회 중　¹⁶ 여호와여 나는 진실로 주의 종이요 주의 여종의 아들 곧 주의 종이라 주께서 나의 결박을 푸셨나이다

인도자　¹⁷ 내가 주께 감사제를 드리고 여호와의 이름을 부르리이다

회 중　¹⁸ 내가 여호와께 서원한 것을 그의 모든 백성이 보는 앞에서 내가 지키리로다

고백의 기도　Prayer of Confession

진심으로 회개하며 통회하고 자복하는 죄인을 멸시하지 않으시는 하나님 아버지! 예수 그리스도의 십자가 보혈을 의지하여 드리는 고백의 기도를 들어주옵소서. 성목요일에 주님께서 말씀하시기를 "내가 너희를 사랑한 것 같이 너희도 서로 사랑하라"고 하셨으나 저희는 이웃을 사랑하며 살지 못했습니다. 섬기기보다는 섬김을 받기 원했습니다. 겟세마네 동산에서 "너희는 시험에 들지 않게 깨어 있어 기도하라"고 당부하셨으나 저희는 육신이 피곤하다는 이유로, 바쁘다는 핑계로 기도를 뒤로 미룬 채 깊은 영적 잠에 빠져 살았습니다. 말로는 죽기까지 주님을 따르겠노라고 호언장담했지만, 불편한 상황을 모면하기 위해 베드로처럼 주님을 모른다고 부인하며 살았습니다. 주님, 가슴을 두드리며 이 모든 죄를 회개하오니 용서해 주옵소서. 예수님의 이름으로 이 고백의 기도를 드립니다. 아멘.

사함의 확신　Assurance of Forgiveness

친히 나무에 달려 그 몸으로 우리 죄를 담당하셨으니 이는 우리로 죄에 대하여 죽고 의에 대하여 살게 하려 하심이라 그가 채찍에 맞음으로 너희는 나음을 얻었나니 너희가 전에는 양과 같이 길을 잃었더니 이제는 너희 영혼의 목자와 감독 되신 이에게 돌아왔느니라(벧전 2:24-25)

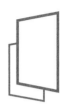

오늘의 주제

신성한 재연

📖 석의적 접근

시편의 말씀　시 116:1-2, 12-19

'재연(enactment)'이란 한 번 했던 일을 다시 되풀이하는 것을 말한다. 주로 연극 무대에서 다시 공연할 때 이 단어를 쓰는데, 법률적으로는 법령을 제정하여 입법화할 때도 사용한다. 법으로 규정하려면 그와 같은 일들이 자주 발생하여 사회적으로 시행착오를 거친 뒤에 비로소 제도로 안착하는 과정을 밟기 때문이다. 성 목요일의 예배는 이전의 출애굽 때부터 하나님의 명령에 따라 이루어진 신성한 예식의 재연으로 이루어진다. 오늘의 성서정과 구약의 말씀인 출애굽기 12장은 유월절(Passover)의 기원을 밝히고 재연의 명령을 전달한다(출 12:14).

시편 116편은 하나님께 감사의 제사를 드리려는 사람들이 신성한 재연을 하며 찬양하는 내용이다. 시편 저자의 재연 도구는 '구원의 잔(the cup of salvation)'이다. 감사제에서 제단에 나아가 부을 포도주잔에서 구원의 의미를 새기는 것은 유월절 예식을 바탕으로 삼고 있다. 유월절에 이루어진 출애굽 사건은 경건한 사람들의 죽음이 따르는 귀중한 일이었다. 이에 성도들은 죽음의 재연도 마다하지 않는 서원을 여호와께 드렸고, 훗날 세상에 오실 그리스도께서 신성한 피로써 구원의 잔을 드시고 새 언약을 내려주실 것을 기다리게 되었다.

서신서의 말씀　고전 11:23-26

사도 바울은 성만찬의 제정이 주 예수 그리스도로부터 비롯된 것임을 명백히 밝히고 있다. 그러므로 본문의 앞 구절에서 불규칙적이고 부조리한 개별적 만찬은 주님을 욕되게 하는 일이라는 전제를 깔았다. 신성한 재연의 중요성을 알리면서 떡을 떼고 잔을 마시도록 가르친다. 유월절 만찬의 재연은 이제 주님의 죽으심을 기념하는 신성한 일이 되었고, 이 성찬은 주님이 다시 오실 때까지 지속해야 함을 선포하고 있다.

"나를 기념하라" 하신 말씀의 해석도 단순하지 않다. 우리말 '기념'의 사전적 풀이는 '지난 일을 상기하여 기억을 새롭게 함'이다. 그러나 오랫동안 형식적인 기념행사를 해온 사람들은 그 기억을 오늘의 삶에 새로이 적용해야 할 의지를 발동하지 않게 되었다. 주님께서 "나를 기념하라"고 일러주신 말씀의 의미는 성찬을 통해 그리스도의 죽으심과 새 언약의 기억을 내 삶 속으로 이끌어 오게 해야 한다는 말이다. 주일이나 절기에 따라 습관적으로 반복하는 행사가 아니다. 헬라어 원문은 '기념하라'를 '아남네신(ἀνάμνησιν)'이라는 단어로 표기하였다.

복음서의 말씀   요 13:1-17, 31b-35

성 목요일 밤 만찬의 자리에서 예수님께서 친히 제자들의 발을 씻겨 주셨다. 그래서 이날을 '세족 목요일(Maundy Thursday)'이라고도 부른다. 세족이라는 단어 'Maundy'는 계명을 뜻하는 라틴어 'mandatum'에서 파생되었다. 본래 발을 씻는 것은 계명이 아니었으나 주님이 행하심으로 새로운 계약이 되었음을 알리기 위한 것으로 보인다. 세족 행사 후에 예수님께서 '새 계명(a new commandment)'을 말씀하셨다. 계명의 내용은 '서로 사랑하라'로 압축된다(요 13:34-35). 겸손히 남을 섬기는 세족은 사랑의 새 계명을 알려 주시는 상징적인 행동이었다.

세족의 순서에 관한 논란이 있다. 성 목요일에 세족 예식을 진행하려면 일반적으로 성찬 성례전 앞에 시행한다. 그런데 성경 본문에는 '저녁 먹는 중' 또는 '저녁 잡수시던 자리에서 일어나'라는 구절이 있어서 예수님께서 식사를 잠시 중단하고 세족을 거행하신 것으로 보기도 하고, KJV에서는 '저녁 식사가 끝나자(And supper being ended)'라고 하여 만찬 후에 세족이 있었음을 나타내기도 한다. 하지만 그날 예수 그리스도의 일행은 베다니에서 이곳 예루살렘 다락방까지 걸어왔고, 관례상 집주인은 손님들을 위해 발 씻을 물과 대야 및 수건을 준비해 두기 때문에 식사 전에 세족 행사가 있었다고 보는 것이 타당하다.

📖 설교를 위한 조명

복음서의 말씀(요 13:1-17, 31b-35)으로 설교 작성 / 전개식 설교
"세족 예식의 밤"

Move 1. 성 목요일 예배

성 목요일 예배는 고난을 앞둔 예수 그리스도께서 행하신 신성한 일을 재연하는 기틀 위에서 이루어진다. 로마 가톨릭교회는 이날을 '파스카 성삼일'의 첫날로 삼아 미사를 드리고 '발 씻김 예식'과 '성찬 전례'를 드린다. 우리 개신교는 이날이 주일이나 수요일이 아닌 관계로 교회에 따라 예배를 드리기도 하고, 별도의 모임으로 대신하기도 한다. 성 목요일의 예배 순서도 세족례, 성만찬 예배, 침묵 기도, 수난 음악예배 등 다양하게 구성된다.

본서는 『2003년 예배와 설교 핸드북』에서 '예배의 실제'를 제시하며 '성 목요일에 드리는 예배'를 상세히 다룬 적이 있다. 하지만 이십여 년 전에 발간된 오래전의 책이라 독자 여러분이 찾기 어려울 것이므로, 여기에 '예배를 위한 안내'의 핵심 내용을 재수록하기로 하겠다.

주로 저녁에 거행되는 성 목요일 예배는 유월절의 분위기 속에서 예수님께서 마지막으로 제자들과 함께 식사하신 일을 기념하고 재연하는 예배다. 예수님께서는 수난을 당하시기 전에 제자들과 함께 식사를 하고, 특별히 빵과 포도주를 주님의 이름으로 제자들에게 나누어주셨는데, 이것이 바로 교회가 성찬(Holy Communion) 또는 주님의 만찬(Lord's Supper)이라 부르는 '주님의 구속적 사건을 기억하고 재연하는 교회의 신비한 예전'의 출발점이 되었다.

따라서 성 목요일은 거룩한 성찬이 제정된 뜻깊은 날로, 기독교의 교회력 중에서도 중심에 있는 절기다. 역사적으로 성 목요일의 예전은 여러 가지 특별한 예식들이 포함되어, 중세 시대와 같은 일정한 기간에는 대단히 복잡하고 정교하게 진행되기도 했다. 하지만 성경과 초대교회의 기록이 보여 주는 성 목요일의 예배는 그리스도의 구속적인 행동의 의미를 기억하는 데 초점을 맞추고 있기 때문에 본질적인 면에서는 아주 단순한 것이었다.

역사적으로 이 예배에서 강조된 예배의 요소들은 크게 다섯 가지로 나눌 수 있다. 첫째, 죄의 고백이 강조된 개회의 예전, 둘째, 말씀의 예전, 셋째, 세족식(footwashing), 넷째, 성찬 성례전, 다섯째, 교회의 장식 제거다.

이날은 특히 영어로 'Maundy Thursday'라고 불리는데, 'Maundy'라는 용어는 라틴어인 'mandatum movum'에서 유래해 프랑스 고어인 'mande'에서 온 말로, '새로운 계약(a new commandment)'이라는 뜻을 가지고 있다. 아마도 이 말은 요한복음 13장 34절 말씀과 같은 장의 앞부분(요 13:1-20)에 나오는 '예수님의 세족식'과 관련 있는 것으로 보인다. 사순절 기간의 예전 색깔은 보라색이지만 성 목요일만은 흰색을 사용하기도 한다.

특별히 이 예배에는 성찬 성례전, 세족식과 같은 재연(enactment)적 요소들이 예배 순서 안에 많이 포함되어 있다. 성찬 성례전의 경우에는 4세기경부터 시행되어 온 보다 정교한 순서를 소개했다. 구교(Catholic)적이라고 생각하는 사람들도 있겠지만, 성찬 성례전을 통해 예수 그리스도의 구속적 행위를 기억하는 목적을 강조하고자 했다. 조금은 길지만 '대감사 기도'를 통해 주님의 구속을 다시 한 번 생각하는 것은 여러모로 의미 있는 일이 될 것이다.

Move 2. 세족 예식

이어서 성 목요일의 예배 순서를 소개하겠다. 이미 앞에서 밝힌 바와 같이 먼저, 죄의 고백이 강조된 개회 예전, 다음으로 말씀의 예전, 그리고 세족 예식과 성찬 성례전이 뒤따른다. 마지막으로 교회 장식 제거라는 특별한 순서가 있다. 여기서는 개회 예전부터 세족 예식까지의 순서를 살피기로 한다.

Ⅰ. 개회 예전

예배의 말씀 (집례자)

예배 기도 (집례자)

찬송 (다같이)

죄의 고백 (집례자와 회중)

– 잠시 침묵의 시간 동안 각자 자신의 죄를 고백한다.

용서의 확신 (집례자)

찬송 (다같이)

Ⅱ. 말씀의 예전

말씀을 위한 기도 (설교자)

시편 및 구약의 말씀 (낭독자)

서신서의 말씀 (낭독자)

복음서의 말씀 (낭독자)

말씀의 선포 (설교자)

응답의 찬송 (다같이)

Ⅲ. 세족 예식

신앙고백 (사도신경을 다같이)

제정의 말씀 (요한복음 13:13-17, 34-35, 집례자)

세족 예식

– 목회자가 회중의 발을 씻어 주고 수건으로 닦아 준다. 한 발 또는 두 발 모두를 씻어
줄 수 있다. 회중이 많은 경우는 여러 개의 대야를 사용한다. 세족식을 하는 동안에
찬송을 부르거나 오르간을 연주하거나 침묵할 수 있다.

Move 3. 겸손으로 허리를 동임

예수 그리스도와 제자들이 다락방 식탁에 모여 앉았을 때 그 자리에는 발을

씻을 물과 대야, 그리고 수건이 준비되어 있었다. 종이 손님들의 발을 씻겨 주는 것이 당시의 관습이었으나 이 다락방에 그 일을 할 종은 없었다. 제자들은 그 자리에서도 '누가 크냐 하는 다툼'(눅 22:24 참고)에 정신을 쏟고 있었다. 그러자 예수님께서 몸소 일어나 겉옷을 벗고 수건을 가져다가 허리에 두르시고 제자들의 발을 씻겨 주기 시작하셨다. 모두 놀라서 아무 말도 하지 못한 채 주님께 발을 맡기고 있었으나, 베드로는 단호하게 씻김을 거부했다. 주님은 항변하는 베드로에게 이 씻음의 원리와 은혜를 가르쳐 주셨다.

베드로는 주님의 그 겸손한 모습을 잊을 수 없어 평생 가슴에 새겼다. 그는 이후에 서신을 통해 '겸손으로 허리를 동이라'고 권면한다. "젊은 자들아 이와 같이 장로들에게 순종하고 다 서로 겸손으로 허리를 동이라 하나님은 교만한 자를 대적하시되 겸손한 자들에게는 은혜를 주시느니라"(벧전 5:5). 예수님께서 자기의 발을 닦으시려 허리에 매신 것은 단순한 수건이 아니라 겸손이었다. 겸손한 섬김은 삶의 짐이 아니라 하나님이 주시는 은혜임을 알게 되었다.

'해피 버든(happy burden)'이라는 말을 아는가? '버든'은 짐, 무거운 보따리, 고통이라는 뜻이다. 우리 인생에는 행복한 짐 보따리가 있다. 대표적으로 가정에서 자녀를 기르는 일, 부모를 모시는 일, 부부가 함께 살아가는 일 등이다. 그러나 사랑으로 도울 때는 행복에 넘쳤는데, 사랑이 식어 버리면 그것이 고통 보따리로 변할 수 있다. 혹시 신앙생활을 짐이라 생각하는 이는 없는가? 기쁨과 감사가 사라진 교인은 하나님을 마치 무거운 짐으로 여기고 교회에 여러 가지 의무가 많다고 불만을 드러낸다. 지금은 종의 짐을 스스로 허리에 지시고 내 더러운 발까지 씻어 주시는 주님의 사랑과 겸손을 생각하는 밤이다. 겸손으로 허리를 동이는 '해피 버든'을 마음에 새기고 실천에 옮기는 성도가 되어야 하겠다.

Move 4. 성찬 성례전

세족 예식을 마치면, 네 번째의 순서로 성찬 성례전을 집례한다. 이어서 그 순서를 제시한다.

Ⅳ. 성찬 성례전

평화의 인사 (다같이)

– 집례자가 요한복음 14장 27절 말씀을 읽고 "주님의 평화가 여러분과 함께"라고 인사
한다. 회중은 "또한 목사님과 함께"로 답한 뒤 옆 사람과 서로 평화의 인사를 나눈다.

봉헌 (다같이)

– 봉헌을 하는 동안 찬양대가 찬양을 부르거나 회중 찬송을 부를 수 있다. 이 시간에
떡과 잔을 든 사람이 입장해 성물을 성찬대 위에 놓는다. 함께 입장한 헌금 위원은
헌금함을 성찬대가 아닌 정해진 다른 장소에 놓는다.

봉헌 기도 (다같이)

– 집례자가 "모든 것은 하나님이 주신 것이기에 우리가 받은 것을 하나님께 바칩니다.
주님, 이것으로 주님의 복음을 세상에 전파하게 하소서"라고 기도하면 회중은 다함
께 "아멘"으로 응답한다.

성찬 기도 (집례자와 회중)

– 이른바 '대감사 기도'로서 집례자는 이 성찬이 그리스도의 몸과 피로서 여기 참여한 모
든 이와 함께 영으로 하나 되기를 기도해야 한다. 또는 집례자와 회중이 교독으로 기도
하는 방법이 있는데, 이를 위하여 순서지에 미리 기록하여 배부하는 준비가 필요하다.

제정의 말씀 (집례자)

– 고린도전서 11:23-26, 누가복음 22:19-20 말씀으로 제정사를 한다.

분배 (집례자와 성찬 위원)

– 집례자와 성찬 위원들은 성찬을 먼저 받은 후에 정해진 장소에 서면, 회중이 앞으로
나와 떡과 잔을 받고 자리로 돌아간다. 이때 성찬 위원은 떡과 잔을 받는 사람들에
게 다음과 같이 각각 말한다.

집례자 또는 성찬 위원 : (떡을 나누며) 그리스도의 몸입니다.

회　중 : 아멘.

집례자 또는 성찬 위원 : (잔을 나누며) 그리스도의 피입니다.

회　중 : 아멘.

성찬 후 기도 (집례자)

Move 5. 교회 장식 제거

교회의 장식을 제거하는 것이 예배 순서가 아니라고 생각할 수 있으나, 이는 성 목요일 예배의 특수한 성격에 따라 마지막 순서로 이해하고 받아들여야 한다. 그 방식은 다음과 같다.

Ⅴ. 교회 장식 제거

－ 예배당 안에 있는 모든 장식들을 제거한다. 그동안 시편 22편을 낭독하거나 조용한 가운데 묵상 기도를 한다. 이 경우에 축도를 생략할 수 있으나 축도를 하는 경우에 다음과 같은 말씀으로 할 수 있다.

축도 (집례자와 회중)

집례자 : 평안히 가라. 내가 너희를 사랑한 것같이 너희도 서로 사랑하라.

회　중 : 아멘.

가톨릭교회는 이날 '수난 감실(Repository)'을 마련하여 성체를 보관하는 의식을 진행한다. 감실은 그리스도의 무덤을 상징하므로 어떠한 장식도 하지 않는다. 성 목요일에 축성한 성체를 성 금요일 오후 3시까지 보존하면서, 성당 안의 십자가를 보이지 않게 치우거나 자색 보자기로 가리는 전통이 있다. 개신교는 이러한 의식을 지키지 않으나 주님의 고난을 새기며 교회 안의 꽃이나 장식품 등 떼어낼 수 있는 것은 부활절 이전까지 제거해 두는 것이 좋다.

성 금요일

 ❖성서정과 시 22; 사 52:13-53:12; 히 4:14-16, 5:7-9, (10:16-25); 요 18:1-19:42

예배로 부름 Call to Worship

예수께서 신 포도주를 받으신 후에 이르시되 다 이루었다 하시고 머리를 숙이니 영혼이 떠나가시니라(요 19:30)

예배 기원 Invocation

인류를 구원하기 위하여 독생자를 십자가에 내어주신 하나님 아버지! 감사하고 감사합니다. 예수님께서 십자가에 달려 살이 찢기시고 보혈을 흘려주심으로 저희의 모든 죄가 사하여졌나이다. 그 사랑과 은혜를 힘입어 저희는 죄와 멸망에서 벗어나 하나님의 자녀가 되어 이렇게 예배할 수 있게 되었나이다. 감사와 감격과 눈물로 드리는 성 금요일의 예배를 받아 주옵소서. 우리의 생명되시는 예수 그리스도의 이름으로 기원하옵나이다. 아멘.

이 주일의 찬송 Hymns

성부의 어린 양이(82장) / 머리에 가시관 붉은 피 흐르는(156장)

서쪽 하늘 붉은 노을(158장) / 날 대속하신 예수께(321장)

십자가 그늘 아래(415장) / 겟세마네 동산의(457장)

성시교독 Responsive Readings   시편 22:1-8, 16-20

인도자	[1] 내 하나님이여 내 하나님이여 어찌 나를 버리셨나이까
회 중	**어찌 나를 멀리하여 돕지 아니하시오며 내 신음 소리를 듣지 아니하시나이까**
인도자	[2] 내 하나님이여 내가 낮에도 부르짖고 밤에도 잠잠하지 아니하오나 응답하지 아니

하시나이다

회 중	**³ 이스라엘의 찬송 중에 계시는 주여 주는 거룩하시니이다**
인도자	⁴ 우리 조상들이 주께 의뢰하고 의뢰하였으므로 그들을 건지셨나이다
회 중	**⁵ 그들이 주께 부르짖어 구원을 얻고 주께 의뢰하여 수치를 당하지 아니하였나이다**
인도자	⁶ 나는 벌레요 사람이 아니라
회 중	**사람의 비방거리요 백성의 조롱거리니이다**
인도자	⁷ 나를 보는 자는 다 나를 비웃으며 입술을 비쭉거리고 머리를 흔들며 말하되
회 중	**⁸ 그가 여호와께 의탁하니 구원하실 걸, 그를 기뻐하시니 건지실 걸 하나이다**
인도자	¹⁶ 개들이 나를 에워쌌으며 악한 무리가 나를 둘러 내 수족을 찔렀나이다
회 중	**¹⁷ 내가 내 모든 뼈를 셀 수 있나이다 그들이 나를 주목하여 보고 ¹⁸ 내 겉옷을 나누며 속옷을 제비 뽑나이다**
인도자	¹⁹ 여호와여 멀리하지 마옵소서 나의 힘이시여 속히 나를 도우소서
회 중	**²⁰ 내 생명을 칼에서 건지시며 내 유일한 것을 개의 세력에서 구하소서**

고백의 기도　Prayer of Confession

독생자 예수 그리스도를 이 땅에 보내 주신 사랑의 하나님! 예수님께서 달리신 십자가 밑에 엎드려 통회하며 자복합니다. 예수님께서는 자신을 십자가에 못박는 자들까지도 용서하시며 기도해 주셨건만, 저희는 지극히 작은 실수를 하는 이웃도 용서하지 못하고 미워했습니다. 예수님께서는 물과 피를 다 쏟아내는 고통 중에서도 흉악한 강도를 구원하시기 위해 천국의 복음을 전해 주셨건만, 저희는 평안 중에 거하면서도 이웃에게 전도할 생각을 하지 못했습니다. 예수님께서는 생명이 다하는 순간까지도 하늘 아버지 뜻을 이루셨건만, 저희는 육체의 안일함을 추구하며 하나님의 뜻을 저버리며 살아왔습니다. 자비로우신 하나님! 이 모든 죄와 허물을 회개하오니 용서하여 주옵소서. 예수님의 이름으로 이 고백의 기도를 드립니다. 아멘.

사함의 확신　Assurance of Forgiveness

그가 찔림은 우리의 허물 때문이요 그가 상함은 우리의 죄악 때문이라 그가 징계를 받으므로 우리는 평화를 누리고 그가 채찍에 맞으므로 우리는 나음을 받았도다(사 53:5)

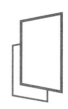

오늘의 주제

고난의 시간에 쓴 글

석의적 접근

구약의 말씀   사 52:13-53:12

메시아에 관한 이 위대한 예언은 그 화자와 내용에 따라 다섯 단락으로 구분된다. 첫 번째 단락인 52장 13-15절은 하나님께서 친히 종을 소개하시며, 그는 고난을 받아 모습이 상하였으나 놀라운 사역을 이룸으로써 존귀하게 되리라고 말씀하신다. 두 번째인 53장 1-3절은 말씀을 들은 사람들이 대답하는 양심의 소리이다. 여호와의 고귀한 종이 위세가 당당하지 않고 풍채가 없어 우리는 인간적 판단으로 그를 멸시했다고 시인한다. 세 번째 단락 53장 4-6절은 이 고백을 구체적으로 이어간다. 우리를 구원하시기 위해 우리가 저지른 죄악을 짊어지고 그 종이 대신 고난을 받으신다. 네 번째 단락은 53장 7-10절이다. 이 부분은 예언자가 종의 죽음에 관한 상황을 생생하게 들려준다. 예수 그리스도께서 당하신 고난이 마치 영상으로 보듯 성 금요일에 그대로 이루어졌다. 종의 영혼은 제물로 드려졌고 영적인 후손을 보게 되었다고 한다. 마지막 다섯 번째 단락인 53장 11-12절에서는 다시 하나님께서 말씀하신다. 종을 변호하시며 의롭다고 선언하시는데, 이는 그가 자기 영혼을 버리는 숭고한 희생을 치르고 범죄자들을 위해 기도했기 때문이다.

서신서의 말씀   히 10:16-25

이 히브리서 본문이 성 금요일의 말씀이 된 것은, 그리스도의 희생이 영원히 온전한 제사가 되었음을 성령님의 증언으로 확인한 까닭이다. 예레미야를 통해 내리신 하나님의 새 언약이 예수 그리스도가 고난 받으심으로 완전하게 이루어졌다. 십자가에서 그리스도의 육체가 찢긴 것은 지성소의 휘장이 열리게 된 의미와 관련을 맺는다. 구약 시대의 장막 성전에는 하나님 앞에 나아갈 길을 차단하는 휘장이 드리워져 있었는데 그것이 그리스도의 피로 인하여 갈라지게 되었다. 새로운 생명의 길이 열리고 죄인들이 하나님의 성소에 들어갈 은혜를 받는 놀라운 결과를 얻었다.

구약의 제사 제도에 능숙한 히브리서 저자는 예수 그리스도를 가리켜 '큰 제사장'이라 명명하였다. 그 제사장은 하나님의 집을 맡아 다스리는 일을 한다. 그러므로 그를 믿으면 우리가 하나님께 나아갈 수 있다는 소망을 얻게 된다. 하지만 이 소망을 의심으로 바꾸는 행위가 있다. 그것은 함께 모여 하나님께 드리는 예배를 그만두자는 움직임이다. 이는 교회사에서 끊임없이 내려온 문제였다. 초대교회는 박해로 인한 이유를 내세웠으나 그 이후에는 이단의 발호, 무교회주의의 등장, 세속 중심의 삶, 모임을 대체할 편의적 수단을 선택하는 사람들이 많아짐으로써 예배의 위기 국면이 더욱 깊어지는 상황을 맞게 되었다.

복음서의 말씀   요 18:1-19:42

예수 그리스도의 고난 받으심과 죽음에 이른 과정이 사도 요한의 시각으로 상세히 기록된 본문이다. 공관복음에 있는 내용이 생략되기도 하는 한편, 요한이 아니라면 인지하기 어려운 특수한 대목들이 있어 눈길을 끈다. 여기서 겟세마네의 기도는 생략했고, 예수님께서 잡히시는 현장은 매우 구체적으로 묘사했다. 예수님을 지키기 위해 칼을 빼든 사람이 베드로라고 밝혔고, 나아가 그 칼에 맞아 오른편 귀를 베인 자의 이름이 말고라 기록했다. 또 예수님을 끌고 간곳이 공관복음에서는 대제사장의 집이라 했고, 마태복음은 대제사장 가야바라하였다. "예수를 잡은 자들이 그를 끌고 대제사장 가야바에게로 가니 거기 서기관과 장로들이 모여 있더라"(마 26:57). 그러나 요한복음에서는 먼저 안나스에게로 끌고 갔으며, 그 집은 요한이 이전부터 잘 아는 관계인지라 문을 지키는 여자에게 말하여 베드로를 데리고 들어갈 수 있었다고 세세하게 적어 놓았다.

빌라도의 불법 재판 현장도 상세하다. 본문에는 빌라도가 고민하면서 자주 관정에 들어갔다가 밖으로 나가는 등 불안정한 동선이 그려져 있다. 예수님을 향한 빌라도의 질문이나 유대인들에게 했던 발언도 구체적으로 기록되었다. 단지 마태복음에 있는바, 빌라도의 아내가 예수님에게 상관하지 말도록 했다는 것이나 무리 앞에서 손을 씻었다는 대목은 없다(마 27:19, 24).

십자가에 못박히신 자리에서는 예수님께서 어머니와 대화하시고 곁에 있는 제자 요한에게 어머니를 부탁하셨다는 기록이 생생하다. 그리고 영혼이 떠나신 후 군인들이 다리를 꺾지 않고 창으로 옆구리를 찌름으로써 구약성경의 말씀이 이루어진 사실을 밝혔다(요 19:36).

📖 설교를 위한 조명

서신서의 말씀(히 10:16-25)으로 설교 작성 / 이야기 설교
"십자가의 날에"

Stage 1. 성경이 말씀하시는 '그날 이후'

히브리서 본문은 성령님의 증언으로 예레미야 31장 33-34절 말씀을 들려준다. "그러나 그날 후에 내가 이스라엘 집과 맺을 언약은 이러하니 곧 내가 나의 법을 그들의 속에 두며 그들의 마음에 기록하여 나는 그들의 하나님이 되고 그들은 내 백성이 될 것이라 여호와의 말씀이니라 그들이 다시는 각기 이웃과 형제를 가리켜 이르기를 너는 여호와를 알라 하지 아니하리니 이는 작은 자로부터 큰 자까지 다 나를 알기 때문이라 내가 그들의 악행을 사하고 다시는 그 죄를 기억하지 아니하리라 여호와의 말씀이니라." 여기에서 '그날'은 예수 그리스도가 오시는 약속의 날을 의미한다. 인간으로 오신 예수님께서는 십자가를 통해 구원의 언약을 이루셨다. 십자가에서 그의 육체가 찢김으로 우리가 하나님

께 나아갈 길을 여셨다. 성소의 휘장이 갈라지고 그 가운데로 새로운 생명의 길을 열어놓으셨다.

올해도 십자가의 날이 열렸다. 내 마음과 몸이 씻김을 받아 온전한 믿음으로 하나님께 나왔는지 점검해 보아야 한다. 성전에 나와 예배드리기를 게을리하며 사랑과 선행이 말라버린 형식적 교인으로 살고 있지는 않은지 십자가 앞에서 회개해야 할 날이 오늘이다. 그날 이후 주님의 약속은 더욱 분명하고, 주님 다시 오실 날이 가까워졌다.

지금 우리는 성 금요일을 어떻게 보내고 있는가? 여기 성 금요일에 그리스도의 죽으심과 인간 삶의 고난을 깊이 이해하기 위해 힘쓴 사람들의 글을 단편적으로 소개하려 한다. 이 시대를 이끈 영성 지도자와 지성의 상징으로 꼽힌 인물들이 삶의 고난을 반추했던 짧은 글들을 모았다. 아울러 성 금요일의 시와 기도문을 묵상함으로써 우리의 영혼이 주님의 십자가에 한 걸음 더 가까이 나아가는 기회가 되기를 바란다.

Stage 2. 헨리 나우웬의 '성 금요일의 일기'

100여 명의 공동체 식구가 우리의 짐과 상처의 상징으로 각기 돌을 하나씩 들고 회관에서 데이스프링채플까지 걸었다. 중간에 세 차례 걸음을 멈추고 예수님이 사형 선고를 받으시던 과정을 되새겼다. 예수님이 쓰러지자 구레네 시몬 역을 맡은 사람이 억지로 십자가를 진다. 예수님이 십자가에 못박히신다.

아담 아네트의 형제 마이클이 예수님 역할을 맡았다. 흰옷을 입고 머리에 가시면류관을 썼다. 십자가를 지고 가는 그를 한 협력자가 곁에서 거든다. 세 번째 멈추는 곳에는 마이클이 쉴 수 있도록 의자가 놓여 있다. 찬송을 부른 뒤 예수님의 고난에 관한 말씀을 듣는다. 채플에 들어서서는 각자 십자가 곁이나 위에 돌을 내려놓는다. 그리고 의자와 바닥에 함께 앉아 〈나무 십자가를 보라(Behold, behold, the wood of the cross)〉를 찬송한다. 로렌조가 십자가에 세 개의 커다란 못을 박는다. 망치 소리에 침묵이 깨진다. 다시 찬송이 이어진다. "거기 너 있었는가 그때에 주가 그 십자가에 달릴 때 … 주를 그 무덤 속에 뉘일 때 …

때로 그 일로 나는 떨려 떨려 떨려."

그렇다. 오늘은 성 금요일이다. 모든 슬픔과 비탄 중에도 아름다운 위로가 있다. 우리는 함께 있다. 우리의 깨진 마음과 하나님의 찢긴 가슴에서 사랑이 부어진다.

우리는 밤에 다시 모여 예수님의 고난에 관한 존의 이야기를 듣고 교회와 세계를 위해 기도하고 십자가를 우러르며 성찬을 받았다. 십자가가 중심이다. 커다란 십자가 상을 보노라니 그것이 우리 공동체에 전해진 경로가 떠오른다. 4년 전 나는 독일 프라이부르크에서 프란체스코회 소속의 판크라티우스 신부를 만났다. 그는 암으로 죽어 가는 자리에서 내게 이렇게 말했다. "죽기 전에 이 십자가 상을 신부님께 드리고 싶습니다. 신부님이 사시는 장애인 공동체 안에 꼭 놓아 주셨으면 합니다."

그는 그 십자가 상에 얽힌 사연을 들려주었다. 오래전 그는 제2차 세계대전에서 파괴된 한 교회의 복구를 돕기 위해 독일 젊은이들을 이끌고 크로아티아에 갔다. 폐허 속에서 그는 이 십자가 상을 보았다. 현지 목사는 독일인들의 화해의 노력에 감사하며 그 십자가 상을 판크라티우스 신부에게 주었다. 십자형틀은 없고 나무로 새겨진 예수님의 몸만 있었다. 죽어 가는 신부에게서 그 십자가 상을 건네받을 때 나는 마치 증오와 폭력과 전쟁이 낳은 고난과 신체와 정신에 장애를 지닌 이들의 고난을 하나로 연결하라는 지령이라도 받은 듯한 심정이었다.

데이브레이크 목공소 책임자 조우가 장애인 가족(빌, 존, 데이비드, 고디)의 도움을 받아 깨끗이 닦은 나무로 커다란 십자가 틀을 만들어 그 위에 예수님 상을 걸었다. 그 후로 지금까지 3년 동안 데이스프링채플 현관 벽에는 이 대형 십자가가 걸려 있다. 오늘만 십자가를 채플 안으로 들여 의자에 앉아 있는 마이클의 무릎 위에 놓은 것이다. 중증 뇌성마비를 앓고 있는 마이클은 십자가를 붙들고 아주 좋아했다. 사람들이 그 앞에 와서 기도했다. 마이클의 마비된 몸과 십자가의 예수님의 몸이 한 몸이 되었다. 십자가에 달린 예수님의 발에 입 맞추려 줄지어 선 사람들은, 예수님이 심신이 상한 무수히 많은 사람 가운데서 세상 끝날까지 지금도 고난 받고 계심을 깨달았다.

성 금요일은 예수님의 고난을 되새기는 날일 뿐 아니라, 과거와 현재와 미래를 통틀어 지구상의 모든 사람의 고난과 연합을 이루는 날이기도 하다. 인류의 모든 고난은 예수님 안에서 하나로 모아진다. 예수님의 상한 마음은 곧 하나님의 상한 마음이다. 하나님의 상한 마음은 곧 세상의 상한 마음이다. "나무 십자가를 보라. 우리의 구원이 달려 있네. 모두 와서 경배하세."

- 헨리 나우웬, *Sabbatical Journey*, 윤종석 옮김, 『안식의 여정』 (두란노, 2023), 264-266.

Stage 3. 이해인의 시 '성 금요일의 기도'

오늘은 가장 깊고 낮은 목소리로
당신을 부르게 해 주소서

더 많은 이들을 위해
당신을 떠나보내야 했던

마리아의 비통한 가슴에 꽂힌
한 자루의 어둠으로 흐느끼게 하소서

배신의 죄를 슬피 울던
베드로의 절절한 통곡처럼
나도 당신 앞에
겸허한 어둠으로 엎드리게 하소서

〈중략〉

당신을 사랑했기에

더 깊이 절망했던 이들과 함께

오늘은 돌무덤에 갇힌

한 점 칙칙한 어둠이게 하소서

빛이신 당신과 함께 잠들어

당신과 함께 태어날

한 점 눈부신 어둠이게 하소서

Stage 4. 이어령의 '라스트 인터뷰'

"옛날엔 나는 약하니 욥 같은 시험에 들지 말게 해달라고 기도했지요. 지금은… 병을 고쳐달라는 기도는 안 해요. 역사적으로도 부활의 기적은 오로지 예수 한 분뿐이니까. 나의 기도는 이것이에요. '어느 날 문득 눈뜨지 않게 해 주소서.' 내가 갈피를 넘기던 책, 내가 쓰던 차가운 컴퓨터… 그 일상에 둘러싸여 눈을 감고 싶어요."

그전까지는 죽음의 의미, 생명의 기프트를 마지막까지 알고자 한다고 힘을 주어 말했다. "사형수도 형장으로 가면서 물웅덩이를 폴짝 피해 가요. 생명이 그래요. 흉악범도 죽을 때는 착하게 죽어요. 역설적으로 죽음이 구원이에요."

그러니 죽을 때까지 최악은 없다고. 노력하면 양파 껍질 벗겨지듯 삶에서 받은 축복이 새살을 드러낸다고. 빅뱅이 있을 때 내가 태어났고, 그 최초의 빛의 찌꺼기가 나라는 사실은 '수사'가 아니라 '나의 이야기'라고. 여러분도 손 놓고 죽지 말고, 내가 죽는다는 사실을 끝까지 알고 맞으라고. "종교가 있든 없든, 죽음의 과정에서 신의 기프트를 알고 죽는 사람과 모르고 죽는 사람은 천지 차이예요."

– 김지수, 『이어령의 마지막 수업』(열림원, 2021), 319.

Stage 5. 칼 바르트의 기도문 '성 금요일의 기도'

주님,

당신이 세상과 우리 모두를 향한

선하고 확고한 뜻을 어떻게 이루셨는지

기억하기 위해 여기 함께 모였습니다.

당신이 우리 주 예수 그리스도,

사랑하시는 아들을 붙잡히도록 내어주셔서

우리가 자유롭게 되었고,

그를 정죄받게 하셔서 우리가 죄 없게 되었으며,

그를 고통받게 하셔서 우리가 기뻐하게 되었고,

그를 죽음에 넘기셔서 우리가 영원한 생명을

누리게 되었습니다.

〈중략〉

그러므로 모든 겸손과 확신 가운데

이러한 일들이 성령의 능력으로

일어나기를 간구합니다.

아멘.

– 칼 바르트, *Fünfzig Gebete*, 박정수 옮김, 『설교자의 기도』 (비아, 2019),
71-72.

부활 주일

❖성서정과　시 118:1-2, 14-24; 행 10:34-43, (사 65:17-25);
고전 15:19-26, (행 10:34-43); 눅 24:1-12, (요 20:1-18)

예배로 부름　Call to Worship

그러나 이제 그리스도께서 죽은 자 가운데서 다시 살아나사 잠자는 자들의 첫 열매가 되셨도다 사망이 한 사람으로 말미암았으니 죽은 자의 부활도 한 사람으로 말미암는도다 아담 안에서 모든 사람이 죽은 것 같이 그리스도 안에서 모든 사람이 삶을 얻으리라(고전 15:20-22)

예배 기원　Invocation

할렐루야! 살아 계셔서 언제나 우리와 함께하여 주시는 하나님 아버지! 부활의 은총이 온 땅에 가득한 주일 아침에 모든 만물과 더불어 생명의 주인이 되신 하나님을 찬양합니다. 홀로 영광을 받아 주옵소서. 죽은 지 사흘 만에 죽음을 이기고 다시 살아나셔서 첫 열매가 되신 예수님께 찬송과 영광과 존귀를 올려드립니다. 오늘 예배하는 우리에게도 부활의 산 소망으로 충만하게 채워 주옵소서. 우리의 중심에 부활의 신앙을 굳건하게 세워 주시는 성령님, 견실하며 흔들리지 않고 더욱 주님의 일에 힘쓰는 자가 되도록 저희 모두를 이끌어 주옵소서. 사망권세를 깨뜨리시고 부활하신 예수 그리스도의 이름으로 기원하옵나이다. 아멘.

이 주일의 찬송　Hymns

이 날은 주님 정하신(46장) / 예수 부활했으니(164장) / 내 주님은 살아계셔(170장)
하나님의 독생자(171장) / 그 큰 일을 행하신(615장) / 찬양하라 내 영혼아(621장)

인도자 ¹ 여호와께 감사하라 그는 선하시며 그의 인자하심이 영원함이로다

회 중 ² 이제 이스라엘은 말하기를 그의 인자하심이 영원하다 할지로다

인도자 ¹⁵ 의인들의 장막에는 기쁜 소리, 구원의 소리가 있음이여 여호와의 오른손이 권능을 베푸시며

회 중 ¹⁶ 여호와의 오른손이 높이 들렸으며 여호와의 오른손이 권능을 베푸시는도다

인도자 ¹⁷ 내가 죽지 않고 살아서 여호와께서 하시는 일을 선포하리로다

회 중 ¹⁸ 여호와께서 나를 심히 경책하셨어도 죽음에는 넘기지 아니하셨도다

인도자 ¹⁹ 내게 의의 문들을 열지어다 내가 그리로 들어가서 여호와께 감사하리로다

회 중 ²⁰ 이는 여호와의 문이라 의인들이 그리로 들어가리로다

인도자 ²¹ 주께서 내게 응답하시고 나의 구원이 되셨으니 내가 주께 감사하리이다

회 중 ²² 건축자가 버린 돌이 집 모퉁이의 머릿돌이 되었나니 ²³ 이는 여호와께서 행하신 것이요 우리 눈에 기이한 바로다

다같이 ²⁴ 이 날은 여호와께서 정하신 것이라 이 날에 우리가 즐거워하고 기뻐하리로다

2

주일 낮 예배 · 설교 지침

고백의 기도 Prayer of Confession

한 번 택하신 자녀를 영원토록 사랑으로 인도하여 주시는 하나님 아버지! 예수님의 부활이 성경과 증인을 통하여 확실하게 증거되었건만, 저희는 믿음이 부족하여 "죽은 자가 어떻게 부활하느냐?"라고 의심했습니다. "내일 죽을 것이니 오늘 먹고 마시자" 하며 육체의 만족을 채우는 삶을 살았습니다. 부활 신앙이 부족하였기에 거룩한 하나님 나라에 소망을 두지 못하였고, 부패한 육신의 생각에 매여서 혈과 육의 썩어질 것만을 추구하면서 살았습니다. 신령하고 영원한 하나님 나라를 위해 헌신하지 못하고 탕자처럼 세상에서 방황하며 살았습니다. 이 모든 죄와 허물을 고백하오니 용서해 주시고, 저희 마음에 부활의 굳센 믿음을 심어 주셔서 흔들리지 않게 하여 주옵소서. 예수님의 이름으로 이 고백의 기도를 드립니다. 아멘.

사함의 확신 Assurance of Forgiveness

이 말을 할 때에 예수께서 친히 그들 가운데 서서 이르시되 너희에게 평강이 있을지어다 하시니라(눅 24:36)

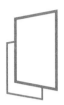

새 하늘과 새 땅의 약속

📖 석의적 접근

구약의 말씀　사 65:17-25

기도하는 백성을 향한 하나님의 마지막 대답이 이루어지는 대목이다. 창조의 하나님은 '새 하늘과 새 땅'을 약속하시고 새 시대의 예루살렘으로 기쁨을 누리게 하셨다. 이사야 선지자를 통하여 선포된 우주적 새 기원의 약속은 신약성경에서 베드로후서 3장 13절, 요한계시록 21장 1절 등에서 같은 용어로 반복되었다. 하나님의 새로운 창조는 그리스도를 믿어 구원받게 된 사람들이 영원히 살아갈 나라를 의미한다. 이사야가 선포한 새로운 나라의 즐거움이 몇 가지로 전개된다. 인간의 수명은 노아 홍수 이전으로 돌아가 평안히 장수를 누릴 것이며, 경영하는 산업들이 모두 안전하게 보존될 것이다. 후손들도 재난이나 전쟁이 없이 복을 받을 뿐 아니라 하나님께 구한 기도의 응답이 신속하게 이루어진다. 드디어 새 창조 시대에 평화가 오면 이사야가 이미 말한바 거룩한 산에서 있을 예언(11:6-9)이 완성되리라 한다. 이전의 모든 죄악과 폭력, 그리고 슬픔이 사라지고 하나님의 주권이 완전하게 세워지는 새로운 세상이 예고된다.

서신서의 말씀　고전 15:19-26

그리스도의 부활이 없다면 우리는 미래뿐 아니라 현세의 삶까지도 '가장 비참한(most miserable) 사람'이 되었을 것이라 하였다. 그 까닭은 믿음도 헛되고 삶 자체가 망하는 파멸 속으로 떨어지기 때문이다. 그러나 이런 염려를 거두도록 그리스도께서 부활의 첫 열매가 되셨다. 첫 열매는 은혜의 상징이며 모든 결실을 대표하는 의미가 있다. 따라서 예수 그리스도의 부활은 성도들이 다시 살아나 하나님께 영광을 올린다는 근본적 뜻이 담겼다.

이어서 부활의 순서를 말씀하고 있다. 먼저 그리스도께서 부활하시고, 다음에는 그의 백성인 믿음의 성도들이 뒤를 따른다. 그 이후에는 나머지 인간들이 세상의 종말이 올 때 아버지 하나님 앞에 서게 될 것이다. 여기서 간과할 수 없는 사실은 맨 나중에 원수가 불리어 나와 사망으로써 멸망을 받게 된다는 말씀이다. 예수님께서는 일찍이 부활에 두 종류가 있음을 구분하여 선포하셨다(요 5:28b-29). 여기 원수에 관한 대목은 심판의 부활과 관계된다.

복음서의 말씀   눅 24:1-12

안식일이 지나고 난 첫날 새벽에 예수님께서 부활하셨다. 부활의 자리를 처음 확인한 사람은 향품을 준비하여 일찍 무덤으로 향했던 여인들이었다. 그 여인들의 숫자는 명확하지 않으나 최소 세 명이었다. 본문 10절에 막달라 마리아, 요안나, 야고보의 모친 마리아 등 3인의 이름이 밝혀졌으나 "그들과 함께한 다른 여자들"이라는 기록이 뒤따름으로 인해 숫자가 증가할 여지를 남겼다. 마태복음에서는 막달라 마리아와 다른 마리아라 했고, 마가복음은 막달라 마리아, 야고보의 어머니 마리아, 살로메라 기록했다. 본문인 누가복음은 마가복음 기록과 비교하여 요안나와 살로메가 서로 다르다.

요안나는 누가복음에만 등장하는 인물로서 헤롯의 청지기 구사의 아내이다(눅 8:3 참고). 살로메는 세베대의 아내이며 야고보와 요한의 모친이다. 이들은 그리스도의 십자가 밑에 있었고 또 이른 새벽에 무덤으로 간 신실한 사람들로서 숫자의 증가 기록에 포함할 대상이다. 여인들은 무덤에서 천사의 모습을 보고 또 음성을 들었다. 그리하여 이들은 첫 부활 증인으로서의 사명을 수행했다. 주님이 부활하신 사실을 열한 제자에게 신속하게 전했을 뿐 아니라 다른 사람들에게도 널리 알리는 책임을 맡았다. 처음에는 사도들까지도 믿지 않았으므로 부활을 증언하는 일에 어려움이 컸으리라 짐작된다.

설교를 위한 조명

"부활, 새로운 창조"

Page 1. 새 하늘과 새 땅(성경 속의 문제)

우리가 세상에 사는 동안, 다시 볼 수 없을 가장 아름답고 은혜로운 말씀을 지금 읽었다. 하나님께서 새롭게 창조하실 나라를 우리에게 약속하시고 그 나라의 모습을 자상하게 알려 주셨다. 더불어 하나님은 "내가 창조하는 것으로 말미암아 기뻐하며 즐거워하라"고 하셨다. 하나님이 새롭게 창조하실 그 나라의 이름은 '새 하늘과 새 땅(New heavens and a new earth)'이다.

이 말씀을 듣는 오늘은 예수 그리스도께서 사망을 이기시고 다시 사신 부활주일이다. 우리 주님께서는 약속하신 대로 죽은 자 가운데서 살아나셔서 부활의 첫 열매가 되셨다. 이제 우리가 믿는 것은 마지막 나팔 소리에 구원 백성 모두가 주님을 따라 부활하리라는 사실이다(고전 15:52). 의로운 자의 영혼은 완전히 거룩하게 되어 가장 높은 하늘에 올라가기 위해 전과 같은 몸으로 부활할 것이다. 이 부활체는 질적으로는 이전과 다를 것이나, 영혼은 이 육체와 하나가 되어서 영원토록 계속된다는 것이 우리의 신앙고백이다.

이 찬란한 부활의 기쁨과 변화의 의미가 충만한 날에 우리는 이사야의 말씀을 듣고 있다. 예수 그리스도께서 부활하신 날은 구약의 말씀으로 본문을 정하는 경우가 매우 드물다. 그러나 성서정과는 구약 가운데 오늘의 예언을 부활절 말씀으로 설정해 두었다. 이 예언의 말씀은 부활이 없이는 누구도 참여하지 못할 영광으로 이루어졌기 때문이다. 이사야 선지자가 선포한 예언의 말씀 결론은 바로 오늘의 주제인 '새 하늘과 새 땅의 약속'이다. 여기서 하나님께서는 창조의 내용을 보여 주시고, 마지막 부분인 66장 22절에서 거기에 너와 네 자손의 이름이 항상 있을 것을 다시 약속하셨다. 두 번이나 거듭하여 우리 마음에 새기도록 하셨다. 창조주 하나님께서 새롭게 창조하신다는 것은 세상이 뒤바뀌질 엄청난 대사건인데, 이것을 거듭 강조하셨으므로 이 약속은 세상의 놀라운 변화와 더불어 반드시 이루어질 것이다.

여기서 우리가 먼저 알아야 할 것이 있다. '새 하늘과 새 땅'이라 하면 많은 사람이 이렇게 생각한다. 그것은 세상의 종말이나, 또는 우리가 죽어 세상을 떠나 천국에 이를 때 경험하게 될 일이라 여긴다. '새 하늘과 새 땅'이라는 용어는 성경에 네 번 나오는데, 구약에서는 이사야 65장과 66장의 두 번이고, 신약은 베드로후서 3장 13절, 요한계시록 21장 1절의 두 번이다. 베드로의 말씀은 종말과 긴밀히 연결된다. "하나님의 날이 임하기를 바라보고 간절히 사모하라 그날에 하늘이 불에 타서 풀어지고 물질이 뜨거운 불에 녹아지려니와 우리는 그의 약속대로 의가 있는 곳인 새 하늘과 새 땅을 바라보도다"(벧후 3:12-13)라고 하였다. 그리고 요한계시록 21장은 새 하늘과 새 땅을 영원한 천국 새 예루살렘과 연결하여 말씀한다. "또 내가 새 하늘과 새 땅을 보니 처음 하늘과 처음 땅이 없어졌고 바다도 다시 있지 않더라"(계 21:1).

하지만 이사야의 예언은 다르다. 오늘 말씀에는 백 세에 죽는 사람, 자기가 살 집을 짓는 사람, 포도나무를 심고 농사짓는 사람, 자손을 보는 사람들에게 복이 선포되었다. 죽음이 없고 영원히 안식할 천국에서 이루어지는 것이 아니라 우리 삶에서 하나님의 은혜로 이루어질 변화된 새 나라를 가리키고 있다. 이 대목을 세상 속의 문제와 관련하여 좀 더 자세히 살펴보기로 하자.

Page 2. 그 나라의 은혜 목록(세상 속의 문제)

새롭게 창조되는 나라의 주제는 '기쁨'이다. 이 나라가 오면 '우는 소리와 부르짖는 소리'가 사라진다고 하였다. 인간은 어떤 일로 인하여 울며 절규하는가? 전쟁, 납치, 테러, 사고, 잔인한 범죄가 고통의 소리를 내게 만든다. 기쁨이 충만한 새 나라가 오려면 이런 악한 일과 전쟁이나 범죄들이 사라져야 한다. 이것은 인간의 탐욕이 만든 죄악들이다. 우리가 최근 극도로 고통 받던 전염병 코로나도 죄악의 산물이다. 탐욕의 죄를 버리는 것이 '새 하늘과 새 땅'을 맞이할 준비 방법이다.

새로운 창조의 나라가 오면 사람의 수명이 길어지리라 말씀한다. 이 땅에서 건강하게 오래 사는 것은 분명 하나님이 내리시는 복이다. 여러분이 지금 건강하다면 몇 살까지 살 것이라고 보는가? 어떤 크리스천 여성의 수필을 읽어보니, 엄마가 딸에게 묻는다. "엄마가 몇 살까지 살았으면 좋겠니?" 눈을 깜빡이던 딸이 120살이면 딱 좋겠다고 대답한다. "뭐 그리 오래?" 하면서도 내심 싫지는 않다. 옆에 있던 남편에게 당신은 몇 살까지 살고 싶냐고 물었다. 남편이 대답했다. "당신이 세상을 떠나는 그 나이까지." 가족이 모두 모범답안을 제출해서 하나님께 감사드린다는 내용이었다.

전염병과 환난에서 구해 주시기를 바라는 시편 91편 말씀도 장수의 약속으로 끝을 맺는다. "내가 그를 장수하게 함으로 그를 만족하게 하며 나의 구원을 그에게 보이리라 하시도다"(시 91:16). 하나님은 인류의 첫 조상 아담의 수명을 930세, 최장수 기록으로 므두셀라에게 969세, 노아는 950세를 살게 하셨다. 그러나 대홍수 이후 인간의 수명은 급속히 줄어들었다. 하나님의 창조 때 궁창(창공) 아래의 물과 위의 물로 갈렸던 것이 홍수의 날에 깊음의 샘들이 터지며 하늘의 창문이 열림으로써(창 7:11 참고) 기후의 변화가 일어났다. 인간의 수명은 현저하게 줄어들어 아브라함 175세, 요셉 110세, 그리고 모세의 기도인 시편 90편에는 지금과 비슷한 나이가 되었다. "우리의 연수가 칠십이요 강건하면 팔십이라도 그 연수의 자랑은 수고와 슬픔뿐이요 신속히 가니 우리가 날아가나이다"(시 90:10).

그러나 하나님께서 다시 수명을 연장해 주고 계신다. 한국 여성의 기대 수명이 86세를 넘어섰다. 남성은 80.1세이다. 기대 수명이란 도중에 교통사고나 자살 같은 돌연한 죽음이 없이 과학적으로 예측할 수 있는 수명을 말한다. 2030년에 태어나는 한국 여성은 기대 수명 90세를 넘기며 세계 1위를 기록할 것이라는 예상이 나와 있다. '새 하늘과 새 땅'에서는 백 세를 젊은이라 부른다 하였다. 건강한 장수는 하나님께서 주시는 큰 복이다.

다음으로 그 나라의 은혜 목록이 펼쳐진다. 산업과 자손의 보전을 약속하신다. 가옥을 건축하고 농사가 잘 되어 풍성한 생산을 이룬다. 크고 작은 기업들이 흥왕하고 경제가 든든해지는 은혜가 있다. 그 속에서 어린 생명이 잘 자라나 복된 자의 자손이 될 것이라 하였다. 이를 위하여 무엇보다도 중요한 것이 평화이다. 이리나 사자나 뱀 같은 공격적인 동물의 성향이 변하여 해함이 없듯이 서로 싸우거나 국가 간의 전쟁이 없어지게 된다는 말씀이다. 이것이 새 창조의 은혜들이다.

Page 3. 하나님의 분노를 벗어남(성경 속의 은혜)

이 새로운 나라는 하나님의 약속이므로 확실히 올 것인데 그때가 언제일까? 이것을 알기 전에 먼저 해결해야 할 일이 있다. 그것은 오늘 말씀의 앞 장인 64장에서 이사야가 간절히 구한 기도를 새겨야 한다. 이 기도를 드린 후에 비로소 '새 하늘과 새 땅'에 대한 하나님의 대답을 들을 수 있었기 때문이다.

그것은 하나님의 분노이다. 하나님이 노하시면 이 나라가 올 수 없다. 그래서 먼저 기도해야만 한다(사 64:9). 성경은 하나님께서 분노하셨다는 말을 456번 기록하였다. 하나님은 왜 이렇게 자주 노하셨을까? 여기서 우리가 먼저 알아야 할 점은 하나님의 분노는 인간의 분노와 근본적으로 다르다는 사실이다. 맥스 루케이도는 이를 다음과 같이 분석했다. "인간의 분노는 전형적으로 자기 때문에 생겨나 성질을 부리며 폭력으로 터지는 경향이 있다. 우리는 누가 나를 얕보거나 무시하거나 속일 때 발끈한다. 이것이 인간의 분노다."

그는 계속하여 말한다. "그러나 하나님의 분노는 그렇지 않다. 하나님은 자기 뜻대로 안 된다고 화내시는 분이 아니다. 그분이 노하시는 것은 불순종이 언제나 자멸을 낳는다는 것을 너무나 잘 아시기 때문이다. 자식이 자해를 하는데 옆에서 보고만 있는 아버지가 누가 있겠는가?" 죄와 불순종은 스스로 죽음의 길로 가는 것이며 그 결과는 파멸이다. 영혼을 죽이고 있는데 나를 지으신 아버지 하나님께서 어찌 방관만 하시겠느냐는 의미다.

생각해 보라. 하나님의 자녀라 하면서도 세상에서 죄를 짓고 불순종의 길로 가는 나 때문에 하나님은 몇 번이나 분노하셨을까? 우리는 부활을 믿는 하나님의 자녀들이다. 그렇다면 우리는 하나님께 칭찬만 받으며 살았을까? 내 욕심대로 안 되고 남에게 무시를 당했다고 나의 머릿속에 있는 분노의 포도송이들이 뇌 안에서 맺히고 터져 자멸해 갈 때, 하나님은 내 불순종을 보시며 얼마나 애를 태우시고 분노하셨을까? 줄이고 줄여서 한 달에 한 번만 나를 향하신 하나님의 분노가 있었다 해도 1년이면 12번, 10년이면 120번, 내 일생 신앙생활이 40년이라 한다면 480번, 이미 성경에 기록된 456번의 분노를 넘어서는 숫자가 되고 만다.

이 정도면 성경 말씀처럼 "이 현상이 이미 오래되었사오니 우리가 어찌 구원을 얻을 수 있으리이까"(사 64:5b) 하는 한탄이 나올 만하다. 우리의 의는 더러운 옷 같이 되고, 시들어 버린 잎사귀 위로 죄악의 바람이 몰아가는 상태가 되었다. 하지만 토기장이이신 하나님께서 진흙인 나를 지으셨으므로 깨뜨리지 않으시고 구원에 이르게 하시며 오늘 그리스도의 부활에 참여하도록 이끄셨다. 그리하여 이제 '새 하늘과 새 땅'이라는 창조 약속을 주시기에 이르렀다.

Page 4. 이 나라는 언제 오는가?(세상 속의 은혜)

성경은 중요한 선언을 할 때, '보라(Behold)'라는 명령형을 사용한다. 자, 보라! 이 말씀에 귀를 기울이라! 이 나라는 멀리 있는 천국이 아니라고 했다. 백살 넘게 살고, 산업과 경제 활동이 융성한 평화의 이 땅에서 이루어질 일이라 말씀하셨다. 그렇다면 이 나라는 이 땅 위에 언제 올 것인가?

'새 하늘과 새 땅'이라는 하나님의 약속은 아직 이루어지지 않았다. 그러나 이 나라는 이미 시작되었다. 그 시점은 예수 그리스도가 이 세상에 오신 바로 그 때부터이다. 마가복음에서 선포하신 주님의 첫 말씀은 이것이다. "이르시되 때가 찼고 하나님의 나라가 가까이 왔으니 회개하고 복음을 믿으라 하시더라"(막 1:15). 때가 차서 하나님의 나라가 우리 앞에 가까이 다가왔다고 하셨다. 이 땅 위에 시작된 하나님의 나라는 예수님께서 세상에 다시 오실 때 완성될 것이다.

어떤 신학자는 이사야의 이 내용이 요한계시록 20장에 나오는 '천년 왕국(Millennialism)'에서 이루어질 일이라고 해석한다. 이 천년 왕국에 관해서는 따로 설명이 필요하다. 다만 천년 왕국의 기본 의미는 주 예수 그리스도와 더불어 악한 마귀를 결박하고 천 년 동안 왕 노릇을 할 것이라는 계시다. 사람들은 그때가 그리스도가 재림하신 후 천 년이라고 여겨왔다. 그러나 다양한 해석이 있어 천 년이란 꼭 정확한 숫자가 아니라 주님의 오신 때로부터 다시 오실 때까지의 긴 시간을 가리키는 것이며 이 일이 있고 나서 재림이 온다고 하였다. 주님 재림이 먼저 오는 해석을 '전천년설'이라 하며, 재림이 뒤에 온다는 이론이 '후천년설'이다. 천 년이 상징적인 시간이라는 해석은 '무천년설'이라는 명칭이 붙었다.

어느 해석이든 우리 신앙에 문제가 될 일은 없다. 그러나 우리가 분명히 알아야 할 것은 하나님께서 새롭게 창조하실 그 나라는 지금 시작되었으며, 부활 신앙이 전제되어야 한다는 사실이다. 성경에 약속해 주신 대로 인간 수명이 길어지고 있다. 장례식장에 가보면 향년 90세 이상이 대다수를 차지한다. 창세기 6장 3절에서 일찍이 예고하신 120년에 다가서고 있다. 이어서 말씀한 것처럼 가옥 짓고 경제생활을 하는 의식주 활동이 자리를 잡아가고 있음을 본다. 주택 공급과 경제 안정에 어려움이 많지만, 이를 극복하려는 노력이 이어지고 있다. 후손을 보는 것과 잘 기르는 것을 위한 기도를 하나님께서 들으신다. 이제 남은 것은 평화가 이루어져야 하고, 이러한 일들이 세속적 방향이 아니라 하나님의 인도에 따라야 한다는 점이다.

오늘 말씀 '새 하늘과 새 땅'은 예루살렘의 기쁨을 강조하였다. 예루살렘은 성전이 세워진 곳이다. 그러므로 새 예루살렘은 이 시대의 교회를 의미한다. 새롭게 창조되는 하나님 나라를 위해 교회가 그 사명을 발휘해야 한다는 말씀이다. 하나님이 창조하시고 교회와 성도는 그 창조의 일꾼이 되어야 한다. 하나님이 분노하실 교회가 있다면 이 은혜가 늦어진다. 정의와 공의, 성실과 정직으로 하나님 나라의 일꾼이 되자. 이 나라는 이미 이 땅 위에 시작되었고 주님께서 다시 오실 날이 가까이 왔다. 오늘은 부활 주일이다. 부활 성도들이 함께 이룰 영원한 나라를 우리는 지금 믿음의 눈으로 바라보고 있다.

부활절 두 번째 주일

❖성서정과 시 150, (118:14-29); 행 5:27-32; 계 1:4-8; 요 20:19-31

예배로 부름 Call to Worship

우리가 그의 계신 곳으로 들어가서 그의 발등상 앞에서 엎드려 예배하리로다 주의 제사장들은 의를 옷 입고 주의 성도들은 즐거이 외칠지어다(시 132:7, 9)

예배 기원 Invocation

전지전능하신 하나님 아버지! 지난주일, 예수 그리스도께서 부활하셨다는 복음의 말씀을 듣고 감격과 기쁨 중에 한 주간을 보냈습니다. 그리고 다시 돌아온 주일을 맞이하여 복된 말씀을 또 한 번 듣고자 성전으로 왔습니다. 이 시간 마음과 뜻을 다하여 드리는 예배를 기쁘게 받아 주시고, 저희 가슴에 부활의 감격이 식지 않도록 새로운 은혜를 덧입혀 주옵소서. 죽음을 이기고 부활하셔서 절망 중에 있는 모든 성도에게 참 소망과 생명이 되신 예수 그리스도의 이름으로 기원하옵나이다. 아멘.

이 주일의 찬송 Hymns

왕 되신 주(24장) / 주의 영광 빛나니(132장) / 어저께나 오늘이나(135장)
부활하신 구세주(162장) / 거친 세상에서 실패하거든(456장)
구주 예수 의지함이(542장)

성시교독　Responsive Readings　　　　　　시편 150:1-6

인도자　¹ 할렐루야 그의 성소에서 하나님을 찬양하며 그의 권능의 궁창에서 그를 찬양할지어다

회　중　² 그의 능하신 행동을 찬양하며 그의 지극히 위대하심을 따라 찬양할지어다

인도자　³ 나팔 소리로 찬양하며 비파와 수금으로 찬양할지어다

회　중　⁴ 소고 치며 춤추어 찬양하며 현악과 통소로 찬양할지어다

인도자　⁵ 큰 소리 나는 제금으로 찬양하며 높은 소리 나는 제금으로 찬양할지어다

회　중　⁶ 호흡이 있는 자마다 여호와를 찬양할지어다 할렐루야

고백의 기도　Prayer of Confession

온 땅에 따사로운 봄볕을 주시는 하나님 아버지! 죄악으로 얼어붙은 우리의 심령을 녹여주시려고 회개하는 시간을 허락해 주심에 감사를 드립니다. 유혹 앞에 무력하기만 한 저희는 지난 한 주간도 동일한 잘못을 반복하였습니다. 혼자만의 힘으로는 이 죄악의 수렁에서 빠져나올 수 없음을 절감합니다. 저희의 심령을 강하게 붙잡아 주시는 진리의 성경말씀을 가까이하지 못한 것을 회개합니다. 고난과 역경을 만났을 때 살아 역사하시는 하나님 앞에 기도하지 않은 것을 회개합니다. 어둠 속에서 방황하는 사람들에게 나아가 예수 그리스도의 부활의 기쁜 소식을 전하지 못한 것을 회개합니다. 이웃을 네 몸과 같이 사랑하라 명하신 예수님의 말씀을 실천하지 못한 것을 회개합니다. 미련하고 어리석은 저희를 불쌍히 여기시고 자비와 긍휼을 베풀어 주옵소서. 예수님의 이름으로 이 고백의 기도를 드립니다. 아멘!

사함의 확신　Assurance of Forgiveness

내가 네 허물을 빽빽한 구름 같이, 네 죄를 안개 같이 없이하였으니 너는 내게로 돌아오라 내가 너를 구속하였음이니라(사 44:22)

오늘의 주제

부활을 증언하시는 성삼위

석의적 접근

사도행전의 말씀   행 5:27-32

부활의 은총은 그리스도를 따르던 제자들에게 이적을 경험하게 하는 힘으로 나타났다. 사도들이 감옥에서 벗어나 성전에서 백성을 가르치는 모습에 박해자들은 놀라며 긴장했다. 그들은 탈옥한 사도들을 공회 앞으로 다시 끌어오기는 했으나, 문초 과정에서는 감히 예수님의 이름을 언급하지도 못한 채 '이 사람의 피'가 자기들에게 돌아오면 어떻게 할 것인가 고심하는 태도를 보였다. 자기들의 입으로 빌라도에게 "그 피를 우리와 우리 자손에게 돌릴지어다"(마 27:25b)라고 소리쳤던 과거가 있었기 때문이다.

베드로와 사도들은 이 자리에서 예수 그리스도의 부활하심을 확실하게 증언하며 선포하였다. 사도들이 이 진리를 담대히 증언할 수 있었던 것은 성령님이 함께하셨기 때문이다. 예수님께서 진리의 영이라 말씀하신 성령님이 여기 임하여 박해자들 앞에 진리를 선포할 수 있게 역사하셨다. 따라서 사도들은 그리스도의 부활을 전하는 그 자리에 성령님이 계심을 확신하면서 '하나님이 자기에게 순종하는 사람들에게 주신 성령님'이라고 분명하게 선언하였다.

계시록의 말씀   계 1:4-8

예수 그리스도께서 사람이 모르는 일을 알려 주시는 것을 가리켜 계시라 한다. 여기 요한계시록은 주님이 진리를 인간들에게 영감으로 말없이 계시하셨다고 하여 묵시록이라 부르기도 한다. 계시에는 난해한 대목이 많으므로 편견을 지니고 자의적으로 해석하는 것은 매우 위험하다. 본서는 사도 요한이 소아시아 일곱 교회에 보낸 서신 형태로 되어 있다. 이 일곱 역시 상징적인 숫자이므로 온 세상에 있는 과거, 현재, 미래의 교회에 주시는 말씀이다. 겸손하게 묵상하며 믿음으로 받아야 할 계시의 첫머리 부분이 열리고 있다.

먼저, 때가 가까움을 선포하고 삼위일체 하나님을 찬양한다. 성부 하나님은 이전부터 장래까지 영원하셔서 찬양을 받을 대상이시다. 다음으로 성령님의 존귀하심을 높이며 찬미한다. 일곱 영은 성령님의 완전하심과 시공간을 초월해 계시는 존재임을 드러낸다. 그리고 계시의 중심에 있는 성자 그리스도를 찬송한다. 그는 부활의 증인이시며 세상의 왕이시고 우리를 죄에서 구원하실 영원한 나라의 제사장이시라 한다. 그 구원의 주가 세상에 다시 오시는 것을 모든 사람이 볼 것이라 하였다. 삼위일체 하나님은 시작과 끝이시며 장차 오실 전능한 분이라는 것이 계시의 핵심이다.

복음서의 말씀 요 20:19-31

본문에서 부활하신 예수님은 두 번 거듭하여 제자들을 찾아오신다. 처음에 오신 시각은 부활하신 날 저녁이며, 장소는 확실하지 않다. 일반적으로 마가의 집이 아니었을까 추측한다. 제자들은 박해하는 유대인들을 두려워하여 문을 걸어 잠갔다. 그러나 예수님께서는 공간의 장벽을 넘어 그들에게 오셔서 평강의 인사와 함께 세상으로 파송하는 선교적 사명을 부여하셨다. 복음 전파의 사명을 감당하기 위해 꼭 필요한 것은 성령님의 능력이다. 자신의 힘으로 되는 것이 아니라 성령님의 인도를 따라 죄 사함을 받게 된다는 사실을 알게 하셨다.

두 번째로 오신 때는 그로부터 8일이 지난 후였다. 장소는 지난번과 같은 곳으로 보이는데, 아마 제자들은 계속 거기 머무르는 상태였고 도마가 합류한 것이 일종의 변화였다. 도마는 예수님의 부활을 의심했으나 이 자리에 오신 주님으로부터 직접 만져보라는 말씀을 듣는다. 그가 실제로 주님의 상처를 만졌는지 알 수는 없다. 중요한 것은 도마가 의심을 버리고 믿음의 사람이 되었다는 점이다. 그는 성령을 받은 증거로 '나의 주님, 나의 하나님'이라 고백하였다. 이는 요한복음을 기록한 목적, 곧 예수님이 그리스도이심을 믿어 영원한 생명을 얻음과 연결되고 있다.

📖 설교를 위한 조명

계시록의 말씀(계 1:4-8)으로 설교 작성 / 귀납적 설교
"처음부터 끝까지 완전하게"

I. 계시, 묵시, 아포칼립스(Apocalypse)

부활절 두 번째 주일에 우리는 요한계시록 첫 장 말씀을 읽게 되었다. 하나님께서 내리시는 은총 가운데 가장 궁극적이고 미래적인 것이 계시의 은총이다. 계시가 무엇인가? 사전적인 해석으로는 '사람의 지혜로서 알 수 없는 진리를 신이 영감으로 알려줌'이다. 비슷한 의미로서 신앙적인 용어로 묵시라는 말이 있다. 이는 '말씀으로서가 아니라 하나님이 사람에 대한 계시로 진리의 능력을 나타내어 보임'이라는 뜻이다. 천주교에서는 요한계시록을 '요한의 묵시록'이라 부른다. 우리는 성경의 마지막 책에서 주 하나님이 요한을 통하여 내리신 계시와 묵시를 앎으로써, 이제 반드시 속히 일어날 일을 볼 수 있게 되었다.

그러면 하나님께서 우리에게 꼭 보여 주려 하신 계시의 내용이 무엇일까? 계시록의 영문 제목은 'Revelation'인데, 이는 비밀을 폭로 또는 누설한다는 뜻이다. 구체적으로 말하면 베일을 벗긴다는 의미가 있다. 지금은 결혼식에서 잘 사용하지 않으나 이전에는 웨딩 베일이 신부의 신비한 복장이었다. 흰색의 웨딩드레스는 순결과 순수의 이미지를 드러내며, 신부가 베일을 쓰고 예식장에 들어오면 신랑이 그 웨딩 베일을 벗긴다. 그리함으로써 이제 두 사람 사이에는 비밀이 없어지고 삶을 공유하게 된다는 상징성이 있었다. 이 계시로 진리를 받

은 성도들은 베일을 벗고 주님과 온전히 막힘없이 하늘의 비밀을 깨닫는 은총을 받게 된다.

여기서 하나 더 말하고 싶은 것은 계시록이라 하면 세상의 마지막, 곧 종말이 연상되어 두려운 마음이 생긴다는 점이다. 요사이 우리는 소설이나 영화, 드라마에서 이른바 '포스트 아포칼립스(Post Apocalypse)'라는 장르를 만난다. 이 말의 뜻은 재난이나 대참사로 종말이 와서 문명이 멸망한 이후의 세상을 묘사한다는 것이다. 이는 헬라어 곧 그리스어에서 온 말이다. 헬라어 성경은 계시록을 '아포칼립시스'라 한다. 묵시록이라는 이 말은 신약의 '요한계시록'이나 구약의 '다니엘'을 대상으로 한다. 그러나 묵시록은 우리가 두려워할 말씀이나 책이 아니다. 다른 사람이 몰랐던 것을 알게 해 주시니 오히려 얼마나 은혜로운 일인가! 계시록은 반드시, 그리고 속히 일어날 일이라 하시며 천사들을 보내 증언하게 하신 예언임을 밝히셨다. "이 예언의 말씀을 읽는 자와 듣는 자와 그 가운데에 기록한 것을 지키는 자는 복이 있나니 때가 가까움이라"(계 1:3) 하신 말씀을 들어보라! 주님의 때가 오고 있다. 이 계시의 말씀을 읽고 듣고 지키는 자는 복이 있다.

II. 베일을 벗기심

사도 요한은 지금 지중해의 한쪽에 있는 작은 섬 '밧모'라는 곳에 앉아 있다. 예수 그리스도를 따르던 동료 제자들은 모두 순교하여 하늘나라로 갔다. 가장 나이 어린 제자였던 요한 자신도 벌써 백발이 성성한 노인이 되었다. 그는 왜 유독 나만 순교의 제물이 되지 않았을까 생각하며 주님께서 내리실 특별한 사명이 남아있음을 깨달았다. 서기 96년경, 로마의 도미티안 황제는 그리스도의 교회를 맹렬히 박해하기 시작했다. 초대교회 성도들이 박해를 받아 죽거나 유배를 떠났다. 에베소 교회에서 목회하던 요한도 노구를 이끌고 유배 길에 오를 수밖에 없었다. 지중해의 북동쪽 에게해에 있는 밧모 섬이 늙은 사도의 귀양지였다.

밧모는 작은 섬이었지만, 산이 제법 험하고 땅은 황막했다. 그리고 거기엔 대리석 채석장이 있어 유배된 사람들은 주야로 강제노동에 내몰렸다. 사도 요한은 나이가 많아 노동에서 제외되었으나 별도로 유폐시켜 다른 사람들과의 접촉을 금지당하고 있었다. 복음 전할 길이 완전히 차단된 것이다. 이제 노인에게 그 어떤 소망도 없는 듯했다. 그러나 주님께서는 요한의 눈앞에 지중해를 웅장한 화면으로 펼치시고 거기서 계시를 보게 하셨다. 이것을 기록하는 것이 요한의 마지막 사명이었다.

드디어 나팔 소리 같은 큰 음성이 성령의 감동으로 들려오기 시작했다. "나 요한은 너희 형제요 예수의 환난과 나라와 참음에 동참하는 자라 하나님의 말씀과 예수를 증언하였음으로 말미암아 밧모라 하는 섬에 있었더니 주의 날에 내가 성령에 감동되어 내 뒤에서 나는 나팔 소리 같은 큰 음성을 들으니"(계 1:9-10). 그날은 주의 날, 곧 주님이 부활하신 안식 후 첫날인 지금의 주일이었다. 성령의 감동으로 은혜가 충만할 때 나팔 소리를 들었다고 한다. 구약 시대에는 하나님 말씀을 선포할 적에 나팔을 불어 백성을 불러모은 전통이 있다. 이 소리를 듣고 요한이 몸을 돌이켜보니 지중해는 간 곳이 없고 영광스러운 성삼위 하나님의 모습이 나타났다. 지금 여기서 계시의 베일이 벗겨지고, 이제도 계시고 전에도 계셨고 장차 오실 성부 하나님의 음성이 들린다. 다음으로 보좌 앞에 있는 일곱 영, 곧 성령의 역사가 임한다. 마지막으로 그의 피로 우리를 해방하신 예수 그리스도의 모습을 볼 수 있게 되었다.

먼저, 계시의 하나님을 어떻게 뵐까? 인간들은 하나님의 모습을 볼 수 없었고, 만약 죄인이 하나님을 보았다면 목숨을 부지할 수 없었다. 출애굽기에서 경건한 사람 모세가 떨기나무 불꽃 가운데서 하나님의 음성을 듣고 그의 이름을 물었던 적이 있다. 이때 하신 말씀이다. "하나님이 모세에게 이르시되 나는 스스로 있는 자이니라 또 이르시되 너는 이스라엘 자손에게 이같이 이르기를 스스로 있는 자가 나를 너희에게 보내셨다 하라"(출 3:14). 일찍이 자신의 이름을 여호와라 가르쳐 주셨고, '나는 스스로 있는 자', 'I am that I am', '야훼 아쉐르 야훼'라 풀어 주셨다. 그러나 계시의 말씀을 펼치니, '나는 이제도 있고, 전에도 있었고, 장차 올 자요, 전능한 자'고 밝히신다. 역사 이전에 선재하셨고,

현존하시며, 앞으로도 영존하셔서 우리에게 오실 분임을 알려 주시고 있다. 주님은 이렇게 베일을 벗으셨다.

III. 알파와 오메가(처음부터 끝까지)

이제 베일을 벗으신 하나님께서 우리에게 친히 이르신 계시의 말씀을 들어보자. "주 하나님이 이르시되 나는 알파와 오메가라 이제도 있고 전에도 있었고 장차 올 자요 전능한 자라 하시더라"(계 1:8). 이것은 무슨 뜻일까? 그리스도께서 부활하시고 교회가 세워진 후, 세상은 헬라어가 세계의 언어로 사용되고 있었다. 헬라어는 고대 그리스 언어이며 신약성경을 기록한 문자이다. 예수 그리스도의 구원을 만방에 전하게 된 시점에서 '나는 알파와 오메가라' 하신 것은 세계를 향한 새로운 의미를 지닌다. 헬라어 알파벳은 '알파, 베타, 감마, 델타'로 시작하여 중간 부분에 '뮈, 뉘, 크시, 오미크론'으로 나간다. 코로나 바이러스 변이형, 즉 변종 명칭에 그리스 알파벳 문자를 붙여 15번째인 오미크론의 위세가 대단했던 기억이 난다. 헬라 문자의 마지막 부분은 '피, 키, 프시, 오메가'로서 24개 자모로 되어 있다. 우리 한글 자모 수와도 같다.

그러므로 알파와 오메가란 처음부터 끝까지라는 뜻이다. 이 속에 인류의 역사를 처음부터 끝까지 다루시는 하나님의 섭리가 다 들어있다고 본다. 유대 랍비들은 그들이 사용한 관용구로서 "나는 율법을 알레프부터 타우까지 지켰다"라는 말을 즐겨 썼는데, 이것은 율법을 처음부터 끝까지 준수한다는 의미였다. 히브리어는 '알레프, 베트, 김멜, 달레트'부터 '코프, 레쉬, 씬, 타우'까지 22자인데 모음은 없고 자음으로만 되어 있다. 지금 하나님의 영존성은 헬라와 히브리를 넘어서 온 세계에 임하여 있고, 우리 한국인의 말과 생각 속에도 들어와 계신다.

우리말로 알파와 오메가를 말한다면, ㄱ부터 ㅎ까지 자음을 지나서 모음 ㅏ ㅑ ㅓ ㅕ ㅗ ㅛ ㅜ ㅠ ㅡ 그리고 ㅣ에 이르는 24글자 안에 친히 들어오셔서 한국인의 사고와 표현을 완전케 하시며, 복음 이전부터 앞날까지 우리 민족의 믿음을 영원토록 견고하게 하신다는 뜻이다. 성부 하나님께서는 우리가 처음 나라를 세우던 시작부터 지켜주셨다가 때가 되어 예수 그리스도의 복음을 듣게 하셨고, 장차 그 아들을 다시 보내실 때까지 우리의 믿음을 더욱 견고하게 하실 것이다. 인간의 역사는 처음부터 끝까지 하나님의 섭리 안에 들어있다.

IV. 성자, 성령의 정체성

여기 계시록의 말씀은 성부 다음 순서로 성령을 계시하여 주셨다. "그의 보좌 앞에 있는 일곱 영"(4절)이라고 한다. 이는 성령의 다양한 사역을 의미한다. 성령이 임할 때는 불길 같이 뜨겁고 강한 역사가 있기도 하지만, 비둘기 같이 온유한 임재도 있다. 여기서 말씀하시는 일곱 영은 성령의 완전한 사역을 가리킨다. 계시록의 숫자 일곱은 완전수로 인식된다. 일곱 별, 일곱 촛대는 성삼위 하나님의 완전하신 정체성을 상징하는 표현이다.

그래서 요한계시록 2장과 3장은 일곱 교회에 보내는 계시를 선포한다. 당시에 있던 교회 숫자가 일곱이 아니며, 칭찬받는 교회의 숫자도 일곱이라 할 수 없다. 그 일곱 교회는 가고 오는 세대의 모든 교회를 상징한다. 그러므로 일곱 영은 세상의 모든 교회에 임하신 성령의 권능을 함축한 말이다. 처음부터 끝까지, 그리고 완전하게 임하시는 성삼위 하나님이 보여 주실 계시의 특징을 나타내는 의미를 담았다.

마지막으로 보이신 것이 성자 예수 그리스도의 모습이다. 그리스도는 모든 세대에 하나님을 증언하는 아들이시므로 '충성된 증인'이시고, 친히 부활하셔서 구원 백성을 살리실 것이므로 '죽은 자들 가운데서 먼저 나신 분'이며, 온 땅의 권력자들이 그분께 왕권을 받을 터이므로 '땅의 임금들의 머리'가 되신다(5절). 이 세 가지 귀중한 의미를 묶어 하나로 계시될 초점, 클라이맥스가 곧 재림하실 구주라는 사실이다. 7절 말씀을 보라. "볼지어다 그가 구름을 타고 오시리라 각 사람의 눈이 그를 보겠고 그를 찌른 자들도 볼 것이요 땅에 있는 모든 족속이 그로 말미암아 애곡하리니 그러하리라 아멘"(계 1:7).

그리스도께서 다시 오실 재림은 계시의 완성을 이루는 사건이다. 세상의 온갖 과학이나 상상적 인식을 뛰어넘은 초자연적 완전성을 경험하는 일이 일어날 것을 알려준다. 주님의 부활은 이렇게 처음부터 끝까지 우리를 믿음으로 이끄시고 마지막에 재림으로 완전함을 이룬다. 그 당시에 하나님의 아들을 창으로 직접 찌른 자들로부터, 지금도 무수히 주님을 믿지 않고 배반하면서 회개하지 않는 개인과 민족들이 있다. 그들이 슬피 울며 애곡할 시각이 다가오고 있다.

V. 장래의 영광을 봄

이 시각이 오고 있음을 깨닫게 하는 것이 부활의 믿음이다. 우리는 부활 절기에 믿음의 눈으로 하나님의 계시를 볼 수 있어야 하겠다. 토마스 아퀴나스라는 중세의 신학자는 세상의 존재를 설명하려고 라틴어로 '액트(Act)'와 '포텐트(Potent)'라는 용어를 썼다. '액트'는 우리의 눈에 보이는 것이고, '포텐트'는 지금 당장 보이지 않으나 장래에 나타나 보일 존재를 가리킨다. 십자가를 지는 것 같은 고통과 어려운 세상일이 바로 '액트'다. 주님의 계시를 통해 이 베일을 조금씩 벗겨가면 성삼위 하나님께서 주관하시는 장래의 '포텐트'가 보인다. 계시란 현실의 '액트'에서 장래의 영광인 '포텐트'를 보는 일이다(여기 내용은 본서 '절기 설교를 위한 지침 – 어린이 주일'에서 더 자세히 적용하였으므로 참고하기 바람).

부활절 기간, 요한계시록 말씀을 펼쳐 든 성도들에게 성삼위 하나님께서 계시로 눈을 열어 주신다. 오늘, 그 처음을 펼치니 하나님은 온 역사의 알파와 오메가가 되셔서 처음부터 끝까지 과거, 현재, 미래를 다스리고 계심을 보게 된다. 다음으로 성령님께서 보좌 앞에 일곱 영으로 임하여 다양하고 완전하게 은혜를 베풀고 계심을 확인할 수 있다. 그리고 우리 주 예수 그리스도께서는 부활의 증인으로서 구름을 타고 영광과 능력으로 오심을 알게 하셨다. 처음부터 끝까지, 그리고 완전하게 내려주시는 계시의 말씀이다. 이제 이 계시의 말씀을 펴서 한 장씩 마지막까지 읽는 성도들에게 믿음의 눈이 열리고 장래의 영광을 보게 하는 은총이 임하신다.

부활절 세 번째 주일 / 어린이 주일

❖ 성서정과 　시 30; 행 9:1-6, (7-20); 계 5:11-14; 요 21:1-19

예배로 부름　Call to Worship

그러므로 모든 악독과 모든 기만과 외식과 시기와 모든 비방하는 말을 버리고 갓난 아이들 같이 순전하고 신령한 젖을 사모하라 이는 그로 말미암아 너희로 구원에 이르도록 자라게 하려 함이라 너희가 주의 인자하심을 맛보았으면 그리하라(벧전 2:1-3)

예배 기원　Invocation

한없는 사랑과 은혜로 가정을 세우시며 이끌어 주시는 하나님 아버지! 5월에는 어린이 주일, 어버이 주일, 스승의 날, 부부의 날과 같이 가정과 관련한 날들이 연이어 있습니다. 5월을 지내는 동안 가정의 소중함을 기억하게 하시고, 이 모든 행복을 허락해 주신 하나님의 은혜를 잊지 않게 하옵소서. 오늘은 어린이 주일을 맞이하여 하나님께서 맡겨주신 사랑하는 자녀들의 손을 잡고 함께 예배를 드립니다. 우리 자녀들에게 큰 믿음을 더하사 삼위일체 거룩하신 하나님 한 분만 섬기는 유일신 신앙이 대대에 이르게 하여 주옵소서. 예수님의 이름으로 기원하옵나이다. 아멘.

이 주일의 찬송　Hymns

빛나고 높은 보좌와(27장) / 거룩하신 하나님(77장)
내 구주 예수를 더욱 사랑(314장) / 내 주 되신 주를 참 사랑하고(315장)
누가 주를 따라(459장) / 헛된 욕망 길을 가며(513장)

성시교독　Responsive Readings　　　　　　　시편 30:4-5a, 6-12

인도자　⁴ 주의 성도들아 여호와를 찬송하며 그의 거룩함을 기억하며 감사하라

회　중	[5a] 그의 노염은 잠깐이요 그의 은총은 평생이로다
인도자	[6] 내가 형통할 때에 말하기를 영원히 흔들리지 아니하리라 하였도다
회　중	[7] 여호와여 주의 은혜로 나를 산 같이 굳게 세우셨더니 주의 얼굴을 가리시매 내가 근심하였나이다
인도자	[8] 여호와여 내가 주께 부르짖고 여호와께 간구하기를
회　중	[9] 내가 무덤에 내려갈 때에 나의 피가 무슨 유익이 있으리요 진토가 어떻게 주를 찬송하며 주의 진리를 선포하리이까
인도자	[10] 여호와여 들으시고 내게 은혜를 베푸소서
회　중	여호와여 나를 돕는 자가 되소서 하였나이다
인도자	[11] 주께서 나의 슬픔이 변하여 춤이 되게 하시며
회　중	나의 베옷을 벗기고 기쁨으로 띠 띠우셨나이다
인도자	[12] 이는 잠잠하지 아니하고 내 영광으로 주를 찬송하게 하심이니
회　중	여호와 나의 하나님이여 내가 주께 영원히 감사하리이다

2

주일 낮 예배 · 설교 지침

고백의 기도　Prayer of Confession

어린이를 사랑해 주시는 하나님 아버지! 어린이 주일에 드리는 우리의 회개를 받아 주옵소서. 예수님께서는 어린이를 품에 안으시며 "아이들이 내게로 오는 것을 막지 말라"고 당부하셨는데, 저희는 내 자녀가 예수님께로 나오는 것을 방해하였습니다. 주일이면 자녀가 교회에 와서 예수님의 품 안에 거하는 것보다 학원에 가서 공부하는 것을 더 중요하게 생각하였습니다. 자녀의 신앙 성장을 위해서 교회에서 정성껏 준비한 프로그램들은 하찮게 여기고 참여시키지 않았습니다. 저희는 자녀 앞에서 기도하는 것과 찬송하는 것과 성경을 읽는 것과 예배하는 것에 본을 보이지 못한 부모였습니다. 이러한 어리석음으로 인해 우리 자녀들이 불신앙의 길을 걷게 되지는 않을까 두렵습니다. 하나님! 이 모든 죄를 용서해 주시고 우리 자녀를 생명의 길로 인도해 주옵소서. 예수님의 이름으로 이 고백의 기도를 드립니다. 아멘.

사함의 확신　Assurance of Forgiveness

예수께서 이르시되 오늘 구원이 이 집에 이르렀으니 이 사람도 아브라함의 자손임이로다 인자가 온 것은 잃어버린 자를 찾아 구원하려 함이니라(눅 19:9-10)

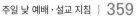

z

주일 낮 예배 · 설교 지침 | **359**

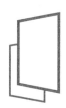

오늘의 주제

사랑을 기억함

📖 석의적 접근

사도행전의 말씀   행 9:1-6

예루살렘에서 시작된 박해로 인해 그리스도인들 다수가 다메섹으로 피난을 갔다. 다메섹이 유대 지방을 벗어나 수리아 영토 안에 있는 도시였지만, 그렇다고 안전한 피난처는 아니었다. 예루살렘에 있던 대제사장은 수리아 총독이 로마의 지시에 따라 종교 문제에 관여하지 않는다는 점을 이용하여 자신의 공문만으로 다메섹의 그리스도인들을 체포 압송할 수 있었다. 이 공문을 가지고 가장 적극적으로 활동한 사람 중의 하나가 사울이라는 청년이었다. 그는 그리스도인들을 증오한 나머지 지난번 스데반의 순교 현장에서 증인 노릇을 하는 것까지도 서슴지 않았다(행 7:58 참고).

그러나 하나님께서는 이 박해자에게 특별한 사랑을 베푸시고 계시로 임하실 계획을 품고 계셨다. 다메섹 가는 길에서 그를 향해 강렬한 빛을 비추시고 예수 그리스도의 음성을 들려주셨다. 일행 가운데 그 누구도 보거나 듣지 못하는 특별한 계시였다. 놀라운 것은 이 박해자 청년이 즉시 그 계시의 주체를 인식했다는 사실이다. 사울의 대답과 질문은 "주여 누구시니까"였다. 그는 이 회심의 순간을 잊지 못하고 예수님을 구주로 모신 후 평생을 선교자 바울로 살아가게 된다.

계시록의 말씀   계 5:11-14

본문에는 천사들과 피조물들이 부르는 '새 노래(New song)' 두 편이 나온다. 요한계시록 5장에는 모두 세 편의 새 노래가 실려 있는데, 처음 노래는 본문의 바로 앞인 9-10절에 기록되었다. "그들이 새 노래를 불러 이르되 두루마리를 가지시고 그 인봉을 떼기에 합당하시도다 일찍이 죽임을 당하사 각 족속과 방언과 백성과 나라 가운데에서 사람들을 피로 사서 하나님께 드리시고 그들로 우리 하나님 앞에서 나라와 제사장들을 삼으셨으니 그들이 땅에서 왕 노릇하리로다 하더라." 하나님의 계시가 담긴 두루마리는 일곱 인으로 봉해져 있어 아무도 그것을 뗄 사람이 없었다. 어린 양이 나아와 두루마리를 취하자 천사와 장로들이 거문고와 향으로 경배했다. 거문고는 새 노래로 부르는 찬송이며, 금 대접에 담긴 향은 성도의 기도이다. 찬송과 기도로 어린 양 예수님을 모시고 영원한 계시를 받는 모습이 보인다.

'새 노래'는 하늘에서 부르는 찬송으로서, 구원의 주 예수 그리스도를 믿고 하늘나라에 참여한 성도의 노래를 말한다. 앞서 첫 노래에서는 "피로 사서 하나님께 드리시고"라 하여 주님의 대속 사역을 찬양하였다. 두 번째 노래는 천사들이 주님을 높이는 일곱 가지 조건을 들어 찬양을 올린다. 그것은 주님의 능력, 부, 지혜, 힘, 존귀, 영광, 찬송이라 하였다. 세 번째는 피조물의 찬양으로서 온 세상의 생명이 창조주 하나님과 어린 양 예수님께 영광을 돌리는 웅장한 광경이다. 이에 대한 반응으로 피조물의 대표격인 네 생물과 성도들을 상징하는 장로들이 '아멘' 하며 경배했다. 모두가 예배드리는 자세로 새 노래에 겸손히 반응한 것이라 하겠다.

복음서의 말씀   요 21:1-19

본문 21장은 요한복음의 부록으로 알려졌다. 부록을 붙인 이유로는 그리스도의 교회와 목양에 관한 관심, 베드로의 사명과 순교, 복음 진리의 강조 필요성 등을 손꼽는다.

디베랴 호숫가에 일곱 명의 제자가 모여 있었다. 그들은 사명의 실천을 포기하지는 않았으나 아직 구체적인 선교 활동을 시작하지 못한 채 소일하는 중이었다. 주님은 그들을 찾아오셔서 고기를 잡게 하시고, 친히 식탁을 마련해 주셨다. 여기 '오십 칸'은 200규빗으로서 일백 미터 정도의 가까운 거리를 가리키며, 물고기 백쉰세 마리는 많은 종류의 사람들이 구원받을 것을 상징하는 것으로 해석된다.

식사 후 주님은 베드로에게 세 차례에 걸쳐 "나를 사랑하느냐"라는 질문을 하시고 목양을 위한 사명을 맡기셨다. 베드로가 주님을 세 번 부인했으므로 굳이 세 번 물으셨다는 것은 다분히 인간적인 생각이다. 진실하고 완벽한 사랑으로 목양의 사역을 감당해야 한다는 뜻을 담으신 질문이라고 이해해야 한다. 예수 그리스도와 사랑의 관계를 회복한 사람들은 세상에 복음을 전해야 할 책무가 있다. 베드로는 지난날에 스스로 행하기를 분별없이 하였으나 이제는 영광스러운 순교까지도 각오하며 주님을 따르게 되었다.

📄 설교를 위한 조명

복음서의 말씀(요 21:1-19)으로 설교 작성 / 분석 설교
"잊을 수 없는 순간들"

서론

우리 인간은 말로써 자신의 의사를 표현한다. 단순한 감정 표현만 아니라 깊은 지혜와 교훈까지도 말로 전할 수 있다. 그러나 우리 삶에서는 말로써 다할 수 없는 진실과 열정을 드러내야 할 때가 있다. 이를테면 내 마음을 다해 드리고 싶은 사랑, 영원히 높이며 바치기 원하는 공경 등은 어떻게 표현해야 할까? 그래서 아름다운 글로 엮은 시가 있고 감동적인 서사가 있다. 문학은 이렇게 깊이를 더하며 발전해 왔다.

이 열정의 표현법을 끌어내는 것은 삶에서의 극적인 경험이다. 잊을 수 없는 순간들이 만들어내는 결과는 위대하다. 우리는 사랑하는 사람을 향하여 사랑의 말을 넘어 내 진심과 정열을 글로 써서 남기고 싶어 한다. 우리는 하나님을 공경한다. 예배를 드릴 때면 말로 기도드리고 진리의 말씀을 기쁘게 듣는다. 하지만 하나님께 드리는 공경과 감사를 그것으로 다할 수 없다. 그래서 찬송을 올리고 그 은혜의 순간을 마음 깊은 곳에 새기려 한다. 오늘 어린이 주일에, 아이같이 맑고 순전한 마음으로 받은 은총이 내게서 영원히 사라지지 않기를 기도드린다.

본문 접근

여기 요한복음의 마무리를 장식하는 예수님과 제자들의 만남이 있다. 먼저 디베랴 호숫가에서 일곱 제자와 만나신 주님은 아침 식사 후에 시몬 베드로와 세 차례에 걸쳐 짧은 대화를 나누셨다. "시몬아, 네가 나를 사랑하느냐?" "그렇습니다. 내 사랑을 주님께서 아십니다." "내 양을 먹이라." 얼핏 보기에 단순한 대화인 것처럼 생각된다. 그러나 예수님께서 십자가의 죽음을 지나 부활하신 몸으로 갈릴리에 오시고, 베드로는 주님이 고난 받는 시간에 세 번이나 주님을 모른다고 부인하며 도망갔던 부끄러움에 물들어 있다. 그 제자를 친히 찾아오셔서 식탁을 차리신 주님이 다시금 사랑을 확인하며 사명을 맡기시는 대화의 장이 이렇게 펼쳐지고 있다. 참 감동적인 순간이다.

주제 정의와 필요성

어떤 학자들은 예수님께서 베드로에게 세 번 질문하신 이유를 이렇게 추측한다. 곧 예수님이 잡히시던 밤에 차마 멀리 도망하지 못한 베드로가 대제사장 집 마당에 서서 불을 쬐다가 사람들이 "너도 그 제자 중 하나가 아니냐?"라고 물으니 세 번이나 "나는 아니라"고 거듭 부인했던 일이 있었다. 지금 예수님은 베드로에게 그때의 일을 기억하게 하시려고 세 번 질문하셨다고 한다. 더구나 그 옆에는 예수님께서 마련하신 식탁 곁에 숯불이 타고 있었다. 불을 쬐며 세 번 부인했던 그 배경을 그대로 떠올리게 하여 베드로의 완전한 회개를 촉구하신 뜻이 있었을 것이라는 해석이다.

정말 그럴까? 아니다. 이는 사람의 생각이다. 주님은 그런 소소한 복수를 하는 분이 아니시다. 세 번을 물으신 것은 말로만 사랑하는 것이 아니라 절대적이고 영원한 사랑의 약속, 그리고 사명을 확인하는 의미였다. 인간을 향한 예수님의 간절한 사랑 고백이었다. 베드로는 이 사랑이 깨질까 근심하면서 내 사랑을 주께서 아신다고 거듭하여 고백하였다.

아마도 베드로는 뜨거운 눈물로 이 약속을 바쳤을 것이다. 이 사랑은 주님의 양을 먹이는 목양의 사명으로 영원히 이어진다. 이 순간을 잊어버릴 그리스도인은 없다.

주제의 실천 방안

1. 죄의 고백을 바치던 그 순간

굳이 세 번 말씀하신 의미를 해석하려면, 베드로가 걸어온 인생길에서 세 차례의 중대한 결단의 경험을 돌아보아야 한다. 지금 예수님과 베드로가 대화를 나누는 이곳은 디베랴 호숫가, 흔히 갈릴리 호수 또는 갈릴리 바다라고도 불린 해변이다. 누가복음에서는 게네사렛 호수라 기록하였다. 3년 전, 이 호숫가에 아침이 왔을 때 베드로는 그물을 걷으며 몹시 속이 상한 적이 있었다. 지난밤에 고기가 유독 잡히지 않은 것이다. 그때 이 호수를 향하여 예수님께서 걸어오셨는데 아침 시간임에도 불구하고 많은 무리가 뒤를 따라왔다. 예수님은 베드로의 고깃배를 강단으로 삼아 말씀을 선포하셨다. 그리고 베드로에게 "깊은 데로 가서 그물을 내려 고기를 잡으라"고 하셨다.

베드로는 어부로 잔뼈가 굵은 사람이다. 고기가 잘 잡히는 밤 시간이 이미 지난 데다가 플랑크톤이 많은 해변을 벗어나 저 깊은 곳에서 어찌 고기를 잡는단 말인가? 그러나 말씀에 따라 거기에 그물을 내렸더니 그물이 찢어질 정도로 고기가 잡혀 배 두 척이 물에 잠길 정도가 되었다. "그렇게 하니 고기를 잡은 것이

심히 많아 그물이 찢어지는지라 이에 다른 배에 있는 동무들에게 손짓하여 와서 도와 달라 하니 그들이 와서 두 배에 채우매 잠기게 되었더라"(눅 5:6-7).

참으로 놀라웠다. 이제부터 이 분이 말씀만 하시면 나는 큰 부자가 될 것이 아니겠는가! 하지만 이때 베드로는 오히려 무릎을 꿇고 엎드렸다. "시몬 베드로가 이를 보고 예수의 무릎 아래에 엎드려 이르되 주여 나를 떠나소서 나는 죄인이로소이다 하니"(눅 5:8). 호칭이 '선생님'에서 '주님'으로 바뀌고, 요구사항이 '같이 계셔 주십시오'가 아니라 '떠나소서'로 바뀌었다. 그는 하나님의 임재를 두려움 속에서 깨달은 것이다.

시내 산에서 계명을 받을 때의 모세처럼, 소명의 순간에 선 이사야처럼, 고통의 끝자리에서 하나님을 발견한 욥처럼, 그는 예수님의 발 앞에 엎드려 고백하였다. "주님, 저를 떠나 주십시오, 저는 죄인입니다." 이것이 베드로가 행한 죄의 고백이다. 이 고백으로부터 베드로의 신앙적 삶이 시작되었다. 예수님은 그의 고백을 받으시고 "이제 후로는 네가 사람을 취하리라"고 하셨다. 더 익숙한 말씀으로는 "예수께서 이르시되 나를 따라오라 내가 너희로 사람을 낚는 어부가 되게 하리라 하시니"(막 1:17)가 있다. 여기서 사람을 낚는 어부란 하나님께로 영혼을 인도하는 사명을 맡은 사람을 가리킨다. 이 고백이 있었던 호숫가에서 주님은 베드로에게 사랑으로 그 사명을 확인해 주셨다.

우리가 예수 그리스도를 처음 만나던 날, 그리고 내 죄를 주님 앞에 고백하던 날, 세상의 일에 성공했다고 생각한 순간에 이것이 죄인인 나를 향한 하나님의 은혜임을 비로소 깨달은 날, 성령님이 내게 오셔서 내 삶을 바꾸신 날, 예수님은 우리에게 이날을 기억하도록 하시며 "나를 사랑하느냐?"라고 물으신다.

2. 광야의 식탁 후 결단하던 그 순간

두 번째로 잊을 수 없는 날이 있었다. 예수님께서 벳새다 광야에서 오천 명이 넘는 사람들을 먹이신 오병이어의 이적을 베푸시자 엄청나게 많은 무리가 그 뒤를 따라왔다. 그들은 예수님이 육신의 양식을 계속 주시고 로마 군대를 쫓아내는 왕이 되실 것으로 여겼다. 그러나 예수님은 "살리는 것은 영이니 육은 무익하다"라고 말씀하셨다. 사람들 사이에 혼란이 오고, 수군거리고, 실망한 사람들이 대부분 주님의 곁을 떠나버렸다. "그때부터 그의 제자 중에서 많은 사람이 떠나가고 다시 그와 함께 다니지 아니하더라"(요 6:66). 육신의 이익이 없으면 다 떠나가는 것이 세속적인 인간의 모습이 아니던가!

예수님께서 조용히 열두 제자에게 물으셨다. "너희도 가려느냐?" 인성을 지니신 예수님이신지라 그 말씀에는 쓸쓸함이 배어 있었을 것으로 보인다. 이때 힘 있는 베드로의 대답이 있었다. "시몬 베드로가 대답하되 주여 영생의 말씀이 주께 있사오니 우리가 누구에게로 가오리이까 우리가 주는 하나님의 거룩하신 자이신 줄 믿고 알았사옵나이다"(요 6:68-69). 이는 베드로의 담대한 결단이며 다짐이었다. 우리의 소망은 오직 주님께 있으므로 다른 데로 갈 수 없다. 육신의 떡을 주신다고 하여 따르는 것이 아니라 영생의 말씀이 있으므로 주님을 따르는 것이다.

예수님은 여기 디베랴 호숫가에 제자들을 찾아오셔서 손수 떡과 생선을 준비하여 제자들을 먹이셨다. 오병이어의 이적이 다시 떠오르고 베드로의 결단이 생각나는 순간이었다. 그 다짐이 사랑의 고백으로 승화되는 순간, 주님은 "나를 사랑하느냐"는 질문을 주셨다.

3. 반석이라는 이름을 얻던 그 순간

세 번째 잊을 수 없는 순간이라면, 베드로가 반석이라는 이름을 얻은 신앙고백의 그날이 아닐 수 없다. 빌립보 가이사랴 지방에서 주님이 제자들에게 질문하셨다. "사람들이 나를 누구라 하느냐?" 말하기 좋아하는 제자들이 남의 말을 전하기에 바빠서 세례 요한, 엘리야, 예레미야 등 선지자들의 이름을 들었다고 아뢰었다. "그렇다면 너희는?" 이 물음 앞에 침묵이 흘렀다. 이때 침묵을 깨뜨린 베드로의 고백이 울려 퍼졌다. 그 고백을 우리도 믿음으로 받아들이고 있다.

"시몬 베드로가 대답하여 이르되 주는 그리스도시요 살아 계신 하나님의 아들이시니이다"(마 16:16).

베드로의 고백에 대한 주님의 말씀이 이어졌다. 예수님은 신앙고백의 토대

위에 교회가 세워질 것을 분명히 알려 주셨다. "예수께서 대답하여 이르시되 바요나 시몬아 네가 복이 있도다 이를 네게 알게 한 이는 혈육이 아니요 하늘에 계신 내 아버지시니라 또 내가 네게 이르노니 너는 베드로라 내가 이 반석 위에 내 교회를 세우리니 음부의 권세가 이기지 못하리라"(마 16:17-18). 이 말씀을 듣던 순간을 어찌 잊을 수 있을까!

예수 그리스도를 하나님의 아들로 믿는 고백 위에 교회가 세워진다. 우리의 교회도 신앙고백의 근거 위에 탄탄히 서 있다. 여기에 같은 믿음을 가진 구원의 형제자매들이 모인다. 이들은 목자이신 예수 그리스도를 따르는 양들이다. 얼마나 귀한 생명인지, 이 양들을 먹이고 치는 목양은 예수님께서 사랑하시는 사람이 아니면 맡길 수 없다. 그래서 예수님은 늘 묻고 계신다. "나를 사랑하느냐?" 그 진실한 대답을 확인하신 후 베드로에게 하시듯 우리에게도 사명을 맡기신다. "내 양을 먹이라."

주제 실천의 결과

우리는 성경 가운데서도 가장 아름다운 복음서 요한복음과 그 요한복음의 부록에 감춰진 감동적인 사랑 고백을 읽었다. 이 말씀을 우리에게 주신 주님께 감사와 찬송을 올린다.

이제 요한복음을 덮기 전에 우리도 주님의 질문에 대답해야 한다. 주님께서는 '베드로야!'가 아니라 '요한의 아들 시몬아!'라고 하여 부름을 받기 전에 쓰던 친숙한 이름을 부르신다. 지금 주님은 우리의 교회 직분이나 세상의 직책명을 다 없애고 친밀하게 내 이름을 부르신다. 그리고 물으신다. "네가 나를 사랑하느냐?" 그것도 세 번, 여러 차례 질문하신다. 이 대답을 위해 베드로처럼 나 자신을 돌아보아야 한다.

나는 주님의 사랑 앞에 내 죄를 진지하게 고백한 적이 있었는가? 예수 그리스도의 부르심이 내게 임했을 적에 "저는 죄인입니다. 이 죄인을 불러 주심에 몸 둘 바를 모르겠습니다. 저의 남은 날에 주님을 진정으로 사랑하며 살겠습니다." 이렇게 대답한 적이 있었는지 돌이켜보라.

그리고 내가 살아온 삶 가운데 주님을 떠나려 했던 위기의 순간이 있었을 것이다. 주님은 그때, "내가 너를 사랑한다. 그런데 너는 나를 떠나려 하느냐?"라고 물으셨음을 기억한다. 성령님께서 나를 붙드셔서 주님을 떠나지 않고 지금 여기까지 왔다. "영생의 말씀이 주님께 있사오니 제가 어디로 가오리까? 일평생 주님을 떠나지 않고 주님을 사랑하겠습니다." 이렇게 고백하던 순간을 잊지 말아야 한다.

결론

요한복음은 20장 마지막에서 이 책을 기록한 목적을 다 밝혔다. 예수님은 하나님의 아들이시며, 그의 이름을 믿는 이에게 생명을 주기 위함이라고 하였다. 이것으로 충분하다. 거기서 요한복음은 대단원의 막을 내려도 된다. 그런데 무슨 까닭인지 21장이 추가되었다. 무엇이 부족했기에, 아니 무엇이 꼭 필요했기에 성령님께서 21장을 더하도록 하셨을까?

학자들은 21장을 부록이라 한다. 부록이라면 뒤에 덧붙이는 것이므로 그냥 덤으로 있는 부분 정도로 여길 수 있다. 그러나 요한복음의 부록 21장은 본문에 못지않은 중요성과 가치를 지닌다. 부록을 더한 이유로는, 사랑 위에 세워질 교회와 목양의 중요함, 베드로의 사명과 순교 예언 수록, 주님의 부활과 복음 진리를 재강조할 필요성 등을 손꼽을 수 있겠다. 이 부분의 기록은 사도 요한의 집필이 아니라 요한의 제자인 에베소 교회의 장로가 썼을 것이라 주장하는 학자도 있다. 그러나 베드로가 예수님과 대화하는 생생한 묘사라든지, 또 요한의 앞날을 묻는 베드로의 질문을 수록한 점들은 요한이 직접 쓴 것이라는 확신을 더욱 짙게 해 준다.

우리는 늘 주님 앞에 믿음을 고백한다. 오늘도 예배에서 사도신경으로 우리 신앙을 고백하였다. 단순히 외우는 말이 아니라 내 신앙의 진지한 고백이다. 창조주 하나님부터 영생을 믿는 것까지 완전한 나의 고백이 되어야 한다. 오늘 우리는 주님과 베드로 사이에 있었던 사랑의 질문과 대답을 의미 깊게 읽었다. 그것은 단순한 대화가 아니라 평생 잊을 수 없는 감동의 고백이었다. 이제부터 주님과 나와의 대화, 사랑과 사명으로 이루어진 대화는 한마디 한마디가 모두 내 믿음의 고백이 될 것이다. 잊을 수 없는 이 순간이 교회를 섬기는 사명으로 새겨져 내 삶의 끝까지 변치 않기를 다짐한다.

부활절 네 번째 주일 / 어버이 주일

❖ 성서정과 시 23; 행 9:36-43; 계 7:9-17; 요 10:22-30

예배로 부름 Call to Worship

너희는 거룩하라 이는 나 여호와 너희 하나님이 거룩함이니라 너희 각 사람은 부모를 경외하고 나의 안식일을 지키라 나는 너희의 하나님 여호와이니라(레 19:2b-3)

예배 기원 Invocation

저희를 구원받은 자녀로 택하여 주시고 날마다 손잡아 인도하여 주시는 하나님께 감사를 드립니다. 하나님께서는 만세 전에 우리에게 생명을 허락하여 주시고, 때가 되어 좋은 부모님을 통해 이 땅으로 보내 주셨습니다. 그 부모님의 헌신적인 사랑과 돌봄 속에서 저희가 이렇게 성장하여 하나님을 경외하는 자가 되어 살고 있습니다. 오늘은 어버이 주일을 맞이하여 자식을 위해 일생을 바쳐 수고하신 부모님을 모시고 성전으로 올라왔습니다. 사랑의 주 하나님! 흐르는 세월을 따라 연로해지시는 부모님들을 위로해 주옵소서. 부모님들의 몸과 마음을 강건하게 붙들어 주옵소서. 이 땅에서의 생명을 마치는 그날까지 늘 기도하며 하나님의 사랑 안에 거하실 수 있도록 우리 부모님들께 복을 내려 주옵소서. 예수님의 이름으로 기원하옵나이다. 아멘.

이 주일의 찬송 Hymns

면류관 벗어서(25장) / 나의 기쁨 나의 소망되시며(95장)

구원 받은 천국의 성도들(244장) / 주 사랑 안에 살면(397장)

주의 음성을 내가 들으니(540장) / 주는 나를 기르시는 목자(570장)

성시교독 Responsive Readings

시편 23:1-6

인도자 1 여호와는 나의 목자시니

회 중 내게 부족함이 없으리로다

인도자 2 그가 나를 푸른 풀밭에 누이시며

회 중 쉴 만한 물 가로 인도하시는도다

인도자 3 내 영혼을 소생시키시고

회 중 자기 이름을 위하여 의의 길로 인도하시는도다

인도자 4 내가 사망의 음침한 골짜기로 다닐지라도 해를 두려워하지 않을 것은

회 중 주께서 나와 함께하심이라 주의 지팡이와 막대기가 나를 안위하시나이다

인도자 5 주께서 내 원수의 목전에서 내게 상을 차려 주시고

회 중 기름을 내 머리에 부으셨으니 내 잔이 넘치나이다

인도자 6 내 평생에 선하심과 인자하심이 반드시 나를 따르리니

회 중 내가 여호와의 집에 영원히 살리로다

고백의 기도 Prayer of Confession

우리에게 육신의 부모님을 주시고 그분들의 양육을 통해 저희를 길러주신 하나님! 이렇게 좋은 분들을 육신의 아버지와 어머니로 허락해 주심에 진심으로 감사를 드립니다. 하나님께서는 자녀인 우리에게 부모공경의 명령과 그에 따르는 복을 약속해 주셨습니다. 그러나 저희는 이러한 율법의 말씀을 잘 알고 있으면서도 부모님의 뜻을 거역할 때가 많았습니다. 부모님의 훈계를 잔소리로 여겨 싫어했습니다. 나이가 들어 경제력을 잃고 쇠약해지신 부모님 돌보는 일을 무거운 짐으로 생각하였습니다. 부모공경의 명령을 저버리고 그분들이 베풀어 주신 은혜마저 망각한 채 살아가고 있는 저희의 완악함과 배은망덕을 용서해 주옵소서. 예수님의 이름으로 이 고백의 기도를 드립니다. 아멘.

사함의 확신 Assurance of Forgiveness

나는 그에게 아버지가 되고 그는 내게 아들이 되리니 그가 만일 죄를 범하면 내가 사람의 매와 인생의 채찍으로 징계하려니와 내가 네 앞에서 물러나게 한 사울에게서 내 은총을 빼앗은 것처럼 그에게서 빼앗지는 아니하리라(삼하 7:14-15)

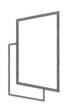

오늘의 주제

흰옷의 성결과 거룩함

📖 석의적 접근

사도행전의 말씀   행 9:36-43

베드로의 선교 활동에 관한 기사가 시작되었다. 본문은 욥바에서 다비다라는 여인을 살린 이적을 기록한 부분이다. 지중해의 항구 도시인 욥바에도 그리스도인들이 있었고, 특히 여인과 과부들이 모범적인 믿음 생활을 했던 것으로 보인다. 그중에 다비다를 여제자라고 표현한 것을 보면 이 여인이 교회 공동체 봉사에 중심적 역할을 담당한 일꾼이었음을 알 수 있다. 헬라어 번역으로 도르가라는 이름을 썼다 하므로 헬라인이었을 가능성도 없지 않다. 그런데 이 여인이 갑자기 병들어 죽고 말았다.

가까운 지역에 있었던 베드로가 교회 일꾼의 죽음 소식을 듣고 달려왔다. 이웃 사람들은 다비다가 손수 지은 속옷과 겉옷들을 내보이며 슬픔 속에 베드로를 맞이했다. 다비다는 특히 옷을 만들어 이웃에게 입히고 바느질을 열심히 하며 구제에 힘쓴 것으로 보인다. 베드로는 주님께 기도하고 "다비다야 일어나라" 하고 말했다. 이는 예수님께서 회당장의 딸을 살리실 때의 상황과 흡사하다 (막 5:35-43 참고). 다비다는 다시 살아났고, 이 놀라운 일로 인하여 욥바 사람들의 믿음이 더욱 두터워졌다.

계시록의 말씀   계 7:9-17

어린 양 앞에 큰 무리가 나와 찬송한다. '능히 셀 수 없는 큰 무리'는 본문의 앞에 나온 숫자 십사만 사천과 관계를 맺고 있다고 보아야 한다. 십사만 사천 명이라는 사람 수는 상징적인 숫자이다. 이스라엘에 12지파가 있고, 그 지파에 다가 일만 이천씩을 곱한 것이다. 12라는 완전수가 바탕이 된 일만 이천 명은 많은 사람이라는 뜻을 품고 있다. 지파는 세상의 교회들, 십사만 사천은 구원받은 사람 전체를 가리킨다. 그리하여 세계 각지에서 선택된 구원 백성의 모임이 '큰 무리'로 표현된 것이다. 이들은 성결하게 되어 어린 양 예수 그리스도 앞에 서서 구원하심을 감사하며 경배와 찬양을 올려 드린다.

그 자리에 모인 사람들은 모두 흰옷을 입고 있다. 그들은 큰 환난에서 나온 자들이라 하였다. 환난을 이기고 영광을 얻은 사람들이라는 뜻이다. 이제 흰옷 입은 사람들은 하나님이 손수 치신 장막 안에서 살게 된다. 이 말은 하나님과 영원히 함께 거하며 위로를 받게 된다는 의미를 가진다. 주림과 목마름이 다시 없고 생명수 샘으로 인도를 받아 하나님께서 친히 눈물을 씻어 주시는 은총을 입게 될 것이다. 영원함 속에서 완전한 안식과 절대적 평화를 누린다는 비유적 표현이라고 해석할 수 있다.

복음서의 말씀 요 10:22-30

수전절은 마카비가 예루살렘 성전을 회복한 것을 기념하는 절기이다. 수리아의 통치자인 안티오커스 에피파네스가 성전을 점령하고 각종 모독적 행위를 일삼았는데, B. C. 164년에 마카비 유다가 그 세력을 몰아냈다. 이를 기념하기 위해 가정마다 등불을 밝히는 의식이 있었으므로 수전절의 별명이 '빛의 축제'가 되었다. 이 절기에 예루살렘에 모인 유대인들은 예수님께서 "나는 세상의 빛이라"(요 8:12 참고)고 말씀하신 것에 관한 의문과 궁금증을 가지고 집중적인 질문을 던지기 시작했다. 그 장소는 솔로몬 행각으로서 예루살렘 성전 동편의 벽을 따라 지은 지붕이 있는 주랑(柱廊)이었다.

유대인들이 했던 질문의 요지는 "당신은 그리스도이신가?" 하는 것이었다. 그런데 예수님께서는 명백히 대답하지 않으셨다. 이전에 사마리아 여인에게 분명히 이르신바 "네게 말하는 내가 그라"(요 4:26 참고) 하신 말씀과 구별된다. 예수님은 영적인 이해를 하는 대상에게는 확실하게 대답하시고, 정치적 메시아로 생각하는 대상에게는 답하지 않으셨다. 그러나 그런 사람들에게도 '내 양(my sheep)'이 될 기회를 주시고 영생에 관한 말씀을 선포하셨다. "나와 아버지는 하나이니라" 하신 말씀은 '근본 하나님의 본체'(빌 2:6 참고)라는 사도 바울의 해석과 긴밀히 연결된다.

📖 설교를 위한 조명

계시록의 말씀(계 7:9-17)으로 설교 작성 / 분석 설교
"우리가 입을 흰옷"

서론

교회에서는 전통적으로 절기에 따라 각기 다른 '예전 색깔(Liturgical color)'을 사용한다. 주로 강단 앞에 드리우는 드림천은 그냥 멋지게 단장하려는 것이 아니라 온 세계의 교회가 정한 예전색으로 예배의 빛을 밝힌다는 뜻을 담고 있다. 그러면 모두 몇 개의 색깔이 사용되는가? 먼저, 주님의 높으신 위엄과 인간의 회개를 상징하는 빛깔인 보라색이 있다. 주님 오심을 기다리는 대림절 기간과 그리스도의 고난을 묵상하는 사순절 기간에 사용한다. 그리고 강렬한 붉은색 빛깔은 주님이 십자가 고난을 받으신 수난 기간과 성령강림절에 만나는 색으로서 주님이 흘리신 피, 곧 보혈과 성령님을 상징한다. 또 일상의 비절기 기간에는 녹색을 드리운다. 이는 믿음의 성장을 염원하며 성장과 소망이라는 의미를 함축하고 있다.

남아있는 하나의 색깔은 무엇일까? 지금 부활절 기간에 펼쳐지는 흰색이다. 흰빛은 부활과 성탄 절기 및 주님의 산상 변모와 왕으로 임하심을 기리는 주일에 밝혀진다. 기쁨과 성결, 그리고 완전한 거룩함이라는 뜻을 품고 있는 색깔이

다. 계시록의 말씀에서는 마지막 날 죄악으로 물든 세상 풍조에 더럽히지 않고 순결하게 믿음을 지킨 성도들의 모습을 가리켜 흰옷을 입은 승리자라고 하였다 (계 3:5). 흰옷은 세상을 이김, 생명책에 기록됨, 하나님의 인정하심이라는 최고의 영광을 상징한다.

흰옷의 은총은 여기에 그치지 않는다. 우리는 훗날 주님의 보좌 앞에 서게 될 터이다. 오늘 본문의 계시처럼 그때 우리는 거기서 함께 찬양할 것이다. 이 말씀을 마음에 받으면 어느새 나 자신이 보좌 앞에 서 있는 무리 가운데 한 사람이 되는 듯한 감격을 느낀다. 내 손에는 종려나무 가지가 들려 있고, 곁에서 함께 찬양하는 사람들의 몸에는 하나 같이 흰옷이 둘려져 있다. 이것이 주님께서 우리에게 보여 주신 계시이며, 우리가 바라보는 미래의 비전이다.

한국인들의 역사적인 별명이 '백민' 곧 백의민족이다. 남녀 모두 흰옷을 즐겨 입는 모습을 외국 사람들이 기록으로 남긴 데서 연유했다. 흰색 옷을 입은 이유는 여러 가지가 있으나, 한민족은 일찍부터 하늘과 땅을 의미하는 색깔이 흰색이라 여겼다고 한다. 그렇다면 하늘을 섬기던 종교적 유래가 바탕을 이룬다고 볼 수 있다. 종교성을 지닌 우리 민족이 하나님을 잘 섬김으로써 흰옷을 입고 보좌 앞에 서는 믿음의 백성이 되기를 기도드린다. 특히 오늘 어버이 주일에는 우리에게 믿음의 유산을 물려주신 부모님과 초기 성도들에게 감사하는 마음을 가져야 하겠다.

본문 접근

사도 요한이 본 구원 백성의 옷은 눈이 부시게 하얀빛이었는데 과거 어느 땐가 본 적이 있는 색이었다. 아마도 예수 그리스도께서 나타내신 변화산의 변형을 떠올렸을 것이라는 생각이 든다. 그 말씀은 이렇다. "엿새 후에 예수께서 베드로와 야고보와 요한을 데리시고 따로 높은 산에 올라가셨더니 그들 앞에서 변형되사 그 옷이 광채가 나며 세상에서 빨래하는 자가 그렇게 희게 할 수 없을 만큼 매우 희어졌더라"(막 9:2-3). 이렇게 신비한 흰빛을 어디서 다시 찾을 수 있을까?

여기서 요한은 참으로 놀라운 환상을 보았다. 14절의 말씀이다. 피에 옷을 씻어 깨끗하게 하는 일이 일어났다. 피는 얼룩을 남기기 때문에 맑고 찬 물에 힘주어 빨지 않으면 안 된다. 그러나 환난으로 얼룩진 옷들을 어린 양의 피에 담그니 눈이 부시도록 희게 변하는 일이 일어났다. 하나님과 어린 양의 보좌 앞에 서려면 반드시 죄를 씻어 깨끗하게 되어야만 한다. 죄를 씻는 것은 세상의 어떤 물이나 표백제가 아니라 어린 양의 피, 오직 그것 하나뿐이다. 어린 양의 피는 그리스도께서 십자가의 죽음으로 흘리신 보혈을 말한다. 예수 그리스도를 구주로 믿으면 그 보혈로 죄를 씻어 깨끗해진다. 그래서 구원 백성은 맑게 씻은 흰옷을 입고 보좌 앞에 나아가 하나님을 찬양하며 경배하는 무리 속에 서게 된다.

주제 정의

흰옷을 입은 사람이란 예수 그리스도를 믿어 그 피로 씻음을 받은 사람을 가리킨다. 죄를 씻은 사람은 세상의 그 무엇으로도 흉내 낼 수 없는 순결하고 깨끗한 영혼으로 주님 앞에 서는 것이다. 그들은 14절 말씀처럼 '큰 환난에서 나오는 자'들이다. 그냥 우연히 흰옷을 입게 된 사람은 하나도 없다. 힘든 환난과 어려움을 이겨야만 비로소 흰옷의 영광을 얻는다. 세상의 시험과 고통을 믿음으로 극복해 내지 못한다면 우리에게 영원한 영광은 없다.

사람들의 숫자는 하나님의 인, 곧 도장을 받은 자가 144,000명이라 했다. 이 숫자를 가지고 이단 종파들은 자기 집단 사람들이 구원받는 수라고 왜곡하는 일이 많았다. 이는 이스라엘 12지파가 똑같이 12,000명씩인데, 12라는 완전수가 곱해진 상징적인 숫자이다. 구원을 받게 될 영적인 이스라엘 자손들로서 세계 각지에서 선택된 구원 백성을 가리킨다. 이들을 일러 9절 말씀은 '능히 셀 수 없는 큰 무리'라 하였다. 구원받는 사람들이 많다는 말씀이다. 이 가운데 우리도 들어있음을 확신한다.

보좌 앞에 뭇 천사들이 서 있고, 그들과 함께 24장로와 네 생물이 있었다. 24장로는 구약의 12지파에 신약의 12사도를 합한 완전수이다. 그들도 역시 흰옷을 입고 머리에 금관을 썼다. 금관은 승리자의 표인데 그것을 벗어 하나님께 드리며 경배하였다. 생물들은 사자, 송아지, 사람, 독수리로서 피조물을 상징하는 천사들이었다. 여섯 날개를 펼치고 눈들이 가득하였다. 지혜와 통찰력이 풍성한 영광의 자리가 이렇게 우리 앞에 계시로 보여지고 있다.

주제의 필요성

흰옷을 입은 사람에게는 특권이 부여된다. 특권이란 어떤 신분이나 지위에 있는 사람이 누리는 특별한 권리와 이익을 가리킨다. 그래서 일반 사람들에게 특권이라는 말은 거부감을 일으키게 한다. 특권을 생각하면 먼저 중세 유럽의 왕족이나 귀족처럼 끝없이 지배권을 행사하던 역사가 먼저 떠오른다. 현대에 들어와서는 부유층이나 권력자들이 누리는 막대한 권한, 특히 대통령이나 국회의원의 권한이 생각난다. 사람마다 평등한 권리와 의무를 갖는 세상에서 특권을 누린다는 것은 매우 공평하지 않은 일이다. 그러므로 특권을 받은 사람은 겸손하고 조심스럽게 이를 사용해야 한다.

가까운 사례로서 국회의원의 특권을 잠깐 검토해 보기로 하자. 의원으로 당선되면 즉시 200개의 특권이 따른다는 속설이 있다. 작은 것으로는 금배지 지급, 교통편 무료 이용, 공항 VIP룸 사용 등이 있다. 그러나 금배지는 3만 원짜리 도금한 것에 불과하고, 교통수단을 특별히 이용하는 것은 국민의 대표로서 일하는 데 대한 편의 제공으로 생각할 수 있겠다. 넓은 사무실이 제공되는 것, 보좌진 9명을 두는 것, 높은 판공비를 받는 것도 이해되는 부분이 있다. 그러나 장관직 등 겸직 허용, 과도한 면책이나 불체포 특권, 평생 연금 혜택 같은 것처럼 개정해야 할 특권들도 많다. '특권 내려놓기'라는 이름으로 국민 정서와 눈높이를 맞추려는 움직임이 일어난 것은 당연한 일이다.

여기 하나님께서 인정하신 특권이 있다. 믿음의 백성에게 하나님 나라의 유업을 맡기시면서 아울러 특권을 주셨는데, 이는 그 나라가 영원하기에 영원을 위한 권리가 필요하기 때문이었다. 하나님은 아브라함을 택하시면서 복의 근원이 되는 특권을 주셨고, 믿음의 후손들을 선택받은 백성으로 삼아 주셨다. 오순절 다락방에 모인 성도들에게는 성령님이 임하여 온 세상에 주님을 전할 수 있는 특권을 주셨다. 오늘 흰옷 입은 우리 성도들에게는 계시를 통하여 다음 세 가지의 특권을 내리셨다.

주제의 실천 방안

1. 성전에서 언제든지 하나님을 섬김

성전에서 하나님을 섬길 수 있는 특권을 평생 사용해야 한다(계 7:15). 이것이 얼마나 복된 일인지 상상해 보라. 하나님의 자녀로 살면서 그처럼 뵙고 싶던 어린 양 예수 그리스도와 함께 영원토록 그분을 섬기게 된다. 예수님께서는 그의 피가 새 언약의 피라 하시면서 부활의 소망을 간직한 사람들에게 이 특권을 약속하셨다. 우리가 입을 흰옷에는 주님의 곁에서 절대 추방되지 않는다는 특권이 새겨져 있다. 저 어두운 지옥의 골짜기에서는 한 번도 바라볼 수 없는 하나님을 우리는 밤낮으로 모시고 섬기는 특권을 누릴 수 있다.

2. 고통에서 벗어나 평안을 얻음

평안을 얻는 특권이 보장되었다(계 7:16). 세상에 사는 동안 수많은 고통이 우리 인생을 끊임없이 괴롭혔다. 주림과 목마름이 삶을 엄습할 때면 먹을 양식을 걱정하며 눈물을 흘렸다. 피곤한 몸을 누이지도 못한 채 일터에서 바친 긴 시간을 돌아보라. 또한, 더위와 추위를 피할 장막을 준비하는 일은 더욱 괴로웠다. 집 한 칸을 마련하려고 한평생 애쓰며 먹고 싶은 것 하나 제대로 먹지 못하고 고생했던 사람들에게 주님께서 믿음의 상급으로 평안을 이룰 특권을 주신다. 모든 궁핍과 불편으로부터 자유로워진다는 것 이상의 특권은 없다. 그리고 그 기운에 지치고 상하여 우리를 괴롭힌 것이 곧 질병이었다. 고통스러운 질병에서 벗어나 평안하게 되는 것이야말로 은혜로운 특권이다.

3. 영원한 생명수 샘으로 인도받음

생명의 샘으로 인도받는 기쁨의 특권이다(계 7:17). 광야에서 지쳐 허덕이던

양이 목자를 만났다. 목자는 그 양을 이끌어 그늘진 곳에 있는 맑은 샘으로 인도해 주었다. 그것은 은혜로운 생명수 샘이었다. 이 생명수를 마시는 순간 양의 눈에서 하염없는 눈물이 흘렀다. 그동안 광야를 방황하며 가시덤불에 찢기고 상했던 기억이 밀려왔기 때문이었다. 어디 그뿐이랴! 주린 배를 달래려 바위틈을 헤집다가 독사에게 물릴 뻔했고, 맹수의 사나운 포효 소리를 듣고 정신없이 도망친 뒤에 타는 갈증을 이기지 못해 쓰러졌던 과거가 주마등처럼 스쳐 갔다. 그것은 우리 인생의 슬픈 자취였다. 목자의 손이 다가와 눈물을 닦아 주었다. 그것은 사랑이 넘치는 따뜻한 아버지의 손길이었다. 슬픔이 물러가고 영원한 기쁨을 얻게 된 것은 우리가 얻은 사랑의 특권이었다.

주제 실천의 결과

세상 나라에서 얻은 특권은 직무의 자주성을 보장하기 위해 사용된다. 하지만 다른 사람의 시기를 받을 수도 있다. 이와 비교하여 하나님 나라의 특권은 영원하신 하나님을 섬기기 위해 마련된 것이다. 천사들과 장로들과 피조물 그 누구도 이 특권을 시기하지 않는다. 우리가 받은 섬김과 평안과 기쁨의 특권은 영원하며 완전하다. 마음껏 누릴 은총의 권리이다.

결론

계시록의 말씀은 이 은총을 상징하여 흰옷이라 표현했다. 죄를 씻은 사람들이 입는 성결한 옷이다. 이 옷은 세상의 어떤 능력이나 기술로도 만들 수 없다. 오직 어린 양 예수님의 피로 씻음을 받아 희게 된다. 이 은총을 우리에게 주시기 위하여 어린 양이 죽임을 당하셨다(계 5:11-12).

부활 절기가 한창인 가운데 봄이 무르익고 있다. 하나님 나라가 더 가까워졌다. 이때를 맞아 믿음의 사람들은 내게 주신 계시의 말씀을 읽으며 영원한 비전을 바라보아야 한다. 그 나라의 영광에 참여할 준비를 위해 내 모습을 점검해야 할 시간이다. 우리가 입을 흰옷은 준비되었는가? 어린 양의 피로 성결하게 씻었는가? 영원한 계시의 나라가 우리 앞에 다가오고 있다.

부활절 다섯 번째 주일

❖ **성서정과** 시 148; 행 11:1-18; 계 21:1-6; 요 13:31-35

예배로 부름 Call to Worship

하나님이여 주의 인자하심이 어찌 그리 보배로우신지요 사람들이 주의 날개 그늘 아래에 피하나이다 주를 아는 자들에게 주의 인자하심을 계속 베푸시며 마음이 정직한 자에게 주의 공의를 베푸소서(시 36:7, 10)

예배 기원 Invocation

거룩하신 하나님 아버지! 택하신 백성들에게 평안과 안식을 주시려고 구별하신 주일에 성전에 나와 예배하게 하시니 감사를 드립니다. 한 주간을 지내면서 세상살이에 힘들고 지쳐 있는 저희가 이 예배를 통하여 하나님께서 주시는 참된 위로를 받기 원합니다. 절망으로 가득했던 마음이 넘치는 소망으로 채워지기를 원합니다. 삼위일체 거룩하신 하나님께서 친히 임재하셔서 저희가 드리는 찬송과 기도와 예물을 기쁘게 받아 주옵소서. 예수님의 이름으로 기원하옵나이다. 아멘!

이 주일의 찬송 Hymns

성도들아 찬양하자(18장) / 천지에 있는 이름 중(80장) / 사랑하는 주님 앞에(220장)
우리 모든 수고 끝나(236장) / 큰 사랑의 새 계명을(468장)
너 시온아 이 소식 전파하라(501장)

성시교독 Responsive Readings   시편 148:1-14

인도자 **1** 할렐루야 하늘에서 여호와를 찬양하며 높은 데서 그를 찬양할지어다
회 중 **2** 그의 모든 천사여 찬양하며 모든 군대여 그를 찬양할지어다

인도자	³ 해와 달아 그를 찬양하며 밝은 별들아 다 그를 찬양할지어다
회 중	**⁴ 하늘의 하늘도 그를 찬양하며 하늘 위에 있는 물들도 그를 찬양할지어다**
인도자	⁵ 그것들이 여호와의 이름을 찬양함은 그가 명령하시므로 지음을 받았음이로다
회 중	**⁶ 그가 또 그것들을 영원히 세우시고 폐하지 못할 명령을 정하셨도다**
인도자	⁷ 너희 용들과 바다여 땅에서 여호와를 찬양하라
회 중	**⁸ 불과 우박과 눈과 안개와 그 말씀을 따르는 광풍이며 ⁹ 산들과 모든 작은 산과 과 수와 모든 백향목이며**
인도자	¹⁰ 짐승과 모든 가축과 기는 것과 나는 새며
회 중	**¹¹ 세상의 왕들과 모든 백성들과 고관들과 땅의 모든 재판관들이며**
인도자	¹² 총각과 처녀와 노인과 아이들아 ¹³ 여호와의 이름을 찬양할지어다
회 중	**그의 이름이 홀로 높으시며 그의 영광이 땅과 하늘 위에 뛰어나심이로다**
인도자	¹⁴ 그가 그의 백성의 뿔을 높이셨으니
회 중	**그는 모든 성도 곧 그를 가까이하는 백성 이스라엘 자손의 찬양 받을 이시로다 할렐 루야**

고백의 기도　Prayer of Confession

모든 인류를 구원하시려고 독생자를 세상에 보내 주신 하나님 아버지! 부활하신 주님께서는 저희에게 전도의 사명을 주셨습니다. 때를 얻든지 못 얻든지 말씀을 전하라는 당부도 하셨습니다. 하지만 저희는 전도의 실천을 내일로 미루며 수많은 시간을 보냈습니다. '이제 전도의 시대는 지나갔다'고 스스로를 정당화시키며 복음 전파에 침묵하기도 했습니다. 교회 안에 다음 세대가 사라져가는 것을 안타깝게 바라보면서도 내 자녀조차 그리스도 앞으로 인도하지 못하고 있습니다. 바쁘다는 핑계로 전도 모임이나 구제사업에 힘을 보태지도 못하고 있습니다. 오, 하나님! 이 모든 죄를 용서하시고 이제부터는 세상 끝까지 나아가 복음을 전하는 성도가 되게 하여 주옵소서. 예수님의 이름으로 이 고백의 기도를 드립니다. 아멘.

사함의 확신　Assurance of Forgiveness

예수께서 이르시되 나도 너를 정죄하지 아니하노니 가서 다시는 죄를 범하지 말라

(요 8:11b)

믿음의 사람들을 통해 일하시는 하나님을 기억하라

본문의 접근

본문의 재경청   요 13:31-35

31 유다가 나간 뒤에, 예수께서 말씀하셨다. "이제는 인자가 영광을 받았고, 하나님께서도 인자로 말미암아 영광을 받으셨다. **32** [하나님께서 인자로 말미암아 영광을 받으셨으면,] 하나님께서도 몸소 인자를 영광되게 하실 것이다. 이제 곧 그렇게 하실 것이다. **33** 어린 자녀(테크니온, τεκνίον, little child)들아, 아직 잠시 동안은 내가 너희와 함께 있겠다. 그러나 너희가 나를 찾을 것이다. 내가 일찍이 유대 사람들에게 '내가 가는 곳에 너희는 올 수 없다' 하고 말한 것과 같이, 지금 나는 너희에게도 말하여 둔다. **34** 이제 나는 너희에게 새 계명(엔톨레, ἐντολή, injunction)을 준다. 서로 사랑하여라. 내가 너희를 사랑한 것 같이, 너희도 서로 사랑하여라. **35** 너희가 서로 사랑하면, 모든 사람이 그것으로써 너희가 내 제자인 줄을 알게 될 것이다." 〈새번역〉

본문 개관

예수님의 수난은 영광과 어울리지 않는 것처럼 보인다. 하늘의 주인이신 예수님이 채찍을 맞으시고 험악한 소리를 들으셨다. 이런 모욕이 어찌 영광스러운 모습일 수 있는가? 요한복음 중 오늘 본문을 담고 있는 13장부터는 마지막 만찬 자리의 모습을 그리고 있다. 예수님은 이제 영광을 이야기하신다. 이 영광은 예전 것으로는 가늠할 수 없다. 새로운 시대가 열린다. 예수님의 부활이 그것을 가능하게 할 것이다.

본문 분석

1. 인자가 영광을 받았고(31절)

예수님은 자신을 인자로 부르신다. 이 예수님이 영광을 받으셨다. 인자라고 표현을 하신 내면에는 예수님이 스스로를 하나님이시지만 사람이신 것도 인지하고 계심을 알 수 있다.

2. 작은 자들아(33절)

예수님은 제자들을 마치 자녀와 같은 마음으로 부르신다. 작은 자들은 아이들을 부를 때 사용하던 호칭이다. 앞으로도 선생님의 돌봄이 필요한 제자들이기에 작은 자들이라고 부르셨다.

3. 아직 잠시(33절)

이 저녁에 제자들을 모아놓고 이야기하시는 이 순간도 일상적인 평온한 순간은 아니었다. 그러나 분명한 것은 예수님이 아직 제자들과 함께하고 계시다는 점이다. 하지만 이 동행이 영원하지는 않을 것이다. 그래서 잠시라고 하신다.

4. 새 계명을(34절)

예수님이 주신 계명은 이제까지 사용하지 않았다는 뜻을 담고 있다. 전혀 새로운 것이고 이제까지 경험하지 못했던 것이다. 전에 존재하지 않았던 계명이다.

5. 모든 사람이(35절)

제자들이 서로 사랑하면 모든 사람이 알게 된다. 그 사랑은 감추려고 해도 감출 수가 없다. 하나님의 자녀들이 세상에서 실천하는 사랑은 세상의 등불이 되어 어두운 곳까지 밝힌다.

본문의 신학

1. 고난의 영광

예수님은 수난을 피하지 않으셨다. 제자가 자신을 배반하는 모멸감도 거부하지 않으셨다. 그럼에도 불구하고 영광을 얻으셨다. 이 영광은 아버지의 뜻을 이루는 영광이었다. 삼위일체 하나님이 하나님의 일을 하심으로 얻으시는 영광이었다. 고난에 굴하지 않고 죽음의 권세를 이김으로 얻으신 영광이었다.

2. 하나님께 영광

하나님은 아들로 인해 영광을 얻으셨다. 아들은 아버지 하나님께 죽기까지 순종하셨다. 그래서 원수와 대적을 이기게 하셨다. 하나님의 영광이 온 우주와 모든 시대에 널리 알려졌다.

3. 제자됨

예수님은 남게 될 제자들을 측은히 여기셨다. 그들을 작은 자들로 부르시며 어루만지신다. 결코 억압적인 선생님의 모습이 아니다. 권위만을 내세우는 아버지의 모습도 아니다. 이렇게 제자들을 부르신 이면에는 바로 조금 전 자신이 아버지 하나님에게 순복하셨던 자세가 전제가 되었음을 알 수 있다. 예수님은 아버지와 삼위일체 안에서 동등하시지만 마치 제자와 같이 그 뜻을 따른다. 제자들도 예수님에게 친구와 같은 친근한 존재이지만 사명을 부여받는 관계를 이룬다.

4. 계명의 수여자

예수님은 단순히 사람으로 이 땅에 오신 것이 아니다. 하나님의 아들로서 우리에게 새로운 계명을 주신다. 인간이라면 하나님이 주신 계명을 그저 받을 방법밖에 없지만 삼위일체 하나님이시라면 계명을 주시기에 충분하다. 그렇게 새로운 삶의 방법을 알려 주신다. 이 새 계명으로 말미암아 어두운 과거는 끝을 맺는다.

5. 새로운 계명

예수님은 서로 사랑하라는 이 계명을 새롭다고 하신다. 새롭다는 단어가 이제까지 없었던 것을 의미하는 것에 비해 그 내용은 생소한 것이 아니다. 그러나 이 계명이 새로운 이유는 그것을 실천하는 대상이 새롭고, 실천하는 주체가 새로우며, 그 사랑의 결과가 이제까지 우리가 알던 것과는 전혀 다르기 때문이다. 더 이상 유대인만을 위한 사랑이 아니고 유대인들만 실천해야 하는 사랑이 아니다.

📖 평행 본문

사도행전 11:1-18

[1] 사도들과 유대에 있는 신도들이, 이방 사람들도 하나님의 말씀을 받아들였다는 소식을 들었다. [2] 그래서 베드로가 예루살렘에 올라왔을 때에, 할례를 받은 사람들이 [3] '당신은 할례를 받지 않은 사람들의 집에 들어가서, 그들과 함께 음식을 먹은 사람이오" 하고 그를 나무랐다. [4] 이에 베드로가 그 사이에 일어난 일을 차례대로 그들에게 설명하였다. [5] "내가 욥바 성에서 기도를 하고 있었습니다. 그 때에 나는 황홀경 가운데서 환상을 보았는데, 큰 보자기와 같은 그릇이, 네 귀퉁이가 끈에 매달려서 하늘에서 드리워져 내려서 내 앞에까지 왔습니다. [6] 그 안을 자세히 들여다보니, 땅 위의 네 발 짐승들과 들짐승들과 기어다니는 것들과 공중의 새들이 있었습니다. [7] 그리고 '베드로야, 일어나서 잡아먹어라' 하는 음성이 내게 들려왔습니다. [8] 그래서 나는 '주님, 절대로 그럴 수 없

습니다. 나는 속된 것이나, 정결하지 않은 것을 먹은 일이 없습니다' 하고 말하였습니다. ⁹ 그랬더니 '하나님께서 깨끗하게 하신 것을 속되다고 하지 말아라' 하는 음성이 두 번째로 하늘에서 들려왔습니다. ¹⁰ 이런 일이 세 번 일어났습니다. 그리고서 모든 것은 다시 하늘로 들려 올라갔습니다. ¹¹ 바로 그때에 사람들 셋이 우리가 묵고 있는 집에 도착하였는데, 그들은 가이사랴에서 내게 보낸 사람들이었습니다. ¹² 성령이 내게, 의심하지 말고 그들과 함께 가라고 하셨습니다. 그래서 이 여섯 형제도 나와 함께 가서, 우리는 그 사람의 집으로 들어갔습니다. … 〈새번역〉

베드로가 이방인에게 가서 복음을 전했다. 할례파 유대인들은 이 소식을 듣고 베드로를 비난했다. 같은 유대인이었지만 자신들의 생각과 다를 때 주저함 없이 공격한다. 자신들의 관습대로 이방인과 같은 공간에 거하지 않을 것을 과감하게 거부한 것조차도 비난의 대상이었다. 베드로는 고넬료 집안에 복음을 전하게 된 일의 전과 후를 설명한다. 인간의 판단이 아니었다. 순전히 하나님의 계획과 인도하심이었다.

요한계시록 21:1-6

¹ 나는 새 하늘과 새 땅을 보았습니다. 이전의 하늘과 이전의 땅이 사라지고, 바다도 없어졌습니다. ² 나는 또 거룩한 도성 새 예루살렘이, 남편을 위하여 단장한 신부와 같이 차리고, 하나님께로부터 하늘에서 내려오는 것을 보았습니다. ³ 그때에 나는 보좌에서 큰 음성이 울려 나오는 것을 들었습니다. "보아라, 하나님의 집이 사람들 가운데 있다. 하나님이 그들과 함께 계실 것이요, 그들은 하나님의 백성이 될 것이다. 하나님이 친히 그들과 함께 계시고, ⁴ 그들의 눈에서 모든 눈물을 닦아 주실 것이니, 다시는 죽음이 없고, 슬픔도 울부짖음도 고통도 없을 것이다. 이전 것들이 다 사라져 버렸기 때문이다." ⁵ 그때에 보좌에 앉으신 분이 말씀하셨습니다. "보아라, 내가 모든 것을 새롭게 한다." 또 말씀하셨습니다. "기록하여라. 이 말은 신실하고 참되다." ⁶ 또 나에게 말씀하셨습

니다. "다 이루었다. 나는 알파며 오메가, 곧 처음이며 마지막이다. 목마른 사람에게는 내가 생명수 샘물을 거저 마시게 하겠다." 〈새번역〉

앞으로 있게 될 일들을 기록한 계시록에서 21장은 새 하늘과 새 땅을 구체적으로 설명하고 있다. 기존에 우리가 알던 세상은 사라진다. 그러나 그것으로 모든 것이 끝나지는 않는다. 영원하신 하나님이 새로운 예루살렘을 하늘로부터 허락하신다. 성도들은 바로 이 새로운 가능성에 거하게 된다. 더이상 슬픔은 없다. 왜냐하면 모든 눈물을 하나님이 씻겨 주실 것이기 때문이다. 더이상의 갈증도 없다. 생명수로 마시게 하실 것이기 때문이다.

🚪 설교를 위한 적용

오늘에 적용

- **31절 "영광을 받았고"** : 영광을 기대해야 한다. 예수님이 영광을 받기 위해서 이 일을 하신 것은 아니다. 그러나 예수님의 행하심과 고난과 희생은 예수님이 영화롭게 되게 했다. 영광은 그 결과로 주어진다.

- **31절 "하나님도 인자로 말미암아"** : 순종해야 한다. 하나님은 아들의 복종으로 인해 영광을 받으셨다. 아들은 삼위일체 하나님이시지만 아버지의 뜻에 거역함 없이 순종하셨다. 그로 인해 부활 사건이 비로소 가능해졌다. 역사가 새롭게 시작되었다.

- **32절 "하나님이 그로 말미암아"** : 하나님을 영화롭게 해야 한다. 예수님은 하나님을 영화롭게 하셨다. 영광을 받게 하셨다. 그러니 하나님께서 아들에게 영광을 주셨다. 우리도 하나님을 영화롭게 한다면 우리에게도 영광을 주실 것이다.

- **34절 "서로 사랑하라"** : 계명을 실천해야 한다. 유대인들은 구약의 계명을 목숨처럼 지켰다. 구문 그대로 실천했다. 새로운 계명 역시 실천을 전제로 한

다. 아니, 이 새 계명은 실천하지 않으면 아무런 의미가 없는 명령이다.

- 34절 "내가 너희를" : 모범을 따라야 한다. 예수님은 새 계명을 주시며 그냥 실천하라 하지 않으셨다. 스스로가 그 계명을 이미 실천하셨다. 가룟 유다의 배신을 막 경험하신 그 순간에도 사랑을 실천하고 계셨다. 새 계명은 그저 이 상적인 구호가 아니다. 이미 실천하신 모범이 있다.

설교 개요

- 새롭지만 새롭지 않다. 예수님은 고난을 암시하셨다. 유다는 이미 예수님을 배신했다. 어제처럼 이 밤도 어둡기만 하다. 제자의 배신이 아프고 생소하지 만 인간의 죄는 전혀 새롭지 않다.

- 이런 상황에서 예수님은 영광을 이야기하시고 새 계명을 이야기하신다. 이제 곧 베드로도 따라올 수 없는 곳으로 떠나실 분이 새로운 계명을 주신다. 무책 임한 것 아닌가? 제자들이 이 새로운 계명을 지키든지 말든지 던져놓고 예수 님은 인간이 알 수 없는 죽음 그 너머의 세계로 가시려는 것인가?

- 예수님이 주신 새 계명은 새롭지만 새롭지 않다. 예수님이 계명이라 하셨으 니 여전히 지켜야만 하는 법이다. 계명의 속박으로부터 우리를 풀어주실 줄 알았는데 다시 새로울 것 없는 계명을 주신다. 내용도 우리가 다 아는 것이 다. 온 인류가 옛날이나 지금이나 알고 있고 중요하다고 생각하기도 하고 갈 망하기도 하는 것이다.

- 그러나 전혀 새롭지 않은 것이 있다. 예수님이 먼저 사랑하셨다는 사건이 그 것이다. 예수님이 우리를 사랑하신 것 같이 우리도 서로 사랑하라 하신다. 우 리가 좋아하고 갈망하는 사랑은 그 속성상 받는 사랑이다. 그러나 예수님의 사랑은 내어주는 사랑이다. 그것도 하나님의 아들이 영광을 버리고 죽으시기 까지 우리를 사랑하시는 사랑이다.

- 제자가 되는 일도 그다지 새로운 일은 아니다. 그러나 이제 서로 사랑하는 것 으로 제자가 될 수 있다. 누구에게 배우거나 주인으로 섬기거나 종속되는 제 자가 아니다. 사랑을 실천하면 제자가 된다. 이것이 새롭지 않지만 새로운 계

명이다.

설교를 위한 예화

공자는 "예전에 배운 것을 잘 익혀, 새로운 것을 알아간다면 능히 다른 사람의 스승이 될 수 있다"고 했다. '배우기→익히기→(깨달아) 알기→배우기'의 순환 활동을 정체됨 없이 반복하는 사람이라야 스승 자격이 있다고 본 것이다.

스승이란 먼저 깨달은 사람을 이른다. 아무리 많이 배우고 익혔어도 새로운 깨달음이 없으면 스승이 될 수 없다. 다람쥐 쳇바퀴 돌 듯 옛것만 반복한다면 배웠어도 깨달은 게 없으니 가르칠 게 없고, 가르칠 게 없으니 스승이 될 수 없다.

溫 : 따뜻할 온(익힐 온), 故 : 옛 고, 新 : 새로울 신.

옛것을 익혀 새로운 것을 알다.

'온고(溫故)', 즉 이미 세상에 나온 지식과 지혜를 배우고 익혀서(而) '지신(知新)', 즉 새로움에 눈을 떠야 한다. 그게 바로 '온고이지신'이다. 흔히, 줄여서 '온고지신'이라는 4자성어로 사용한다. 온고지신의 의지와 노력이 '승선계후(承先啓後, 앞의 것을 이어 뒤의 것을 열어나감)'와 '계왕개래(繼往開來, 과거를 이어 미래를 개척함)'의 발전을 낳는다. 그러므로 '지신'이 없는 '온고'는 무의미하고, '온고'가 없는 '지신'은 모래성에 불과하다.

'溫'은 '따듯할 온'이자, '익힐 온'이다. 따뜻하게 데우는 시간을 들여야 지식이 지혜로 익는다. 익힐 시간이 불필요한 '빠른' 챗GPT는 모래성 '지신(知新)'이다. 빠른 검색보다 익히는 '사색(思索)'이 필요한 이유이다.

〈김병기 서예가·전북대 명예교수, 「중앙일보」, 2023.06.12., https://www.joongang.co.kr/article/25169117〉

제자들은 스승의 지식을 단순히 배우는 것에서 끝나서는 안 된다. 예수님은 먼저 행하셨다. 자신을 기꺼이 내주셨다. 이런 순종을 이제 제자들도 배우기 원하신다.

부활절 여섯 번째 주일

❖ 성서정과　시 67; 행 16:9-15; 계 21:10, 22-22:5; 요 14:23-29

예배로 부름　Call to Worship

전능하신 이 여호와 하나님께서 말씀하사 해 돋는 데서부터 지는 데까지 세상을 부르셨도다 이르시되 나의 성도들을 내 앞에 모으라 그들은 제사로 나와 언약한 이들이니라 하시도다(시 50:1, 5)

예배 기원　Invocation

참 좋으신 하나님 아버지! 이토록 아름답고 복된 주일을 예비하여 놓으시고 구원받은 백성을 한자리에 모아 예배드리게 하시니 감사합니다. 산과 들에 푸름이 더해가는 계절에 우리의 삶에도 신앙의 아름다움이 더욱 아름답게 물들어가기를 소원합니다. 기쁨으로 찬송하게 하시고, 신령함으로 기도하게 하시며, 겸손함으로 예물을 드려 하나님을 기쁘시게 하는 예배가 되게 하여 주옵소서. 만세 전부터 예배하셨던 진리의 말씀을 보내셔서 상한 마음을 위로하여 주시고, 지치고 힘든 영혼들이 주님 안에서 참된 평안과 안식을 누리게 하여 주옵소서. 예배의 주관자가 되시는 우리 구주 예수 그리스도의 이름으로 기원하옵나이다. 아멘.

이 주일의 찬송　Hymns

주여 우리 무리를(75장) / 강물같이 흐르는 기쁨(182장) / 저 요단강 건너편에(243장)
아 내 맘속에(411장) / 이 세상에 근심된 일이 많고(486장)
저 요단강 건너편에 찬란하게(489장)

성시교독 Responsive Readings

인도자 ¹ 하나님은 우리에게 은혜를 베푸사 복을 주시고 그의 얼굴빛을 우리에게 비추사 (셀라)

회 중 ² 주의 도를 땅 위에, 주의 구원을 모든 나라에게 알리소서

인도자 ³ 하나님이여 민족들이 주를 찬송하게 하시며

회 중 모든 민족들이 주를 찬송하게 하소서

인도자 ⁴ 온 백성은 기쁘고 즐겁게 노래할지니

회 중 주는 민족들을 공평히 심판하시며 땅 위의 나라들을 다스릴 것임이니이다 (셀라)

인도자 ⁵ 하나님이여 민족들이 주를 찬송하게 하시며 모든 민족으로 주를 찬송하게 하소서

회 중 ⁶ 땅이 그의 소산을 내어주었으니 하나님 곧 우리 하나님이 우리에게 복을 주시리로다

인도자 ⁷ 하나님이 우리에게 복을 주시리니

회 중 땅의 모든 끝이 하나님을 경외하리로다

2

주일 낮 예배 · 설교 지침

고백의 기도 Prayer of Confession

천지를 창조하시고 만물을 다스리시는 하나님 아버지! 산과 들과 강과 바다가 모두 다 즐거운 소리를 내어 창조주 하나님을 찬양하는 듯합니다. 이처럼 하나님의 주재 아래 존재하는 만물은 어느 것 하나 경이롭지 않은 것이 없건만, 오직 인간만은 교만하여 자신이 세상의 주인인 줄로 착각하고 살아갑니다. 함부로 자연을 파괴하고, 동물을 학대하며, 심지어 목숨까지도 가벼이 여겨 세상 도처에 살인이 일어나고 있습니다. 하나님께서 남녀의 아름다움을 구별하여 놓으셨으나 육체의 정욕을 따라 바꾸어 사용함으로 창조 질서를 어지럽게 하며 하나님의 이름을 욕되게 하고 있습니다. 저희가 일삼고 있는 이 수많은 죄악을 어찌하오리까? 창조주 하나님! 이 시간 두렵고 떨리는 마음으로 회개하오니 이 모든 패역함을 용서하여 주옵소서. 예수님의 이름으로 이 고백의 기도를 드립니다. 아멘.

사함의 확신 Assurance of Forgiveness

내가 넘치는 진노로 내 얼굴을 네게서 잠시 가렸으나 영원한 자비로 너를 긍휼히 여기리라 네 구속자 여호와께서 말씀하셨느니라(사 54:8)

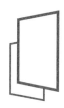

오늘의 주제

안위의 부활

📖 본문의 접근

본문의 재경청　요 14:23-29

23 예수께서 그에게 대답하셨다. "누구든지 나를 사랑하는(아가파오, ἀγαπάω, love) 사람은 내 말을 지킬 것이다. 그리하면 내 아버지께서 그 사람을 사랑하실 것이요, 내 아버지와 나는 그 사람에게로 가서 그 사람과 함께 살 것이다. **24** 나를 사랑하지 않는 사람은 내 말을 지키지 아니한다. 너희가 듣고 있는 이 말은, 내 말이 아니라, 나를 보내신 아버지의 말씀이다." **25** "내가 너희와 함께 있는 동안에, 나는 이 말을 너희에게 말하였다. **26** 그러나 보혜사(파라클레토스, παράκλητος, comforter, advocate), 곧 아버지께서 내 이름으로 보내실 성령께서, 너희에게 모든 것을 가르쳐 주실 것이며, 또 내가 너희에게 말한 모든 것을 생각나게 하실 것이다. **27** 나는 평화를 너희에게 남겨 준다. 나는 내 평화를 너희에게 준다. 내가 너희에게 주는 평화는 세상이 주는 것과 같지 않다. 너희는 마음에 근심(타랏소, ταράσσω, disturb)하지 말고, 두려워하지도 말아라. **28** 너희는 내가 갔다가 너희에게로 다시 온다고 한 내 말을 들었다. 너희가 나를 사랑한다면, 내가 아버지께로 가는 것을 기뻐했을 것이다. 내 아버지는 나보다 크신(메이존, μείζων, greater) 분이기 때문이다. **29** 지금 나는 그 일이 일어나기 전에 미리 너희에게 말하였다. 이것은 그 일이 일어날 때에 너희로 하여금 믿게 하려는 것이다. 〈새번역〉

본문 개관

성도의 삶에 필요한 것 중 하나가 평안이다. 세상에서 우리를 거스르는 온갖 위험 가운데서도 예수님은 우리가 평안하기를 원하신다. 제자들은 지금 두려움에 사로잡혀 있다. 예수님이 떠나실 것만 같기 때문이다. 예수님은 공공연하게 제자들을 두고 어디론가 가실 것을 예고하신다. 그러나 이것으로 끝이 아니다. 다시 오실 것이다. 부활은 다시 돌아오시는 전환점이 된다.

본문 분석

1. 나를 사랑하면(23절)

예수님을 사랑하면 예수님의 명령을 듣게 된다. 그런데 그렇게 자신의 말을 듣게 하려는 의도가 예수님 스스로를 위한 것이 아니다. 그런 순종을 통해 하나님 아버지께서 그들을 사랑하시게 된다.

2. 우리가(23절)

예수님의 계명을 지키는 것은 중요하다. 하나님께서 그 계명을 지키는 사람을 사랑하실 것이기 때문이다. 게다가 예수님은 "우리가" 그 계명을 지키는 사람을 찾아간다고 하신다.

3. 평안을 너희에게(27절)

예수님은 자신이 가지고 있는 평안을 주겠다고 하신다. 이 평안은 구약부터 인사로도 통용되었던 샬롬의 의미이기는 하나 그 이상의 뜻을 담는다. 하나님의 아들이 주신 참된 평화이고 영원한 생명이 보장하는 기쁨이다.

4. 감을 기뻐하였으리라(28절)

예수님의 말씀을 듣던 제자들은 예수님이 자신들을 떠나신다는 사실에 슬퍼하거나 아쉬워해서는 안 된다. 아들이 아버지께로 가야 제자들도 구원의 반열에 들어서게 되기 때문이다.

5. 일이 일어나기 전에(29절)

예수님은 수난과 죽음과 부활이 일어나기 전에 미리 알게 하셨다. 이런 큰 혼란을 겪고 나면 자칫 그 뜻을 모를 수가 있다. 그러나 보혜사이신 성령님께서 모든 사건의 전모를 깨닫게 하실 것이다.

본문의 신학

1. 사랑의 연계

예수님의 말 혹은 계명을 지키는 것은 예수님을 사랑하지 않으면 할 수 없는 일이다. 반대로 예수님을 사랑한다면 그 말씀을 지켜야 한다. 이는 단순히 제자이기 때문에 맹목적으로 순종하라는 의미가 아니다. 그들에게 하늘 아버지의 사랑이 보장된다.

2. 사람을 찾으시는 하나님

세상의 많은 종교들은 그 경배의 대상을 사람들이 찾아다닌다. 가서 공물을 드리고 정성을 다해 자신들의 소원을 빌기도 한다. 그러나 삼위일체 되신 하나님은 인간을 찾아오신다.

3. 내주하심

하나님은 예수님을 사랑하는 사람을 사랑하신다. 그 계명대로 실천하는 사람을 사랑하신다. 그리고 그 사람을 찾아오셔서 내주하신다. 그런데 그 동기가 인간의 행동이 아니라 하나님의 사랑에 근거한다. 하나님은 그 사람을 사랑하셔서 그 사람 안에 거하신다.

4. 가르치시는 성령님

성령님은 도와주시는 분이기도 하지만 가르치시는 분이기도 하다. 성령님은 참으로 "모든 것을" 가르치신다(26절). 성령님이 임하시면 더이상 누구로부터도 새로운 것을 청해서 들을 필요가 없다. 또한 성령님은 하나님에 대해서도 가르쳐 주신다. 우리가 하나님을 알기 원한다면 성령님의 내주하심을 기대하면 된다.

5. 구원의 평안

예수님은 평안을 우리에게 주신다. 세상도 평안을 줄 수는 있다. 그러나 오늘 예수님이 주시는 평안은 단순한 마음의 안정 차원의 것이 아니다. 죄로 죽을 수밖에 없는 우리가 영원한 안식 가운데 거하게 되는 구원의 평안이다.

📖 평행 본문

시편 67

¹ 하나님, 우리에게 은혜를 베풀어 주시고, 우리에게 복을 내려 주십시오. 주님의 얼굴을 환하게 우리에게 비추어 주시어서, (셀라) ² 온 세상이 주님의 뜻을 알고 모든 민족이 주님의 구원을 알게 하여 주십시오. ³ 하나님, 민족들이 주님을 찬송하게 하시며 모든 민족들이 주님을 찬송하게 하십시오. ⁴ 주님께서 온 백성을 공의로 심판하시며, 세상의 온 나라를 인도하시니, 온 나라가 기뻐하며, 큰소리로 외치면서 노래합니다. (셀라) ⁵ 하나님, 민족들이 주님을 찬송하게 하시며, 모든 민족이 주님을 찬송하게 하십시오. ⁶ 이 땅이 오곡백과를 냈으니, 하나님, 곧, 우리의 하나님께서 우리에게 복을 내려 주셨기 때문이다. ⁷ 하나님께서 우리에게 복을 주실 것이니, 땅 끝까지 온 누리는 하나님을 경외하여라. 〈새번역〉

복을 간구하는 기원으로 시작되는 이 시편은 주님의 얼굴을 구하고, 민족들이 주님을 찬송하기를 꿈꾸며, 민족들이 하나님 통치 아래 살고, 결국 주님을 찬송케 되기를 바란다. 땅은 소산을 낳기에 그것이 우리의 복이 된다. 하나님이 주시는 이 복으로 말미암아 온 세상이 하나님을 경외한다. 내용을 보면 우리에게 베풀어 주신 은혜를 지목해 감사를 드리는 내용이다.

요한계시록 21:10, 22-22:5

[10] 나를 성령으로 휩싸서 크고 높은 산 위로 데리고 가서, 하나님께로부터 하늘에서 내려오는 거룩한 도성 예루살렘을 보여 주었습니다. [22] 나는 그 안에서 성전을 볼 수 없었습니다. 그것은 전능하신 주 하나님과 어린 양이 그 도성의 성전이시기 때문입니다. [23] 그 도성에는, 해나 달이 빛을 비출 필요가 없습니다. 그것은, 하나님의 영광이 그 도성을 밝혀 주며, 어린 양이 그 도성의 등불이시기 때문입니다. [24] 민족들이 그 빛 가운데로 다닐 것이요, 땅의 왕들이 그들의 영광을 그 도성으로 들여올 것입니다. [25] 그 도성에는 밤이 없으므로, 온종일 대문을 닫지 않을 것입니다. [26] 그리고 사람들은 민족들의 영광과 명예를 그 도성으로 들여올 것입니다. [27] 속된 것은 무엇이나 그 도성에 들어가지 못하고, 가증한 일과 거짓을 행하는 자도 절대로 거기에 들어가지 못합니다. 다만 어린 양의 생명책에 기록되어 있는 사람들만이 들어갈 수 있습니다. [22:1] 천사는 또, 수정과 같이 빛나는 생명수의 강을 내게 보여 주었습니다. 그 강은 하나님의 보좌와 어린 양의 보좌로부터 흘러 나와서, [2] 도시의 넓은 거리 한가운데를 흘렀습니다. 강 양쪽에는 열두 종류의 열매를 맺는 생명 나무가 있어서, 달마다 열매를 내고, 그 나뭇잎은 민족들을 치료하는 데 쓰입니다. [3] 다시 저주를 받을 일이라고는 아무것도 그 도성에 없을 것입니다. 하나님과 어린 양의 보좌가 도성 안에 있고, 그의 종들이 그를 예배하며, [4] 하나님의 얼굴을 뵐 것입니다. 그들의 이마에는 그의 이름이 적혀 있고, [5] 다시는 밤이 없고, 등불이나 햇빛이 필요 없습니다. 그것은 주 하나님께서 그들을 비추시기 때문입니다. 그들은 영원무궁 하도록 다스릴 것입니다. 〈새번역〉

성령 하나님께서 요한을 크고 높은 산으로 이끄신다. 그곳에 서니 하늘로부터 내려오는 새로운 성, 거룩한 성 새 예루살렘이 보인다. 이 새 예루살렘에도 당연히 성전이 있었다. 지상의 성전은 무너지지만 새 예루살렘의 성전은 온전하다. 어린양 우리 예수님이 성전 그 자체이시기 때문이다. 이 성에는 가증한 일, 거짓말하는 사람은 결단코 들어가지 못한다. 지금 거짓과 가증한 일을 멀리해야 하는 이유이다.

설교를 위한 적용

오늘에 적용

- **23절 "거처를 그와 함께"** : 하나님을 기쁘게 맞아야 한다. 예수님은 성부 하나님과 함께 우리에게 임하시겠다 하신다. 하나님이 인간에게 임하신다는 것은 놀라운 사실이다. 받아들이는 우리는 기대하며 준비함이 마땅하다.
- **24절 "아버지의 말씀이니라"** : 하나님의 음성임을 알아야 한다. 예수님이 이 땅에서 하신 말씀은 하나님의 말씀이다. 예수님의 말씀인 것만으로도 참으로 귀중하지만 구약으로부터 신약에 이르기까지 하나님의 뜻이 그 말씀 가운데 그대로 들어 있다.
- **26절 "생각나게 하리라"** : 성령님을 믿음의 중심에 두어야 한다. 예수님은 성령님이 우리를 가르치시고 예수님이 가르쳐 주신 모든 것을 생각나게 하리라고 말씀하셨다. 예수님의 가르침을 기억할 수 있는 근거가 바로 성령님이시다.
- **27절 "평안을 너희에게 주노라"** : 평안을 받아야 한다. 우리의 불안한 마음은 쉽게 없어지지 않는다. 궁극적인 질문 앞에서 특히 그렇다. 이런 불안함은 주님이 주시는 진정한 평화로 이겨낼 수 있다.
- **28절 "아버지께로 감을 기뻐하였으리라"** : 예수님의 떠남을 기뻐해야 한다. 예수님은 아버지이신 하나님과 함께하신다. 하나님께 갈 때 영광이 있을 것

이다. 그래서 우리 곁을 떠나시는 것이 우리에게도 궁극적인 기쁨이 된다.

설교 개요

• 많은 사람들이 신앙의 확신을 갈구한다. 하나님의 음성을 듣기를 원하고, 꿈에서라도 하나님을 만나기를 기대한다.

• 그러나 이런 체험을 하는 경우는 흔하지 않다. 설령 체험을 했다 하더라도 그것이 실제로 일어난 일인지 믿기가 어려울 때가 있다. 우리 몸의 감각들이 많은 경우에 우리를 현혹하기 때문이다.

• 하나님을 만나는 확실한 방법을 예수님이 가르쳐 주신다. 바로 예수님을 사랑하는 것이다. 예수님을 사랑하면 하나님께서도 우리를 사랑하신다. 하나님은 그 크신 사랑으로 우리를 찾아오신다. 그렇게 우리 안에 내주하신다.

• 반대로 예수님을 사랑하지 않는 사람은 하나님을 체험할 수가 없다. 예수님을 사랑하지 않는 사람은 예수님의 말을 지키지 않기 때문이다. 예수님의 계명과 가르침을 지키지 않는 사람 안에 성부 하나님도 성령 하나님도 함께하지 않으신다.

• 예수님의 고난과 죽음, 그리고 우리를 떠나신다는 것을 아쉬워하는 사람도 하나님에 대해 정확히 알지 못하는 사람이다. 예수님은 떠남을 진정한 신자라면 오히려 기뻐할 것이라 말씀하신다. 예수님은 하나님 아버지와 함께하셔야 한다. 부활하셔서 그 만남을 이루셔야 한다. 그때 온 우주가 영광으로 빛날 것이다.

설교를 위한 예화

장기기증 신청 기관인 사랑의장기기증운동본부 구성원과 차를 마실 기회가 있었다. 의학 드라마인 '슬기로운 의사생활'에서 장기기증에 대한 에피소드를 감명 깊게 봤다고 말하자, 기다렸다는 듯 '인기 드라마에 나오거나 유명인이 SNS에서 언급하면 신청이 순간 급증한다'는 경향을 전해 주었다.

현재 사랑의장기기증운동본부의 종이 서약서에는 배우 최지우씨 사진이 있다. 예전에 같은 빌딩에 사무실을 썼을 당시 그가 기관 취지에 공감해 모델이 됐다고 한다. '최지우 서약서'를 얻으려고 일본인 관광객이 몰려온 적도 있다는 무용담처럼, 또 다른 스타나 인플루언서가 선한 일을 독려하는 사진을 인스타그램에 올리고, 그를 응원하는 팬들이 우르르 같은 일에 동참하는 상상을 해본다.

우리나라 장기기증 현황은 처참한 수준이다. 미국의 장기기증 희망 등록자는 전체 인구의 56%인 데 반해 한국은 3.4%에 그치고 있다고 한다. 이 참담한 현실에 일조했음을 반성한다. 만 16세면 누구나 신청할 수 있고 법적 구속력이 없는 서약이기에 마음이 바뀌면 언제든 취소할 수 있다. 장기기증 초보자인 기자가 저지른 실수 한 가지를 공유하려 한다. 막연한 두려움을 가진 독자에게 도움이 될 수도 있겠다.

신청서를 내면서 '신장기증'을 하겠다고 체크했던 것 같다. 이것이 생존 시 신장 두 개 중 하나를 기증하는 것인 줄은 몰랐다. 이런 일이 적지 않았던 탓인지 해당 기관에서는 '실제 기증 의사가 있다면 회신해 달라'고 친절히 안내까지 해주었다. 사후 장기기증에도 가족 서면동의 등 절차를 거쳐서 진행된다.

어제와 같은 오늘처럼 하루를 살면서 누군가를 위해 선한 일을 할 수 있는 장기기증 서약에 많은 이들이 동참했으면 좋겠다. 드러나지 않고 숨겨진 선한 일을 찾아 전하려는 기자의 마음이 독자에게도 닿길 바란다.

〈신은정 기자, 「국민일보」, 2024.8.17., "하나님께 받은 생명 '아름다운 기부'", https://www.kmib.co.kr/article/view.asp?arcid=1723694977&code=23111411&cp=nv〉

어떤 특정인의 뜻에 동감하거나 누군가를 좋아하기만 해도 자신의 소중한 것을 내어놓는다. 그러나 예수님은 어느 것에도 비할 수 없는 가장 소중한 생명까지 내주셨다. 하나님을 사랑하시기에 우리를 하나님 앞으로 인도하기 원하셔서 수난을 당하시고 부활하셔서 마침내 그 뜻을 이루셨다.

부활절 일곱 번째 주일

❖성서정과 시 97; 행 16:16-34; 계 22:12-14, 16-17, 20-21; 요 17:20-26

예배로 부름 Call to Worship
만군의 여호와여 주의 장막이 어찌 그리 사랑스러운지요 내 영혼이 여호와의 궁정을 사모하여 쇠약함이여 내 마음과 육체가 살아 계시는 하나님께 부르짖나이다 만군의 여호와여 주께 의지하는 자는 복이 있나이다(시 84:1-2, 12)

예배 기원 Invocation
대한민국을 사랑하여 주시며 안전과 평화의 길로 인도하여 주시는 하나님 아버지! 나라의 소중함을 생각하게 되는 6월의 아침이 밝았습니다. 저희가 이처럼 주일을 지켜 평안한 중에 예배할 수 있는 것은 하나님의 돌보심이 있어 가능한 것이요, 또한 하나님께서 이 나라를 강한 팔로 붙드시며 눈동자처럼 지켜 주시기에 가능한 것임을 잘 알고 있습니다. 내가 태어나서 자라고, 꿈을 펼칠 수 있으며, 자유롭게 신앙생활을 할 수 있는 이 나라를 더욱 소중하게 여기는 애국의 마음도 깊어지게 하옵소서. 예수 그리스도의 이름으로 기원하옵나이다. 아멘.

이 주일의 찬송 Hymns
주 우리 하나님(14장) / 예수는 나의 힘이요(93장) / 하나님의 말씀으로(133장)
부활 승천하신 주께서(181장) / 환난과 핍박 중에도(336장) / 기쁜 소리 들리니(518장)

성시교독 Responsive Readings   시편 97:1-12

인도자 ¹ 여호와께서 다스리시나니 땅은 즐거워하며 허다한 섬은 기뻐할지어다

회 중 **² 구름과 흑암이 그를 둘렀고 의와 공평이 그의 보좌의 기초로다**

인도자	³ 불이 그의 앞에서 나와 사방의 대적들을 불사르시는도다
회 중	**⁴ 그의 번개가 세계를 비추니 땅이 보고 떨었도다**
인도자	⁵ 산들이 여호와의 앞 곧 온 땅의 주 앞에서 밀랍 같이 녹았도다
회 중	**⁶ 하늘이 그의 의를 선포하니 모든 백성이 그의 영광을 보았도다**
인도자	⁷ 조각 신상을 섬기며 허무한 것으로 자랑하는 자는 다 수치를 당할 것이라
회 중	**너희 신들아 여호와께 경배할지어다**
인도자	⁸ 여호와여 시온이 주의 심판을 듣고 기뻐하며 유다의 딸들이 즐거워하였나이다
회 중	**⁹ 여호와여 주는 온 땅 위에 지존하시고 모든 신들보다 위에 계시니이다**
인도자	¹⁰ 여호와를 사랑하는 너희여 악을 미워하라
회 중	**그가 그의 성도의 영혼을 보전하사 악인의 손에서 건지시느니라**
인도자	¹¹ 의인을 위하여 빛을 뿌리고 마음이 정직한 자를 위하여 기쁨을 뿌리시는도다
회 중	**¹² 의인이여 너희는 여호와로 말미암아 기뻐하며 그의 거룩한 이름에 감사할지어다**

고백의 기도   Prayer of Confession

자유와 평화를 주시는 하나님! 6월을 맞이하여 무너진 나라를 재건하기 위하여 눈물로 기도했던 느헤미야와 이스라엘 백성을 묵상합니다. 저들은 폐허가 된 나라를 바라보며 애통하며 한마음으로 예루살렘 성벽을 수축하는 일에 앞장섰습니다. 수문광장에 다 같이 모여 율법을 읽으며 나라를 향한 하나님의 뜻이 무엇인지를 배웠습니다. 부정축재를 일삼던 자들을 몰아내고 하나님을 경외하는 사람으로 나라의 일꾼을 삼았습니다. 이러한 성경의 내용과 비교해 보니 오늘 우리의 모습은 너무나도 부끄럽습니다. 세금을 탈루하는 자가 있습니다. 정당한 병역의 의무에서 도피하는 자가 있습니다. 개인의 영달과 축재를 위해 경제질서를 어지럽히는 자가 있습니다. 정치와 경제와 안보와 교육 등 이 나라 각 분야에서 발생하고 있는 죄악을 용서하여 주옵소서. 예수님의 이름으로 이 고백의 기도를 드립니다. 아멘.

사함의 확신   Assurance of Forgiveness

모든 사람이 죄를 범하였으매 하나님의 영광에 이르지 못하더니 그리스도 예수 안에 있는 속량으로 말미암아 하나님의 은혜로 값없이 의롭다 하심을 얻은 자 되었느니라(롬 3:23-24)

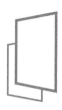

오늘의 주제

절망을 이기는 신앙

📖 본문의 접근

본문의 재경청 행 16:16-34

¹⁶ 어느 날 우리가 기도하는(프로슈케, προσευχή, prayer) 곳으로 가다가, 귀신(프뉴마, πνεῦμα, spirit) 들려 점을 치는 여종 한 사람을 만났는데, 그는 점(만튜오마이, μαντεύομαι, divine)을 쳐서, 주인들에게 큰 돈벌이를 해 주는 여자였다. ¹⁷ 이 여자가 바울과 우리를 따라오면서, 큰 소리로 "이 사람들은 지극히 높으신 하나님의 종들인데, 여러분에게 구원의 길을 전하고 있다" 하고 외쳤다. ¹⁸ 그 여자가 여러 날을 두고 이렇게 하므로, 바울이 귀찮게 여기고 돌아서서, 그 귀신에게 "내가 예수 그리스도의 이름으로 네게 명하니, 이 여자에게서 나오라" 하고 말하니, 바로 그 순간에 귀신이 나왔다(엑셀코마이, ἐξέρχομαι, come, go out). ¹⁹ 그 여자의 주인들은, 자기들의 돈벌이 희망이 끊어진 것을 보고, 바울과 실라를 붙잡아서, 광장으로 관원들에게로 끌고 갔다. ²⁰ 그리고 그들을 치안관들 앞에 세워 놓고서 "이 사람들은 유대 사람들인데, 우리 도시를 소란하게 하고 있습니다. ²¹ 이 사람들은 로마 시민인 우리로서는, 받아들일 수도 없고 실천할 수도 없는, 부당한 풍속을 선전하고 있습니다" 하고 말하였다. ²² 무리가 그들을 공격하는 데에 합세하였다. 그러자 치안관들은 바울과 실라의 옷을 찢어 벗기고, 그들을 매로 치라고 명령하였다. ²³ 그래서 이 명령을 받은 부하들이 그들에게 매질을 많이 한 뒤에, 감옥에 가두고, 간수에게 그들을 단단히 지키라고 명령하였다. ²⁴ 간수는 이런 명령을 받

고, 그들을 깊은 감방에 가두고서, 그들의 발에 차꼬를 단단히 채웠다. [25] 한밤 쯤(메소닉티온, μεσονύκτιον, midnight) 되어서 바울과 실라가 기도하면서 하나님을 찬양하는 노래를 부르고 있는데, 죄수들이 듣고 있었다. [26] 그때에 갑자기 큰 지진이 일어나서, 감옥의 터전이 흔들렸다. 그리고 곧 문이 모두 열리고, 모든 죄수의 수갑이며 차꼬가 풀렸다. [27] 간수가 잠에서 깨어서, 옥문들이 열린 것을 보고는, 죄수들이 달아난 줄로 알고, 검을 빼서 자결하려고 하였다. [28] 그때에 바울이 큰소리로 "그대는 스스로 몸을 해치지 마시오. 우리가 모두 그대로 있소" 하고 외쳤다. [29] 간수는 등불을 달라고 해서, 들고 뛰어 들어가, 무서워 떨면서, 바울과 실라 앞에 엎드렸다. [30] 그리고 그들을 바깥으로 데리고 나가서 물었다. "두 분 사도님, 내가 어떻게 해야 구원을 얻을 수 있습니까?" [31] 그들이 대답하였다. "주 예수를 믿으시오. 그리하면 그대와 그대의 집안이 구원을 얻을 것입니다." [32] 그리고 하나님의 말씀을 간수와 그의 집에 있는 모든 사람에게 들려주었다. [33] 그 밤 그 시각에, 간수는 그들을 데려다가, 상처를 씻어 주었다. 그리고 그와 온 가족이 그 자리에서 세례를 받았다. [34] 간수는 그들을 자기 집으로 데려다가 음식을 대접하였다. 그는 하나님을 믿게 된 것을 온 가족과 함께 기뻐하였다. 〈새번역〉

본문 개관

성령님의 역사하심은 인지나 지식적인 측면에만 국한되지 않는다. 성령님은 우리의 삶 모든 영역에서 일하신다. 갇힌 바울 일행을 물리적으로 도우신다. 단순히 발의 차꼬만 푸신 것이 아니다. 성령님의 능력을 그 즉시로 그 자리에 드러내셨다. 이를 목격한 사람이라면 그 누구라도 그 이루어진 일의 원인에 대해 궁금할 수밖에 없다. 그리고 마침내 그 실체를 알게 되면 감복하게 되고 받아들이게 된다. 간수와 집안 식구들이 구원을 받게 된 이유는 성령님이 강하게 임재하셨기 때문이다. 성령님은 단순히 바울 일행을 풀어주시기 위해서 그 일을 행하신 것이 아닐 것이다. 본문의 사건은 세상 모든 사람을 구원하시기 위한 상징적인 일이었다.

본문 분석

1. 여종 하나를(16절)

여인이고 종의 신분을 가진 사람이다. 주인이 따로 있었다는 말인데 본문을 통해 유추해 보면 그 주인들은 이 여인을 통해 점을 보게 했고 경제적인 이익을 취했다.

2. 그에게서 나오라(18절)

바울은 여종의 몸에 있던 귀신에게 나올 것을 명했다. 바울 자신이 어떤 권세가 있어서 이런 명령을 한 것이 아니었다. 바울이 믿고 의지하던 그리스도의 힘과 능력이 이렇게 자신 있게 명령할 수 있는 근거였다.

3. 풍속을 전한다(21절)

고발인들은 바울 일행이 자신들이 받지 못할 풍속을 전한다고 했다. 그 단어는 어떤 문화적인 것뿐만 아니라 규칙, 혹은 법칙이라는 의미도 담고 있다. 이미 자신들이 알고 있고 지키고 있는 법 외에 다른 것을 전한다고 고발한 것이다.

4. 상관들이(22절)

빌립보 지역을 다스리는 로마 식민지 통치자들을 말한다. 보통 집정관으로 불렸는데 이들이 바울과 실라에게 옷을 찢어 벗기고 매로 치는 결정을 내렸다.

5. 자결하려 하거늘(27절)

간수는 자기가 맡은 죄인들이 없어진 것을 보고 스스로 목숨을 끊으려고 했다. 어쩌면 그 죄인들의 자리에 자기가 들어갈 것을 생각했을 것이고 그 비참함을 견딜 수가 없었을 것이다. 바울과 실라는 희망이 없는 상황에서도 믿음으로 희망을 지켰다. 같은 절망적인 상황에서 간수를 지켜줄 수 있는 것은 없었다.

본문의 신학

1. 재물에 대한 경계

점괘로 사람들의 불안한 마음을 달래던 무리가 있었고 이들은 한 여인을 통해 이득을 취했다. 이 여인은 종의 신분이었는데 영적으로도 귀신에 사로잡혀 있던 상태였다. 이 여인이 풀림을 받지 못하고 계속해서 신분상으로도 또 영적으로도 얽매인 상태였던 이유는 간단하다. 점으로 인해서 돈을 버는 다수의 사람이 있었기 때문이다. 재물은 사람을 속박한다.

2. 예수님의 이름으로

바울은 여종에게서 축사할 때 자신의 능력이나 지식으로 하지 않았다. 그리스도이신 예수님의 이름으로 했다. 부활하신 그리스도는 성령님을 우리에게 주셨다. 그 성령님을 의지해 우리가 살지만 구원의 능력 자체는 그리스도로 말미암는다.

3. 알고도 믿지 못함

여종에게서 나간 귀신은 예수님에 대해서 잘 알고 있었다. 그러니 그 즉시로 몸에서 나갔다. 귀신도 예수님에 대해서 알고 있다. 그러나 알면서도 예수님을 받아들이지 않았다. 예수님에 대해서 안다고 말하는 것이 필요하지 않다. 예수님을 받아들이는 것이 구원의 시작이다.

4. 믿음으로 구원을 얻음

간수는 절망적인 상황에서 살 길을 찾았다. 어떻게 하면 구원을 얻을까를 묻는다. 바울과 실라가 일반적인 상식으로는 이해가 되지 않는 행동을 감옥에서 했고, 충분히 도주할 수 있었음에도 가지 않은 이유를 포함해 알 수 없는 일이 연속되었다. 답은 분명하다. 주 예수님을 그리스도로 믿으면 된다.

5. 믿음은 들음에서

바울은 예수님을 믿으라고 말을 한 후 간수의 가족들에게 주님의 말씀을 전한다. 구원에 이르는 믿음은 자동으로 생기지 않는 것임을 볼 수 있다. 그리스도의 가르침을 귀로 들을 때 믿게 되고 구원을 받게 된다.

📑 평행 본문

요한계시록 22:12-14, 16-17, 20-21

¹²"보아라, 내가 곧 가겠다. 나는 각 사람에게 그 행위대로 갚아 주려고 상을 가지고 간다. ¹³나는 알파며 오메가, 곧 처음이며 마지막이요, 시작이며 끝이다. ¹⁴생명 나무에 이르는 권리를 차지하려고, 그리고 성문으로 해서 도성에 들어가려고, 자기 겉옷을 깨끗이 빠는 사람은 복이 있다. ¹⁶나 예수는 나의 천사를 너희에게 보내어, 교회들에 주는 이 모든 증언을 전하게 하였다. 나는 다윗의 뿌리요, 그의 자손이요, 빛나는 샛별이다." ¹⁷성령과 신부가 "오십시오!" 하고 말씀하십니다. 이 말을 듣는 사람도 또한 "오십시오!" 하고 외치십시오. 목이 마른 사람도 오십시오. 생명의 물을 원하는 사람은 거저 받으십시오. ²⁰이 모든 계시를 증언하시는 분이 이렇게 말씀하셨습니다. "그렇다. 내가 곧 가겠다." 아멘. 오십시오, 주 예수님! ²¹주 예수의 은혜가 모든 사람에게 있기를 빕니다. 아멘. 〈새번역〉

예수님은 재림을 일부러 지연하지 않으신다. 12절에 속히 오시리라 하신다. 그리고 오셔서 각 사람이 각자 일한 대로 갚아주신다고 하신다. 묵묵히 제자의 삶을 살며 복음을 전하는 사람들이 혹시 세상 기준의 대가를 받지 못하고 있다 하더라도 우리 주님은 이것을 다 기억하고 계신다. 그리고 갚아주실 것이다. 모든 계시의 말씀을 마치시고 다시 한 번 속히 오실 것을 선언하신다.

요한복음 17:20-26

20 "나는 이 사람들을 위해서만 비는 것이 아니고, 이 사람들의 말을 듣고 나를 믿는 사람들을 위해서도 빕니다. **21** 아버지, 아버지께서 내 안에 계시고, 내가 아버지 안에 있는 것과 같이, 그들도 하나가 되어서 우리 안에 있게 하여 주십시오. 그래서 아버지께서 나를 보내셨다는 것을, 세상이 믿게 하여 주십시오. **22** 나는 아버지께서 내게 주신 영광을 그들에게 주었습니다. 그것은, 우리가 하나인 것과 같이, 그들도 하나가 되게 하려는 것입니다. **23** 내가 그들 안에 있고, 아버지께서 내 안에 계신 것은, 그들이 완전히 하나가 되게 하려는 것입니다. 그것은 또, 아버지께서 나를 보내셨다는 것과, 아버지께서 나를 사랑하신 것과 같이 그들도 사랑하셨다는 것을, 세상이 알게 하려는 것입니다. **24** 아버지, 아버지께서 내게 주신 사람들도, 내가 있는 곳에 나와 함께 있게 하여 주시고, 창세전부터 아버지께서 나를 사랑하셔서 내게 주신 내 영광을, 그들도 보게 하여 주시기를 빕니다. **25** 의로우신 아버지, 세상은 아버지를 알지 못하였으나, 나는 아버지를 알았으며, 이 사람들도 아버지께서 나를 보내신 것을 알고 있습니다. **26** 나는 이미 그들에게 아버지의 이름을 알렸으며, 앞으로도 알리겠습니다. 그것은, 아버지께서 나를 사랑하신 그 사랑이 그들 안에 있게 하고, 나도 그들 안에 있게 하려는 것입니다." 〈새번역〉

예수님은 장차 올 성도들을 위해서도 기도하신다. 이미 제자들이 나가서 복음을 전하게 될 것과, 그것이 결실을 맺을 것을 이미 알고 계셨다. 그래서 미래의 성도들이 하나가 되기를 간구하신다. 그 이유는 하나님이 우리를 사랑하신 것을 알게 하시기 위함이었다. 여기에 그치지 않고 완전한 하나님의 사랑을 누리게 될 것을 기대하시며 구하셨다.

설교를 위한 적용

오늘에 적용

- **20절 "요란하게 하여"**: 참된 평안을 구해야 한다. 여종의 주인들은 바울과 실라가 성 안에서 소동을 일으켰다고 한다. 그러나 바울 일행은 복음을 전했고, 그 복음은 참된 평안을 약속한다.

- **22절 "매로 치라 하여"**: 구원을 위해 인내해야 한다. 빌립보 지역을 다스리던 집정관이 별다른 재판 절차도 없이 바울과 실라에게 매를 치는 형벌을 내렸다. 바울은 이에 대해 항변하거나 하지 않았다. 간수와 그 가족의 구원을 위한 인내였고, 결국 그 결실을 맺었다.

- **25절 "기도하고 하나님을 찬송하매"**: 신앙의 자유를 향유해야 한다. 깊은 밤 이들은 하나님께 기도하고 찬양했다. 그들의 몸은 감옥과 착고에 묶어둘 수 있었지만 그들의 신앙은 억제할 수 없었다.

- **25절 "죄수들이 듣더라"**: 이웃에 영향을 미쳐야 한다. 혼자 기도하고 찬양하는 것도 당연히 큰 의미가 있다. 그러나 때로는 우리의 신앙을 세상에 널리 알려야 할 때가 있다. 죄수들은 하나님을 향한 바울 일행의 간절한 기도와 찬양을 들었다. 이후 지진이 일어났을 때 그것이 단순한 자연현상이 아니라 하나님의 능력임을 알게 되었다.

설교 개요

- 여종에게 점치는 능력을 준 귀신은 바울의 한마디로 그 즉시 여종의 몸에서 나왔다.

- 예수님의 능력에 대해서 잘 알고 있었고, 온 세상의 주인이신 것을 인정했다는 말이다. 예수님의 권위는 이렇게 세상에서 힘을 떨치던 귀신도 떨게 만든다.

- 성령님의 능력 역시 그것을 목격한 사람을 떨게 만들었다. 지진이 나서 옥터가 움직이고 문이 열리며 매인 것이 벗어질 정도의 사건이 벌어졌다. 이것을 본 간수는 무서워 자결하려 했다. 만약 순수한 지진이라면 자결할 생각까지

하지 않았을 듯하다. 자연재해라는 이유를 댈 수 있기 때문이다. 그런데 이 사건은 단순한 지진이 아닌 하나님을 찬양하던 사람들로 인한 놀라운 성령님의 역사하심인 것을 간수가 알았을 것이라고도 볼 수 있다. 이렇게 성령님의 능력은 그것을 받아들이기 전까지는 사람을 두렵게 한다.

• 간수는 바울과 실라가 도망가지 않은 것을 보고 그 앞에 부복했다. 만약 단순한 지진이었다면 다시 옥에 가두려고 했을 것이다. 그러나 그들이 하나님께 드리던 찬양으로부터 이 일이 시작된 것을 알았을 것이기 때문에 성령님의 능력을 두려워해서 찬양하던 이들 앞에 무릎을 꿇은 듯하다.

• 이 상황에서 간수의 삶을 추스를 방법은 단 한 가지였다. 어떻게 하면 구원을 얻는가를 알아내는 것이다. 그래서 바울과 실라에게 그 방법을 묻는다.

• "주 예수를 믿으라 그리하면 너와 네 집이 구원을 받으리라."

설교를 위한 예화

"The world will little note, nor long remember what we say here, but it can never forget what they did here."

"이 세상은 우리가 오늘 여기 모여서 한 말들에 대해서 더이상 기억하지 못할 것입니다. 그러나 우리가 한 일들은 결코 잊지 않을 것입니다."

링컨 대통령이 1863년 게티스버그 전투가 치열했던 그 자리에서 행한 짧은 연설의 일부이다. 어쩌면 미국 역사에서 가장 많은 사람들이 기억하는 연설문일지도 모른다. 이 연설에서 링컨은 스스로 자신이 한 말이나 강조했던 것들이 사람들의 주목을 받지 못할 수도 있다는 것을 염두에 두고 말했다. 그러나 사람들은 그의 말을 기억한다. 그리고 자신의 확신처럼 한 일을 잊지 않는다.

바울은 실라와 함께 옥에 갇혔다. 사도로서 행한 일들에 대해서 그다지 평가를 받지 못했다고 당시에 생각했을 수도 있다. 그러나 그가 옥에서 찬양했던 일과 풀려난 일, 간수에게 주 예수님을 믿으라 했던 모든 일들은 세상에 널리 전해졌다.

성령 강림 주일

❖**성서정과** 시 104:24-34, 35b; 창 11:1-9, (행 2:1-21)
롬 8:14-17; 요 14:8-17, (25-27)

예배로 부름 Call to Worship

진리의 성령이 오시면 그가 너희를 모든 진리 가운데로 인도하시리니 그가 스스로 말하지 않고 오직 들은 것을 말하며 장래 일을 너희에게 알리시리라 그가 내 영광을 나타내리니 내 것을 가지고 너희에게 알리시겠음이라(요 16:13-14)

예배 기원 Invocation

거룩하신 삼위일체 하나님! 성령 강림 주일에 은혜를 사모하며 예배합니다. 마가의 다락방에 모인 제자들이 간절히 기도할 때 바람처럼 불처럼 임하셔서 교회를 세워주신 성령님, 오늘 우리에게도 임하여 주옵소서. 성령님의 충만함을 입어 우리 자녀들은 하나님께서 이루실 미래를 말하게 하시며, 노인들은 신령한 꿈을 꾸게 하시고, 젊은이들은 크고 놀라운 비전을 갖게 하옵소서. 주님을 위하여 헌신하는 남종과 여종에게도 은총을 내리셔서 진실하고 경건한 마음으로 충성을 다하게 하옵소서. 우리 구주 예수 그리스도의 이름으로 기원하옵나이다. 아멘.

이 주일의 찬송 Hymns

영원한 하늘나라(13장) / 은혜로신 하나님 우리 주 하나님(16장)

강물같이 흐르는 기쁨(182장) / 빈 들에 마른 풀같이(183장)

비둘기같이 온유한(187장) / 죄짐에 눌린 사람은(536장)

성시교독 Responsive Readings　　　　　　　　　시편 104:24-29, 34, 35b

인도자　**24** 여호와여 주께서 하신 일이 어찌 그리 많은지요

회 중	주께서 지혜로 그들을 다 지으셨으니 주께서 지으신 것들이 땅에 가득하니이다
인도자	25 거기에는 크고 넓은 바다가 있고
회 중	그 속에는 생물 곧 크고 작은 동물들이 무수하니이다
인도자	26 그곳에는 배들이 다니며 주께서 지으신 리워야단이 그 속에서 노나이다
회 중	27 이것들은 다 주께서 때를 따라 먹을 것을 주시기를 바라나이다
인도자	28 주께서 주신즉 그들이 받으며
회 중	주께서 손을 펴신즉 그들이 좋은 것으로 만족하다가
인도자	29 주께서 낯을 숨기신즉 그들이 떨고
회 중	주께서 그들의 호흡을 거두신즉 그들은 죽어 먼지로 돌아가나이다
인도자	34 나의 기도를 기쁘게 여기시기를 바라나니 나는 여호와로 말미암아 즐거워하리로다
회 중	35b 내 영혼아 여호와를 송축하라 할렐루야

고백의 기도 Prayer of Confession

성도의 회개를 들으시고 용서해 주시는 하나님 아버지! 성령 강림 주일에 드리는 고백의 기도를 들어주옵소서. 저희가 기도할 때마다 성령님께서는 말할 수 없는 탄식으로 도와주셨으나 저희는 성령님의 세미한 음성에 귀를 막고 죄악의 달콤함에 미혹되어 그릇된 선택을 하였습니다. 그리하여 저희 생활 속에서는 성령의 열매가 맺히지 않았고, 오히려 음행과 더러운 것과 호색과 우상숭배와 주술과 원수 맺는 것과 분쟁과 시기와 분냄과 투기함과 술 취함과 방탕함과 같은 부끄러운 사연만 남게 되었습니다. 사랑의 하나님! 우리의 힘만으로는 이 모든 죄를 물리칠 수도 없고 스스로 의롭게 되는 길을 찾을 수도 없사오니, 성령님의 충만한 은혜로 저희를 인도하여 주옵소서. 예수님의 이름으로 이 고백의 기도를 드립니다. 아멘.

사함의 확신 Assurance of Forgiveness

악인은 그의 길을, 불의한 자는 그의 생각을 버리고 여호와께로 돌아오라 그리하면 그가 긍휼히 여기시리라 우리 하나님께로 돌아오라 그가 너그럽게 용서하시리라
(사 55:7)

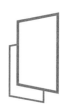

오늘의 주제

다른 보혜사

본문의 접근

본문의 재경청 요 14:8-17, (25-27)

⁸ 빌립이 예수께 말하였다. "주님, 우리에게 아버지를 보여 주십시오. 그러면 좋겠습니다." ⁹ 예수께서 대답하셨다. "빌립아, 내가 이렇게 오랫동안 너희와 함께 지냈는데도, 너는 나를 알지 못하느냐? 나를 본 사람은 아버지를 보았다. 그런데 네가 어찌하여 '우리에게 아버지를 보여 주십시오' 하고 말하느냐? ¹⁰ 내가 아버지 안에 있고 아버지께서 내 안에 계시다는 것을, 네가 믿지 않느냐? 내가 너희에게 하는 말은 내 마음대로 하는 것이 아니다. 아버지께서 내 안에 계시면서 자기의 일을 하신다. ¹¹ 내가 아버지 안에 있고, 아버지께서 내 안에 계시다는 것을 믿어라. 믿지 못하겠거든 내가 하는 그 일들을 보아서라도 믿어라. ¹² 내가 진정으로(아멘, ἀμήν, amen, truly) 진정으로 너희에게 말한다. 나를 믿는 사람은 내가 하는 일을 그도 할 것이요, 그보다 더 큰 일도 할 것이다. 그것은 내가 아버지께로 가기 때문이다. ¹³ 너희가 내 이름으로 구하는 것은, 내가 무엇이든지 다 이루어(포이에오, ποιέω, make, practice) 주겠다. 이것은 아들로 말미암아 아버지께서 영광을 받으시게 하려는 것이다. ¹⁴ 너희가 무엇이든지 내 이름으로 구하면, 내가 다 이루어 주겠다." ¹⁵ "너희가 나를 사랑하면, 내 계명을 지킬 것이다. ¹⁶ 내가 아버지께 구하겠다. 그리하면 아버지께서 다른 보혜사를 너희에게 보내셔서, 영원히 너희와 함께 계시게 하실 것이다. ¹⁷ 그는 진리의 영이시다. 세상은 그를 보지도 못하고 알지도 못하므로, 그를

맞아들일 수가 없다. 그러나 너희는 그를 안다. 그것은, 그가 너희와 함께 계시고, 또 너희 안에 계실 것이기 때문이다. ²⁵ "내가 너희와 함께 있는 동안에, 나는 이 말을 너희에게 말하였다. ²⁶ 그러나 보혜사(파라클레토스, παράκλητος, comforter, advocate), 곧 아버지께서 내 이름으로 보내실 성령께서, 너희에게 모든 것을 가르쳐 주실 것이며, 또 내가 너희에게 말한 모든 것을 생각나게 하실 것이다. ²⁷ 나는 평화를 너희에게 남겨 준다. 나는 내 평화를 너희에게 준다. 내가 너희에게 주는 평화는 세상(코스모스, κόσμος, world)이 주는 것과 같지 않다. 너희는 마음에 근심하지 말고, 두려워하지도 말아라. 〈새번역〉

본문 개관

오순절에 우리에게 직접적으로 임한 성령님은 예수님의 부활 후에 찾아오신 것이다. 절기상으로는 유대인의 칠칠절과 연관이 있다. 그런데 예수님은 이미 승천하시기 전에 성령님에 대해서 거듭 가르쳐 주셨다.

본문 분석

1. 보여 주옵소서(8절)

빌립은 예수님에게 보다 더 확실한 증거를 요구한다. 하나님 아버지를 보여 달라는 것이다. 이미 예수님은 많은 가르침으로 그리고 무엇보다 그 행하신 일들로 하나님의 놀라우신 세계와 그 권능을 보여 주셨다. 인간의 어리석음이 이것을 다 파악하지 못했을 뿐이다.

2. 알지 못하느냐(9절)

예수님에 대해서 제대로 알았다면 하나님을 더 보여 달라고 하지 않았을 것이다. 인간은 보고 들어도 그 의미를 깨닫는 데까지는 시간이 걸린다. 그러나 한 번 알게 되면 구원의 반열에 들어가게 된다.

3. 행하는 그 일로(11절)

예수님은 삼위일체 안에서 하나님과 동등하시다. 그 예수님이 행하신 일들을 지금 우리가 성경을 통해서만 봐도 놀랍기 그지없다. 게다가 성경에 기록하지 못할 정도로 너무나 많은 일들을 더 행하셨음을 복음서를 통해 알 수 있다. 이 모든 일들이 예수님 안에 하나님이 계셨기 때문에 가능했다.

4. 행하리라(14절)

우리가 구하면 예수님이 행해주겠다고 하신다. 이것이 예수님의 약속이다. 이 약속이 거짓이 아님은 이미 서신서에 나타난 제자들의 행적을 통해 알 수 있다. 예수님 안에 계신 하나님이 이 약속을 보증하신다.

5. 다른 보혜사(16절)

보혜사라는 용어는 다른 서신서에 예수님을 칭하는 단어로 이미 사용되었다. 요한복음에서는 성령님을 일컫는 단어로 나온다. 예수님이 다른 보혜사라 하신 것은 이미 당신이 보혜사였기 때문이다.

본문의 신학

1. 믿음 먼저

빌립은 하나님을 보여 달라고 예수님에게 청한다. 그러면 그것으로 자신이 원했던 것을 충족할 수 있다고 말한다. 빌립은 이렇게 믿음을 자신의 방법으로 추구하려고 했다. 그러나 신앙은 인간의 방법으로 취할 수가 없다. 눈으로 확인하는 것이 우선이 아니라 믿는 것이 먼저이다.

2. 예수님과 성령님

성령님은 예수님과 깊은 연관을 맺고 있다. 예수님과 성령님 모두 진리이시다. 그리고 우리를 변호하신다. 동시에 믿는 사람들 안에 내주하신다. 오늘 본문에서도 예수님이 직접 다른 보혜사라 하신다.

3. 성령님의 영원성

하나님의 보냄을 받은 성령님은 우리와 영원히 함께하실 것이다. 우리의 육신도, 이 땅의 것들도 모두 쇠락하지만 성령님은 영원하시다. 생명을 지탱하시고 지속하시며 새롭게 하시는 영이시기 때문이다.

4. 성령님의 사역

성령님은 우리 안에서 우리를 도우신다. 신앙적인 면에서는 예수님을 생각나게 하신다. 하나님도 예수님의 이름으로 성령님을 보내신다. 그 진리의 영이 모든 것을 가르치시는데, 특별히 예수님이 제자들에게 가르치신 모든 것들을 생각나게 하신다.

5. 평안의 이유

우리가 언제든지 평안할 수 있는 이유는 예수님이 가르쳐 주신 것들을 성령님을 통해 계속해서 기억할 수 있기 때문이다. 세상이 주는 것은 많은 경우에 나타난 현상에 대한 설명뿐일 경우가 많다. 그러나 진리의 영이신 성령님은 우주 만물의 창조로부터 죄의 기원, 우리가 앞으로 구원받은 사람으로 어떻게 살아야 할 것이며 어떤 일이 있게 될 것인지에 대해 알게 하신다. 그러니 마음에 근심할 것이 없다.

평행 본문

창세기 11:1-9, (행 2:1-21)

[1] 처음에 세상에는 언어가 하나뿐이어서, 모두가 같은 말을 썼다. [2] 사람들이 동쪽에서 이동하여 오다가, 시날 땅 한 들판에 이르러서, 거기에 자리를 잡았

다. **3** 그들은 서로 말하였다. "자, 벽돌을 빚어서, 단단히 구워내자." 사람들은 돌 대신에 벽돌을 쓰고, 흙 대신에 역청을 썼다. **4** 그들은 또 말하였다. "자, 도시를 세우고, 그 안에 탑을 쌓고서, 탑 꼭대기가 하늘에 닿게 하여, 우리의 이름을 날리고, 온 땅 위에 흩어지지 않게 하자." **5** 주님께서 사람들이 짓고 있는 도시와 탑을 보려고 내려오셨다. **6** 주님께서 말씀하셨다. "보아라, 만일 사람들이 같은 말을 쓰는 한 백성으로서, 이렇게 이런 일을 하기 시작하였으니, 이제 그들은, 하고자 하는 것은 무엇이든지, 하지 못할 일이 없을 것이다. **7** 자, 우리가 내려가서, 그들이 거기에서 하는 말을 뒤섞어서, 그들이 서로 알아듣지 못하게 하자." **8** 주님께서 거기에서 그들을 온 땅으로 흩으셨다. 그래서 그들은 도시 세우는 일을 그만두었다. **9** 주님께서 거기에서 온 세상의 말을 뒤섞으셨다고 하여, 사람들은 그곳의 이름을 바벨이라고 한다. 주님께서 거기에서 사람들을 온 땅에 흩으셨다. 〈새번역〉

인류의 원역사에서 놀라운 일이 벌어진다. 하늘을 향해 탑을 쌓은 것이다. 이것이 가능했던 것은 언어가 하나였기 때문이다. 이들은 하나의 언어로 서로 소통했다. 그런데 이런 단합된 마음과 뜻이 하나님을 거역하는 것으로 표출되었다. 결국 하나님은 이들의 언어를 다르게 하신다. 사도행전에서 마가의 다락방에 모인 사람들은 성령님의 인도를 따라 각 사람이 태어난 곳 언어로 말한다. 성령님 안에서 복음이 다른 언어로 들리게 되었다. 성령님의 능력 안에서 우리도 다시 하나의 뜻과 계획과 생각을 갖게 되었다.

로마서 8:14-17

14 하나님의 영으로 인도함을 받는 사람은, 누구나 다 하나님의 자녀입니다. **15** 여러분은 또다시 두려움에 빠뜨리는 종살이의 영을 받은 것이 아니라, 자녀로 삼으시는 영을 받았습니다. 그래서 우리는 그 영으로 하나님을 "아빠, 아버지"라고 부릅니다. **16** 바로 그때에 그 성령이 우리의 영과 함께, 우리가 하나님의 자녀임을 증언하십니다. **17** 자녀이면 상속자이기도 합니다. 우리가 그리스

도와 함께 영광을 받으려고 그와 함께 고난을 받으면, 우리는 하나님이 정하신 상속자요, 그리스도와 더불어 공동 상속자입니다. 〈새번역〉

성령님으로 인도함을 받는 사람은 하나님의 자녀다. 성령님은 우리를 괴롭게 하고 고통스럽게 하는 그런 영이 아니시다. 우리는 하나님의 후사가 되어서 마땅히 누려야 할 것들을 누릴 수 있게 된다. 그러나 동시에 영광을 받는 것이 확실하다면 고난도 함께 받아야 하는 것도 확실하다. 예수님이 평소 제자들이 당한 고난을 이야기하셨을 때 이는 고난을 당할 수도 있고 그렇지 않을 수도 있음을 말씀하신 것이 아니다. 그리스도를 주로 믿고 고백하는 순간 고난이 삶의 일부가 된다.

📖 설교를 위한 적용

오늘에 적용

- 8절 "족하겠나이다" : 이미 족한 것을 알아야 한다. 예수님은 제자들과 오랫동안 대화하셨다. 그리고 많은 것을 가르치셨다. 이곳저곳에서 다양한 백성을 만나며 그들에게 천국 복음을 전하셨다. 이 과정을 옆에서 본 사람이라면 하나님의 권능을 모를 수가 없다. 그러나 빌립은 아직도 부족하다고 한다.

- 11절 "행하는 그 일로 말미암아" : 눈에 보이는 것으로 믿어야 한다. 예수님이 처음 빌립에게 말씀하신 것으로도 빌립은 믿지 못했다. 그러자 예수님이 행하신 그 일들을 기억하라고 하신다. 눈에 본 것을 통해서 빌립은 아버지와 예수님의 관계를 알 수가 있었다. 우리도 예수님의 행하신 일을 통해 아버지 하나님을 만날 수 있다.

- 12절 "그도 할 것이요" : 우리도 할 수 있음을 믿어야 한다. 예수님은 우리가 예수님을 믿는다면 예수님의 그 놀라운 일들을 우리도 할 수 있음을 알라고 하셨다. 우리의 능력은 우리의 예상을 뛰어넘는다. 하늘의 권세를 이미 주셨

고, 이미 우리를 자녀로 삼아주셨기 때문이다.

- **14절 "무엇이든지 내게 구하면"** : 구하면 이루어 주신다. 무엇을 우리가 구하든 이루어 주실 것을 예수님이 약속하신다. 물론 우리의 욕망을 실현시키는 기도를 들어주신다는 말씀이 아니다. 우리가 참으로 아버지와 아들 안에 거하고 성령님의 인도하심을 받는다면 헛된 것들을 구하지 않을 것이다.

- **15절 "나를 사랑하면"** : 주님을 사랑하는 것이 먼저이다. 예수님을 사랑하면 계명을 지킬 것을 말씀하셨다. 계명을 지키는 것도 단순한 의무감에서 행할 것이 아니다. 먼저 사랑하면 행동은 그 뒤를 따르게 되어 있다.

설교 개요

- "팩트(FACT)가 뭐냐?"라는 말을 자주 듣는다. 어떤 일이 있거나 대화가 오고 갔을 때 진짜로 일어났던 것이 무엇인가를 묻는 말이다. 자기 눈으로 보면서도 믿지 못하는 것이 인간이다. 그래서 우리는 대화할 때도 상대의 말이 진실인가 아닌가를 의심하고는 한다. 그래서 팩트를 확인하기 원한다.

- 빌립은 무엇인가 확실한 증거를 원하고 있다. 예수님이 떠나실 때가 가까워 오는데 불안한 마음에 무엇인가 확실한 것을 붙잡고 싶어 한다. 이러한 빌립에게 예수님은 자신이 곧 확실한 미래의 보장이고 자신을 본 것이 곧 아버지를 만난 것임을 강조하신다.

- 그런데 이런 말을 들은 빌립의 표정이 심상치 않았던 모양이다. 예수님이 아버지께서 예수님 안에 있음, 즉 삼위일체의 신비 안에서 진리를 말씀하신 이후에, 연이어 "그렇지 못하겠거든" 하시기 때문이다. 이정도로 말씀하시는 예수님의 말도 믿지 못하겠거든 어찌해야 하는가?

- 예수님이 행하신 일을 보면 예수님에 대해 믿을 수 있다. 그 행한 결과가 그 사람을 말해 준다. 예수님에 대해, 또 하나님에 대해 우리가 다 알기 어려울 수 있다. 우리 생각의 범위를 뛰어넘으시는 존재이시기 때문이다. 그러나 그 행하신 일들은 우리와 직접적인 연관이 있는 것들이었다. 그래서 그 행하신 일들을 보면 우리가 예수님과 하나님의 관계를 알게 된다.

• 이런 믿음을 가진 사람은 드디어 예수님의 놀라운 사역에 동참하게 된다. 예수님이 하신 일들을 행할 수도 있게 된다. 심지어 더 크고 놀라운 일도 할 수 있다. 이런 우리의 행함을 보고 다른 사람들은 예수님을 믿게 될 것이다. 하나님을 믿게 될 것이다. 믿음의 순환이 그렇게 일어난다.

설교를 위한 예화

어떤 나라의 산악 부대원들이 깊은 산중에서 훈련 중이었습니다. 그곳 산세는 험악하다고 이름나 있었습니다. 그런데 갑자기 폭설이 내려 길을 잃고 말았습니다. 며칠 길을 찾아 헤맨 대원들은 지칠 대로 지치고 말았습니다. 이제 죽음만이 기다리고 있었습니다. 그때 한 병사가 배낭에서 지도 하나를 발견했습니다.

대원들은 그 지도를 따라서 가장 가까운 마을이 있는 방향으로 무작정 걸었습니다. 그리고 드디어 구조되었습니다. 구조된 후에 대원들이 충격을 받았습니다. 자신들이 보고 읽었던 지도가 원래 목적지의 지도가 아니라 전혀 다른 곳을 나타내는 지도였기 때문입니다. 부대원들은 포기하지 않으면 다른 지도를 보고서도 구조될 수 있구나 깨달았습니다. 절망 가운데 포기는 없어야 한다는 것 역시 몸소 깨달았습니다.

〈김정훈 목사, 「국민일보」, 2024.09.05., "포기 대신에 신뢰", https://www.kmib.co.kr/article/view.asp?arcid=1725344429&code=23111511&cp=nv〉

절대절망 앞에서는 모든 것이 회의적이 된다. 빌립은 따르던 선생님의 부재라는 두려움 앞에서 확실한 것을 구했다. 원래 목적지의 지도가 아니어도 산악 부대원들은 구조되었다. 정말 시급하게 필요했던 것은 올바른 지도 이전에 시작하려는 의지와 마음이었기 때문이다. 절망 앞에서 구원의 이유를 먼저 물어야 하고 구원의 길로 우선 나가야 한다.

삼위일체 주일

❖ **성서정과**   시 8; 잠 8:1-4, 22-31; 롬 5:1-5; 요 16:12-15

예배로 부름   Call to Worship

이는 물과 피로 임하신 이시니 곧 예수 그리스도시라 물로만 아니요 물과 피로 임하셨고 증언하는 이는 성령이시니 성령은 진리니라 증언하는 이가 셋이니 성령과 물과 피라 또한 이 셋은 합하여 하나이니라 하나님은 영이시니 예배하는 자가 영과 진리로 예배할지니라(요일 5:6-8; 요 4:24)

예배 기원   Invocation

상천하지에 홀로 한 분이신 하나님 아버지! 유일하신 하나님께서 인류를 구원하시기 위하여 그 존재를 삼위로 나타내심에 감사를 드립니다. 만세 전부터 구원의 섭리를 세우시고 죄와 사망을 멸하시기 위하여 독생자를 세상에 보내신 성부 하나님께 영광을 돌립니다. 인류의 모든 죄를 속량하시기 위하여 십자가에 달려 물과 피를 다 쏟아주신 성자 예수님께 찬송을 올립니다. 이 모든 구원의 진리를 의심 없이 믿게 하셔서 저희로 거듭나게 하시고 참 생명의 길을 걸어가게 하시는 성령님께 감사를 드립니다. 거룩하신 삼위일체 하나님! 구원받은 성도들이 온전한 믿음으로 드리는 이 예배를 기쁘게 받아 주옵소서. 예수님의 이름으로 기원하옵나이다. 아멘.

이 주일의 찬송   Hymns

거룩 거룩 거룩 전능하신 주님(8장) / 하늘에 가득 찬 영광의 하나님(9장)
주 하나님 지으신 모든 세계(79장) / 진실하신 주 성령(189장)
내가 매일 기쁘게(191장) / 성령이여 우리 찬송 부를 때(195장)

성시교독 Responsive Readings

시편 8:1-9

인도자 1 여호와 우리 주여 주의 이름이 온 땅에 어찌 그리 아름다운지요

회 중 주의 영광이 하늘을 덮었나이다

인도자 2 주의 대적으로 말미암아 어린 아이들과 젖먹이들의 입으로 권능을 세우심이여

회 중 이는 원수들과 보복자들을 잠잠하게 하려 하심이니이다

인도자 3 주의 손가락으로 만드신 주의 하늘과

회 중 주께서 베풀어 두신 달과 별들을 내가 보오니

인도자 4 사람이 무엇이기에 주께서 그를 생각하시며

회 중 인자가 무엇이기에 주께서 그를 돌보시나이까

인도자 5 그를 하나님보다 조금 못하게 하시고

회 중 영화와 존귀로 관을 씌우셨나이다

인도자 6 주의 손으로 만드신 것을 다스리게 하시고 만물을 그의 발아래 두셨으니

회 중 7 곧 모든 소와 양과 들짐승이며 8 공중의 새와 바다의 물고기와 바닷길에 다니는 것이니이다

다같이 9 여호와 우리 주여 주의 이름이 온 땅에 어찌 그리 아름다운지요

주일 낮 예배·설교 지침

고백의 기도 Prayer of Confession

언약을 변개하지 않으시는 참 좋으신 하나님! 죄인이 회개하면 용서하겠다고 약속하신 그 말씀을 의지하여 고백의 기도를 드립니다. 하나님께서는 "오직 하나님 한 분만 섬기며 살라" 하셨지만, 저희는 그 언약의 말씀을 어기고 재물과 쾌락과 명예를 우상으로 삼아 겸하여 섬겼습니다. "내가 거룩하니 너희도 거룩하라" 당부하셨는데, 저희는 호색하고 방탕하며 남의 것을 탐내며 이웃을 증오하면서 거룩하지 못한 삶을 살았습니다. 춥고 배고프고 가난한 이웃을 돌아보라는 말씀도 실천하지 못하고 나와 내 가족의 안위만을 위한 이기적인 삶을 살았습니다. 저희의 모든 죄를 용서해 주옵소서. 예수님의 이름으로 이 고백의 기도를 드립니다. 아멘.

사함의 확신 Assurance of Forgiveness

이제는 너희가 죄로부터 해방되고 하나님께 종이 되어 거룩함에 이르는 열매를 맺었으니 그 마지막은 영생이라(롬 6:22)

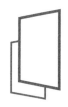

오늘의 주제

근원되시는 삼위하나님

📖 본문의 접근

본문의 재경청 요 16:12-15

12 아직도, 내가 너희에게 할 말이 많으나, 너희가 지금은 감당하지(바스타조, βαστάζω, lift, pick up) 못한다. **13** 그러나 그분 곧 진리의 영이 오시면, 그가 너희를 모든 진리 가운데로 인도하실(호데게오, ὁδηγέω, lead) 것이다. 그는 자기 마음대로 말씀하지 않으시고, 듣는 것만 일러주실 것이요, 앞으로 올 일들을 너희에게 알려 주실 것이다. **14** 또 그는 나를 영광되게 하실 것이다. 그가 나의 것을 받아서, 너희에게 알려 주실 것이기 때문이다. **15** 아버지께서 가지신 것은 다 나의 것이다. 그렇기 때문에 내가, 성령이 나의 것을 받아서 너희에게 알려 주실(아낭겔로, ἀναγγέλλω, report) 것이라고 말한 것이다." 〈새번역〉

본문 개관

제자들은 예수님의 말씀처럼 예수님을 다시 볼 수 있게 될 것이다. 그러나 승천 이후에는 어떠한가? 예수님은 다른 보혜사, 즉 성령님이 오실 것을 알려 주신다. 지상에서 예수님은 실제로는 의로우시나 유대인들의 모함으로 형벌을 받으신다. 앞으로 오실 다른 보혜사 성령님은 무엇이 그르고 무엇이 잘못되었는지 온 세상에 드러내실 것이다. 예수님은 성부 하나님의 것이 다 자신의 것임을 선언하신다. 유대인의 입장에서는 도저히 받아들일 수 없으나 이것이 삼위일체의 관점에서 볼 때는 자연스럽다. 결국 하나님은 예수님에게 모든 것을 알게 하셨고, 예수님은 성령님에게 다시 모든 것을 말씀하신다. 이 성령님이 우리에게 임하신다.

본문 분석

1. 감당하지 못하리라 (12절)

감당하다라는 단어의 원뜻은 무엇을 옮기거나 소지하는 것을 말한다. 예수님이 많은 세상의 원리와 영적인 진리를 제자들에게 다 이야기해 주실 수 있다고 해도 인간이 그것을 온전히 소유할 수가 없다.

2. 진리의 성령 (13절)

성령님에 대해서 진리의 영이라 하시는 것은 이 구절이 처음은 아니다. 예수님은 다시 강조를 하신다. 예수님이 진리를 소유하고 계시듯 성령님도 진리를 대표하신다.

3. 인도하시리니 (13절)

다른 보혜사이신 성령님은 우리를 인도하신다. 생명의 길을 여신 분은 예수님이시다. 이는 당대의 제자들과 예수님을 따르던 성도들에게만 국한된 것이 아니다. 오고오는 많은 사람들이 다 구원에 이를 수 있다. 그러나 이는 성령님의 인도하심을 받을 때 가능하다.

4. 알리시리라 (13절)

알리시리라는 단어의 시제는 미래시제이다. 앞으로 우리에게 알리실 것이라는 말씀이고, 그 내용은 장래의 일이다. 미래는 사람을 불안하게 만들고는 한다. 어떤 일이 일어날지 알 수 없기 때문이다. 그러나 그런 불안함도 성령님이 알게 하실 것이라는 믿음 앞에서는 사라지게 된다.

5. 다 내 것이라(15절)

단순히 예수님이 아버지 하나님의 모든 것을 다 상속한다는 등의 의미가 아니다. 본질적으로 성부 하나님과 성자 예수님이 같다는 것을 말한다. 처음부터 성부와 성자, 성령은 하나였다.

본문의 신학

1. 성령님의 심판

성령님은 이 세상을 심판하신다. 인간의 죄를 책망하신다. 이 사실을 예수님이 분명하게 가르치신다. 그러나 성령님의 역할이 단순히 우리를 책망하시는 것만은 아니다. 그 책망과 심판은 예수님이 시작하신 일을 이어서 하시는 것이다.

2. 감당할 만큼의 진리

예수님은 제자들에게 모든 것을 다 가르치지 않으셨다. 그 이유는 그 당시에는 제자들이 그 모든 것을 다 감당할 역량이 되지 못했기 때문이다. 성도들이 영적인 일들에 대해서, 또 앞으로 있게 될 미래의 일들에 대해서 궁금한 것은 자연스럽다. 그러나 그 모든 것을 깨닫기 위한 자신의 영적인 성숙이 먼저이다.

3. 인도하시는 성령님

예수님은 진리의 주님이시다. 그 예수님이 진리의 성령님을 보내신다. 그 성령님은 오셔서 성도들을 진리 가운데로 인도하신다. 어찌 보면 길을 열어 주시고 우리는 그 길을 따라 걷기만 하면 된다. 이미 예수님이 구원의 방도를 알려 주셨다. 그러나 그 길을 우리 혼자 찾기는 어렵다. 성령님이 알려 주시는 방향과 속도와 방법대로 가면 된다.

4. 알리시는 성령님

성령님은 앞으로의 일을 알게 하신다. 성령님은 자의적으로 새로운 것을 우리에게 알리시지 않는다. 만약 매일매일 예수님이 우리에게 전하신 복음과 다른 내용을 알리신다면 우리는 큰 혼란에 빠지게 될 것이다. 성령님은 예수님에게 전해 받은 것들을 우리에게 그대로 알게 하신다.

5. 삼위일체 하나님의 가르침

성부 하나님의 것은 이미 예수님에게 전해졌다. 그래서 예수님은 당당하게 아버지께 있는 것이 다 자신의 것이라고 하셨다. 15절 말미에 성령님이 이 예수님의 것을 가지고 우리에게 알리신다고 말씀하셨다. 예수님이 성부 하나님으로부터 받으셨으니 결국 성령 하나님은 성부 하나님의 것을, 또 성자 예수님의 것을 동시에 우리에게 알리시는 것이다.

평행 본문

시편 8

¹ 주 우리 하나님, 주님의 이름이 온 땅에서 어찌 그리 위엄이 넘치는지요? 저 하늘 높이까지 주님의 위엄 가득합니다. ² 어린이와 젖먹이들까지도 그 입술로 주님의 위엄을 찬양합니다. 주님께서는 원수와 복수하는 무리를 꺾으시고, 주님께 맞서는 자들을 막아 낼 튼튼한 요새를 세우셨습니다. ³ 주님께서 손수 만드신 저 큰 하늘과 주님께서 친히 달아 놓으신 저 달과 별들을 내가 봅니다. ⁴ 사람이 무엇이기에 주님께서 이렇게까지 생각하여 주시며, 사람의 아들이 무엇이기에 주님께서 이렇게까지 돌보아 주십니까? ⁵ 주님께서는 그를 하나님보다 조금 못하게 하시고, 그에게 존귀하고 영화로운 왕관을 씌워 주셨습니다. ⁶ 주님께서 손수 지으신 만물을 다스리게 하시고, 모든 것을 그의 발아래에 두셨습니다. ⁷ 크고 작은 온갖 집짐승과 들짐승까지도, ⁸ 하늘을 나는 새들

과 바다에서 놀고 있는 물고기와 물길 따라 움직이는 모든 것을, 사람이 다스리게 하셨습니다. ⁹ 주 우리의 하나님, 주님의 이름이 온 땅에서 어찌 그리 위엄이 넘치는지요? 〈새번역〉

150편 전체 시편 중 비교적 많이 알려진 8편은 성서정과 가운데 삼위일체 주일의 말씀이다. 1절부터 여호와 하나님의 이름을 찬양한다. 이 하나님은 삼위일체가 되셔서 세상을 창조하셨다. 손가락으로 하늘과 달과 별을 지으셨다. 이 하나님이 인간을 위해서 아들을 보내주셨다. 인간이 무엇이관대 생각하시고 돌보시는가, 시인은 감격할 수밖에 없다. 이 하나님이 앞으로도 영원히 우리를 다스리신다.

로마서 5:1-5

¹ 그러므로 우리는 믿음으로 의롭다 하심을 받았으므로, 우리 주 예수 그리스도로 말미암아 하나님과 더불어 평화를 누리고 있습니다. ² 우리는 또한, 그리스도로 말미암아 지금 서 있는 이 은혜의 자리에 [믿음으로] 나아오게 되었으며, 하나님의 영광에 이르게 될 소망을 품고 자랑을 합니다. ³ 그뿐만 아니라, 우리는 환난을 자랑합니다. 우리가 알기로, 환난은 인내력을 낳고, ⁴ 인내력은 단련된 인격을 낳고, 단련된 인격은 희망을 낳는 줄을 알고 있기 때문입니다. ⁵ 이 희망은 우리를 실망시키지 않습니다. 하나님께서 우리에게 주신 성령을 통하여 그의 사랑을 우리 마음속에 부어 주셨기 때문입니다. 〈새번역〉

우리는 믿음으로 의롭다 하심을 얻는다. 이를 가능하게 하신 이가 바로 성자 예수님이시다. 그리스도가 되신 예수님으로 더불어 우리는 영벌의 고통에서 벗어났다. 동시에 하나님과 화평을 누리게 되었다. 예수님과의 교제가 은혜가 됨과 동시에 하나님의 영광에 참여할 수도 있게 된 것이다. 따라서 성도는 환난 중에도 낙심하지 않고 즐거워할 수 있다. 성령님을 통해서 우리 마음에 사랑을 주셔서 하나님의 사랑을 확신할 수 있게 되기 때문이다.

📖 설교를 위한 적용

오늘에 적용

- **12절 "감당하지 못하리라"** : 영적인 성숙이 먼저이다. 제자들은 예수님의 사역이나 가르침에 대해 궁금한 것이 많았을 것이다. 그러나 예수님이 그 모든 것을 다 가르치지는 않으셨다. 인간의 한계가 다 받아들이지 못할 것임을 알고 계셨기 때문이다. 그래서 우리의 성숙이 먼저이다.

- **13절 "모든 진리 가운데로"** : 성령님을 앞서나가지 말아야 한다. 인간의 조급함이 진리를 거스를 수가 있다. 우리의 그릇이 작기 때문에 아직 알려 주시지 않은 것을 답답한 마음으로 이해해 보려고 하다가는 성령님의 방법이 아닌 인간적인 방법을 사용하게 될 수도 있음을 유의해야 한다. 성령님이 우리를 모든 진리로 인도하실 것을 믿고 신뢰해야 한다.

- **13절 "그가 스스로 말하지 않고"** : 성령님을 신뢰해야 한다. 성령님은 스스로 아무거나 우리에게 말씀하지 않으신다. 자신이 들으신 것을 말씀하신다. 삼위일체 안에서 온 세상을 다스리시는 그 원리와 원칙과 사랑 안에서 말씀하시니 신뢰할 수 있다.

- **13절 "장래 일을 너희에게"** : 성령님과 미래를 계획해야 한다. 성령님은 우리에게 장래 일을 알게 하신다. 특히 영적인 부분에서 그리하실 것이다. 예수님이 이미 선포하셨고 예고하신 온 우주의 신비한 일들은 성령님을 통해 우리에게 기억될 것이다.

- **15절 "다 내 것이라"** : 예수님을 믿고 따라야 한다. 예수님은 성부 하나님으로부터 모든 것을 받으셨다. 그리고 우리에게 오셔서 구원의 길을 여셨다. 이 예수님이 다시 성령님을 보내시면서 자신의 것을 성령님이 우리에게 알리시리라 가르치신다. 이 예수님이 우리에게 분명하게 계시되셨다.

설교 개요

- 세상에 억울한 일이 많다. 그럴 때마다 어떻게 반응하는가? 누군가는 자신의

억울함을 호소하는 팻말을 만들어 출입문 같은 곳에 게시하거나 자신이 들고 서 있기도 한다. 지나다니는 사람들이 그것을 보고 이야기를 들어주기를 바라는 마음이다. 누군가는 전단지를 만들어 행인의 손에 건네주기도 한다. 그런데 그 경우 종종 행인들은 면전에서 전단지를 버리기도 한다. 타인의 이야기에 귀를 기울이기는 이렇게 쉽지 않다.

- 공감을 얻기 위해서는 개인에게 직접 이야기하는 편이 더욱 좋을 것이다. 일대일로 만나서 차 한 잔 앞에 놓고 차분히 자초지종을 설명하면 듣는 이들의 마음이 움직일 것이다.

- 우리가 살면서 가장 관심을 갖는 분야가 무엇인가? 자신의 안위가 일번이다. 자신의 현재 상황을 위협하는 일이 생기면 누구나 노심초사하기 마련이다. 억울한 일이 생기면 그것을 해소하기 위해 노력할 것이다. 장래가 보장되지 않을 때도 전전긍긍한다. 이럴 때 우리를 도와줄 이가 누구인가?

- 예수님은 진리의 성령을 보내주시겠다고 하신다. 예수님 자신도 우리를 위해 인도하시고 안내하기를 원하신다. 그러나 그 모든 것을 지상의 사역을 통해 이루실 수는 없었다. 공생애가 한정되어 있는 반면 인류는 계속해서 세대를 이어 이 땅에 살아왔기 때문이다.

- 예수님을 대신해 성령님은 우리를 미지의 세계로 인도하신다. 죄인인 인류가 경험하지 못했던 의롭다 하심을 얻는 구원의 세계이다. 또 성령님은 우리가 알지 못하는 것들을 알게 하신다. 아들이 하나님과 동일하시기 때문에 성령님이 받으신 것은 삼위일체 안에서 동일하다. 인간은 꿈꿀 수 없는 완전한 진리이다. 이 성령님은 우리 안에 내주하시며 일대일로 우리를 인도하신다.

설교를 위한 예화

철학자 소크라테스가 사람들을 진리로 이끄는 방법은 한 가지가 아니었다. 때로는 자신이 모르는 척을 하면서 질문에 질문을 거듭하기도 했다. 또 다른 방법은 이미 알고 있는 어떤 지식을 기억나게 해서 문제를 해결하는 것이다. 이걸 상기술이라고 하기도 한다. 이 상기술의 다른 이름은 산파술이다. 산파는 자기가 직접 아기를 낳지는 않는다. 그러나 산모가 출산을 원활히 할 수 있도록 돕는다. 아이를 낳는 것이 아무리 어려워도 남이 대신해 줄 수는 없기 때문이다. 자신의 힘으로 출산해야 한다. 우리는 성령님의 인도하심을 받는다. 성령님이 세상의 모든 사람을 어느 날 갑자기 구원으로 한 번에 인도하시지는 않는다. 그러나 성령님은 모든 것을 이미 알고 계신다. 구원에 이르는 길도 이미 성령님 안에서 넓게 펼쳐져 있다. 그런 의미에서 성령님은 산파보다 더욱 신뢰할 만한 분이다. 우리를 친히 사랑하심으로 우리가 아버지께 이르기를 그 누구보다 원하시기 때문이다.

오순절 후 두 번째 주일

❖ 성서정과 시 42; 왕상 19:1-4, (5-7), 8-15a; 갈 3:23-29; 눅 8:26-39

예배로 부름 Call to Worship

여호와께서 시내 산에서 오시고 세일 산에서 일어나시고 바란 산에서 비추시고 일만 성도 가운데에 강림하셨고 그의 오른손에는 그들을 위해 번쩍이는 불이 있도다 여호와께서 백성을 사랑하시나니 모든 성도가 그의 수중에 있으며 주의 발아래에 앉아서 주의 말씀을 받는도다(신 33:2b-3)

예배 기원 Invocation

어제나 오늘이나 영원토록 변함이 없으신 하나님 아버지! 한 주간 세상에서 사는 동안에는 세심한 손길로 지도하시며 우리의 발이 실족하지 않도록 인도하셨다가, 오늘 거룩한 주일에는 하나님의 은혜를 기억하며 기쁨으로 예배드리게 하시니 고맙습니다. 예배하는 이 시간 세상의 모든 걱정과 근심을 내려놓게 하시고, 오직 하나님만을 신뢰하여 새 힘을 얻게 하여 주옵소서. 예배의 주관자가 되시는 예수 그리스도의 이름으로 기원하옵나이다. 아멘.

이 주일의 찬송 Hymns

사랑의 하나님(17장) / 주 하나님의 사랑은(219장)

영광을 받으신 만유의 주여(331장) / 나의 생명 되신 주(380장)

주여 어린 사슴이(392장) / 나 같은 죄인까지도(547장)

성시교독 Responsive Readings   시편 42:1-4, 9, 11

인도자 ¹ 하나님이여 사슴이 시냇물을 찾기에 갈급함 같이

회 중	**내 영혼이 주를 찾기에 갈급하니이다**
인도자	² 내 영혼이 하나님 곧 살아 계시는 하나님을 갈망하나니 내가 어느 때에 나아가서 하나님의 얼굴을 뵈올까
회 중	**³ 사람들이 종일 내게 하는 말이 네 하나님이 어디 있느뇨 하오니 내 눈물이 주야로 내 음식이 되었도다**
인도자	⁴ 내가 전에 성일을 지키는 무리와 동행하여 기쁨과 감사의 소리를 내며 그들을 하나님의 집으로 인도하였더니 이제 이 일을 기억하고 내 마음이 상하는도다
회 중	**⁹ 내 반석이신 하나님께 말하기를 어찌하여 나를 잊으셨나이까 내가 어찌하여 원수의 압제로 말미암아 슬프게 다니나이까 하리로다**
인도자	¹¹ 내 영혼아 네가 어찌하여 낙심하며 어찌하여 내 속에서 불안해하는가
회 중	**너는 하나님께 소망을 두라 나는 그가 나타나 도우심으로 말미암아 내 하나님을 여전히 찬송하리로다**

고백의 기도   Prayer of Confession

자비와 긍휼과 사랑이 많으신 하나님! 광야 같은 인생길을 걸어갈 때 하나님께서는 낮에는 구름기둥으로 밤에는 불기둥으로 저희 걸음을 인도하여 주셨습니다. 그러나 저희는 그 그늘에 거하면서도 그것이 성도가 누려야 하는 당연한 권리인 양 감사할 줄을 몰랐습니다. 하나님께서는 저희로 주리지 않도록 하늘 문을 여셔서 일용할 양식을 내려 주셨건만, 저희는 완악한 이스라엘 백성처럼 정욕에 좋은 고기와 부추가 없다며 불평했습니다. 불볕 아래를 걸을 때 엘림을 만나게 하셨고, 목이 마를 때 반석을 깨뜨려 샘이 솟게 하셨습니다. 그러나 저희는 하나님께서 주신 만 가지 은혜에 감사하기보다는 내게 없는 한 가지 부족함으로 인해 원망하였습니다. 오, 하나님! 참 만족을 모르며 감사를 잊고 살아가는 저희의 어리석음을 용서해 주옵소서. 예수님의 이름으로 이 고백의 기도를 드립니다. 아멘.

사함의 확신   Assurance of Forgiveness

그러므로 이제 그리스도 예수 안에 있는 자에게는 결코 정죄함이 없나니 이는 그리스도 예수 안에 있는 생명의 성령의 법이 죄와 사망의 법에서 너를 해방하였음이라

(롬 8:1-2)

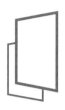

오늘의 주제

사악한 영을 제압하시다

📂 본문의 접근

본문의 재경청   눅 8:26-39

26 그들은 갈릴리 맞은편에 있는 거라사 지방에 닿았다. **27** 예수께서 뭍에 내리시니, 그 마을 출신으로서 귀신(다이모니온, δαιμόνιον, demonic being) 들린 사람 하나가 예수를 만났다. 그는 오랫동안 옷을 입지 않은 채, 집에서 살지 않고, 무덤에서 지내고 있었다. **28** 그가 예수를 보고, 소리를 지르고서, 그 앞에 엎드려서, 큰 소리로 말하였다. "더없이 높으신 하나님의 아들 예수님, 당신이 나와 무슨 상관이 있습니까? 제발 나를 괴롭히지 마십시오." **29** 예수께서 이미 악한(아카달토스, ἀκάθαρτος, unclean) 귀신(프뉴마, πνεῦμα, spirit) 더러 그 사람에게서 나가라고 명하셨던 것이다. 귀신이 여러 번 그 사람을 붙잡았기 때문에, 사람들이 그를 쇠사슬과 쇠고랑으로 묶어서 감시하였으나, 그는 그것을 끊고, 귀신에게 몰려서 광야로 뛰쳐나가곤 하였다. **30** 예수께서 그에게 물으셨다. "네 이름이 무엇이냐?" 그가 대답하였다. "군대(레게온, λεγιών, company of soldiers)입니다." 많은 귀신이 그 사람 속에 들어가 있었기 때문이다. **31** 귀신들은 자기들을 지옥에 보내지 말아달라고 예수께 간청하였다. **32** 마침 그곳 산기슭에, 놓아 기르는 큰 돼지(코이로스, χοῖρος, swine) 떼가 있었다. 귀신들은 자기들을 그 돼지들 속으로 들어가게 허락해 달라고 예수께 간청하였다. 예수께서 허락하시니, **33** 귀신들이 그 사람에게서 나와서, 돼지들 속으로 들어갔다. 그래서 그 돼지 떼는 비탈을 내리달아서 호수에 빠져서 죽었다.

34 돼지를 치던 사람들이 이 일을 보고, 도망가서 읍내와 촌(아그로스, ἀγρός, field)에 알렸다. **35** 그래서 사람들이 일어난 그 일을 보러 나왔다. 그들은 예수께로 와서, 귀신들이 나가버린 그 사람이 옷을 입고 제정신이 들어서 예수의 발 앞에 앉아 있는 것을 보고, 두려워하였다. **36** 처음부터 지켜본 사람들이, 귀신 들렸던 사람이 어떻게 해서 낫게 되었는가를 그들에게 알려 주었다. **37** 그러자 거라사 주위의 고을 주민들은 모두 예수께, 자기들에게서 떠나 달라고 간청하였다. 그들이 큰 두려움에 사로잡혔기 때문이다. 그래서 예수께서는 배에 올라 되돌아가시는데, **38** 귀신이 나간 그 사람이 예수와 함께 있게 해 달라고 애원하였으나, 예수께서는 그를 돌려보내시며 이렇게 말씀하셨다. **39** "네 집으로 돌아가서, 하나님께서 네게 하신 일을 다 이야기하여라." 그 사람이 떠나가서, 예수께서 자기에게 하신 일을 낱낱이 온 읍내에 알렸다. 〈새번역〉

본문 개관

갈릴리 호수에서 예수님은 광풍을 잠잠하게 하셨다. 놀라운 이적 이후에 다시 이적이 이어진다. 이번에는 갈릴리의 맞은편, 거라사인의 땅이다. 예수님의 능력은 지역을 가리지 않으신다. 예수님은 어느 특정한 지방이나 나라에 매이는 분이 아니시다. 온 우주의 주인이시기 때문에 능력에 제한이 없으시다. 영적으로도 그러한데 한 사람을 지배하고 있던 귀신을 쫓으심으로 말미암아 악한 영의 권세를 누르시고 인간을 구원하시는 면모를 온 세상에 드러내신다.

본문 분석

1. 갈릴리 맞은편(26절)

거라사인의 땅이 정확히 어디인지에 대해서는 의견이 분분하다. 한 가지 가능성은 예수님이 유대인이 아닌 이방인들을 찾아 나서셨다는 것이다. 복음이 유대인에게만 국한되어서는 안 되기 때문이다.

2. 귀신 들린 자(27절)

육지에 내리신 예수님이 만난 사람은 귀신 들린 사람이었다. 원어에는 귀신들이 단수가 아닌 복수이다. 뒤에 군대라고 다시 한 번 강조되는데 여러 귀신이 이 사람을 사로잡고 있다.

3. 귀신 들린(27절)

이 사람에게 더러운 영이 들어갔다. 그런데 단어의 의미 자체는 이 사람이 귀신들을 가지고 있다는 뜻을 담고 있다. 어쩌면 귀신이 들어왔을 때 이 사람이 적극적으로 나가게 하려고 하지 않았을지도 모른다. 한두 번 저항하다 그저 포기한 상태일 수도 있다.

4. 무저갱으로(31절)

한자어 뜻은 바닥이 없는 구멍을 말한다. 원문 역시 바닥이 없는 깊은 공간을 의미한다. 끝을 모르는 추락이 기다리는 곳으로 희망이 없는 공포를 상징한다.

5. 옷을 입고(35절)

귀신 들린 이 사람은 옷도 제대로 갖추어 입고 있지 않았던 사람이었다. 그런데 축사 이후 옷을 갖추어 입고 예수님 발아래 앉아 있게 되었다.

본문의 신학

1. 말씀의 능력

예수님은 귀신을 나오라는 명령으로 제압하셨다. 어떤 다른 물리력을 행사하실 필요가 없었다. 하나님의 아들에게 이것이면 충분하다. 이런 광경을 목격한 사람들은 예수님의 신성에 대해 새롭게 깨닫게 되었을 것이다.

2. 문제 해결

예수님은 귀신 들린 사람을 고쳐 주신다. 그 사람은 이제까지 그 주위에 있던 사람들은 도저히 어찌해야 할지 모르는 문제거리였을 것이다. 능력의 예수님은 순식간에 그를 고통 중에서 해방시키신다. 만약 예수님이 아니었으면 그 지역 사람들은 차례로 화를 당했을지도 모를 일이다. 귀신이 단일한 개체가 아니라 군대였기 때문이다.

3. 속이는 영

예수님을 만난 귀신들은 예수님을 속이려고 한다. 예수님은 자신이 누구인지 숨기지 않으신다. 그러나 귀신은 이름이 무엇이냐 물으시는 예수님의 질문에 군대라고 답한다. 군대는 이름이 아니라 자신들이 모여 있는 형태를 말한다. 숫자가 많다는 것이다. 이렇게 귀신의 속성은 속이는 것이다.

4. 파괴의 영

많은 귀신들이 돼지의 몸에 들어가기를 원했다. 그래서 예수님이 허락하셨다. 그런데 이 귀신들은 돼지가 물에 빠지도록 했다. 그 많은 돼지가 죽게 된 것인데 귀신은 돼지의 목숨은 안중에도 없는 것이 이 사건으로 입증되었다. 하나님은 생명의 주인이시다. 하나님이 만드시고 기르시고 돌보시는 생명을 귀신이 함부로 파괴하고 있다.

5. 삶을 회복시키시는 주님

예수님은 귀신 들린 이 사람을 집으로 돌려보내신다. 귀신의 영향 아래 있을 때는 집에 머물지도 못하고 무덤 사이에서 살았다. 온전한 삶을 영위할 도리가 없었다. 그러나 이제 예수님으로 말미암아 집, 가족, 관계를 회복한다.

📖 평행 본문

시편 42

¹ 하나님, 사슴이 시냇물 바닥에서 물을 찾아 헐떡이듯이, 내 영혼이 주님을 찾아 헐떡입니다. ² 내 영혼이 하나님, 곧 살아 계신 하나님을 갈망하니, 내가 언제 하나님께로 나아가 그 얼굴을 뵈올 수 있을까? ³ 사람들은 날이면 날마다 나를 보고 "너의 하나님이 어디 있느냐?" 하고 비웃으니, 밤낮으로 흐르는 눈물이 나의 음식이 되었구나. ⁴ 기쁜 감사의 노래 소리와 축제의 함성과 함께 내가 무리들을 하나님의 집으로 인도하면서 그 장막으로 들어가곤 했던 일들을 지금 내가 기억하고 내 가슴이 미어지는구나. ⁵ 내 영혼아, 네가 어찌하여 그렇게 낙심하며, 어찌하여 그렇게 괴로워하느냐? 너는 하나님을 기다려라. 이제 내가, 나의 구원자, 나의 하나님을, 또다시 찬양하련다. ⁶ 내 영혼이 너무 낙심하였지만, 요단 땅과 헤르몬과 미살 산에서, 주님만을 그래도 생각할 뿐입니다. ⁷ 주님께서 일으키시는 저 큰 폭포 소리를 따라 깊음은 깊음을 부르며, 주님께서 일으키시는 저 파도의 물결은 모두가 한 덩이 되어 이 몸을 휩쓸고 지나갑니다. ⁸ 낮에는 주님께서 사랑을 베푸시고, 밤에는 찬송으로 나를 채우시니, 나는 다만 살아 계시는 내 하나님께 기도합니다. ⁹ 나의 반석이신 하나님께 호소한다. "어찌하여 하나님께서는 나를 잊으셨습니까? 어찌하여 이 몸이 원수에게 짓눌려 슬픈 나날을 보내야만 합니까?" ¹⁰ 원수들이 날마다 나를 보고 "네 하나님이 어디에 있느냐?" 하고 빈정대니, 그 조롱 소리가 나의 뼈를 부수는구나. ¹¹ 내 영혼아, 네가 어찌하여 그렇게 낙심하며, 어찌하여 그렇게 괴로워하느냐? 너는 하나님을 기다려라. 이제 내가 나의 구원자, 나의 하나님을 또다시 찬양하련다. 〈새번역〉

43편과 깊은 연관성을 지니는 42편은 시인이 있는 장소에 따라 내용이 구분된다. 시인은 광야에 있고, 폭포에 있으며, 43편에서 주님의 성산에 거한다. 광야에서는 사슴이 물을 찾는다. 폭포로 대변되는 파도와 물결은 나를 뒤덮는다. 시인의 생명은 하나님의 손에 달려 있다. 그래서 어떤 어려움 가운데서도 낙망할 것이 없다. 하나님이 나를 도우실 것이기 때문이다.

갈라디아서 3:23-29

23 믿음이 오기 전에는, 우리는 율법의 감시를 받으면서, 장차 올 믿음이 나타날 때까지 갇혀 있었습니다. **24** 그래서 율법은, 그리스도께서 오실 때까지, 우리에게 개인교사 역할을 하였습니다. 그것은, 우리로 하여금 믿음으로 의롭다고 하심을 받게 하시려고 한 것입니다. **25** 그런데 그 믿음이 이미 왔으므로, 우리가 이제는 개인교사 아래에 있지 않습니다. **26** 여러분은 모두 그 믿음으로 말미암아 그리스도 예수 안에서 하나님의 자녀들입니다. **27** 여러분은 모두 세례를 받아 그리스도와 하나가 되고, 그리스도를 옷으로 입은 사람들이기 때문입니다. **28** 유대 사람도 그리스 사람도 없으며, 종도 자유인도 없으며, 남자와 여자가 없습니다. 여러분 모두가 그리스도 예수 안에서 하나이기 때문입니다. **29** 여러분이 그리스도께 속한 사람이면, 여러분은 아브라함의 후손이요, 약속을 따라 정해진 상속자들입니다. 〈새번역〉

구약의 율법은 인간의 범죄를 경계할 목적을 갖고 있었다. 그리스도를 주님으로 믿는 사람들은 율법이 아닌 그 믿음으로 구원을 얻게 되었다. 인간은 그 전까지는 율법의 구속 아래 있었다. 어리고 약할 때는 율법과 같이 우리를 인도하는 외부적인 규율이 필요했고, 율법은 우리를 그리스도에게로 인도하는 일을 한다. 그러나 자체로는 구원의 능력이 없다. 우리는 그리스도로 말미암아 아브라함의 영적 후손이 되어 약속의 유업을 잇는다.

📖 설교를 위한 적용

오늘에 적용

• **27절 "귀신 들린"** : 악한 영을 적극적으로 멀리해야 한다. 예수님이 만난 이 사람은 귀신들을 가지고 있었다. 귀신이 하나도 아니고 여럿이어서 저항을 멈췄을 수도 있다. 어쩌면 그 상태가 더욱 편했을지도 모른다. 어찌되었든 정상적인 삶을 위해서라도 귀신을 적극적으로 나가게 했어야 옳다.

- 31절 **"무저갱으로 들어가라"** : 진리 안에 거해야 한다. 무저갱은 바닥이 어딘지 모르는 곳이다. 이렇게 미지의 세계는 공포를 자아낸다. 진리는 우리에게 감추는 것이 없다. 성령님의 역사하심은 우리를 무지 가운데로 몰지 않으신다. 밝은 빛 가운데 모든 것을 드러내신다.
- 33절 **"그 사람에게서 나와"** : 자신의 가치에 대해 올바로 깨달아야 한다. 예수님은 이 한 생명을 지나치지 않으셨다. 귀신의 권세 아래 있던 사람을 마침내 해방시키셨다. 귀신은 사람의 가치를 떨어뜨렸지만 예수님은 그 가치를 회복시키셨다. 스스로의 가치에 대해 온전히 평가해야 한다.
- 35절 **"정신이 온전하여"** : 변화되어야 한다. 악한 영의 영향 아래 있던 사람이 이제 온전하여졌다. 귀신이 나간 자리를 맑은 영이 지배하게 되었다. 그러니 겉모습부터 달라졌다. 억제하기 어려울 정도로 자기 마음대로 하던 습성을 버리고 예수님 앞에 앉아 있기까지 했다. 변화된 것이다.
- 38절 **"그를 보내시며"** : 사명이 먼저임을 알아야 한다. 놓임 받은 사람은 예수님과 계속해서 함께하기를 원했다. 그러나 예수님은 그를 보내셨다. 사명이 먼저이기 때문이었다.

설교 개요
- 거짓말은 정직하지 못하다는 증거이다. 때때로 선한 거짓말이라는 것이 필요할 때도 있지만 가급적이면 사실을 있는 그대로 드러내는 것이 바람직하다.
- 그 이유는 상대방에 대한 신뢰의 척도가 거짓말을 하느냐 거짓말을 하지 않느냐에도 있다고 할 수 있기 때문이다.
- 다시 말해, 내가 어느 이유에서든 거짓으로 말한다는 것은 상대방을 자신과 같은 사람으로 인정하지 않는다고도 볼 수 있기 때문이다. "내가 이렇게 말을 해야 상대가 이렇게 반응할 것이다!" 스스로 재단하고 스스로 계산해서 때로는 진실을 말하고 때로는 거짓을 말한다.
- 귀신들은 이름을 물으시는 예수님의 질문에 사실을 말하지 않는다. 그저 자기들이 군대라고 한다. 그런데 적어도 그렇게 대답한 주체들은 이름이 있었

을 것이다. 군대라고 말하는 대신 그 주체가 자기의 이름을 고했어야 옳다.

- 온 세상의 주인이신 예수님의 존재에 대해서 이미 알고 있으면서도 이 귀신들은 예수님을 속이려고 한다. 그렇게 그 순간을 모면해 어떻게 해서든지 이 사람을 지배하고 있는 상황을 연장하려고 했을 것이다. 아니면 예수님을 속여 자신들의 존재감을 더 강화하려고 했을지도 모른다.

- 귀신은 속이는 영이다. 예수님에 대해 지극히 높으신 하나님의 아들이시라고 말은 하고 있지만 예수님에 대해서 거짓을 말하며 인정하지 않고 있다.

설교를 위한 예화

살인자에게 거짓말을 하는 행위는 잘못인가?

칸트는 거짓말을 단호히 거부한다. 〈도덕 형이상학의 기초〉에서 거짓말은 부도덕한 행위의 으뜸으로 꼽힌다. 그런데 친구가 당신 집에 숨어 있고, 살인자가 문 앞에 와서 그 친구를 찾는다고 가정해 보자. 이때 살인자에게 거짓말을 한다면 옳은 행위가 아니겠는가? 칸트는 아니라고 말한다. 진실을 말해야 할 의무는 결과에 상관없이 항상 유효하다. …

이제 친구가 옷장에 숨어 있고 살인자가 문 앞에 나타난 난처한 상황을 상상해 보자. 물론 살인자를 도와 사악한 계획을 수행하게 하고 싶지는 않다. 그건 당연한 사실이다. 살인자를 친구가 있는 곳으로 안내할 말은 한마디도 하고 싶지 않다. 그렇다면 무슨 말을 하겠는가? 당신 앞에는 두 가지 선택이 놓였다. "그 사람은 여기 없어요"라고 빤한 거짓말을 하거나, "한 시간 전에 저 아래 가게로 가는 걸 봤어요"라고, 맞는 말이지만 오해할 말을 하는 것이다.

칸트의 관점에서 볼 때, 두 번째 전략은 도덕적으로 용납되지만 첫 번째는 그렇지 못하다. … 칸트는 그 둘 사이에 엄청난 차이가 있다고 믿는다. … 칸트는 선의의 거짓말을 거부할 것이다. 결과론자의 주장을 근거로 도덕법에 예외를 인정하는 꼴이기 때문이다.

〈마이클 샌델, 『정의란 무엇인가』(김영사, 2010), 183-186〉

오순절 후 세 번째 주일

❖**성서정과** 시 77:1-2, 11-20; 왕하 2:1-2, 6-14; 갈 5:1, 13-25; 눅 9:51-62

예배로 부름 Call to Worship

만민들아 우리 하나님을 송축하며 그의 찬양소리를 들리게 할지어다 그는 우리 영혼을 살려두시고 우리의 실족함을 허락하지 아니하시는 주시로다 하나님을 찬송하리로다 그가 내 기도를 물리치지 아니하시고 그의 인자하심을 내게서 거두지도 아니하셨도다(시 66:8-9, 20)

예배 기원 Invocation

우리의 기도를 물리치지 않으시고 귀 기울여 들어주시는 하나님 아버지! 감사와 찬양과 영광을 올리옵니다. 지난 한 주간 저희가 험한 인생길에서 방황할 때 손을 잡아 이끌어 주시고, 의지할 데 없어서 부르짖을 때에는 자비로운 음성으로 응답해 주셨나이다. 베풀어 주신 사랑으로 한 주간을 은혜 중에 보낸 저희가 오늘은 거룩한 주일을 맞아 성전으로 왔습니다. 주님께서 좌정하신 보좌 앞에 엎드려 경배하오니 이 예배를 기쁘게 열납하시며 영광 받아 주옵소서. 겸손하게 머리 숙인 모든 주님의 백성들에게 평안과 안식을 내려 주옵소서. 예배의 주관자가 되시는 예수 그리스도의 이름으로 기원하옵나이다. 아멘.

이 주일의 찬송 Hymns

다 함께 주를 경배하세(12장) / 저 하늘 거룩하신 주여(194장)
예수 나를 오라 하네(324장) / 주 날 불러 이르소서(329장)
너 성결키 위해(420장) / 내 주 하나님(469장)

성시교독　Responsive Readings　　　시편 77:1-2, 11-13, 18-20

인도자	1 내가 내 음성으로 하나님께 부르짖으리니 내 음성으로 하나님께 부르짖으면 내게 귀를 기울이시리로다
회 중	**2 나의 환난 날에 내가 주를 찾았으며 밤에는 내 손을 들고 거두지 아니하였나니 내 영혼이 위로 받기를 거절하였도다**
인도자	11 곧 여호와의 일들을 기억하며 주께서 옛적에 행하신 기이한 일을 기억하리이다
회 중	**12 또 주의 모든 일을 작은 소리로 읊조리며 주의 행사를 낮은 소리로 되뇌이리이다**
인도자	13 하나님이여 주의 도는 극히 거룩하시오니 하나님과 같이 위대하신 신이 누구오니이까
회 중	**18 회오리바람 중에 주의 우렛소리가 있으며 번개가 세계를 비추며 땅이 흔들리고 움직였나이다**
인도자	19 주의 길이 바다에 있었고 주의 곧은 길이 큰 물에 있었으나 주의 발자취를 알 수 없었나이다
회 중	**20 주의 백성을 양 떼 같이 모세와 아론의 손으로 인도하셨나이다**

고백의 기도　Prayer of Confession

엄위하신 하나님 아버지! 해와 같이 빛나는 영광 앞에 서고 보니, 지난 한 주간 저희의 생활 속에 숨어 있던 죄악들이 보입니다. 우리의 입술은 부정하여 하나님의 영광을 드러내지 못하였습니다. 우리의 마음은 완악하여 하나님의 자비로운 음성에는 귀를 막고 내 마음 내 뜻대로 살고자 하였습니다. 성령님의 인도하심을 따라 의의 병기로 드려야 할 우리의 손과 발은 세상 쾌락을 채우기 위한 육정의 도구로 사용하였습니다. 아버지께서 이미 베풀어 주신 신령한 은혜는 깨닫지 못하고 쥐엄나무 열매같이 하찮은 세속의 것들을 탐하다가 저희 영혼은 굶주리고 헐벗고 불쌍한 처지로 내몰리게 되었습니다.허랑방탕했던 저희의 모든 죄를 용서하여 주옵소서. 예수님의 이름으로 이 고백의 기도를 드립니다. 아멘.

사함의 확신　Assurance of Forgiveness

그들이 듣고 혹시 각각 그 악한 길에서 돌아오리라 그리하면 내가 그들의 악행으로 말미암아 그들에게 재앙을 내리려 하던 뜻을 돌이키리라(렘 26:3)

오늘의 주제

제자의 마음가짐

📖 본문의 접근

본문의 재경청   눅 9:51-62

⁵¹ 예수께서 하늘에 올라가실(아날렙시스, ἀνάλημψις, ascension) 날이 다 되었다. 그래서 예수께서는 예루살렘에 가시기로 마음을 굳히시고 ⁵² 심부름꾼들(앙겔로스, ἄγγελος, messanger)을 앞서 보내셨다. 그들이 길을 떠나서 예수를 모실 준비를 하려고 사마리아 사람의 한 마을에 들어갔다. ⁵³ 그러나 그 마을 사람들은 예수가 예루살렘으로 가시는 도중이므로, 예수를 맞아들이지 않았다. ⁵⁴ 그래서 제자인 야고보와 요한이 이것을 보고 말하였다. "주님, 하늘에서 불이 내려와 그들을 태워 버리라고 우리가 명령하면 어떻겠습니까?" ⁵⁵ 예수께서 돌아서서 그들을 꾸짖으셨다(에피티마오, ἐπιτιμάω, rebuke). ⁵⁶ 그리고 그들은 다른 마을로 갔다. ⁵⁷ 그들이 길을 가고 있는데, 어떤 사람이 예수께 말하였다. "나는 선생님이 가시는 곳이면, 어디든지 따라가겠습니다." ⁵⁸ 예수께서 그에게 말씀하셨다. "여우도 굴이 있고, 하늘을 나는 새도 보금자리가 있으나, 인자는 머리 둘 곳이 없다." ⁵⁹ 또 예수께서 다른 사람에게 "나를 따라오너라" 하고 말씀하셨다. 그러나 그 사람이 말하였다. "[주님,] 내가 먼저 가서 아버지의 장례를 치르도록 허락하여 주십시오." ⁶⁰ 그러나 예수께서는 그에게 말씀하셨다. "죽은 사람들을 장사하는 일은 죽은 사람들에게 맡겨두고, 너는 가서 하나님 나라를 전파하여라." ⁶¹ 또 다른 사람이 말하였다. "주님, 내가 주님을 따라가겠습니다. 그러나 먼저 집안 식구들에게 작별 인사를 하게 해 주

십시오." **62** 예수께서는 그에게 말씀하셨다. "누구든지 손에 쟁기(아로트론, ἄροτρον, plow)를 잡고 뒤를 돌아다보는 사람은 하나님 나라에 합당하지 않다."〈새번역〉

본문 개관

예수님과 제자들은 여행을 시작했다. 목적지는 예루살렘이다. 그 중간에는 사마리아가 있었다. 예수님은 일반적인 유대인들과는 달리 사마리아 지역을 우회하지 않으셨다. 갈릴리에서 예루살렘까지 이어지는 길을 택하시고 오늘 사마리아의 첫 지역에 들어가신다. 이 과정을 누가는 상세하게 보고하고 있다. 그 중간중간 많은 일들이 일어난다. 많은 말씀도 하신다. 그 모든 것을 통해 우리가 알 수 있는 것은 예수님이 하나님의 아들이시고 이 여행마저도 온 우주의 주인이신 예수님이 우리를 사랑하셔서 십자가의 길을 걸으신 것이라는 감동적인 이야기라는 점이다.

본문 분석

1. 기약이 차가매(51절)

승천은 우연히 또 갑자기 생긴 일이 아니다. 하나님의 인류를 위한 구원의 계획 가운데 이루어진 일이다. 그 기한은 정해져 있다. 예수님은 그 시간이 가까워 옴을 알고 계셨다.

2. 굳게 결심하시고(51절)

골고다 언덕에 올라가는 길은 결코 쉬운 일이 아니다. 하나님의 아들에게는 그 모욕적인 십자가형이 더더군다나 이해가 되지 않는 일이었다. 예수님은 그럼에도 불구하고 그 길을 걷기로 다짐하셨다. 어떠한 어려움이 있더라도 행할 마음으로 길을 떠나신다.

3. 우리가 불을 명하여(54절)

사마리아인들이 자신들을 배척하자 야고보와 요한은 자신들이 불을 내리게 해 달라고 청한다. 이 세베대의 두 아들은 그렇게 문제를 해결하려고 한다.

4. 길 가실 때에(57절)

예수님은 길에서 제자들을 만나고는 하셨다. 어떤 조직을 갖춰놓고 단순한 행정가로 운동을 벌이신 것이 아니었다. 지금 이 길도 예루살렘으로 향하는 길이었다. 중차대한 목적을 가지고 있는 여정이었지만 그 길 위에서도 제자들을 부르신다.

5. 죽은 자들로(60절)

예수님이 이 말씀을 하실 때 처음 언급하신 죽은 자들은 영적으로 죽은 사람을 가리키신다고 볼 수 있다. 예수님을 따르지 않는 사람들은 그 영이 죽어 있는 상태이다. 여기에서도 다시금 죽음의 권세가 복음을 가로막을 수 없음을 깨닫게 된다.

본문의 신학

1. 예수님의 현실

예수님은 변화산에서 엘리야와 모세를 만나신다. 그리고 산에서 내려오시자마자 매우 많은 사람들이 다시 예수님 앞에 모였다. 두 사건 모두 일반인이라면 도저히 경험할 수 없는 일이었다. 하늘의 신비를 맛보는 일이고 세상적인 영광을 취하는 사건이라고도 할 수 있다. 그러나 예수님은 이러한 화려한 사건을 추구하지 않으셨다. 예루살렘 골고다 언덕의 십자가로 향하는 발걸음을 늦추지 않으셨다. 인류의 구원이라는 사명이 예수님의 현실이었기 때문이다.

2. 생명을 살리는 주님

예수님은 불로 사마리아 사람들을 멸하자는 제자들을 꾸짖으신다. 제자들은 예수님에 대해서 아직 제대로 모르고 있다. 예수님이 왜 이 땅에 오셨는지도 모르고 있다. 무엇을 중요하게 여기시는지도 모르고 있다. 예수님은 생명을 멸하러 오신 것이 아니다.

3. 새로운 율법

제자들은 예수님과 동행하며 많은 것들을 보고 배웠다. 예수님은 율법 중심의 유대교, 즉 구약의 종교를 새로운 복음으로 변화시키셨다. 그런데 이 제자들은 아직도 구약의 선지자와 율법에 얽매어 있다. 자신들을 막아서는 사마리아인들을 대하는 방법을 구약에서 찾고 있다. 새로운 시대에는 새로운 모범이 필요하고, 새로운 해석과 판단이 요구된다.

4. 자신을 버림

예수님의 제자가 되는 것은 쉬운 일이 아니었다. 예수님은 스스로 모든 것을 내어주셨다. 목숨까지 주셨다. 그런 가르침을 따르겠다는 사람들이 제자들이기에 단순하게 가르침을 배운다거나 선생의 흉내를 내는 차원의 제자도가 요구되지 않았다. 자신의 모든 것을 제자들도 내어놓을 각오를 해야 한다.

5. 하나님 나라의 가치

제자를 부르시는 예수님의 모습에서 일반 상식이나 윤리와 어긋나는 듯한 모습을 보게 된다. 주님을 좇기는 하겠지만 먼저 가족에게 가서 작별하게 해 달라는 청을 예수님은 바로 받아주지 않으신다. 이런 모습에서 반인륜적이거나 보편적인 가치와 먼 모습이라는 평가를 할 수도 있다. 그러나 하나님 나라는 이 모든 것들을 포용하고 담아낼 수 있는 궁극의 가치를 지닌다.

📖 평행 본문

시편 77:1-2, 11-20

[1] 내가 하나님께 소리 높여 부르짖습니다. 부르짖는 이 소리를 들으시고, 나에게 귀를 기울여 주십시오. [2] 내가 고난당할 때에, 나는 주님을 찾았습니다. 밤새도록 두 손 치켜들고 기도를 올리면서, 내 마음은 위로를 받기조차 마다하였습니다. [11] 주님께서 하신 일을, 나는 회상하렵니다. 그 옛날에 주님께서 이루신, 놀라운 그 일들을 기억하렵니다. [12] 주님께서 해 주신 모든 일을 하나하나 되뇌고, 주님께서 이루신 그 크신 일들을 깊이깊이 되새기겠습니다. [13] 하나님, 주님의 길은 거룩합니다. 하나님만큼 위대하신 신이 누구입니까? [14] 주님은 기적을 행하시는 하나님이시니, 주님께서는 주님의 능력을 만방에 알리셨습니다. [15] 주님의 백성 곧 야곱과 요셉의 자손을 주님의 팔로 속량하셨습니다. (셀라) [16] 하나님, 물들이 주님을 뵈었습니다. 물들이 주님을 뵈었을 때에, 두려워서 떨었습니다. 바다 속 깊은 물도 무서워서 떨었습니다. [17] 구름이 물을 쏟아내고, 하늘이 천둥소리를 내니, 주님의 화살이 사방으로 날아다닙니다. [18] 주님의 천둥소리가 회오리바람과 함께 나며, 주님의 번개들이 번쩍번쩍 세계를 비출 때에, 땅이 뒤흔들리고 떨었습니다. [19] 주님의 길은 바다에도 있고, 주님의 길은 큰 바다에도 있지만, 아무도 주님의 발자취를 헤아릴 수 없습니다. [20] 주님께서는, 주님의 백성을 양 떼처럼, 모세와 아론의 손으로 인도하셨습니다. 〈새번역〉

이 시편은 애가와 찬양시의 요소가 함께 들어 있는 본문이다. 시인은 절망하며 밤에 하나님을 찾는다. 그리고 행하신 일을 기억하며 하나님만을 의지할 것을 다시 한 번 고백한다. 물은 우리를 두렵게 하지만 그 물은 하나님이 창조하신 세계이다. 신앙이 없는 백성은 물을 두려워하겠지만 여호와의 자녀들에게는 물 위에 길을 내주신 그 일로 인해 물이라는 위기가 곧 기회가 된다.

갈라디아서 5:1, 13, 22-25

¹ 그리스도께서 우리를 해방시켜 주셔서, 자유를 누리게 하셨습니다. 그러므로 굳게 서서, 다시는 종살이의 멍에를 메지 마십시오. ¹³ 형제자매 여러분, 하나님께서는 여러분을 부르셔서, 자유를 누리게 하셨습니다. 그러나 여러분은 그 자유를 육체의 욕망을 만족시키는 구실로 삼지 말고, 사랑으로 서로 섬기십시오. ¹⁴ 모든 율법은 "네 이웃을 네 몸과 같이 사랑하여라" 하신 한마디 말씀 속에 다 들어 있습니다. … ²² 그러나 성령의 열매는 사랑과 기쁨과 화평과 인내와 친절과 선함과 신실과 ²³ 온유와 절제입니다. 이런 것들을 막을 법이 없습니다. ²⁴ 그리스도 예수께 속한 사람은 정욕과 욕망과 함께 자기의 육체를 십자가에 못박았습니다. ²⁵ 우리가 성령으로 삶을 얻었으니, 우리는 성령이 인도해 주심을 따라 살아갑시다. 〈새번역〉

예수님은 우리를 속박하는 분이 아니시다. 우리를 자유하게 하신다. 우리 존재와 생명의 근원이신 예수님은 우리가 자유케 되기를 원하시는데 정작 우리는 종의 멍에를 메는 경우가 많다. 반대로 자유를 남용하는 경우도 있다. 자유를 위해 부르심을 받았지만 그것을 빌미로 죄 된 심성을 충족시키기도 한다. 이것을 벗어날 길은 성령님을 좇아 사는 것이다. 육체의 일은 벗어야 한다. 죄 된 정욕과 욕망은 십자가에 못박아야 한다. 그리고 성령님과 동행해야 한다.

설교를 위한 적용

오늘에 적용

• 51절 "향하여 올라가기로" : 목적을 분명히 해야 한다. 예루살렘까지 여정은 쉽지 않았다. 그런데 예수님이 마지막 순간까지 구원자로서의 사명을 감당하셨던 것은 출발부터 목적을 분명히 하셨기 때문이다.

• 54절 "불을 명하여" : 예수님의 방법을 따라야 한다. 예수님은 폭력으로 문제

를 해결하지 않으셨다.

- **56절 "함께 다른 마을로"** : 포기하지 말아야 한다. 예수님은 제자들을 꾸짖으셨다. 예수님의 사역에 대해서 아직까지도 이해를 하지 못하고 자신들의 생각과 이해의 틀 안에만 머물고 있었기 때문이다. 그런데 그렇다고 제자들을 배척하지 않으셨다. 제자들과 함께 이동하신다.
- **56절 "다른 마을로"** : 과정이 목적을 흔들지 말아야 한다. 이 중요한 여정의 시작부터 순조롭지 못했다. 그래서 예수님도 원래의 계획을 수정하셔서 다른 마을로 향하신다. 우리는 이 여행이 결국 예루살렘이라는 목적지에 이르렀음을 안다. 목적이 분명했기에 과정 때문에 흔들리지 않았다.
- **57절 "나는 따르리이다"** : 사역에 있어서 반드시 장애물이 있음을 각오해야 한다. 따르겠다고 한 사람에게 예수님은 사역자의 삶이 얼마나 고단한가를 환기시키신다. 제자의 삶이 보람도 있지만 그런 긍정적인 면만을 생각하면 어려움 앞에 넘어질 수 있다.

설교 개요

- "개구리 올챙잇적 생각을 하지 못한다"는 속담이 있다. 자신이 예전에 이미 경험한 것을 지금 기억하지 못한다는 말이다.
- 제자들은 사마리아를 통과해서 가자는 예수님 말씀에 따라 사마리아인의 마을에 들어섰다. 사마리아 사람들은 유대인인 제자들을 거부했다. 자신들이 유대인들에게 거부당했던 기억에 그런 선택을 했을 것이다.
- 그렇다면 제자들의 반응은 어떠한가? 사마리아 사람들의 배척을 체험하고 나서 이들은 무슨 말을 했는가? 예수님에게 가서 사마리아 사람들을 멸하자고 한다. 자신들이 거부당한 데 대한 앙심을 품은 듯한 반응이다. 과연 제자들의 반응은 어떠했어야 하나?
- 제자들이 유대인이기는 하지만 예수님과 다니며 또 다른 유대인인 종교지도 자들에게 배척을 당했다. 가는 곳마다 낮은 사람들, 예수님을 필요로 하는 사람들에게는 환영을 받았지만 모든 사람들이 그랬던 것은 아니다. 구분과 구

별을 넘어 차별과 배척을 당한 사람들이 바로 제자들이다. 그렇다면 그들은 자신들을 향한 이런 반응을 이해했어야 했다.

• 예수님은 이들을 꾸짖으신다. 예수님이 배척당한 경험이 없으셔서 제자들이 사마리아인들을 향해 분노한 것처럼 제자들에게 분노를 표하신 것이 아니다. 그들이야말로 포용하고 이해하며 모멸과 멸시까지도 감내했어야 했기 때문이다. 이런 제자들의 모습을 보시면서 다시 한 번 예루살렘 십자가 여정을 재촉하신다. 스스로 질시와 모멸을 받으실 자리로 나아가신다. 세상에 막힌 담을 헐러 가신다.

설교를 위한 예화

조선조 초 맹사성이 19세에 장원급제하여 파주 군수로 부임, 자만심 가득한 청년이었을 때 무명선사의 스님을 찾아가 어떻게 하면 고을을 잘 다스릴 수 있는지를 물었다. 스님이 말하였다. "나쁜 일 하지 않고 좋은 일만 하면 됩니다." "그건 삼척동자도 압니다." 맹사성은 못마땅하여 자리를 박차고 나가려 했다. 스님은 "어린아이도 다 알지만 실천에 옮기기는 팔십 노인도 어려운 일이지요"라고 말하고 나서 "차나 한 잔 들고 가시지요"라며 스님이 차를 따르는데 차가 가득 넘쳐 방바닥을 적시고 있었다. 이에 맹사성이 "스님 찻물이 넘쳐흐릅니다"라고 말을 하자, "찻잔이 넘쳐 방바닥을 적시는 것은 알고 어찌 지식이 넘쳐 인격을 망치는 것은 모르십니까?"

그 말을 들은 맹사성이 부끄러움에 자리에서 일어나 방을 급히 나오다가 문틀에 머리를 부딪치자 스님이 말하였다. "몸을 낮추면 머리를 부딪칠 일이 없지요"라며 자신의 선지식을 뽐내고 싶은 젊은 혈기에 겸손의 의미를 일깨워 주었다. 맹사성은 그 일로 깊이 깨닫고 그 후 자만심을 버리고 겸손한 청백리가 되어 후대에 이름을 남기는 정승이 되었다. 겸손이란 남을 대할 때 거만하지 않고 공손한 태도로 제 몸을 낮추는 것이며 남을 높이는 것이다.

〈심동섭, 「경남도민신문」, 2024.5.30., "진주성─각자무치(角者無齒)", http://www.gndomin.com/news/articleView.html?idxno=395164〉

오순절 후 네 번째 주일

❖성서정과   시 30; 왕하 5:1-14; 갈 6:(1-6), 7-16; 눅 10:1-11, 16-20

예배로 부름   Call to Worship

여호와를 경외하는 자들아 너희는 여호와를 의지하여라 그는 너희의 도움이시요 너희의 방패시로다 여호와께서 우리를 생각하사 복을 주시되 이스라엘 집에도 복을 주시고 아론의 집에도 복을 주시며 높은 사람이나 낮은 사람을 막론하고 여호와를 경외하는 자들에게 복을 주시리로다(시 115:11-13)

예배 기원   Invocation

할렐루야! 우리의 예배를 받으시기에 합당하신 하나님 아버지! 부족하고 허물이 많은 저희를 만세 전부터 하나님의 자녀로 택하여 주시고, 예수 그리스도의 십자가 보혈로 거듭나게 하셔서 구원받은 백성으로 살게 하시니 감사합니다. 그 크신 하나님의 사랑과 은혜 안에 평안히 살던 저희가 오늘은 거룩하고 복된 주일을 맞이하여 성전을 찾아왔습니다. 거룩하신 삼위일체 하나님께서 좌정하여 계신 이 예배의 자리에서 저희는 마음껏 찬송하며 기도하며 말씀을 들으며 은혜의 생수를 흡족하게 마시기 원합니다. 마음과 뜻과 정성을 다하여 드리는 이 예배를 기쁘게 받아 주옵소서. 예수 그리스도의 이름으로 기원하옵나이다. 아멘.

이 주일의 찬송   Hymns

큰 영화로신 주(35장) / 나의 죄를 씻기는(252장) / 우리는 부지런한(332장)
내 주님 지신 십자가(339장) / 익은 곡식 거둘 자가(495장)
예수 말씀하시기를(511장)

성시교독 Responsive Readings　　　　　시편 30:1-6, 11-12

인도자 　¹ 여호와여 내가 주를 높일 것은 주께서 나를 끌어내사 내 원수로 하여금 나로 말미암아 기뻐하지 못하게 하심이니이다

회 중 　² 여호와 내 하나님이여 내가 주께 부르짖으매 나를 고치셨나이다

인도자 　³ 여호와여 주께서 내 영혼을 스올에서 끌어내어 나를 살리사 무덤으로 내려가지 아니하게 하셨나이다

회 중 　⁴ 주의 성도들아 여호와를 찬송하며 그의 거룩함을 기억하며 감사하라

인도자 　⁵ 그의 노염은 잠깐이요 그의 은총은 평생이로다 저녁에는 울음이 깃들일지라도 아침에는 기쁨이 오리로다

회 중 　⁶ 내가 형통할 때에 말하기를 영원히 흔들리지 아니하리라 하였도다

인도자 　¹¹ 주께서 나의 슬픔이 변하여 내게 춤이 되게 하시며 나의 베옷을 벗기고 기쁨으로 띠 띠우셨나이다

회 중 　¹² 이는 잠잠하지 아니하고 내 영광으로 주를 찬송하게 하심이니 여호와 나의 하나님이여 내가 주께 영원히 감사하리이다

고백의 기도 Prayer of Confession

천지 만물을 주관하시는 하나님 아버지! 무성하게 잎이 자라는 나무를 보면서 우리 인생이 저 나무들같이 잎사귀만 무성한 것은 아닐까 생각해 봅니다. 열매가 없는 나무가 농부를 기쁘게 하지 못하는 것과 같이, 신앙의 열매를 맺지 못하는 우리의 생활 역시 하나님을 기쁘게 해 드리지 못할 것만 같아 두렵습니다. 한 해의 절반이 지나도록 전도의 열매가 없습니다. 선한 행실의 열매도 맺지 못했습니다. 우리 입술에 찬송과 기도의 열매도 찾아볼 수 없고, 우리의 중심에는 하나님만 의뢰하는 견고한 신앙의 열매도 여물지 못했습니다. 성령 하나님의 음성에 귀를 기울이지 않으므로 정욕의 열매만 맺고 있는 저희의 모든 죄를 용서해 주옵소서. 예수님의 이름으로 이 고백의 기도를 드립니다. 아멘.

사함의 확신 Assurance of Forgiveness

내가 높고 거룩한 곳에 있으며 또한 통회하고 마음이 겸손한 자와 함께 있나니 이는 겸손한 자의 영을 소생시키며 통회하는 자의 마음을 소생시키려 함이라(사 57:15b)

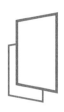

오늘의 주제

하늘에 기록되어야 할 이름!

본문의 접근

본문의 재경청　눅 10:1-11, 16-20

1 이 일이 있은 뒤에, 주님께서는 다른 일흔[두] 사람을 세우셔서(아나데이크뉘미, ἀναδείκνυμι, show clearly), 친히 가려고 하시는 모든 고을과 모든 곳으로 둘씩 [둘씩] 앞서 보내시며 **2** 그들에게 말씀하셨다. "추수(데리스모스, θερισμός, harvest)할 것은 많으나, 일꾼(엘가테스, ἐργάτης, laborer)이 적다. 그러므로 추수하는 주인에게 추수할 일꾼을 보내 달라고 청하여라. **3** 가거라, 내가 너희를 보내는 것이 양을 이리 가운데로 보내는 것과 같다. **4** 전대도 자루도 신도 가지고 가지 말고, 길에서 아무에게도 인사하지 말아라. **5** 어느 집에 들어가든지, 먼저 '이 집에 평화가 있기를 빕니다!' 하고 말하여라. **6** 거기에 평화를 바라는 사람이 있으면, 너희가 비는 평화가 그 사람에게 내릴 것이요, 그렇지 않으면, 그 평화가 너희에게 되돌아올 것이다. **7** 너희는 한 집에 머물러 있으면서, 거기서 주는 것을 먹고 마셔라. 일꾼이 자기 삯(미스도스, μισθός, payment)을 받는 것은 마땅하다. 이 집 저 집 옮겨다니지 말아라. **8** 어느 고을에 들어가든지, 사람들이 너희를 영접하거든, 너희에게 차려 주는 음식을 먹어라. **9** 그리고 거기에 있는 병자들을 고쳐 주며 '하나님 나라가 너희에게 가까이 왔다' 하고 그들에게 말하여라. **10** 그러나 어느 고을에 들어가든지, 사람들이 너희를 영접하지 않거든, 그 고을 거리로 나가서 말하기를, **11** '우리 발에 묻은 너희 고을의 먼지를 너희에게 떨어버린다. 그러나 하나님 나라가 가까이 왔다

는 것을 알아라' 하여라. **16** 누구든지 너희의 말을 들으면 내 말을 듣는 것이요, 누구든지 너희를 배척하면 나를 배척하는 것이다. 그리고 누구든지 나를 배척하면, 나를 보내신 분을 배척하는 것이다." **17** 일흔[두] 사람이 기쁨에 차서, 돌아와 보고하였다. "주님, 주님의 이름을 대면, 귀신들(다이모니온, δαιμόνιον, demonic being)까지도 우리에게 복종합니다." **18** 예수께서 그들에게 말씀하셨다. "사탄이 하늘에서 번갯불처럼 떨어지는 것을 내가 보았다. **19** 보아라, 내가 너희에게 뱀과 전갈을 밟고, 원수의 모든 세력을 누를 권세를 주었으니, 아무것도 너희를 해하지 못할 것이다. **20** 그러나 귀신들이 너희에게 굴복한다고 해서 기뻐하지 말고, 너희의 이름이 하늘에 기록된 것을 기뻐하여라."〈새번역〉

주일 낮 예배·설교 지침

본문 개관

제자의 숫자는 열둘로 제한되어 있지 않았다. 이름이 없는 이 제자들은 예수님으로부터 사명을 받고 세상에 흩어져 복음을 전했다. 이런 제자들을 위해 예수님은 당부의 말씀을 전하신다. 어느 상황에서도 사람으로 말미암아 복음이 방해를 받으면 안 된다. 따라서 그 출발부터 하나님께 기도해야 한다. 그리고 마음을 단단히 해야 한다. 자신의 안위보다 부름 받은 사명을 우선시하는 것이 맞다. 그러면 본문의 약속처럼 생명책에 이름이 기록될 것이다.

본문 분석

1. 세우사 친히(1절)

예수님이 열두 사도 외에 다른 제자들을 직접 세우셨다. 그리고 직접 이들을 파송하신다. 이들은 단순히 자리만 옮긴 것이 아니다. 예수님에 의해서 복음 전파라는 특별한 사명을 받았다.

2. 추수할 것은 많되(2절)

아직 예수님의 가르침도, 새로운 복음도 전해 듣지 못한 사람이 많다. 추수할 것이 많은 것이다. 곡식은 익어야 추수를 하지만 이들은 하루라도 빨리 구원의 반열에 들게 해야 한다. 익은 곡식을 그대로 두면 안 되기에 서둘러 수확해야 하는 것처럼 이들도 하루라도 빨리 수확해야 한다.

3. 일꾼이 적으니(2절)

예수님으로 말미암아 하나님 나라가 가까워 왔다. 사람들을 어둠 가운데서 속히 건져야 한다. 이런 시급한 일을 정작 시행할 사람이 적다. 70명이나 되는 제자들이 많다고 생각될 수도 있으나 더 많은 구원을 위해 더 많은 일꾼이 필요하다.

4. 이리 가운데로(3절)

제자들이 향하는 곳은 평화롭기만 하지 않다. 복음을 전해들을 사람들도 모두 온순하지만은 않다. 심지어 악한 사람일 수도 있다. 이런 늑대와 같은 사람들 한복판에서도 제자들은 자신의 일을 해야 한다. 자신을 찾아오는 양과 같은 사람들에게만 전할 수 없기 때문이다.

5. 가까이 온 줄을 알라 하라(11절)

제자들을 받아들이지 않는 경우에라도 복음은 전해야 한다. 그 어떤 경우에도 사람을 포기해서는 안 된다. 내가 거부당했다고 복음마저 유보하는 태도는 제자에게 합당하지 않다.

본문의 신학

1. 평안을 전함

제자는 어느 경우에도 평안을 전해야 한다. 설혹 그 대상이 평안의 기원을 거부하는 경우에라도 제자는 평안을 기원함이 맞다. 어린 양이 이리 가운데 있는 상황은 결코 평안과 거리가 멀다. 그러나 그런 상황에서도 어린 양은 이리를 향해 평안을 전해야 한다.

2. 세상의 권세에서 독립된 전도

복음 전도는 세상의 권력이나 권세에서 독립해야 한다. 복음을 매개로 내가 무엇을 얻으려거나, 복음을 전하는 것을 핑계로 다른 것을 취하려고 한다면 그것은 세상의 권세에 복종함이다. 재물이나 사람을 불필요하게 이용하는 것도 복음 전파에 오히려 해가 될 수도 있다. 목적이 올바른 만큼 방법도 건전하고 복음에 합당해야 한다.

3. 동역의 원리

예수님을 따르던 제자들은 열둘이 다가 아니었다. 더 많은 사람들이 부름을 받았다. 이들은 전도를 통해 또 다른 사람들을 제자로 부른다. 예수님 사역의 목적이 천국 복음 전파라면 그 일은 이 제자들을 통해 이루어졌다. 예수님의 제자가 동역자가 되고, 그 동역자들이 다시 복음 전파를 통해 다른 동역자를 세우는 순환이 일어난다.

4. 하나님의 자녀

제자들은 놀라운 능력을 부여받았다. 귀신들도 이에 항복했다. 뱀과 전갈을 밟으며 원수의 모든 능력을 제어할 권세도 받았다. 그런데 하나님 자녀의 가장 중요한 특징과 권세는 이런 능력을 받는 것이 아니다. 하늘에 이름이 기록되는 것이다. 인간의 손에서 일어나는 능력은 진정한 생명으로 인도하지 못한다.

5. 온전히 드러내야 한다.

6절의 평안을 받을 사람이라는 말씀은 평안의 아들이라는 표현을 번역한 것이다. 용기의 아들, 희망의 아들과 같이 어떤 속성이나 성품의 아들이라는 것은 그 성격을 가장 잘 나타내는 사람이라는 말이다. 이런 관용적인 표현은 다시 말해 누군가가 그 속성을 온전히 드러내고 있음을 말한다. 이도 저도 아니게 희미하게 드러내는 경우라면 표현에 적합하지 않다.

시편 30

¹ 주님, 주님께서 나를 수렁에서 건져 주시고, 내 원수가 나를 비웃지 못하게 해 주셨으니, 내가 주님을 우러러 찬양하렵니다. ² 주, 나의 하나님, 내가 주님께 울부짖었더니, 주님께서 나를 고쳐 주셨습니다. ³ 주님, 스올에서 이 몸을 끌어올리셨고, 무덤으로 내려간 사람들 가운데서, 나를 회복시켜 주셨습니다. ⁴ 주님을 믿는 성도들아, 주님을 찬양하여라. 그 거룩한 이름을 찬양하여라. ⁵ 주님의 진노는 잠깐이요, 그의 은총은 영원하니, 밤새도록 눈물을 흘려도, 새벽이 오면 기쁨이 넘친다. ⁶ 내가 편히 지낼 때에는 "이제는 영원히 흔들리지 않겠지" 하였지만, ⁷ 아, 태산보다 더 든든하게 은총으로 나를 지켜 주시던 주님께서 나를 외면하시자마자 나는 그만 두려움에 사로잡히고 말았습니다. ⁸ 주님, 내가 주님께 부르짖었고, 주님께 은혜를 간구하였습니다. ⁹ 내가 죽은들 주님께 무슨 유익이 되겠습니까? 내가 죽어 구덩이에 던져지는 것이 주님께 무슨 유익이 되겠습니까? 한 줌의 티끌이 주님을 찬양할 수 있습니까? 한 줌의 흙이 주님의 진리를 전파할 수 있습니까? ¹⁰ 주님, 귀를 기울이시고 들어주십시오. 나에게 은혜를 베풀어 주십시오. 주님, 주님께서 나를 돕는 분이 되어 주십시오. ¹¹ 주님께서는 내 통곡을 기쁨의 춤으로 바꾸어 주셨습니다. 나에게서 슬픔의 상복을 벗기시고, 기쁨의 나들이옷을 갈아입히셨기에 ¹² 내 영혼이 잠잠할 수 없어서, 주님을 찬양하렵니다. 주, 나의 하나님, 내가 영원토록 주님께 감사를 드리렵니다. 〈새번역〉

이 시는 성전을 봉헌하는 노래이다. 성전을 중심으로 모인 백성은 하나님이 내 영혼을 음부에서 끌어내신 것과 살리셔서 무덤으로 내려가지 않게 하신 것, 고치신 것을 찬송해야 한다. 시인은 살면서 체험적으로 알게 되었다. 형통할 때 오히려 더욱 겸손히 주님을 바라보아야 한다. 교만하면 무덤에 내려갈 수밖에 없다. 흙이 되고 진토가 된다. 그러나 그 긍휼로 인해 슬픔이 변해서 춤이 되게 하셨다. 베옷을 벗겨 주신 분은 하나님이시다. 이제 마지막 절에서 영영히 하나님께 감사한다.

갈라디아서 6:(1-6), 7-16

⁷ 자기를 속이지 마십시오. 하나님은 조롱을 받으실 분이 아니십니다. 사람은 무엇을 심든지, 심은 대로 거둘 것입니다. ⁸ 자기 육체에다 심는 사람은 육체에서 썩을 것을 거두고, 성령에다 심는 사람은 성령에게서 영생을 거둘 것입니다. ⁹ 선한 일을 하다가, 낙심하지 맙시다. 지쳐서 넘어지지 아니하면, 때가 이를 때에 거두게 될 것입니다. ¹⁰ 그러므로 기회가 있는 동안에, 모든 사람에게 선한 일을 합시다. 특히 믿음의 식구들에게는 더욱 그렇게 합시다. ¹¹ 보십시오, 내가 여러분에게 직접 이렇게 큰 글자로 적습니다. ¹² 육체의 겉모양을 꾸미기를 좋아하는 사람은, 여러분에게 할례를 받으라고 강요합니다. 그것은 그들이 그리스도의 십자가 때문에 받는 박해를 면하고자 하는 것입니다. ¹³ 할례를 받는 사람들 스스로도 율법을 지키지 않으면서 여러분에게 할례를 받게 하려는 것은, 여러분의 육체를 이용하여 자랑하려는 것입니다. ¹⁴ 그런데 내게는 우리 주 예수 그리스도의 십자가 밖에는, 자랑할 것이 아무것도 없습니다. 그리스도로 말미암아, 내 쪽에서 보면 세상이 죽었고, 세상 쪽에서 보면 내가 죽었습니다. ¹⁵ 할례를 받거나 안 받는 것이 중요한 것이 아니라, 새롭게 창조되는 것이 중요합니다. ¹⁶ 이 표준을 따라 사는 사람들에게와 하나님의 백성 이스라엘에게 평화와 자비가 있기를 빕니다. 〈새번역〉

그리스도의 지체를 이루며 한 몸이 되어 사는 사람들은 연약한 형제를 돌아봐야 한다. 그들이 범죄한 사실이 드러나면 일단 온유한 심정으로 그들을 대해야 한다. 그리고 그 모습을 보면서 비난하거나 조롱하며 그것으로 만족하지 말고 자기 자신을 다시 돌아봄이 옳다. 자기를 높이면 높일수록 제자의 삶과는 멀어지게 된다. 성령님 안에서 속이지 말고 위선에 빠지지도 않아야 한다. 이에 실패하면 당시 거짓 교사들과 같은 부류가 되고 만다. 성도는 오직 십자가만 자랑해야 한다.

📖 설교를 위한 적용

오늘에 적용

- **1절 "따로"** : 사역의 기회가 다시 주어짐을 기억해야 한다. 열두 제자는 이미 선정하셨다. 제자가 되고 싶은 사람이라면 절망할 만하다. 그러나 예수님은 그 외에 다른 제자들을 더 선발하신다. 예수님과 단순히 가까워지는 것이 목적이 아니라면 제자가 될 기회인 것이 분명하다.
- **2절 "주인에게 청하여"** : 하나님께 도움을 구해야 한다. 복음을 전하라는 부름을 받았다고 그것으로 끝이 아니다. 계속해서 하나님에게 이 일을 계속할 수 있도록 기도해야 한다.
- **4절 "문안하지 말며"** : 전도의 시급성을 깨달아야 한다. 전도는 생명을 구하는 일이다. 이보다 더 시급한 일이 없다. 문화권에 따라 다르지만 사람을 만났을 때 기본적으로 주고받는 이야기나 인사가 길어질 때가 있다. 어쩌면 이런 일 때문에 미처 전도하지 못하게 될 수도 있다.
- **5절 "먼저 말하되"** : 평안의 사자가 되어야 한다. 예수님은 어느 집에 들어가든지 먼저 평안을 빌라고 하신다. 다른 어떤 인사나 축복보다 평안을 전하라고 하신다.
- **16절 "곧 내 말을 듣는"** : 내가 아닌 예수님을 생각해야 한다. 복음은 내 입으로 전하지만 그것을 받아들이는 사람은 원칙적으로 나를 보는 것이 아니라 예수님을 바라보게 된다. 따라서 나 중심으로 사역해서는 안 되고 예수님을 항상 먼저 생각해야 한다. 그렇게 이 구도를 긍정적으로 유지해야 한다.

설교 개요

- 나가서 복음을 전하라는 오늘 말씀은 언뜻 보면 제자들이 행해야 할 것과 하지 말아야 할 것을 자세하게 지시해 놓으신 말씀처럼 보인다. 그러나 오늘 본문을 볼 때 사실 무엇을 행하거나 행하지 않는 것이 핵심적인 것은 아니다.
- 물론 실천으로 옮겨야 할 때 하지 않아도 된다는 말이 아니다. 그 행동의 기본

이 되는 제자됨의 자세가 더욱 중요하다는 말이다. 예수님의 말씀대로 나가서 복음을 전할 때 특정한 행동을 하고 하지 않고는 바로 이 말씀에 대한 순종이 결정한다. 결국 우리에게 필요한 것은 순종이다. 순종은 하나님의 사람이 이미 되었다는 증표이기 때문에 중요하다.

• 예수님의 제자는 무엇을 잘해서 되는 것이 아니다. 예수님의 제자가 먼저 되고 그 다음에 그 제자로서 행동하는 것이 필요하다. 복음 전파에 있어서도 마찬가지이다. 우리가 먼저 제자가 되는 것이 중요하다.

• 본문 마지막에 귀신들이 우리에게 항복하는 것으로 기뻐할 것이 아니라 하신다. 정작 우리가 기뻐해야 할 것은 어떤 일을 한 결과가 좋게 나와서가 아니다. 우리의 이름이 하늘에 기록되는 것이 기뻐해야 할 이유이다. 우리가 하나님의 사람이 되었다는 것 자체가 중요하기 때문이다.

• 이렇게 하나님은 제자들을 다시 하나님의 사람으로 얻으신다. 예수님이 세상에 오신 것도, 다시 제자들을 보내신 것도 모두 사람을 얻기 위함이다.

설교를 위한 예화

영화 〈죽은 시인의 사회〉에서 키팅 선생님은 교탁 위에 올라간다. 그 이유에 대해서 다른 시각에서 보면 사물이 다르게 보이기 때문이라고 말한다. 또 시를 평가할 수는 없다고 하면서 그 아름다움에 집중하라고 한다. 키팅 선생님에게 시는 삶의 목적이었고 바로 그것을 제자들에게 가르친다. 그리고 "너 또한 한 편의 시"가 되라고 한다.

이렇게 시를 읽고 외우는 행위가 그 과정으로 의미가 있기는 하지만 궁극적으로 우리는 한 편의 시가 이야기하는 생명과 아름다움 그 자체가 되어야 한다. 제자들이 이리와 같은 세상에 나가서 복음을 전할 때 놀라운 능력을 발휘하는 것이 중요하고 필요하지만 결국 하나님의 사람이 되는 것이 없으면 아무런 의미가 없다.

오순절 후 다섯 번째 주일

❖성서정과 시 82; 암 7:7-17; 골 1:1-14; 눅 10:25-37

예배로 부름 Call to Worship

여호와가 우리 하나님이신 줄 너희는 알지어다 그는 우리를 지으신 이요 우리는 그의 것이니 그의 백성이요 그의 기르시는 양이로다 감사함으로 그의 문에 들어가며 찬송함으로 그의 궁정에 들어가서 그에게 감사하며 그의 이름을 송축할지어다(시 100:3-4)

예배 기원 Invocation

영원히 찬송과 경배를 받으실 하나님 아버지! 햇빛과 바람과 비를 준비하셔서 온 땅을 복되고 풍성하게 가꾸어 주시니 감사합니다. 거룩한 주일을 맞이하여 성전을 찾아온 저희의 심령도 믿음과 소망과 사랑으로 충만하게 채우사 우리의 신앙이 건강하고 견고하게 성장하게 하옵소서. 성령 하나님께서 친히 이곳에 임재하사, 여기 모인 주님의 백성들의 마음을 하나로 모아주시고 모인 마음이 하나님께로만 향하게 하여 주옵소서. 그리하여 내 생각과 내 지식으로 드리는 예배가 아니라, 영과 진리로 드리는 예배가 되게 하여 주옵소서. 삼위일체 거룩하신 하나님께만 영광을 돌리오며 예수 그리스도의 이름으로 기원하옵나이다. 아멘.

이 주일의 찬송 Hymns

큰 영광 중에 계신 주(20장) / 네 맘과 정성을 다하여서(218장)
나 속죄함을 받은 후(283장) / 어둠의 권세에서(398장) / 누가 주를 따라(459장)
신자 되기 원합니다(463장)

성시교독 Responsive Readings 시편 82:1-8

인도자	¹ 하나님은 신들의 모임 가운데에 서시며 하나님은 그들 가운데에서 재판하시느니라
회 중	**² 너희가 불공평한 판단을 하며 악인의 낯 보기를 언제까지 하려느냐 (셀라)**
인도자	³ 가난한 자와 고아를 위하여 판단하며 곤란한 자와 빈궁한 자에게 공의를 베풀지며
회 중	**⁴ 가난한 자와 궁핍한 자를 구원하여 악인들의 손에서 건질지니라 하시는도다**
인도자	⁵ 그들은 알지도 못하고 깨닫지도 못하여
회 중	**흑암 중에 왕래하니 땅의 모든 터가 흔들리도다**
인도자	⁶ 내가 말하기를 너희는 신들이며 다 지존자의 아들들이라 하였으나
회 중	**⁷ 그러나 너희는 사람처럼 죽으며 고관의 하나 같이 넘어지리로다**
인도자	⁸ 하나님이여 일어나사 세상을 심판하소서
회 중	**모든 나라가 주의 소유이기 때문이니이다**

고백의 기도 Prayer of Confession

우리의 앉고 일어섬을 아시고 우리의 생각을 밝히 아시는 하나님 아버지! 하나님께서는 내가 가는 것과 서는 것과 눕는 것과 내 혀의 말까지도 모든 행위를 알고 계십니다. 하나님 앞에서는 숨길 수 있는 것이 하나도 없으므로 모든 죄악을 낱낱이 고백하며 회개합니다. 저희가 완악하게 되어 마음으로 지은 죄, 더럽고 추한 말을 함으로써 입으로 지은 죄, 폭력과 게으름과 도둑질과 같이 손과 발로 지은 죄, 허송세월하며 나태한 생활로 인해 지은 모든 죄를 용서해 주옵소서. 신앙을 지키는 일에도 게을러서 저희는 기도를 멈춘 지 오래 되었고, 우리의 입술에서 찬송이 끊어진 지도 오래 되었습니다. 구령사업에 게을렀고, 하나님의 나라를 확장시키는 데 앞장서지 못했습니다. 말만 무성했고 행함이 따르지 못했던 지난날의 모든 죄를 회개하오니 용서해 주옵소서. 예수님의 이름으로 이 고백의 기도를 드립니다. 아멘.

사함의 확신 Assurance of Forgiveness

에브라임은 나의 사랑하는 아들 기뻐하는 자식이 아니냐 내가 그를 책망하여 말할 때마다 깊이 생각하노라 그러므로 그를 위하여 내 창자가 들끓으니 내가 반드시 그를 불쌍히 여기리라 여호와의 말씀이니라(렘 31:20)

떠나야 할 사람 아마샤

📖 본문의 접근

본문의 재경청　암 7:7-17

7 주님께서 나에게 다음과 같은 것을 보여 주셨다. 다림줄(아나크, אֲנָךְ, plumbline)을 드리우고 쌓은 성벽 곁에 주님께서 서 계시는데 손에 다림줄이 들려 있었다. **8** 주님께서 나에게 "아모스야, 네가 무엇을 보느냐?" 하고 물으시기에, 내가 대답하기를 "다림줄입니다" 하니, 주님께서 선언하신다. "내가 나의 백성 이스라엘의 한가운데, 다림줄을 드리워 놓겠다. 내가 이스라엘을 다시는 용서하지 않겠다. **9** 이삭의 산당(바마, בָּמָה, high place)들은 황폐해지고 이스라엘의 성소(미크다쉬, מִקְדָּשׁ, sanctuary)들은 파괴될 것이다. 내가 칼을 들고 일어나서 여로보암의 나라를 치겠다." **10** 베델의 아마샤 제사장이 이스라엘의 여로보암 왕에게 사람을 보내서 알렸다. "아모스가 이스라엘 나라 한가운데서 임금님께 대한 반란을 선동하고 있습니다. 그가 하는 모든 말을 이 나라가 더이상 참을 수 없습니다. **11** 아모스는 '여로보암은 칼에 찔려 죽고, 이스라엘 백성은 틀림없이 사로잡혀서, 그 살던 땅에서 떠나게 될 것이다' 하고 말합니다." **12** 아마샤는 아모스에게도 말하였다. "선견자는, 여기를 떠나시오! 유다 땅으로 피해서, 거기에서나 예언을 하면서, 밥벌이를 하시오. **13** 다시는 베델에 나타나서 예언을 하지 마시오. 이곳은 임금님의 성소요, 왕실(바이트, בֵּית, court)이오." **14** 아모스가 아마샤에게 대답하였다. "나는 예언자도 아니고, 예언자의 제자도 아니오. 나는 집짐승을 먹이며, 돌무화과(쇠캄, שִׁקְמָה, sycamore)

를 가꾸는 사람이오. ¹⁵ 그러나 주님께서 나를 양 떼를 몰던 곳에서 붙잡아 내셔서, 주님의 백성 이스라엘에게로 가서 예언하라고 명하셨소. ¹⁶ 이제 그대는, 주님께서 하시는 말씀을 들으시오. 그대는 나더러 '이스라엘을 치는 예언을 하지 말고, 이삭의 집을 치는 설교를 하지 말라'고 말하였소. ¹⁷ 그대가 바로 그런 말을 하였기 때문에, 주님께서 이렇게 말씀하시오. '네 아내는 이 도성에서 창녀가 되고, 네 아들딸은 칼에 찔려 죽고, 네 땅은 남들이 측량하여(헤벨, חֶבֶל, line) 나누어 차지하고, 너는 사로잡혀 간 그 더러운 땅에서 죽을 것이다. 이스라엘 백성은 꼼짝없이 사로잡혀 제가 살던 땅에서 떠날 것이다.'"〈새번역〉

본문 개관

아모스 선지자는 특히 어려운 환경에서 사역을 감당했다. 자신의 출생지인 남유다를 떠나 북왕국에서 활동했다. 왕을 포함한 지도층을 향해 말씀대로 살 것을 외쳤다. 자신의 혈육으로나 생각으로 하나님을 대언하지 않았다. 하나님이 주신 것을 가지고 세상에 외쳤다. 아모스서는 7장부터 9장까지 다섯 환상을 담고 있다. 메뚜기 재앙과 불 재앙에 이어 다림줄, 과일 광주리, 제단 곁의 주님 환상이 그것인데 오늘 말씀은 다림줄에 관한 것이다. 북왕국 이스라엘의 멸망을 경고한다.

본문 분석

1. 다림줄(7절)

건축 현장에서 지금도 볼 수 있는 추를 단 줄이다. 하나님이 담 곁에 손에 다림줄을 잡고 서셨다. 성을 둘러싸고 있는 성벽의 담을 가리킨다고 볼 수 있지만 그 내면에서는 이스라엘을 이루고 지키는 백성들이라 할 수 있다.

2. 산당들이(9절)

높은 곳에 있는 예배 장소이다. 하나님을 섬기기도 했지만 많은 경우 바알과 같은 이방신을 위한 처소였다. 솔로몬 성전과 대비되는 지방의 종교 중심지이다.

3. 이스라엘의 성소들이(9절)

이스라엘 지역의 우상을 섬기는 장소들이다. 단과 벧엘에 자리한 이스라엘의 공적인 성소로 남왕국의 예루살렘과 비견이 되는 장소였지만 정작 하나님의 눈에는 올바르지 못한 곳이었다.

4. 벧엘의 제사장(10절)

아마샤는 제사장이었는데 이스라엘 성소 중에서도 벧엘에 속해 있었다. 그런데 이 표현에 따르면 벧엘 성소에 있었을 여러 제사장 중 하나가 아니라 벧엘을 대표하는 제사장이었을 가능성이 크다.

5. 왕의 성소요(13절)

아마샤는 아모스에게 남왕국으로 가라고 종용한다. 벧엘에서 더이상 예언도 하지 말라고 한다. 그 이유는 벧엘이 왕의 성소인 동시에 왕의 궁이기 때문이라는 것이다. 벧엘이 성소라면 왕 이전에 온전히 하나님의 성소인 것이 맞다.

본문의 신학

1. 번영의 그림자

북왕국은 강성한 시기를 보내고 있었다. 아람의 침공 이후 앗시리아로 말미암은 평화로 인해 나라가 평온해졌다. 다양한 무역을 통해 부를 축적했는데 이것은 단지 소수의 지배층을 위한 축재(蓄財)가 되어버렸다. 여기에 물품과 함께 이방종교도 함께 들어와 하나님 없이도 하루를 사는 데 지장이 없는 영적 피폐함이 가득하게 되었다. 번영의 모습은 있었지만 그 번영의 실체는 허망한 것이었다.

2. 예언자 아닌 예언자

아마샤의 압박에 대해 아모스는 자신이 선지자가 아니라고 한다. 선지자의 아들도 아니라고 한다. 양을 치는 목자이고 뽕나무를 기르는 사람이라고 한다. 선지자가 자신에 대해서 선지자가 아니라고 하는 것은 독자들을 혼란에 빠뜨린다. 그러나 아모스는 누가 봐도 선지자의 사명을 감당한 참 선지자이다. 그가 말한 저의는 예언자가 아니었던 사람이 예언자가 되었고, 지금 자기 눈앞에 있는 아마샤와 같은 그런 선지자가 아니라는 뜻도 내포하고 있다. 선지자는 말이 아니라 행동으로 선지자임을 증명할 수 있다.

3. 예언자 아닌 비예언자

아마샤는 북왕국에서 매우 중요하게 여겼던 벧엘 성소를 대표하는 제사장이었다. 그런데 그것이 그만 그의 직업으로 굳어지고 말았다. 하나님을 섬기는 소명이 먼저가 아니라, 그 성소를 붙잡고 있었던 왕과 지배층을 위해 봉사하는 일을 우선시하고 있다. 아모스가 이런 모습을 하나님을 대언해 비판하자 회개하기는커녕 오히려 아모스를 비판하고 있다.

4. 거짓을 이기는 진리

아모스는 아마샤의 중상모략을 자신의 지혜로 이기려 하지 않는다. "여호와께서 말씀하시기를" 이렇게 말문을 연다. 아마샤에게 앞으로 닥칠 일을 하나님이 보여 주시는 대로 알려 준다. 아마샤는 자신이 이뤄놓은 것, 누렸던 것을 모두 잃게 될 것이다. 하나님을 의지하지 않고 하나님을 이용한 사람의 마지막 모습이다. 이것을 아모스는 분에 찬 복수심이나 조롱으로 선포하지 않는다. 그렇다고 아마샤의 권력을 두려워하지도 않는다. 하나님이 주신 그대로 선견자의 자세에서 전달한다.

📖 평행 본문

시편 82

하나님이 하늘 법정에서 친히 심판하신다. 피고는 신들이다. 이 신들 역시 재판장의 역할을 했는데 그 판결이 공정하지 못했다. 가난한 이들과 궁핍한 자들을 돕지 않았다. 악인들을 오히려 존중했다(2절). 이런 판결을 하게 된 원인은 "무지무각"했기 때문이다. 즉 알지 못했고 무감각했기 때문이다. 하나님은 이를 묵과하지 않으신다. 7절을 끝으로 판결은 끝난다. 이를 방청했던 시인은 하나님이 직접 세상을 판단해 주시기를 청한다.

골로새서 1:1-14

우리를 구원하신 분은 세상의 권력자가 아니다. 어떤 주변에서 우리를 돕던 조력자도 아니다. 우리가 사랑하는 가족 중 일원도 아니다. 바로 그리스도이신 예수님이시다. 예수님이 아니면 우리를 흑암의 권세에서 건져 올리실 존재가 없다. 게다가 예수님은 우리를 당신의 나라로 직접 옮기셨다. 동시에 우리의 죄를 사해 주셨다. 온 우주의 주인이시기에 가능한 일이다.

📖 설교를 위한 적용

오늘에 적용

• 8절 "무엇을 보느냐" : 하나님의 기준을 찾아야 한다. 하나님은 우리에게 분명한 신앙의 기준을 이미 제시하셨다. 성경말씀이 그것이다. 그래서 우리는 원칙적으로 하나님이 원하시는 것이 무엇인지 크게 힘들여 찾지 않아도 된다. 문제는 그런 기준을 찾으려고 시도조차 하지 않는 마음이다.

• 8절 "내 백성 이스라엘" : 백성의 의무를 다해야 한다. 하나님은 감사하게도 우리를 내 백성이라 불러 주신다. 그런데 그렇다고 해서 우리의 모든 행동을

다 용납하신다는 말씀이 아니다. 우리는 그 백성이라는 지위에 걸맞은 의무를 다해야 한다.

- **9절 "내가 일어나 칼로"** : 하나님이 없는 공간은 심판에 처한다. 북왕국 이스라엘에는 하나님 없는 산당과 하나님 없는 성소들이 있었다. 하나님 외에 다른 신들을 섬기는 공간으로 작용하거나 하나님 아닌 인간을 위한 장소였다. 하나님 없는 그곳은 하나님을 이용하는 것이 되기 마련이고, 그런 장소라면 하나님에 의해 심판에 처해지게 된다.

- **10절 "왕을 모반하나니"** : 모반의 주체를 분명히 해야 한다. 아마샤는 아모스가 왕을 공격하고 체제를 전복하려고 한다고 모함한다. 내용을 보면 하나님께 충성하지 않는 왕에 대한 심판이니 맞는 말이기는 하다. 그러나 모반은 왕이 먼저 시작하였다. 하나님에 대한 배신은 왕의 자격이 없는 것이니 애초에 모반이라 할 수도 없다.

- **13절 "이는 왕의 성소요"** : 왕의 공간에서야말로 예언해야 한다. 아마샤는 아모스에게 북왕국을 떠나라고 한다. 아모스가 왕의 공간에서 예언을 하기 때문이었다. 그러나 선지자는 지상 왕의 권세가 그릇되었다면 목소리 높여 심판함이 옳다.

설교 개요

- 사람은 그 입에 담긴 것을 위해서 산다고 할 수 있다. "이달의 판매왕"은 판매왕이 될 때까지 무수히 많은 시간과 노력을 그 물건을 설명하는 데 사용했을 것이다. 상대방의 마음을 얻은 사람은 그 마음이 자신에게 오게 되기까지 무수히 많은 시간과 노력을 투자했을 것이다.

- 아마샤는 그 입에 하나님이 없었다. 그가 언급한 것은 왕이었고 왕의 성소였고 왕의 궁이었다. 지배계층을 향한 하나님의 심판의 말씀을 쏟아놓던 아모스를 견제하기 위한 말뿐이었다. 그는 정작 자신이 입에 담아야 했던 하나님의 계획과 북왕국 이스라엘의 회개, 백성을 향한 지배계층의 성찰은 온데간데없었다. 그의 입에 담긴 것이 그를 그 자리에 올려놓았고, 그의 입에 담긴

것이 자신의 미래도 보장할 것이라고 믿었을 것이다.

- 아모스는 그렇지 않았다. 만약 선지자라는 자리가 목적이었다면 자신에게 친숙한 환경이었던 남왕국에서 별다른 어려움 없이 감당했을 것이다. 성소의 책임자라는 자리가 목적이었다면 하나님의 환상을 봤던 참된 선지자라는 입장에서 얼마든지 자신의 욕망을 펼칠 수 있었을 것이다. 그러나 그의 입에는 하나님이 담겼고, 하나님에게 최선을 다하지 못한 사람들에 대한 멸망의 메시지가 담겼다.
- 아모스가 이렇게 하나님 말씀을 가감 없이 전했던 이유는 백성들 때문이다. 그 백성은 자신을 영화롭게 해 줄 그저 길에서 보게 되는 지배의 대상이 아니었다. 하나님이 다림줄 놓아 설계하시고 세우시고 단단하게 하신 신앙의 방벽이었다. 그러나 북왕국의 성벽은 백성들의 하나님을 향한 신앙심으로 쌓아진 것이 아니었다. 하나님은 다림줄로 그들의 하나님을 향한 부실한 마음을 심판하신다.
- 북왕국은 나름대로 성소와 산당을 갖춰놓고 살았다. 그러나 그것이 하나님 중심의 삶을 보장하지 못했다. 그저 자신들의 안위를 이방신에 맡기는 종교적인 타락의 현장이었다. 하나님의 다림줄은 곧고 곧아서 죄를 드러내고 신앙의 기준을 제시한다.

설교를 위한 예화

저는 젊어서 예수 믿는 사람들을 매우 싫어했습니다. 비가 오나 눈이 오나 새벽 일찍 일어나 새벽기도를 나가고 또 집안일 제쳐놓고 부흥 집회에 나가 철야 기도하며 가진 돈 다 바치고, '병 낫게 해 달라', '아들 대학에 합격하게 해 달라', "… 주시옵소서" 하고 기도하는 것이 물 떠놓고 칠성님께 비는 무속신앙과 하나도 다르지 않았기 때문입니다. 그런데 제가 한미성 선교사가 교장으로 계시던 기전학교에 교사로 취직하게 되었습니다. 결혼하고 어린애까지 임신한 아내를 부양할 직장이 필요했기 때문입니다. 그것도 세례 증을 위조하고 들어간 것입니다. 너무 어려운 삶이 절박했기 때문이었습니다. 교회만 왔다갔다 하면 기독교인이 된 거로 알고 신입 교사 환영회 때도 '캐 셀라, 셀라'라는 노래를 불렀던 사람입니다. 교장실로 불려가 "기독교인은 '캐 셀라, 셀라' 하고 살면 안 됩니다"라는 주의를 들었을 때 너무 놀랐고, 기독교인이 된다는 것이 무엇인지를 깊이 생각하게 되었습니다. 그분의 사랑을 받고 살면서 나는 기독교인이 된다는 것은 세상을 보는 가치관이 바뀌고, 나 자신의 말도 행동도 생각도 바뀌어야 한다는 걸 깨달았습니다. 그분은 예수님의 마음으로 세상을 보고, 이웃을 사랑하고, 아끼고, 가르치고, 인도하고, 인간을 변화시키는 그런 분이셨습니다.

그분은 저와 함께 전주의 기전여중·고에서 2년, 대전의 대전대학(현 한남대학교)에서 2년을 저에게 큰 변화를 가져오게 하시더니 선교사 생활을 그만두고 미국 본토로 가셨습니다. 그 뒤로도 저는 제 평생의 멘토(mentor)로 그분을 모시고 그분과 편지를 주고받기도 했으며, 찾아오고, 찾아가며 생각을 나누었습니다. 그런데 지난 2020년 10월 21일 아침 10시 30분에 North Carolina의 고향 집에서 하나님 품으로 가셨다는 소식을 들었습니다. 그분은 한국에서 10년간의 짧은 선교사 생활을 했지만, 미국에 가서도 선교사의 마음을 변치 않으시고 93세 평생을 사시다 하나님 품에 안기신 분입니다.

〈오승재, 『나를 거듭나게 하신 한미성(韓美聲, Melicent Huneycutt) 선교사』(북랩, 2024), 머리말 중에서〉

인생이 인생이라 '캐 셀라 셀라' 노래 부르면 살아도 된다고 할 수도 있다. 인생이 그저 그런 것이니 되는대로 살자고 할 수도 있기는 하다. 그러나 그것이 삶의 기준이라고 하기는 어렵다. 하나님은 다림줄을 들고 인생을 점검하신다. 다림줄, 그리고 그 다림줄로 우리를 판단하시는 하나님이 기준이다.

오순절 후 여섯 번째 주일

❖ **성서정과** 시 52; 암 8:1-12; 골 1:15-28; 눅 10:38-42

예배로 부름 Call to Worship

주의 궁정에서의 한 날이 다른 곳에서의 천 날보다 나은즉 악인의 장막에 사는 것 보다 내 하나님의 성전 문지기로 있는 것이 좋사오니 여호와 하나님은 해요 방패시라 여호와께서 은혜와 영화를 주시며 정직하게 행하는 자에게 좋은 것을 아끼지 아니하실 것임이니이다(시 84:10-11)

예배 기원 Invocation

거룩하신 하나님 아버지! 호흡이 있는 자마다 하나님을 찬양하라 명하신 그대로 이 시간 주님의 성호를 높이며 찬송합니다. 아무것도 염려하지 말고 모든 일에 기도와 간구로 너희 구할 것을 감사함으로 아뢰라고 하신 말씀대로 믿음의 눈을 들어 하나님만 바라보며 기도합니다. 물질의 많고 적음을 보지 않고 중심을 보신다고 하신 주님의 말씀을 기억하며 최선을 다해 준비한 예물도 드립니다. 진리의 말씀을 따라 드리는 예배를 기쁘게 받아 주옵소서. 예수님의 이름으로 기원합니다. 아멘.

이 주일의 찬송 Hymns

주 예수 이름 높이어(36장) / 예수님은 누구신가(96장)
값비싼 향유를 주께 드린(211장) / 성자의 귀한 몸(216장)
내 주 예수 주신 은혜(317장) / 주 예수여 은혜를(368장)

성시교독 Responsive Readings   시편 52:1-9

인도자 ¹ 포악한 자여 네가 어찌하여 악한 계획을 스스로 자랑하는가

회 중	하나님의 인자하심은 항상 있도다
인도자	² 네 혀가 심한 악을 꾀하여 날카로운 삭도 같이 간사를 행하는도다
회 중	³ 네가 선보다 악을 사랑하며 의를 말함보다 거짓을 사랑하는도다 (셀라)
인도자	⁴ 간사한 혀여 너는 남을 해치는 모든 말을 좋아하는도다
회 중	⁵ 그런즉 하나님이 영원히 너를 멸하심이여 너를 붙잡아 네 장막에서 뽑아내며 살아 있는 땅에서 네 뿌리를 빼시리로다 (셀라)
인도자	⁶ 의인이 보고 두려워하며 또 그를 비웃어 말하기를
회 중	⁷ 이 사람은 하나님을 자기 힘으로 삼지 아니하고 오직 자기 재물의 풍부함을 의지하며 자기의 악으로 스스로 든든하게 하던 자라 하리로다
인도자	⁸ 그러나 나는 하나님의 집에 있는 푸른 감람나무 같음이여
회 중	하나님의 인자하심을 영원히 의지하리로다
인도자	⁹ 주께서 이를 행하셨으므로 내가 영원히 주께 감사하고
회 중	주의 이름이 선하시므로 주의 성도 앞에서 내가 주의 이름을 사모하리이다

고백의 기도　Prayer of Confession

어제나 오늘이나 영원토록 변함이 없으신 하나님 아버지! 하나님께서는 언제나 동일한 사랑과 은혜를 베풀어 주고 계시건만, 저희는 작은 환경의 변화도 견디지 못하고 하나님을 향한 믿음과 이웃을 향한 사랑이 조변석개로 변하고 있습니다. 무더위를 핑계로 주님께 드려야 할 헌신과 충성에 손을 놓았습니다. 휴가를 즐기는 것과 취미생활을 하는 것과 건강을 지킨다는 명분으로 예배의 자리에서 빠지는 시간이 점점 많아지고 있습니다. 항상 기뻐하라, 쉬지 말고 기도하라, 범사에 감사하라 하셨건만 덥고 지쳤다는 이유로 이 모든 말씀에서 멀리 떠나 있습니다. 무더위를 핑계로 점점 나태해지는 저희의 신앙생활을 용서해 주옵소서. 예수님의 이름으로 이 고백의 기도를 드립니다. 아멘.

사함의 확신　Assurance of Forgiveness

그가 네 모든 죄악을 사하시며 네 모든 병을 고치시며 네 생명을 파멸에서 속량하시고 인자와 긍휼로 관을 씌우시며 좋은 것으로 네 소원을 만족하게 하사 네 청춘을 독수리 같이 새롭게 하시는도다(시 103:3-5)

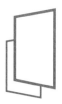

오늘의 주제

기근의 이유

📖 본문의 접근

본문의 재경청   암 8:1-12

¹ 주 하나님이 나에게 다음과 같은 것을 보여 주셨다. 보니, 여름 과일(카이 쯔, קָיִץ, summer fruit) 한 광주리가 있었다. ² 주님께서 물으신다. "아모스야, 네가 무엇을 보느냐?" 내가 대답하였다. "여름 과일 한 광주리입니다." 주님께서 나에게 말씀하신다. "나의 백성 이스라엘이 끝장났다. 내가 이스라엘을 다시는 용서하지 않겠다. ³ 그날이 오면, 궁궐에서 부르는 노래가 통곡으로 바뀔 것이다." 주 하나님이 하시는 말씀이다. "수많은 시체가 온 땅에 널리고, 아무 소리도 들리지 않을 것이다." ⁴ 빈궁한 사람들을 짓밟고, 이 땅의 가난한 사람을 망하게 하는 자들아, 이 말을 들어라! ⁵ 기껏 한다는 말이, "초하루 축제(호데쉬, חֹדֶשׁ, new moon)가 언제 지나서, 우리가 곡식을 팔 수 있을까? 안식일이 언제 지나서, 우리가 밀을 낼 수 있을까? 되는 줄이고, 추는 늘이면서, 가짜 저울로 속이자. ⁶ 헐값에 가난한 사람들을 사고 신 한 켤레 값으로 빈궁한 사람들을 사자. 찌꺼기 밀까지도 팔아먹자" 하는구나. ⁷ 주님께서 야곱의 자랑을 걸고 맹세하신다. "그들이 한 일 그 어느 것도 내가 두고두고 잊지 않겠다. ⁸ 그들이 이렇게 죄를 지었는데, 어찌 땅이 지진을 일으키지 않겠으며, 어찌 땅 위에 사는 자들이 모두 통곡을 하지 않겠느냐? 온 땅이 강물처럼 솟아오르다가, 이집트의 강물처럼 불어나다가, 가라앉지 않겠느냐? ⁹ 나 주 하나님이 하는 말이다. 그날에는 내가 대낮에 해가 지게 하고, 한낮에 땅을 캄캄하게 하겠다. ¹⁰ 내

가 너희의 모든 절기를 통곡으로 바꾸어 놓고, 너희의 모든 노래를 만가로 바꾸어 놓겠다. 내가 모든 사람에게 굵은 베옷을 입히고, 머리를 모두 밀어서 대머리가 되게 하겠다. 그래서 모두들 외아들을 잃은 것처럼 통곡하게 하고, 그 마지막이 비통한 날이 되게 하겠다. **11** 그날이 온다. 나 주 하나님이 하는 말이다. 내가 이 땅에 기근(라아브, רָעָב, famine)을 보내겠다. 사람들이 배고파하겠지만, 그것은 밥이 없어서 겪는 배고픔이 아니다. 사람들이 목말라하겠지만, 그것은 물이 없어서 겪는 목마름이 아니다. 주의 말씀을 듣지 못하여서, 사람들이 굶주리고 목말라 할 것이다. **12** 그때에는 사람들이 주의 말씀을 찾으려고 이 바다에서 저 바다로 헤매고, 북쪽에서 동쪽으로 떠돌아다녀도, 그 말씀을 찾지 못할 것이다. 〈새번역〉

본문 개관

하나님은 북이스라엘을 심판하시기로 결심하셨다. 그래서 선지자를 통해 멸망을 선포하신다. 이런 결정을 하시기까지 과정과 이유는 분명하다. 하나님의 백성이 하나님을 섬겨야 하는데 오히려 하나님을 떠난다. 백성의 지도자들은 자신의 사리사욕을 채운다. 오늘 본문을 이루는 네 번째 환상을 통해 아모스는 종말이 임박했음과 그 이유를 설명한다.

본문 분석

1. 여름 과일(1절)

여름에 나는 과일로 무화과 등을 말한다. 과일이 따로 광주리에 담겨 있다는 말은 누군가 특정한 목적을 가지고 수확했음을 의미한다. 벧엘 성소에 있기에 그곳에 제물로 가지고 왔을 수 있다.

2. 이스라엘의 끝이(2절)

무엇을 보느냐 하나님이 물으시자 아모스는 여름 과일 한 광주리라고 답한다. 하나님은 그 대답을 들으시고 이스라엘의 끝이 이르렀다 하신다. 여름 과일은 카이츠이고, 끝은 케츠이다. 유사한 발음이 이어진다.

3. 노래가 애곡으로(3절)

이스라엘의 끝날, 궁전에서 흘러넘치던 노래는 슬픈 애곡으로 변할 것이다. 한 치의 의심도 없이 심판의 날에 이루어질 일이다. 궁전에 어울리지 않는 애가와 시체가 심판의 결과이다.

4. 야곱의 영광을(7절)

야곱은 하나님을 영광스럽게 생각했다. 따라서 야곱의 영광이 곧바로 하나님을 나타내는 의미일 수 있다. 하나님은 하나님 스스로를 가리켜 맹세하신다.

5. 땅이 떨지(8절)

지진과 같은 자연현상은 인간에게 큰 영향을 미친다. 그러나 외부적이고 물리적인 현상보다 내부적이고 영적인 지진이 더욱 위험하다. 하나님이 인간의 패악을 영원히 잊지 않을 때 그 결과는 땅이 떠는 것이다. 지진이라면 다시 무너진 건물을 세우면 되지만 이것은 죄인이 세운 모든 것의 몰락을 의미한다. 한 나라가 하나님 앞에 온전히 서지 못하면 지진과 같이 순식간에 무너질 것이다.

본문의 신학

1. 존재의 가치

과수나무는 맛난 과일을 맺어야 제 할 일을 다하는 것이다. 과일을 광주리에 담은 이후 어떻게 사용하는가는 사람의 손에 달려 있다. 그 과일이 온전히 올바른 일에 사용되지 않으면 그때가 마지막이다. 그 과일을 사용하는 사람들에게도 마지막이고, 그 과일마저도 보람 없이 사용되어 마지막을 맞는다. 더 좋은 에너지로 순환되어 더 많은 결실을 맺고, 더 많은 사람을 살릴 수도 있었지만 끝을 맺게 된다.

2. 궁핍한 자의 인내

곤궁 가운데 있는 사람들은 하나님의 직접적인 음성을 듣기 원할 것이다. 그러나 아무것도 들리지 않을 때가 있다. 그럼에도 불구하고 낙심하지 말아야 할 것은 그 순간 하나님은 정반대에서 일을 하고 계시다는 점이다. 하나님은 가진 것 없는 이스라엘 백성들을 위해 힘 있고 빼앗는 데 익숙한 사람들에게 하나님의 심판의 말씀을 들으라고 하신다.

3. 안식의 정신

매월 시작을 알리는 날(월삭)이나 안식일을 특별히 여기는 관습은 일이 가져오는 고단함에서 사람을 보호하고 스스로의 욕심을 자제하게 하려는 목적이 있다. 누구나 눈앞의 이익을 생각하면 자기 몸을 사리지도 않고 일에 달려들게 될 것이다. 그럴 때 과도한 노동에서 스스로 벗어나게 하든, 아니면 일정한 규칙으로 쉬며 회복하게 하는 규율이 필요하다. 당시에 상인과 같은 고용주들은 이런 안식의 정신마저 무시하고 이익을 추구했다.

4. 속이는 영

사람들은 극단의 이익을 추구하다가 양심마저 저버리는 모습을 보여 준다. 에바를 작게 하거나 세겔을 크게 만든다. 저울을 속인다. 이렇게 양심을 버린 대가는 금전적인 이익으로 돌아온다. 아모스 선지자 당시뿐만 아니라 지금까지도 우리 주변에서 발견할 수 있는 모습이다. 이렇게 속이는 영이 하나님을 바로 보지 못하게 한다.

5. 인간을 향한 하나님의 마음

하나님은 우리의 모든 것을 잊지 않으신다. 공공연하게 그것을 드러내신다. 우리의 죄악 된 모든 면면을 하나님이 기억하시겠다고 하신다. 영원히 기억하겠다는 말씀이다. 하나님의 영원성이 우리와 같은 제한된 인간에게 머물 때 우리는 그것을 감당하기 어렵다. 어느 경우에라도 우리의 잘못을 회개하며 더욱 하나님 말씀대로 살 각오를 다시 해야 할 이유이다.

평행 본문

시편 52

1절부터 7절까지는 애가가, 8절과 9절은 감사가 주된 분위기를 담고 있다. 악인의 행하는 바는 반드시 세상에 드러나게 된다. 시인은 매우 날카로운 언어로 악인들을 고발한다. 강포한 자는 단순히 성격이 모질고 포악한 것뿐만 아니라 그 지위나 직업이 지도자이거나 독재자를 의미하는 것으로 볼 수 있다. 지도자에게는 기본적으로 인자한 품성이 요구되나 이들은 악한 계획을 세우고 그것을 스스로 자랑할 정도로 뒤틀려 있다. 그래서 그들의 혀는 칼과 같고 거짓을 행한다. 하나님은 그렇지 않으시다. 그래서 감사할 수 있다.

골로새서 1:15-28

그리스도이신 예수님은 눈에 보이는 인간이셨다. 그러나 그분은 하나님의 형상이셨다. 피조물의 범주에 들지 않으시고 모든 창조물보다 먼저 나셨다. 온 세상 만물이 그리스도를 인하여 창조되었다. 우주의 권세도 마찬가지다. 만물을 지탱하시는 분도 그리스도시다. 이 예수님으로 말미암아 우리가 하나님과 화평을 이루게 되었다. 이 일은 하나님이 먼저 기뻐하시는 일이다. 바울은 그리스도의 몸 된 교회를 위해 자신을 던졌다. 이방인에게 복음을 전하기 위한 사명을 위해 성도들을 가르치고 권면해서 그리스도 안에서 온전한 자로 세우기 원했다.

🔖 설교를 위한 적용

오늘에 적용

- **7절 "맹세하시되"** : 하나님의 의지를 기억해야 한다. 하나님은 맹세하신다. 사실 스스로 약속하신 것을 지키실 것이 자명하기 때문에 맹세가 필요 없다고도 할 수 있다. 그러나 이렇게 맹세를 통해 반드시 그 일을 이루실 것을 확증하신다.

- **7절 "모든 행위를"** : 매사에 집중해야 한다. 하나님은 인간의 모든 행위를 영영 잊지 않겠다고 하신다. 우리의 작은 행동 하나까지 중요하지 않은 것이 없다.

- **9절 "해를 대낮에 지게"** : 영원한 것은 하나님밖에 없음을 알아야 한다. 우리는 해와 달이 영원할 것이라고 생각한다. 그러나 그것을 지으신 하나님이 원하시면 한순간 그 빛을 잃을 수 있다.

- **10절 "독자의 죽음으로"** : 인간이 소중히 여기는 것은 헛된 소망일 수 있음을 기억해야 한다. 독자의 죽음과 같은 사건은 그 당사자에게는 하늘이 무너지는 일이다. 절대적으로 원했던 독자의 안녕, 절대적으로 피하고 싶었던 그 상실이 인간의 소망과 관계없이 하나님의 심판에 의해 순식간에 일어날 수 있다. 절대적인 하나님의 주권을 나타낸다.

- **11절 "말씀을 듣지 못한"** : 하나님은 스스로 말씀을 끊지 않으신다. 인간의 죄가 기근의 원인이 된다. 이 기근은 양식이 없어서 주리거나 물이 없어 갈함과는 다른 종류의 절대적인 상실이다.

설교 개요

- 직시하는 것만으로도 지적하는 효과가 날 수 있다. 아모스는 당대의 재테크를 목격했다. 그리고 너무나 기가 막혀서 자기 혼자만 보고 넘어갈 수가 없었다. 그래서 그 비법을 세상에 공개한다.

- 당대에 궁핍한 자들이 있었다. 이유는 기근 때문이다. 그런데 모든 사람이 동

일하게 고통을 겪는 것이 아니다. 그 궁핍한 사람들을 집어 삼키는 사람들이 분명히 존재했다. 위기를 기회로 만드는 재테크의 달인이다. 물론 재테크 자체가 무조건 나쁘다고만은 할 수는 없겠다. 그런데 이들은 위기에 처한 사람을 이용해서 자신의 부를 채운다.

- 노동하는 평민들이 하루의 쉼을 기대하고 고대하던 반면, 이들을 고용했던 사람들은 그 하루가 아깝다고 한다. 그래서 곡식을 어서 팔아야 한다고 다그친다. 됫박(에바)을 속여서 이익을 취해야 하고, 돈 모양을 조작해서 더 큰 수입을 꾀했다. 저울을 속여서 편하게 수입을 팽창시켰다. 이런 이익을 취해야 하니 안식일에도 쉬는 모습을 용납 못했다.

- 돈으로 사람을 사서 사람 장사를 하고, 그저 신 한 켤레 값으로 목숨을 쥐고 흔든다. 찌꺼기 밀처럼 버려도 안 아까운 것도 현금화 한다. 대상은 그것마저 아쉬운 사람들이었을 것이다. 이런 재테크로 부자가 되지 못하는 것도 이상하다.

- 그러나 이런 기술에는 희생이 따르기 마련이다. 힘없고 돈 없는 사람들이 무너져 내렸다. 아모스는 그 모습을 보면서 하나님이 원하시는 바를 들은 그대로 선포한다. 사람을 이용하는 그 어떤 술수도 하나님 앞에서는 중단되어야 한다.

설교를 위한 예화

최근 우리 사회에서 '공정한 사회'라는 말이 화두로 자주 등장하고 있는 상황에서 합동신학대학원대학교 조병수 교수(신약신학)가 "공정한 사회를 실현할 수 있는 유일한 길은 오직 하나님에게서 발견할 수 있다"고 강조했다.

조 교수는 학교 출판부에서 발행하고 있는 「합신은 말한다」에 기고한 글을 통해 "사람은 절대로 공정한 사회를 만들 수 없는 만큼 공의로우신 하나님으로부터 공정 사회의 실현 가능성을 찾아야 한다"고 피력했다. 그는 "하나님은 자신의 공정성을 다양한 방식으로 표현하신다. 그는 해를 선인과 악인에게 비추시고, 비를 의인과 죄인에게 내려주신다. 또한 신자와 불신자에게 사회적으로 공정하게 대하신다"며 "사회라는 아주 좁은 범위에서 볼 때도 하나님은 공정성을 발휘하셨다"고 설명했다.

특히 역사적으로도 하나님의 공정성은 사람들을 통해 구체적으로 표현되었다고 강조했다. 즉 모세는 도량형에 부정을 저지르는 것을 엄격하게 금지했고, 선지자들은 가난한 자들에게 어떤 식으로든지 불의한 폭력을 가하는 것을 맹렬하게 공격했으며, 세례 요한은 여러 계층의 사람들에게 설교하며 공정함을 요구했고, 예수 그리스도도 세리와 죄인의 친구가 되어주시며 사람을 외모로 차별하지 말 것을 강조했다는 것이다.

조 교수는 "이렇게 볼 때 공정한 사회를 실현할 수 있는 유일한 방법은 공정하신 하나님을 표준으로 삼는 수밖에는 없다. 우리가 공정하신 하나님 앞에 자신을 세울 때 비로소 공정한 사회를 만들 수 있는 길이 열린다"고 피력했다. 또한 "하나님의 공정성을 표준으로 삼는다는 것은 끊임없이 회개하면서 우리 자신의 욕심을 최대한 배제하고 스스로 낮아지는 것이며, 하나님의 공의로운 시각을 통해 다른 사람을 이해하는 것"이라고 설명했다.

이어 "만일 한국교회가 공의로우신 하나님께로 철저하게 돌아간다면 공정한 사회가 구현되는 날은 아주 멀지 않을 것"이라고 덧붙였다.

〈표성중 기자, 아이굿뉴스, 2010.10.11., "공정한 사회, 유일한 방법은 오직 '하나님'", 1https://www.igoodnews.net/news/articleView. html?idxno=29199〉

하나님은 구약 시대에도, 신약 시대에도 공정하셨다. 인간은 기회를 틈타 부정한 방법으로 이익을 꾀한다. 사람은 어느 경우에도 공정한 사회를 스스로 만들 수 없다. 오직 하나님께 의지해 하나님의 방법을 따라야 한다.

오순절 후 일곱 번째 주일

❖성서정과　시 85; 호 1:2-10; 골 2:6-15, (16-19); 눅 11:1-13

예배로 부름　Call to Worship

그런즉 너는 오늘 위로 하늘에나 아래로 땅에 오직 여호와는 하나님이시요 다른 신이 없는 줄을 알아 명심하고 오늘 내가 네게 명령하는 여호와의 규례와 명령을 지키라 너희와 네 후손이 복을 받아 네 하나님 여호와께서 네게 주시는 땅에서 한 없이 오래 살리라(신 4:39-40)

예배 기원　Invocation

병든 자를 불쌍히 여기시고 고쳐 주시는 하나님 아버지! 상한 몸과 마음 그대로 주님 앞에 서 있는 저희를 긍휼히 여겨 주옵소서. 끊임없이 찾아오는 육신의 고통 때문에 약을 의지하였고, 마음의 중심도 덩달아 약해져서 지난 한 주간 고통 중에 지냈나이다. 오늘 그렇게 기다리고 사모하던 주일이 되어 성전에 나온 저희는 십자가를 지신 예수님만 바라보나이다. 중심을 다해 예배하는 이 시간, 육신의 고통과 마음의 괴로움으로 인하여 거룩하신 주님을 원망하지 않게 하시고, 오직 감사로 찬미로 보좌 앞에 담대히 나아가게 하옵소서. 한 번도 병든 자를 외면하지 않으셨던 예수 그리스도의 이름으로 기원하옵나이다. 아멘.

이 주일의 찬송　Hymns

홀로 한 분 하나님께(11장) / 내가 늘 의지하는 예수(86장)

내 모든 시험 무거운 짐을(337장) / 마음속에 근심 있는 사람(365장)

죄짐 맡은 우리 구주(369장) / 너 예수께 조용히 나가(539장)

성시교독　Responsive Readings

시편 85:1-2, 7-13

인도자 ¹ 여호와여 주께서 주의 땅에 은혜를 베푸사 야곱의 포로 된 자들이 돌아오게 하셨으며

회 중 ² 주의 백성의 죄악을 사하시고 그들의 모든 죄를 덮으셨나이다 (셀라)

인도자 ⁷ 여호와여 주의 인자하심을 우리에게 보이시며 주의 구원을 우리에게 주소서

회 중 ⁸ 내가 하나님 여호와께서 하실 말씀을 들으리니 무릇 그의 백성, 그의 성도들에게 화평을 말씀하실 것이라 그들은 다시 어리석은 데로 돌아가지 말지로다

인도자 ⁹ 진실로 그의 구원이 그를 경외하는 자에게 가까우니

회 중 영광이 우리 땅에 머무르리이다

인도자 ¹⁰ 인애와 진리가 같이 만나고 의와 화평이 서로 입맞추었으며

회 중 ¹¹ 진리는 땅에서 솟아나고 의는 하늘에서 굽어보도다

인도자 ¹² 여호와께서 좋은 것을 주시리니 우리 땅이 그 산물을 내리로다

회 중 ¹³ 의가 주의 앞에 앞서 가며 주의 길을 닦으리로다

고백의 기도　Prayer of Confession

우리 죄를 속량하시기 위하여 십자가를 지신 예수님! 주님께서 흘리신 보혈이 강물 같이 흐르고 있는 성소에서 회개합니다. 저희에게는 마음으로 지은 죄가 있습니다. 심히 교만한 생각에 사로잡혀 하나님의 도움이 없이도 잘 살 수 있을 것이라 여겼습니다. 그리하여 기도하지 않았고, 성경 말씀에 귀를 기울이지 않았으며, 성령님의 자비로운 권고에도 마음의 문을 닫고 살았습니다. 미련하게도 나의 경험과 고집만을 따라 살다 보니 하나님의 영광을 가리는 행동도 많이 했고, 이웃에게 아픔을 주는 말도 많이 했습니다. 때로는 재물욕에 사로잡혀 의로움을 버리고 세인들에게 지탄받는 선택을 할 때도 있었습니다. 하나님 아버지의 뜻을 떠나 죄악 중에 살았던 이 모든 죄를 용서해 주옵소서. 십자가의 보혈로 우리의 몸과 마음을 깨끗하고 정결하게 씻어 주소서. 예수님의 이름으로 이 고백의 기도를 드립니다. 아멘.

사함의 확신　Assurance of Forgiveness

여호와는 긍휼이 많으시고 은혜로우시며 노하기를 더디하시고 인자하심이 풍부하시도다 자주 경책하지 아니하시며 노를 영원히 품지 아니하시리로다(시 103:8-9)

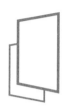

그리스도 안에서

📖 본문의 접근

본문의 재경청   골 2:6-15, (16-19)

6 그러므로 여러분이 그리스도 예수를 주님으로 받아들였으니, 그분 안에서 살아가십시오. **7** 여러분은 그분 안에 뿌리를 박고, 세우심을 입어서, 가르침을 받은 대로 믿음을 굳게 하여 감사의 마음이 넘치게 하십시오. **8** 누가 철학이나 헛된 속임수(아파테, ἀπάτη, deception)로, 여러분을 노획물로 삼을까 조심하십시오. 그런 것은 사람들의 전통과 세상의 유치한 원리를 따라 하는 것이요, 그리스도를 따라 하는 것이 아닙니다. **9** 그리스도 안에 온갖 충만한 신성이 몸이 되어 머물고 계십니다. **10** 여러분도 그분 안에서 충만함을 받았습니다. 그리스도는 모든 통치와 권세의 머리(켑할레, κεφαλή, head)이십니다. **11** 그분 안에서 여러분도 손으로 행하지 않은 할례, 곧 육신의 몸을 벗어버리는 그리스도의 할례를 받았습니다. **12** 여러분은 세례로 그리스도와 함께 묻혔고, 또한 그분을 죽은 사람들 가운데서 살리신 하나님의 능력을 믿는 믿음으로, 그리스도 안에서, 그리스도와 함께 살아났습니다. **13** 또 여러분은 죄를 지은 것과 육신이 할례를 받지 않은 것 때문에 죽었으나, 하나님께서는 여러분을 그리스도와 함께 살리시고, 우리의 모든 죄를 용서하여 주셨습니다. **14** 하나님께서는 우리에게 불리한 조문들이 들어 있는 빚문서를 지워 버리시고, 그것을 십자가에 못박으셔서, 우리 가운데서 제거해 버리셨습니다. **15** 그리고 모든 통치자들과 권력자들의 무장을 해제시키시고, 그들을 그리스도의 개선 행진에 포로로 내

482 | 2025 예배와 설교 핸드북

세우셔서, 뭇 사람의 구경거리로 삼으셨습니다. ¹⁶ 그러므로 먹고 마시는 일이나 명절이나 초승달 축제나 안식일 문제로, 아무도 여러분을 심판하지(크리노, κρίνω, distinguish) 못하게 하십시오. ¹⁷ 이런 것은 장차 올 것들의 그림자일 뿐이요, 그 실체는 그리스도에게 있습니다. ¹⁸ 아무도 겸손(타페이놉흐로쉬네, ταπεινοφροσύνη, humbleness)과 천사 숭배를 주장하면서 여러분을 비방하지 못하게 하십시오. 그런 자는 자기가 본 환상에 도취되어 있고, 육신의 생각으로 터무니없이 교만을 부립니다. ¹⁹ 그는 머리에 붙어 있지 않습니다. 온 몸은 머리이신 그리스도로부터 각 마디와 힘줄을 통하여 영양을 공급받고, 서로 연결되어서 하나님께서 자라게 하시는 대로 자라나는 것입니다. 〈새번역〉

본문 개관

예수님은 사람의 몸을 입고 이 땅에 오셨다. 겉으로 보기에 사람이니 하나님과 동등하신 분임을 잊게 되기 쉽다. 그러나 예수님은 이단들의 거짓에 좌우될 분이 아니시다. 우리가 주님으로 영접하기에 합당한 분이고, 그 안에 뿌리 내리기에 충분한 분이다. 예수님은 초보적인 이 세상 학문과 질적으로 다르시다. 그 신성하심으로 온 우주를 다스리신다. 동시에 인간의 죄를 속하신다. 이런 우주적인 구원의 드라마에 집중한다면 당대 이단들이 주장하던 음식이나 절기, 영적 존재에 대한 잘못된 가르침에도 미혹되지 않을 것이다.

본문 분석

1. 받았으니(6절)

그리스도이신 예수님을 우리가 받았다. 원어의 뜻은 우리에게 강제로 맡겨졌다는 것을 의미하지 않는다. 우리 앞에 제시된 것을 우리가 택했다는 것에 가깝다.

2. 세움을 받아(7절)

그리스도 안에서 뿌리를 박으며 세움을 입는 주체는 다른 것이 아니다. 주님을 받아들인 나 자신이다. 내가 먼저 든든하게 세워져야 한다.

3. 헛된 속임수(8절)

헛된 속임수는 무엇인가 잘못된 것이 적극적으로 우리를 속인다는 말이라기보다 내용이 없는 상태를 말한다. 그 안에 유익한 것이 없거나 진리와 다른 허황된 상태이다.

4. 초등학문(8절)

초등학문의 원어 스토이케이아는 근본이 되는 원리 혹은 이론, 이치를 말한다. 헬라 세계에서 이 단어, 즉 이론이나 원리로 해석하게 되는 이 용어는 어떤 현상이나 사상이 작동되는 전체적이고 광범위한 근본 원칙이라기보다 개별적이고 단위별로 작동하는 요소에 관한 이해에 가깝다.

5. 법조문으로 쓴 증서(14절)

법조문을 증서, 즉 직접 작성한 종이에 적었다는 의미이다. 전체적으로 법조문으로 쓴 증서는 율법을 의미한다. 꼭 지켜야 하는 법률과 같은 내용들을 쓴 문서이다.

본문의 신학

1. 그리스도 안의 신앙

믿는 사람은 그리스도의 영향 아래서 살아간다. 보다 더 적극적으로는 그 안에 속해서 산다는 말이다. 이는 우리가 우리 독단적인 인생을 영위하는 것이 아니라 예수님과 끊임없이 교류하는 생을 살아감을 말한다. 나아가 우리가 어떠한 일을 맞이하든지 우리 혼자 그 일을 해결하거나 하는 것이 아니라 그리스도의 영향 아래, 그리스도의 주도로 해결함을 의미하기도 한다.

2. 그리스도의 원리

헬라 시대를 풍미했던 생각의 단위는 철학 등이 제시한 개별 사물에 대한 지식과 그 작동원리에 대한 이해에 가까웠다. 바울은 지금 그것을 강요하는 주위 이단들의 영향력에 대해 지적한다. 세상의 초등학문이 아무런 가치가 없는 것은 아니겠지만 그 원리와 세상 자체를 창조하신 그리스도라는 근본을 원리로 삼아 세상을 살고 세상을 해석하는 것이 그리스도인의 삶의 자세이다.

3. 충만한 신성

온 세상을 창조하신 삼위일체 하나님의 위격 중 하나이신 그리스도의 신성으로 말미암아 그 육체에 대해 부정하는 움직임이 있었다. 영지주의라는 이 흐름을 바울은 강하게 경계한다. 그리스도는 육신으로 거하셨기에 그 형태에 있어서도, 속성에 있어서도 완전한 사람이셨다. 그러나 동시에 하나님의 속성, 즉 신성이 그 안에 부족함 없이 가득했다.

4. 인간의 충만

인간은 혼자서 신성의 충만을 경험할 수 없다. 본문에서는 당연히 그리스도 안에서 충만한 신성을 인간도 충만하게 누릴 수 있다는 의미인데, 사람이 어떤 노력을 해서 충만해지는 것이 아니라 그리스도 안에 인간이 거하기 때문에 그 결과로 우리도 충만해진다는 말씀이다.

5. 육적 몸을 벗는 것

그리스도인은 모두 할례를 받은 사람들이다. 물론 유대인들처럼 율법의 규율을 지키는 의미에서의 할례가 아니다. 그것은 육적 몸을 벗는 것이다. 육적 몸은 죄에 오염된 인간의 현실을 말한다. 신성으로 충만한 것과 대조되는 상태이다. 이 죄는 과감하게 잘라내는 것이 맞다. 그래서 그리스도의 할례가 여전히 우리에게 필요하다. 죄의 영향 아래 있는 바로 그 몸을 벗으면 그리스도로 말미암아 충만한 신성을 의지해 살게 된다.

📖 평행 본문

시편 85

¹ 주님, 주님께서 주님의 땅에 은혜를 베푸시어, 포로가 된 야곱 자손을 돌아오게 하셨습니다. ² 주님의 백성들이 지은 죄악을 용서해 주시며, 그 모든 죄를 덮어 주셨습니다. (셀라) ³ 주님의 노여움을 말끔히 거두어 주시며, 주님의 맹렬한 진노를 거두어 주셨습니다. ⁴ 우리를 구원해 주신 하나님, 우리에게 다시 돌아와 주십시오. 주님께서 우리에게 품으신 진노를 풀어 주십시오. ⁵ 주님께서 우리에게 영원히 노하시며, 대대로 노여움을 품고 계시렵니까? ⁶ 주님의 백성이 주님을 기뻐하도록 우리를 되살려 주시지 않겠습니까? ⁷ 주님, 주님의 한결 같은 사랑을 보여 주십시오. 우리에게 주님의 구원을 베풀어 주십시오. ⁸ 하나님께서 무엇을 말씀하시든지, 내가 듣겠습니다. 주님께서 우리에게 평화를 약속하실 것입니다. 주님께서는, 주님의 백성 주님의 성도들이 망령된 데로 돌아가지 않는다면, 진정으로 평화를 주실 것입니다. ⁹ 참으로 주님의 구원은 주님을 경외하는 사람에게 가까이 있으니, 주님의 영광이 우리 땅에 깃들 것입니다. ¹⁰ 사랑과 진실이 만나고, 정의는 평화와 서로 입을 맞춘다. ¹¹ 진실이 땅에서 돋아나고, 정의는 하늘에서 굽어본다. ¹² 주님께서 좋은 것을 내려 주시니, 우리의 땅은 열매를 맺는다. ¹³ 정의가 주님 앞에 앞서가며, 주님께서 가실 길을 닦을 것이다. 〈새번역〉

먼 옛날 하나님이 이스라엘에게 은혜를 베푸셨다. 하나님을 망각했을 때 이들이 하나님의 심판을 받았다(4절). 다시 그 시절로 돌아갈 수는 없다. 그래서 온전한 은혜를 구한다. 하나님은 다시 망령된 데로 돌아가지 않기를 원하시고 그때에야 희망이 있다(8절). 주님이 긍휼을 베푸시기만 하면 이 세상에 의와 화평이 충만하게 될 것이다(10절). 진리와 정의가 세상을 다스리는 원리가 될 것이다(11절). 주님은 정의를 앞세우시는 분이다(13절).

누가복음 11:1-13

¹ 예수께서 어떤 곳에서 기도하고 계셨는데, 기도를 마치셨을 때에 그의 제자들 가운데 한 사람이 그에게 말하였다. "주님, 요한이 자기 제자들에게 기도하는 것을 가르쳐 준 것과 같이, 우리에게도 그것을 가르쳐 주십시오." ² 예수께서 그들에게 말씀하셨다. "너희는 기도할 때에, 이렇게 말하여라. '아버지, 그 이름을 거룩하게 하여 주시고, 그 나라를 오게 하여 주십시오. ³ 날마다 우리에게 필요한 양식을 내려 주십시오. ⁴ 우리의 죄를 용서하여 주십시오. 우리에게 빚진 모든 사람을 우리가 용서합니다. 우리를 시험에 들지 않게 하여 주십시오.'" ⁵ 예수께서 그들에게 말씀하셨다. "너희 가운데 누구에게 친구가 있다고 하자. 그가 밤중에 그 친구에게 찾아가서 그에게 말하기를 '여보게, 내게 빵 세 개를 꾸어 주게. ⁶ 내 친구가 여행 중에 내게 왔는데, 그에게 내놓을 것이 없어서 그러네!' 할 때에, ⁷ 그 사람이 안에서 대답하기를 '나를 괴롭히지 말게. 문은 이미 닫혔고, 아이들과 나는 잠자리에 누웠네. 내가 지금 일어나서, 자네의 청을 들어줄 수 없네' 하겠느냐? ⁸ 내가 너희에게 말한다. 그 사람의 친구라는 이유로는, 그가 일어나서 청을 들어주지 않을지라도, 그가 졸라대는 것 때문에는, 일어나서 필요한 만큼 줄 것이다. ⁹ 내가 너희에게 말한다. 구하여라, 그리하면 너희에게 주실 것이다. 찾아라, 그리하면 찾을 것이다. 문을 두드려라, 그리하면 너희에게 열어 주실 것이다. ¹⁰ 구하는 사람마다 받을 것이요, 찾는 사람마다 찾을 것이요, 문을 두드리는 사람에게 열어 주실 것이다. ¹¹ 너희 가운데 아버지가 된 사람으로서 아들이 생선을 달라고 하는데, 생선 대신에 뱀을 줄 사람이 어디 있으며, ¹² 달걀을 달라고 하는데 전갈을 줄 사람이 어디에 있겠느냐? ¹³ 너희가 악할지라도 너희 자녀에게 좋은 것들을 줄 줄 알거든, 하물며 하늘에 계신 아버지께서야 구하는 사람에게 성령을 주시지 않겠느냐?"〈새번역〉

제자들이 예수님에게 기도를 가르쳐 주시기를 청한다. 예수님은 주님의 기도를 가르쳐 주신다. 이를 위해서 비유로 응답의 방법을 알려 주신다. 구하면 주실 것이고, 찾으면 찾을 것이다. 예수님은 우리가 두드리면 문을 열어 주실 것이다. 그러나 이런 기도도 포기하면 안 된다. 인내하며 기도할 때 하나님은 우리에게 가장 적합하고 가장 좋은 것으로 응답하신다.

🚪 설교를 위한 적용

오늘에 적용

- **6절 "안에서 행하되"** : 주님을 적극적으로 따라야 한다. 우리가 바로 예수님을 마음에 받아들인 주체이다. 강제로 떠맡은 것이 아니다. 우리 마음의 문을 열고 주님을 받았기 때문에 자발적으로 그 안에서 행해야 한다.

- **7절 "감사함을 넘치게"** : 감사가 그치지 않아야 한다. 그리스도 안에서 성장할 기틀이 마련되었다. 든든하게 뿌리를 내렸기에 더욱 성장할 수 있다. 그렇다면 다음 단계는 하나님께 감사하는 것이다. 감사가 그저 있는 상태가 아니라 충만하게 흘러넘치는 것이 세움을 입은 사람의 모습이다.

- **12절 "하나님의 역사를 믿음으로"** : 하나님의 일하심을 믿어야 한다. 세례는 인간에게 있어서 죄에 대하여 완전히 죽게 된 후에 다시 살아나는 과정이다. 이 일을 하신 분은 하나님이시다. 그 하나님의 역사를 믿을 때에야 다시 일어섬에 동참할 수 있다.

- **16절 "비판하지 못하게"** : 부당한 비판을 거부해야 한다. 당시 율법주의자들은 예수님의 가르침과는 달리 율법에 명시되고 전통적으로 지켜왔던 먹는 것과 마시는 것, 절기에 관한 것들을 강제했다. 그러나 그리스도로 말미암아 이런 것들을 지키지 않는 사람들에 대한 비평들은 더이상 효력이 없는 것이 되었다.

- **18절 "정죄하지 못하게"** : 하나님의 상을 기대해야 한다. '정죄하지 못하게'

의 원 단어에는 상을 받지 못할 것이라는 의미가 담겨 있다. 즉 부정적으로 보거나 불리하게 판정하는 것을 의미한다. 당시에는 천사를 과장해서 숭배하는 이단이 있었다. 하나님의 자녀들이 바로 우리라는 사실을 부정했다. 숭배의 대상은 천사가 아닌 오직 하나님이다. 이단들은 우리를 부정하지만 숭대의 대상을 명확히 하면 하나님이 우리에게 마땅한 상을 주실 것이다.

설교 개요

• 바울은 옥중에서 골로새서를 집필했다. 감옥은 부족한 것이 많은 곳이다. 먹을 것이며 입을 것이 자유의 몸일 때보다 많을 리가 없다. 바울이 이런 길고 지루한 수감 생활을 견딘 비결이 무엇이었을까?

• 바울은 단순히 이 생활을 버틴 것이 아니다. 그는 그 안에서 부족함이 없는 상태, 즉 충만한 상태를 이야기한다. 결핍을 체감하는 상황에서 그는 오히려 모든 것에 부족함이 없는 상태를 성도들에게 이야기하고 있다.

• 그 비결은 그리스도 안에 거하는 것이었다. 현실의 몸은 구속 중에 있고, 입에 들어가는 것은 매우 제한되어 있으며, 마음은 위축되어 있을 수밖에 없는 상황이었지만, 본질적으로 바울은 그리스도 안에 거하고 있었다.

• 그리스도 안에 거하면 그리스도와 관계를 형성하게 된다. 그리스도는 감옥을 포용하고, 도시를 넘어서며, 온 세계를 품에 품으신 세상의 주인이시다. 그 그리스도 안에 거하면 나도 감옥 문을 박차고 세상과 연결이 되게 된다.

• 나아가 그리스도 안에 거하면 더이상 나의 시선으로 자신을 바라보지 않게 된다. 그리스도의 눈과 귀로 세상을 보고 듣는다. 나의 입술마저도 그리스도를 통해 이야기한다. 이런 나에게 세상의 정사와 권세는 더이상 영향을 미치지 못한다. 그리스도만이 나를 주장할 수 있을 뿐이다.

설교를 위한 예화

알코올 중독자의 특징은 술을 절제하고 참다가 다시 술을 마시면 본인이 통제하지 못해 그 시간부터 술을 마셔야 한다는 점입니다. 그래서 이 형제는 저의 눈을 피해 술을 마셨고 그때부터 본인이 무슨 행동을 하는지조차 몰랐습니다. 수없이 많은 전과 기록 탓으로 목이 말라 물 한 잔 얻어먹으려고 이웃집에 들어가도 가중 처벌법에 걸려 높은 형벌을 받습니다. 막상 술을 깨고 정신을 차리면 교도소에 들어가 있는 본인을 발견하고 두려움과 후회로 괴로워합니다. 성진 씨는 조사와 재판을 받는 과정에 저를 끌어들여 보호를 받으려고 발버둥쳤습니다.

성진 씨는 최종 3년 6개월의 선고를 받고 그 기간 내내 법정에서 담임목사가 자신을 보장한다고 큰소리치는 수법으로 개척교회 목사인 저를 철저하게 이용했습니다. 교도소당 1년씩 수감됐습니다. 해남교도소, 광주교도소, 진주교도소, 그리고 청송교도소. 형님과 두 누님이 있었지만 40년 넘도록 절망감과 실망을 안겨준 탓에 그들은 이제 가족의 연을 끊었습니다. 이 때문에 다른 교도소로 이감되면 법무부는 저에게 문자를 보내왔습니다. 그리고 며칠 지나면 편지가 옵니다. "돈 20만 원이 필요합니다. 면회 와주십시오."

저는 교도소 간판만 봐도 맘이 편치 않습니다. 특히 청송교도소는 왜 그리 무서운 곳에 있고 멀기는 왜 그리 먼지 다시는 면회 가는 일이 없기를 기도했습니다. 처음에는 안 가려고 했습니다. 바쁘기도 하고 영치금 20만 원에, 왕복 선박 운임, 고속도로 통행료, 그리고 기름값만 한 번에 최소한 30만 원이 들어가는데 이 긴 시간을 제가 왜 돌봐야 하는지 갈등이 없었겠습니까. 또 한 번 질문을 드립니다. "교회가 이런 사람을 위해 물질을 드려가며 저 영혼을 구원해야 합니까?" 그렇게 1년에 평균 4번을 교도소 면회를 갔는데 30×16=480만 원입니다. 짜장면 한 그릇 맘 놓고 못 시키고 목회하는 개척교회 목사에겐 작은 액수가 아닙니다. 물론 그 형제의 협박과 위협 때문에 억지로 하는 것은 아니었지만, 그러나 저를 면회 오게끔 하는 그 수법이 참 기가 막힙니다. 편지는 어쩌면 그렇게도 잘 쓰는지, 누군가 뒤에서 도움을 주는 것인지는 몰라도, 아마 박목월 시인이 한 수 배워야 할 정도의 문장력으로 평소 모르던 성경 구절을 어쩌면 그리도 잘 갖다 붙이는지 모르겠습니다. 개척교회 목사가 자기의 담임이기에 불쌍한 양을 돌봐줘야 한다면서 편지는 매달 두 통씩 왔습니다. 뻔한 이야기의 반복이었습니다.

교도소 면회는 절기 예배를 마치고 그 주 월요일에 갔습니다. 성탄절, 부활절, 맥추절, 추수감사절. 절기 예배를 드리면서 특별히 섬사람들을 전도해 절기가 무엇인지 가르치고 그 절기에 고아와 과부, 나그네를 돌봐야 한다는 신명기 16장 11절 말씀의 귀중함을 알려 주고, "옥에 갇혔을 때 너희가 돌보았으며"(마 25:36)라는 말씀을 실천해 보려고 진주교도소는 5시간을 달려야 했고, 청송교도소는 무서운 고갯길을 넘어서 9시간이나 걸렸습니다. 저는 이틀에 걸쳐 걸리는 교도소 가는 길을 기도하며 찬송하며 혼자 고래고래 소리도 지르면서 종의 자리에서 벗어나지 않게 해 달라고 통곡하며 기도하는 나 홀로 부흥회도 많이 했습니다. 그렇습니다. 종은 억울함을 견뎌야 했고 덤터기를 뒤집어써도 감사해야 했고, 그래서 이 사역을 안 하면 나중에 꼭 후회할 것만 같았습니다.

한 영혼을 구원하는 일에는 시간과 물질과 많은 값을 지불해야 합니다. 어떤 선교사님은 이슬람 국가에서 14년을 선교했지만 한 사람도 전도하지 못했다고 했습니다. 그 비용과 수고는 얼마나 많았겠습니까. 저의 지난 4년간의 작은 수고는 거기에 비길 수 없습니다. 그래서 코로나 시기에도 까다로운 절차를 견디며 법무부도 감당하지 못하는 성진 씨를 주님의 사랑으로 살리고 싶었습니다. 개척교회 목사의 등골을 빼먹고도 미안함을 모르는 저 영혼을 위해 말입니다.

〈변상호 목사, 「국민일보」, 2024.08.12., "낙도에서 전해 온 전도 이야기(9) 목사 등골을 빼 먹고도 미안함을 모르는 그를…", https://www.kmib.co.kr/article/view.asp?arcid=0020414168〉

성진 씨는 감옥에서 세상을 원망하며 계속해서 외부의 도움을 요청한 모양이다. 채워도 채워도 끊임없는 갈증은 비단 감옥에 있는 성진 씨에게만 해당하는 이야기는 아니다. 그리스도 안에서 충만함의 비결을 얻기까지 우리 모두가 해결해야 할 삶의 질문이다.

오순절 후 여덟 번째 주일

❖ **성서정과** 시 107:1-9, 43; 호 11:1-11; 골 3:1-11; 눅 12:13-21

예배로 부름 Call to Worship

너희는 여호와께 감사하며 그의 이름을 불러 아뢰며 그가 행하신 일을 만민 중에 알릴지어다 그에게 노래하며 그를 찬양하고 그의 모든 기사를 전할지어다 그의 성호를 자랑하라 여호와를 구하는 자마다 마음이 즐거울지로다(대상 16:8-10)

예배 기원 Invocation

만주의 주가 되시고, 만왕의 왕이 되신 하나님 아버지! 찬송과 영광과 경배를 올려드립니다. 거룩한 주일 아침에 세상의 쾌락과 육신의 정욕을 취하기 위해서 세상으로 나가지 아니하고 아버지께서 기다리고 계신 성전으로 나와 예배하게 하시니 참으로 감사드립니다. 이 소중하고 아름다운 예배를 통하여 삼위일체 거룩하신 하나님의 임재를 경험하게 하시고, 오직 하나님께만 영광을 돌리는 시간이 되게 하여주옵소서. 하나님께서는 자녀들이 당하고 있는 처지와 형편을 잘 알고 계시오니, 이 믿음 안에서 우리 모두 세상의 걱정과 근심을 내려놓게 하시고, 오직 하나님만을 신뢰하며 평안함 중에서 예배하게 하옵소서. 예수 그리스도의 이름으로 기원하옵나이다. 아멘.

이 주일의 찬송 Hymns

예부터 도움 되시고(71장) / 위에 계신 나의 친구(92장)

귀하신 주여 날 붙드사(433장) / 내 평생 소원 이것뿐(450장)

저 높은 곳을 향하여(491장) / 하늘 가는 밝은 길이(493장)

성시교독　Responsive Readings

인도자　¹ 여호와께 감사하라 그는 선하시며

회 중　**그 인자하심이 영원함이로다**

인도자　² 여호와의 속량을 받은 자들은 이같이 말할지어다 여호와께서 대적의 손에서 그들을 속량하사

회 중　**³ 동서 남북 각 지방에서부터 모으셨도다**

인도자　⁴ 그들이 광야 사막 길에서 방황하며 거주할 성읍을 찾지 못하고

회 중　**⁵ 주리고 목이 말라 그들의 영혼이 그들 안에서 피곤하였도다**

인도자　⁶ 이에 그들이 근심 중에 여호와께 부르짖으매 그들의 고통에서 건지시고

회 중　**⁷ 또 바른 길로 인도하사 거주할 성읍에 이르게 하셨도다**

인도자　⁸ 여호와의 인자하심과 인생에게 행하신 기적으로 말미암아 그를 찬송할지로다

회 중　**⁹ 그가 사모하는 영혼에게 만족을 주시며 주린 영혼에게 좋은 것으로 채워 주심이로다**

다같이　⁴³ 지혜 있는 자들은 이러한 일들을 지켜보고 여호와의 인자하심을 깨달으리로다

고백의 기도　Prayer of Confession

불꽃 같은 눈으로 온 세상을 감찰하시는 하나님 아버지! 하나님께서는 저희에게 "무엇에든지 참되며 무엇에든지 경건하며 무엇이든지 옳으며 무엇에든지 정결하며 무엇에든지 사랑받을 만하며 무엇에든지 칭찬받을 만한 삶을 살라"고 요구하셨습니다. 그러나 저희는 하나님의 뜻과는 어긋나게 거짓이 많았고 경건하지 못하였으며 불의하였으며 더럽고 누추한 말과 행동을 하며 지탄받을 수밖에 없는 삶을 살았습니다. 믿음의 공동체 안에서는 예배하며 말씀을 들으며 기도하는 모습을 자랑했으나, 혼자 남게 되는 시간과 환경 안에서는 경건한 삶을 포기했습니다. 진리의 말씀대로 살지 못했던 지난날의 모든 죄를 숨김없이 고백하오니 모두 용서해 주옵소서. 예수님의 이름으로 이 고백의 기도를 드립니다. 아멘.

사함의 확신　Assurance of Forgiveness

여호와께서 말씀하시되 오라 우리가 서로 변론하자 너희의 죄가 주홍 같을지라도 눈과 같이 희어질 것이요 진홍 같이 붉을지라도 양털 같이 희게 되리라(사 1:18)

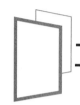

그리스도와 함께하는 새 사람

본문의 접근

본문의 재경청   골 3:1-11

¹ 그러므로 여러분이 그리스도와 함께 살려 주심을 받았으면, 위에 있는 것들을 추구하십시오. 거기에는, 그리스도께서 하나님의 오른쪽(덱시오스, δεξιός, right)에 앉아 계십니다. ² 여러분은 땅에 있는 것들을 생각하지 말고, 위에 있는 것들을 생각하십시오. ³ 여러분은 이미 죽었고, 여러분의 생명은 그리스도와 함께 하나님 안에 감추어져 있습니다. ⁴ 여러분의 생명이신 그리스도께서 나타나실 때에, 여러분도 그분과 함께 영광에 싸여 나타날 것입니다. ⁵ 그러므로 땅에 속한 지체의 일들, 곧 음행(폴네이아, πορνεία, fornication)과 더러움과 정욕과 악한 욕망과 탐욕을 죽이십시오. 탐욕은 우상숭배(에이돌롤라트레이아, εἰδωλολατρεία, idolatry)입니다. ⁶ 이런 것들 때문에, [순종하지 않는 자들에게] 하나님의 진노가 내립니다. ⁷ 여러분도 전에 그런 것에 빠져서 살 때에는, 그렇게 행동하였습니다. ⁸ 그러나 이제 여러분은 그 모든 것, 곧 분노와 격분과 악의와 훼방과 여러분의 입에서 나오는 부끄러운 말을 버리십시오. ⁹ 서로 거짓말을 하지 마십시오. 여러분은 옛 사람을 그 행실과 함께 벗어버리고, ¹⁰ 새(네오스, νέος, new) 사람을 입으십시오. 이 새 사람은 자기를 창조하신 분의 형상을 따라 끊임없이 새로워져서, 참 지식에 이르게 됩니다. ¹¹ 거기에는 그리스인과 유대인도, 할례 받은 자와 할례 받지 않은 자도, 야만인도 스구디아인도, 종도 자유인도 없습니다. 오직 그리스도만이 모든 것이며, 모든 것

안에 계십니다. 〈새번역〉

본문 개관

바울이 골로새 교회의 사정을 들었을 때 새롭게 전도된 교회를 위하여 바울은 붓을 들지 않을 수 없었다. 영지주의의 잘못된 가르침은 여전히 성도들을 미혹했다. 천사숭배라는 우리의 약한 부분을 파고드는 거짓교사들의 선동도 그냥 둘 수 없는 문제였다. 이 모든 그릇된 가르침을 이겨낼 교훈은 그리스도와 십자가의 핵심 교리뿐이었다. 바울은 편지를 통해 방향을 제시한다. 지금 지상에서 어떻게 살아야 할 것인가와 앞으로 있게 될 일에 대한 기대가 올바른 신앙으로 이끌 수 있었다.

본문 분석

1. 하나님 우편에(1절)

그리스도께서 하늘에 오르셨다. 그리고 하나님 아버지의 오른편에 앉아 계신다. 힘, 권위, 능력 등을 상징하는 쪽이 바로 오른편이다. 그리스도이신 예수님께서 온 세상을 다스리시는 권세를 갖고 계시다는 뜻이다.

2. 감추어졌음이라(3절)

그리스도를 믿는 순간 우리의 생명은 악한 사단 마귀의 권세에서 풀려난다. 그리스도와 함께 하나님의 보호 아래 들어가는데, 우리의 모습이 보이든 보이지 않든 우리는 하나님의 보호하심 가운데 있게 되고 하나님의 능력으로 인도하심을 받게 된다.

3. 나타나리라(4절)

하나님 아래 보호받고 감추어졌던 우리의 생명이 마침내 온 세상에 드러날 때가 오는데 바로 그리스도께서 재림하시는 날이다. 그날 만천하에 그리스도와 함께하고 있는 우리의 모습이 나타날 것이다.

4. 부정과 사욕(5절)

하늘을 바라보며 사는 그리스도인은 다섯 가지를 버려야 하는데 그 중 두 가지가 부정과 사욕이다. 부정은 깨끗하지 못한 상태를 말한다. 사욕은 정욕과는 구별되는데 악한 생각이 드는 것을 말한다. 정욕은 이에 반해 더욱 능동적인 상태를 말한다.

5. 노여움과 악의(8절)

성도가 마땅히 벗어버려야 할 것은 다른 이들을 해치기까지 하려는 마음이다. 악의는 비도덕적인 일을 자행하는 나쁜 행위 등을 의미한다. 이 모든 것들은 지속해서는 안 되는 것들이다.

본문의 신학

1. 그리스도와 함께 살리심

우리는 모두 새로운 생명을 얻었다. 옛 사람은 죽었다. 그런데 이런 살리심은 그리스도와 함께 이루어진 일이다. 그리스도도 살아나셨고, 우리도 살아났다. 하나님의 아들은 죄가 없으시지만 인간의 몸으로 우리를 위해 죽임을 당하셨다. 예수님은 부활 이후 하나님 우편에 앉아 계신다. 그곳에서 죄로 인해 죽을 수밖에 없는 우리에게 다시 살아날 기회를 주셨다. 그리스도의 공로로 우리는 다시 살리심을 얻는다.

2. 우리의 죽음

예수님은 부활 이후 하늘 보좌에 오르셔서 하나님 우편에 앉아 계신다. 우리는 죽음 이후 곧바로 예수님처럼 육신의 부활을 체험하지는 못한다. 그러나 이미 영적으로 하나님과 아버지와 자녀의 관계를 형성했기 때문에 우리의 영은 하나님과 함께할 수 있다.

3. 죽음 이전의 삶

이 땅에서 여전히 살고 있는 우리는 그리스도와 함께 살리심을 받은 상태이다. 그러나 육신으로 말미암아 아직 하나님과 막힘없고 온전한 교제에 들어가지는 못한다. 그러나 이미 의롭다 하심을 얻은 상태이기 때문에 우리의 삶은 더이상 땅에 있는 것들을 추구해서는 안 된다. 죄인이었던 상태에서 하나님의 자녀가 되었기에 아직 옛 습관과 옛 사고의 영향을 받는다. 그래서 의지적으로 하늘의 신령한 것들을 사모해야 한다.

4. 죄에 대한 사망

우리가 땅에 살면서 땅엣 것을 생각하지 말고 하늘을 바라보며 살아야 하는 이유는 우리에게 원칙적으로 죄를 행할 능력이 없기 때문이다. 이상한 말이기는 하나 우리는 이미 죄에 대해 죽은 상태이다. 그리스도와 함께 골고다 언덕에서 우리의 과거는 사망했다. 세례와 함께 옛 사람은 죽었다. 따라서 죄 가운데 살던 우리는 원칙적으로는 그 능력을 상실했다. 이런 내가 죄에 대해서 다시 산다는 것은 신앙인의 원리에서 불가능한 일이다.

5. 영광 중 나타남

죄에 대해서는 죽었지만 여전히 우리는 하나님 안에 거한다. 그리스도와 함께 우리의 생명이 하나님 안에 있기 때문이다. 그리스도께서 다시 나타나실 때 우리도 영광 중에 다시 나타날 것이다. 그리스도와 연합이 되어 있기 때문이다. 그때와 장소가 어디일지는 알 수가 없다. 그러나 그리스도께서 말씀하신 바와 같이 반드시 다시 나타나실 것이다.

📖 평행 본문

호세아 11:1-11

[1] "이스라엘이 어린 아이일 때에, 내가 그를 사랑하여 내 아들을 이집트에서 불러냈다. [2] 그러나 내가 부르면 부를수록, 이스라엘은 나에게서 멀리 떠나갔다. 짐승을 잡아서 바알 우상들에게 희생제물로 바치며, 온갖 신상들에게 향을 피워서 바쳤지만, [3] 나는 에브라임에게 걸음마를 가르쳐 주었고, 내 품에 안아서 길렀다. 죽을 고비에서 그들을 살려 주었으나, 그들은 그것을 깨닫지 못하였다. [4] 나는 인정의 끈과 사랑의 띠로 그들을 묶어서 업고 다녔으며, 그들의 목에서 멍에를 벗기고 가슴을 헤쳐 젖을 물렸다. [5] 이스라엘은 이집트 땅으로 되돌아가게 될 것이다. 이스라엘은 앗시리아의 지배를 받게 될 것이다. 그들이 나에게로 돌아오기를 거부하기 때문이다. [6] 전쟁이 이스라엘의 성읍을 휩쓸고 지나갈 때에, 성문 빗장이 부서질 것이다. 그들이 헛된 계획을 세웠으니 칼이 그들을 모조리 삼킬 것이다. [7] 내 백성이 끝끝내 나를 배반하고, 바알을 불러 호소하지만, 그가 그들을 일으켜 세우지 못할 것이다. [8] 에브라임아, 내가 어찌 너를 버리겠느냐? 이스라엘아, 내가 어찌 너를 원수의 손에 넘기겠느냐? 내가 어찌 너를 아드마처럼 버리며, 내가 어찌 너를 스보임처럼 만들겠느냐? 너를 버리려고 하여도, 나의 마음이 허락하지 않는구나! 너를 불쌍히 여기는 애정이 나의 속에서 불길처럼 강하게 치솟아 오르는구나. [9] 아무리 화가 나도, 화나는 대로 할 수 없구나. 내가 다시는 에브라임을 멸망시키지 않겠다. 나는 하나님이요, 사람이 아니다. 나는 너희 가운데 있는 거룩한 하나님이다. 나는 너희를 위협하러 온 것이 아니다." [10] 주님께서 사자처럼 부르짖으신다. 이스라엘 사람들이 주님의 뒤를 따라 진군한다. 주님께서 친히 소리 치실 때에, 그의 아들딸들이 서쪽에서 날개 치며 빨리 날아올 것이다. [11] 이집트 땅에서 참새 떼처럼 빨리 날아오고, 앗시리아 땅에서 비둘기처럼 날아올 것이다. "내가 끝내 그들을 고향집으로 돌아오게 하겠다. 나 주의 말이다." 〈새번역〉

북왕국 이스라엘은 지속적으로 하나님을 거부한다. 하나님은 계속해서 선지자들을 보내셨다. 그러나 그렇게 하면 할수록 하나님께 돌아오는 것이 아니라 오히려 바알 앞으로 나갔다. 그러나 이런 방법으로는 자신들의 생각처럼 되지 않는다. 출애굽 이후 애굽에 돌아가기 원했지만 그렇게 하지도 못했고 그것이 답이지도 않았다. 북왕국은 오히려 자신들의 계책을 더욱 의지한다. 이런 모습에도 불구하고 하나님은 다시 아버지의 마음으로 긍휼을 베푸신다. 회복을 약속하신다.

누가복음 12:13-21

¹³ 무리 가운데서 어떤 사람이 예수께 말하였다. "선생님, 내 형제에게 명해서, 유산을 나와 나누라고 해 주십시오." ¹⁴ 예수께서 그에게 말씀하셨다. "이 사람아, 누가 나를 너희의 재판관이나 분배인으로 세웠느냐?" ¹⁵ 그리고 사람들에게 말씀하셨다. "너희는 조심하여, 온갖 탐욕을 멀리하여라. 재산이 차고 넘치더라도, 사람의 생명은 거기에 달려 있지 않다." ¹⁶ 그리고 그들에게 비유를 하나 말씀하셨다. "어떤 부자가 밭에서 많은 소출을 거두었다. ¹⁷ 그래서 그는 속으로 '내 소출을 쌓아둘 곳이 없으니, 어떻게 할까?' 하고 궁리하였다. ¹⁸ 그는 혼자 말하였다. '이렇게 해야겠다. 내 곳간을 헐고서 더 크게 짓고, 내 곡식과 물건들을 다 거기에다가 쌓아 두겠다. ¹⁹ 그리고 내 영혼에게 말하겠다. 영혼아, 여러 해 동안 쓸 많은 물건을 쌓아 두었으니, 너는 마음놓고, 먹고 마시고 즐겨라.' ²⁰ 그러나 하나님께서 말씀하셨다. '어리석은 사람아, 오늘밤에 네 영혼을 네게서 도로 찾을 것이다. 그러면 네가 장만한 것들이 누구의 것이 되겠느냐?' ²¹ 자기를 위해서는 재물을 쌓아 두면서도, 하나님께 대하여는 부요하지 못한 사람은 이와 같다." 〈새번역〉

예수님은 제자들에게 탐심을 경계할 것을 가르치신다. 인간의 생명은 인간이 가진 것으로 결정되지 않는다. 오히려 많이 가지면 가질수록 우리의 삶은 버거워지고 생명은 사그라든다. 비유의 부자는 이 사실을 몰랐다. 자신의 노력으로 무엇을 이루었다고 생각했기에 자신의 판단을 의지해 창고를 더 크게 준비한다. 그러나 인간의 생명은 인간이 쌓은 경험으로도 어찌할 수 없다.

📖 설교를 위한 적용

오늘에 적용

- **1절 "위의 것을"** : 생각의 범위를 정해야 한다. 죄인일 때는 죄 된 것을 생각한다. 땅을 바라보면서 살기 마련이다. 그러나 그리스도와 함께 살리심을 받은 사람이라면 생각의 범위가 땅을 벗어남이 마땅하다.
- **5절 "지체를 죽이라"** : 땅에 거한 지체는 죽여야 한다. 그리스도인은 자신에게 속한 악한 속성인 음란과 부정과 사욕과 악한 정욕과 탐심을 멀리해야 한다. 이런 습성들은 모두 땅에 거한 육신이 추구하는 죄악이다.
- **8절 "벗어버리라"** : 하나님의 진노를 피해야 한다. 땅에 속한 악한 속성은 벗어버릴 수 있는 것들이다. 그 습성을 유지하면 하나님의 진로를 피할 수 없다. 그러나 영원히 우리를 구속할 수 없는 것들이기에 옷을 벗어버리듯 멀리할 수 있다.
- **9절 "거짓말을 하지 말라"** : 사람 사이에도 거짓말을 하지 말아야 한다. 하나님께 대해서 거짓말을 하지 않을 생각을 하기 전에 사람 사이에도 거짓말을 하지 말아야 한다. 사람은 속이기 쉽다고 생각할 수 있다. 그러나 하나님은 우리가 서로 정직해야 한다고 강조하신다.
- **10절 "새 사람을 입었으니"** : 새 사람에 합당하게 살아야 한다. 옛 사람은 세례로 말미암아 죽었다. 옛 사람과 그에 따른 행위는 벗어야 한다. 새로운 사람이 우리를 위해서 준비되었다.

설교 개요

- 거울을 보면 예전의 날렵했던 모습과 다른 나 자신을 발견하고는 한다. 이렇

게 몸무게가 생각보다 많이 늘어나면 다이어트를 시작하는 사람이 많다. 체중이 불었다는 것은 그렇지 않은 때가 있었다는 말이다. 육신의 건강을 위해서 이렇게 노력을 한다.

- 그러면 영적인 건강을 위해서 우리가 하는 것은 무엇인가? 역시 예전으로 돌아가는 방법을 생각할 수 있다. 옛 아담은 하나님과 낙원에 거했다. 하나님은 처음부터 우리와 단절되어 있지 않았다. 인간은 뱀의 유혹 이후 죄와 씨름하며 살게 되었다. 영적인 건강의 회복은 여기부터가 시작이다.
- 그렇다고 지금 다시 에덴동산으로 돌아갈 수는 없을 것이다. 성경은 방법이 있다고 한다. 그리스도이신 예수님과 하나가 되는 것이다. 이것은 하나님과 아름다운 관계를 회복하는 것으로 요약할 수 있다. 하나님과 우리를 가로막는 죄의 권세에서 놓임을 받은 우리는 죄에 대해서 죽었고, 하나님과 친밀한 관계를 회복할 수 있다.
- 그러나 우리의 육신은 여전히 죄의 영향력 아래 놓여 있다. 그래서 우리를 향한 유혹이 시시때때로 우리를 현혹한다. 이럴 때 우리는 땅에 있는 지체를 다시 죽이는 노력을 지속해야 한다. 동시에 하늘을 바라보며 하나님의 영광을 위해 살 것을 다짐해야 한다.
- 이미 우리는 그리스도를 믿음으로 말미암아 죄에 대해서 죽은 몸이다. 아직 세상 마지막 날의 완전한 부활에 동참하지 못하고 있을 뿐이다. 그렇다고 우리의 부활이 아직 시작되지 않은 것도 아니다. 하나님과 함께 영원히 거하는 부활의 여정은 이미 시작되었다. 그리스도의 다시 오심으로 말미암아 완성될 부활을 충분히 꿈꿀 수 있게 되었다.

설교를 위한 예화

그가 3년 6개월의 시간을 보내고 드디어 집으로 오는 과정도 순탄치 않았습니다. 청송에서 고향 섬으로 오는 차비도 없었습니다. 문제는 기초생활 수급이 허락되는 3개월간의 생활비였습니다. 저는 다시 이전처럼 교회에서 부담하기로 작정하고 밀린 공과금도 납부해 수도와 전기가 그의 집으로 연결되도록 했습니다. 5월이어도 날씨는 쌀쌀했던 탓에 생필품을 비롯한 거주 준비를 갖춰 나갔습니다. 비뚤어진 사람들의 특성이 그렇듯 그는 고마움을 몰랐고, 본인은 아니라고 하지만 습관적인 거짓말을 태연하게 하면서 양심의 가책도 없이 행동 했습니다. 그럴 때마다 이 형제에게서 희망은 전혀 보이지 않았습니다.

그런 와중에 스마트폰이 필요하다고 하면서 당장 사달라고 날마다 졸라댔습니다. 전화를 개설하려 하니 그동안 밀린 14만 원의 연체금을 물어야 했습니다. 그는 나중에 곱절로 갚아 주겠다며 애걸복걸했고, 결국 밀린 연체금은 법무부 직원들이 십시일반 돈을 거둬 내주었고 3개월 비용은 제가 부담해 드디어 전화를 개통해 줬습니다. 딱히 전화 올 곳도 없는 데도 그는 전화가 생기자 연신 좋아했습니다.

때로는 거짓말인 줄 알지만 마음을 잘 추슬러서 또다시 교도소에 가는 일은 없어야 했기에 형제가 마음 붙이며 시간을 잘 보낼 수 있도록 닭 세 마리와 강아지를 사서 기르도록 했습니다. 그리고 마당 옆 텃밭에는 여러 가지 채소와 꽃을 심었고 시간 맞추어 물을 주도록 알려 주었는데, 신기하게도 그런 일들은 제가 가르치는 성경공부보다 더 효과가 좋았습니다.

닭이 알을 낳고 강아지는 주인의 신분이나 처지를 따지지 않고 눈에 보이기만 하면 좋다고 달려들고 반기는 모습에 그는 난생처음으로 생명을 자기 손으로 만지고 기르고 가꾸어 보는 체험을 하면서 너무 신기하게 여겼습니다. 그러면서 점차 옛날에도 없었던 행복한 웃음이 형제의 얼굴에서 보이기 시작했습니다.

저는 형제가 마음 붙이며 살도록 강아지 이름을 금주로 지었습니다. 비록 말 못 하는 짐승이지만 강아지를 기르는 주인이 원수 같은 술을 멀리하라고 그렇게 지었는데 이 형제는 그 이름이 영 못마땅한가 봅니다. 그래서 행여나 다른 이름으로 못 바꾸도록 개집 위에 '금주네집'이라고 지워지지 않도록 써놓았습니다.

전문가들의 의견으로는 이런 형제를 변화시킬 확률은 10%라고 하는데 그는 매일 달걀 두 개씩 닭장에서 꺼내 오면서 그것이 아까워 먹지도 못하면서 인생에서 처음으로 노력한 대가를 경험하고 있습니다. 또 형제의 삶에 고추, 깻잎, 상추, 오이, 호박 등 12가지 종류의 각종 채소가 자라기 위해 예쁘게 꽃들이 피어나고 있어서 한 영혼을 살려 보려고 발버둥 치는 이 종의 작은 희망에 언젠가 파릇파릇한 새싹이 날 것 같은 조짐이 보입니다.

닭장의 암탉은 약속을 잘 지켜 하루에 달걀 2개씩 꼭 내어줍니다. 그런데 사람의 돌 같은 마음은 하루 자고 나면 굳은 약속도 부도내곤 합니다. 길들이기 어렵다는 야생 짐승 같은 이 형제는 한 달만 되면 전화를 해서 이렇게 말합니다. "목사님, 저 오늘 몸이 너무 아파 교회를 하루 쉬겠습니다." 만약 사도 바울이 이런 말을 들었다면 학식과 인격을 갖춘 고린도전서 13장의 언어로 잘 타일렀을 것이고, 베드로 사도는 말고의 귀를 자른 그 경험으로 이 형제의 양쪽 귀 모두를 확 잘라버렸을 것 같은 상상을 해 봅니다. 제가 심어준 대추나무에는 올해도 열매가 주렁주렁 달립니다. 저 형제에게도 복음의 열매가 풍성하게 달려지길 두 손 모아 기도해 봅니다. 저는 그의 뻔뻔한 거짓말을 듣고 욕을 퍼부었습니다. "너 이 새끼 당장 안 오면 요절을 낼 테니 그런 줄 알아." 그 고함이 너무 컸던지 그는 그 자리에서 꼬리를 내리고 "알겠습니다. 가다가 죽더라도 가겠습니다" 하더군요. 전화를 끊고서야 저는 이런 모습 때문에 좋은 목사가 아니라는 게 들통이 난 것 같아 부끄러워집니다.

〈변상호 목사, 「국민일보」, 2024. 08. 26., "낙도에서 전해온 전도 이야기⑾ '당장 안 오면 요절을 낼 줄 알아'", https://www.kmib.co.kr/article/view. asp?arcid=0020459400〉

죄에서 멀어지는 것은 쉬운 일이 아니다. 그러나 옛 사람과 결별하면 새로운 삶이 시작된다. 여전히 유혹이 많지만 예전과 다른 사람이 된 것을 기억하면 된다. 그리스도로 말미암아 구원 받은 사람으로서 변화된 행동을 하는 자신을 발견하면 된다.

오순절 후 아홉 번째 주일 / 광복절 감사 주일

❖ **성서정과** 시 50:1-8, 22-23; 사 1:1, 10-20; 히 11:1-3, 8-16; 눅 12:32-40

예배로 부름   Call to Worship

여호와 우리 하나님이여 우리를 구원하사 여러 나라로부터 모으시고 우리가 주의 거룩하신 이름을 감사하며 주의 영예를 찬양하게 하소서 여호와 이스라엘의 하나님을 영원부터 영원까지 찬양할지어다 모든 백성들아 아멘 할지어다 할렐루야(시 106:47-48)

예배 기원   Invocation

인류의 역사를 주관하시는 하나님 아버지! 대한민국을 사랑하여 주셔서 광복절 감사 주일로 예배드리게 하시니 감사합니다. 하나님께서는 우리 민족이 국권을 잃고 신음하며 괴로워할 때에 이 백성의 기도를 들으시고 어깨에 메인 무거운 멍에와 고통의 사슬을 풀어 주셨습니다. 신사참배와 우상숭배의 치욕에서 벗어나게 하시고 자유롭게 하나님만 섬기며 예배할 수 있는 길도 열어 주셨습니다. 이 나라에 베풀어 주신 은혜에 감사드리며, 예수님의 이름으로 기원하옵나이다. 아멘.

이 주일의 찬송   Hymns

다 감사드리세(66장) / 주 예수 믿는 자여(178장) / 놀랍다 주님의 큰 은혜(251장)
이 세상의 모든 죄를(261장) / 때 저물어서 날이 어두니(481장)
이 눈에 아무 증거 아니 뵈어도(545장)

성시교독   Responsive Readings   시편 50:1-7, 23

인도자   ¹ 전능하신 이 여호와 하나님께서 말씀하사 해 돋는 데서부터 지는 데까지 세상을

부르셨도다

회 중	² 온전히 아름다운 시온에서 하나님이 빛을 비추셨도다
인도자	³ 우리 하나님이 오사 잠잠하지 아니하시니
회 중	그 앞에는 삼키는 불이 있고 그 사방에는 광풍이 불리로다
인도자	⁴ 하나님이 자기의 백성을 판결하시려고 위 하늘과 아래 땅에 선포하여
회 중	⁵ 이르시되 나의 성도들을 내 앞에 모으라 그들은 제사로 나와 언약한 이들이니라 하시도다
인도자	⁶ 하늘이 그의 공의를 선포하리니 하나님 그는 심판장이심이로다(셀라)
회 중	⁷ 내 백성아 들을지어다 내가 말하리라 이스라엘아 내가 네게 증언하리라 나는 하나님 곧 네 하나님이로다
인도자	²³ 감사로 제사를 드리는 자가 나를 영화롭게 하나니
회 중	그의 행위를 옳게 하는 자에게 내가 하나님의 구원을 보이리라

고백의 기도 Prayer of Confession

사랑의 하나님 아버지! 무더운 여름의 한가운데서 우리 자신을 돌아보며 회개합니다. 그동안 저희는 재물을 얻기 위해서라면 무더위를 무릅쓰고 일하였습니다. 더 높은 지위에 오르기 위해서라면 땡볕 밑에서 고생하는 것을 마다하지 않았습니다. 그러나 안타깝게도 하나님 나라를 위하여 힘쓰고 주님의 영광을 위하여 땀 흘린 기억은 별로 없습니다. 용서하여 주옵소서. 저희로 대한민국에 태어나서 자라고 생활하고 풍성한 삶을 영위하게 하신 하나님의 은혜에 감사할 줄 몰랐습니다. 믿음의 선진처럼 이 나라의 안보와 경제와 정치와 교육과 문화를 하나님의 장중에 맡기는 기도를 드리지도 않았습니다. 하나님께로부터 받은 모든 풍요와 은혜는 깨닫지 못하고 오히려 불평하고 불만을 드러내며 살았던 지난날의 어리석음을 용서해 주옵소서. 예수님의 이름으로 이 고백의 기도를 드립니다. 아멘.

사함의 확신 Assurance of Forgiveness

내가 회초리로 그들의 죄를 다스리며 채찍으로 그들의 죄악을 벌하리로다 그러나 나의 인자함을 그에게서 다 거두지는 아니하며 나의 성실함도 폐하지 아니하며 내 언약을 깨뜨리지 아니하고 내 입술에서 낸 것은 변하지 아니하리로다(시 89:32-34)

오늘의 주제

기다리는 종

📖 본문의 접근

본문의 재경청　눅 12:32-40

32 두려워하지 말아라. 적은 무리(포임니온, ποίμνιον, flock)여, 너희 아버지께서 그의 나라를 너희에게 주시기를 기뻐하신다. **33** 너희 소유(휘팔코, ὑπάρχω, possession)를 팔아서, 자선(엘레에모쉬네, ἐλεημοσύνη, alms)을 베풀어라. 너희는 자기를 위하여 낡아지지 않는 주머니를 만들고, 하늘에다가 없어지지 않는 재물을 쌓아 두어라. 거기에는 도둑이나 좀의 피해가 없다. **34** 너희의 재물이 있는 곳에 너희의 마음도 있을 것이다." **35** "너희는 허리에 띠를 띠고 등불을 켜놓고 있어라. **36** 마치 주인이 혼인 잔치에서 돌아와서 문을 두드릴 때에, 곧 열어 주려고 대기하고 있는 사람들과 같이 되어라. **37** 주인이 와서 종들이 깨어 있는 것을 보면, 그 종들은 복이 있다. 내가 진정으로 너희에게 말한다. 그 주인이 허리를 동이고, 그들을 식탁에 앉히고, 곁에 와서 시중들 것이다. **38** 주인이 밤중에나 새벽에 오더라도, 종들이 깨어 있는 것을 보면, 그 종들은 복이 있다. **39** 너희는 이것을 알아라. 집주인이 언제 도둑이 들지 알았더라면, 그는 도둑이 그 집을 뚫고(디오륏소, διορύσσω, broken through) 들어오도록 내버려두지 않았을 것이다. **40** 그러므로 너희도 준비하고 있어라. 생각하지도 않은 때에 인자가 올 것이기 때문이다." 〈새번역〉

본문 개관

종말은 먼 훗날에 일어날 일이기에 지금 우리와 전혀 관계가 없다고 생각할 수 있다. 그러나 예수님은 그렇지 않음을 강조하신다. 마태복음의 열 처녀 비유를 연상하게 하는 주인을 기다리는 종의 이야기는 이어지는 도적이 찾아오는 비유와 함께 주님의 오심을 기다리는 우리가 어떤 마음이어야 하는지를 알게 한다. 주님은 불시에 찾아오신다. 그러므로 오늘 이 순간을 허술하게 지낼 수는 없다. 미래를 기대하는 소망 속에서 자리를 지켜야 한다.

본문 분석

1. 다함이 없는(33절)

지상의 보화는 사용하고 소비하면 없어지게 된다. 소비하다 보면 많은 경우 초과해서 적자가 나버리기도 한다. 그러나 하늘에 재물을 쌓는다면 피해가 없을 뿐더러 부족하지도 않게 된다. 풍족하기에 사용하면 할수록 모두가 만족하게 되고 그로 인해 마음의 풍요까지 누릴 수 있게 된다.

2. 허리에 띠를(35절)

당시의 옷은 지금과 다른 구조로 되어 있었다. 옷을 허리에 두른 띠로 몸에 고정하지 않으면 움직일 때 방해를 받았다. 허리에 띠를 맨다는 것은 격한 움직임을 준비한다는 뜻이다. 물론 그만큼 몸이 자유롭지 못하다는 점도 감내해야 했을 것이다.

3. 등불을 켜고(35절)

등불을 켠다는 말은 열 처녀 비유를 생각나게 한다. 그러나 직접적인 연관성은 적다. 등불은 필요할 때면 언제든지 켤 수 있었을 것이다. 그러나 지금처럼 쉽게 켤 수는 없었다. 따라서 미리 불을 켜놓고 있다는 말은 누군가 찾아왔을 때 곧바로 대처할 수 있게 준비한다는 뜻이다.

4. 이경에나(38절)

이경은 자정을 말한다. 로마식 시간 계산법으로는 저녁 6시부터 시작되는 밤 시간을 아침 6시까지 넷으로 나누는데 이 경우 이경은 자정까지, 삼경은 새벽 3시까지를 말한다.

5. 뚫지 못하게(39절)

당시의 가옥구조는 실제로 벽이 뚫릴 수도 있는 형태였다. 단단한 재질이나 표면을 갖지 못한 흙벽은 외부의 침입자가 마음만 먹으면 뚫을 수 있었을 정도였다.

본문의 신학

1. 적은 무리

하나님의 백성은 당시 다수가 아니었다. 예수님이 적은 무리라고 부르시기까지 할 정도였다. 이렇게 다수가 아닐 때에는 위축이 되기 마련이다. 그러나 모인 숫자가 적다고 해서 가치가 없는 모임이거나 사람인 것은 아니다. 적은 무리가 무서워하지 않을 수 있는 이유는 하나님이 그 나라를 주시기 때문이다. 지금 당장은 적은 무리여서 무엇인가 확실히 가지고 있는 것이 없어 보일 수 있다. 상대적인 박탈감에 괴로울 수 있다. 그러나 궁극적으로 하나님의 나라가 그 백성에게 주어졌다.

2. 주님 말씀의 대상-교회 안

다시 오실 주님을 기다리는 사람들이 가져야 할 자세에 대해서 누가 들어야 하는가에 관해 생각할 때 일차적으로 교회 안에 있는 사람들이 들어야 한다. 교회는 그 교회를 지탱하는 사람들로 인해 유지된다. 공동체 안에서 책임이 있는 사람들이 기도하며 말씀을 따라 사명을 감당한다. 어떤 이들은 보다 더 뚜렷한 사역에 관한 비전을 갖고 일한다. 그런 사람들을 향해 오늘 주님은 말씀하신다.

교회 안의 설교자나 교사, 선교사 등 이 중책을 맡고 있는 사람들은 오늘을 어떻게 살 것인가에 관한 주님의 말씀에 더욱 귀를 기울여야 한다.

3. 주님 말씀의 대상-누구나

그러나 예수님의 가르침이 이들 특정한 사람만 들어야 하는 것으로 고정되어 있지는 않다. 주님의 말씀을 귀담아 들어야 하는 것은 신앙인 누구에게나 필수적이기 때문이다. 신실하게 주님을 고대하고 기다려야 교회가 교회될 수 있다. 그런 마음으로 실천해야 교회가 세상에 빛을 발할 수 있다.

4. 재림을 기다림

예수님은 다시 오신다고 약속하셨다. 언제가 될지는 정확히 알 수 없다. 그래서 기다리다보면 지치기도 한다. 그럼에도 불구하고 이를 기다려야 한다. 분명한 것은 어제보다 오늘 그 재림이 더욱 가까워졌다는 사실이다.

5. 기다림을 평가

예수님은 다시 오셔서 우리를 만나실 것이다. 그리고 우리를 평가하실 것이다. 그럴 때 어떻게 우리가 기다렸는지를 보실 것이다. 기다리는 시간 외에 다른 것만이 평가의 대상이 되지 않는다. 어떠한 마음으로 재림을 기다렸고, 어떤 일을 하면서 기다렸는지가 온전히 주님의 저울에 올라가게 된다.

평행 본문

시편 50:1-8, 22-23

교훈, 예배, 심판, 절기 등의 다양한 주제가 등장한다. 처음부터 하나님은 말씀하신다. 그리고 참된 제사가 어떠해야 할지를 가르치신다. 언약을 잊고 살았던 이스라엘은 이런 하나님마저 잊어버렸다(22절). 오직 감사로 참되게 제사를 다시 드리는 사람만 하나님을 영화롭게 할 수 있다(23절). 이 시편이 알려 주는 바와 같이 하나님은 침묵하지 않으신다. 말씀으로 온 세상을 부르시고 온 세상을 다스리시며 심판하신다. 하나님의 백성은 이 말씀을 듣고 기억해야 한다.

히브리서 11:1-3, 8-16

부르심에 응답해 살았던 아브라함은 믿음으로 길을 나섰다. 갈 바를 알지 못했지만 믿음으로 과감하게 발을 디뎠다. 또 믿음으로 약속의 땅에 도착했고 장막에 거했다. 하나님은 약속대로 이삭을 주셨다. 아브라함이 이렇게 한 것은 하나님이 직접 세우실 성을 기대했기 때문이다. 믿음으로 사라는 자녀를 얻었다. 이와 같이 믿음의 조상들은 나그네가 되어 살았지만 더 나은 본향을 사모했는데 바로 하늘에 있는 것이었다.

📖 설교를 위한 적용

오늘에 적용

• **32절 "무서워 말라"**: 성도는 무서워하지 말아야 한다. 예수님이 천국 백성에게 직접 하신 말씀이다. 자신들을 돌아볼 때 세상의 관점으로는 소수이고 힘이 없어 보일 수 있다. 그러나 엄연히 약속을 받은 백성이고 그 약속은 온 우주의 주인이신 하나님이 하셨다.

• **33절 "구제하여"**: 구제를 실천해야 한다. 성도는 구제에 힘을 다하여야 한다. 예수님은 들풀과 하늘의 새도 돌보시는 하나님의 사랑을 말씀하시며 이미 하늘 아버지께서 그 백성들도 책임지실 것을 알려 주셨다. 그런 우리가 주위에 고통 받고 있는 사람을 모른척할 수는 없다. 그 구제가 다시 우리에게 복으로 하늘 창고에 쌓이게 되는 것이 신앙의 원리이다.

• **35절 "허리에 띠를 띠고"**: 단호한 자세로 기다려야 한다. 기다리는 자세는 자칫 나태해질 수 있다. 그러나 주님을 고대하는 일은 우리의 영이 사느냐 죽

느냐의 문제이기에 단호한 자세로 기다려야 한다.
- **36절 "기다리는 사람과 같이"**: 주인을 기다려야 한다. 종도 사람이기에 피곤할 것이다. 종도 사람이기에 지루하고 지치기도 할 것이다. 그러나 천국 백성이 종의 사명을 다할 때는 주인의 돌아옴을 기다려야 한다. 주인이 문을 두드리자마자 달려 나가 열어야 한다. 종말의 때를 사는 모습이 그리해야 한다.
- **37절 "깨어 있는 것을"**: 준비는 끊기지 말아야 한다. 도둑은 언제 집에 침입할지 알려 주지 않는다. 그러나 침입이 확실하다면 막지 않을 사람은 없다. 방법은 깨어서 방비를 지속하는 것이다.

설교 개요

- 인간은 유한한 존재이다. 그래서 시간도 정해지기를 원한다. 무한한 시간이라는 개념은 인간에게 당치도 않다. 그저 짧은 시간만 참을 수 있을 뿐이다. 그런데 예수님은 그 시간을 정해 주지 않으셨다.
- 언제 다시 재림하실지 예수님은 정확한 시간을 알리지 않으신다. 그러시면서 우리에게 두 가지를 말씀하시는데 기다리라는 것과 종이 되라는 것이다.
- 오늘 본문에서 종이 주인을 기다리라고 하신다. 종은 구경꾼이 아니다. 종은 기다리는 사람이다. 종은 주인과 가족을 섬긴다. 그러나 정작 종 자신도 주인을 기쁘게 맞이해야 할 주체이기도 하다. 그저 일로만 기다리는 것이 아니라 가족과 같은 마음으로 주인을 기다려야 한다.
- 그런 의미에서 우리는 모두 하나님의 백성인 동시에 그 일을 담당하는 종이다. 그렇지만 종으로 소모되는 존재는 아니다. 부속품으로 있는 존재가 아니다. 일만 하는 존재가 아니다. 우리가 바로 종이면서 하나님의 백성이기 때문이다. 종이면서 모두가 가족이기 때문이다. 따라서 우리는 서로를 섬겨야 한다. 서로가 서로에게 섬겨야 하는 대상이 되기 때문이다.
- 그렇게 서로를 섬기는 존재가 될 때 복이 있다고 선언하신다. 불신앙의 시각으로 볼 때 종이 된다는 것은 다른 사람을 섬기는 비참한 사람이지만 우리가 비참하지 않을 수 있는 이유는 우리가 바로 서로에게 섬김의 대상이 될 수 있

기 때문이다. 우리 주인은 우리를 지배하는 한 인간이 아니다. 바로 재림하실 주님이 우리의 주인이시기 때문에 어떤 순간에도 우리는 비참하지 않다.

설교를 위한 예화

오위도총부는 조선 시대 오위(五衛)를 총괄한 최고 군령기관으로 요즘의 합동참모본부에 해당한다. … 오위도총부는 흔히 도총부로 불렸는데, 주된 임무는 성문을 지키는 위졸(衛卒)들을 점검하는 것이었다. 그래서 사무는 단순한 편이었는데, 이 사무는 대체로 경력이 총괄하였다. 그럼에도 총관과 부총관이 10인이나 배치되었고, 그 아래 경력이나 도사도 10인 이상 될 때도 많았다. 이 때문에 관제 개편이 있을 때마다 도총부의 고위직과 경력이나 도사 같은 낭청의 수를 줄여야 한다는 주장이 많았다.

도총부의 주요 임무가 입직하는 위졸들을 점검하는 것이었기 때문에 군졸들에 대한 도총부 관원들의 불법적인 착취가 심했다. 도총부 관원들은 점검을 핑계로 자주 군졸들을 괴롭히며 재물을 뜯어내곤 했는데, 이런 행위를 두고 당시 군인들은 '도총부의 사냥'이라고 불렀다. 도총부 관원들은 마치 사냥하듯이 군졸들의 주머니를 털곤 했던 것이다. 그렇듯 도총부 관원들은 일반 군졸들에겐 호랑이 같은 존재였다. …

병조의 이 보고서는 병조와 도총부 관원들의 불법적인 금전 탈취에 대한 것이었다. 당시 군인들이 군역을 지고 서울로 올라오면 그들의 군장을 점검하는 일을 병조와 도총부의 하인들이 맡았는데, 이 과정에서 터무니없는 트집을 잡아 군인에게 벌금을 징수해 돈을 갈취했다. 이런 행동은 고려 때부터 고질적으로 내려오던 악습이었다. 도총부나 병조의 관원들이 하인들을 시켜 군인들의 돈을 갈취하는 행위는 행하(行下)를 빙자한 것인데, 행하라는 것은 원래 군인들의 준비물을 점검하는 것이었다. 그리고 점검하는 과정에서 제대로 준비물을 갖추지 못하면 속전, 즉 벌금을 부과함으로써 준비물을 제대로 갖추게 하는 데 목적을 두고 있었다. 하지만 이것이 악습으로 변해 군인들의 돈을 갈취하는 것으로 변질되었다. 특히 도총부 관원들은 성문을 지키는 위졸(문졸)로 온 자들을 상대로 돈을 갈취하는 것이 일상화되어 있었다.

조선 왕조는 개국 초부터 이러한 악습을 근절시키기 위해 무단히 애를 썼지만 조선 말기까지도 이 악습은 사라지지 않았다. 심지어 '궐내행하(闕內行下)'라는 이름으로 지방관으로 파견되는 관리들로부터 돈을 뜯어내는 것도 하나의 관습으로 굳어져 있었다. 이때 지방관으로 파견되는 관리는 반드시 임금을 만난 뒤 임명장을 받고 임지로 떠나야 했는데, 도총부 관원들이나 각 문의 별감들이 문을 막고 일종의 통과세를 받곤 했는데, 이를 궐내행하라고 했다.

궐내행하로 인해 관리들이 내야 하는 금액은 많게는 300냥이 넘었다고 하는데, 이를 지금 돈으로 환산하면 약 1,500만 원에 해당하는 큰 금액이다. 더 놀라운 것은 이 돈이 관리의 주머니에서 나오는 것이 아니라 부임할 곳의 백성들에게서 나온다는 점이다. 새로운 지방관이 부임한다는 소식이 전해지면 부임지의 이방이 고을의 백성들에게 갹출하여 궐내행하에 쓰이는 돈은 물론이고 신임 관리의 이사 비용과 부임 과정에서 쓰이는 모든 비용을 마련했기 때문이다.

도총부의 관원과 하인, 또는 문지기들이 행하를 빙자하여 돈을 뜯은 것은 그들에게 제대로 월급이 주어지지 않았기 때문이다. 특히 성문이나 궐문을 지키는 문졸과 별감들은 월급이 없었기 때문에 기회만 있으면 수단과 방법을 가리지 않고 돈을 뜯어냈다. 이는 궐문의 문졸뿐 아니라 각 성문의 문졸이나 각 지방 관아의 문졸도 마찬가지였다.

〈박영규, 「문화일보」, 2024.09.20., "박영규의 조선 궁궐 사람들-(30) 군졸들의 호랑이 '도총부'", https://www.munhwa.com/news/view.html?no=2024092001032312000001〉

보상이 없으면 다른 사람의 것을 갈취하는 것은 흔히 볼 수 있는 모습이다. 하나님은 우리를 먹이시고 입히신다. 예수님의 재림을 기다리는 지금도 우리의 삶을 책임져 주신다. 따라서 구제하여 하늘에 주머니를 만들고 주님을 기다리며 서로 섬기는 것이 오늘을 사는 성도의 모습이 되어야 한다.

오순절 후 열 번째 주일

❖ **성서정과** 시 80:1-2, 8-19; 사 5:1-7; 히 11:29-12:2; 눅 12:49-56

예배로 부름 Call to Worship

내가 여호와께 바라는 한 가지 일 그것을 구하리니 곧 내가 내 평생에 여호와의 집에 살면서 여호와의 아름다움을 바라보며 그의 성전에서 사모하는 그것이라 여호와께서 환난 날에 나를 그의 초막 속에 비밀히 지키시고 그의 장막 은밀한 곳에 나를 숨기시며 높은 바위 위에 두시리로다(시 27:4-5)

예배 기원 Invocation

무더위가 절정에 이른 한여름의 복판에서 하나님을 찬양합니다. 시와 찬미와 새 노래로 올려드리는 우리의 예배를 받아 주옵소서. 신앙의 고백이 담긴 정성스러운 예물도 향기롭게 받으시며, 정직한 마음으로 거짓 없이 드리는 기도에도 귀를 기울여 주옵소서. 오늘도 주님의 종을 통하여 들려주시는 생명의 말씀을 들을 때 저희 심령이 독수리가 날개 치며 올라감과 같이 새 힘을 얻게 하여 주옵소서. 예배의 주관자가 되시는 예수 그리스도의 이름으로 기원하옵나이다. 아멘.

이 주일의 찬송 Hymns

만 입이 내게 있으면(23장) / 겸손히 주를 섬길 때(212장) / 위대하신 주를(334장)
다 같이 일어나(355장) / 주님 가신 길을 따라(448장) / 놀라운 그 이름(619장)

성시교독 Responsive Readings   시편 80:8-19

인도자   8 주께서 한 포도나무를 애굽에서 가져다가
회 중   **민족들을 쫓아내시고 그것을 심으셨나이다**

인도자	⁹ 주께서 그 앞서 가꾸셨으므로 그 뿌리가 깊이 박혀서 땅에 가득하며
회 중	**¹⁰ 그 그늘이 산들을 가리고 그 가지는 하나님의 백향목 같으며**
인도자	¹¹ 그 가지가 바다까지 뻗고 넝쿨이 강까지 미쳤거늘
회 중	**¹² 주께서 어찌하여 그 담을 허시사 길을 지나가는 모든 이들이 그것을 따게 하셨나이까 ¹³ 숲 속의 멧돼지들이 상해하며 들짐승들이 먹나이다**
인도자	¹⁴ 만군의 하나님이여 구하옵나니 돌아오소서 하늘에서 굽어보시고 이 포도나무를 돌보소서
회 중	**¹⁵ 주의 오른손으로 심으신 줄기요 주를 위하여 힘있게 하신 가지니이다**
인도자	¹⁶ 그것이 불타고 베임을 당하며 주의 면책으로 말미암아 멸망하오니
회 중	**¹⁷ 주의 오른쪽에 있는 자 곧 주를 위하여 힘있게 하신 인자에게 주의 손을 얹으소서**
인도자	¹⁸ 그리하시면 우리가 주에게서 물러가지 아니하오리니 우리를 소생하게 하소서 우리가 주의 이름을 부르리이다
회 중	**¹⁹ 만군의 하나님 여호와여 우리를 돌이켜 주시고 주의 얼굴의 광채를 우리에게 비추소서 우리가 구원을 얻으리이다**

고백의 기도　Prayer of Confession

수고하고 무거운 짐 진 자들을 부르셔서 평안과 안식을 주시는 하나님 아버지! 하나님께서는 무더위 속에서 고통 받는 저희를 사랑하사 몸과 마음을 편히 쉬게 하시려고 휴가 기간을 허락해 주셨습니다. 하지만 하나님의 사랑을 묵상하며, 몸과 마음을 평안하게 하며, 새로운 믿음과 영적 능력을 충전해야 할 소중한 시간에 저희는 육신의 쾌락만을 좇으며 지냈습니다. 산으로 들로 외국으로 다니는 동안에 기도를 멈추었고, 가족을 사랑하며 가까이하는 것을 잊었으며, 성회로 모이기조차도 폐하고 지냈습니다. 그리하여 휴가 후에 강건해야 할 저희 몸은 오히려 곤고하며, 믿음을 잃은 저희 영혼은 혼란스럽기까지 합니다. 사랑의 하나님! 불쌍히 여기시고 용서해 주옵소서. 예수님의 이름으로 이 고백의 기도를 드립니다. 아멘.

사함의 확신　Assurance of Forgiveness

내가 그들의 악행을 사하고 다시는 그 죄를 기억하지 아니하리라 여호와의 말씀이니라(렘 31:34b)

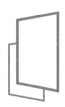

오늘의 주제

예수님을 바라보자

📖 본문의 접근

본문의 재경청   히 11:29-12:2

²⁹ 믿음으로 이스라엘 사람들은 홍(에뤼드로스, ἐρυθρός, red)해를 마른 땅을 지나가듯이 건넜습니다. 그러나 이집트 사람들은 그렇게 해 보다가 빠져 죽었습니다. ³⁰ 믿음으로 이레 동안 여리고 성을 돌았더니, 성벽이 무너졌습니다. ³¹ 믿음으로 창녀 라합은 정탐꾼들을 호의로 영접해 주어서, 순종하지 않은 사람들과 함께 망하지 아니하였습니다. ³² 내가 무슨 말을 더 하겠습니까? 기드온, 바락, 삼손, 입다, 다윗, 사무엘, 그리고 예언자들의 일을 말하려면, 시간이 모자랄 것입니다. ³³ 그들은 믿음으로 나라들을 정복하고, 정의를 실천하고, 약속(에팡겔리아, ἐπαγγελία, promise)된 것을 받고, 사자의 입을 막고, ³⁴ 불의 위력을 꺾고, 칼날을 피하고, 약한 데서 강해지고, 전쟁에서 용맹을 떨치고, 외국 군대를 물리쳤습니다. ³⁵ 믿음으로 여자들은 죽었다가 부활한 가족을 다시 맞이하였습니다. 또 어떤 이들은 고문을 당하면서도 더 좋은 부활의 삶을 얻고자 하여, 구태여 놓여나기를 바라지 않았습니다. ³⁶ 또 어떤 이들은 조롱을 받기도 하고, 채찍으로 맞기도 하고, 심지어는 결박을 당하기도 하고, 감옥에 갇히기까지 하면서 시련을 겪었습니다. ³⁷ 또 그들은 돌로 맞기도 하고, 톱질을 당하기도 하고, 칼에 맞아 죽기도 하였습니다. 그들은 궁핍을 당하며, 고난을 겪으며, 학대를 받으면서, 양과 염소의 가죽을 입고 떠돌았습니다. ³⁸ 세상은 이런 사람들을 받아들일 만한 곳이 못 되었습니다. 그래서 그들은 광야와 산

과 동굴과 땅굴을 헤매며 다녔습니다. **39** 이 사람들은 모두 믿음으로 말미암아 훌륭한 사람이라는 평판은 받았지만, 약속된 것을 받지는 못하였습니다. **40** 하나님께서 우리를 위하여 더 좋은 계획을 미리 세워두셔서, 우리가 없이는 그들이 완성(텔레이오오, τελειόω, complete)에 이르지 못하게 하신 것입니다. **12:1** 그러므로 이렇게 구름 떼와 같이 수많은 증인이 우리를 둘러싸고 있으니, 우리도 갖가지 무거운 짐과 얽매는 죄를 벗어버리고, 우리 앞에 놓인 달음질(트레코, τρέχω, run)을 참으면서 달려갑시다. **2** 믿음의 창시자요 완성자이신 예수를 바라봅시다. 그는 자기 앞에 놓여 있는 기쁨을 내다보고서, 부끄러움을 마음에 두지 않으시고, 십자가를 참으셨습니다. 그리하여 그는 하나님의 보좌 오른쪽에 앉으셨습니다. 〈새번역〉

본문 개관

믿음이 무엇인가에 관해 이야기를 시작한 히브리서 11장은 신앙의 선진들이 앞서 행했던 일들과 그들의 믿음의 모양을 보여 준다. 이스라엘은 홍해를 육지처럼 건너갔다. 애굽 병사들은 이들을 추격하다 그만 물에서 목숨을 잃고 말았다. 여리고 성은 무너졌으며 라합은 정탐꾼을 영접해 자신도 구함을 받았다. 사사 시대 이후에도 많은 믿음의 조상들은 믿음으로 어려움을 이겨냈다. 하나님은 우리를 포함한 이후의 성도들을 위해 더 좋은 것들을 예비해 주셨다. 믿음의 주이시며 온전케 하시는 이인 예수님을 바라보며 나아가면 된다.

본문 분석

1. 시험하다가(29절)

출애굽한 이스라엘 백성을 애굽 군사들이 뒤쫓다 홍해에 들어섰다. 그들은 물이 육지가 된 것에 매우 놀랐을 것이다. 그럼에도 불구하고 그들을 홍해로 뛰어들게 했던 것은 시험하려는 마음이었다. 확신이 아닌 요행수에 의지하려는 마음이었을 것이나 결과는 죽음이었다.

2. 여리고를 도니(30절)

이스라엘 백성이 여리고 성을 앞에 두고 한 일이라고는 그저 성 둘레를 걸어 다닌 것뿐이다. 돌았다라는 말의 뜻은 돌아다니거나 포위했다는 의미이다.

3. 나라들을 이기기도(33절)

기드온, 삼손 등은 백성을 이끌고 외부의 적들과 싸웠다. 그리고 결국 침입한 나라를 물리쳤다. 이들은 각자의 무기를 가지고 싸웠지만 결국 그들은 믿음으로 이겼다.

4. 의를 행하기도(33절)

사사 시대의 지도자들은 하나님의 법을 알리고 앞장서서 지키던 사람들이었다. 하나님의 법은 그것이 온전한 의도와 방법으로 지켜질 때 의미가 있다. 이들은 이 법을 지켰기에 의를 행한 사람들이기도 했다.

5. 참으사(2절)

예수님의 승리는 인내로 인한 결과였다. 십자가의 치욕은 하나님의 아들의 영광을 생각할 때 전혀 어울리지 않았다. 그러나 그 고통을 참고 인내하셔서 결국 우리의 구원을 이루셨다.

본문의 신학

1. 지키는 믿음

이스라엘 백성은 출애굽 후 하나님의 능력으로 바다를 건널 수 있었다. 뒤쫓던 애굽 군대는 살아남지 못했다. 이같이 거대하고 놀라운 능력은 항상 사람에게 이롭게 작용하기만 하는 것은 아니다. 자연을 지으시고 세상을 주관하시는 하나님에 대한 믿음이 우리를 지켜 준다. 하나님에 대한 신뢰만이 우리를 그 품 안에서 안전하게 하신다. 그저 하나님의 능력으로 이득만을 취하려고 해서는 파국을 맞을 수도 있다.

2. 믿음의 사람

아브라함과 모세의 뒤를 이어 기드온, 바락, 삼손, 입다와 같은 신앙의 인물들이 믿음과 연결되어 등장한다. 이들은 인간적으로 완전하지는 못했다. 그러나 하나님의 사람으로 인생의 어느 순간에서 믿음으로 자신에게 맡겨진 일들을 감당했다. 그들이 행한 일들은 믿음에 의해 세상에 드러났다. 우리는 어떤 인물의 한 단면만을 보고 평가할 때가 많다. 그러나 믿음의 눈으로 보면 하나님의 자녀이고, 하나님의 일꾼이며 그들로 말미암아 신앙이 이어졌다.

3. 구약과 연결

구약과 신약은 예수님으로 말미암아 연결된다. 구약은 구약만으로도 가치가 있다고 할 수 있지만 그 완성은 예수님의 구원 사역으로 이루어진다. 예수님은 믿음의 주, 곧 믿음으로 구원을 받는 것이 가능하게 하신 분이다. 예수님이 아니었으면 구약의 그 많은 사람들도 구원의 반열에 들 수 없다.

4. 피해야 할 것

성도가 천성에 이르기까지 반드시 유념해야 할 것들이 있다. 벗어버리고 내려놓는 것이다. 죄를 벗어버려야 한다. 죄는 무겁다. 우리를 달리지 못하게 한다. 소진하게 하고 쉽게 포기하게 한다. 그래서 무거운 것이 죄라 할 수 있다. 이것을 벗어버려야 하고, 얽매이기 쉬운 죄도 마찬가지이다. 얽매이기 쉬운 죄는 빠지기 쉬운 죄를 의미한다. 우리를 유혹하려고 작정하고 달려들면 경계심을 풀고 받아들이기 마련이다. 죄는 우리를 속이고 무디게 만들기 때문에 얽매이기 쉽다. 이것도 벗어야 한다.

5. 고난의 십자가

십자가는 치욕스러운 형벌이었다. 예수님은 그것을 끝까지 감내하셨다. 그런 인내로 말미암아 우리가 구원을 얻었는데 그 과정에서 있었던 일을 오늘 본문은 우리에게 알려 준다. 예수님은 십자가의 부끄러움을 개의치 않으셨다. 수치와 조롱을 무시하셨다. 만약 이를 감내하고 무시하지 않으셨으면 거기에 걸려서 구원의 대업을 이루지 못하셨을 것이다. 나아가 예수님은 십자가를 참아내셨다. 그 이유는 그 앞에 있는 즐거움 때문이었다. 그 즐거움은 십자가를 통해 궁극적으로 우리에게 주실 새로운 생명이었다. 하늘 보좌에 올라 하나님 우편에 앉으실 영광이었다.

📖 평행 본문

시편 80:1-2, 8-19

그룹 사이에 좌정하신 거룩하신 하나님이 우리에게 그 빛을 비춰 주시기를 간구하며 시작된다. 8절부터 19절까지 포도원 비유가 이어진다. 여기서 이스라엘은 포도나무이다(8절). 애굽에서 옮겨졌다. 그런데 동시에 포도원이기도 하다(12절). 포도는 이처럼 풍성함과 번성을 상징한다. 중요한 것은 하나님이 직접 옮기셨다는 것이다. 그리고 방치하지 않으시고 직접 가꾸셨다. 이런 하나님의 관심이 끊기면 포도원은 외부의 침입을 받고 짓밟히고 만다.

누가복음 12:49-56

예수님이 이 땅에 오신 궁극적인 목적은 복음을 전하는 것이었다. 이 복음과 배치되는 모든 것들은 두려움에 떨 수밖에 없다. 과학이 발전하고 기술이 발전하면서 우주의 원리를 점점 밝혀내고 있다. 그러나 정작 지금 우리의 생명에 가장 필요한 것이 무엇인지는 분별하지 못하는 시대에 살고 있다. 화목하지 말아야 할 것과 화목하고, 대결하지 말아야 할 것과 대결하는 시대에도 복음은 여전히 우리를 기다리고 있다.

설교를 위한 적용

오늘에 적용

- 31절 **"평안히 영접하였으므로"** : 들은 것을 기억해야 한다. 라합은 이미 출애굽한 이스라엘 백성과 쫓던 애굽 병사의 전멸에 대해 하나님으로부터 들어서 알고 있었다. 그런데 만약 믿음이 없었다면 정탐군들을 봤을 때도 이 말씀을 기억하지 못하거나 부정했을 것이다. 그러나 그녀는 이 말씀을 기억했다.

- 33절 **"나라들을 이기기도"** : 믿음의 능력을 의지해야 한다. 사사들과 신앙의 선진들은 믿음으로 큰일을 행했다. 나라를 이기기도 했다. 그 능력을 주신 하나님으로 인해서 개인이 할 수 있는 일의 범위를 뛰어넘기도 했다.

- 35절 **"원하지 아니하였으며"** : 각오를 다져야 한다. 어떤 이들은 신앙을 부인하기만 하면 악형을 모면할 수도 있었다. 그러나 그 악형을 거부하지 않았다. 더 좋은 부활이 있음을 믿었기 때문이다. 당장 눈앞에 보이지 않는 부활을 기대하며 당장 있게 될 악형을 감내하는 것은 쉬운 일이 아니다. 그러나 예수님을 바라보며 각오를 다져야 한다.

- 1절 **"경주를 하며"** : 달려야 한다. 이 경주는 해도 되고 안 해도 되는 경주가 아니다. 우리 앞에 이미 놓여 있는 경주이다. 앞에 놓여 있는 상급을 바라보며 달려야 한다.

- 2절 **"예수를 바라보자"** : 예수님이 모범임을 알아야 한다. 구약의 믿음의 선진들은 더이상 우리 앞에 없다. 그러나 예수님은 우리에게 보혜사 성령님을 보내 주셨다. 삼위일체 하나님 안에서 구원의 길이 확실히 제시된다. 우리 앞에 먼저 경주를 하신 예수님을 모범으로 하여 달려야 한다.

설교 개요

- 법정에서 증인의 증언은 많은 경우에 큰 힘을 발휘한다. 우리가 주님을 믿어서 구원을 얻고 이 땅에서 하나님의 뜻을 이루며 살아간다는 것은 어떻게 믿을 수 있을까? 증인들의 증언이 있으면 믿을 수 있다. 어느 한 사람의 죄나 행

동에 대해서 증언을 하듯 증인들은 과거 신앙의 인물들의 삶에 대해서 증언을 한다.

- 한 사람이 말한 것이면 그다지 신뢰하기 어려울 때가 있지만 많은 사람들, 그 것도 구름처럼 둘러싼 많은 사람들이 같은 것을 증언한다면 우리는 그들의 증언을 믿을 수 있다.

- 그런데 지금 그 증인들은 과거 구약 시대의 증인들 아닌가? 그들은 하나님에 대해 증언하고 있다. 이 하나님은 궁극적으로 우리의 죄를 미워하시는 분이 다. 인간의 죄에 대해서 심판하시는 분이다. 그래서 히브리서 기자는 12장 본 문에서 이 죄를 벗어버려야 한다고 강조한다. 인생이라는 경주에서 죄인의 몸으로 죄를 짊어지고 간다면 그것은 하나님이 기뻐하시지 못하실 것이 분명 하다.

- 당연히 이 믿음의 선진들을 바라보며 우리도 경주해야 한다. 그러나 이 죄의 문제를 어떻게 해결할 수 있겠는가? 바로 예수님을 바라보면 된다. 우리보다 앞서서 경주의 승리자가 되신 분이 예수님이시다. 예수님은 십자가의 고난을 이겨내시고 우리 죄를 대속하셨다.

- 우리는 이 예수님의 뒷모습만 바라보고 가면 된다. 예수님은 십자가의 고난 도 참아내셨다. 그 부끄러움을 이겨내셨다. 그리고 하늘 아버지의 우편에 앉 아계신다. 이 예수님이 우리를 온전하게 하신다.

설교를 위한 예화

책의 후반부에 실린 '나의 낙관주의'는 여태껏 국내에 소개된 적이 없었던 헬 렌 켈러의 주옥같은 수필 중 하나로서 자신이 어둠을 뚫고 세상으로 나오게 해 준 희망과 열정의 원천이 바로 낙관주의라고 단언하고 있다. 그러나 세상의 그 림자를 보지 못하고 빛만을 응시하는 낙관주의는 가짜 낙관주의며 모래 위에 지은 집이다. 스스로 낙관주의라고 주장하려면 우선 악(evil)을 이해하고 슬픔을 알아야 한다. 나아가 악과 직접 대면하면서 언제나 선과 협력하려는 자발적인 노력과 선이 결국에는 우세하리라는 믿음을 바탕에 두어야 한다.

이렇게 낙관주의는 헬렌 켈러에게 있어서 내면과 외부 세계에 근거하는데, 외부 세계는 선을 믿는 내면 세계가 정당하다는 것을 입증한다. 이러한 믿음을 입증하는 강력한 논거를 헬렌 켈러는 문학과 철학, 종교와 역사에 대한 사유를 통해 명징한 논리로 전개하며 궁극적으로 낙관주의는 성취를 이뤄내는 믿음으로서 실천에 근거해야 한다고 주장한다. 그 실천은 "서로 경쟁하는 체제와 강국들의 치열한 싸움과 혼란에서 벗어나 … 인류라는 하나의 가족, 평화라는 하나의 법률, 조화라는 하나의 필요, 노동이라는 하나의 수단, 하나님이라는 하나의 지도자만 존재하는 더 밝은 영적 시대"를 지향하는 일이다.

〈『헬렌 켈러 자서전』(문예출판사, 2013), 출판사 서평 중에서〉

헬렌 켈러는 악을 이해하고 슬픔을 알아야 궁극적인 낙관을 이룰 수 있다고 봤다. 그녀의 앞에 예수님이 먼저 가셨다. 그리스도이신 예수님은 십자가를 온전히 몸으로 받아내시고 결국 이겨내셨다. 그렇게 하늘 보좌 하나님 우편에 앉으셨다.

2025

8.24

오순절 후 열한 번째 주일

❖ 성서정과 시 71:1-6; 렘 1:4-10; 히 12:18-29; 눅 13:10-17

예배로 부름 Call to Worship
너희 권능 있는 자들아 영광과 능력을 여호와께 돌리고 돌릴지어다 여호와께 그의 이름에 합당한 영광을 돌리며 거룩한 옷을 입고 여호와께 예배할지어다(시 29:1-2)

예배 기원 Invocation
전능하신 하나님 아버지! 거룩한 주일 아침, 저희가 하나님의 은혜를 사모하며 성전에 나와 예배합니다. 목자 같이 불러주시는 우리 주님의 사랑의 음성에 순종하여 이 자리에 나와 있으나 저희에게는 예배자로서 부족한 모습이 너무나도 많습니다. 자비로우신 하나님 아버지! 어둡고 미련한 저희 심령에 주님의 빛과 말씀을 보내셔서 진리를 밝히 깨달아 알게 하여 주옵소서. 성령님의 권고하심을 따라서 세상의 모든 걱정과 근심을 내려놓게 하시고, 믿음의 눈을 들어 오늘도 살아 계시는 하나님만 바라보게 하여 주옵소서. 모든 영광을 삼위일체 하나님께 올려드리오며 예수 그리스도의 이름으로 기원하옵나이다. 아멘.

이 주일의 찬송 Hymns
다 찬양하여라(21장) / 죽을 죄인 살려주신(306장) / 주 날 불러 이르소서(329장)
어두운 내 눈 밝히사(366장) / 나의 반석 나의 방패(402장)
기쁠 때나 슬플 때나(418장)

성시교독 Responsive Readings

인도자 ¹ 여호와여 내가 주께 피하오니 내가 영원히 수치를 당하게 하지 마소서

회 중 ² 주의 의로 나를 건지시며 나를 풀어 주시며 주의 귀를 내게 기울이사 나를 구원하소서

인도자 ³ 주는 내가 항상 피하여 숨을 바위가 되소서

회 중 주께서 나를 구원하라 명령하셨으니 이는 주께서 나의 반석이시요 나의 요새이심이니이다

인도자 ⁴ 나의 하나님이여 나를 악인의 손 곧 불의한 자와 흉악한 자의 장중에서 피하게 하소서

회 중 ⁵ 주 여호와여 주는 나의 소망이시요 내가 어릴 때부터 신뢰한 이시라

인도자 ⁶ 내가 모태에서부터 주를 의지하였으며 나의 어머니의 배에서부터 주께서 나를 택하셨사오니

회 중 나는 항상 주를 찬송하리이다

고백의 기도 Prayer of Confession

자비로우신 하나님 아버지! 지난주일, 예배를 마친 후에 진리의 말씀을 가슴에 담고 성전 문을 나섰으나 저희는 곧바로 주님을 잊은 채로 한 주간을 살았습니다. 설교를 통해 받은 감동은 오래가지 못했고, 정욕이 이끄는 유혹은 길고도 집요했습니다. 그리하여 저희는 육신의 정욕과 안목의 정욕과 이생의 자랑을 따라서 육체의 욕심을 이루며 살았습니다. 분토와 같이 없어질 세상 재물을 얻기에는 시간과 정열을 아끼지 않았으나, 금보다 귀한 신앙을 세우기 위해서는 작은 정성과 노력을 기울이는 것조차도 아깝게 여겼습니다. 기도하는 시간을 줄였고, 말씀을 묵상하며 실천하는 삶을 포기하였습니다. 예수님의 명령을 귀담아 듣지 않고 전도를 중단하였습니다. 사랑의 하나님! 들려주신 진리의 말씀을 따라 살지 못한 저희의 허물과 죄를 용서해 주옵소서. 예수님의 이름으로 이 고백의 기도를 드립니다. 아멘.

사함의 확신 Assurance of Forgiveness

네가 그 의인을 깨우쳐 범죄하지 아니하게 함으로 그가 범죄하지 아니하면 정녕 살리니 이는 깨우침을 받음이며 너도 네 영혼을 보존하리라(겔 3:21)

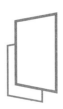

오늘의 주제

예수님의 치유

📖 본문의 접근

본문의 재경청 눅 13:10-17

¹⁰ 예수께서 안식일에 회당에서 가르치고 계셨다. **¹¹** 그런데 거기에 열여덟 해 동안이나 병마에 시달리고 있는 여자가 있었는데, 그는 허리가 굽어(쉿큅토, συγκύπτω, bent together) 있어서, 몸을 조금도 펼 수 없었다. **¹²** 예수께서는 이 여자를 보시고, 가까이 불러서 말씀하시기를, "여자야, 너는 병에서 풀려났다(아폴뤼오, ἀπολύω, loose)" 하시고, **¹³** 그 여자에게 손을 얹으셨다. 그러자 그 여자는 곧 허리를 펴고, 하나님께 영광을 돌렸다. **¹⁴** 그런데 회당장(알키쉬나고고스, ἀρχισυνάγωγος, ruler of the synagogue)은, 예수께서 안식일에 병을 고치신 것에 분개하여 무리에게 말하였다. "일을 해야 할 날이 엿새가 있으니, 엿새 가운데서 어느 날에든지 와서, 고침(데라퓨오, θεραπεύω, heal)을 받으시오. 그러나 안식일에는 그렇게 하지 마시오." **¹⁵** 주님께서 그에게 대답하셨다. "너희 위선자들아, 너희는 저마다 안식일에도 소나 나귀를 외양간에서 풀어내어, 끌고 나가서 물을 먹이지 않느냐? **¹⁶** 그렇다면, 아브라함의 딸인 이 여자가 열여덟 해 동안이나 사탄에게 매여 있었으니, 안식일에라도 이 매임을 풀어 주어야 하지 않겠느냐?" **¹⁷** 예수께서 이 말씀을 하시니, 그를 반대하던 사람들은 모두 부끄러워하였고, 무리는 모두 예수께서 하신 모든 영광스러운 일을 두고 기뻐하였다. 〈새번역〉

본문 개관

　인내하시는 하나님과 심판에 대한 가르침 이후 예수님은 계속해서 안식일에 관한 이야기를 하신다. 예수님은 여기에서 단순히 종교적인 의미를 갖는 안식일 준수를 이야기하지 않으신다. 당시 상식과 다른 사람 그 자체에 대한 가르침을 새롭게 하신다. 예수님은 누가복음의 앞선 이야기들에서 예수님이 보여 주신 사람을 자유하게 하는 것을 여기에서도 반복하신다. 사탄의 권세는 사람을 향한 예수님의 이 사랑 앞에 무력해진다.

본문 분석

1. 귀신 들려(11절)

　이 여인은 여러 가지 복합적인 어려움에 처해 있다. 귀신 들려서 자신의 의지대로 살지를 못했다. 몸으로도 영향이 미쳐서 허리가 굽게 되었다. 이를 고쳐보려고 노력했지만 자그마치 십팔 년 동안이나 해결을 하지 못했다.

2. 놓였다(12절)

　예수님은 그 누가 요청하지도 않았는데 이 여인을 고치셨다. 누구의 허락이 필요하지도 않았고, 누구의 협조도 필요하지 않았다. 예수님이 보시기에 고침이 필요했기 때문이고 고치실 수 있기 때문에 그 여인을 치유하셨다. 그렇게 병에서 해방되었다.

3. 분 내어(14절)

　회당장은 예수님이 이 여인을 고쳐 주시는 것을 보고 화를 냈다. 안식일에 예수님이 고치신 일을 안식일 계명을 어긴 것으로 본 까닭이다. 안식일의 주인이신 예수님이 하신 일은 원칙적으로 새로운 안식일의 규범이 되어야 마땅한데, 회당장은 그것을 모르고 있었다.

4. 사탄에게 매인 바(16절)

이 여인의 병증의 주원인은 사탄으로 인한 것이었다. 비록 이 여인이 안식일마다 회당을 찾아올 수 있었을지언정 그 몸은 여전히 악한 영의 지배 아래 있었다. 얼마나 그 힘이 강했는지 십팔 년이라는 긴 기간 동안 풀려날 수 없었다.

5. 부끄러워하고(17절)

예수님을 반대하던 사람들은 모두 부끄러워했다. 회당장도 여기에 포함되었다. 부끄러워한 이유는 가축은 자유롭게 풀어 물을 먹였지만 정작 더 놓임이 간절했던 사람들에게는 그렇게 하지 못했던 자신들의 행위를 스스로 깨달았기 때문이다.

본문의 신학

1. 예수님의 치유

병들고 약한 상태의 사람을 고치기 원하신 예수님의 마음은 지속적이었다. 그저 지나가다 한 번, 어쩌다 한 번 고치신 것이 아니었다. 누가복음 안에서도 4장, 5장, 6장에서 사람들을 고치셨다. 본문 이후 14장에서도 유사한 기적을 베푸신다. 예수님은 긍휼한 마음을 사람의 몸과 마음에 대한 치유로 표현하셨다.

2. 사람을 살게 하는 것

당시 안식일 규정은 매우 엄격했다. 그런데 아무리 율법이 안식일에 일을 하지 않는 것을 강조한다고 해도 그것이 사람의 생존까지 위협하지는 않았다. 물이나 음식 자체를 못 먹게 하거나, 숨을 쉬지 않게 하는 등의 터무니없는 제약은 아무리 율법이어도 가당치 않은 것이었다. 가축의 경우도 마찬가지다. 일정한 거리까지는 가축을 끌고 가 물을 먹일 수 있었다. 이 여인의 경우 물 한 모금보다 더욱 간절한 것이 사탄에게서 당장이라도 놓임을 받는 것이었다.

3. 안식일의 일

안식일에 사람을 놓아 주는 것은 율법이 규정한 반드시 피해야 하는 일이라 할 수 없다. 안식일의 정신은 하나님의 뜻대로 우리가 삶을 회복하는 것이다. 예수님의 말씀대로 아브라함의 딸이 안식일에 매여 있다면 풀려나는 데 안식일보다 더 적절한 날이 없을 것이다. 치유하고 회복하고 하나님의 은혜를 누리기에 안식일은 매우 적절한 날이다.

4. 율법 이전에 긍휼

예수님은 어찌 보면 삼위일체 하나님이시기에 율법을 만드신 분이라고 할 수도 있다. 그런데 그런 예수님이 율법의 기계적인 준수보다 사람을 위하는 마음을 강조하신다. 당시 유대교를 지탱하던 회당장은 이런 긍휼에 대한 이해가 없었다.

5. 무리를 해방

회당장은 예수님이 안식일에 병을 고치시는 것을 눈앞에서 봤다. 자신이 이제까지 강조했던 일들을 예수님이 정면에서 위반하신 것이다. 그렇다면 회당장은 예수님에게 따지는 것이 맞다. 그러나 무리를 향해 다시 안식일 규례를 강조한다. 무리는 위축되었을 것이다. 예수님은 회당장을 포함한 자신을 반대하는 모든 사람들에게 안식일의 참된 의미를 깨우치신다. 그런 모습을 보고 온 무리가 기뻐했다. 회당장에게 지적을 당한 무리의 위축된 마음도 자유롭게 하셨다.

📖 평행 본문

시편 71:1-6

시인은 당한 수치로 인해서 고통을 당한다. 그래서 주님이 자신을 건져 주실 것을 청한다. 시인의 적들은 악인이다. 불의한 자이다. 그리고 흉악한 자이기도 하다. 이런 시인이 의지할 바라고는 거할 바위가 되시는 주 여호와밖에 없다. 그런데 이런 청원의 근거는 시인의 시작에 근거한다. 모태에서부터 하나님은 시인을 붙드셨다(6절). 이미 체험한 이 큰 은혜로 인해서 바라는 구원은 단순한 희망사항이 아니라 이루어 주실 것을 믿고 고대하는 소망이 된다.

히브리서 12:18-29

신약의 성도들은 구약의 성도들처럼 불붙는 산이나 흑운이나 흑암이나 폭풍이 몰아치는 곳에 이르지 않았다. 구약 시대에는 하나님의 임재 자체를 두려워했다. 심지어 모세조차 심히 두렵고 떨린다고 했을 정도였다. 그러나 신약의 성도들은 하늘의 예루살렘, 하나님의 도성에 이르렀다. 예수님으로 말미암아 가능했다. 그러나 신약의 성도들도 하나님의 말씀을 거역할 수는 없다. 구약에는 땅만 흔드는 진동이었지만 앞으로는 하늘까지 진동하게 될 것이다. 그리하여서 옛것들은 모두 정리가 될 것이다. 그러나 진동치 못할 나라가 우리에게는 약속되어 있다. 그러니 은혜 가운데 하나님 나라의 시민이 되어야 한다.

📖 설교를 위한 적용

오늘에 적용

- 12절 "예수께서 보시고": 도움이 필요한 사람을 바라봐야 한다. 예수님이 회당에 들어가셨을 때 안식일 준수를 위해 그 자리에 있던 많은 사람 중 도움이 가장 필요했던 한 사람을 봤다. 그 여인이었다.
- 13절 "영광을 돌리는지라": 개인이 체험한 은혜만으로도 하나님께 영광이 될 수 있다. 고침을 받은 여인이 하나님을 찬양할 때 동사의 형태가 계속해서 찬양을 하는 것으로 표현되어 있다. 꼬부라진 것이 계속되었듯 하나님께 대한 찬양도 계속 이어졌다. 여인은 그 자리에서 입으로 하나님을 찬양했을 뿐만 아니라 고침을 받은 그 자체로도 하나님을 찬양했다.

- 16절 **"매임에서 푸는 것이"** : 자유함을 얻어야 한다. 우리는 알게 모르게 구속되어 있다. 사탄의 점유 아래 있는 경우도 많다. 그러나 우리가 그것을 스스로 알아채지 못할 수도 있다. 악한 영향력 아래 있는 것을 그저 당연한 것으로 여길 수도 있기 때문이다. 이런 모든 속박에서 자유를 얻어야 한다.
- 16절 **"합당하지 아니하냐"** : 구원을 함이 마땅하다. 예수님은 이렇게 고통받던 여인을 고치는 것이 합당하다고 말씀하신다. 그 말은 구원이 필요한 사람을 그대로 두는 것이 옳지 않음을 의미한다.
- 17절 **"기뻐하니라"** : 마땅한 일에 기뻐해야 한다. 예수님을 반대하고 예수님의 행동에 대해 부정하던 사람들은 예수님으로 말미암아 부끄러움을 당했다. 반면 다른 무리는 이 모든 영광스러운 일들을 기뻐했다. 악한 세력에 눌리고 구속당한 이가 풀림을 받는 것이 마땅한 일이다. 이것을 기뻐함도 마땅한 일이다.

설교 개요

- 사람은 누군가를 의식하면서 행동하기 마련이다. 오늘 본문의 예수님 눈에는 안식일을 잘 지키기 위해서 회당에 모였던 많은 사람들이 우선 들어오지 않았다. 회당장도 예수님의 일차적인 관심의 대상이 아니었다.
- 자그마치 십팔 년이나 귀신 들려 앓던 여인이 있었다. 척추가 병으로 인해 꼬부라져 있는 여인이었다. 어느 장소에 있어도 눈에 띌 만한 사람이 바로 이 여인이었다. 게다가 이 여인은 이 회당에 오랜시간 나와서 예배를 드렸을 것이다. 안식일마다 이 회당에 나왔을 것이다. 그런데 회당장을 포함한 그 누구도 이 여인을 그다지 주목하지 않았던 모양이다.
- 예수님은 그 여인을 먼저 보셨다. 그리고 부르셨다. 회당 안에 유력한 지역 유지도 있었을 것이고, 유대교 지도자도 있었을 것이다. 그러나 예수님의 관심은 가장 평안이 필요한 이 여인이었다. 그래서 그 여인을 보시고 부르셨다.
- 여인을 고친 예수님을 바라보던 사람이 바로 회당장이다. 회당장의 눈에는 예수님이 안식일에 사람을 고친 것이 보였다. 안식일 규례를 어기고 일을 하

섰다는 생각에 사로잡힌 회당장은 가만히 있지를 못했다. 어떻게 해서든지 자신의 의무라고 생각하는 "일"을 했다.

• 회당장은 안식일 규율을 거기 모여 있는 사람들에게 다시금 가르쳤다. 그의 눈에는 예수님도, 여인도 보이지 않았다. 자신의 영향력 아래 있어야 하는 회당에 모인 사람들만이 눈에 들어왔을 뿐이다. 반면 예수님은 이 여인을 사탄의 권세 아래 풀어놓아주신 이후 거기 모인 모든 사람들의 생각을 율법의 굴레로부터 다시 한 번 풀어놓으신다.

설교를 위한 예화

평남 평원 출신인 백사겸은 평범한 농부 아들로 태어나 두 살 때 아버지를 잃고 아홉 살에 눈병으로 '장님'이 됐다. 그리고 몇 해 되지 않아 어머니마저 잃고 형과 단둘만 남아 거지 생활을 하지 않을 수 없었다. 당시 '맹인'은 10명 중 8명이 복술업에 종사했다. 형 손에 이끌려 4년여 복술을 배운 그는 산통(算筒)과 죽장에 의지해 열다섯부터 대동강 줄기 따라 다니며 돈을 벌었다. "죽장으로 길등을 긁으며 사람들에게 처량한 신호를 보내고 근심 중인 그들을 유혹하여 불러 모았다"(『숨은 보배』 중).

한데 눈치가 빠르고 상황 판단이 정확했던 그였는지라 금세 명복으로 소문이 퍼졌다. 이때부터 그는 '백 장님'으로 불리며 떼돈을 벌었다. 활동 범위도 서울, 이천, 원주 등으로 넓어졌다. 장가갈 나이가 되어 마음에 드는 여자가 있자 "딸을 성한 사람에게 시집 보내면 일찍 죽는다"며 양갓집 딸을 아내로 맞았다. 부부가 정착한 곳이 고양고읍(현 고양시 고양동·벽제동 일대)이었다. 백사겸은 으레 인마로 모셔가는 우상의 우두머리였다.

그가 그렇게 호의호식할 때 조선은 부정부패와 탐관오리의 학정으로 백성의 삶이 더욱 궁핍해졌다. 무당은 길흉화복을 주관했다. 백사겸에게도 낙오된 인생들, 즉 창기, 소첩, 정신병자 등 버림받은 민중이 줄을 섰다. 동학, 정감록, 후천개벽 등 민중 종교가 우후죽순 생겼다. 백사겸은 한 서린 민중에게 연민의 감정이 있었고 나름대로 구도에 힘썼다. 그는 1897년 정월을 전후해 100일 기도를 했다. 그리고 기도를 마친 1월 12일(음력) 매서인 김제옥이라는 이가 찾아와 전도지를 주며 이리 말했다.

"이것은 예수를 믿는 도리를 적은 말씀인데 한 번 읽어 보십시오."

『숨은 보배』에는 이 권면에 대한 반응이 나타나 있다. "나는 예수교에 반대한 터나 체면을 보아서 받기는 받았다. 그러나 독한 벌레가 손에 닿는 듯이 선뜻하였다."

그 일이 있고 난 뒤 백사겸은 환상을 보았다. "나는 예수다. 내가 주는 산통은 의의 산통이니 받아가지라." 몇 날 며칠을 그렇게 꿈을 꿨다. 백사겸은 아내에게 전도지를 읽어 달라 했고 그 내용이 꿈속 예수님의 말씀과 같은 것을 알고 "경 치는 일을 단연코 그만두겠소"라고 선언했다. 그리고 김제옥과 함께 회당으로 갔다. 고양읍교회였다. 그는 유명 복술가였던지라 바로 공중 기도할 수 있도록 주선해 달라 해서 그간 자신의 삶이 술수와 기만이었음을 고백했다. "그리스도의 의가 있음을 몰랐다"고 했다. …

"언더우드 선교사가 세운 행주교회에 1897년 초 회심한 백사겸이 정처 없이 길을 떠나 이곳에 도착하였습니다. 그는 불의한 방법으로 번 재산 3,000여 냥과 재산을 가난한 이들에게 내주었습니다. 아내에게는 자신이 걸인 신세가 될 터이니 이혼해 달라 하고 길을 떠났습니다. 하지만 남편의 길을 따르겠다는 아내는 걸인의 길에 지팡이가 되어 주기로 했습니다. 행주의 성도들은 이미 소문으로 알고 있었죠. '회개한 고양읍 백 장님 오셨다'며 그를 강단에 세워 간증 부흥회를 합니다."

〈「국민일보」, 2019.07.26., "떼돈 번 맹인 점쟁이, 예수를 보다", https://www.kmib.co.kr/article/view.asp?arcid=0924090039〉

백사겸 전도자는 시각 장애인이었으나 점을 쳐주며 큰 재산을 모았다. 당시 조선은 부정부패로 많은 사람들이 곤궁한 형편에 있었다. 백사겸에게도, 당시 조선의 많은 사람들에게도 예수님의 복음이 전해졌다. 예수님을 만난 백사겸은 자신의 복술을 멈추고 술수와 기만이었던 삶을 회개했다.

오순절 후 열두 번째 주일

❖ **성서정과** 시 81:1, 10-16; 렘 2:4-13; 히 13:1-8, 15-16; 눅 14:1, 7-14

예배로 부름   Call to Worship

온 땅이여 여호와께 노래하며 그의 구원을 날마다 선포할지어다 여호와는 위대하시니 극진히 찬양할 것이요 모든 신보다 경외할 것임이여 만국의 모든 신은 헛것이나 여호와께서는 하늘을 지으셨도다(대상 16:23, 25-26)

예배 기원   Invocation

언제나 크신 사랑으로 택하신 자녀들을 실족하지 않도록 인도하여 주시는 하나님 아버지! 존귀와 영광과 찬양을 드리옵나이다. 연일 계속되는 무더위로 숨이 막힐 듯한 나날들을 힘겹게 지내고 있습니다. 그러나 이 태양의 열기로 인하여 과일이 성숙하고 벼가 여물고 있는 모습을 바라봅니다. 의인만 아니라 악인에게까지도 햇볕과 비를 골고루 내리시는 사랑의 하나님! 저희가 비록 온전한 믿음을 가지지 못한 부족한 신자라 할지라도 예배하는 이 시간에 진리의 빛과 은혜의 단비를 충만하게 내려 주옵소서. 무더운 여름날 주님께서 드리워 주신 날개 아래 모인 자녀들에게 평안과 안식과 기쁨을 주옵소서. 예수님의 이름으로 기원하옵나이다. 아멘.

이 주일의 찬송   Hymns

하늘에 가득 찬 영광의 하나님(9장) / 거룩하신 주 하나님(48장)

주 없이 살 수 없네(292장) / 세상의 헛된 신을 버리고(322장)

주 안에 기쁨 있네(431장) / 주와 같이 되기를(454장)

성시교독 Responsive Readings   시편 81:1, 10-16

인도자 1 우리의 능력이 되시는 하나님을 향하여 기쁘게 노래하며

회 중 **야곱의 하나님을 향하여 즐거이 소리칠지어다**

인도자 10 나는 너를 애굽 땅에서 인도하여 낸 여호와 네 하나님이니

회 중 **네 입을 크게 열라 내가 채우리라 하였으나**

인도자 11 내 백성이 내 소리를 듣지 아니하며 이스라엘이 나를 원하지 아니하였도다

회 중 **12 그러므로 내가 그의 마음을 완악한 대로 버려 두어 그의 임의대로 행하게 하였도다**

인도자 13 내 백성아 내 말을 들으라 이스라엘아 내 도를 따르라

회 중 **14 그리하면 내가 속히 그들의 원수를 누르고 내 손을 돌려 그들의 대적들을 치리니**

인도자 15 여호와를 미워하는 자는 그에게 복종하는 체할지라도 그들의 시대는 영원히 계속
되리라

회 중 **16 또 내가 기름진 밀을 그들에게 먹이며 반석에서 나오는 꿀로 너를 만족하게 하리
라 하셨도다**

고백의 기도 Prayer of Confession

우주 만물을 다스리시는 하나님 아버지께 존귀와 영광을 올리옵나이다. 이 시간 참
마음으로 회개합니다. 무더위 속에서도 오곡백과는 지치지 않고 자신을 성숙시켜
가고 있는데, 저희는 날씨를 핑계로 신앙생활을 게을리하고 있습니다. 연초에 주님
의 몸 된 교회를 위해 받은 사명이 있었으나 교우들 간의 작은 갈등과 받은 상처를
핑계로 감당하지 않았습니다. 사람들이 알아주지 않고 칭찬해 주지 않는 것이 섭섭
하여 봉사와 헌신을 중단하였습니다. 나를 힘겹게 하는 원인이 모두 외부와 타인에
게만 있다고 여겨 교우들에게는 불평하였고, 하나님을 향해서는 원망하였습니다.
미련하고 우매한 저희를 용서하여 주옵소서. 예수님의 이름으로 이 고백의 기도를
드립니다. 아멘.

사함의 확신 Assurance of Forgiveness

내가 그들에게 한마음을 주고 그 속에 새 영을 주며 그 몸에서 돌 같은 마음을 제거
하고 살처럼 부드러운 마음을 주어 내 율례를 따르며 내 규례를 지켜 행하게 하리
니 그들은 내 백성이 되고 나는 그들의 하나님이 되리라(겔 11:19-20)

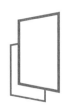

한 몸의 지체

📖 본문의 접근

본문의 재경청　히 13:1-8, 15-16

1 서로 사랑하기(휠라델프히아, φιλαδελφία, brotherly love)를 계속하십시오. **2** 나그네를 대접하기를 소홀히 하지 마십시오. 어떤 이들은 나그네를 대접하다가, 자기들도 모르는 사이에 천사들을 대접하였습니다. **3** 감옥에 갇혀 있는 사람들을 생각하되, 여러분도 함께 갇혀 있는 심정으로 생각하십시오. 여러분도 몸이 있는 사람이니, 학대받는 사람들을 생각해 주십시오. **4** 모두 혼인을 귀하게 여겨야 하고, 잠자리를 더럽히지 말아야 합니다. 음행하는 자와 간음하는 자는 하나님의 심판을 받을 것입니다. **5** 돈을 사랑함(압힐랄귀로스, ἀφιλάργυρος, not loving silver)이 없이 살아야 하고, 지금 가지고 있는 것으로 만족해야 합니다. 주님께서 친히 말씀하시기를 "내가 결코 너를 떠나지도 않고, 버리지도 않겠다" 하셨습니다. **6** 그래서 우리는 담대하게 이렇게 말합니다. "주님께서는 나를 도우시는 분이시니, 내게는 두려움이 없다. 누가 감히 내게 손댈 수 있으랴?" **7** 여러분의 지도자들을 기억하십시오. 그들은 여러분에게 하나님의 말씀을 일러주었습니다. 그들이 어떻게 살고 죽었는지를 살펴보고, 그 믿음을 본받으십시오. **8** 예수 그리스도께서는 어제나 오늘이나 영원히 한결같은 분이십니다. **15** 그러니 우리는 예수로 말미암아 끊임없이 하나님께 찬미의 제사(뒤시아, θυσία, offering)를 드립시다. 이것은 곧 그의 이름을 고백하는 입술의 열매입니다. **16** 선을 행함과 가진 것을 나눠 주기를 소홀히 하지 마십

시오. 하나님께서는 이런 제사를 기뻐하십니다. 〈새번역〉

본문 개관

성도로서 믿음의 공동체를 이루는 것은 마음만으로는 되지 않는다. 구체적인 삶의 현장에서 세세한 결정과 많은 관계 안에서 그때그때 행해야 하는 일들을 성도의 규범에 맞게 실천하는 것이 필요하다. 오늘 본문은 형제를 사랑하는 것과 손님을 대접하는 것, 갇힌 이들과 학대받는 어려운 이웃을 돕는 일, 혼인과 재물에 대한 교훈 등을 먼저 분명하게 제시한다. 이어 예수님으로 인해 감사와 찬송을 드려야 하며 하나님께서 기뻐하실 만한 참된 제사를 드리기를 권면한다.

본문 분석

1. 학대받는 자를(3절)

성도가 돌봐야 하는 사람은 곤경에 처한 사람들이다. 갇힌 사람들이고 학대를 받는 사람들이다. 학대는 신앙에 의해서 받는 부당한 학대인 경우가 많았다. 그러나 그런 경우가 아니더라도 어려움에 처한 이들을 돕는 것은 기본적인 신앙인의 자세이다.

2. 담대히(6절)

하나님으로 인해 우리는 언제나 담대할 수 있다. 단어의 뜻은 알려진 그대로 용기를 갖거나 자신이 있는 상태이다. 하나님이 우리를 위해 아들을 보내주시고 돕는 것을 아는 순간 더이상 두려울 것이 없다.

3. 인도하던 자들을(7절)

우리 앞에는 이미 신앙의 길을 뚜벅뚜벅 걸어간 선배들이 있다. 그들을 보며 우리의 믿음도 성장했다. 이렇게 우리를 밝은 빛으로 인도하던 자들을 생각해야 한다.

4. 동일하시니라(8절)

예수님의 여러 가지 속성 중 우리가 믿고 의지할 수 있는 것이 바로 어제나 오늘이나 동일하시다는 것이다. 예수님은 예전에 우리에게 보여 주셨던 그 사랑과 긍휼을 앞으로도 잊지 않으실 것이다.

5. 찬송의 제사를(15절)

구약의 제사는 종결되었다. 이제 하나님은 짐승의 제물을 받기를 즐겨하지 않으신다. 앞으로 우리가 드려야 할 제사는 찬양과 경배의 제사이다.

본문의 신학

1. 이어가는 신앙

오늘 본문은 새롭게 신앙의 일들을 하라는 권면이 아니다. 이제까지 했던 일들을 이어가라는 것이다. 다시 말해, 성도 공동체가 어려움과 유혹 가운데서도 그리스도께서 가르쳐 주신 복음과 제자들이 기도하며 전해 준 삶과 신앙의 기준들을 잊지 말고 계속하는 것이 중요하다는 가르침이다.

2. 형제 사랑, 나그네 사랑

형제를 사랑하는 것은 보편적인 가치라고 생각하기 쉽다. 그러나 이 형제 사랑은 특별히 예수님의 모범을 따라야 한다. 형제는 자기와 비슷하기에 희생적이거나 수평적인 사랑이 되기가 쉽지 않을 수 있다. 그러나 예수님은 하나님의 아들이심에도 불구하고 우리를 형제로 여기셨다. 그 사랑의 모범이 우리에게 경험되었다. 이미 2장에서 거룩하게 하시는 이와 거룩하게 함을 입은 자들이 다 한 근원에서 난 형제이기에 형제라 부르시기를 부끄러워하지 아니하셨다고 한다. 아울러 나그네도 형제가 될 수 있다. 손님을 접대해야 하는 이유이다.

3. 갇힌 자, 학대받는 자

예수님은 기적을 베푸셨는데 오랫동안 병으로 고통 받던 사람을 고치신 경우가 많다. 묶인 것은 신체가 구속된 상황을 이야기하는데 악한 영이나 병으로 자유롭지 못한 것도 포함된다. 그렇게 갇힌 사람들, 학대 받는 사람들을 자유롭게 하는 것도 큰 범주 안에서 형제를 사랑하는 것이다.

4. 혼인

결혼은 단순한 사회적인 행위가 아니다. 혼인은 성도가 귀하게 여겨야 하는 것이다. 하나님이 부부 사이에 간섭하실 것이기 때문이다. 따라서 이 관계에 성실하지 못하면 하나님의 심판이 따른다. 가정이 이 땅에서 정결하고 신실하게 보존될 때 그 안에서 하나님의 백성이 자라나고 성도의 공동체가 더욱 든든해진다.

5. 재물

돈에 대해서는 족한 줄 아는 자세가 필요하다. 돈이라는 것이 불필요하다는 얘기는 아니다. 반드시 필요한 것이 맞다. 그러나 그것을 사랑할 때 문제가 생긴다. 돈을 사랑하다 보면 더욱 소유하기를 원하게 된다. 더욱 많이 소유할수록 갈증이 풀리지 않는다. 그래서 재물에 대해서는 자족하는 마음이 필요하다.

평행 본문

시편 81:1, 10-16

하나님은 구원해 낸 백성 이스라엘이 지속적으로 하나님의 음성을 듣기를 원하신다. 그래서 올바른 경배와 제사를 명하신다. 특별히 입을 열라 하시는데 땅의 아름다운 소산들도 입에 넣어 주시지만 생명의 양식인 말씀도 함께 주신다. 이런 하나님의 음성을 듣지 않으니 하나님이 다시 심판하신다(12절). 반대로 다시 순종하면 하나님은 그 풍성한 은혜를 다시 베푸신다. 이스라엘의 대적은 이제 하나님 앞에 엎드려야 한다.

누가복음 14:1, 7-14

예수님이 안식일에 바리새인 지도자의 집에 들어가셨다. 먼저 와 있던 사람들이 예수님의 일거수일투족에 관심을 기울이고 있다. 그때 예수님은 비유로 말씀하신다. 잔치에 초대받았을 때 겸손하라고 하신다. 스스로 낮춰서 낮은 곳에 앉으면 언제든지 높아질 수 있게 될 것이다. 하나님의 나라에서는 반드시 그렇게 될 것이다. 또한 가난하고 병든 이들을 위해서 잔치를 베풀어야 한다. 그들 대신 심판의 날에 하나님이 갚아 주실 것이기 때문이다.

📖 설교를 위한 적용

오늘에 적용

- 1절 **"형제 사랑하기를"**: 성도 간에 형제라는 의식을 가져야 한다. 예수님은 우리의 형제가 되셨다. 신앙 공동체 안에서 서로 지체라는 의식이 없으면 오늘 본문의 많은 덕목들은 애초에 불가능하다. 우리는 한 몸의 각자 다른 지체이다.
- 6절 **"돕는 이시니"**: 주님의 도움을 기억해야 한다. 하나님이 나를 도와주신다. 무엇인가를 무서워할 때는 그것에 대해서 잘 모르거나 대처할 방안이 생각나지 않는 경우가 많다. 하나님이 우주의 주인이시고 나를 도와주신다는 체험을 하면 두려울 것이 없다.
- 7절 **"행실의 결말을"**: 신앙의 선조들의 결말을 살펴봐야 한다. 앞선 신앙의 선배들은 어려움을 딛고 신앙의 승리자가 되었다. 그들은 삶을 아름답게 종결했다. 이들의 마지막 순간까지 지켜본 후대의 우리는 그들의 삶을 충분히 신뢰할 수 있다.

- 16절 **"선을 행함과"**: 선을 행하고 나눔을 실천해야 한다. 선을 행하는 것은 그저 마음을 표현하는 것만으로는 부족하다. 상대방이 선의를 느낄 수 있는 행동이 수반되어야 한다. 아울러 내가 가진 것을 나누는 것도 그 마음의 표현이 된다.
- 16절 **"하나님은 이같은 제사를 기뻐하시느니라"**: 하나님이 기뻐하시는 제사를 드려야 한다. 하나님은 더이상 짐승의 피를 원하지 않으신다. 우리가 이웃을 보살피며 선을 행하고 우리의 것을 독점하려 하지 않으며 서로 나눠 주는 그런 신앙의 실천이 되는 제사를 원하신다.

설교 개요

- 일생일대의 목표를 가지고 최선을 다하는 사람들이 많다. 예를 들어, 올림픽 경기에 나가는 선수들의 경우 메달을 획득하는 것이 큰 목적이다. 그런데 한 번 메달을 땄다고 그 삶이 완성되었다고 말할 수 있겠는가? 메달을 한 번 딴 것으로 그 사람의 향후 모든 실수들이 사면이 될 수 있겠는가? 그럴 수가 없다.
- 신앙도 한 번 신앙인의 모범을 보였다고 남은 생애 모두 자기 마음대로 살 수 있는 것이 아니다. 신앙은 한 번의 실천으로 모든 것이 충족되는 것이 아님을 오늘 본문이 보여 준다. 믿음의 세계는 믿고 고백하는 것으로 들어갈 수 있겠지만 그 후에도 실천은 지속되어야 한다. 한 번만 형제를 사랑하고, 한 번만 손님 접대하면 기준을 통과하는 것이 아니다.
- 형제 사랑은 그리스도의 희생에서 시작된 사랑이다. 거룩의 근원이신 주님이 우리를 형제로 여기셨다. 그것을 부끄러워하지 않으셨다. 예수님의 사랑이 한 번으로 그친 것이 아니듯 우리의 형제 사랑도 지속되어야 한다.
- 묶인 사람들, 학대받는 사람들은 외부의 도움이 없이는 풀려나기 어렵다. 이들을 돕는 것도 형제가 마땅히 할 수 있고 해야 하는 일이다. 종교적으로 사회적으로 먼저 믿은 성도들이 함께 묶이는 경우가 많다. 당장 눈에 보이게 함께 묶이지 않았어도 이런 마음으로 다가가야 한다.

- 결혼도 잠깐 건전한 관계를 유지해서 될 일이 아니다. 평생에 걸쳐 서로 노력하며 아름다운 가정을 지켜야 마땅하다. 혼외 외부인에게 매력을 느끼는 것을 멈추어야 하듯 재물도 마찬가지이다. 많이 가질수록 만족이 되지 않는다. 스스로 족한 줄로 알아야 한다.
- 이러한 일들은 신앙인이 되어 반드시 지켜야 한다. 한 번으로는 부족하다. 평생 유지하는 것이 성도의 삶의 조건이다.

설교를 위한 예화

필자가 영월에서 목회를 할 때, 하나님께서 깨달음을 주신 일이다. 처음에 부임해 갔는데 할아버지 1명, 할머니 1명, 초등학생 2명이 앉아 있는 모습이 심난했다. 그런데 시간이 지나서 교회가 부흥이 되기 시작하는데, 청년들이 10명 이상 모이고, 주일학교가 겨울성경학교를 통해 50명이 넘어가고, 어른들이 교회에 나와 등록을 하기 시작했다.

며칠 전에 그 당시 신학생으로 있던 목사님이 찾아와서 이야기를 하는데, 아직까지도 그때의 일이 전설적이라고 회상했다. 그렇게 청년들이 모인 교회가 없었다는 것이다. 필자는 사실 그때, 내가 잘해서 된 일이라고 생각하고 있었다. 그런데 어느 날 어느 목사님으로부터 전임전도사들의 이야기를 듣게 되었다. 전에 있던 전도사들이 40일 씩을 교회를 위해서 금식했다는 말을 듣는 순간, 자만심이 깨어지고 깨닫게 되었다. "그때 그 기도의 씨가 열매를 맺고 있구나"라는 깨달음이었다. 비록 지금 필자는 사람들 보기에 영광스런 열매를 거두고 있으나, 하나님 앞에서는 아무것도 아니다. 오히려 씨를 뿌리고 심고 가꾸어 온 수고자들이 따로 있었다.

오늘은 우리의 인생을 경주에 비유하며, 과연 10월에 접어들며 한 해가 종반부에 와 있는 시점에서 우리가 어디쯤 와 있을까? 먼저 전제되는 되는 것은 우리의 인생 경주는 끝나지 않고 계속되고 있다는 것이며, 우리의 인생 경주는 나 혼자 하는 것이 아니라, 나 혼자 완성하는 것이 아니라 함께 경주하며 자신에게 맡겨진 구간을 책임지고 달려가는 것이라는 것을 분명히 하고 싶다.

성경에서는 때때로 우리의 삶을 '경주'라는 말로 비유해 말씀한다. 고린도전서 9장 24절에서는 "운동장에서 달음질하는 자들이 다 달릴지라도 오직 상을 받는 사람은 한 사람인 줄을 너희가 알지 못하느냐 너희도 상을 받도록 이와 같이 달음질하라"고 하신다.

그런데 성경에서 말씀하는 경주는 '1등'에 의미가 있는 것이 아니라, 끝까지 완주하는 데 의미가 있다. 빨리 인생을 사는 것이 의미가 있는 것이 아니라, 올바른 인생을 살고 있느냐가 중요하다. 그리고 이 경주는 분명히 단거리가 아니고 '마라톤'인 것 같다. 참으며 하는 경주다. 또한 인생의 마라톤 경주는 거리에 관계가 있는 것이 아니다. 정해진 시간이 있는 것이 아니다. 우리가 인생을 마감할 때까지 달려가야 한다. 우리의 목숨이 끊어지는 순간에 끝이 난다.

그래서 2005년을 마감하는 즈음에 이런 질문을 던지고 싶다. 지금까지 어떻게 인생의 마라톤을 달려왔나? 그리고 당신의 인생은 어느 지점에 와 있나? 우리 신앙의 선진들이 이미 인생의 경주를 마쳤다. 그들은 믿음의 경주를 위해 무던히 인내하며 인생을 살았던 사람이다. 인생을 '사는 것'이 중요한 것이 아니라, '의미 있게 사는 것'이 중요하다. 일등이 중요한 것이 아니라, 인생의 어려운 순간순간마다 믿음으로 최선을 다해 인생의 경주를 한 사람에게 영광이 돌아간다. 이것이 인생의 마라톤이다.

우리가 하는 경주의 특징 중에 하나는 우리에게 주어진 구간이 있다는 사실이다. 자기에게 주어진 구간은 다른 사람이 뛰어 줄 수 없다. 우리가 사는 인생은 시대마다 특별한 상황도 있고, 어려운 코스도 있을 수 있다. 분명한 것은 나에게 주어진 구간이라면 내가 그 책임을 완수해야 된다는 것이다.

신앙의 경주는 얼마나 유능하게, 빨리 달렸느냐를 묻지 않는다는 사실을 다시 한 번 명심하시기 바란다. 신앙 경주의 1등은 제일 빨리 들어온 사람에게 주어지는 것이 아니라 주님과 함께 자기에게 맡겨진 구간을 얼마나 책임 있게 달렸느냐의 문제요, 최선을 다한 사람은 모두가 1등을 할 수 있는 경주이다.

〈김병삼 목사, 아이굿뉴스, 2005.09.29., "인생은 경주다", https://www.igoodnews.net/news/articleView.html?idxno=10726〉

오순절 후 열세 번째 주일

❖ **성서정과** 시 139;1-6, 13-18; 렘 18:1-11; 몬 1-21; 눅 14:25-33

예배로 부름   Call to Worship

기도를 들으시는 주여 모든 육체가 주께 나아오리이다 주께서 택하시고 가까이 오게 하사 주의 뜰에 거하게 하신 사람은 복이 있나이다 우리가 주의 집 곧 주의 성전의 아름다움으로 만족하리이다(시 65:2, 4)

예배 기원   Invocation

성부 성자 성령 거룩하신 삼위일체 하나님! 거룩한 주일을 기억하게 하시고 겸손하게 성전에 나와 예배드리게 하심을 감사드립니다. 하나님께서 저희의 몸과 마음을 지켜주시고 건강을 허락하여 주셨기에 이렇게 예배할 수 있나이다. 성령님께서 저희 마음에 감동을 주시고 성자 예수님을 구주로 믿는 믿음을 주셨기에 이렇게 하나님을 아버지라 부를 수 있게 되었나이다. 생명의 주관자가 되시는 하나님께서 저희의 코에 호흡을 두셨기에 신령한 찬송을 부를 수 있나이다. 주님께서 베풀어 주신 이 모든 은혜와 사랑을 가지고 정성껏 예배하오니 받아 주옵소서. 예수 그리스도의 이름으로 기원하옵나이다. 아멘.

이 주일의 찬송   Hymns

성도여 다 함께(29장) / 내게 있는 모든 것을(50장) / 성자의 귀한 몸(216장)
부름 받아 나선 이 몸(323장) / 십자가를 내가 지고(341장)
주님의 뜻을 이루소서(425장)

성시교독 Responsive Readings   시편 139:1-4, 14-18

인도자 ¹ 여호와여 주께서 나를 살펴보셨으므로 나를 아시나이다

회 중 ² **주께서 내가 앉고 일어섬을 아시고 멀리서도 나의 생각을 밝히 아시오며**

인도자 ³ 나의 모든 길과 내가 눕는 것을 살펴보셨으므로 나의 모든 행위를 익히 아시오니

회 중 ⁴ **여호와여 내 혀의 말을 알지 못하시는 것이 하나도 없으시니이다**

인도자 ¹⁴ 내가 주께 감사하옴은 나를 지으심이 심히 기묘하심이라

회 중 **주께서 하시는 일이 기이함을 내 영혼이 잘 아나이다**

인도자 ¹⁵ 내가 은밀한 데서 지음을 받고 땅의 깊은 곳에서 기이하게 지음을 받은 때에 나의
형체가 주의 앞에 숨겨지지 못하였나이다

회 중 ¹⁶ **내 형질이 이루어지기 전에 주의 눈이 보셨으며 나를 위하여 정한 날이 하루도 되**
기 전에 주의 책에 다 기록이 되었나이다

인도자 ¹⁷ 하나님이여 주의 생각이 내게 어찌 그리 보배로우신지요 그 수가 어찌 그리 많은
지요

회 중 ¹⁸ **내가 세려고 할지라도 그 수가 모래보다 많도소이다 내가 깰 때에도 여전히 주와**
함께 있나이다

고백의 기도 Prayer of Confession

사랑이 많으신 하나님 아버지! 산과 들의 모든 열매가 찌는 듯한 열기를 이겨내고
제 역할을 다하며 맛있는 열매를 공급하고 있습니다. 시련 속에서 인내를 배우고,
인내는 소망의 열매로 나타나는 진리를 자연의 섭리 속에서 배우게 됩니다. 오, 주
님! 이처럼 과일도 우리에게 영적인 교훈을 주고 있건만 저희는 늘 불평불만을 하
면서 왜 내게 이런 가혹한 시련이 오는 것이냐고, 하나님을 믿어도 아무런 소용이
없다고, 도대체 하나님은 어디에 계신 것이냐고 패역한 말을 입술에 담고 살았습니
다. 작은 시련에도 갈대처럼 흔들렸던 우리의 믿음 없음을 회개하오니 불쌍히 여기
시고 용서하여 주옵소서. 예수님의 이름으로 이 고백의 기도를 드립니다. 아멘.

사함의 확신 Assurance of Forgiveness

너희는 내 목소리를 순종하고 나의 모든 명령을 따라 행하라 그리하면 너희는 내
백성이 되겠고 나는 너희의 하나님이 되리라(렘 11:4b)

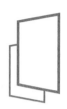

제자의 자격

📑 본문의 접근

본문의 재경청　눅 14:25-33

25 많은(폴뤼스, πολύς, large) 무리가 예수와 동행하였다. 예수께서 돌아서서 그들에게 말씀하셨다. **26** "누구든지 내게로 오는 사람은, 자기 아버지나 어머니나, 아내나 자식이나, 형제나 자매뿐만 아니라, 심지어 자기 목숨(프쉬케, ψυχή, life)까지도 미워하지 않으면, 내 제자가 될 수 없다. **27** 누구든지 자기 십자가를 지고 나를 따라오지 않으면, 내 제자가 될 수 없다. **28** 너희 가운데서 누가 망대(퓔고스, πύργος, tower)를 세우려고 하면, 그것을 완성할 만한 비용이 자기에게 있는지를, 먼저 앉아서 셈하여 보아야 하지 않겠느냐? **29** 그렇게 하지 않아서, 기초만 놓은 채 완성하지 못하면, 보는 사람들이 그를 비웃을 것이며, **30** '이 사람이 짓기를 시작만 하고, 끝내지는 못하였구나' 하고 말할 것이다. **31** 또 어떤 임금이 다른 임금과 싸우러 나가려면, 이만 명을 거느리고서 자기에게로 쳐들어오는 그를 자기가 만 명으로 당해 낼 수 있을지를, 먼저 앉아서 헤아려(불류오, βουλεύω, consider) 보아야 하지 않겠느냐? **32** 당해 낼 수 없겠으면, 그가 아직 멀리 있을 동안에 사신을 보내서, 화친을 청할 것이다. **33** 그러므로 이와 같이, 너희 가운데서 누구라도, 자기 소유(휘팔코, ὑπάρχω, possession)를 다 버리지 않으면, 내 제자가 될 수 없다." 〈새번역〉

546 | 2025 예배와 설교 핸드북

본문 개관

하나님 나라의 큰 잔치에 관한 이야기 뒤를 이어서 오늘 본문은 참된 제자에 관한 가르침이다. 잔치에 초청되었음에도 반응이 각각 달랐다. 제자로 청함을 받은 이후에도 모두 같은 마음일 수가 없다. 망대를 세우는 치밀함도, 전쟁에 참전하는 왕이 가져야 할 철저한 준비성도, 소금처럼 자기를 녹여 본분을 다하려는 마음도 모두 필요하다.

본문 분석

1. 수많은 무리가(25절)

예수님을 따르던 무리가 불어나고 있다. 그들은 예수님이 가시려는 곳까지 함께 이동했다. 이들을 바라보시는 예수님은 제자가 되려는 조건들에 관해 말씀하신다.

2. 자기 목숨까지(26절)

제자가 되려는 사람이라면 자기 목숨까지 미워해야지 그렇지 않으면 제자가 될 수 없다고 하신다. 아무리 중요한 일이라도 자기 목숨을 잃으면 무슨 의미가 있겠는가? 그런데 예수님의 가르침을 받아들이고 그 제자가 되는 일은 우리의 생명보다 더욱 소중한 가치가 있다.

3. 다 비웃어(29절)

망대를 세우는 크고 중요한 일을 시작만 하고 끝을 맺지 못하면 사람들이 비웃을 수밖에 없다. 예수님을 따르려는 사람들도 마찬가지라는 말씀이다. 이것을 뒤집어 생각해 보면 예수님의 제자가 되려는 것은 끝까지 해내기만 하면 망대를 세우는 일처럼 누구나 알 수 있고 박수를 칠 만한 일이라는 뜻도 될 것이다.

4. 헤아리지(31절)

왕이 전쟁 전에 치밀하게 계산하지 않고 자기 기분대로 중요한 군사작전을 시작한다면 단순히 자기 목숨이나 군인들의 생사만 위험에 처하는 것이 아니다. 온 백성의 안위가 거기에 달려 있다. 하나님 나라와 복음 전파를 위한 제자들이라면 왕보다 더한 사명감으로 임해야 한다.

5. 모든 소유를(33절)

소유물은 스스로 자기 자리를 넓혀가기 마련이다. 사람의 욕심이 기름 붓듯 자기의 것을 늘려나가게 된다. 이런 본능을 스스로 억제할 수 있다면 그보다 더 큰 일을 할 수 있을 것이다.

본문의 신학

1. 하나님 나라에 합당한 사람

제자들은 우선 하나님 나라에 합당한 사람이어야 한다. 예수님으로부터 시작된 하나님 나라 운동에 동의하고 그 필요성을 삶으로 증명하는 사람들이 제자들이었다. 그들은 다른 사람들에게도 똑같은 하나님 나라 비전을 전했고 그렇게 하나님의 통치를 이 땅에 가능하게 한다.

2. 제자가 되는 일이 시급하다.

예수님은 부모와 처자와 형제와 자매와 심지어 자기 목숨까지 미워해야 제자가 될 수 있다고 하셨다. 인륜을 저버리라는 말씀처럼 들린다. 심지어 자기 목숨을 미워하는 사람이 어찌 정상적인 제자의 삶을 살 수 있겠는가? 처음에는 이해가 되지 않는다. 그러나 이 말씀은 영원과 찰나의 순간 중 선택을 하려면 영원을 택하는 것이 성도의 기본이라는 말씀이다. 하나님 나라는 절대적인 가치를 지닌다. 인간의 지상에서의 삶은 그 자체로도 가치가 있으나 그것은 영원에 비할 때 짧을 수밖에 없다. 이 안에서의 가치도 천국이 갖는 절대적인 가치와 비교하기가 어렵다. 그래서 절대적이고 영원한 것을 추구하기 위해서 목숨까지도 희생할 각오가 필요하다.

3. 제자의 십자가

예수님의 사역에서 십자가는 불가결한 요소이다. 그 희생이 없이는 우리의 구원도 없다. 그런데 제자들도 자기 십자가를 지고 예수님을 쫓아야 한다고 강조하신다. 예수님을 쫓는 것이야 제자라면 당연히 해야 하는 것이 맞겠지만 십자가는 예수님의 고유한 구원의 도구가 아닌가? 이때 십자가는 각자가 감당해야 할 섬김과 봉사, 희생의 십자가라 하겠다. 때로는 멸시와 천대를 감수해야 하는 십자가이기도 하다.

4. 제자와 요행수

제자는 자신이 헌신을 결정하기 전에 치밀하게 앞일을 내다봐야 한다. 망대를 짓는 사람의 비유에서 예수님은 그것을 강조하신다. 망대를 만드는 것은 일상적인 일들의 범주를 넘어선다. 많은 자본과 시간이 든다. 그런 일을 사전 준비도 없이 덜컥 시작부터 해버리는 사람은 제자의 자격을 갖췄다고 보기 어렵다. 전쟁을 준비하는 왕도 마찬가지다. 자기 목숨이 걸린 일이기도 한데 다양한 상황을 기민하게 살펴보고 결정해야 자신과 타인의 목숨을 보장할 수 있다. 제자도 언뜻 자기 자신만 잘하면 된다라고 생각할 수 있지만 타인의 운명까지 좌우할 수 있는 일이다.

5. 희생의 덕목

제자는 자신의 것을 고집해서는 안 된다. 심지어 자신의 소유물까지 버려야 제자에 합당한 사람이다. 이제까지 자기 인척관계, 명예 모두 포기해야 한다는 말씀을 들었다. 그런데 물질적 소유물까지도 과감하게 포기할 줄 알아야 한다. 어떤 이들은 그게 있어야 사업을 더 크게 할 수 있다라고 생각할 수도 있다. 그러나 물질의 위력을 과소평가하는 것이 될 수 있다.

📖 평행 본문

예레미야 18:1-11

예레미야의 유명한 토기장이 비유이다. 하나님이 예레미야에게 토기장이의 집에 가라 하신다. 그가 보니 토기장이가 절대적인 주권을 행사하고 있었다. 하나님은 이 토기장이보다 더한 권능을 가지신다. 그리고 토기가 이 토기장이 손에 있듯 백성들을 손에 두셨다. 개인뿐만 아니라 어느 민족이나 국가나 하나님의 영향 아래 있다. 하나님이 이제 재앙을 내리며 계책을 베푼다 하신다. 그러나 여전히 돌이키면 살 길을 주신다. 이것이 하나님의 약속이다.

빌레몬서 1-21

바울은 옥중에서 빌레몬에게 편지를 쓴다. 압비아, 아킵보, 그리고 빌레몬의 집에 있는 교회 교인들도 대상이 된다. 바울은 오네시모가 영적인 아들임을 밝히며 그를 돌려보내게 된 일을 이야기한다. 그는 주인을 떠난 사람이었다. 그러나 여전히 그리스도를 머리로 하는 한 지체의 일부분이다. 복음 안에서 불필요한 사람은 없다. 바울은 이 한 생명을 위해 자신이 가진 것들을 아낌없이 내어놓는다.

📖 설교를 위한 적용

오늘에 적용

- **26절 "내 제자가"** : 예수님이 일반적인 스승이 아니심을 알아야 한다. 세상에는 많은 스승이 있고 제자가 있다. 그들은 지식과 기술, 예술과 기예 등을 전수한다. 그런데 예수님은 보다 근원적인 생명을 전하는 스승이시다. 제자들의 삶을 지상에서 영원한 하늘로 이어주시고 그 일들을 제자들이 잇기를 원하신다.

- 26절 **"자기 부모와 처자와"** : 새로운 관계를 맺어야 한다. 구원은 하나님과 새로운 관계를 형성하는 것이다. 이전 잘못된 관계는 과감하게 끊어야 한다. 혹시 옛 관계가 하나님과의 교제를 방해한다면 그것도 끊는 것이 옳다. 하늘의 신령한 가치를 좇으려면 지상의 관계들은 과감하게 포기할 줄 알아야 한다. 새로운 하나님과의 관계 앞에서 모든 관계가 새롭게 정립되기 때문이다.

- 33절 **"모든 소유를"** : 제자는 포기할 줄 알아야 한다. 제자가 된다는 것은 무엇을 잘 간수하고, 간직하고, 불려나가는 데 익숙한 것이 아니라 나누고 버리는 데 익숙해야 한다. 재물도, 명예도, 지위도 모두 가치가 있는 것이기는 하겠지만 최상의 가치는 하나님이시다. 하나님을 추구하면 다른 가치들은 상대적이 될 수밖에 없다.

- 28절 **"계산하지 아니하겠느냐"** : 제자는 치밀해야 한다. 예수님과 같은 분을 따르는 것은 매우 매력적이다. 그래서 충동적이 될 수도 있다. 그러나 제자가 되는 것은 치밀한 계산이 뒤따라야 한다. 이득을 따지자는 말이 아니다. 오히려 십자가를 지는 큰 투자 대비 세상적인 환급은 없다는 것을 미리부터 알아야 한다. 자신의 생명을 투자하는데 계산 없이 달려들 수는 없다.

- 33절 **"내 제자가 되지 못하리라"** : 조건이 명확함을 알아야 한다. 그리스도의 제자가 되려면 보통 각오로 되지 않는다. 헌신해야 하고 이제까지 내가 견지한 가치관도 뒤바꿔야 한다. 그런 결심이 없으면 결코 주님의 제자가 될 수가 없다.

설교 개요

- 제자의 덕목 중 물질에 대한 집착을 버리라는 것이 강조된다. 현대사회에서 물질이 할 수 있는 일은 참으로 많다. 물질이 없으면 어떠한 일을 제대로 할 수가 없다.

- 예수님은 오늘 말씀에서 제자가 되려면 자신의 모든 소유를 버려야 한다고 하신다. 자신이 가진 것의 일부도 아니고 모든 소유를 버리라는 말씀이다. 어떻게 아무것도 가지지 않고 이 세상을 살 수가 있으며, 어떻게 모든 소유를 버

리고 제자의 사명을 감당할 수 있다는 말인가?

- 자기의 모든 소유를 버리라는 말씀은 물질이, 때로는 명예가, 때로는 자신의 위치가 그 존재만으로도 우리를 사로잡을 수 있음을 상기시켜 준다. 단지 조금만 가지고 있으면 괜찮다는 수준이 아니다. 마치 누룩과 같이 그 조금이 팽창할 것이다. 재물은 불려나가는 맛이 있고, 자신의 사회적인 지위도 올라갈수록 흥미를 느끼기 마련이다. 이렇게 소유하고 높아지는 것은 그 정도의 차이에 따라 우리에게 미치는 영향이 작고 크다고 할 수가 없다.

- 제자는 소유로 사는 사람이 아니다. 이것도 가지고 저것도 가진 상태에서 예수님을 따를 수가 없다. 게다가 제자가 상으로 받을 것은 재물이 아니다. 하늘의 보화는 이 땅의 재물과는 완전히 다르고 비교할 수조차 없다. 제자는 하늘의 보상을 기대해야 할 사람이다.

- 제자는 높은 사람이 아니다. 예수님은 그 누구보다 높은 분이지만 십자가를 지시고 목숨을 내어주시기까지 낮아지셨다. 제자도 그 뒤를 따라야 한다. 자신의 십자가는 높은 위치에서 질 수 있는 것이 아니다.

설교를 위한 예화

에이브러햄 링컨(1809.2.12.-1865.4.15.)이 청소년기에 상점에서 점원으로 일할 때에 일어난 일입니다. 어느 날 상점에서 일과를 마치고 일일 결산한 결과 25센트의 잔액이 발생된 것을 발견했습니다. 링컨은 곰곰이 생각해 보니 단골로 오는 손님 중에서 한 분이 계산을 한 후 잔돈을 돌려받지 못했음을 알고 상점에서 꽤 멀리 떨어져 있는 고객의 집을 방문하여 잔돈을 돌려주었습니다.

그리고 40년 후 링컨이 대통령에 출마하여 선거 유세전에 돌입했고, 링컨이 상대 출마자보다 약간의 열세를 보이고 있었을 때였습니다. 그런데 우연히 신문을 보던 80세 노파는 링컨의 출마 사실을 알게 되었고, 자비로 링컨의 정직성을 1주일 동안 신문에 게재하기 시작했습니다. 그 노파는 바로 40년 전 링컨이 25센트의 잔돈을 돌려준 고객이었습니다. 그 결과 링컨이 당선이 되었는데, 그 노파의 연재는 링컨의 정직성을 대변하는 데 큰 역할을 하게 되었습니다. 결과적으로 정직하게 살아온 것이 결정적인 역할을 하는 계기가 되었습니다.

〈김호진, 『행복한 정원』(쿰란출판사, 2016), 410〉

오순절 후 열네 번째 주일

❖**성서정과** 시 14; 렘 4:11-12, 22-28; 딤전 1:12-17; 눅 15:1-10

예배로 부름　Call to Worship

여호와는 나의 목자시니 내게 부족함이 없으리로다 그가 나를 푸른 풀밭에 누이시
며 쉴 만한 물가로 인도하시는도다 내 영혼을 소생시키시고 자기 이름을 위하여 의
의 길로 인도하시는도다(시 23:1-3)

예배 기원　Invocation

자애로우신 하나님 아버지! 지난 한 주간 동안 베풀어 주신 사랑과 은혜와 인도하
심에 감사를 드립니다. 일주일 동안 주님의 말씀을 읽으며 깨닫는 대로 실천하며
살고자 했지만 부족한 점이 너무도 많았습니다. 부족한 인간의 힘만으로는 유혹을
이기지 못하여 언제나 넘어지고 쓰러집니다. 오늘은 거룩한 주일을 맞이하여 더욱
특별한 은혜를 사모하며 성전으로 나왔사오니 부족한 저희를 홀로 두지 마시고 진
리의 말씀을 보내 주옵소서. 성령님께서 주시는 감동으로 지난 한 주간 풀지 못했
던 문제를 해결할 수 있게 하시고, 질병으로 고통 받던 육신을 강건하게 고쳐 주옵
소서. 죄로 인해 심령이 억눌렸던 자녀들에게는 진리로 자유케 하여 주옵소서. 예
수님의 이름으로 기원하옵나이다. 아멘.

이 주일의 찬송　Hymns

홀로 한 분 하나님께(11장) / 나와 같은 죄인 위해(271장) / 양떼를 떠나서(277장)
요나처럼 순종않고(281장) / 양 아흔아홉 마리는(297장)
이전에 주님을 내가 몰라(597장)

성시교독　Responsive Readings

시편 14:1-7

인도자	1 어리석은 자는 그의 마음에 이르기를 하나님이 없다 하는도다
회 중	**그들은 부패하고 그 행실이 가증하니 선을 행하는 자가 없도다**
인도자	2 여호와께서 하늘에서 인생을 굽어살피사 지각이 있어 하나님을 찾는 자가 있는가 보려 하신즉
회 중	**3 다 치우쳐 함께 더러운 자가 되고 선을 행하는 자가 없으니 하나도 없도다**
인도자	4 죄악을 행하는 자는 다 무지하냐 그들이 떡 먹듯이 내 백성을 먹으면서 여호와를 부르지 아니하는도다
회 중	**5 그러나 거기서 그들은 두려워하고 두려워하였으니 하나님이 의인의 세대에 계심이로다**
인도자	6 너희가 가난한 자의 계획을 부끄럽게 하나 오직 여호와는 그의 피난처가 되시도다
회 중	**7 이스라엘의 구원이 시온에서 나오기를 원하도다**
인도자	여호와께서 그의 백성을 포로된 곳에서 돌이키실 때에
회 중	**야곱이 즐거워하고 이스라엘이 기뻐하리로다**

고백의 기도　Prayer of Confession

인류를 죄와 사망에서 속량하시려고 예수 그리스도를 이 땅에 보내 주신 하나님 아버지! 하나님께서는 독생자까지도 아끼지 않으시면서 죄를 멸하려 하셨는데, 저희는 더럽고 추악한 죄를 모으고 쌓으며 살았습니다. 죄인들과 함께 어울려 먹고 마시며 방탕하게 지냈습니다. 세상 풍조에 밀려 하나님의 이름을 망령되이 부르며 믿음을 저버리고 살았습니다. 부모를 공경하지 않고, 이웃의 재물을 탐하며, 음란과 죄악의 길에서 떠나지 않았습니다. 죄악 중에 먹고 마시던 우리 삶은 이 땅 위에서는 바람에 나는 겨처럼 정함이 없게 되고 말았습니다. 오, 주님! 하나님의 엄위하심을 깨닫지 못하고 죄악 중에 살았던 저희의 모든 죄를 용서하여 주옵소서. 예수님의 이름으로 이 고백의 기도를 드립니다. 아멘.

사함의 확신　Assurance of Forgiveness

맑은 물을 너희에게 뿌려서 너희로 정결하게 하되 곧 너희 모든 더러운 것에서와 모든 우상숭배에서 너희를 정결하게 할 것이라(겔 36:25)

2

주일 낮 예배·설교 지침

오늘의 주제

능하게 하신 그리스도

📖 본문의 접근

본문의 재경청   딤전 1:12-17

¹² 나는 나에게 능력을 주신(엔뒤나모오, ἐνδυναμόω, give power) 우리 주 그리스도 예수께 감사를 드립니다. 주님께서 나를 신실하게 여기셔서, 나에게 이 직분을 맡겨 주셨습니다. ¹³ 내가 전에는 훼방자(블라습헤모스, βλάσφημος, blasphemer)요 박해자요 폭행자였습니다. 그러나 그러한 행동은 내가 믿지 않을 때에 알지 못하고 한 것이므로, 하나님께서 나에게 자비를 베풀어 주셨습니다. ¹⁴ 우리 주님께서 나에게 은혜를 넘치게 부어 주셔서, 그리스도 예수 안에서 얻는 믿음과 사랑을 누리게 하셨습니다. ¹⁵ 그리스도 예수께서 죄인을 구원하시려고 세상에 오셨다고 하는 이 말씀은 믿음직하고, 모든 사람이 받아들일 만한 말씀입니다. 나는 죄인의 우두머리(프로토스, πρῶτος, chief)입니다. ¹⁶ 그러나 하나님께서는 나에게 자비를 베푸셨습니다. 그 뜻은 그리스도 예수께서 끝없이 참아 주심의 한 사례를 먼저 나에게서 드러내 보이심으로써, 앞으로 예수를 믿고 영생을 얻으려고 하는 사람들의 본보기로 삼으시려는 것입니다. ¹⁷ 영원하신 왕, 곧 없어지지도 않고 보이지도 않는, 오직 한 분이신 하나님께 존귀와 영광이 영원 무궁토록 있기를 빕니다. 아멘. 〈새번역〉

본문 개관

유대인들이 많았던 초기교회에 율법은 여전히 큰 영향을 미치고 있었다. 바울은 율법이 필요하기는 하나 그리스도이신 예수님으로 말미암아 복음을 받아들인 사람에게는 그다지 유용치 않음을 알린다. 우리에게는 더 좋은 것들이 주어졌다. 바울은 복되신 하나님의 영광의 복음을 들고 있다. 이것이 바울의 능력의 근원이다. 바울은 바로 이것을 감사의 시작으로 여긴다. 그리고 감사 이후 그것을 세상에 전해야 할 것을 다짐한다. 그것을 직분의 참된 의미로 여겼다.

본문 분석

1. 능하게 하신(12절)

바울에게는 많은 능력이 있었다. 그리고 자신이 꿈꿨던 복음 전파의 사역을 감당할 능력도 있었다. 이 모든 것을 가능하게 하신 분은 바로 그리스도이신 예수님이다.

2. 비방자(13절)

바울이 자신이 가지고 있던 인간적인 능력을 자신의 생각대로 쓰지 않고 복음을 위해 사용하게 된 것을 감사하며 구체적인 이유를 밝힌다. 이전에는 자신이 비방자였다고 한다. 비방자는 다른 사람을 말로 어렵게 하거나 해를 입히는 사람이라는 뜻이다.

3. 박해자(13절)

박해자는 추격하는 사람을 말한다. 누군가를 목표로 뒤를 좇는 것인데, 바울의 옛 행적을 보면 예수님을 따르던 사람들을 추적해 색출하는 일을 했을 것이므로 그런 자신의 모습을 이렇게 드러낸 것이다.

4. 이 말이여(15절)

이 말은 로고스를 의미한다. 그리스도께서 우리에게 주신 복음이고 구원의 진리이다. 바울 자신을 살린 말이고, 지금도 믿고 의지하는 로고스이다.

5. 괴수니라(15절)

바울이 실제로 예수님을 핍박하던 유대교의 최고 수장이었거나 서기관, 바리새인과 같은 특정 집단의 최고위직에 있지는 않았지만 자신을 우두머리라고 한다. 그만큼 과거 자신의 죄가 깊었음을 삶을 통해 통감하고 있음을 보여 준다.

본문의 신학

1. 복음의 능력

바울은 그리스도를 핍박하던 사람이었다. 아무런 일도 하지 않고 그저 중립적으로 방관하던 사람이라면 이해할 여지라도 있었을 텐데 바울은 거세게 반대하며 훼방하던 사람이었다. 이런 사람을 변화시킨 것이 바로 복음이다.

2. 허물을 감추심

바울은 유대교의 입장에서 보면 충실한 일꾼이었으나 그리스도교인의 입장에서 본다면 이보다 큰 박해자가 없을 정도였다. 그리스도교인을 핍박한다는 것은 그 내용에 대해서 안다는 말이다. 예수님의 가르침에 대해서도 들었다는 말이다. 들었고 자신의 유대교적 지식으로 판단했고, 그 결과 유대교에 맞지 않으니 반대했을 것이다. 이것은 바울이 복음을 듣고도 믿지 않았음을 의미한다. 하나님은 이런 바울마저 포용하셨다. 그 잘못을 책망하지 않으시고 사도로 부르셨다.

3. 신뢰를 증명

하나님은 바울의 옛 허물을 용서하셨을 뿐만 아니라 충성되다고 여겨주셨다. 그런데 이런 신뢰가 말로만 그친 것이 아니었다. 그에게 직분까지 맡기셨다. 일꾼으로 바울을 부르시고 하나님 나라 확장의 사명까지 부여하셨다. 인류 역사를 통해 인간은 하나님을 수없이 믿는다, 신뢰한다 하고 배신을 일삼았지만 하나님은 우리를 신뢰하시고 일까지 맡기셔서 그 신뢰를 증명하고 이어가신다.

4. 넘치는 은혜

바울은 주님의 은혜가 넘치도록 풍성하다고 다시 고백한다. 박해자요 폭행자였던 자신을 용납해 주신 것도 은혜이고 거기에 직분을 맡기신 것도 감사한 일이라고 이미 고백했다. 그런데 하나님의 은혜가 더해진 것이다. 그것은 믿음과 사랑이 더 커진 것이다. 하나님이 주시는 은혜는 이렇게 부족함이 없다. 그것을 찾고 발견할 때는 더욱 지속되는 은혜로 인해 놀라고 감사할 수밖에 없다.

5. 모든 사람을 위한 복음

복음은 그 자체로 온전하다. 그래서 모든 사람이 온전히 받을 수 있고, 가감 없이 그대로 받는 것이 맞다. 자신의 유불리를 따져 복음을 받아들인다든지, 자신이 수용하지 못해서 버리는 것은 복음을 온전히 믿고 따르지 못함을 의미한다. 이미 바울이 그것을 체험했고 모든 사람이 받을 만한 복음임을 증언한다.

평행 본문

시편 14

어리석은 이는 하나님이 없다고 하는 사람이다. 어리석다는 것이 단순히 기억을 잘 못한다거나 학습능력이 떨어지는 것이 아니라 온 세상의 주인이 하나님이심을 알지 못하거나 알아도 믿지 않는 사람이라는 말이다. 이들은 그 삶에서 선을 행하지 않는다(3절). 하나님은 이런 어리석은 자가 아니라 지각이 있는 자를 찾으신다(2절). 이들은 하나님을 찾기 때문이다. 어리석은 자들이 하나님을 발견하게 되는 순간, 그들은 두려움에 사로잡힐 것이다(5절). 이스라엘은 비록 가난하고 공포에 떨 때가 있겠지만 그때마다 시온에서 구원이 오기를 바라며 하나님은 그 간구를 들으신다.

누가복음 15:1-10

유대교의 지도자들은 예수님과 매번 거리를 둔 것은 아니었다. 때때로 그들은 예수님으로부터 가르침을 청하기도 했다. 예수님은 세리와 죄인들과 어울린다는 이유로 예수님을 비난하던 이들에게 잃어버린 양과 잃어버린 드라크마의 비유를 들려주신다. 도덕과 종교적인 규율로 마음이 단단해져 있던 바리새인과 서기관들에게 어쩌면 직접적이고 교리적인 이야기를 먼저 하셨으면 논쟁으로 번지며 그들의 마음이 더욱 닫히는 결과가 왔을지도 모른다. 그러나 잃어버린 양을 다시 찾고, 잃어버린 드라크마를 다시 찾는 이 과정을 들려주심을 통해 예수님이 잃어버린 사람을 위해서 오신 분임을 자연스럽게 알게 하신다.

📖 설교를 위한 적용

오늘에 적용

- **12절 "나를 능하게 하신"**: 은혜의 근원을 깨달아야 한다. 구원받은 우리는 하나님의 자비로 말미암아 구원받고 새로운 삶을 살게 된 것을 감사하게 된다. 이때 그 은혜가 어디로부터 시작된 것인지를 알면 더욱 더 큰 감사를 드리게 된다.

- **13절 "내가 전에는"**: 뒤를 돌아봐야 한다. 과거 자신의 모습이 어떠했는지 바울은 계속해서 돌아봤다. 이전과 비교할 때 참으로 변화된 모습을 더욱 실감하게 된다. 게다가 과거 자신의 모습은 더 악할 수 없는 죄인이었던 것을 기억하면 할수록 감사와 미래 사역을 향한 다짐을 단단히 할 수 있다.

- **15절 "세상에 임하셨다"**: 예수님의 존재 자체를 환영해야 한다. 예수님이 이 땅에 오신 그 자체로 구원의 여정이 시작되었다. 하나님의 아들이 오신 그 자체로 구원이 시작되었다. 이 간단한 진리를 감추려고 하고 뒤틀려고 한다면 그것은 복음에 합당하지 않다.

- **16절 "긍휼을 입은"**: 무한하신 사랑을 기억해야 한다. 바울과 같이 적극적으

로 그리스도를 반대한 사람도 구원의 은혜를 입었다. 인간의 죄가 아무리 악할지라도 하나님의 사랑은 그보다 크다.

- **17절 "하나님께 존귀와 영광이"** : 하나님께 영광을 돌려야 한다. 바울은 그리스도께 감사했다. 그리고 예수님 안에 있는 믿음과 사랑이 넘치도록 풍성함도 고백했다. 그러나 이 모든 일은 하나님이 시작하셨다. 하나님이 중심이 되셨다.

설교 개요

- 코로나는 많이 알려진 바이러스성 질병이다. 바이러스가 우리 몸에 침입해 복제에 복제를 빠른 시간 안에 거듭해 병증을 일으킨다.
- 예수님을 따르던 제자들이 하나 둘 세상을 떠났을 때 교회는 상실감을 느꼈을 것이다. 불안이라는 바이러스가 급격하게 복제에 복제를 거듭했을 것이다. 그때 바울이 사도로 부르심을 받았다. 교회에는 다시 바울이라는 바이러스가 침입했다.
- 당시 교회에는 바울뿐만 아니라 다른 바이러스들도 있었다. 영지주의와 율법주의와 같은 바이러스들은 때로는 인간의 약한 마음을 고리로 공격했고, 전통에 머물려고 하는 습성을 이용해서 빠르게 자가복제를 거듭했다.
- 바울은 이들의 번식을 복음으로 끊어냈다. 교회에 편지를 보내 더이상 나쁜 바이러스가 교회를 병들게 하지 않도록 치유했다. 바울은 자신을 죄인들 중에서도 가장 극악한 괴수라고 표현했다. 자기 안에 퍼질 대로 퍼져 있던 율법주의의 바이러스를 복음이라는 백신으로 끊어냈다. 자신을 살게 하신 복음이니 신뢰할 만하다.
- 이는 복음의 완전성에 기인한다. 복음은 영적인 면과 도덕적인 면 모두를 포괄하고 있다. 그래서 그 자체로 전달되어야 한다. 어느 형편에 있든지, 영적으로 어느 상태에 있든지 충분히 누구나 받을 만한 복음이고 사람을 살릴 만한 복음이다.

설교를 위한 예화

불의의 사고로 하나님의 품에 안긴 서울아산병원 주석중(심장혈관흉부외과) 교수의 기도문이 공개되어 많은 이들에게 울림을 주고 있다. 국내 대동맥 수술의 일인자로 꼽히며 수많은 생명을 살렸지만, 그는 자신이 할 수 있는 것은 아무것도 없다며 모두 하나님의 손에 맡기노라고 고백했다.

주 교수의 장남인 주현영 씨가 유가족 대표로 조문객에게 쓴 감사 인사 여러 곳에는 주 교수의 생전 신앙이 확인됐다. 주 교수는 서울 주님의교회 집사였다. 바쁜 일정 중에서도 교회 성가대로 봉사한 것으로 알려졌다. 유가족의 감사 인사는 노환규 전 대한의사협회 회장이 페이스북을 통해 26일 공개했다. 노 전 회장은 본보에 '감사 인사가 더 많은 이들에게 공유되기 바란다'는 뜻을 전해왔다.

먼저 주 교수는 병원 연구실에 여러 편의 기도문을 남겼다. 이는 평소 사용하던 만년필로 직접 쓴 것이었다. 주 교수는 그중 한 편을 벽에 붙였다. 영문으로 "… but what can I do in the actual healing process? Absolutely nothing. It is all in God's hands"라는 내용으로 이는 "실제 치유 과정에서 제가 무엇을 할 수 있습니까? 절대로 아무것이 없습니다. 모든 것은 하나님의 손에 달려 있습니다"라고 번역된다. 주 교수의 아들 현영 씨는 이 기도문에 대해서 "정성을 다해 수술하고 환자를 돌보지만 내 힘은 정말 아무것도 아니니, 하나님께서 도와주십사 간절히 기도하는 마음을 그렇게 적어두신 듯하다"고 전했다.

두 번째로 주 교수는 하나님이 주신 소명에 감사했다. 그는 사고가 있기 얼마 전 아내에게 "나는 지금껏 원 없이 살았다. 수많은 환자 수술해서 잘 됐고, 여러 가지 새로운 수술 방법도 좋았고, 하고 싶은 연구 하고, 쓰고 싶었던 논문 많이 썼다. 하나님께서 내려주신 소명을 다한 듯하여 감사하고 행복하다"는 이야기를 했다고 한다.

주 교수는 의사로서 남다른 희생정신을 발휘했다. 그는 병원 10분 거리에 살면서 응급 수술을 도맡았다. 또한 장례를 마치고 유가족이 찾은 연구실에는 뜯지 않은 라면 스프가 상자에 수없이 쌓여 있었다고 한다. 현영 씨는 "제대로 식사할 시간을 내기도 어려워서 아니면 그 시간조차 아까워서 연구실 건너 의국에서 생라면을 가져와 면만 부숴 드시고 스프는 그렇게 버려둔 것이 아닌가 여겨졌다. 오로지 환자 보는 일과 연구에만 전심전력을 다하시고 당신 몸은 돌보지 않던 평소 아버지의 모습이 그대로 느껴져 너무나 가슴 아팠다"고 했다.

생전 하나님의 사랑을 몸소 실천한 주 교수의 사망 소식에 많은 이들이 함께 울었다. 현영 씨는 "정말 많은 분들께서 오셔서 아버지가 평소 어떤 분이셨는지 얘기해 주시고, 진심 어린 애도를 해 주셔서 가족들에게 큰 힘이 되었다"며 "많은 분들께서 저희 아버지를 누구보다 따뜻하고 순수한 가슴을 지닌 사람으로 기억해 주셨다. 여러분이 기억해 주신 아버지의 모습과 삶의 방식을 가슴에 새기고, 부족하지만 절반만이라도 아버지처럼 살도록 노력하겠다"고 했다.

〈신은정 기자, 「국민일보」, 2023.06.28., "'집사' 주석중 교수의 신앙 '모든 것은 하나님 손에…'", https://www.kmib.co.kr/article/view.asp?arcid=0018406592〉

오순절 후 열다섯 번째 주일

❖ **성서정과** 시 79:1-9; 렘 8:18-19:1; 딤전 2:1-7; 눅 16:1-13

예배로 부름 Call to Worship

아버지께 참되게 예배하는 자들은 영과 진리로 예배할 때가 오나니 곧 이 때라 아버지께서는 자기에게 이렇게 예배하는 자들을 찾으시느니라(요 4:23)

예배 기원 Invocation

참 좋으신 하나님 아버지! 찌는 듯한 더위를 거두시고 높은 하늘과 빛나는 구름과 시원한 바람을 보내 주시니 감사합니다. 하늘이 푸르고 높아가듯이 우리의 마음도 하나님을 향하여 더욱 정결하고 드높아지게 하옵소서. 시원한 바람이 우리의 몸과 마음을 편하게 해 주듯이, 성령님의 바람이 우리 영혼에 불어와서 세상이 줄 수 없는 참된 기쁨을 경험하게 하여 주옵소서. 옥토 밭에 뿌려진 씨앗이 큰 나무로 성장하는 계절이오니 우리 마음에 내려앉았던 모든 진리의 말씀들도 예배하는 이 시간 큰 믿음의 나무로 자라게 하옵소서. 예수님의 이름으로 기원하옵나이다. 아멘.

이 주일의 찬송 Hymns

참 놀랍도다 주 크신 이름(34장) / 예부터 도움 되시고(71장)

큰 죄에 빠진 날 위해(282장) / 내 주를 가까이 하게 함은(338장)

내 평생에 가는 길(413장) / 예수가 우리를 부르는 소리(528장)

성시교독 Responsive Readings   시편 79:1-9

인도자   ¹ 하나님이여 이방 나라들이 주의 기업의 땅에 들어와서 주의 성전을 더럽히고 예루살렘이 돌무더기가 되게 하였나이다

회 중	**2 그들이 주의 종들의 시체를 공중의 새에게 밥으로, 주의 성도들의 육체를 땅의 짐승에게 주며**
인도자	3 그들의 피를 예루살렘 사방에 물 같이 흘렸으나 그들을 매장하는 자가 없었나이다
회 중	**4 우리는 우리 이웃에게 비방거리가 되며 우리를 에워싼 자에게 조소와 조롱거리가 되었나이다**
인도자	5 여호와여 어느 때까지니이까 영원히 노하시리이까 주의 질투가 불붙듯 하시리이까
회 중	**6 주를 알지 아니하는 민족들과 주의 이름을 부르지 아니하는 나라들에게 주의 노를 쏟으소서 7 그들이 야곱을 삼키고 그의 거처를 황폐하게 함이니이다**
인도자	8 우리 조상들의 죄악을 기억하지 마시고 주의 긍휼로 우리를 속히 영접하소서 우리가 매우 가련하게 되었나이다
회 중	**9 우리 구원의 하나님이여 주의 이름의 영광스러운 행사를 위하여 우리를 도우시며 주의 이름을 증거하기 위하여 우리를 건지시며 우리 죄를 사하소서**

고백의 기도 Prayer of Confession

인애와 긍휼이 풍성하신 하나님 아버지! 말세가 되면 사람들이 믿음에서 떠나 미혹하는 영과 귀신의 가르침을 따른다고 하셨는데, 행여 오늘 우리가 성경에 기록된 양심에 화인 맞은 그 사람이 아닌지 돌아봅니다. 외식함으로 거짓말을 하였고, 망령되고 허탄한 신화에 빠지는 것을 마치 경건의 모양인 양 오해하며 살았습니다. 오늘 저희가 향락을 추구함으로 육체는 살았으나 영은 죽은 자로서 존재하고 있는 것은 아닌지 떨리는 마음으로 회개합니다. 말세지말을 당하여 하나님을 알되 하나님을 영화롭게 하지도 않고, 풍성한 은혜를 받았으되 하나님께 감사하지도 않았으며, 미련하고 허망한 생각에 사로잡혀 하나님의 영광을 가리는 행동을 일삼았던 지난날을 회개하오니 주님, 용서하여 주시고 이 무서운 죄악으로부터 우리를 구원하여 주옵소서. 예수님의 이름으로 이 고백의 기도를 드립니다. 아멘.

사함의 확신 Assurance of Forgiveness

내가 그들을 그 범죄한 모든 처소에서 구원하여 정결하게 한즉 그들은 내 백성이 되고 나는 그들의 하나님이 되리라(겔 37:23b)

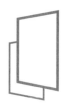

오늘의 주제

너희의 것을 주라

📑 본문의 접근

본문의 재경청 눅 16:1-13

1 예수께서 제자들에게도 말씀하셨다. "어떤 부자가 있었는데, 그는 청지기 (오이코노모스, οἰκονόμος, steward) 하나를 두었다. 그는 이 청지기가 자기 재산을 낭비한다(디아스콜피조, διασκορπίζω, waste)고 하는 소문을 듣고서, **2** 그를 불러 놓고 말하였다. '자네를 두고 말하는 것이 들리는데, 어찌 된 일인 가? 자네가 맡아보던 청지기 일을 정리하게. 이제부터 자네는 그 일을 볼 수 없 네.' **3** 그러자 그 청지기는 속으로 말하였다. '주인이 내게서 청지기 직분을 빼 앗으려 하니, 어떻게 하면 좋을까? 땅을 파자니 힘이 없고, 빌어먹자니 낯이 부 끄럽구나. **4** 옳지, 내가 무엇을 해야 할지 알겠다. 내가 청지기의 자리에서 떨 려날 때에, 사람들이 나를 자기네 집으로 맞아들이도록 조치해 놓아야지.' **5** 그 래서 그는 자기 주인에게 빚진 사람들을 하나씩 불러다가, 첫째 사람에게 '당 신이 내 주인에게 진 빚이 얼마요?' 하고 물었다. **6** 그 사람이 '기름 백 말이오' 하고 대답하니, 청지기는 그에게 '자, 이것이 당신의 빚문서(그람마, γράμμα, written letter)요. 어서 앉아서, 쉰 말이라고 적으시오' 하고 말하였다. **7** 그리 고 다른 사람에게 묻기를 '당신의 빚은 얼마요?' 하였다. 그 사람이 '밀 백 섬이 오' 하고 대답하니, 청지기가 그에게 말하기를 '자, 이것이 당신의 빚문서요. 받 아서, 여든 섬이라고 적으시오' 하였다. **8** 주인은 그 불의한 청지기를 칭찬하였 다. 그가 슬기롭게 대처하였기 때문이다. 이 세상의 자녀들이 자기네끼리 거래

하는 데는 빛의 자녀들보다 더 슬기롭다. ⁹ 그러므로 내가 너희에게 말한다. 불의한 재물(맘모나스, μαμμωνᾶς, mammon)로 친구를 사귀어라. 그래서 그 재물이 없어질 때에, 그들이 너희를 영원한 처소로 맞아들이게 하여라. ¹⁰ 지극히 작은 일에 충실한 사람은 큰일에도 충실하고, 지극히 작은 일에 불의한 사람은 큰일에도 불의하다. ¹¹ 너희가 불의한 재물에 충실하지 못하였으면, 누가 너희에게 참된 것을 맡기겠느냐? ¹² 또 너희가 남의 것에 충실하지 못하였으면, 누가 너희에게 너희의 몫인들 내주겠느냐? ¹³ 한 종이 두 주인을 섬기지 못한다. 그가 한 쪽을 미워하고 다른 쪽을 사랑하거나, 한 쪽을 떠받들고 다른 쪽을 업신여길 것이다. 너희는 하나님과 재물을 함께 섬길 수 없다."〈새번역〉

본문 개관

불의한 청지기 비유로 불리는 오늘 본문의 이야기는 쉽게 이해가 가지 않는 본문이다. 주로 다루는 내용은 재물에 관한 것이다. 청지기는 정직하지 않았다. 주인 몰래 자기 소유를 늘리려는 욕심이 컸다. 이런 행각이 들통나자 주인에게 채무가 있는 사람들의 빚을 탕감해 주기 시작한다. 청지기는 해고될 때 해고되더라도 훗날을 기약하려는 마음으로 그리했을 것이다. 이런 일이 있은 후 정작 주인은 청지기를 책망하는 것이 아니라 오히려 칭찬한다. 예수님은 이 모습을 통해 재물 등과 관련된 불의의 세계가 아닌 구원과 복음과 은혜의 세계를 살라고 하신다.

본문 분석

1. 청지기가 (1절)

집을 의미하는 오이코스와 관리하거나 경영한다는 단어를 합해서 청지기라 한다. 그 집에서 태어나서 집에 속한 밭이나 땅을 관리하는 훈련을 받은 사람일 수 있다. 그러나 여전히 신분은 주인에게 속한 종이다.

2. 소유를 낭비한다(1절)

낭비한다는 말은 허투루 사용하는 것으로 앞에 제시된 돌아온 탕자의 비유에서 둘째 아들이 부친의 상속 재산을 함부로 사용한 것과 같은 단어이다.

3. 셈하라(2절)

셈하라는 말은 계산하거나 정리하라는 뜻이다. 주인은 청지기에게 자신이 들은 고발 내용에 대해서 묻는다. 그리고 청지기가 어떻게 운영을 했는지 말하라고 한다.

4. 알았도다(4절)

자신의 직분이 빼앗기는 위기를 맞아 청지기는 스스로 생각하기에 육체노동을 할 수도 없고 빌어먹을 수도 없는 무기력을 체험한다. 알았다는 말은 이 순간 자신이 깨달은 것이 있었고 결심을 했다는 말이다.

5. 백 말(6절)

말은 헬라어 바투스로 34리터 정도의 양이다. 100말이면 3,400리터의 상당한 양의 기름이다. 청지기는 이렇게 많은 양의 기름을 주인에게 빚진 채무자에게 반만 갚으면 된다고 증서를 고쳐 준다.

본문의 신학

1. 불의한 청지기

이 청지기의 부끄러운 행위를 미화해서 볼 필요는 없다. 그는 본문 처음부터 주인의 소유를 허비한다고 했고, 불의한 재물에 충성한 사람이기도 했기 때문이다. 주인이 칭찬을 했다고 해도 그 행위 자체가 예전에는 용인이 가능한 수준이었고, 그 관점으로 오늘 우리도 이해해야 한다고 볼 필요는 없겠다.

2. 우리에게 주신 것

하나님은 우리에게 많은 것들을 베푸셨다. 생각해 보면 그것들은 모두 우리에게 대가 없이 주신 것들이다. 그렇다면 우리는 우리 손에 들고 있는 것들을 하나님의 뜻에 따라 사용함이 마땅하다. 그러나 우리는 우리 욕심대로 더 많이 가지려고 했고, 더 많이 소유하려 했다. 이 청지기는 자기 재주로 인해 많은 것들을 벌게 되었다고 생각했을 것이다. 그러나 그것은 헛된 생각이었다. 우리에게 주신 것이라도 자비의 마음으로 베풀어야 한다.

3. 바뀐 미래

청지기는 자기가 주도했던 미래에 대한 기대를 주인의 것으로 마침내 바꿨다. 예전에는 주인은 안중에도 없었다. 그러나 이제 주인의 기대와 주인의 생각에 자신의 행동을 맞춰야 한다. 급하게 자신이 할 수 있는 최대한 효율적이고 필요한 일을 먼저 서두른다. 이렇게 누구를 기준으로 삼을 것인가를 분명히 해야 한다.

4. 재물의 가치

재물은 그 자체로 가치중립적이라고 할 수 있다. 그러나 예수님은 그것을 소유한 사람의 욕망을 경계하신다. 사람은 죄 때문에 그것을 매번 의롭게만 사용하지 못한다. 그래서 맘몬 그 자체를 경계함이 지혜롭다고 하겠다. 그러나 만약 이 청지기처럼 불의의 재물로 친구를 사귄다면 보다 보람 있는 활용이 된다.

5. 마지막 날

마지막 날 세상에 남을 것은 하나님의 사람들뿐이다. 재물도 소용이 없다. 그동안 내가 쌓았던 명성이나 지위도 소용이 없다. 이 마지막 날 이루어질 것을 기대하고 기도하며 준비했던 사람들이 남게 될 것이다. 그리고 함께 믿음을 지켰던 사람들이 제자로 남게 될 것이다.

📖 평행 본문

시편 79:1-9

이스라엘의 신앙은 어느 한 세대에 국한되지 않는다. 조상들의 믿음이 후대에 이어진다. 그래서 과거의 아픔도 묻어만 둘 것이 아니라 후대에 전해야 했다. 시인은 가장 드러내기 어려운 치욕도 노래한다. 무너진 예루살렘과 성전은 이스라엘 백성의 마음을 피폐하게 했다. 이는 분명 하나님의 심판 때문이다. 그러나 시인은 이 하나님의 진노가 언제까지 지속이 될지에 대해 묻는다(5절). 그리고 이제 적들을 온전히 심판해 달라고 청한다. 그 이유는 7절부터 기술되는데 야곱을 삼키기 때문이다. 이스라엘은 주님이 직접 옮기시고 기르시는 주님의 목장이다.

디모데전서 2:1-7

목회자는 기도하는 사람이다. 그런데 누구를 위해서 기도해야 하는가에 관해 바울은 세상의 모든 사람을 위해서 기도하라고 한다. 그리고 높은 지위에 있는 사람과 임금을 위해서도 기도하라고 한다. 그 이유는 그들에게 아첨하기 위함이 아니다. 그들을 위해 기도함으로 기도하는 사람과 성도들이 고요하고 평안하게 삶을 영위하며 복음을 전할 수 있게 되기를 원하기 때문이다. 나아가 모든 사람을 위한 기도는 그 자체로 선한 것이기 때문에 하나님을 기쁘시게 하는 일이기도 하다.

📖 설교를 위한 적용

오늘에 적용

• 1절 "주인의 소유를" : 재물도 하나님의 것임을 알아야 한다. 우리가 재물을 모으는 과정을 생각해 보면 나의 노력이 큰 비중을 차지했다고 생각하기가

쉽다. 청지기도 자신이 노력해서 재물을 얻었다고 생각했을 것이다. 그러나 그것은 주인의 것이다. 오늘날에도 마찬가지이다.

- **1절 "낭비한다"** : 바른 경제관을 가져야 한다. 돌아온 탕자의 비유에서 둘째 아들도, 오늘 본문의 청지기도 재물을 바로 사용하지 않고 낭비했다. 재물은 사용하면 할수록 우리의 오감을 만족시키고 그 자체로 소비하는 즐거움도 있다. 따라서 바른 경제관으로 사용을 통제함이 마땅하다.

- **2절 "일을 셈하라"** : 우리의 행함이 정산됨을 알아야 한다. 주인은 청지기에 관한 고발을 듣고 청지기에게 어찌된 일인지 묻는다. 그리고 그 하던 일을 정산해서 보고하라 명한다. 우리의 행한 모든 일들은 정산해야 할 날이 반드시 온다.

- **3절 "무엇을 할까"** : 자신의 잘못을 인정해야 한다. 청지기는 주인이 자신의 행적에 대해서 알았음을 들었다. 그런데 일절 변명하거나 부인하지 않았다. 다시 옛 지위를 회복하려는 노력도 하지 않았다.

- **10절 "큰 것에도"** : 충성되고 의로워야 한다. 재물이 적거나 많거나 하나님의 것임을 인정하면 충성되게 임할 것이다. 자신의 직업이나 거취 문제에 있어서도 하나님이 주도하심을 인정한다면 항상 의로운 자세를 유지할 것이다.

설교 개요

- 작은 것을 잘하는 사람이 더 크고 중요한 것도 잘할 수 있을까? 일하는 스타일에 따라서 큰 것을 준비하고 계획하며 추진하는 사람이 결국 그것을 이루어 내고, 그러다보니 작은 것들은 소홀하게 넘어가는 경우도 있을 수 있지 않을까? 반대로 작은 것을 소홀하게 여겨서 함부로 대해도 된다면 그런 사람은 큰 것에 대해서는 귀중하게 여기고 소중히 대하게 될 것인가?

- 예수님은 지극히 작은 것에 불의한 사람은 큰 것에도 불의하다고 말씀하신다. 물질은 처음부터 내 것이 아니었다. 하나님이 우주를 창조하실 때부터 세상에 존재했고 그것은 하나님의 계획과 뜻대로 사용될 때 제 가치를 갖는다. 그렇다면 재물도 그것이 필요한 사람에게 합당하게 분배되어야 하는 것이 맞

다.
- 작은 것을 소홀히 하는 사람은 형편이 곤궁하고 하루를 지탱할 양식이 없는 사람을 크게 보기 어렵다. 자기에게 이득이 되고 사회적으로 영향을 많이 끼치는 사람이 더욱 중요하고 가치가 있는 사람으로 보게 되기 쉽다.
- 작은 것을 소홀히 하는 사람은 그래서 작은 물질도 하나님의 뜻대로 사용하지 않게 될 수 있다. 그러나 물질은 하나님의 것이다. 하나님이 원하시는 방향으로 사용되어야 한다. 동시에 물질은 그 자체로 큰 것으로 여겨져서는 안 된다. 물질이 중요하기는 하지만 그것에 과도한 가치를 부여하면 더욱 많이 소유하려는 욕망을 자극하게 된다.
- 물질 자체가 목적이 되고 그런 경우라면 작은 물질이라도 나누기 어렵게 된다. 지극히 작은 것에 불의한 자는 큰 것에도 불의하다.

설교를 위한 예화

"나는 마음이 온유하고 겸손하니 나의 멍에를 메고 내게 배우라 그리하면 너희 마음이 쉼을 얻으리니"(마 11:29).

내 육신의 어머니이자 신앙의 어머니인 이성삼 장로는 93세에 하나님의 부르심을 받았다. 건강 상태가 악화된 어머니는 돌아가시기 전까지 집에 병원 침대를 들여놓고 지냈다. 병원 침대에 누운 첫날, 어머니는 손짓하면서 가까이 오라고 한 뒤 내 손을 잡았다. 그때 어머니가 해 준 말씀은 '온유하고 겸손한 예수님 마음'이었다.

어머니는 나를 위해 교만하지 않게 해 달라고 늘 기도해 왔다고 했다. "너는 항상 겸손하고 온유해야 한다. 네가 남을 돕는 일을 한다고 생각하겠지만 사실 너는 그 일의 심부름꾼이다. 후원금을 도움이 필요한 아이들에게 나눌 때 아이와 그의 가족은 네게 고맙다고 인사할 것이다. 하지만 그 인사는 네가 받을 인사는 아니다. 후원금을 낸 후원자가 받아야 할 인사를 네가 대신 받는 것이다. 그렇기에 너는 절대로 선한 일을 한다는 착각에 빠져 교만하면 안 된다. 늘 겸손해야 한다." 겸손한 마음으로 후원자의 마음을 잘 전달하는 깨끗한 통로, 정직한 심부름꾼이 되라는 말씀이었다.

그러면서 "네가 돕는다고 생각하는 마음조차도 버려야 한다"고 했다. 또 "아이들을 만날 땐 늘 부드러운 마음으로 만나라. 함께 일하는 동료를 귀하게 여겨라. 동료에게 온유한 마음으로 대하는 지도자가 되어라"고도 말씀하셨다.

'겸손과 온유'가 곧 예수님 마음이었다는 이 말씀을 하고 어머니는 3주 후 하늘나라로 떠나셨다. 어머니가 돌아가신 지 올해로 10년이 된다. 어머니의 이 말씀은 아동을 위해 일한다고 생각하던 내가 어떤 신앙의 자세를 갖춰야 하는지를 다시 한 번 명확하게 일깨웠다. 이는 내게 남긴 어머니의 축복 유언이었기에 앞으로도 지켜나가고픈 말씀이기도 하다.

하나님 자녀로 주님의 일을 하기를 원하며 평생을 나를 위해 기도한 어머니의 마지막 말씀…. 세상에서 인정받고 싶고 이것이 내가 하는 일이라고 표현하고 싶을 때마다 '겸손과 온유'의 마음을 지니라는 어머니의 유언을 떠올린다. 오늘도 내 자아 탓에 넘어지지만 "주님의 멍에는 쉽고 가볍다"는 말씀에 의지해 다시 일어나 힘을 내본다. 세움에 보내 준 귀한 아이들과 이들에게 나눔을 전하는 이들에게 깨끗한 통로이자 나눔의 심부름꾼이 되기 위해 날마다 겸손하고 온유한가 되묻고 되돌아본다.

〈이경림, 「국민일보」, 2023.06.10., "[내 인생의 나침반이 된 성경말씀] 어머니 축복의 유언 '겸손과 온유' 늘 품고 살아", https://www.kmib.co.kr/article/view.asp?arcid=0924305857〉

오순절 후 열여섯 번째 주일

❖성서정과 　시 91:1-6, 14-16; 렘 32:1-3a, 6-15; 딤전 6:6-19; 눅 16:19-31

예배로 부름　Call to Worship

오직 너 하나님의 사람아 이것들을 피하고 의와 경건과 믿음과 사랑과 인내와 온유를 따르며 믿음의 선한 싸움을 싸우라 영생을 취하라 이를 위하여 네가 부르심을 받았느니라(딤전 6:11-12a)

예배 기원　Invocation

우리의 방패와 병기가 되시는 만군의 여호와 하나님! 한 주간 세상에서 믿음의 선한 싸움을 싸우는 동안 힘과 능력이 되어 주신 것에 감사를 드립니다. 주님의 나라를 건설하기 위하여 십자가의 군병으로 부름을 받은 저희가 가장 겸손한 자세로 성전을 찾아왔습니다. 거칠어진 저희 마음을 부드럽게 하시고, 행여 세상의 권세와 법칙을 따라 살고자 했던 마음은 고쳐 주시고, 오직 믿음의 눈을 열어 하나님만 바라보게 하시고, 믿음의 귀를 열어 진리의 말씀만 듣게 하셔서 더욱 강하고 순결한 주님의 군사가 되게 하여 주옵소서. 예수님의 이름으로 기원하옵나이다. 아멘.

이 주일의 찬송　Hymns

예수 우리 왕이여(38장) / 위대하신 주를(334장) / 다 같이 일어나(355장)

오 놀라운 구세주(391장) / 주 날개 밑 내가 편안히 쉬네(419장)

내 주는 강한 성이요(585장)

성시교독　Responsive Readings　　　　　시편 91:1-6, 14-16

인도자　　¹ 지존자의 은밀한 곳에 거주하며 전능자의 그늘 아래 사는 자여,

회 중	² 나는 여호와를 향하여 말하기를 그는 나의 피난처요 나의 요새요 내가 의뢰하는 하나님이라 하리니
인도자	³ 이는 그가 너를 새 사냥꾼의 올무에서와 심한 전염병에서 건지실 것임이로다
회 중	⁴ 그가 너를 그의 깃으로 덮으시리니 네가 그의 날개 아래에 피하리로다 그의 진실함은 방패와 손 방패가 되시나니
인도자	⁵ 너는 밤에 찾아오는 공포와 낮에 날아드는 화살과
회 중	⁶ 어두울 때 퍼지는 전염병과 밝을 때 닥쳐오는 재앙을 두려워하지 아니하리로다
인도자	¹⁴ 하나님이 이르시되 그가 나를 사랑한즉 내가 그를 건지리라
회 중	그가 내 이름을 안즉 내가 그를 높이리라
인도자	¹⁵ 그가 내게 간구하리니 내가 그에게 응답하리라
회 중	그들이 환난 당할 때에 내가 그와 함께하여 그를 건지고 영화롭게 하리라
다같이	¹⁶ 내가 그를 장수하게 함으로 그를 만족하게 하며 나의 구원을 그에게 보이리라 하시도다

고백의 기도 Prayer of Confession

죄인들의 회개를 들으시고 용서하시기를 기뻐하시는 하나님 아버지! 저희는 지난 한 주간 세상에 살면서 하나님을 마음에 두기 싫어하며 상실한 마음으로 살았습니다. 주님 보시기에 합당하지 못한 일을 서슴없이 행동으로 옮겼습니다. 저희 마음에는 모든 불의와 추악과 탐욕과 악의와 시기와 분쟁과 악독이 넘쳐났습니다. 교만하며 자랑하며 악을 도모하며 부모를 거역하며 무정하고 무자비한 자가 되어 한 주간을 살았습니다. 하나님께서 기뻐하시는 성령의 열매를 맺는 대신에 하나님께서 금하신 육신의 열매만을 맺으며 살았습니다. 사랑의 하나님! 참 마음으로 뉘우치며 회개하오니 지난날의 모든 죄를 용서하여 주옵소서. 예수님의 이름으로 이 고백의 기도를 드립니다. 아멘.

사함의 확신 Assurance of Forgiveness

내가 여호와인 줄 아는 마음을 그들에게 주어서 그들이 전심으로 내게 돌아오게 하리니 그들은 내 백성이 되겠고 나는 그들의 하나님이 되리라(렘 24:7)

오늘의 주제

나사로의 부활

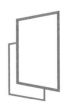

📖 본문의 접근

본문의 재경청 눅 16:19-31

19 "어떤 부자(플루시오스, πλούσιος, rich)가 있었는데, 그는 자색 옷(폴휘라, πορφύρα, purple color)과 고운 베옷(뷔소스, βύσσος, fine linen)을 입고, 날마다 즐겁고 호화롭게 살았다. **20** 그런데 그 집 대문 앞에는 나사로라 하는 거지 하나가 헌데 투성이 몸으로 누워서, **21** 그 부자의 상에서 떨어지는 부스러기로 배를 채우려고 하였다. 개들까지도 와서, 그의 헌데를 핥았다. **22** 그러다가, 그 거지는 죽어서 천사들에게 이끌려 가서 아브라함의 품에 안기었고, 그 부자도 죽어서 묻히었다. **23** 부자가 지옥(하데스, ᾅδης, Hades)에서 고통을 당하다가 눈을 들어서 보니, 멀리 아브라함이 보이고, 그의 품에 나사로가 있었다. **24** 그래서 그가 소리를 질러 말하기를 '아브라함 조상님, 나를 불쌍히 여겨 주십시오. 나사로를 보내서, 그 손가락 끝에 물을 찍어서 내 혀를 시원하게 하도록 하여 주십시오. 나는 이 불 속에서 몹시 고통을 당하고 있습니다' 하였다. **25** 그러나 아브라함이 말하였다. '얘야, 되돌아보아라. 네가 살아 있을 동안에 너는 온갖 호사를 다 누렸지만, 나사로는 온갖 괴로움을 다 겪었다. 그래서 그는 지금 여기서 위로를 받고, 너는 고통을 받는다. **26** 그뿐만 아니라, 우리와 너희 사이에는 큰 구렁텅이가 가로 놓여 있어서, 여기에서 너희에게로 건너가고자 해도 갈 수 없고, 거기에서 우리에게로 건너올 수도 없다.' **27** 부자가 말하였다. '조상님, 소원입니다. 그를 내 아버지 집으로 보내 주십시오. **28** 나는 형

제가 다섯이나 있습니다. 제발 나사로가 가서 그들에게 경고하여(디알말퀴로마이, διαμαρτύρομαι, solemnly serve notice), 그들만은 고통 받는 이곳에 오지 않게 하여 주십시오.' **29** 그러나 아브라함이 말하였다. '그들에게는 모세와 예언자들이 있으니, 그들의 말을 들어야 한다.' **30** 부자는 대답하였다. '아닙니다. 아브라함 조상님, 죽은 사람들 가운데서 누가 살아나서 그들에게로 가야만, 그들이 회개할 것입니다.' **31** 아브라함이 그에게 대답하였다. '그들이 모세와 예언자들의 말을 듣지 않는다면, 죽은 사람들 가운데서 누가 살아난다고 해도, 그들은 믿지 않을 것이다.'"〈새번역〉

본문 개관

오늘 비유의 말씀은 나사로와 부자가 죽기 전에 어떠했는지와 사후에 있었던 일, 그리고 이 상황에 대한 설명으로 이루어져 있다. 나사로는 생전에는 부자에게 아무런 도움도 되지 못하는 존재였다. 그러나 음부의 고통을 체험한 부자는 나사로에게 부탁을 하고 싶은 마음이 간절해졌다. 자신의 다섯 형제에게 자기와 같은 고통을 경험하게 하고 싶지 않아서였다. 죽음은 이 두 사람의 형편을 정반대로 만들었다.

본문 분석

1. 자색 옷(19절)

부자는 자색 옷과 고운 베옷을 입고 있다. 때때로 고대의 복식은 단순히 경제적인 능력을 나타낼 뿐만 아니라 사회적인 지위까지 드러낼 때가 많았다. 부자의 옷을 통해 유대교 제사장이고 귀족이었음을 추측할 수 있다.

2. 버려진 채(20절)

나사로는 가진 것이 없어서 비위생적인 생활 환경으로 인해 온갖 피부병으로 고통을 받았다. 그는 문 옆에 버려진 채 있었는데 단어의 형태로는 거의 방치가 되어 있는 듯한 느낌을 준다.

3. 헌데를 핥더라(21절)

나사로는 병으로 인해 내던져지듯 누워 있다. 스스로 일어설 기력이 없다. 그를 돕는 이들도 없다. 오직 개만이 그에게 관심을 보이고 있다.

4. 천사들에게(22절)

나사로가 죽은 후 상황이 반전된다. 사람들에게 무시당하고 천대받던 이 나사로가 천사들의 수종을 받는다. 예수님이 이렇게 작고 소외된 이들을 위해 오셨으니 천사들도 이들을 환대한다.

5. 아브라함의 품에(22절)

죽은 이후 안식에 들어간 것을 표현한다. 유대인들은 조상을 중요하게 여겼는데 아브라함은 자신들의 선조로 그 품에 들어가는 것은 천국에 들어가는 것을 의미했다.

본문의 신학

1. 하나님의 관심

오늘 이야기에서 이름을 알 수 있는 사람은 나사로와 아브라함이다. 아브라함은 믿음의 조상이기에 그 이름이 언급되는 것이 매우 자연스럽다. 그런데 나사로는 별다른 종교적인 업적이나 사회적인 지위를 가지고 있지 않은 사람이다. 그 마지막도 그다지 세간의 주목을 받기 어려웠다. 그러나 하나님은 그의 이름을 불러주신다.

2. 회개의 기회

부자에게 자신의 삶을 돌아볼 기회가 주어졌다. 비록 그것이 부자 자신이 생각한 화려하고 멋지며 배를 두드리는 여유에서 오는 것은 아니었다. 그러나 하나님은 그에게 깨달을 시간을 주신다. 마찬가지로 하나님은 우리에게도 돌이킬 기회를 주신다.

3. 증거와 경고

부자의 다섯 형제가 어떠한 삶을 살고 있는지 정확하게 알 수는 없으나 부자는 나사로가 가서 그들에게 사후의 심판과 이후 있게 될 일들에 대해 증거하고 경계해서 자신과 같은 처지가 되지 않게 해 달라고 한다. 하나님은 성경말씀을 통해서 오늘 우리에게도 증거하시고 경고하신다.

4. 부활의 비전

지옥에 간 부자는 자신의 다섯 형제를 염려한다. 그래서 그들에게 자신의 비참한 결과를 알리려고 한다. 그것을 알릴 사람으로 나사로를 보내 달라고 한다. 나사로는 이미 목숨을 잃었다. 비록 자신과 다르기는 하지만 이미 아브라함의 품에 들어갔다. 그런 나사로를 다시 부활시켜 이 땅으로 보내 달라고 한다.

5. 영원한 말씀

부자는 음부에서 자신이 벗어날 방법이 없음을 알아챘을 것이다. 그러나 우리에게는 희망이 있다. 모세와 선지자로 대변되는 하나님의 우리를 향한 계획과 일하심이 예수님의 구원 사역과 함께 성경에 기록되어 있다. 이 영원한 말씀을 믿고 의지하면 된다.

평행 본문

예레미야 32:1-3a, 6-15

예레미야가 궁중 시위대의 뜰에 갇혀 있다. 시드기야 시대에 예레미야는 왕의 파국을 예언했고 그런 연유로 투옥되었다. 예레미야는 숙부의 아나돗 밭을 산다. 그 이유는 기업을 무르는 고엘 제도 때문이다. 이미 멸망할 것을 예견한 상황에서 땅을 사는 것은 매우 어리석어 보이는 행동이다. 그러나 바벨론에 의해 상실된 토지 소유권과 같은 권리들은 다시 회복이 될 것이다.

디모데전서 6:6-19

물질에 대한 바울의 가르침은 자족하는 마음을 가지라는 것이다. 이 자족하는 마음은 단순히 절약을 통해 살림에 도움을 얻는 차원을 뛰어넘어 경건에 도움이 된다. 우리에게 절대적인 결핍이 없다면 지금 있는 것을 감사하고 족한 줄로 알아야 한다. 돈을 사랑하는 것에서 많은 문제들이 파생한다. 이후에 개인적인 신앙의 명령들을 전한다. 그리스도의 재림까지 우리가 지킬 것들은 분명하다. 의와 경건과 믿음과 사랑과 인내와 온유를 추구해야 한다. 마지막으로 부한 자들에게도 다시 한 번 물질에 대한 자세와 선한 일을 행할 사명을 일깨울 것이 강조된다.

설교를 위한 적용

오늘에 적용

- **21절 "상에서 떨어지는"**: 주위를 돌아봐야 한다. 이 부자는 날마다 잔치를 베풀었다. 얼마나 잔치가 풍성했는지 상에서 떨어지는 것들이 많았던 모양이다. 부자는 그러나 정작 자기 주위에 병들고 굶주린 나사로에게는 아무런 관심도 두지 않았다.
- **22절 "부자도 죽어"**: 사후의 고통을 예견해야 한다. 부자는 음부의 불에서 이제까지 경험하지 못한 고통을 겪는다. 불로 상징되는 고난은 지금은 쉽게 예측할 수 없다. 그러나 오늘의 본문에서와 같이 이미 우리에게 알려져 있다.
- **25절 "좋은 것을 받았고"**: 주어진 것의 의미를 확인해야 한다. 부자는 생전

에 좋은 것들을 이미 받았다. 우리에게 주어지는 재물은 본래 하나님의 것으로 우리에게는 선물과 같은 것들이다. 부자는 이것을 당연하게만 여겼다. 그러나 우리에게 주신 것의 의미를 살펴야 한다.

- 27절 "보내소서" : 관점을 바꿔야 한다. 부자는 음부에서도 여전히 나사로를 낮게 보고 있다. 자기가 가라고 하면 가고 오라고 하면 올 수 있는 존재쯤으로 생각하는 듯하다.
- 29절 "모세와 선지자들이" : 구원의 길이 이미 주어졌음을 알아야 한다. 아브라함은 모세와 선지자들이 있다고 깨우친다. 구약이 구원의 방편이라는 말이 아니다. 모세와 선지자들은 그리스도를 예견하고 준비했다. 즉 구약과 신약의 말씀이 우리를 구원으로 이끈다.

설교 개요

- 장례식장에는 슬픔이 가득하다. 사람이 한 번 죽으면 다시 볼 수 없다는 생각 때문에 망자의 가족들과 조문객들은 절망한다.
- 만일 한 번 죽은 사람이 살아난다면 많은 사람들이 놀랄 것이다. 자연의 법칙을 거스르는 일이기에 모든 사람들이 그 소식에 귀를 기울일 것이다. 부자가 음부에서 하고 있는 생각이 바로 그것이다. 자기는 비록 죽었지만 누군가 살아 있는 자신의 형제들에게 가서 죽음 이후의 일들을 알려 준다면 그들은 음부에 갇히는 일이 없을 것이라 믿었다.
- 본문의 나사로와 이름이 같은 요한복음의 나사로는 부자가 말하는 부활을 체험했다. 그가 무덤에서 나오자 많은 사람들이 놀랐다. 그런데 그의 부활이 그것을 목격하거나 소문을 들은 사람들을 부자의 바람처럼 구원으로 인도했을까?
- 요한복음 나사로의 부활을 본 사람들 중 어떤 이들은 오히려 그 일을 행하신 예수님을 죽이려는 음모를 꾸미게 된다. 부활이 생명이 아니라 악한 마음을 부추겨 죽음으로 인도했다.
- 우리를 생명으로 이끄는 것은 모세이다. 우리를 생명으로 이끄는 것은 선지

자이다. 이 모든 가르침은 성경에 이미 있다. 그리스도의 희생을 통해 우리에게 살 희망을 주시고 오늘의 삶을 바로 살도록 하신다. 이 생명의 말씀을 음부에서 고통 가운데 몸부림치는 부자의 간절함으로 읽어야 한다.

설교를 위한 예화

콜베 신부는 폴란드 출신의 가톨릭 사제이자 순교자, 성인이다. 나치 독일 치하에서 수천 명의 유대인을 숨겨 주었다가 아우슈비츠 수용소에 수용되었으며, 그곳에서 다른 사람을 대신하여 자신이 죽기를 자청하여 순교하였다. …

콜베 신부는 니에포칼라누프 수도원에 유태인을 포함한 전쟁 난민들을 숨겨 주는 등 인도주의적인 활동을 이어나갔다. 1941년 2월 17일, 콜베 신부는 다른 4명의 신부와 함께 게슈타포에게 체포되었다. 당시 나치는 유태인만이 아니라 폴란드의 유력 인물도 체포의 대상으로 하고 있었기 때문이다. …

1941년 7월 말, 아우슈비츠 수용소에서 탈주자가 나오자 수용소 지휘관이자 SS 최고돌격지도자인 카를 프리츠슈(Karl Fritzsch, 1903-1945)는 14A동 블럭 사람들 중 10명을 무작위로 끌어냈다. 그리고 그들을 지하감옥에 가두어 아사형에 처할 것을 명령했다. 이 10명 가운데 폴란드군 중사였던 프란치셰크 가요브니체크(Franciszek Gajowniczek, 1901. 11. 15. –1995. 3. 13.)라는 사람이 있었다.

가요브니체크는 "내 아내! 아이들! 그들은 어떻게 될까?" 하면서 울부짖으며 통곡했다. 그러자 콜베 신부는 "나는 가톨릭 신부이며, 가요브니체크에게는 아내와 아이가 있기 때문에 내가 대신하여 처형을 받겠습니다"라고 자청하여 나섰다. 프리츠슈는 이를 승락했고 콜베 신부와 9명의 죄수가 지하감옥(일명 '13호 감방')에 갇혔다.

일반적으로 아사형에 처해지면, 굶주림과 갈증으로 정신착란 상태에서 죽는 것이 보통이다. 게다가 빛 한 줄기 들어오지 않는 지하감방이니 그야말로 상상 초월인 상황이다. 그러나 콜베 신부는 의연하게 다른 포로들에게 "우리는 곧 천국에 있게 될 것입니다"라고 격려하고 기도하며 갇힌 사람들에게 용기를 주었다. 때때로 감옥의 모습을 보러 온 통역 브루노 보르고비에츠(Bruno Borgowiec)

는 "감옥 안에서 기도와 성가가 들려, 마치 감옥이 성당처럼 느껴졌습니다"라고 증언했다.

　음식도 물도 주어지지 않은 채 2-3주의 시간이 지났지만 콜베 신부와 다른 3명은 여전히 살아 있었다. 1941년 8월 14일, 나치는 병원 잡부로 일하는 범죄자 보프를 시켜서 독약인 페놀을 주사하여 그들을 모두 살해하였다.

　"콜베 신부는 기도하면서 스스로 팔을 뻗었습니다. 나는 보다 못해, 일이 있다고 핑계를 대고 밖으로 도망쳐 나왔습니다. 감시병과 보프가 나간 뒤 다시 지하로 내려갔습니다. 콜베 신부는 벽에 기대앉아 눈을 뜨고 머리를 왼쪽으로 기울이고 있었습니다. 그의 얼굴은 온화하고 아름답게 빛나고 있었습니다"(브루노 보르고비에츠의 증언).

　콜베 신부의 시신은 그가 목숨을 잃은 다음날이자 성모 승천 대축일 날짜인 8월 15일에 아우슈비츠 수용소 내 한 화장장에서 소각되었다. 생전에 "성모 승천 대축일에 죽고 싶다"라고 말했던 그의 소원은 순교자로서 이루어졌다.

　〈막시밀리안 콜베, 나무위키, https://namu.wiki/w/막시밀리안%29콜베〉

오순절 후 열일곱 번째 주일

❖성서정과   시 137; 애 1:1-6; 딤후 1:1-14; 눅 17:5-10

예배로 부름   Call to Worship

우리의 능력이 되시는 하나님을 향하여 기쁘게 노래하며 야곱의 하나님을 향하여 즐거이 소리칠지어다 시를 읊으며 소고를 치고 아름다운 수금에 비파를 아우를지어다 초하루와 보름과 우리의 명절에 나팔을 불지어다(시 81:1-3)

예배 기원   Invocation

자비하신 하나님 아버지! 추석을 하루 앞둔 주일입니다. 올 한 해에도 농부들의 땀방울을 기억하시고 풍성한 수확을 얻게 하셨음에 감사를 드립니다. 저희에게 먹을 양식과 마실 물과 입을 의복을 공급해 주시는 분은 오직 하나님 한 분이라는 사실을 깨닫고 주님의 백성들이 이렇게 감사의 마음을 담아 예배를 드립니다. 형식적으로 드리는 예배가 아니라 중심을 다하여 드리는 예배가 되기를 원합니다. 육과 거짓으로 드리는 예배가 아니라 영과 진리로 드리는 예배가 되기를 원합니다. 예수님의 이름으로 기원하옵나이다. 아멘.

이 주일의 찬송   Hymns

주 은혜를 받으려(39장) / 주여 나의 생명(316장) / 예수가 함께 계시니(325장)
믿는 사람들은 주의 군사니(351장) / 십자가 군병들아(352장)
구주 예수 의지함이(542장)

성시교독   Responsive Readings   시편 137:1-9

인도자   ¹ 우리가 바벨론의 여러 강변 거기에 앉아서 시온을 기억하며 울었도다

회 중	^{2} 그 중의 버드나무에 우리가 우리의 수금을 걸었나니
인도자	^{3} 이는 우리를 사로잡은 자가 거기서 우리에게 노래를 청하며 우리를 황폐하게 한 자가 기쁨을 청하고
회 중	자기들을 위하여 시온의 노래 중 하나를 노래하라 함이로다
인도자	^{4} 우리가 이방 땅에서 어찌 여호와의 노래를 부를까
회 중	^{5} 예루살렘아 내가 너를 잊을진대 내 오른손이 그의 재주를 잊을지로다
인도자	^{6} 내가 예루살렘을 기억하지 아니하거나 내가 가장 즐거워하는 것보다 더 즐거워하지 아니할진대 내 혀가 내 입천장에 붙을지로다
회 중	^{7} 여호와여 예루살렘이 멸망하던 날을 기억하시고 에돔 자손을 치소서 그들의 말이 헐어 버리라 헐어 버리라 그 기초까지 헐어 버리라 하였나이다
인도자	^{8} 멸망할 딸 바벨론아 네가 우리에게 행한 대로 네게 갚는 자가 복이 있으리로다
회 중	^{9} 네 어린 것들을 바위에 메어치는 자는 복이 있으리로다

2

주일 낮 예배·설교 지침

고백의 기도 Prayer of Confession

주님의 이름을 부르는 모든 자를 구원하시는 하나님 아버지! 이 시간 예수님의 십자가 공로만을 의지하며 회개하오니 고백하는 모든 죄를 용서하여 주옵소서. 지난 한 주간 저희는 겸손하지 못하고 교만한 마음으로 살았습니다. 주님을 본받아 온유해야 했건만 거칠고 조급했습니다. 가정과 일터에서 평화를 만들지 못하고 다툼에 앞장섰습니다. 주님께 충성해야 할 자리를 피하여 일신의 안일을 추구했습니다. 입술로는 회개했으나 행함으로는 바뀐 것이 없었고, 말로는 사랑을 외쳤으나 고통 중에 있는 이웃을 외면하고 살았습니다. 자유를 위해 부르심을 입었으나 그 자유로 육체의 기회를 삼으며 정욕에 잠겨 지냈습니다. 사랑의 하나님! 참 마음으로 회개하며 용서를 구하오니 우슬초로 씻어 정결케 하여 주옵소서. 예수님의 이름으로 이 고백의 기도를 드립니다. 아멘.

사함의 확신 Assurance of Forgiveness

여호와께서 그의 앞으로 지나시며 선포하시되 여호와라 여호와라 자비롭고 은혜롭고 노하기를 더디 하고 인자와 진실이 많은 하나님이라 인자를 천 대까지 베풀며 악과 과실과 죄를 용서하리라(출 34:6-7a)

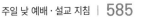

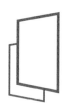

유익한 종

📖 본문의 접근

본문의 재경청 눅 17:5-10

⁵ 사도들이 주님께 말하였다. "우리에게 믿음을 더하여(프로스티데미, προστίθημι, increase) 주십시오." ⁶ 주님께서 말씀하셨다. "너희에게 겨자씨(시나피, σίναπι, mustard seed) 한 알만한 믿음이라도 있으면, 이 뽕나무(쉬카미노스, συκάμινος, black-mulberry tree)더러 '뽑혀서, 바다에 심기어라' 하면, 그대로 될 것이다." ⁷ "너희 가운데서 누구에게 밭을 갈거나, 양을 치는 종이 있다고 하자. 그 종이 들에서 돌아올 때에 '어서 와서, 식탁에 앉아라' 하고 그에게 말할 사람이 어디에 있겠느냐? ⁸ 오히려 그에게 말하기를 '너는 내가 먹을 것을 준비하여라. 내가 먹고 마시는 동안에, 너는 허리를 동이고 시중을 들어라. 그런 다음에야, 먹고 마셔라' 하지 않겠느냐? ⁹ 그 종이 명령한 대로 하였다고 해서, 주인이 그에게 고마워하겠느냐? ¹⁰ 이와 같이, 너희도 명령을 받은 대로 다 하고 나서 '우리는 쓸모없는(아크레이오스, ἀχρεῖος, not useful) 종입니다. 우리는 마땅히 해야 할 일을 하였을 뿐입니다' 하여라." 〈새번역〉

본문 개관

부자와 나사로의 비유를 이야기하신 다음 예수님은 17장에서는 작은 자들에 대한 우리의 관심이 더욱 세심해야 함을 촉구하신다. 다른 사람을 실족하게 하는 것은 매우 중대한 실책이다. 만일 누군가 이런 일을 행했다면 경계하고, 회개하게 한 후 용서해야 한다. 이후 가르침은 믿음의 영역으로 넘어간다. 제자들은 예수님에게 믿음을 더해 달라고 직접 청한다. 마지막은 주님을 따르는 종이라면 마땅히 가져야 할 마음과 행해야 할 바에 대한 교훈이다.

본문 분석

1. 더하소서(5절)

제자들은 범죄한 형제에 대해서 용서하라는 말씀을 들었다. 그리고 나서 믿음을 더해 달라고 한다. 이전에 자신들에게 어떤 믿음이 있다고 생각한 것이다. 용서를 위해서 자신들의 믿음으로는 부족하다고 생각할 수 있다.

2. 겨자씨(6절)

믿음을 더해 달라는 제자들의 요청에 예수님은 겨자씨 한 알만한 믿음을 이야기하신다. 겨자씨는 그 자체로 생명력이 있다. 그러나 일단 본문에서는 믿음이라는 것은 있거나 없는 것의 문제이지 크고 작은 양적인 차원의 문제가 아님을 우선 알게 하신다.

3. 종이 있어(7절)

밭에서 일도 하고 식사도 준비해 주는 종을 이야기하신다. 종이 밭에 나가서 일을 하고 돌아왔을 때 주인이 밥을 차려놓고 식사 자리에 초대하는 법은 없다는 것을 되새기신다. 종은 식사에 초대를 받지 못한다. 오히려 식사를 준비해야 할 것이고, 그 외에도 다른 해야 할 일이 있기 때문이다.

4. 감사하겠느냐(9절)

주인이 종에게 명령을 하고, 종이 그 명령을 잘 수행했다고 감사를 하는 것은 이치에 맞지 않는다. 문장 자체를 의문문으로 하셔서 그 진의를 다시 생각해야 할 수도 있지만, 예수님의 의도는 너무나 명백하다.

5. 무익한 종이라(10절)

무익하다는 말은 쓸모가 없다는 말이다. 자신이 일을 했으면 당연히 종으로서도, 일꾼으로서도 쓸모가 없다고 할 수 없다. 그런데 스스로 쓸모없다고 해야 한다는 말씀은 당연히 해야 할 것을 한 것으로 아는 것이 종의 기본적인 태도임을 일깨우신다.

본문의 신학

1. 믿음의 분량

믿음은 그 많고 적음으로 가치가 정해지지 않는다. 아주 작은 믿음이라고 해서 믿음이 없다고 할 수 없다. 즉 믿음은 믿고 있느냐 그렇지 않느냐의 문제이지 분량의 문제가 아니다.

2. 믿음의 종류

하나님을 믿고 따르는 사람들이라면 자기 자신의 안위나 지상에서의 부유한 삶만을 목적으로 어떤 능력을 청하지 않을 것이다. 하나님 나라를 위해 일할 것을 청할 것이고, 신앙을 지킬 힘을 청할 것이다. 아울러 하늘의 신비한 비밀을 믿는 믿음을 청할 것이다. 이런 믿음들이 겉으로 보기에는 평범하거나 일상에서 이루어질 수 있는 것일지라도 그 여파는 크다. 죽음이 아닌 생명이 살아나는 문제이기 때문이다.

3. 믿음의 실천

믿는 것은 마음의 작용이고 실천은 육신의 작용이라고 생각하기가 쉽다. 단편적으로는 맞는 말이다. 그러나 믿음이 실천을 담보하지 않으면 믿음 자체의 의미가 없어진다. 겨자씨가 생명을 품고 있듯이 믿음은 살아 있는 믿음이어야 하고 우리의 행동을 통해 그 믿음이 세상에 아름다운 결과를 맺는다.

4. 종의 보상

헌신하는 종은 특별한 보상을 따로 요구하지 않는다. 자신에게 맡겨진 일에 충실하게 임한다. 이를 위해서 종은 자신에게 맡겨진 그 일이 얼마나 중요한지를 먼저 파악하기 마련이다. 그 일로 인해 어떤 결과가 올지를 미리 가늠하는 종이라면 최선을 다할 것이다. 만약 그 일이 영광스러운 일이라면 그 일을 맡겨주신 주인의 신뢰에 더욱 감사할 것이다.

5. 의무를 다함

종이 자신의 의무를 다했다고 얘기하는 것은 종이라는 신분의 특성을 볼 때 잘했다기보다 당연한 것이다. 예수님을 따르는 사람이라면 종과 같은 마음을 가져야 한다. 그런데 중요한 것은 이렇게 의무를 다했다고 말할 정도가 되려면 성실하게 그 일을 실제로 잘 수행하고 마무리해야 한다는 점이다. 그래서 종은 겸손과 성실이 함께해야 한다.

평행 본문

예레미야애가 1:1-6

이제 심판은 미룰 수가 없다. 예루살렘은 함락되었고 그 성의 거민들은 도륙되었다. 열국 중에 크던 과거의 영광은 자취를 감췄다. 이웃나라들도 외면하며 원수가 되었다. 살아남은 백성들도 포로로 잡혀갔다. 순례객들과 상업을 위해 분주했던 시온의 도로도 처량할 정도로 적막하다. 하나님의 심판이 얼마나 두려운 일인지 애통하는 노래가 자세하게 묘사된다.

디모데후서 1:1-14

목회서신인 디모데후서는 전서에 이어 에베소 교회에서 목회하는 디모데에게 하나님이 주신 은사들을 잊지 말 것과 복음을 위해 고난도 회피하지 말 것을 당부한다. 바울은 디모데에게 직접 안수했다. 그때 허락된 은사를 다시 불일 듯하게 하기 원하는데, 구체적으로 그것은 능력과 사랑과 근신하는 마음이다(7절). 하나님은 우리 자신이 무엇을 해서 은혜를 주시지 않는다. 하나님이 그리스도 안에서 주시기 원해서 허락하신 것일 뿐이다. 그래서 은혜다. 바울은 이 복음을 위해 부름을 받았고 고난도 받았다. 이 복음은 그럴만한 가치가 있는 것이기에 디모데도 복음의 교훈을 지킬 것을 당부한다.

📖 설교를 위한 적용

오늘에 적용

- **5절 "더하소서"** : 참된 믿음을 구해야 한다. 믿음은 소유물이 아니다. 그 믿음으로 나 자신의 욕망을 충족하는 도구도 아니다. 참된 믿음이 존재하기만 하면 놀라운 일을 행할 수 있다.

- **6절 "있었더라면"** : 믿음을 과신하지 말아야 한다. 제자들은 분명히 예수님에게 믿음을 더해 달라고 한다. 기존에 자신들에게 믿음이 있다는 전제가 되어야 할 수 있는 말이다. 그러나 정작 예수님은 믿음이 있었더라면 뽕나무더러 바다에 심기어라 해도 되었을 것이라고 하신다.

- **7절 "말할 자가 있느냐"** : 역지사지의 마음으로 돌아봐야 한다. 자신이 주인이라면, 혹은 종이라면 전혀 다르게 생각하고 전혀 다르게 이해할 수 있게 된다. 예수님은 듣는 이들에게 상상하게 하신다. 이렇게 이해하면 수긍하고, 곧이어 실천하게 된다.

- **8절 "그 후에"** : 하나님과 협상해서는 안 된다. 종은 자신에게 허용된 것 이상을 주인에게 요구하지 않는 것이 미덕이다. 마찬가지로 그리스도의 종 된 우리는 이것을 해 드리면 저걸 해 달라는 식의 요구를 협상하듯 하나님과 하는 것이 옳지 않다.

- **10절 "한 것뿐이라"** : 겸손과 성실이 유익한 종임을 기억해야 한다. 자신이

어떤 일을 했다고 생색을 과하게 내거나 심지어 맡긴 일조차도 충실하게 하지 않고 주인 앞에 뻔뻔하게 서게 된다면 그 종은 내침을 당하게 될 것이다.

설교 개요

- 믿음으로 할 수 있는 일은 어디까지인가? 제자들은 예수님에게 믿음을 더해 달라고 청원한다. 제자들이 원하는 믿음의 결과는 무엇인가? 만약 그 의도가 불순하다면 예수님은 이들의 요청에 대해 뭐라고 답을 하셨을까?

- 예수님은 겨자씨만한 믿음이 있다면 놀라운 일을 행할 수 있을 것이라고 하신다. 실로 성도들의 믿음은 상상하지 못한 결과를 낳는다. 뽕나무가 뿌리가 뽑혀 바다에 심기는 것은 놀라운 일이기는 하나 일상적인 상식으로는 있을 수 없는 일이다. 그리고 바다에 뽕나무가 심기는 것 자체도 비상식적이다. 오히려 뽕나무를 죽게 만드는 일이 되는데 예수님이 왜 믿음이 그런 놀라운 결과를 낳는다고 말씀하셨는지 언뜻 이해가 되지 않는다.

- 그러나 믿음의 본질을 생각해 보면 믿음이 이런 특별한 일을 행하기 위한 것이 아님을 알게 된다. 어쩌면 제자들은 이런 눈에 보이는 외향적인 사건을 원했을지도 모른다. 그것도 간절히 원했으니 더하게 해 달라고 청원했을 것이다.

- 그러나 그들이 원하는 것 같은 놀라운 일은 믿음의 본질이나 목적이 아니다. 믿음은 특정한 행위만을 목적으로 하지 않는다.

- 믿음은 우선 우리를 그리스도께로 인도한다. 인간으로 오신 예수님을 그리스도로 깨닫게 하는 신비는 믿음으로 가능하다. 그리고 믿음은 그렇게 깨닫고 알게 된 것을 실천하는 것으로 완성된다.

설교를 위한 예화

이하늬는 "제가 연초에 새벽예배하면서 하나님께서 '지금은 네가 말을 해야 할 때'라고, '내가 어떤 일을 베풀었는지 얘기하면 된다'고 말씀을 주셨다. 그래서 사람을 만날 때마다 제가 할 수 있는 선에서 하나님 이야기를 했는데, 적극적으로 하기를 원하신다는 마음을 주셨다"며 직접 기독교 간증 프로그램에 출연하게 된 이유를 밝혔다. …

이하늬는 "저를 보면서 '당당하다', '원동력이 뭐냐'고 항상 질문을 많이 주시는데, 저는 '영성'이라고 말한다. 그런데 그렇게 말하면 기자 분들이 웃는다. 그러면 더 말을 할 수 없다. '영성'이 핵이다. 제 삶의 모든 걸 다 다 벗겨 놓고 하나만 남겨 놓으면 '영성'인데, 그 중요한 걸 얘기할 수 없으니 '핵'은 얘기하지 못하고 가지, 뿌리, 열매만 얘기하는 것이다. 열매를 이전에 보면 씨앗인 '영성'을 빼놓고는 정말 무의미하게 느껴진다. 그런데 '영성'이라고 하면 다 웃으시더라. 그래서 제가 지금 바쁜 와중에 저는 말을 해 놓은 게 수습이 되어야 할 것 같았다. 하나님께서 하고 싶은 말을 대언해야 할 때, 진짜 말할 것을 말해야 된다고 말씀해 주신 것 같다"고 했다.

또 이하늬는 "최근에 〈극한직업〉으로 사랑을 많이 받았다. 천만 영화에 등극했다. '천만 배우'는 배우로서 가장 큰 영예일 것이라고 생각이 든다. 저도 천만 배우 많이 생각했었다. '그런 작품의 주인공을 하는 사람은 어떨까? 얼마나 연기를 잘하면 그렇게 될까? 하고 나면 얼마나 뿌듯할까? 얼마나 충만할까?' 이런 생각을 많이 했는데, 〈극한직업〉을 해 보니 진짜 삶에서 중요한 것은 하나님이 벼락 같이 선물처럼 주신다. 인생에서 가장 중요한 것들은 선물처럼 주신다. 내가 열심히 해서 되는 게 아닌 것을 알았다"고 했다.

이하늬는 "제가 천만 배우가 되면 많이 바뀔 줄 알았다. 저는 정말 배우로서 갈망했는데, 너무 똑같았다. 어제, 오늘, 한 달 전, 소름끼치게 똑같았다. 진짜 하나님이 주신 삶에 순종하며 최선을 다해 사는 게 제 역할이고 나머지는 완전히 하나님의 영역인데, 결과가 어떨까 생각하는 게 무의미하게 느껴졌다. 배우가 업 앤 다운이 많은 직업이라고 하는데, 다운이라고 비통해 할 필요도 없다. 하나님의 선하신 인도하심 안에 이 모든 게 있다고 생각하면 '높이게 하시는 데도 이유가 있으시구나' 바짝 엎드리게 된다. 저는 제가 하는 게 정말 아무것도 없다는 걸 봤다"고 했다.

이하늬는 "〈극한직업〉 때 류승룡 선배도 흥행 슬럼프기도 했고, 많은 어려움이 있었고, 근데 그 과정 중에 하나님을 만났다. 술을 정말 많이 마셨는데, 하나님을 만나고 술을 입에도 안 댄다. 진선규 선배는 배우 사이에서 절대선으로 유명하다. 하나님 앞에서 튜닝이 정말 잘 되어 있다. 동휘 씨도 힘들어할 때 〈극한직업〉을 만났고, 지금은 하나님을 만났다. 시사회에 들어갈 때 〈극한직업〉이 그렇게 잘될 거라 생각 못했다. 그냥 주연 다섯 명이서 기도했다. 그냥 분위기가 조성이 되었다. 그래서 저희는 이건 진짜 하나님께서 하셨다는 걸 안다. 하나님께서 하신 일을 목도했을 뿐이다. 진짜 큰일은 하나님께서 기적 같이 선물로 주신다"고 했다.

끝으로 이하늬는 "하나님께서 그때그때 주시는 비전에 순종하는 사람이었으면 좋겠다. 하나님의 음성에 멀리 떨어져 있지 않고 음성을 잘 듣고 순종하고, 제 비전보다 하나님 비전을 듣고 순종하고 싶다"며 "배우로서는 삶을 살아가면서 하나님 앞에 제 삶이 흔들리지 않게 하나님 보시기에 좋은 삶을 살고, 그 삶을 연기에 녹여내고 싶다. 하나님 앞에 예배 되는 삶이었으면 좋겠고, 그런 삶이 또 촬영 현장에 나가서 좀 녹아들었으면 좋겠다"고 했다.

〈김신의 기자, 「크리스천투데이」, 2023.02.09., "제 삶, '영성' 빼면 무의미 … 찬양하게 하시는 하나님", https://www.christiantoday.co.kr/news/352657〉

오순절 후 열여덟 번째 주일

❖성서정과 　시 66:1-12; 렘 29:1, 4-7; 딤후 2:8-15; 눅 17:11-19

예배로 부름　Call to Worship

여호와여 주의 도를 내게 보이시고 주의 길을 내게 가르치소서 주의 진리로 나를 지도하시고 교훈하소서 주는 내 구원의 하나님이시니 내가 종일 주를 기다리나이다(시 25:4-5)

예배 기원　Invocation

들판에 오곡백과를 풍성하게 하신 하나님 아버지! 주님 안에서 기쁘고 즐거운 추석 명절을 보낸 성도들이 이제 다시 마음을 가다듬고 거룩한 성전에 올라와 예배를 드립니다. 곡식과 열매를 자라게 하심과 같이 예배하는 우리 심령에도 그동안 하나님께서 베풀어 주셨던 모든 은혜가 성숙한 열매로 나타나게 하여 주옵소서. 그리하여 예배하는 저희 마음은 곡식과 새 포도주가 풍성할 때보다 더 큰 기쁨으로 넘쳐나게 하옵소서. 예수 그리스도의 이름으로 기원하옵나이다. 아멘.

이 주일의 찬송　Hymns

주의 영광 빛나니(132장) / 죽을 죄인 살려주신(306장)/ 너 주의 사람아(328장)
내가 예수 믿고서(421장) / 괴로움과 고통을(473장) / 나 맡은 본분은(595장)

성시교독　Responsive Readings　　　　　　　　　　시편 66:1-12

인도자　¹ 온 땅이여 하나님께 즐거운 소리를 낼지어다
회 중　² 그의 이름의 영광을 찬양하고 영화롭게 찬송할지어다
인도자　³ 하나님께 아뢰기를 주의 일이 어찌 그리 엄위하신지요 주의 큰 권능으로 말미암아

주의 원수가 주께 복종할 것이며

회 중	4 온 땅이 주께 경배하고 주를 노래하며 주의 이름을 노래하리이다 할지어다 (셀라)
인도자	5 와서 하나님께서 행하신 것을 보라 사람의 아들들에게 행하심이 엄위하시도다
회 중	6 하나님이 바다를 변하여 육지가 되게 하셨으므로 무리가 걸어서 강을 건너고 우리가 거기서 주로 말미암아 기뻐하였도다
인도자	7 그가 그의 능력으로 영원히 다스리시며 그의 눈으로 나라들을 살피시나니 거역하는 자들은 교만하지 말지어다 (셀라)
회 중	8 만민들아 우리 하나님을 송축하며 그의 찬양 소리를 들리게 할지어다
인도자	9 그는 우리 영혼을 살려 두시고 우리의 실족함을 허락하지 아니하시는 주로다
회 중	10 하나님이여 주께서 우리를 시험하시되 우리를 단련하시기를 은을 단련함 같이 하셨으며
인도자	11 우리를 끌어 그물에 걸리게 하시며 어려운 짐을 우리 허리에 매어 두셨으며
회 중	12 사람들이 우리 머리를 타고 가게 하셨나이다 우리가 불과 물을 통과하였더니 주께서 우리를 끌어내사 풍부한 곳에 들이셨나이다

고백의 기도 Prayer of Confession

아무 공로 없는 죄인을 십자가의 은혜로 구원하여 주시는 하나님 아버지! 하나님께서 허락하신 추석 명절을 지내면서도 저희는 많은 실수를 했고 안타까운 죄도 지었습니다. 오랜만에 모인 형제자매 간에 사랑과 우애가 넘쳐나지 못했습니다. 서로 비교하며 우월감에 사로잡히거나 열등감으로 고통을 받았습니다. 바쁘다는 핑계로 찾아뵙지 못한 세월만큼이나 훌쩍 늙어버리신 부모님의 모습에 마음이 아팠습니다. 명절이 되어 더욱 외로워지는 이웃을 돌아보지 못했습니다. 하나님께서 우리에게 풍성한 명절을 허락하신 것은 받은 것을 가지고 가난한 이웃과 나누라 하심인데, 그 진리를 깨닫지도 못했고 실천하지도 못했습니다. 우리의 죄와 허물을 용서해 주옵소서. 예수님의 이름으로 이 고백의 기도를 드립니다. 아멘.

사함의 확신 Assurance of Forgiveness

너는 마땅히 공의만을 따르라 그리하면 네가 살겠고 네 하나님 여호와께서 네게 주시는 땅을 차지하리라(신 16:20)

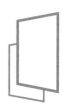

오늘의 주제

벽을 깨는 치유

📖 본문의 접근

본문의 재경청   눅 17:11-19

¹¹ 예수께서 예루살렘으로 가시는 길에, 사마리아와 갈릴리 사이로 지나가시게 되었다. ¹² 예수께서 어떤 마을에 들어가시다가 나병(레프로스, λεπρός, scaly leprous)환자 열 사람을 만나셨다. 그들은 멀찍이 멈추어 서서, ¹³ 소리를 높여 말하였다. "예수 선생님, 우리를 불쌍히 여겨 주십시오." ¹⁴ 예수께서는 보시고 그들에게 말씀하셨다. "가서, 제사장(히에류수, ἱερεύς, priest)들에게 너희 몸을 보여라." 그런데 그들이 가는 동안에 몸이 깨끗해졌다. ¹⁵ 그런데 그들 가운데 한 사람은 자기의 병이 나은 것을 보고, 큰 소리로 하나님께 영광을 돌리면서 되돌아와서, ¹⁶ 예수의 발 앞에 엎드려 감사를 드렸다. 그런데 그는 사마리아 사람이었다. ¹⁷ 그래서 예수께서 말씀하셨다. "열 사람이 깨끗해지지 않았느냐? 그런데 아홉 사람은 어디에 있느냐? ¹⁸ 하나님께 영광을 돌리러 되돌아온 사람은, 이 이방 사람(알로게네스, ἀλλογενής, another race) 한 명밖에 없느냐?" ¹⁹ 그런 다음에 그에게 말씀하셨다. "일어나서 가거라. 네 믿음이 너를 구원하였다." 〈새번역〉

본문 개관

골고다 십자가를 향해 가시는 여정에 대해서 9장, 13장에 이어서 세 번째로 밝히고 있다. 예수님은 단지 고난만을 위해 예루살렘에 가시는 것이 아니다. 돌아가신 후 부활하실 것이다. 그리고 승천하셔서 다시 오실 것이다. 이 모든 과정은 우리의 구원을 위한 것이다. 그러나 모든 사람이 이 은혜를 깨닫고 주님께 돌아오는 것은 아니다. 본문에서 고침을 받은 사람은 열 명이나 그 깊은 뜻을 깨닫고 주님 앞으로 돌아온 사람은 사마리아 사람 오직 한 사람뿐이다. 복음의 진리를 깨달은 사람이 주님께 엎드려 감사를 드리게 된다.

본문 분석

1. 열 명이(12절)

한센병은 그 전염성 때문에 환자들이 모여 있는 경우가 많았다. 환자는 열 명인데 이들을 도와주는 사람이 별도로 있었다는 말이 없다. 현실적으로도 주위에 환자 이외의 사람들이 있지 않았을 것이다.

2. 불쌍히(12절)

도움의 시작은 공감이다. 이들은 자신들의 처지를 예수님이 불쌍히 여겨 주시기를 원했다. 이들의 바람은 적중했다. 이제까지 자신들을 방치했던 사람들과는 달리 예수님은 관심을 갖고 이들을 바라보셨다.

3. 제사장들에게(14절)

예수님은 직접 고쳐 주시는 대로 제사장들에게 가서 보이라고 하신다. 제사장들은 고쳐 주는 역할을 맡지 않는다. 그들은 치유가 되었음을 확인해 주는 사람들이다.

4. 가다가 깨끗함을(14절)

이들은 예수님의 말씀에 순종했다. 제사장들에게 가라 하신 말씀 그대로 제사장들을 향해 발걸음을 옮겼다. 그런데 그 중간에 치유를 경험한다.

5. 엎드리어 감사하니 (16절)

사마리아 사람이 돌아와 엎드려 감사했다. 단순한 감사일 수도 있지만 성경의 다른 용례에서 볼 수 있는 것처럼 특별한 은혜를 받았다는 생각에서 하나님께 표했던 그런 감사의 마음을 드렸다고도 볼 수 있다.

본문의 신학

1. 자유케 하심

한센병 환자들은 당시에 모여서 살았다. 그들의 출입을 달가워하는 사람은 없었다. 그런데 지금 예수님이 자기 동네에 오셨다는 소리를 들었을 것이다. 그들은 문을 박차고 밖으로 나왔다. 물론 예수님과 거리를 유지하고 있다. 그들의 이 행동은 단지 집 안에서 밖으로 나온 것만을 의미하지 않는다. 불치의 병이라는 장벽을 예수님이 부숴 주실 것을 믿는 마음이다.

2. 만남

이들은 지금 예수님을 만나고 있다. 한센병은 그 속성상 능동적으로 누군가를 만날 수가 없다. 피해 다녀야 하고 숨어야 했다. 그런데 지금 이들은 예수님을 만나고 있다. 끊어졌던 관계가 이어진 것이고, 사람과 사람 사이가 예수님으로 말미암아 연결이 되었다.

3. 가치 회복

한센병 환자들은 어떤 생산을 하지 못했던 사람들이다. 몸이 불편하니 어떤 노동을 하기도 어려웠다. 근대에 이르러서도 소록도에서 강제 불임수술을 당했던 환자들이다. 그런데 이들이 나음을 입어서 다시 사람으로서의 가치를 회복하게 되었다.

4. 인간의 실패

이들은 예수님에게 불쌍히 여겨 주실 것을 말한다. 이제까지 실패에 실패를 거듭했을 것이다. 어떠한 치료방법도 자신들을 구해 주지 못했다. 이제 남은 것은 하나님의 긍휼뿐이다. 인간은 철저하게 실패했지만, 바로 그 자리에서 예수님은 구원의 놀라운 사역을 시작하신다.

5. 차별의 장벽

나음을 입은 사람이 열 사람이라는 것을 예수님은 알고 계셨다. 예수님 자신이 그들을 고치셨기 때문이다. 그런데 돌아와서 감사를 표하는 사람은 단 한 사람이었다. 게다가 그는 사마리아 사람이었다. 나머지 유대인들은 평소에는 자신들이 참된 하나님의 자녀이고 사마리아인들은 이방인이라 여겼는데 실제 하나님께 감사한 사람은 사마리아인이 되고 말았다. 이렇게 예수님은 사마리아인과 유대인 사이의 벽마저도 이 이야기로 허무신다.

평행 본문

시편 66:1-12

1절부터 12절까지는 하나님을 향한 찬양이 이어진다. 온 땅이 주님을 찬양해야 하는데 찬양의 내용은 놀라운 주님의 능력이다. 특히 홍해를 가르신 기적을 찬양한다(6절). 부끄러운 이스라엘 역사에 대한 기억이 시편에 남아 있듯 하나님의 놀라우신 이적에 대한 기억도 남아 있다. 온 공동체는 하나님의 이런 돌보심을 후대에 찬양으로 전하고 있다.

디모데후서 2:8-15

사역자에게 가장 필요한 덕목은 복음에 대한 확신과 인내라 할 것이다. 바울은 자신이 죄인과 같이 매이는 데까지 고난을 받았는데 복음을 위해서 그리했다고 말한다. 자신의 몸은 매였지만 복음은 오히려 세상에 전해진다. 하나님의 택하신 성도들을 위해 바울은 고난을 인내한다. 그렇다면 그렇게 참고 인내한 복음 전파자에게 주어지는 것은 무엇인가? 바울은 주님과 함께 다시 살 것과 주님과 함께 다스리게 될 것을 말한다. 이런 인내로 가르침에도 임해야 한다. 논쟁을 불필요하게 할 것이 아니다. 그러나 부끄러움 없는 일꾼으로 인정된 사람이 되어 하나님 앞에 헌신해야 한다.

📖 설교를 위한 적용

오늘에 적용

- **12절 "멀리 서서"** : 자신의 벽을 깨야 한다. 한센병은 예나 지금이나 치료가 어려운 병이다. 사람을 위축되게 하고 관계를 단절시켜 갇혀 있게 만든다. 이 벽을 깨는 것이 치유의 시작이다.
- **13절 "소리를 높여"** : 주님을 향해 외쳐야 한다. 목소리도 자신들의 몸 안에 갇혀 있었을 것이다. 누구를 만날 수 없으니 이야기할 것도 없고, 자신들이 원하는 것조차 당당하게 말할 처지가 아니었을 것이다. 그러나 믿음의 간구는 허락되었다.
- **14절 "제사장들에게"** : 말씀에 순종해야 한다. 예수님은 이들에게 제사장들에게 가서 몸을 보이라고 하셨다. 직접 고쳐 주시는 것이 아니니 의심할 만하다. 공허한 말씀이라 공연한 헛걸음을 하기 싫었을 수도 있다. 어쩌면 발걸음을 옮기기에 건강이 허락을 하지 않아 주저했을 수도 있다. 그러나 이들은 말씀에 순종했다.
- **16절 "사마리아 사람이라"** : 구원이 모두에게 주어졌음을 알아야 한다. 성도로서 차별을 특별히 경계함이 마땅하다. 유대인들은 하나님 앞에 은총을 독점했다고 생각했다. 그러나 구원은 온 세상 누구에게나 주어졌다.
- **18절 "영광을 돌리러"** : 은총에 마땅히 반응해야 한다. 예수님이 고치셨다.

기대하지 못했던 놀라운 사랑을 체험했다. 그렇다면 사마리아 사람처럼 감사로 반응함이 마땅하다. 하나님은 우리가 은혜에 민감하기를 원하신다.

설교 개요

- 세상에 몸이 아픈 환자들이 많다. 다양한 병증과 다양한 장애 등으로 자유를 잃고 평안을 갈구하는 사람들이 많다. 그런데 그런 환자들 중에서도 더욱더 고통에 처한 사람들이 있다. 한센병 환자처럼 단절이 된 사람들이다. 거동이 자유롭지 못한 것도 힘들지만 다른 이들과의 교제가 끊긴 고립감은 사람을 피폐하게 한다.

- 이들에게 예수님이 찾아오셨다. 이미 소문은 들어서 알고 있다. 예수님이 고쳐 주실 것이라는 희망을 갖게 되었다. 그래서 용감하게 집을 나섰다. 사람들의 눈총이 두려웠지만 이 기회를 놓칠 수가 없었다. 그래서 목을 놓아 예수님을 부른다.

- 그런데 예수님은 와서 만져 주시지도 않는다. 능력이 있는 분이라면 병균 정도야 이겨내고 직접 고쳐 주실 수 있지 않았겠는가? 그런데 예수님은 그 자리에서 고쳐 주시지 않고 제사장에게 가라 하신다.

- 이들은 믿었다. 그래서 제사장에게 갔고 그 길에서 나음을 입었다. 치유는 이미 예수님이 이들을 바라보셨을 때부터, 이들의 소리에 귀 기울이셨을 때부터, 이들에게 응답하셨을 때부터 시작되었다.

- 이들의 마음이 열렸다. 그들의 믿음도 더 나아갔다. 다른 사람들은 옷자락을 만져도 낫는다는 얘기를 들었을 것이다. 그런데 옷깃을 스치지도 않았는데 나았다. 그들의 마음에 믿음이 생겼다.

- 사마리아 사람은 돌아와 감사한다. 우리가 의사 선생님에게 진심으로 감사할 때는 그 선생님이 아니면 고침을 받지 못했을 거라는 확신이 있을 때다. 사마리아 사람은 예수님이 아니면 도저히 안 된다는 것을 깨달았던 사람이다. 유일한 예수님이 인간을 회복시키셨다.

설교를 위한 예화

영화 〈파묘〉의 장재현 감독이 17일 꿈이있는교회(담임 하정완 목사)에서 간증했다. 이날 장 감독은 "〈파묘〉를 만들면서 이 작품은 교회에서 별로 언급이 없을 거라 생각했는데, 이렇게 소통하는 시간을 갖게 됐다"며 "어떻게든 목사님이 말씀을 뽑아내 주실 거니 얘기를 나눠 보겠다"고 말문을 열었다.

꿈이있는교회에 다닌 지 20년 됐다는 그는 "제가 항상 교회 집사라고 말하고 다니는데 사람들이 웃는다"며 "간혹 어떤 분은 꼭 그 말을 하지 않아도 된다고 말을 하기도 하는데, 저는 이상하게 집사인 것이 자랑스럽다. 인터뷰나 행사마다 교회 집사라는 말을 꼭 하고 있다"고 말했다. …

또 그는 "젊은 주연 배우와 제가 전부 다 기독교인이다. 굿 같은 걸 연습하려면 보러 가야 되는데, 기술과 프로세스를 이론적으로 접근을 많이 했다. 항상 차에서 짧게 같이 기도했다"며 "나이 많은 무속인 두 분 정도 만났는데, '제 주변에 기도해 주는 사람이 많다'고 똑같은 말을 했다. 감회가 새로운 게 있었다"고 했다.

그는 "제가 아는 하나님은 화려하거나 큰 곳에 계시지 않고 우크라이나 전쟁터라든가 고통받는 사람 옆에 계신다고 생각한다. 매일 새벽기도 가시는 어머니의 발걸음, 매일 기도해 주시는 장모님, 작은 방 등 하나님은 어디에나 계시다 생각한다"며 "주일예배를 참석하지 못하거나 근처 교회라도 가지 못할 때 큐티라도 하는 작은 움직임에 하나님께서 기뻐해 주시지 않을까 변명하며 매일매일 살고 있다"고 했다. …

이어 꿈이있는교회의 하정완 목사가 "위로하라 위로하라"는 제목으로 〈파묘〉를 주제로 영화 설교를 전했다. 하 목사는 "영화는 매우 중요한 초점을 하나 얘기한다. 그게 뭐냐 하면 죄의 문제다. (감독이) 집사님이시기 때문에 사건 속에서 죄의 문제를 봤다"며 "영화는 우리의 죄를 드러내는 것을 보여 줬다"고 했다.

이어 "우리는 지금 만난 고통과 괴로움과 아픔들과 슬픔들의 문제를 남에게 전가하기를 좋아한다. 조상에게 물려주기도 하고 여기저기 장치를 통해 피하려 애쓴다. 그런데 하나님께서 우리에게 주시는 해결의 메시지는 하나님 앞에 정직하게 서는 것"이라며 "교회는 값싼 위로와 축복을 함부로 남발해선 안 된다. 먼저 회개를 마련해야 한다"고 했다.

하 목사는 또 "무당 따위에 의지하여 위로받거나 문제를 해결하려는 어리석은 행위를 멈춰야 한다. 자신의 죄를 직면하고 나와야 한다"며 "우리의 연약함을 인정하고 그리스도 예수를 믿음으로 우리를 긍휼히 여기시는 하나님의 은혜에 의지하는 것이 중요하다"고 강조했다.

〈김신의 기자, 「크리스천투데이」, 2024.03.18., "영화 '파묘' 장재현 감독 '나라 치료하는 마음으로 제작'", https://www.christiantoday.co.kr/news/360468〉

오순절 후 열아홉 번째 주일

❖**성서정과**　시 119:97-104; 렘 31:27-34; 딤후 3:14-4:5; 눅 18:1-8

예배로 부름　Call to Worship
내가 여호와의 이름을 전파하리니 너희는 우리 하나님께 위엄을 돌릴지어다 그는
반석이시니 그가 하신 일이 완전하고 그의 모든 길이 정의롭고 진실하고 거짓이 없
으신 하나님이시니 공의로우시고 바르시도다(신 32:3-4)

예배 기원　Invocation
성도가 드리는 예배를 받으시기에 합당하신 하나님 아버지! 찬송과 영광을 돌리옵
나이다. 하늘은 푸르고 드높아졌습니다. 쪽빛 하늘에 눈부시게 빛나는 구름이 일어
나고 있습니다. 가을바람을 따라 들꽃들이 춤을 추는 너무나도 좋은 계절을 허락해
주시니 감사합니다. 오늘 거룩한 주일을 맞이하여 저희는 아름다운 가을의 정경 뒤
에서 우주만물을 다스리시는 하나님의 손길을 봅니다. 그리고 푸른 하늘과 빛나는
구름과 아름다운 꽃보다 더 사모할 주님의 말씀을 듣기 원합니다. 은혜를 사모하는
모든 성도를 기쁘게 맞아주시며 신령한 은혜로 채워 주옵소서. 예수님의 이름으로
기원하옵나이다. 아멘.

이 주일의 찬송　Hymns
거룩한 주의 날(45장) / 달고 오묘한 그 말씀(200장) / 하나님의 말씀은(203장)
주님의 귀한 말씀은(206장) / 주여 복을 주시기를(362장)
죄짐 맡은 우리 구주(369장)

인도자	97 내가 주의 법을 어찌 그리 사랑하는지요 내가 그것을 종일 작은 소리로 읊조리나이다
회 중	**98 주의 계명들이 항상 나와 함께하므로 그것들이 나를 원수보다 지혜롭게 하나이다**
인도자	99 내가 주의 증거들을 늘 읊조리므로 나의 명철함이 나의 모든 스승보다 나으며
회 중	**100 주의 법도들을 지키므로 나의 명철함이 노인보다 나으니이다**
인도자	101 내가 주의 말씀을 지키려고 발을 금하여 모든 악한 길로 가지 아니하였사오며
회 중	**102 주께서 나를 가르치셨으므로 내가 주의 규례들에서 떠나지 아니하였나이다**
인도자	103 주의 말씀의 맛이 내게 어찌 그리 단지요 내 입에 꿀보다 더 다니이다
회 중	**104 주의 법도들로 말미암아 내가 명철하게 되었으므로 모든 거짓 행위를 미워하나이다**

2

고백의 기도　　Prayer of Confession

공의의 하나님 아버지! 옷을 찢는 심정으로 마음을 찢습니다. 지은 죄로 인해 슬퍼하는 저희를 굽어보시고 회개하는 모든 죄를 용서해 주옵소서. 저희는 마음에 하나님 두기를 싫어하여 불의, 추악, 탐욕, 시기, 살인, 분쟁, 악독이 가득한 자로 살았습니다. 하나님의 형상대로 지음을 받은 이웃을 향해 비방하는 자요, 교만한 자요, 자랑하는 자요, 부모를 거역하는 자요, 무정한 자요, 무자비한 자로 한 주간을 지냈습니다. 이 같은 일을 하나님께서 싫어하신다는 사실을 잘 알고 있으면서도 죄악의 길에서 돌아설 줄 몰랐습니다. 가슴을 두드리며 회개했던 세리처럼 저희도 감히 하늘을 우러러보지 못하고 눈물 흘리며 회개할 뿐입니다. 저희를 불쌍히 여기시고 마음으로 지은 죄, 입으로 지은 죄, 손과 발로 지은 모든 죄를 십자가의 보혈로 정결하게 씻어 주옵소서. 예수님의 이름으로 이 고백의 기도를 드립니다. 아멘.

사함의 확신　　Assurance of Forgiveness

제사장은 여호와 앞에서 그를 위하여 속죄한즉 그는 무슨 허물이든지 사함을 받으리라(레 6:7)

오늘의 주제

항상 기도하기

📖 본문의 접근

본문의 재경청　눅 18:1-8

¹ 예수께서 제자들에게, 늘 기도하고 낙심하지 말아야 한다는 뜻으로 비유(파라볼레, παραβολή, parable)를 하나 말씀하셨다. ² "어느 고을에, 하나님도 두려워하지 않고, 사람도 존중하지 않는, 한 재판관(크리테스, κριτής, judge)이 있었다. ³ 그 고을에 과부(케라, χήρα, widow)가 한 사람 있었는데, 그는 그 재판관에게 줄곧 찾아가서, '내 적대자에게서 내 권리를 찾아 주십시오' 하고 졸랐다. ⁴ 그 재판관은 한동안 들어주려고 하지 않다가, 얼마 뒤에 이렇게 혼자 말하였다. '내가 정말 하나님도 두려워하지 않고, 사람도 존중하지 않지만, ⁵ 이 과부가 나를 이렇게 귀찮게 하니, 그의 권리를 찾아(에크디케오, ἐκδικέω, punish) 주어야 하겠다. 그렇게 하지 않으면, 그가 자꾸만 찾아와서 나를 못 견디게 할 것이다.'" ⁶ 주님께서 말씀하셨다. "너희는 이 불의한 재판관이 하는 말을 귀담아 들어라. ⁷ 하나님께서 자기에게 밤낮으로 부르짖는, 택하신 백성의 권리(에크디케시스, ἐκδίκησις, vengeance)를 찾아주시지 않으시고, 모른체하고 오래 그들을 내버려두시겠느냐? ⁸ 내가 너희에게 말한다. 하나님께서는 얼른 그들의 권리를 찾아 주실 것이다. 그러나 인자가 올 때에, 세상에서 믿음을 찾아볼 수 있겠느냐?"〈새번역〉

본문 개관

불의한 재판관과 과부의 비유는 기도에 관한 내용을 알려 주시기 위한 비유이다. 예수님은 부활과 승천 후 다시 오실 것을 알려 주신다. 그때까지 여러 가지 어려움이 있을 것이다. 막막한 벽과 같은 좌절도 있을 것이다. 비유에 등장하는 과부의 심경이 그것을 보여 준다. 그때 할 수 있는 일은 우선 기도이다. 낙심하지 않고 기도하는 것이 성도의 삶에서 중요한데 낙심이 될 수밖에 없는 상황에서도 기도의 끈만은 놓지 말아야 한다. 기도는 성도 개개인이 별다른 투자나 준비 없이도 할 수 있는 어찌 보면 성도가 행하기 가장 쉬운 일이다. 그러나 동시에 참담한 상황에서도 이어나가야만 하는 가장 중요한 일이기도 하다.

본문 분석

1. 항상 기도하고(1절)

그리스도의 재림이 있기까지 성도들이 할 수 있는 일은 기도이다. 항상 기도한다는 것은 24시간 줄기차게 끊이지 않는 기도를 의미하지 않는다. 기도를 멈추지 않고 지속하는 것을 말한다.

2. 무시하는(2절)

다른 이들을 존중하지 않는 마음을 뜻한다. 이 재판장은 사람들의 일생에 큰 영향을 미칠 송사에서 절대적인 권위를 가지고 있는 사람이라고 할 수 있다. 그런 사람이 타인을 존중하지 않으면 그 책무를 제대로 수행하기를 기대할 수 없다.

3. 번거롭게(5절)

재판관이 다른 사람의 억울한 사연을 들어주는 것은 기본적인 업무이다. 그런데 그것을 번거로워한다. 사람들 사이의 시시비비를 어떻게 하면 잘 가려낼 수 있을까를 고민하기 전에 자신의 안락함을 우선시 하는 태도이다.

4. 불의한(6절)

예수님이 이 비유에서 재판관을 불의하다고 하신다. 공평하지 않은 재판관이고 그래서 의롭지 않다. 특히 그는 하나님을 두려워하지 않던 사람이었다.

5. 세상에서(8절)

인자가 올 때는 그리스도이신 예수님의 재림의 때를 말한다. 그런데 세상에서 믿음을 보겠냐는 말씀은 재림의 때에 온 세상의 상황이 예상과 다를 수도 있음을 예견케 한다. 세상은 날이 갈수록 복음을 필요로 하는 상황으로 치닫고 있다.

본문의 신학

1. 기도의 성격

기도는 따로 그 목적을 갖지 않는다. 다시 말해, 기도 그 자체가 목적이 될 수 없다는 말이다. 기도는 우리가 주님을 따를 때 자연스럽게 하게 되는 행위이다. 모든 기도는 특정한 상황에서, 특정한 주제를 가지고, 특정한 목적으로 하기는 한다. 그러나 그 모든 기도는 신자로서 예수님을 따르는 사람들의 자연스러운 신앙의 과정 중 하나이다.

2. 낙심함

기도는 끊어질 수 없다. 신앙의 주요한 순간과 순간 사이에서 기도로 우리를 추스르는 것이 아니라 그 모든 순간이 기도여야 한다는 말이다. 본문의 여인의 경우 특히 그러했다. 이 여인은 억울한 것이 많았다. 그래서 상식적으로 사용할 수 있는 방법이 많았을 수 있다. 그러나 실제로 한 것은 청하는 것, 즉 기도이다. 포기하지 않고 찾아갔다. 우리의 기도도 낙심함이 없는 기도여야 한다.

3. 마지막까지

예수님은 다시 오시는 그날에도 기도하는 사람을 찾으신다. 성도로서 마땅히 해야 될 일들을 하는 사람들을 찾으시는 것이 아니라 기도하는 사람을 찾으신다. 여기서 우리는 우리가 목적하는 바와 그것을 행하는 것 모두가 다 기도와 연결이 되어야 함을 알 수 있다.

4. 침묵의 의미

기도할 때 낙심하게 하는 것은 무반응일 것이다. 재판관이 아무런 반응을 보이지 않을 때 이 과부는 낙심할 수 있다. 우리가 하나님께 기도할 때 아무런 일도 일어나지 않으면 우리는 우리 기도를 멈출 수밖에 없다. 그러나 침묵에도 불구하고 우리는 기도함이 옳다. 우리가 하나님의 침묵에도 기도하는 이유는 하나님의 의도를 알고 신뢰하기 때문이다.

5. 기다리는 방법

기도는 또한 기다리는 사람이 취할 수 있는 유일한 방법이다. 그리스도의 재림이 언제인지 우리는 알 수 없다. 만약 그 시와 장소를 안다면 우리 삶의 긴장은 풀어지고 말 것이다. 그러나 우리가 그때를 모르기에 우리는 매일 눈을 하늘로 향하고 마음을 열어 기다릴 수밖에 없다. 가장 적절하게 그리고 하나님이 원하시는 방법으로 기다리는 것이 바로 기도이다. 그래서 기도는 멈출 수 없다.

📖 평행 본문

예레미야 31:27-34

하나님은 허물기도 하시고 세우기도 하신다. 북왕국과 남왕국을 하나님은 다시 세우실 것이다. 자신들의 고난을 더이상 조상의 탓, 남의 탓이라고 하지 않을 것이다. 각기 자기 죄악으로 죽을 것이다. 심판 이후의 구원은 하나님의 새 언약으로 보다 확실히 드러난다. 하나님은 이스라엘 집과 유다 집 양쪽 모두에게 새 언약을 세우시겠다고 선포하셨다. 구체적인 내용은 법을 그들 속에 두고, 그 마음에 기록한다는 것이다. 이 새 언약으로 말미암아 하나님을 마침내 알게 될 것이다.

디모데후서 3:14-4:5

바울은 디모데가 불확실한 세상에서 가장 확실한 것들을 먼저 붙잡기를 원했다. 그래서 이미 배우고 확신한 일, 즉 하나님의 말씀에 거할 것을 바란다. 성경은 우리로 하여금 구원에 이르게 한다. 교훈과 책망과 바르게 함과 의로 교육하기에도 유익하다. 이에 대한 확고한 신념이 사역자에게는 필요하다. 아울러 이렇게 말씀으로 준비된 디모데가 말씀의 전파를 위해 때를 얻든지 못 얻든지 항상 힘쓸 것을 권면한다. 오래 참음과 가르침이 성도들을 대하는 기본자세가 되어야 한다. 시간이 지날수록 사람들의 귀도 완고해진다. 가르치는 일에도 인내가 요청된다.

📖 설교를 위한 적용

오늘에 적용

- **1절 "항상 기도하고"** : 끈질기게 기도해야 한다. 한 번 기도할 때 그 시간 자체가 길면 좋겠지만 항상 기도한다는 것을 24시간 쉬지 않고 기도한다고 보기는 어렵다. 기도의 제목이 응답될 때까지 인내하며 기도하는 것을 말한다.
- **1절 "낙심하지 말아야"** : 낙심하지 말아야 한다. 종말의 시기에 여러 가지 고난이 있으면 포기하고 싶은 마음이 들기 마련이다. 본 절은 지친다는 뜻을 가지고 있는데 기도할 때 응답이 되지 않아도 멈추지 말라는 말씀이다.
- **2절 "무시하는"** : 사람의 한계를 예상해야 한다. 옛날이나 지금이나 인간은 죄인이다. 그래서 사회 안에는 불의한 사람이 있기 마련이다. 이들을 위해 기

도하고 선한 사람으로 변화되기를 위해서 노력해야 한다.

- **7절 "원한을 풀어"** : 하나님의 도움을 기다려야 한다. 불의한 재판관도 과부의 소원을 결국은 들어줬다. 하나님은 인애하신 분이다. 우리의 간구와 소원을 들어주실 것이다.
- **8절 "믿음을 보겠느냐"** : 믿음을 지켜야 한다. 예수님은 다시 오실 때 우리를 만나기를 원하신다. 우리가 믿음을 굳게 지키며 이 땅에서 선한 사역을 하기를 원하신다. 기도하며 세상에서 믿음을 보이는 이가 되어야 한다.

설교 개요

- 세상에 전쟁이 끊이지 않는다. 강대국은 파괴력이 강한 무기로 승기를 잡으려 한다. 그 과정에서 많은 사람들이 살던 거주지를 잃고 목숨마저 빼앗기는 비극이 계속된다. 하나님 나라도 그 능력이 강대하다. 하나님 나라는 어떤 강력함으로 그 나라를 이 땅에 펼치시는가?
- 오늘 본문 앞에서 예수님은 재림에 대한 가르침을 주신다. 말씀을 들은 이들은 매우 동요한다. 이 마지막 때에 우리가 할 수 있는 일이 무엇인가? 하나님 나라 건설을 위해서 우리는 무엇을 하고 있는가? 날씨를 살피듯 징조를 살피는 것도 방법이기는 하지만 징조만 기다릴 수 없다. 기다리다 이루어지지 않으면 실망할 수도 있는데 마냥 기다리기만 할 수는 없다.
- 우리가 해야 하는 일, 할 수 있는 일은 기도하는 것이다. 하나님 나라는 기도로 세워지는 나라다. 예수님의 겟세마네 기도, 제자들의 기도, 성도들의 기도가 하나님 나라를 함께 세운다.
- 오늘 이 과부는 원한을 풀어 달라고 불의한 재판관에게 매달린다. 이 재판관은 결국 과부의 이야기를 들어준다. 하나님도 자녀들의 기도, 그 아픔을 듣고 공감하실 것이다.
- 이런 기도가 가능한 이유는 하나님이 오래 참으시기 때문이다. 우리의 죄도 창세기 이후 참으셨다. 노아의 홍수 이후에도 무지개를 보여 주시고 그 약속을 지키셨다. 이 하나님의 인내에 의지하여 기도해야 한다.

설교를 위한 예화

미국인 5명 중 약 2명이 "우리는 종말의 때에 살고 있다"는 데 동의했다. 이 가운데는 스스로 기독교인이라고 밝힌 이들과 무종교인(25%)도 포함되었다. 미국 크리스천포스트(CP)에 따르면, 라이프웨이연구소는 최근 발표한 보고서에서 "미국인의 약 39%가 종말의 시대에 살고 있다고 믿는 것으로 나타났다"며 "이 가운데는 예수님께서 언젠가 재림하실 것이라고 믿는 이들, 세계적인 사건들이 더 악화될 것이라고 믿는 이들(14%), 지금이 마지막 때라고 믿는 이들이 다 포함되었다"고 전했다. 지금이 마지막 때라고 믿을 가능성이 기독교인 중 흑인 개신교인(76%)과 복음주의자(63%)는 가장 높았고, 주류 개신교(31%)와 가톨릭(27%)은 낮았다.

라이프웨이는 또 타종교를 가진 미국인과 종교와 무관한 이들이 기독교인보다 종말의 때에 대한 믿음을 가질 가능성이 낮았지만, 각 그룹의 20% 이상이 이에 동의한다고 언급했다. 다른 종교인 10명 중 3명(29%)은 종말이 가깝다고 믿는다고 답했다.

시리아와 갈등이 고조되던 지난 2013년, 바나그룹 옴니폴이 발표한 보고서에서 미국 성인의 41%가 종말이 도래했다고 믿는다고 응답했다. 이 비율은 복음주의자와 개신교인들 사이에서 훨씬 더 높았는데, "세상은 현재 성경이 묘사한 '마지막 때'에 있다"는 데 복음주의자의 77%와 개신교인의 54%가 이에 동의했다.

라이프웨이연구소가 지난 2019년 8월 20일부터 2019년 9월 24일까지 1,000명의 개신교 목회자들을 대상으로 실시한 또 다른 연구에 따르면, 교회 지도자들은 성경에 언급된 특정한 지정학적 변화를 지지하기보다 복음을 나눔으로써 그리스도의 재림을 앞당길 수 있다고 믿는 것으로 나타났다. 라이프웨이연구소는 "성경은 우리가 예수 그리스도의 재림의 날과 시간에 대해 알 수 없다고 구체적으로 말하고 있지만, 우리 기독교인들이 그 재림을 더 빨리 가져오는 데 역할을 할 수 있는지에 대해 목회자들이 많은 관심을 보였다"고 설명했다. 이에 따르면, 개신교 목회자 8명 중 1명(12%)만이 기독교인들이 성경에 언급된 지정학적 변화를 지지함으로써 예수님이 재림을 앞당길 수 있다고 믿었고, 5%는 이에 강력히 동의했다. 목회자 10명 중 8명(80%)은 그들의 지지가 그리스도의 재림 시기에 영향을 미칠 것이라고 믿지 않았고, 61%는 이에 강하게 동의하지 않았다.

〈강혜진 기자, 『크리스천투데이』, 2022. 12. 12., "미국인 39% '지금은 종말의 때'", https://www.christiantoday.co.kr/news/351572〉

종말의 때를 알 수는 없지만 매일 가까워지는 것이 사실이다. 종말의 때를 기다리며 우리가 할 수 있는 일은 끈질긴 기도이다.

오순절 후 스무 번째 주일

❖**성서정과**   시 65; 욜 2:23-32; 딤후 4:6-8, 16-18; 눅 18:9-14

예배로 부름   Call to Worship

누가 주의 마음을 알았느냐 누가 그의 모사가 되었느냐 누가 주께 먼저 드려서 갚
으심을 받겠느냐 이는 만물이 주에게서 나오고 주로 말미암고 주에게로 돌아감이
라 그에게 영광이 세세에 있을지어다 아멘(롬 11:34-36)

예배 기원   Invocation

유일하신 창조주 하나님! 만세 전부터 저희를 구원받은 백성으로 택정하시고 예수
그리스도의 은혜를 힘입어 하나님의 자녀로 거듭나게 하시니 감사를 드립니다. 독
생자를 십자가에 내어주신 은혜만도 갚을 길이 없사온데, 거룩한 주일마다 성전에
나와 예배하는 백성으로 살게 하시니 더욱 감사를 드립니다. 오늘도 하늘에서 내려
오는 생명의 양식으로 먹이사 우리 영혼을 배부르게 하시며, 반석에서 나오는 샘물
과도 같은 은혜로 우리 심령을 만족하게 하옵소서. 예수님의 이름으로 기원하옵나
이다. 아멘.

이 주일의 찬송   Hymns

찬송하는 소리 있어(19장) / 임하소서 임하소서(192장) / 주 예수 이름 소리 높여(356장)
행군 나팔 소리에(360장) / 나의 갈 길 다 가도록(384장) / 이 몸의 소망 무언가(488장)

성시교독   Responsive Readings   시편 65:1-9, 13

인도자   ¹ 하나님이여 찬송이 시온에서 주를 기다리오며 사람이 서원을 주께 이행하리이다

회 중   ² 기도를 들으시는 주여 모든 육체가 주께 나아오리이다

인도자	³ 죄악이 나를 이겼사오니 우리의 허물을 주께서 사하시리이다
회 중	**⁴ 주께서 택하시고 가까이 오게 하사 주의 뜰에 살게 하신 사람은 복이 있나이다 우리가 주의 집 곧 주의 성전의 아름다움으로 만족하리이다**
인도자	⁵ 우리 구원의 하나님이시여 땅의 모든 끝과 먼 바다에 있는 자가 의지할 주께서 의를 따라 엄위하신 일로 우리에게 응답하시리이다
회 중	**⁶ 주는 주의 힘으로 산을 세우시며 권능으로 띠를 띠시며 ⁷ 바다의 설렘과 물결의 흔들림과 만민의 소요까지 진정하시나이다**
인도자	⁸ 땅 끝에 사는 자가 주의 징조를 두려워하나이다 주께서 아침 되는 것과 저녁 되는 것을 즐거워하게 하시며
회 중	**⁹ 땅을 돌보사 물을 대어 심히 윤택하게 하시며 하나님의 강에 물이 가득하게 하시고 이같이 땅을 예비하신 후에 그들에게 곡식을 주시나이다**
인도자	¹³ 초장은 양 떼로 옷 입었고 골짜기는 곡식으로 덮였으매
회 중	**그들이 다 즐거이 외치고 또 노래하나이다**

고백의 기도   Prayer of Confession

모든 인생의 언행심사를 굽어보시는 하나님 아버지! 저희 마음은 너무나 어리석어 무엇이 죄인지도 모른 채 살아왔습니다. 기도하지 않은 것이 죄였는데, 깨닫지 못하고 나 자신은 다른 사람보다 잘못한 것이 없다고 생각하며 교만했습니다. 하나님을 의지하지 않는 것이 죄였는데, 저희는 그 사실을 알지 못하고 내 능력과 내 지식만을 앞세우며 자랑하였습니다. 하나님의 형상을 따라 지음을 받은 내 이웃을 멸시하는 것이 죄였는데, 저희는 무지하여 형제와 자매를 무시할 뿐만 아니라 내 욕심을 채우기 위한 도구로 이용하였습니다. 창조주 하나님께 영광을 돌리지 않는 것이 죄였는데, 그 사실을 알지 못하므로 영과 진리로 예배하는 삶을 소홀히 하며 살았습니다. 이제 이 모든 죄를 깨닫고 진실한 마음으로 회개하오니 용서해 주옵소서. 예수님의 이름으로 이 고백의 기도를 드립니다. 아멘.

사함의 확신   Assurance of Forgiveness

이 날에 너희를 위하여 속죄하여 너희를 정결하게 하리니 너희의 모든 죄에서 너희가 여호와 앞에 정결하리라(레 16:30)

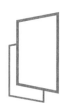

영광의 날

🗋 석의적 접근

구약의 말씀   욜 2:23-32

이스라엘은 메뚜기 떼의 습격으로 인하여 막대한 피해를 입었다. 하나님께서는 이런 이스라엘을 향하여 회복을 약속하셨다. 23절을 통하여 하나님께서는 적당한 이른 비와 늦은 비를 약속하셨다. 이스라엘 사회에서 메마른 땅에 비가 내리는 것은 하나님의 은총을 뜻한다. 비를 약속하심으로 인하여 하나님께서는 이스라엘을 향하여 확실한 회복을 약속하고 계신다. 하나님께서는 메뚜기 떼를 보내셔서 회개하지 않는 이스라엘을 징벌하셨다. 그러나 이제 하나님께서 메뚜기 떼로 인한 모든 손해를 갚아 주시겠다고 선언하신다(25절).

이제 이스라엘은 하나님께서 내리시는 회복의 은혜로 말미암아 풍족히 먹을 수 있다. 그러므로 이스라엘은 이런 놀라운 일을 행하신 하나님의 이름을 찬송해야 한다(26절). 이제 하나님께서는 이스라엘이 영원히 수치를 당하지 않으며 그들에게 하나님의 영을 부어 주시겠다고 약속하신다. 하나님께서 이스라엘 백성에게 자신의 영을 부어 주시는 이유는 하나님의 영을 받아야 언약 백성의 사명을 제대로 감당할 수 있기 때문이다.

그렇기 때문에 미가 선지자는 이렇게 고백한다. "오직 나는 여호와의 영으로 말미암아 능력과 정의와 용기로 충만해져서 야곱의 허물과 이스라엘의 죄를 그들에게 보이리라"(미 3:8). 하나님의 영을 통하여 그들은 자신들의 허물과 죄에서 돌이키게 될 것이다. 더 나아가 하나님의 모든 백성은 젊은이, 늙은이, 남종, 여종과 상관없이 예언하고 꿈을 꾸게 될 것이다. 그들은 이제 곧 다가오는 여호와의 날을 맞이하게 된다. 그날에는 하늘과 땅이 심판을 받아 우상이라는 이름으로 하나님의 영광을 훔친 해와 달이 빛을 잃고 심판을 받게 될 것이다. 이 심판의 날에 여호와의 이름을 부르는 자는 구원을 얻을 것이며, 시온 산 곧 예루살렘 안에는 피하여 살아남는 사람이 있을 것이며, 주님께서 부르신 사람이 살아남아 있을 것이다(31-32절).

서신서의 말씀　딤후 4:6-8, 16-18

본문은 죽음을 잘 준비하라는 바울의 당부이다. 자신의 죽음을 직감한 바울은 한창 영적인 전투를 벌이고 있는 디모데에게 마지막 당부를 하고 있다. 바울은 감옥에서 자신이 죽을 날을 계수하고 있다(6절). 바울은 부어진다(스펜도마이, σπένδομαι)는 단어를 쓰는데 이 말은 양을 번제로 드리기 전에 그 제물 위에 포도주를 붓는 것을 뜻한다(민 15:5-10, 28:24). 6절의 고백을 통하여 바울은 얼마 남지 않은 자신의 죽음을 하나님께 드리는 제물로 여기고 있다는 것을 알 수 있다(빌 2:17; 롬 12:1).

그동안 바울은 온 세상에 복음을 전하며 믿음의 선한 싸움을 싸워 왔다(7절). 이제 바울은 믿음의 경주를 마치고 하나님께 의롭다 칭함을 받는 자만이 얻을 수 있는 의의 면류관(롬 1:17; 갈 2:16)을 기다리고 있다. 바울은 자신과 함께하지 않은 사람들, 또한 자신을 버린 사람들에게 허물을 돌리지 않기를 원한다고 말한다. 이것은 바울이 죽기 직전까지 마음에 가지고 있는 상처와 아픔이었다.

그러나 이제 바울은 "그들에게 허물을 돌리지 않기를 원하노라"(16절)는 고백을 통하여 모든 것을 용서하며 상처와 아픔에서 벗어나게 되었다. 바울은 마지막으로 '나를 구원하신 하나님'에 대해 디모데에게 고백하고 있다(17-18절). 바울은 자신의 고백이 디모데의 고백이 되기를 소망하며 자신의 삶 모든 순간에 역사하시고 이길 힘을 주신 하나님의 은혜와 사랑에 감사하고 있다.

복음서의 말씀 눅 18:9-14

본문은 바리새인과 세리의 비유를 다룬다. 본문은 불의한 재판장 비유처럼 누가복음에만 나온다. 본문은 얼핏 보기에는 기도의 본질과 방법에 대해서 말하는 것처럼 보인다. 하지만 본문은 자기의 의에 취해서 다른 사람을 멸시하고 정죄하는 사람들이 대상이다(9절). 본문에 등장하는 바리새인은 세리와 죄인들을 업신여겼다(눅 5:30, 7:39). 그들은 기도를 통하여 자신의 의를 드러내며 세리를 정죄한다. 예루살렘의 유대인들은 오전 9시와 정오, 그리고 오후 3시 이렇게 하루에 세 번씩 기도를 드렸다. 기도할 때는 서서 기도를 하는 것이 일반적이었다(삼상 1:26; 왕상 8:22; 마 6:5; 막 11:25). 바리새인과 세리는 서로 떨어져 따로 기도를 드렸다.

바리새인이 세리와 따로 떨어져 기도한 것은 내가 저들과 같지 않다는 특별함을 의미한다. 11절에 나오는 바리새인의 기도는 하나님께 드리는 감사기도의 형식을 나타낸다. 하지만 그 내용도 결국은 자신을 높이고 자랑하는 것으로 끝난다. 12절에서는 자신이 매주 빠짐없이 월요일과 목요일 두 번 금식하고 십일조를 드렸다고 말한다. 하지만 이것도 하나님 앞에서 자신의 의를 드러내는 행위에 지나지 않는다. 바리새인이 드린 기도의 주어는 하나님이 아니라 나이다. 그 기도 속에서 하나님에 대한 감사와 찬양은 찾아볼 수 없다.

13절에는 세리의 기도가 나온다. 세리는 감히 하늘을 우러러보지 못하고 고개를 숙이고 가슴을 치며 기도했다. 그는 자신을 불쌍히 여겨 달라고 간구하며 자신이 죄인이라는 사실을 고백하였다.

이 두 사람에 대한 하나님의 반응이 놀랍다. 하나님께 의롭다 하심을 받은 사람은 바리새인이 아니라 세리였다(14절). 두 사람이 성전에 올라갔을 때는 똑같은 모습이었지만 성전에서 내려갈 때의 모습은 완전히 달라졌다. 예수님 앞에서 자신의 의를 드러낸 세리는 낮아졌고, 예수님 앞에서 자신의 연약함을 고백한 세리는 높아졌다.

📖 설교를 위한 조명

"회복하게 하시는 하나님"

I. 인간의 힘으로는 아무것도 할 수 없는 무력함

어느 날 갑자기 저 멀리 정체를 알 수 없는 검은 것들이 온 땅을 덮기 시작했다. 검은 것들이 가까워지면서 이스라엘은 그 검은 것이 메뚜기라는 것을 알았다. 메뚜기 떼의 습격으로 이스라엘의 땅과 식물은 큰 피해를 입었다. 그동안 피땀 흘려가며 땅 위에서 이룬 모든 것들이 한순간에 거의 사라졌다. 하지만 이것으로 끝나지 않았다. 메뚜기가 먹고 남은 것을 느치가 먹었고 느치가 먹은 것을 황충이 먹으며 이스라엘의 모든 것을 빼앗아갔다. 이스라엘 백성은 자신들이 이룬 모든 것이 사라지는 아픔 속에서 그 어떤 것도 할 수 없었다. 하지만 그들의 아픔은 여기서 끝나지 않았다. 강한 민족들이 나타나서 포도나무와 무화과나무까지 긁어서 벗겨버렸다. 이제 이스라엘 백성은 무엇을 해야 하는가? 그동안 이룬 모든 것이 하루아침에 다 사라졌다. 보고도 믿을 수 없는 이 상황을 어떻게 이겨내야 하는가? 그들이 다시 회복하는 방법은 도대체 무엇인가?

II. 어떻게 해야 하는가?

이스라엘은 풍요를 원했고 행복을 원했다. 그들은 평화롭게 풍족한 하루하루를 살아가기를 원했다. 그래서 그들은 풍요를 위하여 '바알'을 선택하고 '아세라'를 선택하였다(왕상 16:32-33). 하지만 그들의 선택은 올바른 선택이 아니었다. 그동안 자신들에게 풍요를 허락하고 평화를 약속하신 분은 여호와 하나님이셨다. 그러나 그들은 하나님이 주신 것에 만족하지 못하고 다른 나라와 비교하면서 다른 나라의 신을 받아들였다. 2008년에 개봉한 에단 코엔과 조엘 코엔 감독의 영화 〈노인을 위한 나라는 없다〉의 스토리와 교훈은 지금 이스라엘의 상황과 매우 흡사하다. 영화에 등장하는 주인공 모스는 우연히 큰 액수가 들어 있는 돈 가방을 발견하고 가방을 챙긴다. 모스는 그 돈 가방이 자신의 인생을 바꿔 줄 거라 믿지만 그 돈 가방은 범죄 조직의 것이었기 때문에 모스는 오히려 그 돈 때문에 자신의 목숨이 위태롭게 된다. 그가 살 수 있는 방법은 돈을 포기하는 것이다.

하지만 모스는 끝까지 그 돈을 포기하지 못하고 무력하게 죽음을 맞이하게 된다. 마찬가지로 이스라엘 백성들이 살 수 있는 방법은 자신의 죄악과 교만을 내려놓는 것이다. 자신들 뜻대로 살겠다는 욕망을 포기하는 것이다. 그 모든 것들을 포기하고 여호와 하나님께 항복하는 것밖에 없다. 요엘은 이스라엘 백성들에게 여호와 하나님께 항복해야 한다고 호소한다. 하나님께 항복하고 돌아갈 때 하나님께서 회복을 허락하시고 늦은 비와 이른 비를 통하여 우리의 모든 것을 다시 재건하실 것이라고 호소한다.

III. 어떤 회복이 이루어지는가?

레오 톨스토이는 〈나의 회심〉이라는 글에서 이렇게 말했다. "5년 전, 나는 정말 예수 그리스도를 나의 주님으로 받아들였다. 그러자 나의 전 생애가 변했다. 이전에 갈구하던 것을 갈구하지 않게 되었고, 오히려 이전에 구하지 않던 것들을 갈망하게 되었다. 이전에 좋게 보이던 것이 좋지 않게 보이고, 대수롭지 않게 보이던 것들이 이제는 중요한 것으로 보이게 되었다. 나는 소위 행운의 무지개를 좇아 살았는데 그 허무함을 알게 되었다. 거짓으로 나를 꾸미는 것이나 여인들과의 타락한 생활이나 술 취해 기분 좋은 것이 더이상 나를 행복하게 할 수 없었다."

마찬가지로 이스라엘의 회복은 회심을 통하여 이루어진다. 그들이 회심할 때 하나님께서는 메뚜기 떼의 습격으로 큰 피해를 입은 땅과 식물을 회복시키겠다고 약속하신다. 적당한 이른 비와 늦은 비를 통하여 땅이 다시 생명을 얻어 농작물이 자랄 수 있도록 하겠다고 약속하신다. 회복의 약속과 함께 하나님께서 이스라엘 백성들에게 원하시는 것을 말씀하신다. 하나님께서 원하시는 것은 언약 백성이 여호와의 이름을 찬송하는 것이다. 그 당시 백성은 하나님을 찬양하지 않았고 하나님을 떠나 우상을 숭배했다. 그래서 하나님은 "내게로 돌아오라"고 계속 말씀하셨다.

이제 이들은 바알과 아세라, 송아지, 하늘의 일월성신이 자신들에게 풍요를 주는 것이 아니라 오직 여호와 하나님만이 우리에게 풍요를 주신다고 찬송해야 한다. 우리를 회복시키시고 메뚜기 떼를 몰아내신 분이 여호와 하나님 한 분이라는 것을 세상에 선포해야 한다.

IV. 여호와의 날

요엘은 이스라엘 백성들에게 회복을 뛰어넘는 더 큰 은혜를 주시겠다고 약속하시는 하나님을 선포한다. 이것은 세상의 풍요와 차원이 다른 이스라엘이 누리게 될 영적인 은혜이다. 이제 성령님의 임재가 모든 백성에게 부어질 것이다. 특히 하나님의 영이 만민에게 부어질 것이다. 민수기 11장에서 장로와 지도자가 될 만한 칠십 명에게 하나님께서 강림하셔서 영을 부어주신 것처럼 하나님의 영으로 말미암아 이스라엘이 언약 백성의 사명을 잘 감당할 수 있게 될 것이다. 이제 모든 백성이 하나님이 영을 부음 받게 된다. 그때에 모든 백성은 젊은이, 늙은이, 남종, 여종과 상관없이 예언하고 꿈을 꾸게 되며 하나님을 알게 될 것이다. 그들은 다가오는 여호와의 날에 여호와의 이름을 부르며 구원을 얻게 될 것이다. 해가 어두워지고 달이 핏빛 같이 변하는 심판 중에도 여호와의 이름을 부르는 은혜가 이스라엘 백성들에게 임할 것이다.

오순절 후 스물한 번째 주일

❖**성서정과** 시 119:137-144; 합 1:1-4, 2:1-4; 살후 1:1-4, 11-12; 눅 19:1-10

예배로 부름 Call to Worship

내가 여호와를 항상 송축함이여 내 입술로 항상 주를 찬양하리이다 내 영혼이 여호와를 자랑하리니 곤고한 자들이 이를 듣고 기뻐하리로다 나와 함께 여호와를 광대하시다 하며 함께 그의 이름을 높이세(시 34:1-3)

예배 기원 Invocation

우리의 산업과 분깃을 지켜 주시는 하나님 아버지! 감사와 찬송을 올려드립니다. 아비가 아들의 손을 잡고 동행하는 것과 같이, 목자가 지팡이와 막대기로 양을 보호하는 것과 같이 하나님께서 베풀어 주시는 크신 사랑과 은총으로 저희는 지난 한 주간도 평안 중에 지냈습니다. 거기에 큰 복을 더하사 오늘 거룩한 주일을 맞이하여 성전에 나와 예배할 수 있게 하시니 감사합니다. 닫혀 있는 저희의 눈과 귀와 마음을 열어 주셔서 영광 중에 계신 주님을 뵙게 하시고, 성령님의 감동 감화에 이끌리어 영과 진리로 하나님께서 기뻐 받으시는 예배를 드리게 하옵소서. 예수님의 이름으로 기원하옵나이다. 아멘.

이 주일의 찬송 Hymns

거룩하신 주 하나님(48장) / 시험 받을 때에(343장) / 믿음으로 가리라(344장)
주 믿는 나 남 위해(465장) / 나 같은 죄인까지도(547장) / 여기에 모인 우리(620장)

성시교독   Responsive Readings   시편 119:137-144

인도자   ¹³⁷ 여호와여 주는 의로우시고 주의 판단은 옳으니이다

회 중   **¹³⁸ 주께서 명령하신 증거들은 의롭고 지극히 성실하니이다**

인도자   ¹³⁹ 내 대적들이 주의 말씀을 잊어버렸으므로 내 열정이 나를 삼켰나이다

회 중   **¹⁴⁰ 주의 말씀이 심히 순수하므로 주의 종이 이를 사랑하나이다**

인도자   ¹⁴¹ 내가 미천하여 멸시를 당하나 주의 법도를 잊지 아니하였나이다

회 중   **¹⁴² 주의 의는 영원한 의요 주의 율법은 진리로소이다**

인도자   ¹⁴³ 환난과 우환이 내게 미쳤으나 주의 계명은 나의 즐거움이니이다

회 중   **¹⁴⁴ 주의 증거들은 영원히 의로우시니 나로 하여금 깨닫게 하사 살게 하소서**

고백의 기도   Prayer of Confession

말할 수 없는 탄식으로 동정하시며 권능의 팔을 내밀어 성도를 구원해 주시는 하나님 아버지! 마음은 원이로되 육신이 연약하여 육신의 정욕을 뿌리치지 못하고 오늘도 죄악의 수렁에서 몸부림치고 있는 이 죄인을 살펴주옵소서. 저희는 원하는 바 선을 행하지 아니하고 도리어 원하지 않았던 악을 행하였습니다. 눈과 귀와 입과 손과 발과 다른 모든 지체를 부정과 불법에 내어주므로 보지 말아야 할 것을 보았으며, 듣지 말아야 할 것을 들었으며, 하지 말아야 할 말을 하였으며, 행하지 말아야 할 온갖 죄를 지었습니다. 하나님의 뜻을 알되 하나님을 영화롭게 하지 아니하며, 감사하지도 않고, 오히려 생각이 허망하여져서 미련한 마음이 어두워져 있습니다. 오, 주님! 우리의 생애가 이대로 죄의 종이 되어 사망에 이르게 되는 것은 아닐까 두렵습니다. 나 혼자만의 힘으로는 이 죄악을 감당할 수가 없사오니 십자가의 능력으로 이기게 하옵소서. 예수님의 이름으로 이 고백의 기도를 드립니다. 아멘.

사함의 확신   Assurance of Forgiveness

하나님께 감사하리로다 너희가 본래 죄의 종이더니 너희에게 전하여 준 바 교훈의 본을 마음으로 순종하여 죄로부터 해방되어 의에게 종이 되었느니라(롬 6:17-18)

오늘의 주제

예수님과의 만남과 변화

📖 석의적 접근

구약의 말씀 합 1:1-4, 2:1-4

하박국 1장 1-4절에서 하박국 선지자는 만연한 폭력과 악에 직면한 상황에서 하나님의 명백한 무반응에 대한 깊은 좌절과 조바심을 표현한다.

2절에서 "어느 때까지리이까?"라는 하박국의 외침은 미래를 지향하는 수사학적 질문으로 조급함과 분노를 드러낸다. 그는 자신이 목격한 폭력에 대해 하나님께 부르짖으며 부당한 고통과 폭력에 대한 하나님의 시선을 끌어내고 암묵적으로 개입해 달라고 부르짖는다. 그러나 하나님의 명백한 구원의 거절은 "구원하지 아니하시나이다"라는 구절로 나타난다.

3절에서 하박국은 죄악과 패역, 겁탈과 강포를 목격하면서도 아무것도 할 수 없는 무력감을 느낀다. "어찌하여 내게 죄악을 보게 하시며 패역을 눈으로 보게 하시나이까 겁탈과 강도가 내 앞에 있고 변론과 분쟁이 일어났나이다"(3절). 그는 하나님이 왜 그런 상황을 묵인하면서 개입하지 않는 것인지 의문을 제기하며 악에 대한 하나님의 묵인이 일종의 승인임을 시사한다.

4절에서 하박국은 하나님이 악을 멈추기 위해 개입해야만 율법이 제대로 작동할 수 있음을 암시한다. "이러므로 율법이 해이하고 정의가 전혀 시행되지 못하오니 이는 악인이 의인을 에워쌌으므로 정의가 굽게 행하여짐이니이다"(4절). 즉 그는 율법이 그것을 준수하는 방식을 설명할 수는 있지만 그것을 준수하게 만들 수는 없으며, 광범위한 무시와 위반에 직면하게 될 때 무용지물이 되는 한계에 대해 논의한다. 하박국 선지자는 압도적인 악의 문제에 대한 해결책은 율법이나 왕실의 무력 사용에 달려 있지 않다고 결론짓고, 더 심오한 하나님의 개입이 필요하다고 강변한다.

하박국 2장 1-4절에서 하박국 선지자는 성루에 올라 자신이 목격한 폭력과 불의에 대한 불평에 대한 하나님의 응답을 기다린다. 그는 1절의 "나의 질문"에 해당하는 히브리어 토카핫(תֹּוכַחַת)의 다른 번역인 "질책" 또는 "책망"에서 알 수 있듯이 자신의 불평과 대치될 것으로 예상되는 하나님의 응답을 기대한다. 하나님은 하박국에게 그 묵시를 석판에 분명하게 기록하여 전령이 가지고 다니며 널리 전파할 수 있도록 지시한다. 비록 그 묵시는 지체되는 것처럼 보일지라도 정해진 시간에 반드시 이루어질 것이다. 이 본문은 묵시가 실패하지 않을 것이므로 인내와 믿음의 필요성을 강조한다. 의인은 교만한 자와 대조되며, 그들의 신실함으로 살게 될 것이라고 말한다.

본문에서 다음과 같은 세 가지 신학적 주제를 발견할 수 있다.

첫째, 하박국은 하나님의 무관심이 분명해 보이는 상황에도 믿음과 인내를 갖는 것이 중요함을 강조한다. 하박국이 하나님의 대답을 기대하고 기다리고자 하는 태도는 하나님의 궁극적인 정의에 대한 깊은 신뢰를 반영한다.

둘째, 본문은 하나님의 계시에 관한 신뢰성의 문제를 다룬다. 이 묵시는 신뢰할 수 있고 반드시 이루어질 것이라고 묘사되고, 하나님의 약속들이 의지할 만하다는 사실을 강조한다.

셋째, 하박국은 교만한 자와 의로운 자의 대조를 통해 믿음을 따르는 의로운 삶이라는 주제를 소개한다. 의로운 자는 자신을 둘러싸고 있는 악함과 하나님의 개입이 지체되는 것처럼 보이는 상황에도 불구하고 하나님께 신실함을 지키는 자들이다.

종합하자면, 이 본문은 하나님의 타이밍과 목적들이 즉각적으로 드러나지 않을 때도 하나님의 신실하심을 굳건히 믿으라고 요구한다.

서신서의 말씀 살후 1:1-4, 11-12

본문의 인사말에서 바울은 그의 서신에서 공통적인 하나님 아버지와 주 예수 그리스도로부터 온 평화와 은혜를 전하며, 둘 사이의 긴밀한 관계를 보여 준다. 이 편지의 서두는 첫 번째 서신인 데살로니가전서와 비슷하지만, "아버지"에 "우리"가 추가되어 하나님이 믿는 자들의 아버지인 것을 강조한다. 이어지는 구절은 핍박 속에서도 데살로니가 교회의 인내하는 믿음과 성장하는 사랑을 증거한다. 크리소스톰은 고난을 통해 믿음이 시험받을 때 풍성하게 성장한다고 강조한다. "이것이 당연함은 너희의 믿음이 더욱 자라고 너희가 다 각기 서로 사랑함이 풍성함이니"(1:3b). 역경에 직면한 데살로니가 교인들의 굳건한 믿음은 이러한 성장의 증거이다. 몹수에스티아의 테오도르는 데살로니가 교인들의 신앙이 단순히 성장하는 데 그치지 않고 감사하기에 합당할 정도로 풍성하게 성장하고 있다고 강조한다. "형제들아 우리가 너희를 위하여 항상 하나님께 감사할지니"(1:3a). 아우구스티누스가 지적한 것처럼 이러한 성장은 그들 자신의 노력이 아니라 그들 안에서 역사하시는 하나님 은혜의 결과이다(1:3a).

바울은 3, 4절에서 그들의 신앙이 더욱더 자라 활발하게 성장하고, 공동체와 개인의 사랑이 널리 퍼지는 것에 감사한다. 이후 바울은 핍박과 시련 속에서도 인내와 믿음을 가진 데살로니가 교인들을 다른 그리스도인들에게 자랑스럽게 여긴다고 전한다.

데살로니가후서 1장 11절에서 바울은 데살로니가 교인들이 영적인 면에서 성장하도록 끊임없이 기도하고 있다고 확실히 전한다. "이러므로 우리가 항상 너희를 위하여 기도함은 우리 하나님이 너희를 그 부르심에 합당한 자로 여기시고 모든 선을 기뻐함과 믿음이 역사를 능력으로 이루게 하시고." 바울은 그리스도인들이 하나님의 부르심에 합당하도록 여김을 받고 그들의 선한 목적과 믿음의 역사에서 하나님의 능력이 나타나기를 기도한다.

바울은 먼저 하나님이 데살로니가 교인들에게 선한 의지를 만드셔서 선한 행동으로 이어지게 해 달라고 기도한다. "믿음의 역사를 능력으로 이루게 하시고"라는 구절에서 볼 수 있듯이, 바울은 믿음이 수동적인 것이 아니라 끊임없이 능동적인 것임을 강조하면서 그들의 믿음에 의해 촉발된 모든 행동을 위해 기도한다. 여기서 아우구스티누스는 자신의 공로로 합당한 사람은 아무도 없으며, 그들을 합당하게 만드는 것은 하나님의 은혜와 부르심이라고 강조한다 (1:11). 이는 데살로니가 교인들의 신앙 성장이 하나님의 은혜의 결과라는 그의 앞선 지적(1:3a)을 반영한다.

데살로니가 교인들이 하나님의 부르심에 합당한 것은 박해에 대한 인내와도 관련이 있다고 암시한다. 12절에서 바울은 데살로니가 교인들이 그리스도인의 성품을 통해 주 예수 그리스도의 이름을 영화롭게 하고, 이를 통해 그분 안에서 그들 자신도 영광을 받기를 고대한다. "우리 하나님과 주 예수 그리스도의 은혜대로 우리 주 예수의 이름이 너희 가운데서 영광을 받으시고 너희도 그 안에서 영광을 받게 하려 함이라." 이렇게 서로를 영화롭게 하는 것은 그리스도와 그를 따르는 자들 사이의 긴밀한 연합을 반영한다.

요약하면, 데살로니가후서 1장 1-4절과 11-12절의 본문은 믿음, 고난, 하나님의 은혜 사이의 심오한 상호 작용을 드러낸다. 데살로니가 교인들의 믿음은 고난에도 불구하고 성장하는 것이 아니라 고난으로 인해 성장한다. 그러나 이러한 성장은 그들 자신의 노력의 결과가 아니라 하나님의 은혜의 변화시키는 능력에 대한 증거이다. 이처럼 데살로니가 사람들은 자신의 공로가 아니라 그들 안에서 역사하시는 하나님의 은혜로 인해 하나님의 부르심에 합당하게 된다. 크리소스톰, 몹수에스티아의 테오도르, 아우구스티누스와 같은 여러 교부들이 설명한 이 해석은 시련과 고난에 직면한 모든 신자들에게 강력한 희망과 격려의 메시지를 전한다. 믿음은 정적인 속성이 아니라 하나님의 은혜의 과분한 은총을 바탕으로 삶의 도전을 통해 성장하고 깊어지는 역동적인 특성임을 일깨워 준다.

복음서의 말씀 눅 19:1-10

이 본문은 예수님과 변화된 세리장 삭개오의 만남을 묘사하고 있다. 여리고성을 배경으로 한 이 사건은 잃어버린 자를 찾아 구원하시는 예수님의 사명을 심오하게 보여 준다. 이 이야기는 삭개오의 호기심, 예수님을 만나고자 하는 결단, 그리고 예수님과의 만남 이후 그의 삶이 변화하는 과정을 펼쳐낸다. 삭개오의 이야기는 단순히 예수님을 만나고자 하는 한 사람의 호기심에 관한 것이 아니라, 예수님의 사랑과 포용의 변혁적인 힘에 대한 증거이다.

이 만남의 사건에서 가장 먼저 논의해야 할 문제는 삭개오의 직업과 신분이다. 세리장이었던 삭개오는 부유한 사람이었지만, 로마 점령자들과 협력한 탓에 동족들로부터 멸시를 받기도 했다. 알렉산드리아의 키릴은 삭개오가 큰 죄인이자 추방된 자로 여겨졌으며 바리새인들로부터 종종 창기들과 비교되었다는 사실을 지적한다. 그러나 삭개오는 자신의 사회적 지위와 그가 받았던 멸시에도 불구하고 예수님을 만나기로 결심했는데, 이는 그가 자신의 삶에서 더 많은 것을 갈망했음을 보여 준다.

삭개오의 육체적 조건과 예수님을 보기 위해 돌무화과나무에 오르기로 한 결심은 이 이야기의 또 다른 중요한 요소이다. 성경에서 언급된 것처럼 그의 작은 키는 그의 신체적 상태만이 아니라 영적 상태를 상징한다. 그러나 문자 그대로나 비유적으로나 군중을 지나 돌무화과나무에 오르려고 하는 그의 결심은 예수님을 찾고자 하는 그의 의지를 보여 준다. 알렉산드리아의 키릴은 삭개오가 예수님을 보기 위해 나무에 올라야만 했던 것처럼, 우리도 예수님을 보기 위해서는 이 땅의 모든 어리석은 세속적 욕망과 더러움 등으로부터 떠나야 한다고 설교했다. 아우구스티누스는 사람들이 예수님을 볼 수 없는 이유는 돌무화과나무에 오르기를 부끄러워하기 때문이라고 말하며, 삭개오가 돌무화과나무를 붙잡게 하고, 겸손한 사람이 십자가에 오르게 하라고 덧붙인다.

예수님과 삭개오의 상호작용 역시 이 이야기의 중요한 요소이다. 나무에 올라가 있던 삭개오를 알아본 예수님은 스스로 삭개오의 집으로 초대받고자 하셨다. 이러한 행동은 단순한 환대의 요청이 아니라 잃어버린 자를 찾아 구원하는 예수님의 사명을 보여 준다. 시리아의 에프렘은 이를 예수님께서 삭개오를 율법 아래서 살던 삶에서 벗어나 예수님의 현존으로 부르시는 것으로 해석하며, 삭개오의 삶이 변화되는 순간을 의미한다고 말한다.

이 이야기는 삭개오의 변화로 마무리된다. 그는 자기 재산의 절반을 가난한 사람들에게 나눠주고, 사기를 친 사람에게는 네 배로 갚겠다고 약속한다. 이러한 배상과 관대함의 행위는 삭개오가 회개하고 구원을 받아들인 것을 의미한다. 토리노의 막시무스는 삭개오가 한때 자신의 영적 성장에 걸림돌이 되었던 재산을 구원의 수단으로 사용했다고 해석한다.

결론적으로 삭개오의 이야기는 변화와 구원에 대한 강력한 이야기이다. 이 이야기는 잃어버린 자를 찾아 구원하는 예수님의 사명을 강조하고, 예수님과의 만남이 어떻게 한 사람의 삶에 심오한 변화를 가져올 수 있는지를 보여 준다. 여러 교부들의 통찰은 이 이야기에 대한 우리의 이해를 더욱 풍부하게 해 주며, 더 깊은 신학적, 영적 관점을 제공한다. 삭개오의 이야기는 누구도 예수님의 변혁적인 사랑과 은혜를 벗어날 수 없음을 상기시킨다.

설교를 위한 조명

복음서의 말씀(눅 19:1-10)으로 설교 작성 / 전개식 설교

"당신의 돌무화과나무로 올라가세요!"

누가복음은 소외되고 버림받은 자들, 하나님께서 잃어버린 자들을 찾아오신 예수님에 관한 이야기이다. 예수님은 잃어버린 자들을 찾다가 만난 한 남자와 한 여자를 각각 아브라함의 아들, 아브라함의 딸이라고 불러 주셨다. 오늘은 아브라함의 아들이라 불린 한 남자에 대한 이야기를 들어볼 것이다. 하나님의 아들이신 예수님이 하나님께서 잃어버린 한 남자를 아브라함의 아들이라고 부르신 이유는 무엇일까?

Move 1. 예루살렘으로 향하는 길
예수님은 하나님 나라의 잃어버린 자들을 찾기 위해 갈릴리 호숫가를 순회하

며 복음을 전하셨다. 그분의 공생애 기간 3년, 이제 때가 이르셨음을 아시고 예루살렘으로 올라가시는 길이다. 예수님은 제자들과 함께 요단 강 동편의 평지 길을 따라 남쪽으로 내려오시다가 요단 강 서쪽으로 건너서 처음 만나게 되는 도시인 여리고로 향했다. 여리고는 당시 이스라엘의 3대 상업 도시 가운데 하나로 수도인 예루살렘에서 동쪽으로 가장 가까운 도시였다.

이 도시는 여호수아에서 볼 수 있듯이 하나님께서 이스라엘을 위해 완전히 멸망시키신 도시였다. 그리고 무너진 여리고 성을 재건하려는 자들은 장자와 막내가 죽게 되는 저주받은 도시였다. 하지만 지정학적 위치상 여리고 성은 해안에서 내륙으로 가는 중요한 길목에 있었기 때문에 결국 오랜 시간이 지나 다시 큰 상업 도시로 발전하였다. 그곳은 예수님 시대에 이방인도 많이 왕래하는 화려한 도시였다.

지난 3년간 예수님께서 일으키신 이적과 말씀을 듣고 따르는 제자들과 무리가 많이 늘어났다. 그들은 드디어 예루살렘으로 올라가시는 예수님을 보며 "이제야 이스라엘이 로마의 압제에서 벗어나겠구나" 하는 기대를 갖게 되었을 것이다. 예수님은 그들의 기대를 저버리지 않으시는 듯, 하나님께서 세우신 이스라엘의 구원자답게 여리고로 가는 길에서 만난 눈 먼 자의 눈을 뜨게 하는 신적인 능력을 보여 주셨다.

이제 여리고를 지나 36.3km, 넉넉히 잡아 9시간 정도 더 걸어가면 예루살렘에 도착하게 된다. 바야흐로 예수님을 따르는 사람들에게는 이스라엘의 왕국이 회복되는 역사적인 사건을 기다리며 긴장과 기대가 절정을 향해 올라가고 있는 시점이다.

Move 2. 갑작스러운 진로 변경

그런데 예루살렘을 향하는 발걸음이 한시라도 바쁜 이때, 예수님께서 갑자기 여리고 성 안으로 들어가시는 게 아닌가? 예수님을 따르는 사람들은 생각했을 것이다. 어떤 이들은 "이제 조금만 더 가면 예루살렘에 도착해서 그토록 갈망하던 이스라엘의 해방이 예수님의 전능하신 능력으로 이루어질 텐데 왜 갑자기 여리고로 들어가시려는 걸까?" 하고 마음이 급하기도 했을 것이다. 또 다른 이들은 "예수님이 여기서는 또 어떤 신기한 이적을 보여 주실까?" 하는 궁금함과 기대감에 사로잡혔을지도 모른다. 예수님께서 이제 발길을 돌려 여리고 성 안으로 들어가신다. 예수님을 따르는 무리와 원근 각지에서 장사하러 온 사람들로 여리고 성의 도로는 북적거렸다.

여기에서 우리의 주인공, 삭개오가 등장한다. 삭개오는 여리고에서 세리장이고 부자였다. 로마 지배하의 국경 도시였던 여리고에서 로마를 위해 통행세를 걷던 세관의 총책임자라는 말이다. 당시의 세리장은 자기 밑에 많은 세리들을 고용한 대지주였다. 그만큼 소식통도 많아서 새 소식을 빨리 접할 수 있었을 것이다. 많은 부를 가지고 있고 도시 내에서 지위도 높았지만, 그에게는 한 가지 고민이 있었다. 로마 치하에서 세리장이라는 위치는 식민지인 이스라엘에 부과된 막대한 세금을 충당하기 위해 동족에게 무거운 짐을 지울 수밖에 없는 위치였기 때문이다. 우리 선조들이 일제 강점기에 일제를 위해 일하던 조선인 관료들의 권력 앞에 굴복할 수밖에 없지만, 그들을 일제의 앞잡이라고 부르며 멸시한 역사를 기억하면, 삭개오가 동족인 이스라엘 사람들에게 어떤 취급을 받았을지는 쉽게 상상이 간다. 아마 삭개오는 사람들의 멸시를 받으며 가까이하기에 꺼려지는 사람이라 여겨졌을 것이다. 이스라엘 사람들이 사울을 그들의 첫 왕으로 뽑았을 때, 사울의 키가 "다른 사람보다 어깨 위만큼 컸더라"는 설명에서 알 수 있듯이, 이스라엘 문화에서 키가 훤칠하고 힘도 센 사람들이 선호되던 것 같다. 그러니 키도 작고 체격도 볼품없었던 삭개오가 세리장이랍시고 다니는 모습을 좋아했을 여리고 사람은 거의 아무도 없었을 것이다. 예수님 당시에 세리는 창녀나 죄인과 같은 수준으로 멸시를 당했기 때문이다.

Move 3. 예수님을 찾아간 삭개오

삭개오는 예수님께서 여리고로 오시는 조짐이 보이자 예수님을 만나기 위해 길로 나섰다. 그는 왜 예수님을 만나러 갔을까? 누가는 삭개오가 예수님이 어떤 사람인지 보려고 했다고 간략하게 전한다. 그런데 삭개오는 예수님을 쉽게 만날 수도, 볼 수도 없는 형편이다. 누가가 간략하게 사건을 설명하는 것은 독자나 청자들이 사건의 문맥에 상상력을 더하여 자기가 처한 입장에서 그 사건의 더 심오한 의미를 발견하도록 안배한 구약 성경의 수사적 기법의 전통을 따른 것이다.

간략한 설명이 이어진다. 삭개오는 키가 작았다. 도로에는 사람이 많았다. 그는 많은 사람들 때문에 예수님을 볼 수 없었다. 삭개오는 높은 지위와 부를 가지고 있었지만, 사람들에게 받는 그의 평판은 그의 작은 키만큼이나 낮았다. 여리고 성의 사람들은 키가 작은 삭개오를 위해 예수님께로 가는 길을 비켜 주거나 길가에 놓인 의자나 발판을 양보하지 않았다. 부자면서 키도 작은 삭개오에게 예수님을 따르는 가난한 군중의 틈을 비집고 들어갈 정도의 용기까지는 없었다. 그가 전해 듣고 있던 예수님은 다윗의 자손으로 병자와 가난한 이들의 친구였기 때문이다. 하지만 삭개오는 소문으로 듣던 예수님에 대한 호기심이 생겼다. 그의 호기심은 아직 그림책 속에서만 사자나 코끼리를 보던 어린아이가 동물원 방문을 앞두고 가지게 된 것과 같은 단순한 호기심은 아니었다. "예수님은 병자와 가난한 이들의 친구라고 하는데, 과연 나 같이 다윗이 세운 나라를 무너뜨린 로마를 위해 세리장으로 살아가고 있는 부자도 친구로 받아 줄까? 그는 과연 어떤 사람인지 한 번 보고 싶구나!"

삭개오의 선택은 도로에 가득한 사람들을 지나 예수님이 계신 앞쪽으로 달려가서 자신의 작은 키라는 약점을 상쇄할 수 있는 높은 곳으로 올라가는 것이었다. 누가는 삭개오가 이 선택을 한 까닭으로 "할 수 없어"라고 말한다. 삭개오는 부자였고 키만큼이나 낮은 사회적 평판을 얻고 있었기에, 무리를 가로질러서 예수님을 만날 수 없었다. 삭개오는 "할 수 없이" 다른 무리의 사람들과 다른 선택을 해야만 했다. 삭개오가 예수님을 만나는 "할 수 있음"을 위해 포기해야 하는 것이 있었다는 말이다. 예수님을 만나기 위해 돌무화과나무에 오르기로 선택한 삭개오가 "할 수 없어"를 "할 수 있어"로 바꾸기 위해 포기해야 했던 것은 무엇일까?

삭개오는 나이도 지긋하고 지위 높은 세관장이었지만, 자신의 사회적 지위에 걸맞은 품위와 자존심을 내려놓고, 사회적 평판에 아랑곳하지 않고 뛰기 시작한다. 그는 아마도 이렇게 생각했던 것 같다. "이러다 예수님을 만날 기회를 놓치는 것 아냐? 그대로 여리고를 지나가시면 언제 다시 볼 수 있을지 모르는데 말이야. 다 내려놓자. 난 예수님을 만나기 위해 이미 선택을 했어!" 예수님을 만나기 위해 달리는 이 길은 그가 평소에 세리들을 관리하기 위해 수도 없이 걷던 길이라서 눈을 감고도 훤히 알 수 있었다. "요 골목 김씨에게는 주민세 10만 원을 더 거뒀었지, 그 옆집은 맏아들의 결혼 신고세로 낸 5만 원을 내가 착복했고, 그 맞은편 집은 장사가 좀 잘되는 집이니까 세금을 좀 더 받아낼 수 있겠군." 이 길을 가면서 그는 이런 식으로 수도 없이 세금 징수 일정과 그 금액을 되새기고 있었을 것이다.

그러다 높이 올라갈 수 있는 한 장소가 생각났다. "이제 조금만 더 가면 내가 평소에 무화과를 따 먹던 나무가 있었지. 비록 돌무화과라서 제대로 먹을 건 없었지만 말이지. 그래도 나무는 튼실하니까 키 작은 내가 거기에 올라가면 예수님이 지나가시는 걸 볼 수 있을 거야. 사람들이 놀릴 수도 있겠지만, 그럴 테면 그러라지." 삭개오는 나무에 올라가서 예수님이 오시는 걸 지켜보면서 가까이 다가오시기까지 조마조마한 마음으로 기다리고 있었다. "과연 예수님이 나를 발견할 수 있을까? 나를 보시면 뭐라고 하실까? 혹시 내가 과도한 세금을 거두었던 사람들에게 내가 지은 죄에 대해 예수님이 들으셨으면 어떡하지?" 삭개오는 예수님을 생각하며 그가 지은 죄를 모두 떠올리고 있었다. "예수님은 세상의 모든 일을 꿰뚫어보신다는데 내 죄 때문에 내 고민을 해결받지 못하는 건 아닐까?"

Move. 4 삭개오를 찾아오신 예수님

이렇게 삭개오가 고민에 잠겨 있을 때 갑작스레 예수님께서 그를 부르신다. "삭개오야!" 삭개오는 깜짝 놀랐다. "내 이름을 어떻게 아셨을까? 맞아, 내가 이웃들에게 잘못한 일들을 여기까지 오시는 길에 모두 전해 들으셨구나. 이제 나는 끝났다. 예수님께서 나를 심판하시겠구나!" 그런데 예수님은 삭개오가 전혀 생각지 못했던 말씀을 그에게 하신다. "서둘러서 내려와라. 오늘 내가 네 집에서 묵어가야겠다."

어쩌면 정말 삭개오의 이웃들이 예수님께 삭개오의 죄를 고발했는지도 모른다. 이웃들은 예수님의 어떤 말씀을 기대하고 있었을까? 삭개오가 올라간 나무를 향해 "삭개오야, 서둘러 내려와라!"라는 명령 뒤에 "화 있을진저! 남을 속여먹는 세리의 대장아, 저주를 받아라!"는 분노를 쏟아내시길 기대하고 있었을지도 모른다.

그런데 어떤 일이 벌어졌나? 예수님께서는 삭개오를 책망하시기는커녕 오히려 그의 집에 묵어가시겠다고 말씀하신다. 삭개오의 친구가 되시겠다는 말씀이다. 예수님을 따르던 무리는 예수님과 삭개오의 만남을 지켜보면서 서로 수군거렸다. "난 예수님이 우리처럼 가난한 사람들의 친구로 생각해서 따랐는데, 이제 부자면서 조국을 배신한 로마의 앞잡이와 친구가 되다니! 이건 말이 안 돼! 배신이야!" 이스라엘을 해방하기 위해 예루살렘을 향해 불과 한나절 반 정도만 더 걸어가면 되는 시점에서 이들은 예수님이 자신들을 배반한 것으로 여겼을 것이다. "우리가 속았군. 갈릴리에서부터 먼 길을 오시더니 이제 부잣집에 들어가 편안히 쉬고 싶으신 거로군. 예수님도 어쩔 수 없는 사람인가 보네. 다윗의 자손이니 메시아니 하더니…."

예수님을 보러 왔던 삭개오의 이웃들의 표정이 바뀌는 것도 한순간이었다. 이들도 그 수군거림에 동참한다. "삭개오 같은 죄인의 집에 들어가시다니. 예수라는 사람도 못 믿겠구나. 여리고로 올라오는 길에 눈 못 보는 사람을 고쳤길래 대단한 사람인가 해서 보러 왔더니. 로마 편에 붙어서 동족의 피를 빨아먹고 사는 벌레만도 못한 세관장의 집에 들어가다니. 사람 보는 안목이 이렇게 없어서야. 과연 이런 사람이 메시아일까?"

Move. 5 전적인 포용이 전인적인 회개를 가져온다.

수군거리는 주변의 무리와 이웃들을 향해 예수님은 이렇게 말씀하신다.
"오늘 구원이 이 집에 임했다."

삭개오는 남들이 보기에 떳떳하지 못한 부를 가지고 있었지만, 공동체에서의 삶이 중요시되던 당시 시대 상황에서 공동체의 거절과 멸시 때문에 그 자신의 개인적인 삶은 깊은 상처와 절망으로 가득 차 있었다. 그런 점에서 삭개오는 비록 사람들과 하나님 앞에 죄인이었지만(7절) 예수님의 치료와 구원이 필요한 상처 입은 자이기도 하다. 그랬기에 예수님은 전 우주적인 사역의 완성을 눈앞에 둔 중요한 순간에 일부러 발걸음을 돌려 여리고 성 안으로 들어가셨고, 삭개오를 찾아가 그의 이름을 불러 만나 주셨다.

불만과 안타까움과 의심으로 웅성거리고 있던 사람들과 다르게 삭개오는 예수님께서 자기 집으로 오시겠다는 말을 듣고 자신의 문제와 상처가 해결될 수 있다는 희망에 즐거움이 넘쳐났다. 동시에 삭개오는 자신의 이웃들과의 관계를 되돌아보며 부끄러움과 죄책감이 들었다. 예수님과의 만남을 계기로 그동안 자신이 저질러 온 죄에 대한 보상을 이웃들에게 어떻게든 해야겠다는 마음이 들게 되었다. 삭개오는 로마를 위해 일하고 있을 정도로 상대적으로 학식을 갖춘 유대인이었기 때문에 죄의 보상에 관한 율법을 알고 있었다. "훔쳐 간 것에 네 배의 보상을 해 주어야 한다. 하지만 그간의 잘못을 용서받기 위해서는 이것으로도 부족할 것 같으니 내 사죄하는 마음이 담긴 보상을 위해 내 재산의 절반을 내놓아야겠구나."

삭개오를 오랫동안 알아 왔던 그의 이웃들은 삭개오의 이런 괴로움과 고민을 느끼지 못했을 것이다. 그리고 삭개오라는 사람이 구원의 필요와 변화의 가능성을 지닌 사람이라는 것은 오직 예수님만이 알고 계셨다. 예수님의 전적인 포용이 삭개오의 전인적인 회개를 가져왔다.

Move 6. 잃어버렸던 아브라함의 자녀가 돌아온다.

예수님께서 말씀하신다. "이 사람도 아브라함의 자손이다." 사실 원어로는 "아브라함의 아들이다"라고 하셨다. "아브라함의 아들"이란 무엇인가? 하나님의 축복 언약을 이어받은 하나님의 백성을 가리킨다. 그리고 초대 교회에서 성도를 부르는 말이기도 했다. 삭개오가 초대 교회의 성도가 되었는지 아니었는지는 성경에 기록되어 있지 않으니 정확히 알 수는 없다. 그렇지만 누가는 십자가에 오르기 위해 길을 가시던 예수님께서 돌무화과나무에 올라간 삭개오를 만나 주신 사건을 기억하며, 당시 초대 교회의 복음을 듣고 있었을 세리와 부자들에게 그들이 비록 이웃들로부터 질시와 외면을 당하고 있을지라도 삭개오처럼 예수님을 믿고 변화된다면, 그들도 구원받아 주님의 제자가 될 수 있고 아브라함에게 주신 축복의 언약을 이어갈 수 있다는 희망의 메시지를 전하고 있다.

예수님께서는 거룩하신 분이다. 보통 사람들은 죄인과 접촉하면 자신도 부정하게 된다. 하지만 예수님께 접촉하는 것은 무엇이나 정결해진다. 예수님께서는 죄를 용서하는 권세가 있으신 하나님과 삼위일체적 연합 안에서 동일한 분이기 때문이다. 예수님을 만난 삭개오는 그를 이름으로 불러 주시는 예수님의 구원자 명단에 기록되었다.

삭개오는 그동안 자신의 범죄행위와 오랜 원한으로 인해 얽혀 있던 그의 이웃들과 화해할 수 있는 기회를 얻었다. 그가 이웃들에게 자기 재산을 나눠주며 사죄하고 배상할 기회를 얻었다. 따라서 구약에서 미리 약속된 아브라함의 자녀가 되는 축복은 믿음 안에서 예수님과의 만남을 통해 전인적인 변화를 얻고 그리스도의 몸인 교회 공동체로 부르심을 받게 되는 축복이라고 할 수 있다.

예수님이 아브라함의 아들이라고 불러 주신 삭개오를 그간의 의롭지 못했던 행위나 마음에 들지 않는 그의 외모나 성격 때문에 다시 보려고 하지 않는 것은 예수님을 외면하는 것과 같다. 그러므로 아브라함의 자녀가 되는 축복, 하나님의 구원은 예수님을 만나러 나오는 어느 누구에게나 열려 있다는 사실을 기억해야 할 것이다.

교부 중 한 명인 알렉산드리아의 키릴은 삭개오가 예수님을 만나기 위해 돌무화과나무에 올라가는 선택을 했던 것처럼, 우리도 예수님을 보기 위해 이 땅의 모든 어리석은 세속적 욕망과 더러움 등으로부터 떠나야 한다고 설교했다. 『고백록』을 비롯한 수많은 저작으로 유명한 또 다른 교부 아우구스티누스는 사람들이 예수님을 볼 수 없는 이유가 돌무화과나무에 오르기를 부끄러워하기 때문이라고 말한다. 이어서 그는 삭개오가 돌무화과나무를 붙잡게 하고, 겸손한 사람이 십자가에 오르게 하라고 덧붙인다.

하나님께서 이스라엘의 역사를 통해서 모든 인류에게 주신 아브라함의 자녀, 믿음의 자녀가 되는 축복을 믿고 예수님을 만나러 나온 이 시간 우리에게도 동일한 하나님의 축복이 임하기를 바란다. 예수 그리스도께서 소외되고 고통 받던 사람들을 찾아가 아브라함의 아들과 딸이라고 부르며 구원을 베풀어 주셨듯이, 예수 그리스도께서 이 시간 우리를 찾아오셔서 아브라함의 딸과 아들로 불러 주시고, "오늘 구원이 이 집에 임했다"라고 구원의 축복을 베풀어 주실 것이다.

오순절 후 스물두 번째 주일

❖**성서정과**　시 145:1-5, 17-21; 학 1:15b-2:9; 살후 2:1-5, 13-17; 눅 20:27-38

예배로 부름　Call to Worship

곧 영원부터 우리 주 그리스도 예수 안에서 예정하신 뜻대로 하신 것이라 우리가 그 안에서 그를 믿음으로 말미암아 담대함과 확신을 가지고 하나님께 나아감을 얻느니라(엡 3:11-12)

예배 기원　Invocation

인생의 생사화복을 주관하시는 전능하신 하나님 아버지! 이렇게 맑고 아름다운 날을 주시니 감사합니다. 가을이 깊어가는 계절에 저희가 주일을 맞이하여 겸허한 마음으로 예배의 자리에 나와 있습니다. 한여름 푸르렀던 나무는 잎을 떨구고, 분주하게 살았던 들짐승들은 양식을 모아 다가올 겨울을 준비하고 있습니다. 거룩하신 하나님! 바쁜 일상에 매여 하나님의 뜻을 생각하지 않고 살았던 저희도 이제는 마음을 돌이켜 하나님을 바라보게 하시고, 육신의 일을 내려놓고 경건한 삶을 통해 영혼의 추수를 준비하게 하옵소서. 이전보다 더욱 겸손하고 진실한 마음으로 드리는 이 예배를 받아 주옵소서. 예수님의 이름으로 기원하옵나이다. 아멘.

이 주일의 찬송　Hymns

찬송으로 보답할 수 없는(40장) / 영광의 왕께 다 경배하며(67장)
내 주의 나라와(208장) / 이 눈에 아무 증거 아니 뵈어도(545장)
주님 약속하신 말씀 위에 서(546장) /시온의 영광이 빛나는 아침(550장)

성시교독 Responsive Readings   시편 145:1-5, 17-21

인도자 ¹ 왕이신 나의 하나님이여 내가 주를 높이고 영원히 주의 이름을 송축하리이다

회 중 ² 내가 날마다 주를 송축하며 영원히 주의 이름을 송축하리이다

인도자 ³ 여호와는 위대하시니 크게 찬양할 것이라 그의 위대하심을 측량하지 못하리로다

회 중 ⁴ 대대로 주께서 행하시는 일을 크게 찬양하며 주의 능한 일을 선포하리로다

인도자 ⁵ 주의 존귀하고 영광스러운 위엄과 주의 기이한 일들을 나는 작은 소리로 읊조리리
         이다

회 중 ¹⁷ 여호와께서는 그 모든 행위에 의로우시며 그 모든 일에 은혜로우시도다

인도자 ¹⁸ 여호와께서는 자기에게 간구하는 모든 자 곧 진실하게 간구하는 모든 자에게 가
         까이하시는도다

**회 중 ¹⁹ 그는 자기를 경외하는 자들의 소원을 이루시며 또 그들의 부르짖음을 들으사 구
         원하시리로다**

인도자 ²⁰ 여호와께서 자기를 사랑하는 자들은 다 보호하시고 악인들은 다 멸하시리로다

**회 중 ²¹ 내 입이 여호와의 영예를 말하며 모든 육체가 그의 거룩하신 이름을 영원히 송축
         할지로다**

고백의 기도 Prayer of Confession

니느웨 백성까지도 구원하기를 원하셨던 하나님 아버지! 회개하오니 저희도 불쌍
히 여기시고 구원하여 주옵소서. 저희는 이전에 행했던 죄를 다시 반복하는 어리석
음이 있습니다. 다시는 넘어지지 않겠노라 결심했지만, 유혹이 넘쳐나는 환경에 놓
이게 되면 속절없이 죄를 지었습니다. 불편한 상황을 피하려고 이전에 했던 그대로
거짓말을 반복하였고, 배우자와 자녀와 직장의 동료들에게는 동일하게 분노를 표
출하였습니다. 하나님께서 보고 계시는 것은 깨닫지 못하고, 사람의 눈길이 닿지
않는다는 것만 생각하며 함부로 말하고 행동하였습니다. 다시는 동일한 죄를 반복
하지 않도록 도와주옵소서. 예수님의 이름으로 이 고백의 기도를 드립니다. 아멘.

사함의 확신 Assurance of Forgiveness

그가 우리를 흑암의 권세에서 건져내사 그의 사랑의 아들의 나라로 옮기셨으니 그
아들 안에서 우리가 속량 곧 죄 사함을 얻었도다(골 1:13-14)

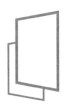

기쁜 소식

📖 석의적 접근

구약의 말씀　학 1:15b-2:9

　본문은 학개 선지자가 바벨론의 포로로 살다 돌아온 이스라엘 백성들에게 성전 재건의 중요성과 성전의 영광을 선포하는 내용을 다룬다. 학개 선지자가 이스라엘 백성들에게 성전의 영광을 선포하는 이유를 2장 3절에서 찾을 수 있다. "너희 가운데에 남아 있는 자 중에서 이 성전의 이전 영광을 본 자가 누구냐 이제 이것이 너희에게 어떻게 보이느냐 이것이 너희 눈에 보잘것없지 아니하냐." 이스라엘 백성들 중에서 솔로몬 성전의 이전 영광을 경험한 사람은 새롭게 건축되는 성전의 외형이 보잘것없이 보였다. 보잘것없어 보이는 성전의 외형은 그들의 마음에 부정적인 요인으로 작용하였다.

　그렇기 때문에 학개 선지자는 솔로몬 성전을 추억하는 동시에 현재 지어지는 새 성전의 초라함으로 인하여 낙심하는 이스라엘 백성들을 격려해야 했다. 그들의 낙심은 성전 건축의 중단으로 이어질 수 있는 커다란 문제였다. 학개는 백성들에게 굳세어야 한다고 권면한다(2:4). 하나님께서 동행하시고 하나님의 영이 함께하신다는 약속을 말하며 성전 재건을 촉구한다(2:4-5). 우주의 주권을 가지신 하나님께서 "하늘과 땅과 바다와 육지를 진동시키실 것이다"(6절). 더 나아가 모든 나라를 진동시키시며 새롭게 하시는 하나님께서 새롭게 지어지는 성전에 영광을 충만하게 하실 거라는 약속은 이스라엘 백성들의 마음을 굳건하게 하였다.

서신서의 말씀　살후 2:1-5, 13-17

　본문은 예수님의 재림에 대한 구체적인 사항들을 설명한다. 바울은 예수님의 재림에 대하여 성도들이 혼란스러워할 것을 걱정하고 있다. 바울은 거짓 예언이나, 사도의 권위를 빙자한 거짓말, 혹은 바울의 이름을 도용한 편지로 '주의 날이 이미 이르렀다'는 잘못된 가르침을 전하는 자들이 있다고 경고한다(2절).

　바울은 주님의 날이 가까워졌을 때 나타나는 현상에 대하여 설명한다. 그날이 가까워질 때 배교와 멸망의 아들이 등장하게 되는데, 이는 하나님의 섭리에 맞서는 모든 세력을 뜻한다. 특히 멸망의 아들은 대적하는 자로서 하나님의 아들 예수 그리스도와 대비되는 거짓 그리스도를 말한다. 거짓 그리스도는 하나님을 대적하는 동시에 자신을 하나님이라 주장한다(4절). 하지만 '주님의 날'에 거짓 그리스도는 심판을 받을 것이다. 바울은 내가 이미 너희에게 이것을 경고하였지만 너희가 기억을 하지 못한다며 이 내용을 다시 기억할 것을 촉구한다.

　바울은 거짓 가르침을 듣고 혼란스러워하는 성도들에게 하나님께서 베푸신 구원은 변하지 않는다고 가르친다. 하나님께서는 처음부터 우리를 택하셨으며 우리를 거룩하게 하시고 진리를 믿음으로 구원을 받게 하신다(13절). 이것을 이루기 위하여 우리를 복음으로 부르시고 그리스도의 영광을 받게 하시니 그러므로 굳건하게 서서 가르침을 지키라고 권면한다(15절).

복음서의 말씀　눅 20:27-38

　본문은 사두개인들이 부활을 부인하는 내용을 다룬다. 부활에 대한 이 논쟁은 다른 논쟁들과 마찬가지로 예수님을 곤경에 처하게 하여 백성들에 대한 지지를 빼앗기 위한 그들의 술책이었다. 그들은 신명기 25장 5절의 수혼법을 인용하며 예수님께 질문을 던진다. 일곱의 형제가 있는데 그 형제들이 다 자식이 없이 차례로 죽었는데 수혼법에 따라 한 여인을 아내로 취하게 되었을 때 부활이 있다면 그 여인은 누구의 아내가 되는 것인가?(29-33절) 이들의 질문에 예수님께서는 그들의 전제를 반박하시며 부활 이후 인간 존재에 대한 가르침을 주신다. 세상의 자녀들은 장가도 가고 시집도 가지만 저 세상과 죽은 사람들 가운데서 살아나 부활한 사람은 장가도 가지 않고 시집도 가지 않는다고 말씀하시며(35절) 이 세상의 문화와 관습이 부활 이후의 세상에서는 존재하지 않음을 가르치셨다.

더 나아가 부활한 사람은 천사와 같아서 죽지 않으며 온전한 하나님의 자녀가 된다고 선언하신다(36절). 예수님께서는 부활의 증거가 모세 오경에 있음을 말씀하신다. 모세가 불타는 떨기나무 앞에서 하나님의 음성을 들었을 때 하나님은 스스로를 아브라함, 이삭, 야곱의 하나님이라 말씀하셨다(출 3:6). 만약 그 조상들이 죽은 상태라면 하나님께서 그들에게 하셨던 약속은 효력이 없다. 또한 그 약속에 근거하여 모세에게 나의 백성을 인도하라고 말씀하시지 못하셨을 것이다. "하나님은 죽은 자의 하나님이 아니요 살아 있는 자의 하나님이시라 하나님에게는 모든 사람이 살았느니라"(38절).

📖 설교를 위한 조명

복음서의 말씀(눅 20:27-38)으로 설교 작성 / 네 페이지 설교
"진짜 복음"

Page 1. 부활을 거부하는 사두개인들(성경 속의 문제)

사두개인들은 죽음 이후의 삶을 믿지 않았기 때문에 부활을 믿지 않았다. 그들은 모세의 수혼법(신 25:5)을 통하여 부활을 부정하였다. 사두개인들은 다윗 시대의 대제사장이었던 사독을 필두로 형성된 분파이다(삼하 8:17, 15:24). 그래서 사두개인들은 대부분 대제사장과 제사장이었다. 바리새인들은 모세 율법과 이전 조상들의 전통으로 형성된 반면에, 사두개인들은 오직 모세오경만 인정하며 부활이나 천사의 존재를 거부하였다. 그들은 부활과 구원이라는 하나님의 은혜와 섭리를 편협한 인간의 틀에 가두려고 한다. 또한 그들은 부활이 없다는 자신

의 견해에 갇혀서 하나님의 은혜를 파악하지 못하였다. 그들은 육적으로 아브라함의 자손이었지만 결국 부활을 부정함으로써 아브라함의 언약과 무관한 사람들이 되었다.

Page 2. 복음을 거부하는 이단(세상 속의 문제)

1971년 이순화라는 여자에 의해서 정도교가 탄생했다. 이순화의 정도교는 한반도의 이단 사이비 종교사에서는 찾기 힘들지만, 독립운동사에서 찾아볼 수 있다. 안수기도를 통하여 아들의 병 고침을 체험한 이순화는 그때부터 기도에 매달리기 시작했다. 하지만 그 당시에는 제대로 된 성경이 없이 선교사를 통하여 말씀을 알 수 있었기 때문에 자기 상상과 자기 생각으로 신앙생활을 하였다. 그녀는 하나님과 사람이 은총과 믿음으로 만나는 것이 아니라 신의 계시를 받는 중간 단계로 주술사나 대언자를 거쳐 신을 만나야 한다는 의타주의에 빠지게 되었다. 그 주술사, 대언자는 이순화 본인이었고 본인을 통해서만 하나님을 만날 수 있다고 주장하였다. 그녀는 1924년 신의 계시를 확실하게 받았다면서 계룡산으로 사람들을 데려간다. 그녀는 한반도에서 조선 여인의 몸을 통해 재림 예수가 태어나 일본 놈들을 내쫓고 나라를 구원하고 복음을 전한다고 선포하였다.

이순화의 정도교를 시작으로 지금의 신천지까지 수많은 이단이 탄생하게 되었다. 이단들이 탄생하는 이유는 말씀의 부재이다. 또한 올바른 성경해석의 부재이다. 하나님의 말씀을 올바른 기준 없이 자기들 마음대로 해석하며 그것이 진리인 것처럼 믿거나 가르친다. 그렇기 때문에 성경이 말하고 있는 진짜 복음은 그들에게는 가짜 취급받으면서 진짜 복음을 전하는 목회자들은 사탄과 동일한 취급을 받는다.

Page 3. 올바른 말씀을 통한 부활신앙(성경 속의 은혜)

예수님께서는 사두개인들의 논리를 반박하시며 부활에 대하여 다시 설명하셨다. 부활한 후에도 결혼제도가 그대로 유지된다는 오류와 부활 후에 있게 될

2

주일 낮 예배·설교 지침

변화에 대한 무지를 깨우쳐 주셨다. 예수님께서는 그들의 전제를 반박하시며 부활 이후 인간 존재에 대한 가르침을 주신다. 세상의 자녀들은 장가도 가고 시집도 가지만, 저 세상과 죽은 사람들 가운데서 살아나 부활한 사람은 장가도 가지 않고 시집도 가지 않는다고 말씀하시며(35절) 이 세상의 문화와 관습이 부활 이후의 세상에서는 존재하지 않음을 가르치셨다. 부활한 사람은 천사와 같아서 죽지 않으며 온전한 하나님의 자녀가 된다고 선언하신다(36절).

모세오경만을 믿는 사두개인들에게 있어서 아브라함과 이삭, 야곱은 존경의 대상이기 때문에 예수님께서는 모세의 사건을 통하여 그들의 이름을 언급하신다. 하나님께서 가시나무 떨기에서 모세를 부르실 때 자신을 아브라함의 하나님, 이삭의 하나님, 야곱의 하나님이라고 계시한 것을 인용하시며 하나님은 죽은 자의 하나님이 아니라 살아 있는 자의 하나님이라고 가르치셨다. 이것은 그들이 존경하는 아브라함, 이삭, 야곱이 하나님 앞에서 살아 있다고 선포하신 것이다. 부활은 하나님의 확실한 약속이다. 이것은 결코 변치 않는다. 하지만 사두개인들처럼 편협한 방법으로 성경을 해석하고 어떤 선입견을 가지고 성경의 말씀을 받아들인다면 부활이라는 은혜를 놓치게 된다.

Page 4. 다시 만나는 복음(세상 속의 은혜)

예수님께서 사두개인들의 부활관을 바로잡아 주셨다. 하나님께서는 죽은 자의 하나님이 아니라 살아 있는 자의 하나님이시다. 그러므로 아브라함과 이삭, 야곱은 하나님 앞에서 살아 있으며 마찬가지로 우리에게도 부활이 주어진다. 이것은 변치 않는 하나님의 약속이다. 이 약속을 이루시기 위하여 하나님의 하나뿐인 독생자 예수님께서 십자가에서 죽임을 당하셨다.

예전에 신천지에 빠졌다가 탈퇴한 김충일 형제는 자신의 간증을 통하여 자신이 신천지에 빠지게 된 원인을 구원에 대한 불신이라고 고백하였다. 그는 예수 그리스도를 믿는 믿음으로 구원을 받는다는 교리를 받아들이지 못했다. 구원의 방법이 너무 간단하다고 생각했다. 그래서 그는 구원을 위해 하나님께 뭔가를 해야 한다는 신천지의 가르침에 쉽게 빠지고 말았다. 다행히 그는 이단상담소의 교육을 통하여 신천지의 가르침이 잘못되었다는 것을 깨닫게 되었다. 그는 온전한 말씀을 통하여 하나님께서 자신을 택하셨고 자신을 기다리고 계시다는 것을 깨달았다. 그리하여 이전에는 내가 하나님께 뭔가를 해야 하고 뭔가를 드려야 한다고 생각을 했지만 "일을 아니할지라도 경건하지 아니한 자를 의롭다 하시는 이를 믿는 자에게는 그의 믿음을 의로 여기시나니"(롬 4:5)라는 말씀으로 인하여 구원은 믿는 자에게 주시는 하나님의 선물이라는 것을 깨달았다고 한다. 그렇다. 우리는 결코 죽음으로 끝나지 않는다. 반드시 부활이 있고, 구원이 있다. 하나님 안에 있는 자들은 하나님 안에서 다시 살아날 존재들이다. 예수님께서 부활의 첫 열매가 되어 이를 확증해 주셨다.

오순절 후 스물세 번째 주일

❖성서정과 시 98; 사 65:17-25; 살후 3:6-13; 눅 21:5-19

예배로 부름 Call to Worship

그러므로 형제들아 내가 하나님의 모든 자비하심으로 너희를 권하노니 너희 몸을 하나님이 기뻐하시는 거룩한 산 제물로 드리라 이는 너희가 드릴 영적 예배니라(롬 12:1)

예배 기원 Invocation

이 땅에 평화를 주시려고 독생자를 보내신 하나님 아버지! 거룩한 주일 아침 예배하는 모든 백성에게 복을 주시되, 가난과 질고와 병마로 고통 받고 있는 자들을 구원하여 주옵소서. 원치 않는 전쟁으로 인하여 신음이 넘쳐나는 곳으로 임하셔서 총성이 멎게 하시고 하나님을 찬미하는 소리가 울려나게 하옵소서. 온나라 백성들이 하나님 앞에 서게 되는 이 거룩한 주일 아침에 전쟁이 그치게 하시고, 주님의 백성이 부르는 평화의 찬송이 온 땅에 울려퍼지게 하옵소서. 예수님의 이름으로 기원하옵나이다. 아멘.

이 주일의 찬송 Hymns

전능하고 놀라우신(30장) / 주여 우리 무리를(75장) / 어둔 밤 쉬 되리니(330장)
마귀들과 싸울지라(348장) / 눈을 들어 하늘 보라(515장)
옳은 길 따르라 의의 길을(516장)

성시교독 Responsive Readings   시편 98:1-9

인도자   ¹ 새 노래로 여호와께 찬송하라 그는 기이한 일을 행하사

회 중	그의 오른손과 거룩한 팔로 자기를 위하여 구원을 베푸셨음이로다
인도자	² 여호와께서 그의 구원을 알게 하시며
회 중	그의 공의를 뭇 나라의 목전에서 명백히 나타내셨도다
인도자	³ 그가 이스라엘의 집에 베푸신 인자와 성실을 기억하셨으므로
회 중	땅 끝까지 이르는 모든 것이 우리 하나님의 구원을 보았도다
인도자	⁴ 온 땅이여 여호와께 즐거이 소리칠지어다
회 중	소리 내어 즐겁게 노래하며 찬송할지어다
인도자	⁵ 수금으로 여호와를 노래하라 수금과 음성으로 노래할지어다
회 중	⁶ 나팔과 호각 소리로 왕이신 여호와 앞에 즐겁게 소리칠지어다
인도자	⁷ 바다와 거기 충만한 것과 세계와 그 중에 거주하는 자는 다 외칠지어다
회 중	⁸ 여호와 앞에서 큰 물은 박수할지어다 산악이 함께 즐겁게 노래할지어다
인도자	⁹ 그가 땅을 심판하러 임하실 것임이로다
회 중	그가 의로 세계를 판단하시며 공평으로 그의 백성을 심판하시리로다

고백의 기도　Prayer of Confession

이 땅에 교회를 세워 주신 하나님 아버지! 저희는 하나님께서 세워 주신 교회를 바르게 섬기지 못했습니다. 십자가의 능력으로 막힌 담을 허시고 둘로 하나가 되게 하신 예수님의 뜻을 깊이 생각하지 못하였기에 교회 곳곳에 분열과 갈등의 그림자가 드리워 있습니다. 교회가 감당해야 할 예배와 전도와 교육과 봉사와 친교의 본질을 놓치고, 오히려 내 이익과 명예를 지키기 위한 것에만 힘을 쏟았습니다. 진리와 의로움을 수호하고 경건한 삶을 살아야 할 성도의 본분을 망각하고 세상의 풍조를 따를 때도 많았습니다. 빛과 소금의 역할을 제대로 감당하지 못해서 교회가 사회로부터 손가락질을 당하기도 합니다. 하나님의 영광을 드러내지 못하는 저희의 죄를 용서해 주옵소서. 예수님의 이름으로 이 고백의 기도를 드립니다. 아멘.

사함의 확신　Assurance of Forgiveness

구하옵나니 주의 인자의 광대하심을 따라 이 백성의 죄악을 사하시되 애굽에서부터 지금까지 이 백성을 사하신 것 같이 사하시옵소서 여호와께서 이르시되 내가 네 말대로 사하노라(민 14:19-20)

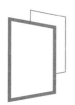

오늘의 주제

그리스도 안에서 이루어진 희망을 노래하라!

📖 석의적 접근

구약의 말씀 사 65:17-25

선지자 이사야가 노래하는 하나님의 나라는 참으로 아름답고 기쁨이 충만한 세상이다. 새 하늘과 새 땅은 하나님이 창조하신 모든 피조세계를 통틀어 가리킨다. 하나님의 나라는 하나님이 창조하신 모든 만물을 새롭게 하시는 하나님의 회복 역사이다. 죄로 인해 오염되고 타락한 모든 것들이 예수 그리스도의 십자가 능력과 성령님의 역사 가운데 온전하게 회복되는 새로운 세상을 이사야는 증언한다. 이 하나님의 나라를 예수님은 우리에게 열어 주셨고 요한계시록은 죽임 당하신 어린양이 마침내 만물을 새롭게 하시는 세상으로 증거한다. 그곳은 포로 생활로 인해 망가지고 비참해진 모습들이 기쁨과 영광으로 회복되는 곳이고, 영원하신 하나님의 생명에 동참하는 영생의 나라가 될 것이다.

하나님이 주시는 복을 깨뜨리거나 잃어버리지 않는 삶이며, 다른 사람의 것을 탐내거나 탈취할 필요가 없는 하나님의 부요하심을 누리는 삶이다. 생육하고 번성하라 하신 태초의 복이 온전히 실현되는 삶, 주님과 막힘없이 교통하는 삶, 약육강식이나 적자생존이 아닌 죄악 된 존재와 성품이 완전히 변화되어 새로운 존재가 빚어내는 사이좋은 세상을 이루게 될 것이다. 이것이 누구든지 그리스도 예수 안에 있으면 새롭게 되는 새 피조물의 모습이다. 성령님은 우리에게 이 새 피조물의 역사를 행하신다. 새 피조물은 그리스도께서 십자가를 통해 이루신 평화를 자기 삶 속에서 재현하고 확장해 가는 존재들이다.

서신서의 말씀　살후 3:6-13

　그리스도의 재림이 가까웠다는 사실 앞에서 현실을 도피와 무책임으로 지내는 것을 정당화하는 사람들이 데살로니가 교회 안에 있었다. 자유와 무절제를 구별하지 못하고 종말과 신실함의 관계를 이해하지 못한 사람들이다. 예수님은 달란트 비유를 통해서 착하고 충성됨이 종말을 준비하며 하루하루를 살아가는 성도의 자세임을 말씀하셨다. 종말은 방종과 방임을 허락받는 사건이 아니라 경외함과 성실함을 결산하는 자리이다.

　사도 바울은 교회 공동체로부터 사례를 받지 않기 위해 일하며 사역하였다. 그것은 사례를 받을 권리가 있었으나 스스로 일하며 자기 삶에 책임을 지는 모범을 보이기 위함이었다. 교회 공동체는 사랑과 자비의 본을 보이신 주님의 모습을 따라 가난하고 궁핍한 형제들을 돌보는 것을 당연하게 여겼다. 그러나 그것을 자기 게으름과 불성실에 대한 피난처로 삼는 이들은 교회를 어렵게 만든다. 그러한 모습은 선한 일에 힘쓰고자 하는 다른 동료 그리스도인들을 낙심하게 만든다. 교회 공동체는 서로가 서로를 섬기는 공동체이지 한 사람이 다른 사람을 일방적으로 섬기는 공동체가 아니다.

　일방적 섬김에 의존하고 그것을 요구하는 사람들에게 사도 바울은 엄히 명한다. 스스로 일해서 자기의 먹을 것을 벌어먹으라고. 이것은 하나님 앞에서 내가 부여받은 고유의 삶을 책임감 있게 성실하게 살아내라는 명령이다. 다른 사람들에게 의존적인 삶에서 탈피하라는 것을 넘어서서 하나님이 내게 주신 그분의 형상을 힘써 이루어내라는 요청이다.

　노동은 선악과 범죄를 저지른 인간에게 내려진 형벌이지만 예수 그리스도 안에서 그것은 소명으로 거룩하게 변화되었다. 오늘 성령님은 우리 삶에 하나님의 뜻을, 하나님이 내게 주신 사명을 이루어내도록 도우신다. 성령님을 통하여 노동은 생존에서 소명으로 전환된다.

복음서의 말씀　눅 21:5-19

예수님은 제자들에게 성전의 붕괴에 대해 예고하신다. 예루살렘 성전은 솔로몬에 의해서 처음 건축되었으나 바벨론에 의해 파괴되었다. 이후 스룹바벨에 의해서 두 번째로 재건되었다가 시리아에 의해 파괴된다. 이 성전은 헤롯 대왕에 의해 세 번째로 재건되었고 로마에 의해 다시 파괴된다.

예수님은 성전 파괴의 징조에 대해 두 가지를 말씀하신다. 하나는 다수의 그리스도 출현이다. 다른 하나는 종말의 시점에 대한 예고이다. 이 두 가지의 공통점은 성경적 근거가 없는 자의성과 주관성이다. 자기 맘대로 그리스도를 참칭하고 자기 뜻대로 종말을 예견한다. 예수님은 이러한 일들에 미혹되지 않을 것을 분명히 말씀하신다. 유대인들에게 있어서 성전은 신앙과 종교의 중심이며 핵심이다. 그러기에 성전의 파괴는 자신들의 정체성과 존재의 붕괴로 직결된다. 성전의 붕괴가 그들에게는 종말과 같은 비중을 갖는 사건이다.

그러나 건물로서 성전의 종말은 예수 그리스도가 성전이 되시는 새 성전 시대의 시작이다. 예수님의 죽음과 부활은 종말의 시작이다. 이 종말은 재림을 통해 완성될 것이다. 그리스도교 신앙은 종말론적 신앙이며 교회는 종말론적 공동체이다.

예수님은 종말의 또 다른 징조에 대해 말씀하신다. 그것은 전쟁과 다양한 자연재해, 그리고 질병이다. 이러한 천재지변에 앞서 선행되는 것은 신앙의 박해이다. 예수님을 믿는다는 이유로 제자들은 법정에 서게 될 것이고 사람들에게 미움과 핍박을 받게 될 것이다. 심지어 가족들마저도 그 박해를 받을 것이다.

그러나 주님은 놀라운 약속을 주신다. 그것은 제자들의 고난이 복음을 증언하는 기회가 될 것이며, 그 현장에 주님께서 주시는 지혜와 보호가 함께할 것이라는 사실이다. 고난의 한복판에서 주님은 제자들을 버려두지 아니하시고 세상 끝 날까지 함께하실 것을 약속하신다. 제자들은 신앙의 박해 가운데 인내와 신실함으로 견디는 삶으로 부름을 받았다. 성령님은 고난 받는 제자들 곁에서 주님의 이 약속을 신실하게 이루어 주시는 하나님이시다.

📖 설교를 위한 조명

구약의 말씀(사 65:17-25)으로 설교 작성 / 대지 설교
"새롭게 하시는 하나님"

말씀으로 나아감

세상의 모든 것들은 생성되는 순간부터 소멸을 향해 간다. 인간은 태어나서 타락하다가 죽음에 이르는 존재이다. 세상의 모든 것들이 이런 속성을 가졌기에 인간은 새로움을 갈망한다. 새 것을 좋아하지 않는 사람이 있을까? 미용을 하면 하루가 행복하고, 자동차를 사면 일주일이 행복하고, 집을 사면 한 달이 행복하고, 결혼을 하면 일 년이 행복하다는 말이 있다. 새 옷, 새 차, 새 집, 새 남편(유머)…. 새 것이 우리에게 주는 감동은 점점 낡고 늙어가는 존재와 사물에 대한 반작용으로서의 회복과 희망의 기쁨일 것이다.

본문 말씀에서 하나님은 선지자 이사야에게 하나님이 새롭게 하실 세상에 대한 환상을 보여 주신다. 그 세상은 어떠한 곳인가?

본문 이해와 주안점

1. 하나님이 새롭게 하실 세상은 하나님이 주시는 기쁨과 즐거움이 충만한 세상이다(18-19절).

죄로 인해 타락한 인생은 상처와 후회로 점철되었다. 현대인들을 괴롭히는 우울증이나 공황장애, 온갖 종류의 중독을 보라. 죄는 끊임없이 인간을 헤어 나올 수 없는 죄악의 굴레에서 망가뜨리고 있다. 사도 바울은 로마서에서 이 실존을 이렇게 고백한다. "내 속 곧 내 육신에 선한 것이 거하지 아니하는 줄을 아노니 원함은 내게 있으나 선을 행하는 것은 없노라 내가 원하는 바 선은 행하지 아니하고 도리어 원하지 아니하는 바 악을 행하는도다"(롬 7:18-19).

나의 욕심과 죄악이 빚어낸 상처와 후회는 우리를 잠 못 들게 할 때가 많다. '이불킥'이라는 말이 있다. 이불+킥의 합성어로 자다가 이불을 발로 차고 벌떡 일어나게 만드는 기억을 가리키는 온라인상의 신조어이다. 우리 인생은 잘난 사람이든 못난 사람이든 실수와 상처를 피할 수 있는 사람은 없다. 나의 잘못만 그런 결과를 초래하는 것도 아니다. 내가 원치 않았으나 내 삶에 커다란 상처를 남긴 사람들이 있다. 내 인생에 흉터와 같은 일들을 저지른 사람 혹은 사건들 앞에서 우리는 헤어 나오기 힘든 시간을 겪기도 한다.

윌리엄 바클레이의 기도문 중 〈새로운 기회를 위한 기도〉라는 기도문이 있다. "오! 하나님, 내가 저지른 모든 잘못을 용서하여 주옵소서. 돌이켜볼 때 내게는 많은 아쉬움이 남습니다. 다시 한 번 내게 기회가 주어진다면 훨씬 더 잘할 수 있을 것들과, 다시 또 만난다면 더욱 친절하고 정중한 태도로 대할 것 같은 사람들, 내가 하지 말았어야 할 것들과 해서는 안 될 말들, 내가 행하지 않은 것들과 다시는 결코 올 것 같지 않은 기회들이 생각납니다. 그리고 또다시 내게 기회가 주어진다면 반드시 행동으로 옮길 바람직한 충동이 생각납니다. 오! 하나님, 내게 편한 잠자리를 허락하시고, 내게 합당한 방법으로 행하고 살아갈 수 있는 능력과 은혜를 더하시옵소서. 주 예수 그리스도의 거룩한 이름으로 기도드립니다. 아멘."

이러한 인생들에게 하나님은 이전 것은 기억되거나 마음에 떠오르지 않는 새로운 삶을 약속해 주신다. 우리의 상처와 아픔을 온전히 회복하셔서서 참된 기쁨과 즐거움으로 충만하게 하시는 하나님의 역사가 있음을 이사야서는 우리에게 증언한다. 죄악을 기쁨으로, 내 욕심을 채우는 것을 행복으로 착각하고 살아오던 삶에서 하나님이 주시는 진정한 기쁨과 행복을 먹고 마시는 세상으로 우리들을 초대하신다.

2. 하나님이 새롭게 하실 세상은 태초에 하나님이 주신 복을 온전히 누리는 세상이다(20-23절).

2024년 경험생명표(보험업법에 따라 5년마다 작성하는 보험산업의 평균 사망률로 사망 현상에 대한 국가지표로 활용된다)에 따르면 한국인의 평균 수명은 남자가 86.3세 여자는 90.7세이다. 노아의 홍수 이전에 969세까지도 살았던 인간은 홍수심판 이후 그 수명이 급격히 줄었다. 모세는 인간의 수명이 길어야 80이라고 고백(시 90:10)한다. 그러나 다양한 범죄와 사건·사고, 나날이 심각해지는 질병으로 인간은 그마저도 수명을 보장받지 못하는 상태가 되었다. 엄마의 뱃속에서 세상에 나오지도 못한 채 생을 마치는 생명도 있고, 여러 가지 이유로 스스로 생을 마감하는 사람들도 허다하다.

이러한 인간의 수명은 하나님이 태초에 창조하실 때의 모습이 아니었다. 하나님이 창조하신 처음 세상에서 인간은 하나님의 무한하신 은혜로부터 모든 것을 공급받아 하나님과 영원토록 함께 살아가는 존재였다. 에덴동산의 중앙에 있던 생명나무는 영원한 하나님의 생명을 나누어주시는 상징이었다. 그러나 아담의 범죄를 통해 죄가 세상에 들어오면서 인간은 그 하나님의 영원으로부터 단절되었다.

그러나 이제 다시금 하나님은 태초에 창조하시고 복 주신 그 삶을 온전히 누리는 새로운 세상을 약속하신다. 백 살은 기본이며 그 이하는 아예 치지도 않으실 것이라고 하신다. 그뿐만 아니라 자기가 수고한 것의 열매를 온전히 받게 되는 삶을 약속하신다. 죄로 인해 오염된 이 세상은 내가 열심히 일한다고 해도 그 대가를 보장받지 못한다.

어느 날 한 청년이 찾아와 헌금에 대해 상담을 한 적이 있다. 대학을 졸업하고 취직한 이 청년에게 십일조가 교회 생활의 걸림돌이 되었다. 자기가 힘들게 번 돈인데 왜 하나님께서 주신 것이라고 고백하며 십일조를 드려야 하는지 답을 알고 싶어 했다. "내가 불합리한 것들을 참아가며 스트레스를 받아가며 고생해서 받은 돈이 왜 하나님이 주신 것일까?" 나는 그 청년에게 다음과 같이 말해 주었다. "농부가 새벽부터 밭에 나가 열심히 일을 한다. 한여름의 땡볕에도 비지땀을 흘리며 허리가 끊어질 것 같이 힘든 날도 참아가며 열심히 농사를 짓는다. 추수의 때가 되어 수확을 기다리던 차에 갑자기 태풍이 휩쓸고 지나가 한 해의 농사를 다 망치게 되었다. 내가 아무리 죽어라 열심히 일을 해도 그 대가를 내가 받는다는 보장이 없다. 하나님이 은혜로 돌봐 주셔야만 내가 수고한 것을 내 손에 쥘 수 있는 것이다. 형제가 회사에서 열심히 일했어도 병에 걸리거나 교통사고가 나거나 했으면 월급은 그것을 위해 빠져나갈 것이다. 내가 일했지만 그 대가를 온전히 받을 수 있는 것은 하나님의 은혜이다. 십일조를 드리는 이유는 바로 내 삶의 모든 것을 주관하시는 하나님의 은총과 섭리를 고백하는 행위이다."

하나님이 새롭게 하시는 세상은 사람이 수고한 대로 그 온전한 대가를 받아 누리는 복된 세상이다.

3. 하나님이 새롭게 하실 세상은 참된 평화가 이루어진 세상이다(24-25절).

2024년 파리올림픽에 참가한 팔레스타인은 자력으로 올림픽에 출전한 국가대표선수가 태권도 종목에서 단 한 명뿐이라고 한다. 그 이유는 가자지구에서 벌어진 이스라엘-하마스 전쟁으로 올림픽을 준비하던 선수들과 코치들이 대부분 사망했고 훈련을 위한 기반 시설들이 거의 다 파괴되었기 때문이다. 2년 넘게 계속되고 있는 우크라이나와 러시아의 전쟁은 더이상 새로운 뉴스도 되지 못한 채 비극을 이어가고 있다. 그뿐 아니라 기후 위기로 세계 곳곳에서는 불볕더위, 산불, 홍수로 고통 받는 사람들이 많아지고 있다. 경제적 양극화, MZ 세대라는 명칭은 세대 간의 차이를 심화시킨다. 소수자들이 관계된 인권 및 제도를 놓고 벌어지는 갈등, 분단 이후 최악으로 치닫고 있는 정치적 갈등과 역사 논쟁 등 오늘 우리 사회와 국제사회는 평화를 목말라하고 있다.

도대체 이 세상에 평화가 가능한가? 국가와 세계 곳곳의 분쟁은 차치하더라도 내 안에 평화는 있는가? 가정과 교회 안에는 평화가 있는가? 오늘 우리의 실존은 평화를 갈망하지만 평화에 이를 수 없음을 부인하기 힘들다.

이러한 세상에 하나님은 하나님의 샬롬이 이루어지는 새 세상을 보여 주신다. 먼저 그 세상은 하나님과의 관계가 온전히 회복된 세상이다. 하나님과의 관계에 막힘이 없는 것이 샬롬의 시작이다. 평화는 하나님과의 관계가 회복되는 것이다. 불의한 관계가 의로운 관계로 회복되는 것, 하나님과 마땅하고 올바른 관계를 회복하는 것이 평화이다. 하나님을 아빠라고 부를 수 있는 관계, 부를 때에 하나님이 응답하시는 관계, 더 나아가 부르기도 전에 응답하시는 관계로 회복되는 세상이 하나님이 새롭게 하시는 세상이다.

그 세상은 이리와 어린 양이 함께 풀을 먹는다. 육식동물이 초식동물을 먹이로 삼는, 누군가가 다른 누군가를 자기의 생존과 욕구를 위해 소비하지 않는 세상이다. 사자가 소처럼 여물을 먹고 뱀이 흙을 먹이로 삼는 세상이다. 자기의 본성이 완전히 변화되어 바뀌는, 성화를 지나 영화에 이르는 세상이다. 그곳은 사랑으로 서로를 섬기는 섬김만이 존재한다. 하나님과의 관계 회복뿐만이 아니라 하나님이 창조하신 모든 피조물끼리도 관계의 회복이 일어나는 세상이다. 돈이나 힘이나 두려움으로 강제하는 가짜 평화가 아닌, 하나님이 태초에 창조하신 보시기 좋은 그 모습의 평화가 이루어지는 세상이다.

죄악으로 망가진 인간과 피조세계가 다시 회복되는 세상, 하나님이 태초에 약속하신 복을 온전히 누리는 세상, 진정한 평화가 성취되는 세상은 언제 어떻게 도래하는가?

말씀의 갈무리

선지자 이사야가 예언한 이 세상은 예수 그리스도를 통해 성령님 안에 우리를 찾아왔다. 그리스도의 십자가는 죄로 인해 타락한 모든 만물을 회복하는 백신이 된다. 십자가의 복음은 믿는 모든 자에게 영생을 주는 하나님의 능력이 된다. 성령님은 그리스도 안에서 모든 것을 새 피조물로 회복하신다. 하나님은 예수 그리스도를 통하여 성령님 안에 하나님이 새롭게 회복하시는 세상, 하나님의 나라를 우리에게 선물로 주셨다. 이사야가 전하는 새로운 세상은 오늘 우리가 말씀과 성령님 안에 경험하는 하나님의 통치이다. 예수님의 재림을 통해 완성될 그 나라를 우리는 이미 선물로 받았다. 비록 우리의 현실이 고난과 시험의 연속일지라도 우리에게 약속하신 하나님의 나라를 내 삶에서 누리게 하시는 성령님의 도우심 속에 주님을 신실하게 따라가는 사람들이 되기를 소원한다.

2025
—
11.23

오순절 후 스물네 번째 주일 / 왕이신 그리스도 주일

❖성서정과　시 46; 렘 23:1-6; 골 1:11-20; 눅 23:33-43

예배로 부름　Call to Worship

또 그가 수정 같이 맑은 생명수의 강을 내게 보이니 하나님과 및 어린 양의 보좌로부터 나와서 길 가운데로 흐르더라 다시 밤이 없겠고 등불과 햇빛이 쓸데없으니 이는 주 하나님이 그들에게 비치심이라 그들이 세세토록 왕 노릇하리로다(계 22:1-2a, 5)

예배 기원　Invocation

에벤에셀의 하나님! 여기까지 인도해 주신 은혜에 감사를 드립니다. 광야 같은 고달픈 인생길을 걸어가는 동안에 하나님께서 낮에는 구름기둥으로, 밤에는 불기둥으로 저희를 인도해 주셨습니다. 목마를 때에 반석을 열어 생수를 주셨으며, 배고플 때 하늘의 만나와 메추라기로 배불리 먹여주셨습니다. 그 은총을 입어 여기까지 온 저희가 오늘은 거룩한 주일을 맞이하여 감사한 마음으로 하나님께 예배하고자 합니다. 삼위일체 거룩하신 하나님! 이곳으로 임재하셔서 저희가 드리는 찬송과 기도와 예물을 기쁘게 받아 주옵소서. 예수님의 이름으로 기원하옵나이다. 아멘.

이 주일의 찬송　Hymns

면류관 벗어서(25장) / 영광스런 주를 보라(33장) / 피난처 있으니(70장)
내 진정 사모하는(88장) / 나의 기쁨은 사랑의 주님께(409장)
내 주는 강한 성이요(585장)

성시교독　Responsive Readings　　　　　　　　　　시편 46:1-7, 10

인도자　¹ 하나님은 우리의 피난처시요 힘이시니

회 중	환난 중에 만날 큰 도움이시라
인도자	2 그러므로 땅이 변하든지 산이 흔들려 바다 가운데에 빠지든지
회 중	3 바닷물이 솟아나고 뛰놀든지 그것이 넘침으로 산이 흔들릴지라도 우리는 두려워하지 아니하리로다 (셀라)
인도자	4 한 시내가 있어 나뉘어 흘러 하나님의 성 곧 지존하신 이의 성소를 기쁘게 하도다
회 중	5 하나님이 그 성중에 계시매 성이 흔들리지 아니할 것이라 새벽에 하나님이 도우시리로다
인도자	6 뭇 나라가 떠들며 왕국이 흔들렸더니 그가 소리를 내시매 땅이 녹았도다
회 중	7 만군의 여호와께서 우리와 함께하시니 야곱의 하나님은 우리의 피난처시로다 (셀라)
인도자	10 이르시기를 너희는 가만히 있어 내가 하나님 됨을 알지어다
회 중	내가 뭇 나라 중에서 높임을 받으리라 내가 세계 중에서 높임을 받으리라 하시도다

고백의 기도 Prayer of Confession

회개하는 자녀의 죄를 기꺼이 용서해 주시는 하나님 아버지! 이 시간 이웃을 사랑하지 못한 죄를 고백합니다. 저희는 일만 달란트의 빚을 탕감받은 사람처럼 값없이 죄 사함을 얻어 구원받은 성도가 되었건만, 우리에게 일백 데나리온 빚진 자를 만나매 그의 목을 잡고 불쌍히 여기지 않았습니다. 내 눈에 있는 들보는 보지 못하고 형제의 눈에 있는 티를 보며 정죄하기를 서슴지 않았습니다. 눈에 보이는 형제를 사랑하지 못하면서도 보이지 않는 하나님을 사랑하노라 외쳤습니다. 지극히 작은 자에게 하는 것이 곧 예수님께 하는 것이라는 비유의 말씀을 알고 있으면서도 내 주변에 있는 춥고 헐벗으며 병들고 갇힌 자를 돌아보지 않았습니다. 네 이웃을 네 몸과 같이 사랑하라고 당부하신 예수님의 교훈을 잊고 살아온 저희를 용서해 주옵소서. 추운 겨울이 다가오고 있는데 우리 가슴에 가난하고 불쌍한 이웃을 도울 수 있는 새 마음을 불어넣어 주옵소서. 예수님의 이름으로 이 고백의 기도를 드립니다. 아멘.

사함의 확신 Assurance of Forgiveness

여호와의 말씀이니라 그날 그때에는 이스라엘의 죄악을 찾을지라도 없겠고 유다의 죄를 찾을지라도 찾아내지 못하리니 이는 내가 남긴 자를 용서할 것임이라(렘 50:20)

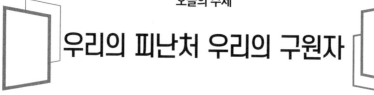

오늘의 주제

우리의 피난처 우리의 구원자

📖 석의적 접근

시편의 말씀 　시 46

　본문은 시편 48, 76, 84, 122편과 같이 시온의 노래로 불린다. 하나님의 성소가 있는 예루살렘이라는 뜻을 가진 시온은 이스라엘에게 있어서 굉장히 중요한 장소이다. 본문은 '하나님은 우리의 피난처'라는 주제를 가지고 있고 1절, 7절, 11절 총 3번에 걸쳐 반복한다. 피난처는 재난과 위험을 피하며 보호를 받을 수 있는 장소이다. 그러므로 하나님께서 우리의 '피난처'시라는 것은 고통과 위협에 놓인 이스라엘이 위험을 피하고 보호를 받는 유일한 방법이 하나님이시라는 것을 말한다. 세상을 지으시고 그것을 유지하는 질서를 만드신 분이 하나님이시며, 인간의 삶과 세상의 무질서를 바로 잡아주실 분도 오직 하나님이시다. 그렇기 때문에 시온 백성은 창조주 하나님을 찬양해야 한다(1-3절).

　전능하신 하나님이 계신 곳은 위협과 혼란이 없다. 세상에 전쟁의 위협이 넘쳐나고 자연의 재해가 우리를 삼켜도 우리에게는 하나님이라는 피난처가 있다. 하나님께서는 깜깜한 새벽에 우리가 거할지라도, 뭇 나라가 소리를 내어 우리를 흔들지라도 하나님의 소리로 모든 것을 잠재우신다(5-6절). 이제 야곱을 도우시고 그의 피난처가 되어 주신 하나님께서 야곱과 같은 삶을 살았던 이스라엘을 도우시고 그의 피난처가 되어 주신다(7절). 하나님께서는 대적들의 땅을 황폐하게 하시고 전쟁을 그치게 하여 이스라엘에게 평화를 주신다. 하나님께서 주시는 평화를 통하여 온 세상이 전능하신 하나님을 알게 될 것이다(8-11절).

서신서의 말씀   골 1:11-20

바울이 골로새에 살고 있는 성도들에게 편지를 보냈을 때에 골로새의 주민은 브루기아 토착민과 헬라 이주민으로 구성되어 있었다. 골로새에 복음이 전해진 것은 바울이 에베소에서 목회를 하는 동안에 이루어졌다. 하지만 바울이 직접 골로새에 방문해 복음을 전하지는 않았다. 에바브라 혹은 빌레몬을 통해서 간접적으로 그 지역에 교회가 세워졌다. 골로새 출신이었던 에바브라가 에베소에서 바울을 통하여 복음을 받아들이고 골로새에 돌아가서 교회를 세웠을 가능성과 함께 빌레몬이라는 부자가 에베소에서 바울을 통하여 개종하고 자기 집에 가정교회를 세움으로써 골로새 교회로 발전했을 가능성도 있다.

골로새 교회는 잘못된 가르침에 현혹될 가능성이 많았다. 그래서 바울이 감옥에 갇혀 있었을 때 에바브라가 찾아와서 교회의 상황을 전하며 골로새 교회를 위협하는 거짓 선생들에 대처하기 위해 바울의 도움을 구했다. 에바브라는 바울이 제시한 해결방안을 편지로 써 주었다. 에바브라의 상황을 들은 바울은 하나님께 먼저 감사를 드린다(3-8절). 그리고 골로새 교인들이 그리스도 안에서 성장하기를 간청하는 기도를 드렸다(9-14절). 또한 바울은 그리스도의 우월성에 대해서 설명하며 "아버지의 사랑하는 아들"은 "보이지 않는 하나님의 현상"이라고 선언한다. 이는 하나님의 본질과 성격이 사랑하는 아들에게서 완전히 계시되었으며 하나님과 마찬가지로 영원하다는 선언이다. 보이지 않는 것은 영원하고 보이는 것은 잠깐이다(고후 4:18). 부분적인 것은 우리가 볼 수 있지만 국가나 인류처럼 전체적인 것은 눈에 보이지 않는다. 그렇기 때문에 아버지의 사랑하는 아들이 눈에 보이지 않는다는 것은 하나님과 같이 전체적인 존재라는 의미를 가진다. 이처럼 바울은 그리스도와 하나님, 그리스도와 만물, 그리스도와 영적인 존재의 관계를 설명함으로 거짓 선생들에게 미혹되지 않게 한다.

복음서의 말씀   눅 23:33-43

본문은 예수님께서 체포되어 대제사장 공관에서 밤새도록 심문을 받으시고 아침에 산헤드린 공회에 넘겨져 심문을 받으신 후 로마의 총독 빌라도에게 넘겨져 십자가에서 돌아가시기까지의 모든 과정을 다룬다. 예수님께서는 십자가에 못박혀 있는 동안에 하나님과 대화하셨다. 그 대화는 자기를 조롱하고 죽이기까지 하는 원수들을 위한 선처의 기도였다(34절). 많은 사람이 십자가에 달리신 예수님을 구경하고 있었다. 그들은 예수님이 자신의 정체성에 대해 가르치신 말씀을 조롱거리로 삼았다. 군인들도 마찬가지로 예수님을 조롱하였다. 그들은 예수님께 신 포도주를 들이대면서 "네가 만일 유대인의 왕이면 네가 너를 구원하라"(37절)고 말하며 모욕을 주었다. 군인들의 모욕은 예수님이 사역을 시작하시기 전 "만일 네가 하나님의 그리스도라면…"이라고 유혹했던 사탄의 시험이 떠오른다. 군인들의 모욕과 사탄의 시험이 겹치면서 예수님의 고난과 수치가 절정을 향해 가고 있음을 느낀다. 하지만 여기서 끝나지 않는다. 같이 십자가에 매달린 행악자 중 한 명은 네가 그리스도라면 당장 너와 우리를 구원하라고 소리친다(39절). 그러나 다른 행악자는 "예수여 당신의 나라에 임하실 때에 나를 기억하소서"(42절)라며 예수님께 은혜를 구한다. 그의 간구함으로 인하여 그는 인생의 마지막에 예수님께 낙원을 약속받는다.

📖 설교를 위한 조명

시편의 말씀(시편 46)으로 설교 작성 / 전개식 설교

"믿음의 피난처"

Move 1. 두려움

사람은 모두 다 두려움을 느낀다. 뇌에는 위험을 감지하는 기관이 있는데 그것이 '편도체'다. 우리 몸은 위험을 알리는 방법이 두 가지가 있는데 빠른 길과 우회하는 길이 있다. 빠른 길은 '편도체'를 직통으로 비상벨을 울리는 것이고, 느린 길은 '편도체'가 아닌 대뇌피질을 통과해서 무엇 때문에 내가 놀랐는지,

얼마만큼 위험한 상황인지를 살피고 비상벨을 울린다. 그렇게 위험한 상황이 아니라면 비상단계를 내리거나 파란 불로 바꾼다. 두려움이 많은 사람은 우회로가 발달되어 있지 않고 '편도체'로 바로 가는 지름길이 발달되어 있다. 작은 상황에서도 계속 비상벨이 울린다. 비상벨을 자주 울리지 않기 위해서는 '대상피질'로 가는 우회로를, 그리고 위험을 인지하는 길을 잘 닦아 놓아야 한다.

Move 2. 믿음

기독교에 대한 진리를 설명하는 데 있어서 아주 흔하게 사용되는 용어 중의 하나가 '믿음'이다. 기독교적인 행위를 총체적으로 표현할 수 있는 용어가 바로 '믿음'이며, 기독교에서 매우 중요하게 생각하고 강조하는 것 역시 '믿음'이다. 구약에서 믿음이라는 뜻으로 가장 많이 쓰이는 히브리어는 '에문(אמון)'이라는 단어로서 '확고함'이라든가 '불변'이라는 원래 이 뜻에서부터 '신뢰'라든가 '성실성'이라는 개념으로 사용되는 말이다. 이 외에도 믿음을 나타내는 히브리어 중에는 '하사(חסה)'라는 단어가 있는데, 이 단어는 주로 종교적인 의미로 사용되었으며, 그 뜻은 '피하다'라는 의미를 가지고 있다. 그리고 '피하다'라는 의미는 성도가 하나님께 자신을 도피시켜 의지한다는 뜻에서 사용되는 말이다.

이처럼 믿음이라는 것은 하나님을 향한 신뢰이다. 하나님을 신뢰하기 때문에 우리는 수많은 위협과 두려움을 이겨내기 위해서 하나님께 피한다.

Move 3. 두려움을 믿음으로

앗수르의 왕 산헤립의 침공은 유다에게 엄청난 공포였다. 잔인하기로 소문난 앗수르의 대군의 움직임은 산을 흔들리게 했고 그 울림은 더 큰 공포와 두려움으로 다가왔다. 앗수르에 맞설 힘이 없는 유다는 두려움과 절망에 빠질 수밖에 없었다. 그러나 이런 환난 가운데에도 시인은 두려워하지 않는다고 선언한다. 그는 하나님이 우리의 피난처이시며 환난 중에 만나는 도움이라는 것을 믿는다고 고백한다. 고난이나 어려움이 없는 사람은 없다. 고난과 어려움은 결코 사람을 가리지 않는다. 그렇기 때문에 우리는 고난의 두려움을 이겨낼 방법을 찾아야 한다. 그러나 우리의 힘과 능력으로는 고난을 이길 수 없다. 세상의 그 어떤 것도 우리를 돕지 못하고 온전한 피난처가 될 수 없다.

그러나 시인의 고백처럼 하나님이 우리를 도우시면 땅이 변한다 하여도, 산이 흔들리고 바다 가운데 빠진다 하여도 이겨낼 수 있다. 우리가 살고 있는 이 세상은 전쟁터와 같다. 수많은 유혹과 시험은 우리를 지치게 만든다. 그러나 시인은 또 고백한다. "그가 땅 끝까지 전쟁을 쉬게 하심이여 활을 꺾고 창을 끊으며 수레를 불사르시는도다 이르시기를 너희는 가만히 있어 내가 하나님 됨을 알지어다 내가 뭇 나라 중에서 높임을 받으리라 내가 세계 중에서 높임을 받으리라 하시도다"(9-10절). 전쟁은 하나님께 속해 있다. 승리도 하나님께 달려 있다. 그렇기 때문에 우리는 믿음을 가지고 하나님께 피해야 한다. 하나님께서 우리의 피난처가 되신다는 것을 반드시 기억해야 한다.

Move 4. 우리의 피난처

조현영의 저서 『나는 하나님의 가능성이고 싶다 2』에 나오는 내용이다.

쨍그랑 하고 무엇인가 깨지는 소리와 함께 회사 건물이 심하게 흔들리기 시작했다. 사태의 심각성을 파악한 직원들은 모두 어쩔 줄 몰라 했다. 여직원들은 공포에 떨며 울음을 터트렸고 재빠르게 책상 밑으로 들어가 몸을 웅크리는 직원들도 있었다. 회사 건물은 이미 걷잡을 수 없을 만큼 흔들렸기에 계단을 통해 밖으로 빠져나가는 것은 엄두도 낼 수 없었다. 창밖을 내다보니 맞은편 빌딩 역시 좌우로 심하게 흔들리면서 벽돌들이 하나둘 튕겨 나왔다. 사람들은 비명을 지르며 우왕좌왕 뛰어다녔다.

순간 마음속에 이런 생각이 들었다. "이미 예수님과 함께 십자가에서 죽은 내가 두 번 죽는 것이 뭐가 두렵지?" 그러자 내 마음에 알 수 없는 평온이 찾아왔다. 지진의 공포에 대항할 수 있는 담대함이 생겨난 것이다. 나는 조용히 하나님께 기도했다. '이제 주님을 만나러 갈지도 모릅니다. 주님의 품에 안겨 영원한 안식을 얻는 곳으로 나를 인도해 주세요.' 건물은 여전히 무너질 듯 심하게 흔들렸고 직원들은 패닉 상태에서 비명을 질렀다. 그러나 나는 그 요동 한가운데서 고요한 마음으로 두 눈을 감은 채 앉아 있었다.

시간이 얼마나 흘렀을까? 갑자기 한 직원이 외쳤다. "지진이 잠시 멈춘 것 같습니다. 지금이 기회입니다. 모두들 비상구를 통해서 탈출하세요." 잠깐이었지만 '평안함 가운데 죽음을 맞는구나'라고 생각했던 나도 다른 직원들도 함께 건물을 빠져나왔다.

Move 5. 온전한 피난처

현대인들은 늘 바쁘고 복잡한 삶을 살아간다. 수많은 경쟁과 능력주의는 현대인들의 마음을 병들게 한다. 그래서 우울증과 같은 정신질환이 감기처럼 흔한 질병이 된 지 오래다. 이러한 현실 속에서 많은 사람들은 온전한 피난처가 필요하다. 사람은 어려울 때 누군가와 함께하는 것만으로도 위로를 받는다. 하나님께서는 힘겨운 삶을 살아가는 우리와 함께하신다. 고난 가운데 몸부림 쳤던 욥이 혼자가 아니었던 것처럼 하나님은 결코 우리를 혼자 두지 않으신다. 이 찬양의 고백처럼 하나님은 언제나 우리와 함께하신다.

당신은 시간을 뚫고 이 땅 가운데 오셨네
우리 없는 하늘 원치 않아 우리 삶에 오셨네

자신의 편안 버리고 우리게 평안 주셨네
가장 낮은 자의 모습으로 우리 삶에 오셨네

하나님 우리와 영원히 함께하시네
꿈 없는 우리게 그 나라 보여 주시네

연약한 자들의 친구가 되어 주시고
힘없는 우리의 인생을 위로하시네

a Handbook

for Preaching and Worship

3

절기 설교를
위한 지침

신년예배

❖**성서정과**　시 62; 신 10:12-22; 롬 2:25-29; 마 15:1-11

오늘의 주제

마음의 변화

📖 석의적 접근

구약의 말씀　신 10:12-22

십계명이 새겨진 두 개의 돌판이 파손된 후, 그것을 다시 준비한 모세에게 하나님께서는 용서와 회복을 내리셨다. 이제 모세는 이스라엘 백성에게 하나님이 너희에게 요구하시는 것이 무엇이냐 묻고 이에 대한 세 가지 대답을 선포한다. 그것은 여호와를 경외함, 마음과 뜻을 다해 사랑함, 명령과 규례를 지킴 등으로 요약된다. 훗날 미가 선지자를 통해 선포된 말씀인 "여호와께서 네게 구하시는 것은 오직 정의를 행하며 인자를 사랑하며 겸손하게 네 하나님과 함께 행하는 것이 아니냐"(미 6:8b)와 연결이 가능하다. 의(justice), 자비(mercy), 겸손(humble)이라는 요소들이 그 바탕을 이룬다.

어떻게 살 것인가 하는 문제는 하나님께서 하신 일을 본받는 것이라 하였다. '마음의 할례'(16절)란 순결한 마음으로 헌신한다는 비유적 표현이다. 이를 위해 하나님께서 하신 것처럼 외모로 보지 않는 내면적 판단력, 뇌물을 받지 않는 진실함을 먼저 가르친다. 하나님이 무슨 뇌물을 받으시겠는가? 이는 참된 믿음과 회개 없이 드리는 제사와 제물은 아무 소용이 없다는 의미가 담겨 있다. 그리고 나그네 사랑이 뒤를 잇는다. 고아와 과부, 타국에서 온 사람, 사회적 경제적 약자들을 따뜻한 마음으로 돕는 것이 하나님께 헌신하는 일이라 하였다.

서신서의 말씀   롬 2:25-29

본문을 이끄는 관련 구절은 17절에서 시작한다. 유대인들의 자만심과 우월의 식을 들추어내면서 그들이야말로 스스로 자랑하는 표면적 신앙인이라고 지적 하였다. 그러면서 너 자신은 어떤 상태인지 살피도록 이끈다. 그들은 다른 사람 을 가르친다 하면서 오히려 하나님을 욕되게 하는 경우가 많았다. 이런 유형의 유대인들 때문에 하나님의 이름이 이방인 앞에서 모독을 받았다고 신랄하게 꾸 짖고 있다.

그들의 자만을 부추기는 것이 할례(circumcision)였다. 할례는 하나님과 아브 라함 사이에 세운 언약의 표징이었기 때문이다. 그러나 본문의 말씀은 율법을 범하는 사람은 할례를 받지 않은 이방인과 마찬가지 상태가 된다고 하였다. 반 대로 무할례자(uncircumcision)가 율법을 지키면 할례자와 똑같은 효력을 가질 수 있다. 표면적 유대인이란 혈통이나 할례로서 외적 조건을 갖춘 유대인을 가 리키지만, 이것으로는 완전하지 못하다. 이면적 유대인은 마음에 할례를 받는 다(신 10:16 참고). 이는 죄악의 행실을 끊고 속사람으로 진정한 믿음을 갖게 되는 것을 의미한다.

복음서의 말씀   마 15:1-11

예루살렘에서 온 바리새인과 서기관들이 예수님께 의도적으로 시비를 걸었 다. 예수님의 제자들이 불결한 손으로 떡을 먹어 전통으로 내려온 계명을 범했 다는 것이었다. 일종의 행위법으로 굴레를 씌워 볼 심산이었다. 예수님께서는 제5계명을 예로 들어 말씀하셨다. 하나님께 드림이 되었다는, 일명 '고르반 서 약'(막 7:11 참고)을 핑계로 부모 공양을 회피하며 말씀을 왜곡한 사례를 드셨다. 이렇듯 계명의 정신을 버리고 유전을 교묘히 사용하는 사람들을 가리켜 위선자 라고 부르셨다.

여기에 이사야 29장 13절 말씀이 인용되었다. 위선적인 사람들은 입술과 마음이 서로 다르다. 입술로는 하나님을 공경한다 하면서도 마음은 멀리 떠나버린 상태가 되고 만다. 이어서 예수님께서는 손 씻는 유전에 관해 대답하셨다. 영혼을 더럽게 하는 것은 음식이나 손 씻는 데 있는 것이 아니라 깨끗하지 못한 마음에서 나오는 것들로 인함이라는 말씀이었다. 바리새인 무리는 이 말씀을 받아들이지 않고 오히려 마음에 걸려 예수님께 반감을 갖게 되었다.

📖 설교를 위한 조명

서신서의 말씀(롬 2:25-29)으로 설교 작성 / 이야기 설교
"의의 열매를 가득히"

Stage 1. 우리 민족의 양면성

하나님께서 우리에게 새로운 해를 주셨다. 우리나라는 겨울 속에서 새해를 맞이하게 되므로 따뜻함의 은총을 가장 먼저 바라는 습성이 있다. 우리에게 온난한 날씨를 주셔서 평안과 기쁨으로 새해를 시작하게 하시고, 이웃과의 사랑을 다사롭게 이어 주시기를 기도드린다. 우리나라는 자연 지리적 조건상 기후 변화의 영향을 크게 받는다. 큰 대륙에서 돌출한 반도인 우리 국토는 대륙에 붙어 있어 대륙성의 특징이 있는 한편, 삼면이 바다로 둘러싸이고 여러 작은 섬을 거느린 지형에서 생긴 해양성의 특징을 아울러 가지고 있다. 낮과 밤의 온도 변화가 크고, 여름과 겨울이 길며, 더위와 추위의 차이가 심해 계절의 순환 추이가 아주 명료하다. 환경 조건이 뚜렷한 양면성을 띤다. 그런 땅에 사는 사람들은 환경의 영향을 받아 양면적 성격을 띠게 된다고 한다. 우리 민족은 대륙적이면서도 해양성인 이른바 반도적 양면성을 가졌다.

양면성이라 하면, 겉 다르고 속 다른 이중성격을 말하는 것 같아 유쾌하지 않다. 그러나 한국문화사를 연구하는 학자들의 솔직한 연구에 귀를 기울여야 한

다. 먼저 우리 민족은 자연적 민족성이 평화와 격정의 양면성을 나타낸다. 평화를 사랑하고 명상을 좋아하며 미래를 조용히 꿈꾸다가도 계절풍이나 해일처럼 일시에 몰려와 쏟아붓는 격정이 있다는 뜻이다. 바람이 고요히 불었는데 어느 하루에 폭우가 몰아쳐 격정을 폭발하는 그런 역사를 쓰기도 한다. 일본에 당하고만 있는 것 같더니 3·1정신과 독립운동으로 해방을 얻고, 이후 독재정권에 저항하며 민주주의 국가를 이루어냈다.

다음으로, 역사적 민족성의 양면은 적응성과 보수성이라 한다. 우리 민족은 어려운 환경에도 적응을 잘한다. 가난도 이겨내고, 비슷한 환경의 사람을 만나면 금방 형님 아우, 언니 동생이 되어 터놓고 지내려 한다. 문화가 다른 세계 어느 곳에도 금방 뿌리를 내린다. 미국, 영국, 또는 아프리카 국가의 웬만한 도시들에도 한국인이 살고 있다. 그러나 이렇게 적응을 잘한다고만 생각해서는 안 된다. 한국인의 마음 한편에는 한 번 설정한 제도나 습관을 절대 바꾸지 않으려는 보수성이 있다. 대단히 비타협적이며 변화를 싫어한다. 개혁한다 하면서도 막연한 불안감을 안고 지내는 양면성이 존재한다.

그뿐 아니라, 문화적 민족성에도 양면의 대조가 보인다. 일단 수용성이 강하다. 대륙이나 해양을 통해 들어온 문화에 관심이 많고 그것을 잘 받아들인다. 미국풍, 유럽풍, 일본풍들을 받아들이는 감각이 발달했다. 중요한 점은 여기서 그치지 않는다는 사실이다. 난숙성을 발휘한다. 난숙이란 과실이 무르익듯 충분히 발달한다는 뜻이다. 여러 종류의 과학, 예술, 종교들이 우리나라에 들어와 난숙했다. 대표적인 예로 우리 주 예수 그리스도를 믿는 신앙을 보라. 복음을 뒤늦게 받았으나 믿음을 높이 세워 세계 교회의 중심이 되었다.

그렇다면 우리 민족의 과제는 분명해졌다. 어떻게 하면 자연적, 역사적, 문화적 양면을 잘 조화할 수 있을까? 표면과 이면의 조화가 숙제이다. 표리부동이란 겉과 속이 다르다는 말이다. 오늘의 성경 말씀에 표면적, 이면적이라는 의미의 대조가 나온다. 표면은 겉으로 드러난 면이고, 이면은 겉으로 드러나지 않은 속사정을 가리킨다. 우리 민족성과 함께 이 신앙의 양면성도 조화를 이루어야 한다는 것이 오늘 신년 예배 말씀의 주제이다.

Stage 2. 표리부동한 유대인

유대인의 나라 이스라엘은 우리처럼 반도는 아니다. 그러나 서쪽은 지중해, 동쪽은 사막인 지형이고 주변이 강대국으로 둘러싸여 있다. 민족성도 우리와 비슷하다. 유대인들은 겉으로 율법을 철저히 지키면서도 속으로는 예수 그리스도를 십자가에 달아 죽일 만큼 잔인한 양면적 성격이 있다. 팔레스타인 지역 안에 작은 나라를 세운 이래, 세계에 보여준 이스라엘의 정치적 군사적 행동은 양면적이었다. 평화를 내세우면서도 전쟁을 마다하지 않았다. 하마스와의 전쟁도 그 연장선 위에 있다.

이들은 율법 지키는 것을 최상의 일로 여겼으며 그 가운데 할례를 매우 중시했다. 오늘 성경 말씀에도 이 할례가 언급되었다. 할례는 남자의 성기 끝 포피를 잘라내는 것인데, 이는 창세기에서 하나님이 아브라함에게 말씀하신 언약의 표징이다. 할례의 의미는 죄를 잘라 버리는 순결의 의미와 함께 후손이 번성하기를 바라는 뜻을 담았다. 나중에 유대인인가 아닌가 하는 구별을 이것으로 했을 정도였다. 이렇게 되니 문제가 생겼다. 할례만 받으면 하나님께 구원을 얻는다고 여긴 것이다. 그러나 내 몸이 구원의 증거라고 주장하는 그들은 더 근본적인 이 말씀을 소홀히 하고 있었다. "그러므로 너희는 마음에 할례를 행하고 다시는 목을 곧게 하지 말라"(신 10:16).

마음에 할례를 받는다는 의미는 무엇인가? 몸의 한 부분을 잘라내는 행위가 중요한 것이 아니라, 악한 마음을 제거해 내는 것이 중요하다는 말씀이다. 겉모양으로 하나님을 믿는 사람이 아니라 속마음으로 하나님을 섬기는 사람이 되어야 한다는 의미이다. 그래서 표면적 유대인과 이면적 유대인이 비교되었다. 표면적 유대인은 할례를 받은 사람, 율법을 잘 지키는 사람, 하나님을 잘 믿는 것처럼 보이는 사람이다. 하지만 이것은 구원과 관계가 없다. 이면적 유대인은 마음에 할례를 받은 사람, 곧 진실한 마음으로 하나님께 헌신하는 사람이다. 이 사람이 구원의 대상이 된다.

우리는 모두 성삼위 하나님의 이름으로 세례를 받고 그리스도의 집인 교회의 성도가 되었다. 그러나 성경 말씀에 따르면 우리도 두 종류의 성도로 나뉜다. 하나는 표면적 교인, 새번역성경의 표현을 빌리면 이들은 '겉모양 교회 사람 (outward Churchman)'이라 할 수 있다. 그리고 다른 하나는 이면적 교인, 곧 '속사람 그리스도인(inward Christian)'이다. 교회만 나오는 사람이 아니라 진정한 속마음이 예수 그리스도를 향한 사람을 뜻한다. 우리는 이제 모두 이면적 그리스도인이 되어야 하겠다.

Stage 3. 신앙인의 고민과 싸움

그런데 고민이 있다. 누구나 이면적 속사람인 그리스도인이 되고 싶다. 하지만 우리에게는 두 가지 양면적 성향이 있다. 평화를 사랑하며 살고 싶은데 갑자기 튀어나오는 격정을 제어하기 어렵다. 여기 로마서를 기록한 사도 바울도 평생을 두고 괴로워했던 문제를 이렇게 솔직히 고백하였다. "그러므로 내가 한 법을 깨달았노니 곧 선을 행하기 원하는 나에게 악이 함께 있는 것이로다"(롬 7:21).

이것은 지금 나 자신의 솔직한 고백이 아닐까? 속사람으로 하나님의 법을 따르려 하지만, 내 어디에 숨어 있었는지도 모르는 죄의 법이 나타나서 나를 사로잡아 버리고 만다. 선을 행하고 싶고, 교회에 오고 싶어서 이렇게 하나님 앞에 나와 간절히 회개하고 은혜로운 말씀을 새로 받고 있다. 그런데 죄가 슬그머니 찾아와 마음의 문고리를 잡아당기면 어쩔 수 없이 열어주고 마는 것이 연약한 내 모습이다. 한 지붕, 한 육신 아래 선함과 죄악이 함께 살고 있다. 마치 내 집의 안방 문을 열면 선과 악이 나란히 자리 잡고 앉아있는 꼴이다. 이면적 성도가 되고 싶으나 표면적 교인을 벗어나지 못해 애를 태우는 탄식의 호소가 이렇게 울려난다. "오호라 나는 곤고한 사람이로다 이 사망의 몸에서 누가 나를 건져내랴"(롬 7:24).

선과 악이라는 양면이 내 안에서 함께 살 수는 없다. 그래서 신앙의 선구자들은 악한 죄를 내쫓기 위해 영적 싸움을 쉬지 않았다. 이면적 그리스도인이 되기 위한 출발점은 내가 죄인이라는 것을 스스로 인정하는 데 있다. 바울 사도는 '죄인 중에 내가 괴수'(딤전 1:15)라고 하였고, 성령 운동을 이끈 조나단 에드워드 목사는 '하나님께서 나의 불의를 표시하신다면 나는 모든 인류 가운데 가장 악한 자로서 지옥의 제일 낮은 자리를 차지할 것이다'라고 말했다. 겸손을 나타내기 위해 사용한 언어가 아니다. 그들은 우리보다 죄에 대하여 훨씬 민감한 신앙인 이었기 때문이다.

성화의 단계가 높은 수준에 있는 그리스도인들은 우리가 미처 죄라고 생각하지 못한 일까지 죄로 느끼며 고민한다. 표면적으로 보여 주는 신앙과 이면적인 마음속의 신앙을 일치하도록 만들기 위한 노력은 이처럼 힘들고 처절하다. 이 말씀을 읽으며 우리는 나 자신에게 스스로 물어야 한다. 나는 죄의 문제에 대하여 얼마나 고민해 보았는가? 나의 내면은 하나님의 의와 선함으로 가득 차 있는가?

이 문제를 해결하지 못했다면 우리는 아직 표면적 교인에 불과하다. 이제부터 하나님이 원하시는 속사람으로, 마음으로, 이면으로, 영으로, 선을 따르는 그리스도인이 되어야 한다. 표면적 교인의 모습은 교회 직분이 무엇인가, 교회에 잘 출석하는가, 봉사의 정도가 어떤가 하는 데 대한 사람들의 평판으로 좌우된다. 물론 이것도 대단히 중요하다. 그러나 진실로 중한 것은 이면적 그리스도인의 형상이다. 그것은 예수 그리스도를 향한 뜨거운 사랑, 교회를 진심으로 염려하는 마음, 자기보다 남을 더 낮게 여기는 겸손한 태도이다. 하나님께서는 우리의 마음속에 있는 이면적 신앙을 보신다. 겉모양이 아니라 속사람을 보시고 구원의 자녀 여부를 판단하신다.

Stage 4. 속사람 그리스도인

바울 사도는 주님이 가라고 명령하신 이방의 중심 지역 로마에 복음을 전하러 가기 위해 오랜 기간 기도하고 준비한다. 온 세상을 식민지로 삼고 그리스도인들을 박해하는 로마에 아무런 대비 없이 뛰어들 수는 없었다. 그래서 바울은 그곳에 가기 전에 먼저 로마에 있는 사람들에게 자신을 소개하고 예수 그리스도 복음의 핵심을 기록해서 보내기로 한다. 성령님이 내려주신 지혜로운 방법이었다.

바울은 제3차 전도여행을 마치고 예루살렘으로 돌아오는 도중 고린도에서 겨울을 맞이했다. 배가 다시 운항하기를 기다리는 3개월 동안 로마 전도를 계획하며 이 서신을 썼다. 로마서가 먼저 로마에 도착하고, 바울은 5년이 지난 후 죄수의 몸으로 로마 땅에 들어가게 된다. 로마서의 주제는 '이신득의' 곧 믿음으로 의롭게 된다는 것이다. "복음에는 하나님의 의가 나타나서 믿음으로 믿음에 이르게 하나니 기록된바 오직 의인은 믿음으로 말미암아 살리라 함과 같으니라"(롬 1:17). 하나님의 말씀에는 의가 있으므로 이 말씀을 믿으면 의로운 사람이 되어 믿음으로 살게 된다는 약속이다.

그리고 우리가 기억해야 할 로마서의 핵심 사상이 이어진다. 하나님은 심판하실 때 유대인이나 이방인을 구분하지 않으신다. 사람에 따라 각기 다른 능력이나 지위, 또한 어느 민족 출신인가 하는 외적 조건을 보지 않으신다. 그러면 무엇을 보실까? 이들의 믿음과 행위를 보신다. 유대인이건, 로마인이건 관계없다. 이제 미국인이든, 러시아인이든, 한국인이든 상관없이 이면적 신앙을 보시고 구원을 베푸신다. 우리 민족이 표면적으로 평화를 사랑한다지만 그 마음속에 남을 미워하고 표리부동한 이면을 가지고 있다면 주님의 사랑을 받기에 적합하지 않다. 예수님께서는 유대인들의 지도자인 바리새인들이 겉으로 경건한 체하며 외식과 위선을 일삼는 것을 보시고 이사야 예언을 인용하여 이렇게 교훈을 주셨다. "이 백성이 입술로는 나를 공경하되 마음은 내게서 멀도다"(마 15:8). 다시 한번 깊이 기억하라. 마음이 주님과 멀다면 표면적 교인으로 그치고 말 위험성이 있다.

Stage 5. 변화의 목표

예수 그리스도께서는 하나님 나라에 참여할 사람들이 많이 나와 영광의 상급을 받을 것이라고 말씀하셨다. 우리도 훗날 주님이 오셔서 심판하실 때에 뜻밖의 사람들이 구원의 대열에 서는 것을 보게 될 것이다. "아니, 저 사람이 어떻게 상급을 받을까? 이 자리에 없는 아무개보다 신앙생활도 훨씬 못했던 사람이 아닌가! 어찌 이럴 수가 있을까?"라고 생각할는지도 모른다. 이에 대한 대답은 이렇다. 하나님께서는 우리가 알지 못한 그의 속마음을 보신다. 속사람이 그리스도인인가, 그렇지 못한가 하는 이면적 신앙을 보시고 판단하셨기 때문이다.

그 사람이 정녕 하나님과 가까운 이면적 그리스도인인 까닭이다.

우리는 새해를 맞아 표면적 교인에서 이면적 그리스도인으로 변화되어야만 한다. 오늘부터 열릴 삶의 여건이 어떻게 전개될 것인지 알 수는 없다. 의와 진리를 가로막는 거짓된 풍조가 여전히 세상을 덮고 있음을 부인하지 못한다. 그럴수록 우리 그리스도인들이 마음을 주님께로 모으고 믿음의 속사람이 되는 노력을 기울여야 한다. 올해의 기도 핵심 내용이다. "주님! 나의 속마음과 가슴으로 진정한 그리스도인이 되게 하여 주시옵소서." 그리고 "우리 민족이 양면적 태도를 반성하고 속사람이 의와 진리를 따르는 하나님의 백성으로 변화되기 원합니다." 이 기도가 이루어질 2025년이 밝아오고 있다.

어린이 주일

❖성서정과 시 53; 사 12:1-6; 고전 13:8-13; 마 13:31-32

오늘의 주제

변화하는 존재

📖 석의적 접근

시편의 말씀 시 53

시편 14편과 내용이나 형식이 거의 비슷하다. 여기 53편에서는 이 시를 '마스길(교훈)'이라 구체화하고, 또 '마할랏'에 맞춘 노래로 성격을 규정했다. 그러나 '마할랏'은 그 의미를 분명히 알 수 없고 곡조의 명칭이라는 정도로만 짐작할 뿐이다. 아마도 다윗은 하나님이 없다 하는 어리석은 자들에게 경종을 울리고자 앞의 시편 14편을 새 곡조에 맞춰 개작한 것으로 보인다. 악한 일을 하는 자들은 하나님이 계시지 않기를 바라지만, 그것은 어리석은 기대이며 지금도 하나님께서는 인생들을 굽어살피고 계신다. 어렸을 때의 순수한 마음이 인간적 교만으로 부패해질 때 하나님을 부정하는 어리석음이 나타난다.

본문 5절이 14편 5-6절과 차이를 빚는다. 14편에서는 하나님이 의인의 세대에 계시고 가난한 자의 피난처가 되신다고 하였다. 53편에는 이스라엘의 대적들을 하나님이 심판하셔서 뼈를 흩으셨다고 썼다. 무서운 분노와 심판의 표현이다. 포로가 되었다는 것은 바벨론 포로 상태의 역사를 가리키는 것이 아니다. 만약 그렇다면 다윗의 저작이라는 기록과 시대적 차이가 발생한다. 이는 포로와 같은 상태를 의미하거나, 바벨론 이전에 있었던 포로 예언(암 9:14; 호 6:11 등)

과 연결을 짓는 표현으로 보는 것이 적합하다.

서신서의 말씀   고전 13:8-13

사랑의 영원함과 완전함을 노래한 이른바 '사랑장'의 한 부분이다. 사람이 살아가면서 자랑하던 것들, 곧 예언이나 방언이나 지식과 같은 은사들도 일시적이고 제한적이었음을 깨닫게 된다고 하였다. 우리가 알았던 것은 극히 일부분에 불과했으며 마치 어린아이와 같았다. 여기서 어린아이는 아무것도 깨닫지 못해 유치하다는 뜻으로 이해하면 안 된다. 말과 느낌과 생각이 어린이처럼 보고 듣는 그대로 인식했다는 의미이다. 이 태도가 잘못된 것은 아니다.

하나님 나라에서는 이것이 근본적으로 변하게 된다. 어린아이와 같던 판단이 주님께서 주시는 온전함으로 인해 확신으로 바뀐다. 마치 지금은 거울로 보는 것 같아서 하나님의 완전한 계시를 볼 수 없다고 하였다. 거울을 예로 든 까닭은 당시 고린도가 거울의 특산지였기 때문이라는 추측이 있다. 그러나 지금의 거울과는 달리 금속을 닦아 만든 것으로서 얼굴의 윤곽만 희미하게 볼 수 있을 따름이었다. 주님께서 주시는 사랑 없이 타인을 대하면 제한적으로 희미하게 알 수밖에 없다. 이런 까닭에 사랑은 믿음과 소망보다 더 큰 가치를 지녔다고 할 수 있다.

복음서의 말씀   마 13:31-32

예수 그리스도의 천국 비유는 작고 소탈한 대상으로 이루어진다. 이 말씀을 듣는 사람들 가운데는 신비하면서도 거대한 천국을 상상했다가 실망하는 일도 없지 않았을 것이다. 그러나 그리스도는 일상의 가까운 데서 볼 수 있는 것을 예로 들어 진리를 가르치는 방법을 사용하셨다. 겨자씨는 유대인에게 있어 일반적으로 작은 것의 상징이었다. 따라서 예수님께서는 천국만 아니라 믿음을 말씀하실 때도 이 겨자씨를 '작은 믿음'이라는 비유적 언어로 사용하셨다(마 17:20 참고).

팔레스타인 땅에서는 겨자씨에서 자란 나무가 사람의 키보다 더 크게 성장하기도 한다. 겨자 나무에 새들이 날아와 앉고 또 거기서 생겨난 작은 씨앗을 먹는 것을 볼 때 이 비유의 의미가 살아난다. 이는 작은 시작에서 비롯된 큰 결과이다. 하나님의 나라는 매우 작은 데서 출발한다. 믿음이 시작되는 동기도 작은 결단에서 비롯되며, 역사의 변화도 한 사람의 작은 헌신에서 시작한다. 그것이 온 세상을 변화시키는 커다란 결실을 거두게 한다. 그리스도의 은혜는 처음에 아주 작은 것으로 생각되지만 이후에 인류의 삶을 바꾸고 영생을 얻게 하는 천국의 영광으로 마무리된다.

📖 설교를 위한 조명

복음서의 말씀(마 13:31-32)으로 설교 작성 / 귀납적 설교
"작은 것의 위대한 변화"

I. 신앙의 최소치와 최대치

아름다운 봄날, 어린이 주일 아침에 작은 겨자씨를 생각해 본다. 겨자씨를 가루로 만들어 혀끝에 대면 그 맛이 무척 맵다. 겨자는 매운맛 속에 강렬한 향기가 있어서 양념뿐 아니라 약재로 사용하기도 한다. 겨자의 가치가 더 높아지는 순간이다. 그러나 진정으로 겨자가 높은 가치를 지닌 생명체라는 것을 보여 주는 정점은 예수님의 말씀 속에 매우 중요한 비유의 대상이 되었다는 사실이다. 주님은 신앙의 최소치와 최대치를 '겨자씨(Mustard seed)'를 통하여 말씀해 주셨다.

성경을 읽고 믿음을 가진 사람이라면 모두 겨자씨를 기억하면서 그것을 신앙의 최소치로 판단하고 있다. 그래서 이 겨자씨는 은혜로운 하나님 나라의 개념으로 일평생 우리 마음에 새겨졌다. 그 씨앗은 자라서 큰 나무가 된다. 예수님께서 겨자씨로 비유하여 말씀하신 두 가지 대상이 있다. 무엇인가? 하나는 오

늘의 말씀인 천국이다. 작은 것이 위대한 변화를 이루는 놀라운 결과, 그러므로 천국은 겨자씨 한 알과 같다. 그렇다면 다른 하나의 겨자씨 비유가 무엇인지 생각나시는가?

"이르시되 너희 믿음이 작은 까닭이니라 진실로 너희에게 이르노니 만일 너희에게 믿음이 겨자씨 한 알 만큼만 있어도 이 산을 명하여 여기서 저기로 옮겨지라 하면 옮겨질 것이요 또 너희가 못할 것이 없으리라"(마 17:20).

두 번째로는 믿음이다. 이는 예수님께서 변화산에서 내려오셨을 때 아이의 병을 고치지 못하여 쩔쩔매던 제자들이 그 이유를 묻자 대답해 주신 말씀이다. 믿음이 없으면 하나님이 내리시는 능력을 받을 수 없다. 그러나 만일 겨자씨 한 알 만큼의 믿음이 있다면 산을 옮길 만한 능력이 임한다는 말씀이다. 천국을 소유할 최소치의 믿음을 겨자씨로 표현하셨다.

이스라엘 성지 순례를 간 사람들은 그곳에서 기념으로 파는 겨자씨를 사서 선물하기도 한다. 우리가 사는 땅의 겨자와 품종이 다를 수도 있지만, 아무튼 겨자씨는 참으로 작다. 더구나 사막과 광야 지대인 이스라엘 지역에서는 모든 씨 가운데 가장 작은 씨앗으로서 무게가 고작 1mg 정도라고 한다. 나는 그 씨앗을 보면서 알맹이가 꼭 모래알 같다는 생각을 했다. 외견상 모래알 비슷하므로 주님께서 '너희 믿음이 모래알 하나만큼만 있어도'라고 하셔도 될 텐데 왜 굳이 모래보다 희귀한 겨자씨라 하셨을까? 그렇다. 겨자씨는 모래알과 겉모양은 비슷하지만, 그 속에 생명력이 있다. 심어 놓으면 싹이 트고 자라난다. 모래알 정도의 작은 씨앗이 얼마만큼 자라나는지를 보라. 작은 나무는 1.5m, 큰 나무는 3.3m 정도까지 자라나 새들이 깃들일 수 있을 정도에 이른다고 한다. 당시에 말을 탄 사람의 머리 위보다 높이 자라 그늘이 되어 줄 정도이다. 그 척박한 사막 지대에 다른 나무들이 성장하기 어려운 조건인 데도 말이다. 이 놀라운 생명력은 최소를 최대로 바꾸는 천국의 은혜라 말할 수 있다.

II. 존재를 바꾸시는 예수님

예수님은 존재를 바꾸는 분이다. 부활하시기 전, 세상에 계실 적에 여러모로 존재의 변화를 예고해 주셨다. 공생애 사역의 초기에 유대인들이 발을 씻던 결례 항아리에 담긴 물을 바꾸셨다. 그 물이 포도주가 되어 혼인 잔치에 향기 넘치는 기쁨으로 충만하게 만드셨다. 또 광야에서 베푸셨던 식탁이 생각난다. 거기에는 보리로 만든 조악한 빵 조각과 갈릴리 호수에서 잡은 정어리 비슷한 물고기 반찬이 소금에 절인 채 비린내를 풍기고 있었다. 그것을 바꾸어 오천 명 이상의 사람들이 은총의 식사를 하도록 존재를 바꾸셨다. 어찌 먹고 마시는 것뿐이랴!

사람의 존재를 변화시키셨다. 예컨대, 우리는 예수님 제자들 가운데 요한을 가리켜 사랑의 사도라고 부른다. 베드로는 성격이 급하고 과격했으나 요한은 끝까지 "서로 사랑하자, 하나님은 사랑이심이라"고 외치며 사랑의 손길을 내밀었다. 그런데 요한이 처음부터 사랑의 사람이었을까? 그렇지 않다. 형 야고보와 함께 과격하기 그지없어 별명이 '보아너게' 곧 '우레의 아들'이었다. 그것을 증명하는 사례가 있다. 예수님께서 예루살렘으로 가시는 중에 사마리아 지역의 한 마을로 들어가셨는데 그 사람들이 예수님을 받아들이지 않았다. 그러자 요한의 반응이 이렇게 나타났다. "제자 야고보와 요한이 이를 보고 이르되 주여 우리가 불을 명하여 하늘로부터 내려 저들을 멸하라 하기를 원하시나이까 예수께서 돌아보시며 꾸짖으시고 함께 다른 마을로 가시니라"(눅 9:54-56). 분함을 참지 못해 불을 내려 멸하기를 바랐던 제자가 요한이었다.

부활하신 후에도 예수님은 요한뿐 아니라 여러 사람을 변화시키신다. 표독하고 교만했던 사람 사울을 선교의 일꾼 바울로 바꾸셨다. 바울은 이에 순종하여 자신의 존재 모두를 온전히 바꾸고 거듭나게 된다. 이제는 우리에게 말씀하고 계신다. 비록 우리는 약하고 어리고 미미한 존재들이일망정, 하나님 나라에 들어가 영원한 백성으로 변화된 존재가 되기를 원하고 있다. 그래서 우리에게 오늘 천국의 비유인 겨자씨 말씀을 들려주신다. 모든 씨보다 작은 것에 불과한 나, 그런 내가 풀로 자라더니, 이제는 그보다 더 큰 나무가 되어 위대한 존재의 변화가 있게 되었다. 그것이 바로 천국이고, 천국에 속한 백성이 된 것이다.

이처럼 변화되는 존재를 설명하고자 신학자들은 많은 연구를 수행했다. 중세의 대신학자 토마스 아퀴나스는 이것을 풀이하면서 라틴어로 '액트(Act)'와 '포텐트(Potent)'라는 용어를 썼다. 액트는 눈으로 보이는 것을 말한다. 모든 존재는 지금 우리의 눈으로 보이는 액트와, 지금은 보이지 않으나 장래에 나타날 그것 곧 포텐트로 나누어진다. 유대인들이 보았던 발 씻는 물, 보리떡과 갈릴리물고기들은 매우 평범한 액트였다. 또, 성미 급한 요한이나 박해하는 사람 사울도 당시에 흔히 볼 수 있는 액트들이었다. 그러나 그 속에는 우리가 놀라고도남을 대기적이 포텐트로서 숨어 있다. 오늘의 말씀 겨자씨 액트에는 장래의 커다란 천국 나무 포텐트가 숨어 있음을 깨닫게 한다. 세상에 살 때 액트와 포텐트는 우리 곁에 함께 있다. 액트(보이는 것)에만 매달려 절망하는 우리에게 주님은 숨겨진 포텐트(장래 나타날 것)를 보여 주셨다.

III. 이 세상의 작은 것

예수님께서는 세상에서 가장 작은 겨자씨를 통해 매우 크고 넓고 위대한 천국을 보게 하셨다. 예수님이 아니라면 그 누가, 어떤 사람이 겨자씨에서 천국을 볼 수 있도록 한단 말인가! 우리를 구원하신 하나님의 아들이 나같이 작은 사람도, 인생의 고단한 짐을 지고 가는 사람도, 별 능력도 없으며 성품마저 좋지 않고 보잘것없는 이 사람에게도 삶의 은혜와 하늘의 영광을 주신다는 약속을 하셨다.

최근 TV에서 피자 광고를 보다가 오래전에 책에서 읽었던 기억 하나가 떠올랐다. 미국 미시간 주에 있는 성 요셉 보육원에 토마스라는 소년이 들어왔다. 아일랜드계 고아 소년이었다. 말 안 듣고 싸움질만 일삼는 이 소년을 베라다 선생님이 늘 돌보며 타일렀다. "토마스, 하나님은 너를 사랑하신단다." 그러나 소년의 행동은 고쳐지지 않았고, 학교에서 문제를 일으켜 퇴학까지 당하고 말았다. 그 어느 것 하나 잘하는 것이 없었다. 베라다 선생님은 그를 위로할 겸 피자 가게에 데리고 갔다. 그런데 토마스가 피자 만드는 주방 곁에 앉아 큰 관심을 보이는 것이 아닌가! 선생님은 피자 가게 주인에게 사정하여 주방 보조로 들어가게 했다. 며칠 후 그는 피자 하나를 11초에 반죽하는 놀라운 솜씨를 보였다.

이 액트가 큰 결실을 이루게 했다. 성인이 된 토마스는 피자 회사를 설립했고, 마침내 이 회사가 미국에서 두 번째 매출을 자랑하는 도미노 피자가 되었다. 먼 나라 한국의 사람들도 즐겨 먹는 포텐트를 이루어낸 것이다. 고아 소년의 이름은 토마스 모너한이다. 그는 신앙이 깊고 청소년에게 꿈을 주는 일을 많이 했으며, 프로야구 디트로이트 타이거즈팀을 운영했다고 한다. 여기서 도미노 피자를 광고할 의도는 없다. 토마스는 이 회사를 이미 오래전에 매각했다. 오직 우리가 보아야 할 것은 작은 것을 크게 이루시는 주님의 위대한 변화의 손길이다. 토마스 같은 작은 아이를 통해 큰 포텐트가 이루어진다. 그리고 베라다 선생님처럼 작은 자를 사랑으로 돌보는 것이 주님께 드리는 헌신이다. 그 선생님도 천국 백성이 되기에 합당하였다.

세상에 속한 사람들의 눈은 작은 것을 경시한다. 작은 나라는 무시당하고, 작은 집단과 소수 민족의 문화는 외면받기 쉽다. 우리는 넓고 큰 집에 살거나 대형 매장에서 물건을 사고 큰 회사 다니는 것을 자랑한다. 그러다 보니 신앙도 큰 교회 다니는 것을 내세우는 사람들이 생겨났다. 하지만, 예수님은 커다란 느티나무에서 천국을 보라고 말씀하지 않으셨다. 크고 휘황찬란한 액트에서 천국의 포텐트는 절대로 이루어지지 않는다. 하나님은 로마 왕궁의 술잔치 석상에서 은혜의 포텐트를 나타나게 하신 적이 없다. 광야의 보리떡과 정어리 반찬에 예수님의 기도가 더해지는 것, 이것이 바로 위대한 변화의 자리이며 은총의 포텐트가 시작되는 시점이다.

작은 겨자씨에서 천국을 보아야 한다. 하나님 안에서 은혜롭게 자라 공중의 새들이 깃들이는 교회가 되도록 힘써야 한다. 이 교회에서 자라나는 작은 어린이들을 주목하라. 그 아이들로 인하여 위대한 변화가 일어나고, 참으로 놀랍고도 큰 천국의 영광을 우리 모두 함께 보게 될 것이다.

IV. 위대한 생명력

우리 주님은 작은 것의 가치와 아름다움에 관하여 늘 말씀하셨다. 천국은 작은 자들이 누리는 큰 나라라고 가르치셨다. 예수님은 매혹적으로 잘 가꾼 화원에서 설교하시지 않고, 길섶에 있는 풀꽃과 잡초를 비유의 대상으로 삼으셨다. 천국에서 누가 큰 자인가 하는 질문에는 이렇게 대답하셨다. "그러므로 누구든지 이 어린아이와 같이 자기를 낮추는 사람이 천국에서 큰 자니라"(마 18:4).

이어서 작은 자를 실족하게 하는 것이 가장 큰 죄라고 가르치셨다. '작은 자'는 이전 성경 용어로 말하면 '소자'이다. 그 작은 자가 천국의 기준이 되고 있음을 본다. "임금이 대답하여 이르시되 내가 진실로 너희에게 이르노니 너희가 여기 내 형제 중에 지극히 작은 자 하나에게 한 것이 곧 내게 한 것이니라 하시고"(마 25:40)라고 하였다. 작은 자를 교회로 불러오고, 작은 자에게 관심을 두어 믿음이 자라도록 도와주는 것이 교회의 의무이다.

오늘의 말씀을 보라. 겨자씨는 자란 후에 풀보다 커진다고 하였다. 이것은 본디 풀이다. 겨자는 풀에 불과하다. 허브(herb), 풀잎 곧 향료 식물일 뿐이라고 여기 성경 말씀에 기록되었다. 그런데 이것이 '나무가 되매'라고 하신다. 허브가 크게 자랐다고 해서 나무란 말인가? 아니다. 생물학적으로는 여전히 풀이지만 이것이 위대한 변화를 이루고, 새로운 포텐트로 변하기 때문에 어떤 나무보다도 위대하다는 뜻이다. 비록 사람들의 눈에 보이는 액트는 풀일는지 몰라도, 하나님께서 인정하시는 미래의 포텐트는 공중의 새들도 깃들이는 나무가 분명하다.

V. 겨자씨와 어린이

이제 본문의 말씀을 마치며 처음 핵심 주제로 돌아간다. 겨자씨는 작고도 작지만, 모래알과 다른 점은 그 속에 생명력이 있다는 사실이다. 생명력이 씨앗을 허브로, 그 풀을 나무로 자라게 하여 새들이 깃들일 수 있게 하는 것이 복음의 힘이다. 교회는 복음의 생명력이 있어야 한다. '겨자씨 교회'는 하나님 나라를 위해 힘써 나아가는 생명의 교회이지만, '모래알 교회'는 개인의 자랑과 고집으로 생명력이 사라져 결국 천국과 멀어지게 된다.

부활의 계절 봄날, 어린이 주일이 왔다. 나무들에 생기가 넘치고, 꽃이 만발하며, 신록으로 세상을 덮는 모습은 그 속에 생명력이 약동하기 때문이다. 우리는 겨자씨를 통해 확인한 생명력으로 천국을 향해 가는 주님의 자녀들이다. 이 겨자씨의 상징인 어린이를 보라. 그 공통점은 작음에 있다. 비록 작은 교회라 해도 진정한 하나님 나라를 위해 생명력을 가진 교회를 주님께서 사랑하신다. 주님께서는 작은 자를 찾으시는 분이고, 인간으로 오실 때 작은 나라 이스라엘에 임하셨으며, 작은 고을 베들레헴에서 나시고, 작은 동네 나사렛에서 사셨다. 거기서 세상을 덮는 하나님 나라, 천국이 선포된 것을 우리는 잘 알고 있다.

예수님을 구주로 믿는 우리도 이 시대에 작은 자로 태어나 세계의 많은 나라 가운데 작은 대한민국의 국민이 되어 삶을 이어가고 있다. 우리의 겉모양은 보잘것없이 보일는지 모르나, 내 안에는 하나님 나라를 향한 생명력이 약동하고 있다. 오늘의 겨자씨가 바로 나 자신을 향한 주님의 복음이시다. 여기 있는 어린이가 천국의 큰 영광을 얻게 될 약속의 겨자씨이다.

어버이 주일

❖**성서정과**   시 85; 렘 44:24-28; 딤전 5:1-16; 눅 15:11-32

오늘의 주제

힘들면 다시 돌아오라

📖 석의적 접근

구약의 말씀   렘 44:24-28

애굽 땅으로 내려간 유다 백성은 우상에게 분향하며 하나님을 떠나 살고 있다. 심지어 우상을 섬길 때가 더 풍족하고 좋았다고 말하기도 한다. 여성들이 즐겨 섬겼던 우상은 '하늘의 여왕(the Queen of Heaven)'이라는 명칭을 가진 풍요와 다산의 여신이었다. 이는 '이쉬타르', 또는 '아스다롯'이라는 이름으로 불리기도 했다. 남편들은 자기 아내들의 행위를 옹호했고, 여인들은 우상 숭배가 남편의 허락에 의한 것이라 말하며 죄를 전가하였다.

예레미야 선지자는 이러한 백성을 향해 이미 선조 때부터 하나님이 기억하셨으나 오래 참으셨다고 선포한다. 이제 애굽으로 도주한 자들은 망할 것이고 소수의 사람, 곧 남은 자들을 다시 유다 땅으로 돌아오게 하시리라고 예언한다. 이어서 하나님께서 시드기야를 바벨론 왕 느부갓네살에게 넘기신 것같이 당시의 애굽 왕 호브라의 죽음을 예고한다. 이후에 호브라는 군사 반란을 진압한 아마시스의 손에 죽었다. 예레미야는 이러한 사건들을 통해 유다 백성이 하나님의 말씀을 듣고 믿음의 분별력을 갖도록 역설하고 있다.

서신서의 말씀　딤전 5:1-16

　본문에서는 성도를 대하는 태도에 관하여 구체적으로 권면하고 있다. 교회에서는 연로한 이들을 공경하고 젊은이들을 형제 사랑으로 대해야 한다. 이 아름다운 일은 자신의 집에서 먼저 이루어 가야 할 것이다. 그리스도인들은 자기 친족을 돌볼 선한 의무가 있다. 그렇지 않으면 믿지 않는 사람보다도 못하다고 하였다.

　'참 과부'란 부양하는 가족이 전혀 없어 외로운 부인을 가리킨다. 그러나 그 과부들은 하나님께 소망을 두고 기도하는 사람들이다. 교회는 과부의 명부를 적어 올리고 그분들을 사랑하고 돌아보며 공경해야 한다. 명부에 기재할 과부들의 나이는 육십 세 이상으로 규정했다. 그 까닭은 일반적으로 이 나이가 되면 노동력을 상실하고 또 재혼의 가능성이 없어지는 것으로 인식했기 때문이다. 한 남편의 아내라는 조건은 윤리적 전력을 강조한 결과로 보인다. 선한 일을 행한 전력을 드러내게 한 것도 이와 관련된다. 교우들은 이들을 모두 친척처럼 여기고 기쁨으로 돕는 의무를 나누어 가졌다.

복음서의 말씀　눅 15:11-32

　잃은 자를 찾아 구원하시는 주님의 비유가 잃은 양, 잃어버린 은전, 그리고 잃었던 아들의 순서로 전개된다. 여기 세 번째 비유 속의 아들은 둘째의 몫인 재산 1/3을 받은 듯하다. 그는 아버지에게서 멀리 떠나는 것이 자유라고 여겨 먼 나라로 가버렸다. 낭비를 일삼고 창녀들과 쾌락을 즐겼다. 큰 흉년이 들자 그는 굴욕적인 자리로 굴러떨어졌다. 돼지 사료로 사용하는 쥐엄 열매를 먹으며 연명하다가 아버지 집의 품꾼이 되기로 작정한다. 자신의 배은망덕을 생각하니 도저히 아들이라 주장할 수가 없었다.

　기다리던 아버지는 그를 환대하고 옷, 가락지, 신을 마련하여 용서와 회복의 자리를 만든다. 관계 회복과 신분 회복을 위한 잔치를 베푼 것이다. 그러나 맏아들은 이를 거부한다. 돌아온 동생에게 자기 몫의 일부를 빼앗길 수도 있다고 생각했을 것이다. 이는 바리새인이나 서기관들의 태도를 반영한다. 그의 항의 속에는 오만과 독선이 들어있다. 아버지는 맏아들을 향해 부드럽게 타이른다. 죽었다가 다시 살아나고 잃었다가 다시 얻은 네 동생을 가족으로 받아들여야 함을 가르친다. 회개하고 돌아오는 사람을 다시 자녀로 맞으시는 하나님의 용서와 사랑이 감동적으로 새겨진 비유 말씀이다.

📖 설교를 위한 조명

구약의 말씀(렘 44:24-28)으로 설교 작성 / 이야기식 설교
"돌아올 기회를 주시는 분"

모순(Conflict): 애굽으로 가자는 사람들

사람의 마음은 참 헤아리기 어렵다. 지긋지긋한 노예 생활에서 해방을 얻은 사람들이라면 무엇보다도 치욕스러운 종살이를 잊지 않고 자유를 지키는 시민으로 살아가야 한다. 그러나 사람들은 그 감격이 사라지고 현실과 마주하게 되면 자유의 고귀한 가치보다 순간적 욕망을 탐하게 된다. 지금 당장 배가 고픈데, 자유가 내게 빵 한 조각이라도 주었느냐 하는 식이다.

모세를 따라 출애굽한 이스라엘 백성이 그랬다. 사백 년이 넘는 노예의 사슬을 끊게 하시고 홍해 물을 가르시어 가나안 복지 회복을 약속하신 하나님의 은혜에 그들은 환호하며 감사를 드렸다. 그러나 광야의 행진이 계속되자 목이 마르고 배가 고팠다. 즉시 불평불만이 터져 나오기 시작했다. "거기서 백성이 목이 말라 물을 찾으매 그들이 모세에게 대하여 원망하여 이르되 당신이 어찌하여 우리를 애굽에서 인도해 내어서 우리와 우리 자녀와 우리 가축이 목말라 죽게 하느냐"(출 17:3). 애굽에 있었으면 비록 노예로 살아갈망정 물은 얻어먹었을 텐데 왜 우리를 이렇게 목마르게 하느냐는 원망이었다. 영원한 가치보다 순간의 물 한 잔을 얻겠다고 욕망의 소리를 내고 있다.

가나안 땅에 접근하여 그곳을 정탐하고 돌아온 사람들의 보고회가 열린 자리에서 불만은 극도에 달하였다. 그 땅의 거주민이 무척 강하게 보이고 우리는 상대적으로 메뚜기 같이 볼품없는 존재라고 스스로 비하하면서 이제라도 어서 애굽으로 돌아가자고 외친다. "어찌하여 여호와가 우리를 그 땅으로 인도하여 칼에 쓰러지게 하려 하는가 우리 처자가 사로잡히리니 애굽으로 돌아가는 것이 낫지 아니하랴 이에 서로 말하되 우리가 한 지휘관을 세우고 애굽으로 돌아가자 하매"(민 14:3-4). 이제는 조직적으로 지휘관을 세워 노예의 땅으로 자진하여 들어가자고 한다. 역사를 되돌리고 하나님의 섭리를 부인하는 죄악도 전혀 개의치 않는다.

이스라엘 백성에게 애굽이란 미묘한 욕망의 대상이다. 큰 나라 이집트는 전통적인 강국이었다. 비록 노예로 살더라도 이집트라는 우산 밑에 들어가 있으면 안전할 것만 같았다. 그리고 그곳에는 없는 것이 없다는 생각도 들었다. 특히 세속적인 우상이 많아서 쾌락과 욕망을 즐길 기회가 온다. 하나님의 의로우신 법을 적당히 피할 수 있는 장소이기도 하다. "나는 노예이므로 영혼도 없이 그저 욕망대로 살아가는 애굽이 더 좋아!" 이렇게 말하고 싶은 사람이 많았다. 이런 태도는 백성의 의식 속에 잠복하고 있다가 유다 왕국이 멸망하고 난 후에 다시 분출하게 된다.

예루살렘 성벽이 무너지고 성전과 집들이 모두 불타고 난 뒤 바벨론 왕 느부갓네살은 유다 땅에 총독 정치를 폈다. 총독으로 임명된 그다랴는 미스바에 집무실을 마련했다. 그런데 그다랴를 시기한 옛 왕의 종친 이스마엘이 총독을 암살하고 무고한 순례자들을 죽인 후 암몬으로 도망한다. 이 사태를 수습한 지도자 요하난은 백성을 이끌고 애굽으로 갈 계획을 세운다. 하나님께서는 이 땅을 지키라고 하시지만, 총독이 죽었으므로 바벨론 왕이 어떤 조처를 내릴까 두렵기 짝이 없었다. 요하난은 마음으로 결정했다. "그래, 애굽이다. 비록 종으로 살겠지만, 하나님도 떠나고 바벨론도 떠나서 애굽에 내려가 하늘의 여왕을 섬기면 그 풍요와 다산의 여신이 우리에게 즐거움을 줄 것이다. 그곳으로 가자." 이 얼마나 세속적인 판단인가!

갈등(Complication): 형식적인 기도 요청

표리부동한 요하난과 지도자들은 예레미야에게 기도를 부탁했다. 우리의 갈 길과 할 일을 보여 주시기 원한다면서 겸손을 가장하며 요청하였다. 그러나 실은 자기들의 마음을 이미 정해 놓고 형식적으로 기도 요청을 한 것이다. 인간의 욕심을 따라 먼저 결정한 뒤 그것을 하나님의 뜻인 양 포장한다면 이는 마음을 속이는 짓이다. 하나님께서는 예레미야가 기도를 시작한 지 열흘 만에 이렇게 응답하셨다. "유다의 남은 자들아 여호와께서 너희를 두고 하신 말씀에 너희는 애굽으로 가지 말라 하셨고 나도 오늘 너희에게 경고한 것을 너희는 분명히 알라 너희가 나를 너희 하나님 여호와께 보내며 이르기를 우리를 위하여 우리 하나님 여호와께 기도하고 우리 하나님 여호와께서 말씀하신 대로 우리에게 전하라 우리가 그대로 행하리라 하여 너희 마음을 속였느니라"(렘 42:19-20). 애굽으로 가지 말라, 너희는 마음을 속였다고 말씀하신다.

그러나 오만한 지도자와 백성은 말씀을 거부하고 자기들의 계획대로 기어이 애굽으로 내려갔다. 여기서 의문이 남는 것은, 예레미야 선지자와 바룩 서기관도 같이 애굽으로 갔다는 사실이다. 그들이 강제로 선지자를 끌고 간 것 같다. 그보다도 어쩌면 예레미야가 하나님께 불순종하는 무리를 불쌍히 여기고 삶의 마지막 순간까지 그 백성을 위해 기도하며 선포하기로 작정한 것처럼 보인다. 예레미야의 죽음은 성경에 기록되지 않았으나 유다의 멸망 6년 뒤인 B.C. 580년, 애굽 땅에서 박해자들의 돌에 맞아 순교한 것으로 전해진다.

오늘의 본문 말씀은 애굽에서 백성에게 선포한 예레미야의 마지막 설교이다. 다음 장부터는 바룩에게 임한 하나님의 짧은 메시지에 이어 여러 나라에 경고하는 말씀으로 예레미야서가 끝을 맺는다. 오늘의 말씀에서 예레미야 선지자는 애굽에 간 백성이 '하늘의 여왕(the Queen of Heaven)'이라는 우상을 선택한 데서 벗어나기를 먼저 바라고 있다. 하늘의 여왕은 '아스다롯'이라는 이름으로 널리 알려진 다산의 여신이다. 사람의 욕망에 맞추어 만들어낸 대표적 우상 가운데 하나다. 하나님은 비록 애굽에서 주의 이름을 부르는 자가 없을지라도 이들을 버리지 않으시고 백성 가운데서 남은 자를 두신다. 그리하여 이 남은 자들이

다시 돌아오기를 기다리신다.

무엇이 아쉬워 그토록 애타게 기다리시는 것일까? "그런즉 칼을 피한 소수의 사람이 애굽 땅에서 나와 유다 땅으로 돌아오리니 애굽 땅에 들어가서 거기에 머물러 사는 유다의 모든 남은 자가 내 말과 그들의 말 가운데서 누구의 말이 진리인지 알리라"(렘 44:28). 하나님의 사랑을 벗어나, 우상이 들끓는 세속에서 제 마음대로 살겠다고 떠난 배신자들을 기다리시는 이유는 무엇일까? 그들이 돌아오는 것을 진리로 삼으신 하나님의 뜻을 어떻게 설명해야 할까? 애굽에서 다시 돌아올 기회를 주시는 하나님의 구원과 사랑, 예레미야 선지자는 그 사랑을 진리라고 선언하였다.

전환(Conversion): 자녀들아, 돌아오라

오늘은 어버이 주일이다. 가정에서 어버이를 모시고 있는 성도는 기쁨과 감사로 효성을 다하기 바란다. 어버이가 천국에 계신 분은 자애로우시던 그 모습을 다시 생각하며 하나님께 감사드리고, 이제 좋은 부모가 되기 위해 노력해야 한다. 우리에게 익숙한 누가복음 15장 말씀에서 잃은 아들을 되찾은 아버지의 사랑을 되새겨 보기로 하자.

아버지에게서 자기 몫의 유산을 빼앗듯이 챙겨서 먼 나라로 가버린 아들을 우리는 탕자라 부른다. 아버지에 대한 사랑도 감사도 존경도 없이 자기 권리만을 주장하고 등을 돌려버린 못된 아들이다. 아들은 아버지의 교훈이나 돌봄의 틀을 벗어나고 싶었다. 우상이 득실대고 세속의 환락이 있는 곳에서 아무런 간섭도 받지 않은 채 자기만의 인생을 즐기기 원했던 것이다. 이스라엘 백성이 틈만 나면 애굽으로 가려 했던 욕망의 심정과 일치한다. 이 아들도 욕망이라는 이름의 먼 나라로 떠나버렸다.

그런데 이 바보 같은 아버지는 자나 깨나 그 아들을 잊지 못한다. 아들이 하나뿐이라면 그럴 법도 하건만, 집에는 아버지 말씀을 잘 따르는 큰아들이 있다. 못된 자식 하나 잃어버렸다고 여기면 될 것 아닌가! 하지만 아버지는 그 탕자 아들을 사랑하여 언제쯤 돌아올까 되뇌면서 먼 길목을 바라보고 있다. 적지 않은 돈을 가지고 나가 소식조차 끊은 아들인데 그가 돌아올 것을 어떻게 알았단 말인가?

부모는 안다. 어린 자녀가 자라나면서 하는 짓들을 모르는 부모는 없다. 심부름 가기 싫으면 배가 아프다던 아들, 용돈이 궁하면 학교에 내야 할 돈이 있다고 하던 딸, 이성 친구를 사귀면 도서관에서 늦게까지 공부한다고 둘러대던 내 자녀의 핑계를 부모는 다 알고 있다. 일일이 들추어내지 않고 "그럴 때가 되었구나!" 하면서 마음으로 웃음 짓는 이가 바로 부모라는 이름을 가진 분이다.

탕자의 아버지는 아들이 지금쯤 돌아올 줄 알고 있었다. 그 아이가 무슨 세상 경험이 있나, 사람을 사귀는 안목이 있나, 오직 부모의 배려 속에 자라던 그가 큰돈을 가지고 애굽이라는 세속으로 나가 보아야 결과는 뻔하다. 처음에는 친구가 생겨 돈 쓰는 재미에 빠지고 투기도 하겠지만, 돈이 떨어지면 버림받고 주위의 사람도 다 떠나게 될 터이다. 정말로 그랬다. 탕자는 돼지가 먹는 쥐엄 열매로 주린 배를 채우다가 돌아왔다. 아버지는 그 아들이 그렇게 돌아올 줄 미리 알고 길목을 지켜보고 있었다. "이에 일어나서 아버지께로 돌아가니라 아직도 거리가 먼데 아버지가 그를 보고 측은히 여겨 달려가 목을 안고 입을 맞추니"(눅 15:20). 배신하고 애굽으로 떠난 백성을 기다리시는 하나님의 진리가 바로 이 아버지의 마음이다.

아버지의 기쁨과는 달리 형은 별로 반갑지 않다. 아버지의 재산을 탕진해 버린 못된 아우에게 잔치까지 베풀어 주는 것은 마땅치 않은 일이라 주장하며 아버지에게 항의했다. 당연히 그렇다. 율법에 따르면 탕자는 내쫓기거나 그에 대한 벌을 받아야 한다. 공직사회에서 잘 쓰는 용어가 있다. '신상필벌(信賞必罰)', 상을 줄 만한 사람에게는 반드시 상을 주고, 벌을 받아야 할 사람에게는 꼭 벌을 내려야 한다는 뜻으로서 상벌을 분명히 하자는 형의 주장과 상통한다. 그러나 하나님의 심판 기준이 오직 신상필벌이라면 주님의 잔치에 참여할 자녀는 아무도 없다. 이때 아버지가 하신 말씀이다. "이 네 동생은 죽었다가 살아났으며 내가 잃었다가 얻었기로 우리가 즐거워하고 기뻐하는 것이 마땅하다 하니라"(눅 15:32).

확인(Confirmation): 기회를 주시는 어버이

하나님께서는 형제에게 없는 것을 부모에게 주셨다. 부모의 이 특별한 사랑은 긍휼과 통한다. 긍휼이란 마음으로 가엾게 여겨 도움을 베풀어 준다는 의미이다. 이는 예수님께서 육신이 아픈 사람을 보시고 불쌍히 여기셨을 때 사용한 말로서 헬라어로는 '엘레오스(ἔλεος)', 영문으로는 'Mercy'라고 쓴다. 헬라어 기도문의 '엘레이 에메, 엘레이 에메', 라틴어 공동기도문 '키리에 엘레이손(Kyrie Eleison)'은 '주님, 나를 불쌍히 여기소서'라는 뜻이다. 긍휼이라는 말 속에는 '창자가 끊어진다'라는 의미가 포함되어 있다. 얼마나 고통이 심하면 창자가 끊어진다 하겠는가! 창자의 순우리말은 '애'다. 그래서 '애끊는 심정'이라는 말을 사용할 때마다 가슴에 쓰라림이 느껴진다.

저 애굽 땅 같은 세상으로 떠났다가 돌아오는 자녀를 대하는 부모의 마음이 곧 애끊는 심정이었을 것이다. 긍휼은 수직적인 내리사랑의 의미가 강하다. 같은 형제나 같은 교우, 그리고 같은 처지에 있는 사람들끼리 베풀기 어려운 사랑이 바로 긍휼이다. 위로부터 내려오는 부모 같은 조건 없는 사랑, 이는 하나님의 성품을 그대로 닮은 부모의 사랑이다. 아무런 보상도 받으려 하지 않고 한없이 크고 넓은 마음으로 불쌍히 여기는 아버지의 사랑이 긍휼이다.

"긍휼히 여기는 자는 복이 있나니 그들이 긍휼히 여김을 받을 것임이요"(마 5:7). 우리 주님 예수 그리스도께서 산상수훈에서 말씀하셨다. 하나님의 마음을 본받아 크고 넓은 마음으로 자비를 베풀면, 구원의 아버지께서 우리에게 더 큰 긍휼을 주신다고 가르쳐 주셨다. 아무 공로나 보상도 바라지 않고 사랑을 베푸시는 그것이 아버지 어머니의 기쁨이다. 아버지 어머니는 우리에게 아무것도 바라지 않으신다. 바라는 것이 있다면 오직 한 가지, 세상의 일이 힘들고 지치면 내게로 돌아오라는 그것 하나뿐이다. 오늘 어버이 주일은 주님의 긍휼을 마음으로 받는 날이다.

긍휼은 돌아올 기회를 주시는 어버이의 사랑이다. 자녀들은 이유를 만들어 애굽으로 떠나가려 한다. 지금은 취업만 되면, 아니 취업 준비를 하겠다는 이유로 부모를 떠나 독립하려는 젊은이들이 많다. 부모는 그들을 위한 염려를 그치지 않는다. 반찬을 만들고 얼마간의 돈을 마련하여 자녀가 있는 곳을 찾아간다. 자녀의 집 문은 닫혀 있어도 부모의 마음 문은 언제고 열려 있다. "애굽에서 얼마나 고생했니? 어서 오너라. 내가 기다리고 있었다." 우리 주님의 손길은 언제나 열려 있고 다시 돌아오기를 기다리신다. 주님을 배반하고 세상으로 가버린 자녀를 기다리시는 주님은 선지자를 통하여, 부모님을 통하여 다시 돌아오라고 말씀하신다.

광복절 감사 주일

❖ **성서정과** 시 48; 레 26:3-13; 롬 8:28-30; 눅 21:29-36

오늘의 주제

이루시는 하나님

📄 석의적 접근

구약의 말씀 레 26:3-13

레위기 26장은 율법에 관하여 이스라엘 백성에게 권고하는 결론적 성격을 띠고 있다. 그 가운데 본문은 이 율법을 순종하는 백성에게 주실 하나님의 약속을 세 가지 복으로 제시하였다. 첫 번째 복은 생활의 풍요로움이다(4-5절). 철따라 비를 내려 땅에 열매를 맺게 함으로써 풍성한 수확이 있게 하겠다는 말씀이다. 가장 근본적인 삶의 욕구를 충족하게 하실 뿐 아니라 묵은 곡식을 새롭게 바꿀 수 있도록 하는 질적 변화까지도 언약 속에 포함되어 있음을 볼 수 있다(10절 참고).

두 번째 복은 공동체의 평화이다(6-9절). 안전한 공동체의 유지를 위하여 사나운 짐승의 습격에서 보호해 주시겠다고 약속하신다. 또한, 국가 공동체를 지켜나가려면 전쟁의 칼날을 피하지 않으면 안 된다. 대적과 원수들을 쫓아낼 힘을 얻어 싸움에서 승리하고 민족이 번성하는 복을 누리게 될 것이다.

세 번째 복은 하나님과 이루어야 할 관계의 온전함이다(11-13절). 하나님께서 성막을 세우고 거기 임재하심으로 그들은 하나님의 백성이 된다. 멍에의 빗장을 부순다는 말씀은 노예의 삶을 상징한 것으로써 종의 사슬을 끊고 자유의 몸으로 걷게 한다는 의미로 해석할 수 있다.

서신서의 말씀   롬 8:28-30

하나님을 사랑하는 사람이란 그의 뜻대로 부르심을 입은 사람이라고 하였다. 본문에서 하나님의 뜻은 '선(Good)'으로 연결된다. 이 속에 하나님의 목적이 있는데, 다음 모든 것들이 합하여 유익한 결과를 얻는다. 여기에 하나님께서 인간을 구원하시기 위해 마련하신 선한 목적의 단계가 기록되었다. 이 과정은 고리처럼 연결되므로 구원에 이르기까지 끊어지지 않고 합력하여 이어지는 특성이 있다.

'하나님의 미리 아심(예지)'과 '미리 정하심(예정)'으로부터 이 은총의 고리가 시작한다. 이 단계는 이미 창세전에 이루어졌다. 인간이 도저히 알 수 없는 시간에 하나님의 예지와 예정의 은총은 이미 시작되고 있었다. 이어서 '부르심(소명)'과 '의롭게 하심(의인)' 그리고 '영화롭게 하심(영화)'으로 하나님의 선하신 뜻이 완성되어 가고 있음을 보여 준다. 조직신학에서는 이 과정을 더 구체화하여 소명에서 영화에 이르는 과정을 아홉 단계로 나누어 설명하기도 한다. 이는 곧 소명, 회개, 믿음, 중생(거듭남), 의인(칭의), 양자됨, 성화, 견인, 영화 등의 단계들이다.

복음서의 말씀   눅 21:29-36

예수님께서는 예루살렘이 멸망하게 될 것을 예언하시고 또 재림 때의 징조에 관하여 말씀하셨다. 여기 이어지는 교훈이 무화과나무의 비유이다. 무화과나무는 이스라엘의 상징으로 쓰이지만, 본문에서는 '무화과나무와 모든 나무'라 하여 그 폭을 넓히고 있다. 그렇다면 이방 지역의 나무도 함께 적용되므로 온 세상 사람들을 향한 보편적 선포로 받아들여야 한다. 잎사귀가 나오는 것은 여름이 가깝다는 징조이듯 우주적 변화가 나타나면 하나님의 나라가 가까이 왔다는 징조가 된다. 이 변화는 해와 달의 변화 현상이나 민족들의 전쟁 같은 혼돈을 수반한다(25절 참고).

'이 세대가 지나가기 전'이라는 뜻은 한 세대의 숫자인 30년을 가리키는 것이 아니다. 예수 그리스도의 말씀 속에서 그 징조를 볼 수 있는 가까운 미래를 의미하는 것으로 이해해야 한다. 그러므로 믿음의 사람들은 종말을 준비하는 자세를 가져야 한다. 주님께서는 그날이 곧 올 것이므로 이에 대비하기 위하여 "항상 기도하며 깨어 있으라"(36절)고 가르치셨다. 방탕함과 생활의 염려에 시달려 침체 일로를 걸어가는 사람이 되어서는 안 된다는 구체적인 지적도 곁들이셨다(34절 참고).

📖 설교를 위한 조명

서신서의 말씀(롬 8:28-30)으로 설교 작성 / 전개식 설교

"은총의 연결 고리"

Move 1. 광복에서 얻은 다섯 개의 보배

닷새 후면 광복절 80주년, 오늘은 광복절 감사 주일이다. 지난해 광복절에는 역사 인식으로 인한 갈등 끝에 기념행사가 둘로 갈라지는 초유의 사태를 빚었다. 이제 다시금 맞이하는 뜻깊은 경축일에 온 국민이 하나님께 용서를 구하며 민족의 앞날을 위해 한마음으로 기도하는 시간을 가져야 하겠다. 하나님의 은총이 아니었으면 우리 민족에게 광복의 역사는 불가능한 일이었다. 나라를 빼앗기고 일제의 강점 아래 살아온 35년 동안, 모든 자유는 사라졌으며 특히 이 땅의 교회가 심한 박해를 받았다. 신사참배 강요를 거부한 많은 교회와 학교들이 문을 닫아야 했다. 그 암울한 시기 속에서 우리는 놀랍게도 하루아침에 독립을 얻었다. 우리 백성이 독립을 위해 모두 싸우러 나간 것도 아니었다. 전쟁을 일으킨 일본이 패전하고 세계 역사의 흐름이 우리나라에 광복을 안긴 것이다. 오직 하나님의 은총이었다.

우리말에 일반적으로 받은 혜택을 은혜라 하고, 하나님께 받은 사랑을 가리켜 은총이라 부른다. 우리나라는 복음을 받고 곧장 민족 계몽에 앞장섰으며 교회가 독립운동의 중심에 서서 민족의 정신을 이끌었다. 이런 나라를 하나님께서 버리지 않으셨다. 아무리 생각해도 광복절은 하나님께서 우리 민족에게 주신 최고의 은총이다. 다시는 분열과 다툼 없이 주님의 뜻에 합당한 나라가 되기를 간절히 기도드린다. .

주님이 주신 광복의 은총을 다섯 개의 보배로 생각해 본다. 다섯 보배는 인간이 지향해야 할 최상의 가치들이며, 이것을 고리로 꿰면 인류의 역사를 밝히는 은총이 된다. 첫 번째의 보배는 자유이다. 자유는 외부로부터 구속을 당하거나 얽매이지 않는 것이다. 우리는 이 자유를 얻었다. 두 번째는 민주라는 보배이다. 우리는 지금까지 힘세고 권세 있는 사람이 주인이고, 약한 사람은 그 아래서 종으로 살아야만 하는 줄 알았는데 그게 아니라 민주 곧 주권이 국민에게 있다는 것을 깨닫게 되었다. 그리하여 우리는 민주 국가의 주인이 되었다. 엄청난 보배를 얻은 것이다.

세 번째의 보배는 정의이다. 정의는 공동체를 위한 옳고 바른 도리를 말한다. 성경에서 늘 말씀하신 하나님의 의가 실현됨으로써 불의가 사라지게 된다. 네 번째 보배는 평화이다. 전쟁과 갈등이 없이 평온하여 우호와 조화를 이루는 것, 바로 이것이 인류가 목표로 삼은 가장 완전한 상태라 할 수 있다. 우리가 매일 기도하는 '샬롬'이 이 귀중한 보배이다. 여기에 하나 더 추가해야 할 보배가 있다. 우리나라는 광복이 되면서 하나의 민족이 남북으로 갈라지고 말았다. 나누어진 것을 하나로 합치는 것을 통일이라 한다. 하나님의 은총으로 통일을 이루는 것이 광복절을 맞이하는 우리의 마지막 보배이다. 그날이 오기까지 먼저 우리 사이에 나누어지고 대립하며 다투던 일들을 극복해서 통일의 기반을 다져야 한다. 그리하면 하나님께서 이 민족에게 남북통일의 은총을 내려주실 것이다.

광복에서 받은 다섯 개의 은총, 곧 자유와 민주와 정의와 평화와 통일이라는 보배가 고리로 만들어져 서로 연결되는 모습을 상상해 보라. 다섯이 연결 고리로 하나가 되면 인류 최상의 가치를 만들 수 있다. 하나님의 은총으로 우리 민족이 인류 번영에 주춧돌이 되는 믿음의 나라로 우뚝 서게 되리라.

Move 2. 구원 – 하나님의 절대 은총

다섯 개의 은총 고리는 오늘 본문 말씀에서 얻은 바를 적용한 것이다. 하나님께서는 우리 인간들을 사랑하셔서 구원의 방식까지 세세히 알려 주셨다. 그것이 다섯 가지 보배로운 약속이다. 이 다섯이 연결 고리가 되어 비로소 우리 인생의 목표이자 소망인 구원이 완성된다. 그러면 구원의 다섯 고리는 무엇인가?

우리가 어떤 존재인지 아직 알지도 못했을 때, 하나님은 이렇게 말씀하셨다. "나는 너희 중에 행하여 너희의 하나님이 되고 너희는 내 백성이 될 것이니라"(레 26:12). 인간이 먼저 한 것이 아니라 하나님이 직접 행하셔서 우리를 백성으로 삼으시겠다고 하셨다. 그러나 그 백성이 죄의 길로 달려나가 돌이킬 수 없는 막다른 지점에 섰을 적에 하나님은 이렇게 하셨다. "우리가 아직 죄인 되었을 때에 그리스도께서 우리를 위하여 죽으심으로 하나님께서 우리에 대한 자기의 사랑을 확증하셨느니라"(롬 5:8). 십자가의 사랑으로 그 언약을 실행해 주셨다.

인간은 자유의지를 퍽 좋아한다. 내가 선을 행하는 것이나 악행을 저지르는 것도 나 스스로 정한 의지라고 여긴다. 5세기 초에 펠라기우스라는 수도사가 이것을 주장했다. 그는 하나님께서 우리 인간에게 자유롭게 선택할 길을 맡겨 주셨으므로 결정은 인간에게 달려 있다고 보았다. 인간의 자유의지론이다. 그러나 이에 항의한 어거스틴은 하나님의 말씀과 자신의 경험을 통하여 의지의 연약함을 통찰하고 하나님의 절대적 은총과 예정 앞에 겸손히 무릎을 꿇었다. 인간의 의지는 사슬에 묶인 것과 같아서 아무리 강하게 흔들어도 끊을 수 없으며, 오직 하나님의 주권에 의해서만 그것을 깨뜨리게 된다는 말이다. 하나님의 예정론이다.

어느 것이 옳다고 생각하는가? 내 자존심과 지식으로 자유의지를 내세우며 살고 싶은 마음이 있다. 그렇지만 가만히 생각해 보라. 내 인생에서 내 자의에 따라 할 수 있는 것은 없다. 세상에 오게 된 것도 내 뜻이 아니듯, 언제 어떻게 떠나 어디로 갈는지 내 뜻대로 선택하지 못한다. 불안하고 괴로운 인생일 뿐이다. 하나님의 예정은 겸손한 믿음을 가진 사람에게 내리신 절대 은총이다. 내가 하나님의 예정 아래 움직이며 산다는 것은 자존심 상하는 일이 아니다. 이 일은 본문 28절 말씀 "모든 것이 합력하여 선을 이루느니라"는 데서 시작한다. 단순히 서로 협력해서 일하라는 말씀이 아니다. 하나님의 신비하신 구원은 하나님의 모든 뜻이 합하여 우리에게 선함으로 내려온다는 의미이다.

자, 그럼 무엇이 합하여졌을까? 여기 영롱하게 반짝이는 다섯 개의 보석이 있다. 우리의 구원을 위해 내리신 선함의 결정체인 다섯 개의 고리, 이것을 연결하면 최상의 은총을 받게 된다. 고리를 하나씩 살펴본다.

Move 3. 예지, 예정의 고리

첫 번째 고리는 29절에 있는 대로 '미리 아셨다'이다. 한자어로 '예지(豫知)'라 한다. 하나님은 선하신 목적대로 우리를 이미 알고 계셨다. '안다'라는 말은 성경에서 남녀의 결혼 관계에 사용한 의미로서 완전히 친숙한 사랑을 가리킨다. 그러므로 하나님께서 우리를 미리 알고 사랑하신 것이 구원의 근거이며 구원의 시작이다. '예지'는 내가 생명을 얻기 전인 창세전에 이미 이루어졌다. 이보다 더 놀라운 일이 어디 있을까! 에베소서의 말씀을 읽어 보라. "곧 창세전에 그리스도 안에서 우리를 택하사 우리로 사랑 안에서 그 앞에 거룩하고 흠이 없게 하시려고 그 기쁘신 뜻대로 우리를 예정하사 예수 그리스도로 말미암아 자기의 아들들이 되게 하셨으니 이는 그가 사랑하시는 자 안에서 우리에게 거저 주시는 바 그의 은혜의 영광을 찬송하게 하려는 것이라"(엡 1:4-6). 창세전에 미리 아셨던 전능하신 하나님께 찬양을 올린다.

두 번째 고리는 '미리 정하셨다'이다. '예정(豫定)'이다. 하나님께서 나를 아무런 조건도 없고 값도 없이 미리 선택해 주신 것이다. 그 까닭은 29절에 있는 것처럼 "그 아들의 형상을 본받게 하기 위하여"라고 하였다. 가슴이 두근거리지 않는가? 곧 내가 예수 그리스도의 형상이 되어 주님이 받으신 고난도 본받고, 또 미래의 영광도 그대로 본받아 하나님 나라의 백성이 된다는 말씀이다. 하나님의 예정을 은총으로 믿고 받아들이는 사람은 무슨 일을 만나든지 "내 잔이 넘치나이다" 하는 감사 고백을 한다.

"내 잔이 넘치나이다"는 시편 23편의 한 구절이며, 정연희 작가의 소설 제목이기도 하다. 사실에 바탕을 둔 이 소설의 주인공 청년의 이름은 맹의순, 믿음이 강고한 남자 청년이다. 6 25 전쟁 때 공산당으로 오인을 받아 거제도 포로수용소로 끌려가게 된다. 험한 고초를 겪으면서도 그는 사무 착오로 이곳에 수용된 것을 억울하다고 생각지 않았다. 이념의 갈등이 대립하는 이 고통의 현장에 하나님께서 나를 필요하다 여기셔서 보내신 것이라 믿고 석방 기회가 있었음에도 거기 남아 전도하다가 뇌막염으로 세상을 떴다. 그는 죽었으나 그리스도의 형상을 본받아 미래의 영광을 얻었다. 예정의 은총을 믿으며 살아가면 내 삶의 잔이 넘치게 될 것이다.

Move 4. 소명, 의인의 고리

세 번째 고리는 30절의 '부르셨다'이다. '소명(召命)', 이는 예수 그리스도를 믿도록 나를 부르신 은총이다. 앞의 예지와 예정은 우리 삶이 시작하기 이전에 있었으나, 이 소명은 삶의 과정에서 이루어진다. 그러나 이 소명 과정도 내 의지로 되는 것이 아님을 명심하고 부르심의 주체이신 하나님의 음성에 늘 귀를 기울여야 한다. 소명은 극적인 순간에 올 수도 있고, 오랜 시간을 거치며 점진적으로 오기도 한다. 여러분은 어떻게 부르심을 받고 회심하여 하나님의 자녀가 되었는지 떠올려보라.

돌발적인 소명의 대표적 사례는 바울이다. 그가 예수 믿는 사람들을 박해하려고 다메섹으로 가는 길에 소명이 왔다. 홀연히 하늘에서 빛이 비치고 바울은 쓰러지고 말았다. 당시의 이름은 바울이 아니라 사울이었다. 그 상황을 읽어 본다. "땅에 엎드려져 들으매 소리가 있어 이르시되 사울아 사울아 네가 어찌하여 나를 박해하느냐 하시거늘 대답하되 주여 누구시니이까 이르시되 나는 네가 박해하는 예수라"(행 9:4-5). 이런 돌발적 소명 앞에 그것을 거부할 사람은 없다. 꼼짝없이 이끌려 가게 되므로 확신이 넘친다. 그러나 대개의 사람은 점진적으로 부르심을 받는다. 가까운 사람을 통해 오랜 시간 권고를 받고, 시간을 끌다가 응답하는 경우가 많다. 그러나 하나님은 오래 참으시며 그가 나오기까지 은총의 고리를 내게 주시려고 손을 내미신다.

네 번째 고리는 '의롭다 하셨다'이다. '의인(義認)', 의롭다 인정함인데 혹시 의로운 사람으로 잘못 이해할 수 있어 '칭의(稱義)'라 일컫기도 한다. 예수님의 보혈로 내 죄가 용서되어 의롭게 되었음을 가리킨다. 의인이라는 이 아름다운 고리는 기쁨의 보배이다. 법을 위반해 죄인이 되어 감옥에 갇힌 사람이 오매불망 기대하는 것이 무엇이겠는가? 사면을 받고 '당신은 이제 의롭다'라는 판정을 받았을 때의 기쁨을 상상해 본다. 하나님은 죄인인 우리에게 어떻게 하셨는가? "모든 사람이 죄를 범하였으매 하나님의 영광에 이르지 못하더니 그리스도 예수 안에 있는 속량으로 말미암아 하나님의 은혜로 값없이 의롭다 하심을 얻은 자 되었느니라"(롬 3:23-24). 속량이란 종을 면해 주어 양민이 되게 한다는 뜻이다. 그 조건이 그리스도의 죽음이었다.

Move 5. 영화, 구원과 광복의 고리

마지막 다섯 번째 고리는 '영화롭게 하셨다'이다. '영화(榮化)'는 하나님과 함께 영광을 누린다는 뜻이다. 예수 그리스도께서 오실 때 그와 함께 부활하여 새사람, 새 인격으로 주님 앞에 서게 되는 것을 영화롭게 된다고 말한다. 이는 아직 우리 앞에 오지 않은 미래의 일이다. 그래도 우리는 이 아름다운 소망의 미래가 정녕 내게 이루어질 것으로 믿는다.

하나님의 은총으로 내가 받은 이 다섯 개의 고리가 영롱한 보석처럼 빛난다. 이 고리를 연결하면 우리 삶에서 궁극적으로 바라던 구원이 완성된다. 이 오묘한 결정체를 보면 하나님의 완벽한 구원 계획을 알 수 있다. 여기서 우리가 밝혀야 할 의문이 하나 남았다. '아셨다', '정하셨다', '부르셨다', '의롭다 하셨다', '영화롭게 하셨다' 하는 동사들은 모두 과거형이다. 마지막 단계인 '영화롭게 하심'은 미래의 일인데 왜 과거형 동사로 쓰였을까? 여기에 하나님의 섭리가 있다. 하나님은 우리를 과거에 예정하심과 같이 영화롭게 하실 것도 창세전에 이미 계획해 놓으셨다는 사실이다. 시간과 공간을 초월해 계시는 하나님에게 불확실한 미래는 있을 수 없다. 우리가 받을 영화도 하나님의 시각에서 볼 때는 모두 그 위대한 섭리 속에 미리 정해진 과거일 뿐이다. 영광의 하나님을 찬송한다.

　다섯 개의 구원 고리가 오묘한 빛을 낸다. 은총의 고리 이름은 예지, 예정, 소명, 의인, 그리고 영화이다. 이것이 하나로 연결되어 구원을 이룬다. 심오한 진리로 반짝이는 구원의 고리를 손에 쥐고 로마서 말씀은 이렇게 주님을 찬미하였다. "깊도다 하나님의 지혜와 지식의 풍성함이여, 그의 판단은 헤아리지 못할 것이며 그의 길은 찾지 못할 것이로다"(롬 11:33). 죄인인 우리를 버리지 않으시고 일찍이 선택하여 아들의 형상을 본받게 하신 하나님께서 구원의 연결 고리를 우리에게 은총으로 내려주셨다. 우리 개인에게 다섯 개의 은총 고리를 주신 주님께서 우리나라 백성에게 광복의 고리를 선물로 주셨다. 자유, 민주, 정의, 평화, 그리고 통일이다. 이는 인간이 나아가야 할 가장 높은 가치들이다. 우리 민족이 구원 고리와 광복의 고리를 연결하여 하나님의 은총을 충만히 받기를 바란다.

추수 감사 주일

❖ 성서정과　시 8; 렘 17:1-8; 빌 2:12-18; 마 11:28-30

오늘의 주제

참다운 기쁨

📄 석의적 접근

구약의 말씀　렘 17:1-8

'금강석 끝 철필'이란 견고하게 새긴다는 상징적 의미로 쓰인다. 고대인들이 가장 깊이 새길 때 쓰는 도구를 여기에 사용한 까닭은 유다 민족의 죄악이 마음과 신앙을 깊게 파고들어 굳어져 버렸기 때문이다. 어느 때부턴가 그들에게 찾아든 우상의 종교들로 인해 자녀들의 마음과 제단 뿔까지도 죄악으로 새겨졌다고 한다. 제단 뿔은 종교의식을 가리킨다. 하나님은 산천을 우상 제단으로 새겨 버린 그들에게 타는 불을 일으키겠노라고 말씀하신다.

마음이 여호와에게서 떠난 사람과, 하나님을 의지하고 의뢰하는 사람을 대조하는 말씀이 뒤를 잇는다. 이들을 나무로 비유하여 사막의 떨기나무와 물가에 심은 나무를 대조해 보여 준다. 하나님이 아니라 사람을 의지하는 자는 떨기나무처럼 광야의 한구석에서 말라붙어 곧 소멸하고 말 것이다. 그러나 여호와를 신뢰하는 사람은 그 어떤 시련이 닥쳐와도 걱정이 없고 결실이 풍부하여 그치지 않는다고 하였다. 물가에 심은 나무는 하나님의 공급원이 마르지 않음을 감사하며 기쁨으로 살아가는 사람의 비유이다. 시편 1편에서 '복 있는 사람'과 '악한 사람'을 대조한 말씀과 일맥상통하는 효과를 얻을 수 있다.

서신서의 말씀　빌 2:12-18

사도 바울은 빌립보 교인들에게 "너희 구원을 이루라"라고 권면한다. 이는 자칫 자기 스스로 구원을 이룰 수도 있다는 이른바 자율적 구원으로 오해할 소지가 있다. 그러나 구원을 이루기 위하여 복종과 두려움과 떨림을 가져야 한다는 것은 구원을 베푸시는 존재가 따로 있다는 의미가 되고, 이것이 13절에서 '너희 안에 행하시는 이는 하나님'이라는 분명한 지시가 있음으로써 구원은 하나님의 은혜임을 확실히 하였다. 그러므로 구원을 주시는 하나님의 기쁘신 뜻을 위해 인간들은 우선 원망과 시비를 없애야 한다. 불평이나 다툼은 자기가 옳다고 주장하기 때문에 생기는 일이므로 구원의 은혜와 멀어지는 결과를 가져온다.

구원의 자녀는 어두운 세상에 빛으로 나타나야 한다. 빛이 되기 위하여 본문이 제시하는 방법은 원망과 시비 대신 기뻐하라는 것이다. 이것이 예수 그리스도께서 다시 오실 때 우리가 내세울 수 있는 유일한 자랑거리이다. 바울은 자신이 제물로 드려져 사라진다 할지라도 빌립보 교회 성도들과 더불어 기뻐하겠다고 하였다. 자기를 완전히 들어 바치려면 예수 그리스도처럼 스스로 낮아져야 하고 진실한 겸손의 기쁨을 드러내야 한다. 이것이 그리스도인의 참다운 기쁨이다.

복음서의 말씀　마 11:28-30

마태복음 11장 후반에는 예수 그리스도의 은혜를 받고서도 회개하지 않은 마을과 도시들이 책망을 받는 말씀이 실려 있다. 그러나 이 책망은 예수님께서 아버지의 뜻에 따라 죄인들을 부르시는 관대한 초청으로 변하였다. 주님의 초청에는 안식의 약속이 있어 기쁨이 보장된다. 무거운 짐을 진 사람이란 가난과 압제 아래 있는 사람뿐 아니라 율법에 얽매여 괴로워하는 인간들을 포함한다. 그들에게는 진정한 쉼, 곧 안식이 없었다.

주님은 가장 유명한 초대의 말씀인 본문에서 여러 차례 쉼을 언급하신다. 그리고 여기에 "너희 마음이 쉼을 얻으리니" 하고 말씀하셨다. 안식은 그리스도께서 주시는 최상의 은혜이다. 고단한 몸을 쉬고 근심에서 벗어나는 것이 안식의 일차적 모습이라면, 마음의 평안과 구원의 확신은 궁극적인 안식에 해당한다. 예수님께서는 아버지와 함께 계시고 우리가 그 안에서 평안을 누리도록 하시겠다고 약속하셨다(요 16:32-33 참고). 주님은 세상을 이기신 분이므로 우리는 그 안에서 환난이 다가온다 할지라도 담대할 수 있다. 이것이 완전한 안식이며 온전한 기쁨이다.

📖 설교를 위한 조명

서신서의 말씀(빌 2:12-18)으로 설교 작성 / 대지 설교
"기쁜 날을 보내려면"

말씀에로 나아감

풍성한 가을, 오곡백과가 무르익은 가운데 추수 감사절을 맞이하였다. 하나님의 은혜가 온 땅에 충만한 기쁜 날이다. 이날에 함께 펼칠 성경 말씀은 빌립보서이다. 이 책의 별명은 '기쁨의 서신'이다. 짧은 서신 속에 '기쁨'이나 '기뻐한다'라는 말이 한글 번역으로도 무려 18번이나 이어진다. 무엇이 그토록 기뻤을까? 육신의 양식이 넉넉하다거나 세상의 일이 잘 되어 기뻐하는 것만은 아니다. 풍성함 속에서 하나님의 은총을 깨달았고, 비뚤어진 세상 너머로 그리스도의 진리를 볼 수 있었기 때문이다. 여기에 참다운 기쁨이 있다. 우리 성도들은 추수 감사절을 진정 기쁜 날로 보내야 하겠다.

오늘의 성경 말씀은 당시의 시대를 이렇게 표현하였다. "이는 너희가 흠이 없고 순전하여 어그러지고 거스르는 세대 가운데서 하나님의 흠 없는 자녀로 세상에서 그들 가운데 빛들로 나타내며"(15절). 곧 "어그러지고 거스르는 세대"라 했다. 이를 새번역 성경은 "구부러지고 뒤틀린 세대"라고 번역하였다. 한마디

로 세상이 비뚤어졌다는 뜻이다. 지금도 그렇다. 바른 것보다는 교묘한 수작을 부리는 일들이 성행하고, 진지한 것보다는 꼬고 비트는 것이 유행이다. 문학이나 철학적인 글들도 패러디(parody), 즉 풍자 시문으로 전달하는 것이 시대적 접근 방식이 되었다. 이를테면 아무리 말려도 전쟁을 그치지 않는 세력들을 향하여 '더 싸워라. 무너져 폐허가 되어야만 비로소 평화의 가치를 알 것이다'라든지, 험한 세상에 아름다운 글을 쓰는 사람들을 비꼬면서 '아무것도 쓰지 마라. 멸망과 죽음의 시대가 지금인데 휴지로도 쓰지 못하는 책을 내느라 나무를 베는 일이 없어야 한다' 하는 식이다.

정말 그런가? 이 시대에는 착한 흥부가 바보이며 오히려 놀부가 시대를 꿰뚫는 현실적 캐릭터라고 한다. '개미와 베짱이' 이야기를 뒤틀어서 여름 내내 열심히 일한 개미는 별로 재산도 모으지 못한 채 허리와 관절이 병들어 시달리는데, 노래 부르며 놀던 베짱이는 음악 한 곡이 히트하여 빌보드 차트에 올라 문화 콘텐츠의 성공 사례를 남겼다고 말한다. 이런 이야기를 들으면 일면 그럴듯한 점도 있는 것 같으나 매우 편향된 극단적 예화에 불과하다. 구부러지고 뒤틀린 각도에서 세상을 보는 사람들이 많아짐에 따라 생겨나는 말들이다. 전혀 성경적이 아니다.

이 시대에 대표적으로 뒤틀린 것이 '악플'이다. 사이버 공간에 들어가 비뚤어진 소리나 욕설을 달아 올리는 것이다. 표현의 자유라는 이름으로 자행되는 일종의 폭력이다. '악플'들을 보면 사람들의 생각이 어쩌면 그렇게 뒤틀려 있는지 놀라울 정도다. 남을 비꼬는 데 특별한 재주를 가졌다. 악플의 대상이 된 사람은 이를 견디지 못해 괴로워한다. 감사절은 이런 세상의 뒤틀림을 올바름으로 바꾸는 날이다. 추수의 풍성함을 내려주신 주님은 오늘 말씀을 통해 기쁨을 찾는 방법까지 알려 주고 계신다.

본문 이해와 주안점

1. 내 마음을 온전히 비움(5-7절)

우리가 참된 기쁨을 누릴 방법 첫 번째는 예수님께서 보이신 최고의 방법이다. 오늘의 본문 바로 앞에 있는 유명한 말씀, "너희 안에 이 마음을 품으라 곧 그리스도 예수의 마음이니 그는 근본 하나님의 본체시나 하나님과 동등됨을 취할 것으로 여기지 아니하시고 오히려 자기를 비워 종의 형체를 가지사 사람들과 같이 되셨고"(빌 2:5-7)를 보라. 예수 그리스도의 마음을 한마디로 말한다면 자기를 온전히 비우는 것이다. 이를 헬라어로 '케노시스(κενοσις)'라 한다. '케노시스'는 통이 완전히 빌 때까지 그 안에 있는 것들을 다 쏟아내는 행위를 가리킨다.

예수님께서는 하나님의 본체로서 그 안에 신성과 진리가 충만하였다. 그러나 이 귀중한 것들까지 모두 다 비우고 보여 주셨다. 그렇다면 그리스도 안에 남아있는 것은 무엇일까? 생각해 보라. 내가 가진 모든 것, 지식과 재산과 자존심 등을 다 내보이고 말았으니 이제 자랑할 것은 아무것도 없다. 오직 겸손만 남았다. 그리스도는 자기를 낮추시고 죽기까지 복종하셨다. 케노시스는 주님의 겸손을 가리킨다. 겸손하면 하나님께서 높여 주신다.

스스로 높아지려 했던 사람이 있었다. 당시에 문벌도 좋았고 지식도 뛰어난 사람이었다. 그러나 마음의 교만함만 쌓일 뿐 삶에 진정한 기쁨이 없었다. 그가 예수 그리스도를 믿게 된 후, 마음을 비우고 주님의 겸손을 배움으로써 참 기쁨이 있음을 깨닫게 되었다. 그의 이름은 아우구스티누스, 성 어거스틴으로 불리는 인물이다. 사람들이 그에게 물었다. "신앙생활에서 가장 중요한 세 가지가 무엇인지 말씀해 주시기 바랍니다." 예수님께서는 '하나님 사랑, 이웃 사랑'을 말씀하셨다. 그렇다면 셋째가 무엇일지 궁금해질 법하다. 하지만 어거스틴의 대답은 이와 달랐다. 그는 조용히 대답했다. "그것은 첫째도, 둘째도, 셋째도 겸손입니다." 겸손(Humility), 내 마음을 비우는 겸손은 신앙생활에 진정한 기쁨을 주고 주님을 따르는 유일한 방법이라 하였다.

'나는 특별한 존재'라고 생각하고 있는 한, 참다운 기쁨은 없다. 하나님의 아들도 세상에 오셔서 케노시스로 마음을 비우시고 우리에게 이렇게 말씀하셨다. "나는 마음이 온유하고 겸손하니 나의 멍에를 메고 내게 배우라 그리하면 너희 마음이 쉼을 얻으리니 이는 내 멍에는 쉽고 내 짐은 가벼움이라 하시니라"(마 11:29-30). 온유와 겸손에서 마음의 쉼, 평안함, 그리고 기쁨이 찾아옴을 경험하게 된다. 비움과 겸손함은 우리에게 기쁨을 준다.

성도와 함께, 이웃과 함께, 가족과 함께 추수 감사절을 기쁘게 보내고 있는 여러분! 사랑하는 사람들을 기쁨으로 만날 수 있다면 크고 화려한 음식상을 차리지 않아도 좋고, 경관 좋은 리조트나 멀리 해외여행을 떠나지 않더라도 마음이 흐뭇하다. 부모와 자녀들이 서로 사랑하고 공경하면서 겸손히 하나님을 섬기고 기뻐한다면 '우리 가족이 무엇이기에 이 영광을 주시나이까' 하는 감사를 드릴 수 있다. "사람이 무엇이기에 주께서 그를 생각하시며 인자가 무엇이기에 주께서 그를 돌보시나이까 그를 하나님보다 조금 못하게 하시고 영화와 존귀로 관을 씌우셨나이다"(시 8:4-5). 이 말씀이 오늘 주님께 겸손히 드리는 우리의 감사와 기쁨의 고백이다.

2. 원망과 시비를 없앰(14절)

주님 안에서 기쁨을 누릴 두 번째 방법은 14절 말씀처럼 "모든 일을 원망과 시비가 없이" 하는 것이다. 기쁜 날을 보내는데 예상치 못하게 끼어드는 것이 사람 사이에 발생하는 원망과 시비이다. 원망은 남에게 불평하는 행위를 가리킨다. 세상일에서 생기는 문제의 책임을 다른 사람에게 돌리려 하는 다툼이 이것이다. 어떤 일을 함께하다가 잘될 때는 좋았지만, 어려운 조건이 나타나면 꼭 남을 탓하고 원망하는 사람이 있다. 시비도 원망과 비슷한 말이다. 서로 불화하고 다투는 행동인데 자기가 옳다고 주장하기 때문에 생기는 일이다. 형제를 원망하고 시비를 거는 것은 어둠의 세계를 만들어가는 행위이다. 구원의 자녀들이라면 절대로 해서는 안 되는 일이다.

천주교의 고백 기도에 잘 알려진 말이 있다. '내 탓이오.' 오래전 김수환 추기

경이 생전에 사회 운동으로 펼쳤던 기억이 난다. 남의 눈 속에 있는 티는 보면서 자기 눈의 들보는 깨닫지 못하는 사람들에게 '내 탓이오'라는 고백은 화해와 기쁨을 가져온다. 이 말의 라틴어는 '메아 쿨파(Mea culpa)'이다. "메아 쿨파, 메아 쿨파, 메아 막시마 쿨파(Mea maxima culpa) – 내 탓이오, 내 탓이오, 내 큰 탓이로소이다." 그러나 지금 이 말의 뜻과 정신은 사라지고, 극단적인 원망과 시비가 난무하는 세상이 되어 버렸다.

어떻게 해야 할까? 주님의 말씀은 "두렵고 떨림으로 너희 구원을 이루라"(12절b) 하신다. 하나님의 기쁘신 뜻을 이루려면 원망하는 일을 저지르는 데 따른 두려움이 있어야 한다. 12절 말씀에 "구원을 이루라" 하는 말씀은 너 스스로 구원을 이루어내라는 자율적 구원으로 해석하면 안 된다. 그래서 공동번역 성경은 "구원을 위하여 힘쓰라"라고 구체화한 표현을 썼다. 구원은 오직 하나님의 은혜이기 때문이다. 이어지는 말씀이 이것을 분명히 알려준다. "너희 안에서 행하시는 이는 하나님이시니 자기의 기쁘신 뜻을 위하여 너희에게 소원을 두고 행하게 하시나니 모든 일을 원망과 시비가 없이 하라"(13-14절). 내 안에서 행하시는 하나님의 기쁨을 누릴 사람이라면 우리 삶에서 모든 원망과 시비를 없애야 한다.

성도 여러분! 어떤 사람들은 감사절이나 명절에 오히려 원망과 시비로 인해 시험에 빠지는 경우가 있다. 좋은 분위기 속에 허물없이 쏟아 놓는 말이나 행동이 서로의 마음에 상처를 줄 수 있기 때문이다. 우리의 가정과 교회에서는 이런 일이 없어야 한다. 세상이 비록 뒤틀려 있다 해도 우리는 하나님의 흠 없는 자녀로 그들 가운데 빛으로 나타난다고 하지 않았는가! 빛처럼 세상을 밝히려면 나 자신을 태우든지, 또는 그리스도의 밝은 빛을 받아서 비추든지, 그래야만 밝음을 지킬 수 있다. 나를 온전히 내어놓는 인생은 남을 원망하는 대신 '메아 쿨파'의 정신을 발휘해야 한다.

이런 사람은 빛과 더불어 생명의 말씀을 밝힌다고 하였다. 그리하면 인생의 달음질이 헛되지 않고, 살면서 행하는 수고도 헛되지 않아 주님 오시는 날에 자랑할 것이 있게 된다. 마음을 비우고 겸손하며, 원망 대신 '내 탓이오'를 외치며 살았기에 손해 볼 것 같았던 인생은 그리스도의 날에 주님으로부터 자랑할 것이 많은 최상의 기쁨을 약속받았다. 오늘 감사절이 이 말씀을 확인하는 날이다.

3. 주님께 이 몸을 드림(17절)

기쁜 날을 보낼 세 번째 방법은 나의 모든 것을 하나님 앞에 믿음의 제물로 드리겠다는 헌신의 약속을 하는 것이다. '이 몸을 드립니다' 하는 헌신보다 더 큰 감격과 기쁨은 없다. 주님께 내 생명을 드리는 약속을 하는 성도의 기쁨은 추수 감사절뿐 아니라 앞으로 남은 우리의 삶을 은혜로 충만하게 채워 줄 것이다. "만일 너희 믿음의 제물과 섬김 위에 내가 나를 전제로 드릴지라도 나는 기뻐하고 너희 무리와 함께 기뻐하리니 이와 같이 너희도 기뻐하고 나와 함께 기뻐하라"(17-18절).

여기 '전제'라는 제사가 나왔다. 제사로 드릴 희생 제물의 목에서 흘러나온 피에 포도주를 섞어 그릇에 담아 제단에 붓는 제사로서 이전 성경에는 '관제'라 했다. 영문으로는 'drink offering'이라 쓴다. 바울 사도는 내가 그렇게 전제의 제물처럼 이 몸을 바쳐 순교할지라도 기뻐할 테니 온 성도들도 함께 하나님께 영광을 올리며 기뻐하라고 권한다. 빌립보서는 바울이 로마 감옥에서 기록한 옥중서신이다. 로마 시민권을 가진 사람은 십자가형에 처하지 않는다. 바울은 로마 시민권자이므로 십자가 대신 칼로 목 베임을 당해 순교하게 될 것을 미리 알고 있었다. 그래서 그의 마지막 편지인 디모데후서 4장에서도 "전제와 같이 내가 벌써 부어지고 나의 떠날 시각이 가까웠도다"(딤후 4:6)라고 말한다. 이는 완전한 헌신을 예고하는 기쁨의 표현이다.

추수 감사 주일은 풍성한 결실로 인하여 성도들 모두 그 어느 절기보다 정성스럽게 예물을 준비한다. 아름다운 전통이다. 그러나 그 예물 속에는 하나님께 드릴 헌신의 다짐이 있어야 한다. 헌신이란 몸과 마음을 바친다는 뜻이고, 또한 있는 힘을 다한다는 의미로 사용된다. 감사절의 기쁨 때문에 헌신의 정신이 약해지면 안 된다. 감사의 헌신을 드릴 때 크고 진정한 기쁨이 있다는 사실을 잊지 말자.

말씀의 갈무리

주님께서 추수 감사절이라는 기쁜 날을 우리에게 주셨다. 넉넉한 마음의 여유와 함께 풍성한 수확을 허락하셨다. 이날을 기쁘게 보내고, 또 앞으로 다가올 날들을 기쁨으로 맞이하려면 먼저 '케노시스'의 주님을 따라 마음을 비워 겸손함으로 채우고, 다음으로 원망과 시비를 없애 빛처럼 밝게 그리스도의 날을 준비하며, 이 몸을 헌신의 예물로 드리면서 영원한 하나님의 나라를 확신해야 한다.

로마서의 말씀을 기억하라. "그러므로 형제들아 내가 하나님의 모든 자비하심으로 너희를 권하노니 너희 몸을 하나님이 기뻐하시는 거룩한 산 제물로 드리라 이는 너희가 드릴 영적 예배니라 너희는 이 세대를 본받지 말고 오직 마음을 새롭게 함으로 변화를 받아 하나님의 선하시고 기뻐하시고 온전하신 뜻이 무엇인지 분별하도록 하라"(롬 12:1-2). 이제 우리는 형식적인 감사예배를 드리는 대신, 진정한 전제 곧 산 제물로 드리는 영적 예배가 필요하다. 뒤틀린 이 세대에서 올바르고 진실한 감사로 드리는 우리의 추수 감사예배를 하나님께서 받으실 줄 확신한다.

4

52주
주해 설교

1주

약한 자를 들어
강한 자를 부끄럽게 하시는 하나님

본문 | 대상 8:1-28
요절 | 그들은 다 가문의 우두머리이며 그들의 족보의 우두머리로서 예루살렘에 거주하였더라(28절)

접근

사람들은 흔히 어떤 일을 행할 때 그 일에 적합하고 능력 있는 사람을 찾는다. 그 이유는 그 사람에게 믿고 맡길 수 있기 때문이다. 하지만 하나님은 능력자가 아닌 연약한 자를 들어 하나님의 뜻을 이루신다. 하나님의 관점은 자신의 의를 드러내는 것이 아니라 겸손하게 하나님의 뜻을 이루어 갈 수 있는 사람에게 있다. 우리가 하나님의 뜻을 이루어 드리는 사람이 되기 위해서는 무엇보다도 인간적인 능력이 아니라 겸손하게 하나님의 뜻을 구하는 자세를 가져야 한다.

베냐민 지파를 세우신 하나님(1a절)

베냐민은 태생부터 연약한 자였다. 창세기 35장에 라헬이 난산으로 죽음이 임박한 상황에서 아들을 낳고 '베노니'라고 불렀다. 이는 '슬픔의 자식'이라는 뜻이다. 그렇지만 야곱은 그 이름을 '베냐민'(오른손의 아들)이라는 이름으로 바꾸어 주었다. 베냐민은 이름처럼 연약했지만, 이스라엘의 통일 왕국 건설에 있어서 지대한 역할을 하게 된다. 이러한 이유로 인해 앞 장인 7장 6-12절에서 이미 언급되었지만, 오늘 본문에서 다시 언급되고 있다. 우리는 베냐민을 통해서 연약하지만 하나님을 경외하는 자들을 통해 위대한 일을 행하시는 하나님의 은혜를 경험하게 된다. 연약하지만 하나님의 뜻을 이루어 드리는 성도의 삶이 되기를 바란다.

에훗을 들어 사용하신 하나님(6a절)

베냐민 족보에 에훗의 족보가 기록되고 있다. 사사기 3장에 보면, 에훗은 '왼손잡이'였다. 원문을 보면, '오른손을 쓰지 못하는 자'라는 의미이다. 당시 고대 근동의 문화에서 왼손의 개념은 더러운 것을 처리하는 손으로 생각했다. 부정적인 관점이 지배적이었다는 말이다. 하지만 하나님은 그렇게 사회적으로 연약한 자로 이해되었던 사람을 통해서 이스라엘을 모압 왕 에글론으로부터 구원하는 일을 하셨다. 비록 세속적인 관점에서는 부끄럽고 수치스러운 부분이 있다고 할지라도 우리 주님은 그 연약함을 통해 위대한 일을 행하시는 분이다.

사하라임과 모압 여인(8-9절)

베냐민 족보에서 특이한 점은 사하라임이 본처들을 버리고 이방 모압에 가서 새로운 여인을 얻는다는 점이다. 오늘 말씀에는 본처의 아들과 모압 여인에게서 낳은 아들을 함께 기록하고 있으나 본처의 아들인 후심의 아들들과 그 후손을 중심으로 족보를 이어가고 있다(11절 이하). 성경은 언약의 백성이 그 기업을 통해서 계승되고 있음을 기록함과 동시에 모압 여인에게서 얻은 아들을 소개하는 것은 모압 여인 룻을 상기하게 한다. 이런 맥락에서 볼 때, 비록 이방 여인에게서 낳은 아들이지만, 하나님께서 그 언약을 신실하게 이루어 가신다는 사실이다.

하나님은 이렇게 연약함까지도 사용하시는 분이다. 비록 왼손잡이였지만 에훗을 통해 일하셨고, 이방 여인을 통해 하나님의 거룩한 족보를 이어가시는 분이다. 하나님은 우리의 연약함까지도 사용하셔서 일하시는 분임을 믿고 신뢰하자.

4

적용
1. 하나님의 일을 행함에 있어 무엇에 초점을 맞추며 일하는가?
2. 세상의 기준으로 보았을 때, 나의 연약함은 무엇인가?
3. 하나님께서 나의 연약함을 어떻게 사용하셨는가?

2주 하나님의 일하심

본문 | 대상 8:29-40
요절 | 넬은 기스를 낳고 기스는 사울을 낳고 사울은 요나단과 말기수아와 아비나답과 에스바알을 낳았으며 (33절)

접근

우리는 하나님의 일하심에 대해서 다 이해할 수 없다. 그 이유는 하나님은 우리의 이성과 합리적인 판단을 넘어서서 일하시기 때문이다. 그래서 우리는 하나님의 일하심을 '역설의 은혜'라고 부르기도 한다. 어쩌면 목회자로 서 있는 그 자체가 역설적인 은혜가 아닐 수 없다. 이처럼 오늘 말씀에도 보면, 역설적인 은혜가 임하고 있다는 사실을 발견하게 된다. 왜냐하면 오늘 말씀은 실패한 왕의 족보를 다루고 있기 때문이다. 그럼에도 불구하고 하나님은 이 지파를 통해서 일하셨음을 나타내고 있다.

초대 왕을 배출한 베냐민 지파(29-33a절)

앞서 베냐민 지파에 관한 족보에 관해서 상세하게 소개한 후, 이어서 오늘 말씀은 베냐민 지파에 속해 있는 사울 왕가의 가문 족보를 소개하고 있다. 어쩌면 이스라엘의 초대 왕으로 등극했지만, 다윗에 비하면 조금은 초라하게 소개되고 있다. 사울 가문은 사실상 사울의 범죄로 큰 징벌을 받았지만, 완전히 멸하지 않고 점점 번성해졌음을 기록하고 있다. 하나님은 비록 범죄하였다 할지라도 택한 백성을 완전히 멸하지 않으시고 새롭게 번성하도록 은혜를 주시는 분이다. 이것이 바로 하나님께서 우리에게 주시는 역설의 은혜이다. 따라서 우리가 범죄하였다 할지라도 회개하고 회복되어 번성하는 삶으로 나아가야 한다.

외면하지 않으시는 하나님(33b절)

기브온은 베냐민 지파에 속한 성읍이다. 이 성읍의 조상 여이엘은 사울의 아버지 기스와 할아버지 넬을 낳았다. 넬은 사울의 군대 장관이었던 아브넬의 아버지였다(삼상 14:50). 하나님께서 사울을 초대 왕으로 세웠던 것은 나쁜 선택이 아니었다. 하지만 그는 연약함으로 인하여 악하고 타락한 세력 앞에 무릎을 꿇게 되었고, 결국 범죄한 왕으로 심판을 받게 되었다. 비록 그는 범죄를 저질렀지만 하나님의 은혜가 완전히 끊긴 것은 아니었다. 하나님은 사울 가문을 새로운 계획으로 바라보고 계셨다. 결코 외면하지 않으시고 연약함을 위대함으로 바꾸시는 계획을 세우셨다. 이것이 외면하지 않으시는 주님의 은혜이다.

새로운 번영(34-40절)

사울 왕가의 몰락에도 불구하고 그 아들 요나단을 통해 계승되고 있다. 사무엘상 18장 1-3절과 20장을 보면, 요나단은 다윗에게 다윗을 도와주는 대신 다윗이 왕이 된 이후 자기 집을 보살펴 줄 것에 대해서 언약한다. 다윗은 왕이 된 이후 이 약속을 신실하게 이행한다(삼하 9장). 그래서 사울 왕가의 계보는 끊이지 않고 큰 용사의 가문으로 번영할 수 있었다(40절). 성경의 저자는 이러한 사실을 기록함으로 인해 포로로 끌려갔다가 돌아오는 이스라엘 백성을 위로하고 소망 중에 용기를 갖도록 했다.

하나님의 일하심은 역설이다. 범죄로 인해 심판하지만 완전히 멸하지 않으시고 오히려 소망을 갖게 하신다. 마치 거룩한 씨앗을 남겨 놓듯이 완전히 끊어지지 않게 하시고 새로운 빛을 보게 하시는 분이다. 이 사실을 믿음으로 받아들여 소망 중에 위로받고 흔들리지 않는 신앙이 되기를 바란다. 그리하여 하나님의 번영을 누리는 삶이 되기를 바란다.

적 용
1. 하나님 앞에서 흑역사는 무엇인가?
2. 하나님은 부끄러운 과거를 어떻게 회복시켜 주셨는가?
3. 부끄러운 과거를 통해 하나님의 일하심은 무엇인가?

3주

믿음의 계보

본문 | 대상 9:1-9
요절 | 그들의 땅 안에 있는 성읍에 처음으로 거주한 이스라엘 사람들은 제사장들과 레위 사람들과 느디님 사람들이라(2절)

접근

계보를 이어간다는 것은 매우 중요한 일이다. 그 이유는 전통을 이어간다는 말이기 때문이다. 음식점을 하더라도 원조를 붙여서 상호 명을 짓는 경우가 있다. 그만큼 그 분야에 정통하고 자부심이 있다는 말이기도 하다. 오늘 말씀은 이렇게 믿음의 정통성을 이어간 이야기를 담고 있다. 좋은 환경에서 이러한 전통을 이어간다는 것은 그렇게 어려운 일이 아닐지 모르지만, 포로로 잡혀가서 민족의 정체성마저 흔들리는 상황에서 민족의 정체성, 신앙의 정체성을 이어가는 것은 쉬운 일이 아니다. 그럼에도 믿음의 계보를 이어가면서 하나님의 역사를 드러내고 있다.

역사에 대한 회고(1-2절)

오늘 말씀은 바벨론 포로 생활 70년이 지나고 다시 고국 땅에 돌아온 이스라엘 백성을 각 지파와 자손 별로 기록하고 있다. 특히 1절과 2절은 지금까지 진행되었던 역사를 약술하고 있다. 이스라엘이 바벨론 포로로 잡혀간 이유가 범죄했기 때문이고, 귀환했을 때 그 본래의 기업에 거한 자가 바로 '제사장들과 레위인이었다'라는 사실을 기록하고 있다. 저자는 이 이야기를 통해 성전 중심으로 민족 공동체가 회복되기를 간절히 염원하고 있음을 발견하게 된다. 역사에 대한 회고와 기억이 미래를 향한 염원을 담는다는 차원에서 예수 그리스도를 기억한다는 것은 신앙의 전통을 이어가고 믿음의 계보를 이어가는 모습이다.

예루살렘 재건에 공헌한 유다 지파(3-6절)

역사를 기억하고 전통을 회상하면서 이스라엘 백성은 포로에서 귀환하여 그들의 신앙 정체성을 확립한다. 신앙을 중심으로 다시 결집하여 예루살렘을 중심으로 거주하면서 신앙 공동체를 형성해 갔다. 당시 예루살렘에는 유다와 베냐민 지파 이외에도 에브라임과 므낫세 지파가 함께 거주하고 있었다. 그중 오늘 말씀은 유다와 베냐민 지파의 자손을 언급한다. 성경은 이들이 예루살렘 재건에 지대한 공헌을 했음을 시사한다. 이렇게 주님의 성전을 바르게 세우는 일에 동참하는 일은 하나님께서 기뻐하시는 일이다. 그러므로 성도는 주님의 성전을 다시 세우는 일에 헌신하는 삶을 살아야 한다.

예루살렘에 재정착한 베냐민 지파(7-9절)

오늘 말씀은 예루살렘에 거주했던 베냐민 자파에 대해서 기록하고 있는데, 4명의 족장, 즉 살루, 이브느야, 엘라, 무술람을 기록하고 있다. 느헤미야 11장 7절에는 '살루'만 기록하고 있다. 이렇게 베냐민 지파를 기록하고 있는 이유는 유다 지파와 더불어 남유다의 정통왕조에 속해 있었기 때문이고, 포로에서 돌아온 후에도 새로운 신정 국가를 세우는 데에 중요한 역할을 했기 때문이다. 이렇게 하나님 나라의 건설에 앞장선 지파를 집중하여 살피시고 그들을 통해 신앙의 전통성을 만들어 가시는 하나님의 섭리를 깨닫게 된다.

믿음의 가문을 통해 신앙의 전통성을 이어가시는 하나님은 오늘 우리를 통해서도 동일하게 역사하신다. 우리의 신앙을 세우고 우리의 가정을 믿음으로 세워 갈 때 하나님은 그런 믿음의 가정을 통해서 하나님의 위대한 믿음의 전통성을 이어가신다. 이러한 은혜가 우리 모두에게 임하기를 바란다.

적용
1. 지금 눈앞에 놓인 삶은 어떤 모습인가?
2. 내 앞에 놓인 어려움 가운데도 신앙의 전통을 이어가고 있는가?
3. 하나님 나라를 세우기 위해 헌신의 노력을 하고 있는가?

4주 예배 중심의 삶

본문 | 대상 9:10-34
요절 | 또 찬송하는 자가 있으니 곧 레위 우두머리라 그들은 골방에 거주하면서 주야로 자기 직분에 전념하므로 다른 일은 하지 아니하였더라(33절)

접근

흩어졌다가 다시 결집하기 위해서는 결집할 수 있는 '중심성'이 있어야 한다. 그 중심성이 하나 되게 하는 강력한 힘이다. 포로에서 귀환한 이스라엘 백성은 하나의 민족으로 결집하기 위해서 하나님 중심으로 모였다. 이들이 하나로 모이게 하는 그 중심성은 바로 "야훼 신앙"이었다. 오랜 포로 생활에서 흩어졌던 마음과 정신을 하나로 묶고 끈끈한 공동체로 모일 수 있는 근원이 바로 하나님 중심의 신앙이었다. 이처럼 흐트러진 삶을 다시 세우기 위해서는 철저한 야훼 신앙이 필요하다.

신앙을 세울 제사장(10-13절)

성경은 바벨론에서 돌아온 사람들의 명단을 소개하면서 24반차에 속한 제사장과 대제사장 아사랴의 계보를 소개한다. 이들은 고레스 칙령 이후 맨 먼저 예루살렘으로 귀환한 사람들이었다. 그들에게 당면한 가장 시급한 과제는 바로 성전을 재건하고 예배 공동체를 세우는 일이었다. 그래서 참된 예배를 드리는 것이 가장 중요했다. 따라서 저자는 그 사역을 감당할 제사장의 계보를 소개하고 있다. 우리의 인생에서도 예배가 회복되는 것이 가장 중요한 일이다. 우리의 삶이 어떠하더라도 하나님께 참되게 예배드리는 모습을 회복하는 것이 하나님께서 가장 기뻐하시는 일이 될 것이다.

신앙을 세울 협력자들(14-27절)

성경은 제사장 그룹을 소개한 후 일반 제사장 그룹을 소개한다. 이 그룹에 속한 레위인들은 찬양하는 사람들(14-16절), 성전 문지기(17-27절), 성전의 기구를 관리하는 사람들(28-32), 찬송하는 사람들(33-34절) 등이었다. 13절에 따르면 이들은 "하나님의 성전의 일에 수종들 재능이 있는 레위인"으로서 제사장의 지시를 따라 공동체의 질서와 예배 예식을 회복하는 일에 전념했다. 이렇게 하나님은 그의 거룩한 사역을 위해서 서로 돕는 협력자들을 세워 주셨다(롬 8:28). 하나님은 그분의 뜻을 이루기 위해서 우리를 협력자로 세우고 계신다. 따라서 우리의 삶이 하나님과 협력하여 선을 이루는 거룩한 삶이 되어야 한다.

고귀한 직분(28-34절)

하나님은 그 밖에도 다른 일을 할 수 있는 직분을 주셨다. 오늘 말씀을 보면 그릇을 맡은 사람(28절), 성소의 기구를 맡은 사람(29절), 향기름을 만드는 사람(30절), 진설병을 만드는 사람(31-32절), 찬송하는 사람(33-34절)에 대한 언급이 있다. 사실 하나님께서 허락하신 직분은 어떤 일을 하더라도 모두 고귀하다. 그렇기에 어떤 직분이라도 소홀함이 없이 충실하게 감당해야 한다. 중요한 것은 우리가 맡은 직분의 중심은 예수 그리스도이며 하나님을 향한 신앙이다. 봉사와 섬김은 신앙의 고귀한 표현이라는 점을 잊지 말아야 한다.

철저한 성전 중심의 신앙, 예수 그리스도를 중심으로 하는 신앙은 서로 협력하는 신앙이 될 뿐만 아니라 봉사와 섬김을 통해 하나님께 영광 돌리는 신앙이다. 이렇게 예배 중심의 삶, 실천이 있는 예배를 통해 우리의 삶을 다시 세우고 우리의 공동체를 더욱 든든하게 세워가는 삶이 되기를 바란다.

4

52주 주해 설교

적용 1. 삶의 중심이 하나님을 향한 절대 신앙인가?
2. 하나님의 나라를 위해서 협력자의 삶을 살고 있는가?
3. 내게 주신 직분을 고귀하게 감당하고 있는가?

5주   새 시대를 향한 기억

본문 | 대상 9:35-44
요절 | 넬은 기스를 낳고 기스는 사울을 낳고 사울은 요나단과 말기수아와 아비나답과 에스바알을 낳았으며
(39절)

접근

'실패는 성공의 어머니'라는 말이 있다. 이는 실패하였다고 하여 좌절할 것이 아니라 그것을 발판 삼아 한 단계 더 도약할 수 있음을 기억하라는 말이다. 오늘 말씀은 사울의 족보가 재차 기록되고 있다. 아마도 그 이유는 사울 시대의 패망을 알림과 동시에 새로운 시대가 열리고 있음을 기대하게 하기 위함인 듯하다. 사울은 화려하게 초대 왕으로 등극했지만, 교만으로 인하여 비참한 죽음을 맞이하게 되었다. 성경의 저자가 이렇게 기록하고 있는 이유는 과거를 반면교사 삼아 새로운 시대를 소망하게 하기 위함이다.

사울의 조상 여이엘(35절)

오늘 말씀은 먼저 사울의 조상이 되는 여이엘을 기록하면서 반면교사를 삼게 하셨다. 8장 29절에서는 이 이름을 생략했는데 오늘 말씀에는 언급되고 있다. 생략의 이유는 하나님의 은혜와 다윗의 정적이었던 사울 계열을 배려하여 생략하였고, 사울의 범죄와 그 정통성 결여를 드러내는 오늘 말씀은 그 죄의 원인을 기브온의 조상으로부터 유래되었음을 강조하기 위함이다. 또한 본문은 10장으로 이어지는 서론으로서 그 역할을 감당하도록 하기 위함이다. 이렇게 여이엘이 기브온에 거주하였음을 강조하면서 사울 왕조가 하나님의 언약과 무관함을 드러내고자 했다.

반면교사를 삼게 하신 하나님(39절)

하나님은 과거의 실패를 통해 반면교사를 삼게 하신다. 그 이유는 과거를 기억하게 함으로 그 부끄러움을 넘어 바른길을 걷게 하기 위함이다. 본문에 나오는 사울의 족보는 수치와 부끄러움을 주기 위함이 아니다. 그 가문에 대한 불명예 낙인을 찍기 위함도 아니다. 오히려 이스라엘 백성에게 하나님께서 기뻐하시지 않는 길을 걷지 않도록 하기 위한 예방책이다. 그렇다. 하나님은 반면교사 삼아 사울의 길이 아닌 다윗의 길이 하나님이 기뻐하시는 길임을 기억하게 하신다. 오늘 말씀은 우리에게 이것을 기억하라고 말씀한다. 과거의 잘못과 실패를 거울삼아 바른길로 나아가는 삶이 되기를 바란다.

소망을 보게 하시는 하나님(40-44절)

하나님은 절망 속에서 소망을 보게 하신다. 지금 포로에서 돌아온 이스라엘 백성의 눈앞에 놓인 것은 황폐한 땅이었다. 아마 이스라엘 백성은 하나님의 심판이요, 버림받음의 사인(sign)으로 이해할지 모른다. 하지만 사울의 족보를 통하여 하나님은 신실하신 분임을 보여 주신다. 그러하기에 지금 좌절하고 있는 이스라엘 백성을 향해 다시금 하나님의 약속을 신뢰하며 나아가도록 하신다. 사울 왕이 폐위되고 다윗의 왕조를 세우신 하나님의 신실하심을 바라보게 하신다. 이것이 바로 하나님께서 우리에게 주시는 소망의 은혜이다.

부끄러운 과거를 돌아보며 다시 그 역사를 반복되지 않도록 인식하는 일은 매우 중요한 일이다. 하나님은 회개하고 돌이킬 때 소망 가운데 새로운 역사를 이루어 가시는 분이다. 이 하나님의 은혜를 기억하고 돌이켜 좌절이 아니라 소망을, 절망이 아니라 희망을 노래하는 삶이 되어야 한다. 이 사실을 기억하고 새롭게 세우시는 하나님을 찬양하는 삶이 되기를 바란다.

4

52
주
해
설
교

적용 1. 하나님 앞에 부끄러운 역사는 무엇인가?
2. 부끄러운 과거로 인하여 하나님을 불신한 경험이 있는가?
3. 하나님께서 소망으로 이끌어 주시는 은혜를 경험하고 있는가?

6주

왜곡된 마음

본문 | 대상 10:1-14
요절 | 여호와께 묻지 아니하였으므로 여호와께서 그를 죽이시고 그 나라를 이새의 아들 다윗에게 넘겨 주셨더라(14절)

접근

우리는 종종 우리가 계획하고 원하는 말만 듣기를 원할 때가 있다. 그래서 누군가가 나에게 조언을 하면 내가 듣고 싶은 말만 듣고, 결국 자신이 하고 싶은 대로 결정을 내리곤 한다. 그런데 결과는 좋지 못할 때가 많다. 그 이유는 무엇일까? 사실 객관적인 조언이 나에게 좋은 말이기는 하지만, 왜곡된 나의 이기적인 마음이 그 뜻을 수용하지 못하기 때문이다. 오늘 말씀은 하나님께 묻지 않고 자신의 뜻대로 행하다가 비운을 맞이한 사울의 이야기를 기록하고 있다.

사울의 최후(4절)

오늘 말씀은 사울의 최후를 기록하고 있다. 블레셋과의 전투에서 이스라엘이 패함으로 길보아 산에서 많은 병사가 죽임을 당했다. 사울과 그 아들들이 도망하는 가운데 요나단과 아비나답과 말기수아가 죽임을 당했다. 심지어 사울도 자기 칼 위에 엎드려져 죽음을 맞이하였다. 어쩌면 자신의 왜곡된 소리에 세뇌가 된 사울은 더이상 하나님의 음성을 듣지 못하고 비참한 최후를 맞이하게 되었는지 모른다. 우리 또한 귀를 닫는 어리석은 자가 아니라 귀를 열고 하나님의 말씀을 경청하고 순종하는 신앙의 태도를 가져야 한다. 그럴 때 하나님께서 돕는 은혜를 베풀어 주신다.

능욕당한 사울의 시신(10절)

블레셋 사람들은 죽은 이스라엘 사람들의 옷을 벗기다가 사울과 그의 아들들이 길보아 산에서 죽어 있는 것을 발견한다. 그들은 사울의 옷을 벗기고 그의 머리를 자르고 갑옷을 빼앗은 후 그 소식을 온 백성에게 전하도록 했다. 블레셋 사람들은 사울의 갑옷을 그들의 신전에 두고, 사울의 머리는 다곤 신전에 매달아 놓았다. 한 나라의 기름 부어 세움 받은 왕이었지만, 교만하고 불순종했던 결과가 이렇게 죽음 이후에도 능욕을 받게 되었다. 참으로 안타까운 일이 아닐 수 없다. 성도는 이러한 실수를 반복하지 않기 위해서는 이 슬픈 역사적 사실을 기억하고 마음에 새겨야 한다.

사울의 시신을 장사 지냄(12절)

죽은 사울이 처참하게 능욕당한 이야기를 들은 길르앗 야베스 사람들은 사울과 그의 아들들의 시신을 거두어 야베스로 돌아왔다. 그리고 상수리나무 아래에 장사를 지내고 7일 동안 금식하며 애도했다. 성경은 이렇게 된 이유를 "여호와의 말씀을 지키지 아니하고"(13b절) 무당에게 도움을 받았기 때문이라고 말씀한다. 그래서 하나님은 사울의 역사를 그치고 새로운 시대를 열어갈 준비를 하셨다. 하나님은 죄로 인해 한쪽 문을 닫고 새로운 문을 여셨다. 한쪽 문이 닫히면 또 다른 문이 열리는 은혜이다. 사울은 왜곡된 삶을 살았던 대표적인 사람이다. 상처와 아픔으로 왜곡된 마음이 하나님의 뜻을 왜곡하는 실수를 범하게 하였다. 사울과 같은 슬픈 역사를 반복하지 않기 위해서는 나의 내면에 깊이 뿌리박힌 쓴 뿌리를 제거하고 회복된 마음으로 하나님의 뜻을 분별할 수 있어야 한다. 그리고 순종하는 삶이 되어야 한다. 그럴 때 은혜로 가득한 새로운 시대를 열어갈 수 있다. 이런 은혜가 우리 모두에게 임하길 바란다.

4

52
주
주
해
설
교

적용
1. 하나님의 음성이 아닌 사람의 소리에 귀 기울인 적이 있는가?
2. 듣고 싶은 말만 듣고 일을 추진했을 때 마음은 어떠한가?
3. 인생의 기준이 하나님인가, 세상의 소리인가?

7주 　　여호와께서 함께하시니

본문 | 대상 11:1-9
요절 | 만군의 여호와께서 함께 계시니 다윗이 점점 강성하여 가니라(9절)

접근

어렸을 적, 어두운 밤거리를 걸어갈 때 무서움이 엄습해 왔던 경험이 있다. 사방이 깜깜하고 앞이 잘 보이지 않는 시골길을 어린아이가 걸어가기에는 너무나 무서운 길이었다. 그런데 아빠가 손을 잡고 갈 때는 무섭지 않았다. 든든했다. 점점 기세가 더 등등해지는 경험을 하곤 했다. 어쩌면 오늘 말씀은 그런 이야기를 담고 있는 듯하다. 누구보다 고단하고 험난한 삶을 살아왔던 다윗이었지만, 하나님께서 함께하셔서 점점 더 강성해지는 은혜를 경험한 사람이었다. 주님의 손이 함께하는 삶이었다.

온 이스라엘의 왕이 된 다윗(3절)

다윗은 먼저 자신이 속해 있던 유다 지파에서 왕이 되었다. 나머지 지파는 사울 왕의 아들 이스보셋이 다스렸다. 그런데 이제 다윗은 명실상부(名實相符), 온 이스라엘의 왕으로 등극한다. 성경의 저자는 사무엘하에 나오는 역사적 기록과 달리 하나님 나라의 모델로 제시하기 위해 지극히 긍정적인 측면을 부각하고 있다. 어두운 과거는 기록하지 않고 왕으로 기름 부음 받은 사실을 소개하고 있다(삼하 5:3). 심지어 헤브론에서의 기록조차 언급하지 않는다. 그 이유는 포로에서 막 귀환한 이스라엘 백성에게 소망과 희망을 주기 위함이었다. 때론 제사장적 관점으로 신앙 공동체를 굳게 세우는 일도 중요하다.

다윗의 예루살렘 정복(7절)

그 후 모든 이스라엘 백성이 예루살렘 성으로 갔다. 당시만 하더라도 그 성은 여부스라고 불렸고 그곳 원주민들을 여부스 사람이라고 불렀다. 그들은 들어오지 못하도록 막았지만, 그 성을 점령하고 다윗 성이라고 불렀다. 성경은 다윗이 첫 번째로 여부스를 정복한 사건을 기록함으로써 하나님 나라의 초석을 마련하게 되었음을 보여 준다. 다윗 성은 중앙 수도로서 좋은 위치였고, 기혼의 샘이 있어서 식수 공급에도 좋은 장소였다. 그리고 종교적인 위상을 더 높일 수 있는 좋은 장소였다. 다윗은 이런 곳을 정복하고 하나님 나라의 초석을 다지면서 하나님 나라의 모델을 제시해 주고 있다.

점점 강성해진 이유(9절)

다윗이 점점 강성해질 수 있었던 이유는 하나님께서 함께하셨기 때문이다. 다윗과 함께하셨던 하나님은 모든 피조물에게 명령권을 행사하실 수 있는 권능을 가진 분이다. 전지전능하신 하나님께서 이스라엘을 위해서 싸우셨기 때문에 다윗이 점점 더 강성해질 수 있었다. 성경은 다윗의 이러한 모습을 묘사하면서 다윗이 전쟁에서 승리할 수 있었던 것이 다윗의 능력이 아니라 여호와 하나님의 도우심으로 인한 것임을 분명하게 드러내고 있다. 따라서 우리 또한 전능하신 하나님께서 함께하시는 삶을 살아야 한다. 하나님께서 함께하신다는 말은 단순히 듣기 좋은 표현이 아니다. 우리의 삶을 더욱 견고하게 해 주는 은혜의 말씀이요, 능력의 말씀이다. 성도가 더욱 강성해지는 삶이 되기 위해서는 하나님께서 함께하시는 삶이 되어야 한다. 임마누엘의 은혜가 우리 모두에게 임하셔서 더욱 강성해지는 삶이 되기를 바란다.

적 용 1. 삶을 살아가는 힘의 근원은 무엇인가?
2. 하나님이 함께하심을 경험한 고백이 있는가?
3. 하나님을 삶 속에서 얼마나 의식하며 살아가는가?

8주 　　　다윗과 함께하는 사람들

본문 | 대상 11:10-47
요절 | 다윗에게 있는 용사의 우두머리는 이러하니라 이 사람들이 온 이스라엘과 더불어 다윗을 힘껏 도와 나라를 얻게 하고 그를 세워 왕으로 삼았으니 이는 여호와께서 이스라엘에 대하여 이르신 말씀대로 함이었더라(10절)

접근

삼국지를 보면 영웅들의 이야기로 가득하다. 그중 유비 옆에 항상 함께 있는 장수들이 많았다. 그 첫 시작은 '도원결의(桃園結義)'를 하면서였다. 이 결의에서 관우와 장비와 의형제를 맺게 된다. 또한 삼고초려를 해서 제갈량을 책사로 얻게 된다. 하지만 유비에게는 조조처럼 강인한 카리스마는 보이지 않는다. 그저 유순한 선비 같은 모습이다. 그런 그에게는 의리가 있는 의형제와 장수들이 많았다. 우리가 하나님의 일을 감당하기 위해서는 의리가 있는 협력자가 필요하다. 오늘 나에게는 그런 협력자가 있는지 생각해 본다.

첫 번째로 함께한 세 용사(10-14절)

본문은 다윗의 용사들에 대한 말씀이다. 다윗이 아둘람 굴에 있을 때 자신들의 목숨을 걸고 블레셋 군대를 돌파하여 베들레헴 성문 곁 우물물을 떠 온 세 용사와 용감했던 다른 용사들과 여러 용사의 이름이다. 이들은 다윗을 위하여 목숨을 걸고 블레셋 군대를 돌파하여 베들레헴 성문 곁 우물물을 떠다 준 충성스러운 사람들이다. 생사고락(生死苦樂)을 함께했던 충성스러운 장수들이 다윗 옆에 포진하고 있었다. 다윗에게 그들은 참으로 의리 있는 용사들이었다. 우리 또한 의리가 있는 협력자가 되어 하나님께 영광을 돌리는 삶이 되어야 한다.

30인 중 두 번째로 함께한 용사(15절)

15절의 말씀에는 삼십 우두머리 중 세 사람이 언급된다. 이들은 다윗이 아둘람 동굴에 있었고, 블레셋 군대는 리바임 골짜기에 진을 치고 있을 때 다윗에게 온 사람들이다. 이들은 20절과 24절을 보면, 아비새, 브나야, 그리고 이름이 밝혀지지 않은 익명의 한 사람이다. 이들은 첫 번째 3인에 필적할 만한 충성심과 용기가 있었지만, 능력 면에서는 조금 부족한 듯하다. 그럼에도 그들은 다윗에게 충성스럽게 한 용사들이었다. 다윗에게는 이렇게 충성스럽고 용기 있는 용사들이 함께했다. 우리 또한 하나님의 강한 용사가 되어 하나님 나라에 협력하는 귀한 장수가 되어야 할 것이다.

위대한 용사들(26-47절)

오늘 본문에 나오는 인물들은 출신성분이 모두 달랐지만, 다윗에게 헌신과 충성을 다한 사람들이었다. 그들의 한결같은 충성심은 이스라엘을 강인한 하나님 나라로 만드는 데 토대가 되었다. 다시 말해서, 다윗이 계속되는 피난 생활이었음에도 왕이 될 수 있었던 것은 그들의 섬김과 헌신, 땀과 노력이 있었기 때문이다. 바벨론 포로에서 돌아온 이스라엘 백성은 각기 서로 다른 모습이었지만 예루살렘 성전을 다시 세우는 데 전심전력을 다해야 했다. 그래서 그들의 이야기는 귀중한 모델과 귀감이 되는 이야기였다.

한 나라가, 한 공동체가 든든하게 세워지는 것은 돕는 손길, 협력하는 손길이 있기 때문이다. 충성을 다해서 섬기는 사람들이 있기 때문이다. 이들은 모두 의리 있는 용사들이었다고 기록된다. 한 마음을 품고 함께 주님의 교회를 든든하게 세워가는 의리 있는 신앙인이 되기를 바란다.

적용　1. 지금 내 주변에 있는 사람들은 평생 함께할 사람들인가?
　　　2. 하나님과 함께하는 사람들의 특징은 무엇인가?
　　　3. 하나님의 일을 드러내는 모델이 되고 있는가?

9주   믿음의 안목

본문 | 대상 12:1-40
요절 | 그때에 사람이 날마다 다윗에게로 돌아와서 돕고자 하매 큰 군대를 이루어 하나님의 군대와 같았더라 (22절)

접근

누군가에게 기억된다는 것은 참으로 고귀한 일이다. 기억된다는 것은 그 사람과 함께했던 과거의 시간을 현재화하는 시간이기 때문이다. 오늘 말씀은 다윗과 함께했던 수많은 장수들의 이야기가 기록되고 있다. 어쩌면 30용사와 같이 수뇌부 역할을 하지 않았지만, 고귀한 섬김과 충성을 마다하지 않는 용사들의 이름이다. 다윗이 다윗 될 수 있었던 것도 이름도 없이 빛도 없이 섬겨왔던 수많은 사람의 희생과 헌신이 있었기 때문이다. 성경은 이렇게 그 이름을 기록하면서 그들의 노고와 땀을 기억하고자 했다.

사울을 떠나 다윗에게 온 사람들(1-22절)

이들은 베냐민 지파 사람들, 갓 지파 사람들, 베냐민·유다 지파 사람들, 므낫세 지파 사람들이었다. 성경은 사울의 수하에 있었던 지파들이 다윗에게로 와서 그를 추종하게 된 이야기를 기록하면서 다윗이 이스라엘의 왕이 되기에 합당한 인물임을 보여 주고자 했다. 그래서 왕이 되기 이전의 역사는 생략하고 다윗을 추종한 용사의 이름을 기록하면서 다윗의 지도력을 강조하였다. 이렇게 하나님 나라는 수많은 협력자를 통해서 이루어진다. 오늘 말씀은 우리를 하나님 나라 협력자로 부르신다는 사실을 깨닫게 된다. 이 부르심 앞에 순종하는 삶이 되기를 바란다.

헤브론에서부터 모여든 지파별 용사의 숫자(23-37절)

오늘 말씀은 사울 왕이 죽은 후 다윗이 헤브론에서 왕으로 추대될 때 그에게 모여든 각 지파별 용사의 숫자를 소개하고 있다. 성경의 저자는 헤브론에서의 통치 이야기와 이스보셋 사건은 생략하고 다윗을 온 이스라엘의 통치자로 강조하고 있다. 23절을 보면, 이러한 모든 일이 여호와의 말씀대로 이루어졌음을 드러내고 있다. 성경이 이 사실을 강조한 것은 하나님께서 인정하신 왕국임을 드러내기 위함이다. 이러한 맥락에서 교회가 주님의 말씀대로 그 뜻을 준행할 때 하나님께서 인정하시는 교회가 될 것이며, 성도의 삶이 될 것이다.

이스라엘의 축제(38-40절)

모든 용사는 왕위 즉위식이 있는 축제의 자리에서 3일 동안 머무르면서 먹고 마셨다. 그리고 대관식에 참여한 사람들은 각기 필요한 음식을 가지고 왔다. 아마도 공적인 자리에서 다른 지파에게 피해를 주지 않기 위함인 것 같다. 이러한 모습은 우리가 어떠한 마음가짐을 가져야 하는지 좋은 모델을 제공해 준다. 40절 중반절을 보면, "나귀와 낙타와 노새와 소에다 음식을 많이 실어왔으니 곧 밀가루 과자와 무화과 과자와 건포도와 포도주와 기름이요 소와 양을 많이 가져왔으니"라고 기록한다. 이렇게 서로 교제하며 축제를 즐길 때 기쁨이 넘쳤다. 서로 교제하며 예배드릴 때 진정한 기쁨이 넘치는 은혜가 있기를 바란다.

하나님 나라를 위해서 수고와 땀을 아끼지 않았을 때, 그 이름이 기억되고 잔치에 초대된다는 것은 참으로 기쁜 일이 아닐 수 없다. 하나님은 그의 나라를 위해 수고한 사람의 이름을 결코 잊지 않으신다. 그리고 마지막 혼인 잔치에 우리를 모두 초청하신다. 그리하여 마치 리듬이 없어도 춤을 출 수 있는 그런 삶이 될 수 있는 은혜를 주신다.

적용
1. 나의 삶을 이끄시는 하나님의 일하심을 경험한 적이 있는가?
2. 삶 속에서 하나님을 신뢰하며 기다린 경험이 있는가?
3. 하나님의 일하심 앞에 나의 반응은 무엇인가?

10주 　　　　하나님의 방정식

본문 | 대상 13:1-14
요절 | 다윗이 온 이스라엘을 거느리고 바알라 곧 유다에 속한 기럇여아림에 올라가서 여호와 하나님의 궤를 메어오려 하니 이는 여호와께서 두 그룹 사이에 계시므로 그러한 이름으로 일컬음을 받았더라(6절)

접근

수학에서 방정식은 '미지수의 값에 따라 참, 거짓이 결정되는 등식'이다. 수포자(수학 포기자)에게는 수학의 공식이 참 어렵다. 풀기가 참 어렵다. 어쩌면 하나님께서 제출한 신앙의 방정식 또한 풀기 어려운 문제인 듯하다. 일정한 공식이 눈에 보이지 않기 때문이다. 우리가 풀어가는 방식과 전혀 다를 때가 있기 때문이다. 오늘 말씀은 어렵지만 하나님께서 풀어 가시는 방정식을 배우게 되는 말씀이다. 그렇다면 어떻게 하나님의 방정식을 풀어 가는지 함께 살펴보자.

언약궤 운반 계획(1-4절)

오늘 말씀부터는 제사장적 관점에서 썼기 때문에 다윗의 정치적인 통치보다 신앙적인 통치 모습이 부각되고 있다. 사무엘 5장과 비교하여 볼 때, 오늘 말씀에서는 언약궤 운반 사건이 먼저 나온다. 그 이유는 바벨론 포로에서 돌아온 이스라엘 백성에게 다윗의 여호와에 대한 신앙을 고취시키려는 의도에서였다. 언약궤는 언약의 상징물이기 때문에 신앙적인 중심 모체가 되기에 합당했다. 그래서 다윗은 언약궤를 예루살렘 성에 안치하려고 했다. 이것은 신앙의 회복을 다시한 번 꾀하려는 의도도 있다. 이처럼 우리도 언약의 말씀을 중심으로 신앙의 회복이 가장 우선순위라는 점을 잊지 않아야 한다.

베레스 웃사(11절)

하나님의 궤를 수레에 싣고 웃사와 아히오가 수레를 몰았다. 다윗과 모든 이스라엘 백성은 하나님 앞에서 온 힘을 다해서 기뻐했고 노래하며 수금과 비파와 소고와 제금과 나팔로 연주했다. 그런데 기돈의 타작마당에 이르렀을 때 소들이 뛰었기 때문에 웃사가 손을 펴서 궤를 붙잡았는데 하나님께서 진노하셔서 그가 죽음을 맞게 되었다. 이렇게 되었던 이유는 뜻은 좋았지만 풀이 과정이 틀렸기 때문이다. 하나님의 뜻이 아닌 자신들의 방식으로 풀었기 때문에 하나님께서 진노하셔서 웃사가 죽게 되었다. 나의 방식이 아니라 하나님의 뜻에 맞게 방정식을 풀어가는 지혜가 있어야겠다.

복을 받은 오벧에돔(14절)

비극적인 사건이 벌어지자, 다윗은 하나님의 궤를 예루살렘으로 옮기지 않고 가드 사람 오벧에돔의 집으로 옮겼다. 그는 고라의 후손으로(대상 26:1, 4) 예루살렘 성전의 문지기였다. 그런데 놀라운 일이 벌어졌다. 다윗은 두려운 마음에 법궤를 오벧에돔의 집으로 옮겨놓았는데, 하나님께서 그의 집에 복을 주셨다. 어쩌면 법궤를 받아들이는 신앙적 용기에 대한 하나님의 복이었는지 모른다. 억지로라도 십자가를 지고 간 구레네 시몬의 가정이 복을 받은 것처럼 오벧에돔의 집에 복이 임하게 되었다. 이러한 복이 우리에게 임하길 소망한다.

이렇게 하나님의 뜻은 하나님의 공식대로 풀어가야 한다. 하나님의 방정식은 손해 보는 것 같지만 풍성한 은혜가 가득한 삶이다. 하나님의 공식대로 문제를 풀어 하나님의 복을 충만하게 받아 누리는 삶이 되기를 바란다.

적 용
1. 하나님의 말씀보다 내 생각이 앞선 적이 있는가?
2. 위기 앞에서 어떤 태도를 견지하는가?
3. 위기 속에서 하나님께 돌아서기 위한 방법은 무엇인가?

11주 　　　　　　　다윗의 명성

 본문 | 대상 14:1-17
요절 | 다윗의 명성이 온 세상에 퍼졌고 여호와께서 모든 이방 민족으로 그를 두려워하게 하셨더라(17절)

접근

우리는 흔히 삶의 모범이 되고 오래도록 기억되기를 바라면서 입소문이 나는 것을 '명성(reputation)'이라고 말한다. 명성은 스스로 소문을 내는 것이 아니라 그 평판이 너무 좋아 다른 사람에 의해서 세상에 널리 퍼지는 것을 의미한다. 오늘 말씀은 다윗의 명성이 널리 퍼지는 이야기를 담고 있다. 하나님께서 함께하셔서 점점 강해졌던 다윗의 명성이 온 세상에 퍼지고 이방 민족이 그를 두려워할 정도로 그의 명성이 자자했다. 명성이 어떻게 얼마나 자자했는지 말씀을 통해 함께 살펴보도록 하자.

다윗 왕의 번영(1-2절)

그동안 성경은 다윗의 정치적이고 군사적인 번영에 대해서 기록한 반면, 오늘 말씀은 신앙의 번영에 관해 기록하면서 그 모든 것이 하나님께서 주신 복 때문이라는 사실을 강조한다. 사무엘서에서는 다윗 통치 말기에 기록되어 그의 탁월함을 강조한 반면(삼하 5:11-25), 본문에서는 언약궤에 대한 열망을 나타내는 13장과 15장 사이에 배치함으로써 다윗의 신앙과 연결시키고 있다(2절). 이러한 모습은 "네 영혼이 잘됨 같이 네가 범사에 잘되고 강건하기"(요삼 1:2)를 바랐던 요한 사도의 기도를 기억하게 한다. 따라서 우리의 진정한 번영은 바른 신앙에서 온다는 사실을 기억해야 한다.

블레셋의 1차 전투(8-12절)

본문은 블레셋 사람들이 이스라엘을 침략해 오는 이야기를 담고 있다. 그때 다윗의 반응은 우리의 귀를 쫑긋 세우게 한다. 왜냐하면 전쟁을 준비하는 모습이 사뭇 달랐기 때문이다. 보통은 군사력을 강화한다거나 군비를 비축하거나 전략 회의하는 것이 일반일 텐데, 다윗은 하나님께 기도한다. 이 사실에 대해서 10절은 "블레셋 사람들을 치러 올라가리이까 주께서 그들을 내 손에 넘기시겠나이까"라고 기록하면서 하나님의 응답을 받고 전쟁에 임하는 모습을 보여 준다. 이러한 모습은 "전쟁은 여호와께 속한 것"(삼상 17:47)이라고 했던 다윗의 고백을 기억하게 한다. 우리 또한 우리의 영적 싸움은 오직 주님께 있음을 기억해야 한다.

블레셋의 2차 침투(13-17절)

두 번째로 블레셋이 이스라엘을 침략해 왔을 때도 다윗은 또다시 하나님께 기도한다. 다윗이 하나님께 묻자 "마주 올라가지 말고 그들 뒤로 돌아 뽕나무 수풀 맞은편에서 그들을 기습하되 뽕나무 꼭대기에서 걸음 걷는 소리가 들리거든 곧 나가서 싸우라 너보다 하나님이 앞서 나아가서 블레셋 사람들의 군대를 치리라"(14b-15절)고 말씀하신다. 결국 블레셋과의 전투는 하나님께서 승리하게 하셨고 그의 명성이 모든 이방 나라에 퍼졌고 그들이 다윗을 두려워했다. 이처럼 모든 문제를 하나님께 묻고 하나님의 지시에 따라 순종하는 자세가 필요하다.

어쩌면 묻는다는 것은 쉬운 일이 아니다. 왜냐하면 나의 내면이 강력하게 거부할 수 있기 때문이다. 그럼에도 불구하고 하나님께 묻는 것은 중요한 일이다. 우리가 하나님께 묻고 그 뜻에 순종할 때 하나님의 명성이 세상 가운데 널리 퍼진다. 이 사실을 깨닫고 우리의 삶을 통해 하나님의 명성을 드높이는 복된 성도의 삶을 살아가자.

적용 1. 삶의 문제에 있어서 얼마나 하나님께 묻는가?
2. 하나님께서 나와 함께하심을 얼마나 느끼며 살고 있는가?
3. 내 삶에서 하나님께서 일하심을 드러내고 있는가?

12주 하나님께서 원하시는 방식에 따라

본문 | 대상 15:1-24
요절 | 모세가 여호와의 말씀을 따라 명령한 대로 레위 자손이 채에 하나님의 궤를 꿰어 어깨에 메니라(15절)

접근

모든 수학은 그 원리와 방법대로 풀 때 쉽게 풀 수 있다. 그래서 수학에서 공식과 개념은 매우 중요하다. 이처럼 풀리지 않는 삶과 신앙의 문제도 잘 풀 수 있는 공식이 있다. 그 공식은 세상에서 말하는 공식이 아니라 하나님의 편에 있는 공식이다. 이 공식은 하나님께서 하신 "말씀을 따라" 행하는 원리이기 때문에 역설의 원리라고도 말한다. 그 이유는 하나님의 방법은 상식적인 방법을 초월하기 때문이다. 다윗은 이러한 공식을 잘 깨달았기에 그 공식에 따라 문제를 풀어 간다. 그 방식에 대해서 조금 더 깊게 살펴보도록 하자.

언약궤 재운반을 위한 신앙적 준비(1-2절)

언약궤를 운반하려던 첫 번째 시도가 실패로 끝난 이후(13:1-14), 다윗은 예루살렘 궁전을 짓고 또 하나님의 법궤를 옮길 장막을 마련하였다. 아마도 오벧에돔의 집에 언약궤가 3개월간 머무르면서 하나님께서 복을 주신 모습을 보고 다시 법궤를 모셔 오려고 했던 것 같다. 이러한 다윗의 모습은 항상 주님 앞에서 바로 서기를 갈망하는 마음이 반영되었다고 할 수 있다. 다윗은 이렇게 여호와의 말씀에 따라 순종하려는 신앙적 태도를 가졌다. 이러한 모습이 하나님 보시기에 합한 모습이었다. 우리 또한 하나님 앞에 바르게 서고자 하는 신앙의 자세가 필요하다.

철저히 말씀을 따라 준비한 다윗(3-15절)

다윗은 1차 실패를 거울삼아 이제 율법의 규정대로 철저하게 준비한다. 13절을 보면, "전에는 너희가 메지 아니하였으므로 우리 하나님 여호와께서 우리를 찢으셨으니 이는 우리가 규례대로 그에게 구하지 아니하였음이라"고 고백하면서 말씀에 따라 준비한다. 그래서 다윗은 제사장과 레위 사람들이 여호와의 궤를 멜 수 있도록 성결하게 하도록 명령했다. 그 후 다윗은 레위 사람들이 여호와의 말씀에 따라 하나님의 궤를 멜 수 있도록 했다(15절). 다윗은 이렇게 하나님의 공식에 따라 문제를 풀어 갔다. 이러한 원리는 우리에게도 그대로 적용되는 법칙이다.

언약궤를 운반하는 레위인들(16-24절)

다윗이 언약궤를 운반할 준비를 다 마치고 난 후 운반할 때 그 역할을 핵심적으로 감당해야 하는 레위인들의 역할에 대해서 기록하고 있다. 크게 찬양의 직무를 맡은 악사(16-21절)와 언약궤를 지키는 자들(22-24절)로 구성되었다. 언약궤를 옮기는 일은 매우 고귀한 신앙적 직무이기 때문에 구별된 레위인이 감당했다. 이들은 거룩하게 구별되어서 거룩한 하나님의 일에 동참하였고, 그 사역을 감당하면서 하나님께 영광을 돌렸다. 하나님은 우리 또한 거룩하게 하셔서 거룩한 일에 참여하도록 부르신다. 우리는 이 부르심에 순종함으로 반응하고 거룩한 주님의 사역에 동참하는 거룩한 삶을 살아야 한다.

우리가 기억해야 할 것은 하나님의 일은 하나님께서 원하시는 공식이 있다는 사실이다. 따라서 우리는 우리의 공식대로 하나님의 일을 하는 것이 아니라 하나님이 원하시는 공식에 따라 풀어가는 지혜가 있어야 한다. 하나님의 공식대로 풀어갈 때 하나님께서 우리의 삶을 풍성함으로 채워 주신다.

적용 1. 하나님의 말씀을 어떻게 받아들이고 있는가?
2. 말씀에 대한 순종은 무엇이라고 생각하는가?
3. 하나님의 일을 하면서 '성결'에 대한 의식을 갖고 있는가?

13주 같은 공간, 다른 마음

본문 | 대상 15:25-29
요절 | 여호와의 언약궤가 다윗 성으로 들어올 때에 사울의 딸 미갈이 창으로 내다보다가 다윗 왕이 춤추며 뛰노는 것을 보고 그 마음에 업신여겼더라(29절)

접근

공동체를 이루어 가면서 가장 힘든 것 중 하나는 같은 공간에 있으면서 다른 마음을 품는 경우이다. 이러한 모습은 마치 "자고새가 낳지 아니한 알을 품음"(렘 17:11)과 같다. 마가복음 9장에도 예수님께서 2차로 수난 예고를 하시고 난 후, 예루살렘이 가까워지면서 제자들은 동상이몽, 즉 다른 마음을 품고 '누가 큰 자인가?' 논쟁하는 모습을 본다. 마가는 이러한 모습을 깨닫지 못한 무지한 제자로 표현한다. 오늘 말씀은 같은 공간에 있으면서 다른 마음을 품은 이야기를 기록하고 있다.

제사를 드린 다윗(26절)

다윗과 이스라엘의 장로 그리고 천부장들이 오벧에돔의 집에서 언약궤를 메고 기쁜 마음으로 올라오고 있었다. 이제 하나님의 방정식대로 조금씩 풀어 가고 있었다. 이 방법이 옳았다는 것에 관해서 26절은 "하나님이 여호와의 언약궤를 멘 레위 사람을 도우셨으므로"라고 기록하고 있다. 이 말의 의미는 하나님께서 사방에서 완전히 돌보신 은혜를 의미한다. 이를 깨달았던 무리는 하나님께 제사를 드린다. 사무엘하 6장 13절을 보면, 법궤를 메고 최초 여섯 걸음을 행한 후 제사를 드렸다. 레위인이 법궤를 메고 옮기는 것이 하나님의 풀이 과정이라는 사실을 알고 감사의 제사를 드렸다.

거룩한 옷을 입은 사람들(27-28절)

다윗과 함께 궤를 멘 레위 사람들과 노래하는 자와 그의 우두머리 그나냐와 노래하는 모든 사람이 다 거룩한 세마포 옷을 입었다(27절). 이 옷(에봇)은 일반적으로 제사장들이 입었던 겉옷이다(출 28:6). 하지만 여기서 다윗이 입었던 옷은 특별한 종교의식에 참여하면서 입었던 예복이었다. 이렇게 거룩한 옷을 입고 언약궤를 옮겨 왔을 때 사람들이 소리를 지르며 뿔나팔과 나팔을 불고 제금을 치며 비파와 수금을 연주했다(28절). 이 모습은 마치 거룩한 축제였다. 우리가 하나님의 말씀을 받을 때, 우리의 몸과 마음을 성결하게 하고, 특별히 주님의 보혈로 정결하게 한 후 기쁨으로 받아야 한다는 사실을 깨닫게 된다.

다른 마음에 사로잡힌 미갈(29절)

말씀에 따라 신중하고 거룩하게 언약궤를 옮길 준비를 마친 다윗은 이제 그토록 염원했던 언약궤가 예루살렘으로 입성하게 된다. 다윗은 거룩한 찬양대의 찬양과 악기 소리와 함께 들어오는 언약궤를 바라보면서 너무나 기뻐했다. 심지어 다윗은 하나님 앞에서 어린아이 같이 노래하며 춤추며 기뻐했다. 그런데 미갈은 이 모습을 보고 그를 업신여겼다. 다른 마음을 품은 미갈의 모습을 보게 된다. 이 모습 속에서 신앙에 합한 마음을 품는 것이 곧 삶의 문제를 풀어 가고 번영하는 삶이라는 사실을 깨닫게 된다. 분명한 것은 같은 공간에서 다른 마음을 품는 것은 다른 결과를 낳는 원인이 된다는 사실이다. 그래서 하나님은 같은 공동체에서 같은 비전을 품고 같은 마음을 품고 좋은 열매를 맺기를 원하신다. 그러므로 같은 마음을 품는 성도, 같은 비전을 품는 공동체가 되어 하나님께서 주시는 번영의 복을 누리는 복된 공동체가 되기를 바란다.

적용 1. 주일 아침 예배의 자리에 나가는 마음은 어떠한가?
2. 예배 시간에 하나님께 집중하지 못하게 하는 요소들은 무엇인가?
3. 예배 참여자인가, 예배 관찰자인가?

14주 이스라엘 공동체의 기쁨

본문 | 대상 16:1-6
요절 | 하나님의 궤를 메고 들어가서 다윗이 그것을 위하여 친 장막 가운데에 두고 번제와 화목제를 하나님께 드리니라(1절)

접근

성도로서 살아갈 때 기쁨의 근원은 어디일까? 무엇이 우리를 기쁘게 하는 근원일까? 많은 사람이 기쁨을 외부적인 요소에서 찾으려고 한다. 문제는 그런 기쁨은 오래가지 않는다는 점이다. 그렇다면 더 오랫동안 지속되는 기쁨은 무엇일까? 오늘 말씀은 이 질문에 대한 답을 내리고 있는 듯하다. 다윗과 그의 백성들이 기뻐하고 감사하고 찬양이 넘치는 삶을 묘사하면서 그들이 왜 기뻐하고 무엇 때문에 기뻐하고 있는지를 보여 주고 있다. 그 비결에 대해서 함께 살펴보도록 하자.

언약궤의 안치로 인한 기쁨(1-3절)

오늘 말씀은 하나님의 궤를 메고 다윗이 만들어 놓은 장막 가운데 두고 번제와 화목제를 드리는 이야기로 시작한다. 이 제사는 언약궤를 안치한 후 장막을 거룩하게 구별하는 봉헌의 의미로 드린 제사였다. 이렇게 함으로써 다윗은 자신의 통치 이념을 확고하게 했고 백성 간의 반복을 종식시키는 효과를 거두었다. 그 이유는 예루살렘이 성소와 성막을 계승한 장소가 되었기 때문이다. 다시 말해서 12지파에 내려오던 신앙을 예루살렘 신앙으로 통합하게 되었다는 말이다. 이처럼 우리의 신앙도 철저하게 말씀을 중심으로 총화 되고 말씀에 순종하는 삶을 살 때 참 기쁨을 누릴 수 있다. 이것이 기쁨의 근원이다.

찬양대의 역할(4절)

언약궤의 안치를 위해 임시로 찬양대를 조직했던 것에 이어 항상 언약궤 앞에서 찬양할 찬양대를 조직한다. 이것은 찬양대의 시초였는데, 찬양대를 통해서 더욱 거룩하고 경건하게 제사를 드리고자 했다. 이때부터 예배에서 음악이 체계적으로 사용되었고 예루살렘 성전이 파괴될 때까지(A.D. 70년) 계속되었다. 하나님을 높여 드리는 행위 중 하나는 음악이다. 시편 33편 1-3절에도 보면 "너희 의인들아 여호와를 즐거워하라 찬송은 정직한 자들이 마땅히 할 바로다 수금으로 여호와께 감사하고 열 줄 비파로 찬송할지어다 새 노래로 그를 노래하며 즐거운 소리로 아름답게 연주할지어다"라고 선포한다. 이것이 찬양대의 역할이다.

찬양대의 조직(5-7절)

다윗은 계속해서 하나님을 찬양할 수 있도록 찬양대를 만들고, 효과적으로 운영될 수 있도록 조직을 형성한다. 찬양대의 지도자는 '아삽'이었고 그 밑에서 일하는 레위 사람은 "스가랴, 여이엘, 스미라못, 여히엘, 맛디디아, 엘리압, 브나야, 오벧에돔, 여이엘"이었고 그들은 비파와 수금을 연주했다. 제사장 브나야와 야하시엘은 하나님의 언약궤 앞에서 정해진 시간 때마다 나팔을 불었다(6절). 다윗은 아삽과 그의 친척들에게 여호와께 감사하고 찬양하게 했다. 이제 조직적이고 지속적으로 하나님을 찬양할 수 있게 되었다.

성도가 항상 기뻐할 수 있는 근거는 말씀을 통해 주시는 은혜를 기억하는 것이고, 그 은혜에 반응할 때 찬양하는 삶으로 이어지게 된다. 그래서 입술에 찬양이 멈추지 않는다는 것은 은혜의 삶을 살고 있다는 증거이기도 하다. 그러므로 말씀을 통해 주시는 은혜를 사모하고 부어 주시는 그 은혜로 찬양하는 삶, 기쁨이 더욱 충만한 삶이 되기를 바란다.

적용 1. 말씀으로 인하여 기쁨이 회복된 경험이 있는가?
2. 그 기쁨을 찬양으로 하나님께 영광을 돌리는 삶이 되고 있는가?
3. 단회적이 아니라 지속적으로 찬양하고 있는가?

15주 다윗의 감사 찬양

본문 | 대상 16:7-36
요절 | 여호와께 감사하라 그는 선하시며 그의 인자하심이 영원함이로다(34절)

접근

찬양은 경험에 대한 고백이다. 놀라운 경험을 통해 얻게 된 기쁨의 표현이 바로 찬양이다. 마치 모세를 통해서 홍해를 마른 땅과 같이 건너게 하신 놀라운 경험을 한 그 경험을 바탕으로 그 일을 행하신 하나님을 높여 드리고, 경배드리는 행위이다. 중요한 것은 그 일을 행하신 분에 대하여 높여 드림이다. 오늘 말씀은 언약궤를 안전하게 안치하도록 은혜 주신 하나님에 대하여 감사로 찬양하는 내용을 담고 있다. 성경의 저자는 시편에 있는 다윗의 시 3개(105, 96, 106편)를 하나로 묶어서 소개하고 있다.

과거에 행하신 사건을 기억하고 찬양하라(8-22절)

본문의 노래는 시편 105편 1-15절의 내용이다. 여기서 저자는 이스라엘의 주권자가 되신 하나님의 능력과 언약을 기억하고 그 이름을 찬양하라고 권면한다. 이 점에 대해서 8절은 "너희는 여호와께 감사하며 그의 이름을 불러 아뢰며 그가 행하신 일을 만민 중에 알릴지어다"라고 선언한다. 그러면서 그의 모든 놀라운 일을 말하라고 선포한다(9절). 이 선언은 "하나님께서 행하신 경이롭고 놀라운 일을 기억하여 그것을 큰 소리로 선포하라"는 의미이다. 따라서 찬양은 우리에게 행하신 하나님의 놀라운 일을 열방 가운데 드러내고 선포하는 것이다. 하나님께서 우리의 삶 속에서 행하신 일로 찬양이 끊이지 않기를 바란다.

이방 나라도 하나님을 찬양하라(23-33절)

이어지는 본문의 말씀은 시편 96편 1-13절의 노래다. 여기서 저자는 하나님의 위엄과 영광을 드높여서 모든 이방 나라도 하나님을 경배할 것을 촉구한다. 시인은 26절에서 "만국의 모든 신은 헛것이나 여호와께서는 하늘을 지으셨도다"라고 선언하면서 28절에서 "여러 나라의 종족들아 영광과 권능을 여호와께 돌릴지어다 여호와께 돌릴지어다"라고 선포한다. 우리의 찬양이 우리에게만 국한되는 것이 아니라 세계 열방의 모든 민족도 하나님의 그 놀라운 일에 경이로움을 느낄 수 있어야 한다. 이것이 바로 하나님을 찬양하게 하는 비결이다.

여호와의 인자하심을 찬양하라(34-36절)

본문의 말씀은 시편 106편 1, 47, 48절의 내용이다. 여기서 성경의 저자는 이스라엘을 구원하신 여호와의 인자하심을 노래하라고 권면한다. 그래서 34절에서 "여호와께 감사하라 그는 선하시며 그의 인자하심이 영원함이로다"라는 선언의 고백으로 시작한다. 여기서 고백하는 '인자'는 단지 의례적인 고백에 머물지 않고 인간의 역사에 개입하시는 하나님의 구체적인 사랑을 의미한다. 마치 광야 생활에서 멸망당하지 않고 구원받을 수 있었던 일, 그리고 죄악 된 인간이 구원받을 수 있게 된 것도 주님의 인자하심 때문이다. 이 은혜를 기억하고 찬양하는 삶이 되어야 함을 강조한다.

찬양하는 삶은 하나님께서 우리에게 구체적으로 행하신 일을 기억하며 감사함으로 반응하는 행위이다. 따라서 하나님이 우리를 구원하신 일로 인하여 찬양하고 우리를 끝까지 버리지 않고 인도하여 주신 그 신실하심을 기억하며 하나님께 영광 돌리는 삶이 되어야 한다.

적용
1. 하나님께서 과거부터 행하신 일을 기억하고 있는가?
2. 하나님께서 행하신 일을 기억하며 찬양하고 있는가?
3. 이방 나라들도 인정할 수 있도록 여호와의 영광을 노래하는가?

16주 예배 회복을 위한 전략

본문 | 대상 16:37-43
요절 | 다윗이 아삽과 그의 형제를 여호와의 언약궤 앞에 있게 하며 항상 그 궤 앞에서 섬기게 하되 날마다 그 일대로 하게 하였고(37절)

접근

사자성어에 '온고지신(溫故知新)'이라는 말이 있다. 이 말은 '옛것을 익혀 새롭게 한다'라는 의미이다. 이처럼 흐려졌던 과거의 관습과 전통을 정비하여 새롭게 회복시키는 일은 매우 중요하다. 그동안 다윗은 찬양과 경배에 대해서 신경을 쓰다가 이제 제사를 회복시키기 위해 율법에 따라 제사장과 레위인들이 감당할 직무를 새롭게 조직하고 있다. 다윗은 이렇게 하나님을 경배하고 예배드리는 일에 최선을 다했다. 그렇다면 어떻게 조직하고 있는지 살펴보자.

아삽과 그 형제를 세운 다윗(37절)

다윗은 제사장과 레위인이 감당할 직무를 조직하면서 아삽과 그의 형제를 택한다. 그리고 그들에게 규정대로 하나님을 섬기는 일을 감당하도록 했다. 이 사실에 대해서 37절은 "다윗이 아삽과 그의 형제를 여호와의 언약궤 앞에 있게 하며 항상 그 궤 앞에서 섬기게 하되 날마다 그 일대로 하게 하였고"라고 기록하고 있다. 저자는 병행 본문인 사무엘하에서는 기록하지 않은 이 내용을 기록하면서 이 사실을 강조하고자 한다. 여기서 다윗은 모든 것을 하나님의 지시에 따라 세웠다(대하 29:25 참고)고 기록한다. 이제 다윗은 모든 일을 하나님의 말씀에 따라 진행하고 있다. "주의 말씀은 내 발에 등이요 내 길에 빛이니이다"(시 119:105)라는 말씀처럼, 말씀이 이끄는 삶이 되기를 바란다.

제사장과 레위인 임명(38-42절)

다윗은 아삽과 그 형제를 세운 후 레위인이 맡을 직무에 대해서 기록한다. 38절에 오벧에돔과 호사를 성막 문지기로 삼았고, 39절과 40절에서 제사장직에 사독을 임명하였고, 41절과 42절에 헤만과 여두둔에게 찬양하는 역할을 맡겼다. 42절의 여두둔의 아들은 오벧에돔을 말한다. 이렇게 다윗은 조직을 정비하면서 보다 더 효과적으로 하나님을 찬양하며 제사를 드릴 수 있도록 그 기틀을 마련하였다. 성경의 저자는 이렇게 다윗의 신앙적인 업적을 기록하면서 신앙을 중심으로 공동체가 끈끈하게 결집되기를 바랐다. "맡은 자들에게 구할 것은 충성"(고전 4:2)이라는 말씀을 기억하며 공동체를 바르게 세워가야 할 사명이 우리에게 있다.

모든 사역의 마무리(43절)

43절의 말씀은 사무엘하 6장 20절의 말씀과 병행을 이루는 말씀으로 다윗이 그동안 행했던 모든 사역을 마무리함을 고하는 말씀이다. 그런데 사무엘하의 말씀에는 미갈과 논쟁하는 장면이 기록되었지만, 본 절에서는 그 내용이 빠져 있다. 아마도 성경의 저자는 다윗 왕조의 영광을 보다 더 강조하고자 했던 것으로 보인다. 때로는 부정적인 면보다 긍정적인 면을 강조하면서 공동체의 끈끈함을 유지할 수 있도록 하는 방법도 좋을 듯하다. 그래서 우리는 장점을 더 칭찬하는 삶이 되어야 한다. 혹 우리 안에 과거의 관습과 전통을 새롭게 정비해야 할 부분이 있다면 말씀에 근거하여 새롭게 조직해야 한다. 그 역할을 맡은 사람에게 요구되는 것은 '충성'이다. 또한 맡은 자들은 서로 칭찬으로 도우면서 끈끈한 공동체를 이루어 가야 한다. 그리하여 우리가 주님 앞에 섰을 때, "잘했다. 착하고 충성된 종아"라는 칭찬받는 결산이 있어야 한다.

적 용 1. 예배 회복을 위해서 어떠한 노력을 하고 있는가?
2. 예배하는 삶을 통해 공동체의 끈끈한 일원이 되고 있는가?
3. 긍정적인 면을 더 강조하고 칭찬하는 삶을 살고 있는가?

17주 하나님의 거절과 은혜

본문 | 대상 17:1-15
요절 | 내가 영원히 그를 내 집과 내 나라에 세우리니 그의 왕위가 영원히 견고하리라 하셨다 하라(14절)

접근

우리가 간절히 바라는 소망이 거절당할 때, 마음이 상심되었거나 상처가 되는 경우가 있다. 특별히 이 소망이 하나님을 향한 간절한 신앙에서 나왔다면 더욱 그럴 수 있다. 오늘 말씀은 다윗의 간절한 소망이 거절되는 이야기를 담고 있다. 그는 언약궤를 예루살렘에 안치한 후 계속해서 하나님에 대한 충성과 봉사의 마음이 있었다. 이러한 신앙의 열정은 성전 건축이라는 비전으로 이어졌다. 그런데 하나님께서 이를 거절하셨다. 대신 하나님께서 다윗에게 언약을 축복으로 주셨다.

성전 건축 계획(1-2절)

다윗은 언약궤를 무사히 예루살렘에 안치한 후 자신은 백향목 궁에 거하는데 여호와의 궤는 휘장 아래 있다는 사실을 파악하면서 성전을 건축하겠다는 비전을 나단에게 밝힌다. 나단은 다윗이 하나님에게 받은 소임을 잘 감당하고 있다고 판단하면서 성전 건축이 하나님의 뜻에 부합하는 것으로 간주했다. 그래서 다윗의 계획에 찬성한다. 이 사실에 대해서 2절은 "나단이 다윗에게 아뢰되 하나님이 왕과 함께 계시니 마음에 있는 바를 모두 행하소서"라고 기록하고 있다. 이러한 행위는 매우 경솔했는데, 그 이유는 하나님께 묻지 않았고 자신의 생각을 앞세웠기 때문이다.

하나님의 거절(3-6절)

다윗과 나단이 성전 건축을 논의했던 그날 밤, 하나님께서 나단에게 나타나셔서 "너는 내가 거할 집을 건축하지 말라"고 다윗에게 전하라며 성전 건축을 거절하신다. 그 이유는 과거 사사들에게도 자신을 위하여 집을 세우라고 한 적이 없었고, 오히려 하나님은 자기 백성의 삶 속에 함께하셔서 그들을 위로하시고 격려하셨기 때문이다. 하나님은 성전 안에만 거하시는 분이 아니라 택한 자기 백성의 삶에 구체적으로 함께하시고 개입하시는 분이다. 또한 하나님은 인간적인 생각으로는 이해할 수 없는 분이지만, 결코 우리를 외면하지 않으시는 분이다. 하나님의 거절 속에 하나님은 우리의 삶에 더욱 구체적으로 함께하시는 분임을 알게된다.

하나님의 약속(7-15절)

하나님은 다윗의 마음을 이해하셨지만, 성전 건축은 반대하셨다. 그리고 하나님은 다윗의 간절한 마음과 신앙적 열정을 외면하지 않으시고 받으셔서 다윗에게 언약을 축복으로 주셨다. 이 약속은 일차적으로 다윗의 왕조와 이스라엘 전체에 대한 축복이지만, 장차 그리스도를 통한 영원한 하나님 나라에 대한 언약이기도 하다. 이 언약 사상은 "여자의 후손"(창 3;15), "셈의 장막"(창 9:27), "복의 근원"(창 12:1-3), 그리고 예레미야 때 "새 언약"(렘 31:31-34)까지 이어지는 언약의 절정이다. 하나님은 이 언약을 신실하게 이루시는 분이다.

하나님은 때론 우리의 간절한 소망을 거절하시지만 그럼에도 불구하고 주셔야 할 은혜를 주시는 분이다. 이 사실을 기억하고 더욱 든든하게 신앙을 이어가는 복된 성도의 삶이 되기를 바란다.

4

52
주
해
설
교

적 용
1. 하나님을 향한 뜨거운 열정이 있는가?
2. 하나님의 뜻이 아닌 나의 방법으로 교회를 섬기려 하지 않았는가?
3. 하나님의 거절에도 언약을 축복으로 받아 누리고 있는가?

18주   다윗의 감사 기도

본문 | 대상 17:16-27
요절 | 여호와여 오직 주는 하나님이시라 주께서 이 좋은 것으로 주의 종에게 허락하시고 이제 주께서 종의 왕조에 복을 주사 주 앞에 영원히 두시기를 기뻐하시나이다 여호와여 주께서 복을 주셨사오니 이 복을 영원히 누리리이다 하나라(26-27절)

접근

그리스도인으로 살아가면서 '감사하는 마음'을 갖는 것은 매우 중요한 삶의 태도이다. 감사는 어떤 행위에 대한 '보답'으로 고마움을 느끼는 마음이다. 그래서 신앙인은 예수 그리스도의 공로로 신앙인이 되게 하신 그분께 감사의 마음을 갖게 된다. 감사는 구원받은 백성이 첫 번째로 반응하는 모습이라고 할 수 있다. 오늘 말씀은 하나님의 거절에도 불구하고 언약을 축복으로 주신 하나님께 감사 드리는 다윗의 모습을 엿볼 수 있다. 어떠한 모습으로 하나님께 감사를 드리고 있는지 말씀을 통해 살펴보도록 하자.

여호와 앞에 앉은 다윗(16a절)

비록 하나님께서 거절하였지만, 다윗은 여전히 하나님께서 자신과 함께하시는 분이라는 사실을 확신했다. 그래서 그는 하나님의 뜻에 순종하는 태도를 보이면서 감사의 마음을 올려 드린다. 가장 먼저 다윗은 하나님 앞으로 나아가 앉았다. 이 말씀은 다윗이 오랫동안 기도했다는 뜻이다. 이렇게 다윗은 하나님 앞에 나아가 하나님의 뜻을 헤아리며 기도하는 모습을 보인다. 하나님은 이렇게 기도하는 사람을 기뻐하신다. 기도는 하나님의 도우심을 요청하는 겸손한 태도이기 때문이다. 이렇게 우리도 하나님 앞에 앉아 기도하는 자세를 가져야 한다.

다윗의 고백과 찬양(17-22절)

다윗은 하나님 앞에 앉아 기도하면서 하나님께서 그동안 베풀어 주신 은혜와 축복에 대해서 감사의 고백과 함께 감사 찬양을 올려 드린다. 20절을 보면, "여호와여 우리 귀로 들은 대로는 주와 같은 이가 없고 주 외에는 하나님이 없나이다"라고 고백하고, 22절에 "주께서 주의 백성 이스라엘을 영원히 주의 백성으로 삼으셨사오니 여호와여 주께서 그들의 하나님이 되셨나이다"라고 주님을 찬양한다. 성도는 이렇게 하나님께서 나에게 베풀어 주신 은혜와 축복을 기억하며 그 이름을 높여 드리는 사람이다. 그러므로 우리의 입술에는 감사의 고백과 찬양이 끊이지 않아야 한다.

말씀에 근거한 간구(23-27절)

본문은 다윗이 언약의 말씀에 근거해서 그 말씀이 그대로 성취되기를 간구하는 내용을 담고 있다. 그래서 다윗은 말씀대로 행사가 견고하게 되기를 기도한다. 이 사실에 대해서 27절은 "이제 주께서 종의 왕조에 복을 주사 주 앞에 영원히 두시기를 기뻐하시나이다 여호와여 주께서 복을 주셨사오니 이 복을 영원히 누리리이다 하니라"라고 기록하고 있다. 분명한 것은 언약의 말씀에 근거한 간구는 힘이 있다. 능력이 있다. 역사함이 크다. 따라서 우리가 기도할 때 언약의 말씀을 근거로 기도하는 자세가 필요하다.

하나님께서 기뻐하시는 기도는 하나님께서 행하셨음을 기억하고 찬양하고 감사를 고백하는 기도이다. 하나님은 언약의 말씀을 근거로 기도할 때 응답하기를 주저하지 않으신다. 따라서 성도의 기도는 하나님께서 행하신 일에 관해서 감사하고 말씀으로 언약하신 사실을 근거로 기도할 수 있어야 한다. 그랬을 때 의인의 간구함에 역사함이 더 크다는 말씀을 실제로 경험하게 될 줄 믿는다.

적용 1. 주님 앞에 나아가 앉아 있기를 즐겨하는가?
2. 하나님께서 행한 일을 기억하고 감사하고 있는가?
3. 말씀에 근거한 기도를 드려서 응답받고 있는가?

19주 여호와께서 이기게 하셨더라

본문 | 대상 18:1-17
요절 | 다윗이 에돔에 수비대를 두매 에돔 사람이 다 다윗의 종이 되니라 다윗이 어디로 가든지 여호와께서 이기게 하셨더라(13절)

접근

인간의 번영은 어디서 오는 걸까? 번영하는 삶이 되기 위해서는 어떻게 해야 할까? 그것은 패배하지 않고 이기는 삶이다. 이기는 삶이 되기 위해서는 이기는 방법을 배워야 한다. 오늘 말씀은 그 방법에 대해서 전해준다. 다윗의 삶을 통해서 이기고 번영하는 삶의 모습으로 보여 주고 있다. 한마디로 하나님께서 다윗과 함께하셨고, 하나님께서 그를 이기게 하셨기 때문에 승리할 수 있었고 번영할 수 있었다. 그렇다면 구체적으로 어떻게 승리하고 번영하였는지 말씀을 통해 살펴보도록 하자.

블레셋과 모압 그리고 소바를 정복(1-4절)

내적인 안정을 찾은 다윗은 이제 외적인 확장을 위해 정복 사업을 진행한다. 전쟁에서 승리하면서 이스라엘의 번영이 시작되었다. 이러한 번영은 언약궤를 예루살렘으로 옮기고 성전 건축 계획으로 인한 하나님의 언약을 받은 후에 이루어진 일이었다. 이스라엘은 먼저 블레셋과 모압 그리고 소바를 정복하면서 번영을 확장시켜 나갔다. 다윗은 4절 하반절에서 "그 병거 백 대의 말들만 남기고 그 외의 병거 말은 다 발의 힘줄을 끊었더니"라고 하였는데, 이는 다윗이 철저하게 하나님만 의지하겠다는 신앙적 행위였다(수 11:6). 이렇게 목숨을 건 전쟁에서 하나님만 의지하는 신앙으로 싸웠을 때 하나님께서 이기게 하셨음을 경험하게 한다.

아람과 에돔의 정복(5-11절)

다윗이 소바를 쳤을 때 다메섹 아람 사람이 소바 왕 하닷에셀을 도우러 올라왔는데 아람 사람 이만 이천 명을 죽이고 수비대를 두었다. 그로 인해 아람 사람이 다윗의 종이 되어 조공을 바치게 되었다. 또한 하맛(아람 족속의 소국) 왕 도우가 그의 아들 하도람을 보내서 소바와 하닷에셀을 무찔렀다는 소식에 감사의 표시로 예물을 보냈다. 그리고 스로야의 아들 아비새가 에돔 사람, 만 팔천 명을 죽인 사건을 기록하고 있다. 6절 하반절을 보면, "다윗이 어디로 가든지 여호와께서 이기게 하시니라"고 기록하고 있다. 우리의 번영은 바로 하나님께서 이기게 하실 때 가능하다는 사실을 확인하게 된다.

조직을 정비하는 다윗(14-17절)

나라가 강성해지고 번성해지면, 제도와 조직에 있어서 변화를 주어야 한다. 사울 왕까지 부족 동맹국의 체제에 머물러 있었지만, 이제 명실상부 강력한 중앙집권 체제로 돌입하게 되었다. 그래서 내부 통치 기반을 확고하게 하고 효율적으로 국가를 통치하기 위해서 행정 조직을 정비할 필요가 있었다. 따라서 다윗은 고급 관리들, 즉 군대 장관, 사관, 제사장, 서기관 그리고 여러 대신들을 세운다. 이 조직은 계속해서 번영을 이룰 수 있는 기틀이 되었다. 우리 공동체가 번영을 누리기 위해서는 효과적으로 조직을 구성할 필요가 있다. 조직은 개인의 역량을 더욱 강화할 수 있어야 하고 개인의 역량이 조직을 통해서 최대한 발휘되어야 한다. 다윗은 경쟁력 있는 조직을 통해서 하나님께서 택하신 나라가 더욱 번성하도록 했다. 따라서 우리의 조직도 보다 더 체계적으로 조직할 필요가 있다. 그리하여 하나님께서 이기게 하심을 경험하고 더욱 크게 번성하게 하시는 은혜를 경험하는 공동체가 되기를 바란다.

적용 1. 하나님께서 번영하는 삶으로 이끌고 계시는가?
2. 하나님께서 함께하셔서 이기는 삶으로 인도하여 주시는가?
3. 하나님께서 주시는 번영을 누리기에 합당한 그릇으로 준비되었는가?

20주   여호와께서 선히 여기시는 대로

본문 | 대상 19:1-19
요절 | 너는 힘을 내라 우리가 우리 백성과 우리 하나님의 성읍들을 위하여 힘을 내자 여호와께서 선히 여기시는 대로 행하시기를 원하노라 하고(13절)

접근

"명분 없는 전쟁은 없다"라는 말이 있다. 모든 전쟁은 그에 합당한 이유가 있다는 말이기도 하다. 명분 없는 전쟁은 테러 혹은 폭력집단으로 낙인찍히기 때문에 명분을 세워서 전쟁을 벌인다는 뜻이다. 오늘 말씀도 계속해서 다윗은 분명한 명분을 가지고 정복 전쟁을 일으키고 있다. 그 이유는 다윗이 조문 사절단으로 보낸 사신들을 능욕했기에 국가적인 모욕을 당했다고 평가했기 때문이다. 이러한 상황은 암몬과 아람의 연합군을 쳐야 할 명분으로 충분했다. 그렇다면 다윗이 어떻게 그들을 정복해 나가는지 말씀을 함께 살펴보도록 하자.

다윗을 모욕한 암몬(1-5절)

정확한 내용은 알 수 없지만 다윗이 왕이 되기 전에 암몬 왕 나하스의 도움을 받은 듯하다. 그래서 나하스가 죽자, 이를 위로하기 위해서 조문 사절단을 보냈다(1-2절). 하지만 그의 아들 하눈과 그의 신하들은 이 사절단에 대해서 오해한다. 그래서 그들은 사절단의 수염을 깎고 겉옷을 잘랐다. 사절단은 엄청난 모욕과 수치를 당했다. 이 일은 일종의 선전포고나 다름이 없었다. 그들은 스스로 위협을 느끼고 선제공격을 위한 자세를 취하게 된다. 잘못된 오해가 이렇게 일촉즉발(一觸卽發)의 전쟁 위협 앞에 서게 했다.

암몬과 아람 연합군에 대한 승리(6-15절)

위협을 느낀 암몬은 막대한 돈을 주고 아람의 용병과 병거를 수입하여 전쟁을 준비한다. 그들은 자국의 군사력을 믿고 무모하게 전쟁을 도발한다. 이에 다윗은 요압과 용사들을 보낸다. 요압은 아비새의 군대와 협공 작전을 펴서 일방적으로 승리하게 된다. 비록 소수의 군대였지만 하나님의 도우심으로 협력하여서 전쟁에서 승리할 수 있었다. 이 전쟁은 세속적인 강력한 힘과 연약하지만 하나님께서 함께하시는 신앙과의 싸움이었다. 이 거룩한 전쟁에서 하나님께서 승리하게 하셨다. 따라서 성도는 세속적인 권력이나 힘을 의지하는 것이 아니라 하나님을 전적으로 신뢰함으로 하나님의 방법으로 승리하는 삶이 되어야 한다.

이스라엘의 2차 대승(16-19절)

이스라엘이 암몬과 아람 연합군을 물리치자 그들은 다시 대규모의 군대를 파견하여 이스라엘을 위협했다. 그렇지만 다윗의 지도하에 이스라엘이 일방적으로 승리하게 된다. 이 전쟁의 승리로 인해 팔레스타인을 통과했던 국제 무역로까지 지배하게 됨으로 경제적인 풍요를 누리게 되었다. 그리고 이후 솔로몬이 최대의 부를 쌓을 수 있는 밑거름이 되었다. 정신일도하사불성(精神一到何事不成)이라는 말처럼, 우리의 신앙과 정신을 똑바로 차리면 어떤 전쟁에서도 승리할 수 있다는 사실을 깨닫게 된다.

오늘 말씀은 자그마한 오해가 엄청난 결과를 초래하게 된다는 사실을 보여 주고 있다. 그로 인한 잘못된 싸움이었지만 하나님께서 도우심으로 승리할 수 있었다. 우리의 삶은 어쩌면 거룩한 전쟁의 연속인지 모른다. 그럼에도 우리는 신앙의 정신을 똑바로 차리고 하나님의 도우심으로 승리할 수 있어야 한다. 영적 전쟁에서 승리하는 삶이 되기를 바란다.

적용
1. 명분 있는 삶을 살아가고 있는가?
2. 내가 가진 것을 너무 맹신하고 있지는 않은가?
3. 올바른 신앙의 정신으로 거룩한 전쟁에서 이기고 있는가?

21주 　하나님의 도우심을 의지하라

본문 | 대상 20:1-8
요절 | 이후에 블레셋 사람들과 게셀에서 전쟁할 때에 후사 사람 십브개가 키가 큰 자의 아들 중에 십배를 쳐 죽이매 그들이 항복하였더라(4절)

접근

의지한다는 말은 어떤 대상에 몸과 마음을 기대어 도움을 받는 것을 말한다. 때론 그 대상이 부모가 될 수 있고, 친구가 될 수 있고, 선생님이 될 수도 있다. 다른 말로 의지한다는 것은 신뢰하는 것을 의미하는데, 그 대상에 대한 전적인 신뢰가 바탕이 된다는 말이다. 그래서 다윗은 철저하게 하나님을 신뢰했고, 의지했다. 그리고 하나님께서 일하실 수 있는 공간을 내어 드렸다. 이러한 삶의 비결은 그가 계속해서 번영하는 삶으로 나아가게 했다. 오늘 말씀도 하나님을 의지한 다윗에게 전쟁에서의 승리를 주신 사건을 기록하고 있다.

암몬에 대한 완벽한 승리(1-3절)

본문은 암몬과의 전쟁에서 완벽하게 승리하고 암몬을 징계하는 내용을 기록하고 있다. 다윗은 우기가 지나 건기가 되자 요압을 지휘관으로 하여 암몬의 유일한 도시인 랍바에 파견하여 그들을 포위하고 함락시킨다. 이로 인해 다윗은 암몬에게 받은 모욕을 깔끔하게 씻어내고 오히려 그들을 노예 신세로 전락시킨다. 특별히 2절에 그들의 신 '밀곰'이 쓰던 면류관을 빼앗음으로 불신앙적 요소를 제거하게 된다. 이는 결국 모든 우상과 사탄의 권세를 이기고 우리를 영원한 승리의 삶으로 이끌어 주시는 주님의 은혜가 아닐 수 없다. 승리하게 하시는 주님의 은혜가 있기를 소망한다.

블레셋 전쟁에서의 승리(4-5절)

4-5절의 말씀은 블레셋 사람들과 게셀에서 전쟁할 때의 이야기를 기록하고 있다. 이때 다윗의 30인 용사 중 한 사람이었던 십브개가 '장대한 자의 아들 십배'를 죽이므로 그들이 항복하게 된다. 그 후 또다시 블레셋 사람들과의 전쟁이 일어났는데 야일의 아들 엘하난이 '가드 사람 골리앗의 아우 라흐미'를 죽이게 된다. 성경의 저자는 연이은 승리의 이야기를 기록함으로써 다윗의 영광과 명성을 드러내고 있다. 사실 우리가 삶의 영적 전쟁에서 승리하는 것은 나의 이름을 드러내는 것이 아니라 하나님의 영광을 드러내는 일이라는 점을 잊지 말아야 한다. 따라서 우리의 승리는 우리 주님의 승리라는 점을 깨닫게 된다.

가드에서 승리(6-8절)

가드는 '포도즙 틀'이라는 이름의 블레셋 족속의 5대 성읍 가운데 하나이다. 여기서 "키 큰 자 하나"를 소개하는데 그는 "손과 발에 가락이 여섯씩 모두 스물넷이 있고 키가 큰 자의 소생"이라고 기록한다. 그가 이스라엘을 능욕하였다. 이때 다윗의 형 시므아의 아들 요나단이 일어나서 그를 죽였다. 사실 성경의 저자는 하나님의 능력을 강조하면서도 포로에서 돌아온 백성들의 신앙을 재건하려는 의도가 숨어 있다. 따라서 성도는 세상이 너무나 커 보여도 우리 주님의 능력으로 승리할 수 있어야 한다. 그리고 우리의 신앙을 굳건하게 지켜 나아야 한다. 하나님은 하나님을 의지하는 자들에게 승리를 주시는 분이다. 전쟁은 나에게 속한 것이 아니라 하나님께 속한 것임을 고백함으로써 전쟁 같은 삶에서 승리하는 삶이 되기를 바란다.

적용
1. 하나님을 전적으로 신뢰하고 있는가?
2. 세속적인 강함에 주눅 들지 않고 담대하게 나아가고 있는가?
3. 흔들리지 않고 신앙을 굳건하게 지켜 나가고 있는가?

22주 다윗의 어리석은 인구조사

본문 | 대상 21:1-8
요절 | 다윗이 하나님께 아뢰되 내가 이 일을 행함으로 큰 죄를 범하였나이다 이제 간구하옵나니 종의 죄를 용서하여 주옵소서 내가 심히 미련하게 행하였나이다 하니라(8절)

접근

사자성어에 "연목구어(緣木求魚)"라는 말이 있다. 이는 나무에 올라가서 물고기를 구한다는 말로 "목적과 수단이 맞지 않은 일"을 하는 경우를 말한다. 어쩌면 이러한 모습이 우리의 어리석음을 나타내는 말이 아닐까 싶다. 왜냐하면 판단력 부족으로 인하여 적절하게 행동하지 못함으로 인해 실패하거나 좌절할 수 있기 때문이다. 오늘 다윗은 멋지게 인구조사를 하는데 하나님의 뜻과 전혀 다른 의도로 하게 된다. 이것이 바로 하나님 앞에 범죄한 다윗의 모습이다. 하지만 다윗은 철저하게 회개하고 하나님은 그를 용서해 주신다.

사탄의 방법(1절)

성경의 저자는 다윗이 인구조사를 한 것에 대해서 사탄이 격동시켜서 하게 된 일이라고 묘사한다. 이 사실에 대해서 1절은 "사탄이 일어나 이스라엘을 대적하고 다윗을 충동하여 이스라엘을 계수하게 하니라"고 기록하고 있다. 사무엘하 24장 1절에서는 "여호와"께서 인구조사를 하게 했다고 기록하고 있는데 역대기에서는 '사탄'으로 묘사하고 있다. 이는 다윗의 개인적인 욕심, 즉 세금 징수와 병역 대상자 확보를 위한 것이었다. 이 점은 하나님을 의지한 것이 아니라 자신의 군사력을 의지한 것이 된다. 이것이 바로 하나님 앞에 범죄였고 사탄의 일이었다. 성도는 영적인 분별력이 있어서 사탄의 일을 분별할 수 있어야 한다. 그래서 사탄의 방법에 속지 말아야 한다.

다윗의 인구조사(2-6절)

다윗은 요압과 군대 지휘관들에게 인구조사를 할 것을 명령한다(2절). 그런데 요압은 다윗의 인구조사 명령에 반대한다. 그 이유는 이 행위가 이스라엘을 범죄하게 하기 때문이었다. 그래도 다윗은 요압에게 명령대로 행하도록 강요한다. 어쩔 수 없이 요압은 온 이스라엘을 다니면서 인구조사를 한 다음에 예루살렘으로 돌아온다. 그리고 그는 인구조사의 결과를 보고하는데 "칼을 쓸 수 있는 사람이 백십만 명이고, 유다에는 사십칠만 명이 있다"라고 보고한다. 비록 불만은 있었지만 왕의 명령을 충실하게 따른다. "맡은 자에게 구할 것은 충성"(고전 4:2)이라는 말씀을 기억하게 된다.

다윗의 회개(7-8절)

7절의 말씀은 "하나님이 이 일을 악하게 여기사 이스라엘을 치시매"라고 기록하고 있다. 이에 다윗은 자신의 잘못을 인정하고 철저하게 회개하는 기도를 드린다. 이 사실에 대하여 8절은 "내가 이 일을 행함으로 큰 죄를 범하였나이다 이제 간구하옵나니 종의 죄를 용서하여 주옵소서 내가 심히 미련하게 행하였나이다"라고 기록하고 있다. 이것이 바로 다윗의 위대함이고 하나님께서 그를 합한 사람으로 인정하게 된 이유이다. 이처럼 성도는 잘못에 대해서 인정할 수 있고 자복할 수 있는 용기가 필요하다.

사탄은 항상 우리에게 교묘한 방법, 그럴싸한 방법으로 다가온다. 어떨 때는 합리적인 방법으로 다가올 때도 있다. 그렇지만 달콤한 유혹을 분별할 수 있는 능력이 있어야 한다. 그리하여 사탄의 방법을 물리치고 하나님의 뜻을 깨닫는 지혜를 통해 하나님의 위대한 일을 이루어 드려야 한다. 그리고 하나님께 합한 삶으로 인정받는 삶이 되어야 한다.

적용
1. 자신의 장점을 자랑하고 있지는 않은가?
2. 어떤 일을 추진할 때 눈이 어두워진 적이 있는가?
3. 잘못을 인정하고 회개하는 신앙의 용기가 있는가?

23주

목자의 마음

본문 | 대상 21:9-17
요절 | 하나님께 아뢰되 명령하여 백성을 계수하게 한 자가 내가 아니니이까 범죄하고 악을 행한 자는 곧 나이니이다 이 양 떼는 무엇을 행하였나이까 청하건대 나의 하나님 여호와여 주의 손으로 나와 내 아버지의 집을 치시고 주의 백성에게 재앙을 내리지 마옵소서 하니라(17절)

접근

'인과응보(因果應報)'라는 말이 있다. 이 말은 인간의 어떤 행위에 따르는 합당한 결과가 반드시 따른다는 말이다. 우리가 이 말을 기억한다면, 우리의 행동이나 말을 신중하게 해야 한다는 것을 느끼게 된다. 성경에도 보면, 하나님은 범죄한 결과에 대한 징계를 반드시 내리시는 것을 보게 된다. 오늘 말씀은 다윗이 앞서 범죄한 일에 대해서 회개하기는 했지만, 그럼에도 하나님은 다윗에게 징계를 내리시는 세 가지 내용을 기록하고 있다.

선택권을 주신 하나님(10절)

하나님은 절대 주권을 가지고 계신 분이기 때문에 하나님께서 어떠한 징계를 내리시더라도 우리는 항의할 수 없다. 그렇지만 오늘 말씀은 징계로 세 가지를 제시할 텐데, 그중에 한 가지를 선택할 수 있도록 기회를 주신다. 11절 하반절에서 "너는 마음대로 택하라"고 말씀하신 이유는 그가 참회를 하는지 혹은 하나님의 뜻에 순종하고 의지하려는지 그 마음을 보시고자 했기 때문이다. 사실 하나님이 이렇게 기회를 주신 것은 돌이킬 수 있는 시간적 여유를 주신 것이다. 따라서 우리는 그 시간에 돌이키고 하나님의 뜻에 바르게 순종할 수 있어야 한다.

세 가지 옵션(12절)

하나님은 다윗에게 세 가지 징계 중 하나를 선택할 수 있게 하셨다. 그 세 가지는 첫째로 3년 기근이었고, 둘째는 3달 동안 적군에게 패해서 쫓기는 삶, 그리고 세 번째는 3일 동안 온 전역에 퍼지는 전염병이었다. 이에 다윗은 하나님의 직접적인 손길을 따라 임하는 재앙인 전염병을 선택한다. 이렇게 선택한 이유는 하나님의 징계가 다른 이들에 의해 이루어지는 것보다 하나님의 손에 의해서 직접 이루어지기를 바라는 마음에서였다. 참신앙은 이렇게 징계마저도 인내하면서 하나님의 긍휼과 자비를 기다리는 자세가 필요하다.

자비를 베푸신 하나님(15절)

"다윗의 범죄로 왜 무고한 백성들이 재앙을 받는가?"라는 의문을 가질 수 있지만, 백성은 이미 일시적으로 압살롬의 반역(삼하 15:12)과 세바의 반란(삼하 20:1-2)에 동조했었다. 그래서 회개한 다윗보다 회개하지 않은 백성을 치시고자 하셨다. 하나님은 긍휼을 구한 다윗의 모습을 보시고 긍휼을 베푸셨는데, 전염병을 3일이 아니라 단 하루만 내리셨다. 이때 죽은 사람이 7만 명이나 되었다. 다윗은 장로들과 함께 베옷을 입과 얼굴을 땅에 대고 엎드려 "재앙을 내리지 마옵소서"라고 기도한다. 회개 기도는 하나님의 뜻을 돌이키는 힘이 있다.

하나님은 우리가 돌이키기를 원하시는 분이다. 목자의 심정으로 돌아오기를 바라시는 분이다. 그래서 우리에게 돌이킬 기회를 주시고 회개함으로 주님의 자비를 구하기를 원하신다. 따라서 우리는 하나님의 기다리심 속에 회개하고 돌이켜 온전하게 회복되는 은혜를 간구할 수 있어야 한다. 이것이 바로 은혜 주시기를 원하시는 우리 아버지 하나님의 마음이다.

적 용 1. 하나님의 징계에 대해서 어떻게 받아들이고 있는가?
2. 그 징계마저도 하나님의 손에서 이루어지기를 바라고 있는가?
3. 죄에 대하여 철저하게 회개하고 있는가?

24주 타작마당의 은혜

본문 | 대상 21:18-30
요절 | 이때에 다윗이 여호와께서 여부스 사람 오르난의 타작마당에서 응답하심을 보고 거기서 제사를 드렸으니(28절)

접근

구약 성경 사무엘상 3장 19절에 "사무엘이 자라매 여호와께서 그와 함께 계셔서 그 말이 하나도 땅에 떨어지지 않게 하시니"라는 말씀이 있다. 이 말씀이 참으로 귀한 것은 하나님께서 하신 말씀이 하나도 땅에 떨어지지 않게 하셨기 때문이다. 우리의 기도가 하나도 땅에 떨어지지 않고 응답이 된다면 얼마나 기쁘고 은혜 충만할까? 오늘 말씀은 다윗이 하나님의 언약이 땅에 떨어지지 않도록 범죄한 죄에 대해서 용서를 구하기 위해서 오르난 타작마당으로 가서 제사를 드리는 모습을 기록하고 있다.

말씀을 따르는 다윗(18-23절)

하나님은 다윗의 회개 기도에 대해서 구체적으로 응답하시는데 오르난 타작마당에서 단을 쌓고 제사를 드리라고 하신다. 이에 올라갔는데 오르난이 천사를 보고 아들들과 숨었다. 그리고 다윗이 다가오는 것을 확인하고 나와서 얼굴을 땅에 대고 절을 하면서 존경심을 드러낸다. 다윗이 그 땅을 사용하기를 원하자 선뜻 그 땅을 바치기로 결단한다. 이런 모습에 그는 다윗의 인품에 감동된 사람이었고 이방인임에도 불구하고 하나님을 경외하는 사람이었다는 사실을 발견하게 된다. 이처럼 다윗의 명성과 하나님에 대한 권능이 이방 땅에도 미치고 있었다. 이와 같이 복음의 능력도 경계를 뛰어넘어 역사하신다는 사실을 깨닫게 된다.

오르난 타작마당에서 드리는 제사(24-27절)

오르난은 타작마당을 헌물로 드리려고 했지만, 다윗은 상당한 값으로 사겠다고 말하면서 값없이는 번제를 드리지도 않겠다고 말한다. 그래서 금 육백 세겔을 주고 거기서 여호와를 위하여 제단을 쌓고 번제와 화목제를 드렸다(25절). 이는 하나님께서는 드리는 자의 마음을 더 중요하게 여기는 분이라는 사실을 알았기 때문이다. 다윗은 하나님께서 제사를 받으셨는지 확인할 수 있도록 기도했는데 "여호와께서 하늘에서부터 번제단 위에 불을 내려 응답"(26b절)하셨다. 그리고 하나님께서 천사에게 명령하시자 칼을 칼집에 꽂았다(27절). 이로써 하나님께서 전염병을 그치게 하셨다.

여호와를 두려워하는 다윗(28-30절)

하나님께서 오르난의 타작마당에 불로 응답하신 후 계속해서 제사를 그곳에서 드렸다. 그 이유는 그곳에서 하나님의 임재의 큰 표징을 경험했기 때문이다. 당시 기브온에도 산당이 있었지만, 혹시 기브온으로 가면 하나님께서 다시 전염병을 내리실 것 같아서 여호와께 묻지 못했다. 30절에서는 이를 "다윗이 여호와의 천사의 칼을 두려워하여 감히 그 앞에 가서 하나님께 묻지 못하더라"라고 기록하고 있다. 이렇게 다윗은 하나님의 칼날을 두려워했고 하나님의 뜻에 어긋난 행동을 하기를 무서워했다. 다윗은 철저히 하나님을 경외하는 삶을 살았던 사람이다. 주님 앞에서 주님의 마음을 상하게 하는 행위에서 벗어나고자 몸부림쳤던 사람이었다. 그래서 여호와의 칼날 앞에 두렵고 떨리는 마음으로 섰고, 하나님의 뜻을 준행하는 삶을 살았다. 우리 또한 하나님 앞에 두렵고 떨림으로 설 뿐만 아니라 겸손함으로 주님의 뜻을 이루어 드리는 삶이 되어야 한다.

적용 1. 말씀에 따라 예배드리는 삶이 되고 있는가?
2. 마음과 정성을 다해 예배드리고 있는가?
3. 하나님의 임재에 두려운 마음을 가지고 있는가?

25주 하나님을 향한 다윗의 열심

본문 | 대상 22:1-5
요절 | 다윗이 이르되 이는 여호와 하나님의 성전이요 이는 이스라엘의 번제단이라 하였더라(1절)

접근

어떤 일을 함에 있어 열정을 가진다는 것은 좋은 일이다. 왜냐하면 열정(熱情)은 '어떤 일에 대해서 열렬한 애정을 가지고 열중하는 마음'이기 때문이다. 이와 비슷한 말로 어떠한 일에 대해 갖는 뜨거운 마음 그리고 이러한 마음에서 피어오르는 감정을 정열(情熱)이라 한다. 열정을 가진 사람이 어떤 일을 할 때 정열적으로 감당하게 된다. 이러한 열정은 신앙생활에서도 반드시 필요한 감정이다. 다윗은 하나님을 향하여 열정을 가지고 정열을 쏟은 사람이었다. 오늘 말씀은 그 열정으로 정열을 불태우려는 움직임에 관한 이야기이다.

성전 부지를 결정하는 다윗(1절)

다윗이 "이는 여호와 하나님의 성전이요"라고 한 말씀은 희생 제사를 드렸던 오르난 타작마당을 가리키는 말이다. 다윗은 성전이 세워지기 전이었는데, 이곳을 '하나님의 전'이라고 부른다. 아마도 그 이유는 그곳에서 하나님의 은혜를 경험했기 때문일 것이다. 마치 야곱이 창세기 28장 17절에서 하나님의 임재를 경험하고 "이는 하나님의 집이요, 하늘의 문이로다"라고 고백했던 것과 비슷한 말이다. 이렇게 성전 부지가 결정되었는데 그곳은 바로 이방인이 소유하고 있던 오르난 타작마당이었다. 이는 장차 하나님의 교회가 이방 땅에 설립되어 뿌리 내리게 될 것을 상징적으로 보여 준다. 더 나아가 이제 이 땅의 교회가 선교적 역할을 감당하면서 세계 열방 가운데 주님의 교회를 세워야 하는 사명을 주시는 말씀이기도 하다.

건축 재료를 준비하는 다윗(2-4절)

다윗은 성전 건축을 위해서 이방 사람들을 모집했다. 그리고 그들에게 돌을 다듬게 하고 철을 준비하게 하고 놋을 준비하게 하고 무수한 백향목을 준비하게 했다. 특별히 시돈 사람과 두로 사람이 백향목을 운수해 왔다. 백향목은 당시 최고급 건축자재였다. 아마도 다윗은 백향목을 들여오는 대가로 그들에게 곡식과 각종 식물을 제공한 듯하다(왕상 5:12). 다윗은 이렇게 최선을 다해서 성전 건축 준비에 박차를 가했다. 이러한 모습은 하나님을 향한 신앙적 열정을 엿볼 수 있었고 건축 준비를 하는 데 정열적으로 추진해 나갔다. 성도는 교회를 바르게 세우기 위해 최선의 열정으로 섬겨야 한다.

재료를 준비하는 이유 설명(5절)

5절의 말씀은 다윗이 왜 그렇게 정열적으로 성전 건축 준비를 하고 있는지 그 이유를 설명하는 말씀이다. "다윗이 이르되 내 아들 솔로몬은 어리고 미숙하고 여호와를 위하여 건축할 성전은 극히 웅장하여 만국에 명성과 영광이 있게 하여야 할지라 그러므로 내가 이제 그것을 위하여 준비하리라." 사실 다윗이 건축하려는 성전은 아주 웅장했을 듯하다. 그만큼 준비해야 할 일도 많아서 어린 솔로몬이 감당하기에는 벅찼을 수도 있었다. 그래서 다윗은 죽기 전에 많은 것을 준비했다.

일생일대에 주님의 교회를 바르게 세운다는 것은 감격스러운 일이 아닐 수 없다. 누구보다 하나님을 두려워했던 다윗은 평생 동안 가장 소망했던 것이 주님께서 임재하실 성전을 건축하는 일이었다. 그 일에 다윗은 진심이었고 열정을 다해서 그 사역에 몰두했다. 다윗은 하나님을 향한 열정이 넘치는 사람이었다. 우리 또한 주님의 성전을 바르게 세워가는 사역에 진심이고 열정적이기를 바란다.

적용 1. 하나님의 임재를 경험해 보았는가?
2. 하나님의 임재를 경험한 곳을 성전이라고 고백하고 있는가?
3. 하나님을 향한 열정이 살아 있는가?

26주

너희 하나님 여호와를 구하라

본문 | 대상 22:6-19
요절 | 이제 너희는 마음과 뜻을 바쳐서 너희 하나님 여호와를 구하라 그리고 일어나서 여호와 하나님의 성전을 건축하고 여호와의 언약궤와 하나님 성전의 기물을 가져다가 여호와의 이름을 위하여 건축한 성전에 들이게 하라 하였더라(19절)

접근

모든 인생은 그 끝이 있다. 그래서 인간은 유한한 존재이다. 아무리 높은 명성을 가졌다 할지라도, 아무리 많은 재물을 가졌다 할지라도 죽음은 인간이 능가할 수 없는 벽이다. 하나님께서 함께하셔서 점점 강성해졌던 다윗도 이제 죽음의 문턱에 서게 되었다. 그럼에도 다윗은 하나님을 향한 열정이 식지 않았다. 그래서 다윗은 성전 건축의 모든 역사를 아들 솔로몬에게 위임한다. 하나님을 향한 열정은 죽음도 막을 수 없어서 대를 이어서 전수되고 있다.

성전 건축의 유언(6절)

이제 죽음을 목전에 둔 다윗은 성전 건축을 위한 모든 준비를 마쳤다. 이제 육신의 연약함의 그 한계를 극복할 수 없었다. 그래서 다윗은 아들 솔로몬을 불러서 그 모든 사역을 잘 감당해 주기를 부탁한다. 어쩌면 다윗은 정복 사업을 통하여 약속의 땅을 회복하는 것이 사명이었다면, 솔로몬은 번영한 나라와 민족을 지혜롭게 다스리는 것이 사명인지도 모른다. 성도는 평화의 왕으로 오신 예수 그리스도 안에서 하나님 나라를 지혜롭게 확장해 나가야 한다. 이것이 바로 오늘 우리에게 주신 하나님의 사명이다. 솔로몬에게 주어진 성전 건축이라는 사명은 오늘 우리의 몸과 마음을 주님의 성전으로 거룩하게 건축해 가고 가시적인 주님의 교회를 바르게 세워가야 하는 사명으로 이어지고 있음이 분명하다.

다윗이 알려 주는 형통의 비결(12절)

다윗은 형통하게 되는 비결을 잘 알았다. 그래서 다윗은 하나님께서 슬기와 깨달음을 주셔서 여호와의 율법을 잘 지키기를 바란다. 그리고 율법을 잘 지켜 행할 것을 강조한다. 13절에서는 "그때에 네가 만일 여호와께서 모세를 통하여 이스라엘에게 명령하신 모든 규례와 법도를 삼가 행하면 형통하리니 강하고 담대하여 두려워하지 말고 놀라지 말지어다"라고 선언한다. 이러한 다윗의 권면은 신명기의 율법 정신과 일치한다. 말씀을 따라 순종하는 사람은 복 있는 사람이고 하는 모든 일이 다 형통하게 된다. 이것이 성경이 가르치는 형통의 비결이다.

다윗이 전하는 여호와를 찾는 신앙(19절)

17절에서 다윗은 모든 방백에게 솔로몬을 도울 것을 권면한다. 그리고 하나님께서 우리와 함께하셨기 때문에 평화를 누릴 수 있었다고 강조한다. 그러면서 마지막으로 다윗은 여호와를 찾는 신앙이 되라고 선포한다. 19절 상반절은 "이제 너희는 마음과 뜻을 바쳐서 너희 하나님 여호와를 구하라"고 선언한다. 그리고 온전한 마음과 뜻을 다하여 성전을 건축할 것을 당부한다. 다윗의 육신은 날마다 쇠하였지만, 하나님의 일을 하는 것에 있어서는 더욱 뜨거운 열정으로 가득했다. 성도는 하나님 나라 확장을 위해서 복음의 뜨거운 열정을 가져야 한다.

다윗은 몸이 쇠하여 갔지만, 하나님을 향한 열정은 식지 않았다. 더 간절함으로 그가 이루지 못한 사명을 아들 솔로몬에게 위임하고 있다. 그는 말씀에 순종하는 삶이 복 있는 삶이며 형통한 삶의 비결임을 분명하게 가르친다. 그리고 모든 이들이 여호와를 찾는 신앙이 될 것을 권면한다. 이것이 하나님께 복 받는 비결이라는 사실을 전하고 있다. 따라서 우리 모두 주님의 교회를 바르게 세우라는 말씀에 순종하여 하나님께서 주시는 복을 받아 누리는 삶이 되기를 바란다.

적용

1. 내 안에 거룩한 성전을 건축할 준비를 잘하고 있는가?
2. 말씀에 순종하는 삶이 곧 형통한 삶이라는 사실을 인정하는가?
3. 끝까지 식지 않는 열정이 있는가?

27주 레위인의 직무

본문 | 대상 23:1-32
요절 | 다윗이 레위의 아들들을 게르손과 그핫과 므라리에 따라 각 반으로 나누었더라(6절)

접근

'구조 조정'이라는 말을 들을 때마다 자신의 자리를 잃어버리는 것에 대한 두려움과 함께 새로운 일을 시작하는 기대감이 교차한다. 과거의 자리를 정리하고, 새로운 목표를 위해 재정비하는 것은 신앙의 자리에서도 동일하게 적용된다. 본문은 성전을 건축하게 되면 레위인들이 더이상 성막을 옮길 일이 없게 되기 때문에, 다윗이 레위인들의 역할에 적절한 변화를 준 것에 대해 기록하고 있다. 다윗이 레위인들의 직무를 어떻게 구분하고 있는지 함께 살펴보도록 하자

레위인의 직무 분담(1-5절)

당시 만 20세 이상 레위인은 38,000명이었는데, 다윗은 이들을 재능에 따라 직무를 나누었다. 그중 24,000명은 제사장을 도와 성전에서 제반 업무를 관할하도록 했다. 그리고 6,000명은 유사 재판일을 감당하도록 했다. 나머지 8,000명은 반으로 나누어 문지기와 찬양대를 담당하게 했다. 이러한 직무 분담으로 인해 레위인들은 평등하게 그 임무를 맡았고 직무가 세분화되어 성전 직무의 효율성을 극대화하게 되었다. 이처럼 교회 공동체도 성도들이 골고루 참여할 수 있도록 조직을 갖추는 것이 매우 중요하다. 그래서 효과적이고 조직적으로 하나님의 일을 할 수 있도록 해야 한다. 그리고 각자의 임무를 충실하게 감당할 수 있어야 한다. 이러한 마음가짐을 통해서 하나님의 위대한 역사를 드러낼 수 있다.

레위인의 24반열(6-23절)

본문은 레위인을 좀 더 세분화한 내용의 첫 부분이다. 이는 성전에서 제사장을 도와 제반 업무를 관장하도록 임명된 24,000명을 다시 24반열로 나누었다. 그중 게르손 자손이 10반열(7-11절), 그핫 자손이 9반열(12-20절), 그리고 므라리 자손이 5반열(21-23절)을 차지했다. 이 제도는 솔로몬에 의해서 행해졌다가 그후 명맥이 희미해졌다가 포로기 이후 에스라와 느헤미야 때 다시 회복되었다(느 12:1-7). 이러한 조직 편성은 오늘날 교회에서도 필요한 모습이다. 교회에 알맞은 조직을 구성하여 효과적으로 복음을 전하고 하나님 나라를 확장시킬 수 있어야 한다.

레위인의 직무(24-32절)

본문은 레위인이 담당할 제반 직무에 대해서 언급하고 있다. 이들은 성전에서 제사장들을 도와 섬기는 일을 하였다. 여기서 조금 더 세분화하면, 성전 안팎의 궂은 일, 성전 기물의 관리, 진설병이나 무교전병을 만드는 일, 축사와 찬송하는 일, 그리고 제사장을 도와 절기마다 번제를 드리는 일 등이었다. 이들이 제사장을 보조하는 일을 한다고 해서 열등한 위치에 있었던 것은 아니었다. 이와 같이 교회의 조직은 서로 협력관계이지 상하 차등을 두는 계급이 아니다. 따라서 누가 높은가를 따지지 말고 자기가 맡은 일에 최선을 다하는 신앙이 되어야 한다.

하나님은 우리 모두를 거룩한 제사장적 삶으로 초청하고 계신다. 우리를 예배의 자리에서 각자가 섬겨야 할 직분으로 세우기를 원하신다. 그리하여 하나님을 영화롭게 하는 거룩한 삶을 살아가기를 바라고 계신다. 하나님의 이 부르심 앞에 순종하여 하나님께 영광 돌리는 거룩한 제사장적 삶이 되기를 바란다.

적용
1. 내게 맡겨진 직무를 잘 감당하고 있는가?
2. 교회 직무에서 상하 차별이 없이 서로 협력관계를 잘 지키는가?
3. 누가 더 큰가의 논쟁이 아니라 섬기는 자세를 가지고 있는가?

28주   제사장 직분을 맡은 사람들

본문 | 대상 24:1-31
요절 | 이와 같은 직무에 따라 여호와의 성전에 들어가서 그의 아버지 아론을 도왔으니 이는 이스라엘의 하나님 여호와께서 명하신 규례더라(19절)

접근

어떤 조직을 세우고 재편성할 때 공평하게 세우는 일은 매우 중요하다. 왜냐하면 그렇게 해야 불평이나 불만의 소리가 적을 수 있기 때문이다. 자그마한 공동체도 공평하게 하지 않으면 불만이 이만 저만이 아니다. 그런데 한 나라의 거대한 조직을 구성하는 데 공평하게 한다는 것은 쉬운 일이 아니다. 그럼에도 오늘 말씀에 등장하고 있는 제사장 24반열을 정하는 절차는 매우 민주적이고 공정한 절차로 진행되었다. 최대한 불평이나 불화가 일어나지 않도록 신중하게 시행하고 있다. 어떻게 그렇게 진행하였는지 함께 살펴보자.

엘르아살과 이다말 계열의 족장 선발(1-4절)

다윗은 제사장 24반열을 조직함에 있어서 가장 먼저 제사장 계열의 양대 산맥이라고 부를 수 있는 엘르아살과 이다말 계열에서 인구 비례에 따라서 각각 16명과 8명을 족장으로 선발한다. 2절에서는 "나답과 아비후가 그들의 아버지보다 먼저 죽고 그들에게 아들이 없으므로 엘르아살과 이다말이 제사장의 직분을 행하였더라"고 기록하고 있다. 사실 레위기 10장 1-3절을 보면, 나답과 아비후는 하나님 앞에서 자기 맘대로 다른 불로 분향하다가 징벌을 받아 죽은 자들이다. 인구 비례에 따른 선발은 매우 합리적이고 타당한 방법이었다. 교회를 바르게 세우고자 할 때 가장 합리적인 방법은 공동체를 더욱 건강하게 세워가는 일일 것이다. 다윗은 그렇게 인구 비례라는 합리적인 방법으로 조직을 구성하고 있다.

반열의 순번 결정(5-19절)

다윗은 제비를 뽑아 반열의 순번을 정하게 했다. 5절은 "이에 제비 뽑아 피차에 차등이 없이 나누었으니 이는 성전의 일을 다스리는 자와 하나님의 일을 다스리는 자가 엘르아살의 자손 중에도 있고 이다말의 자손 중에도 있음이라"고 기록한다. 엘르아살 자손이 이다말 자손보다 두 배나 많았음에도 불구하고 성소에서 담당하는 직임은 서로 차등이 없이 동등한 입장에서 결정하게 했다. 하지만 이다말 계열은 솔로몬 시대에 대제사장이었던 아비아달이 폐위됨으로써 그 후로는 엘르아살 계열만 대제사장직을 수행하게 되었다. 순번을 정하여 교회를 섬기는 일은 매우 중요한 일이다.

성전 봉사를 위한 레위인 반열(20-31절)

본문은 역대상 23장 6-23절의 재언급이라고도 할 수 있다. 이렇게 재언급하는 이유는 그들의 직무가 제사장의 직무와 매우 밀접했기 때문에 제사장 반열을 소개하면서 다시 소개하고 있는 듯하다. 이렇듯 우리는 만인제사장적 사명을 가진 성도로서 성전에서 하나님의 영광을 위하여 봉사하고 섬기는 일이 매우 중요함을 알아야 한다. 그렇기 때문에 교회에서는 성전에서 봉사하는 직무를 공평하게 제공하여 보다 더 효과적으로 복음 사역을 감당할 수 있도록 해야 한다.

오늘 말씀은 다윗이 제사장 직무를 감당할 24반열을 조직함에 있어서 매우 합리적인 방법을 통해서 선발하여 세운 이야기를 기록하고 있다. 그리고 순번을 따라 섬기도록 했다. 이러한 가르침은 오늘 우리에게도 좋은 아이디어를 제공한다. 제사장적 직무는 예배를 바르게 세우고 교회를 바르게 세워가는 데 매우 중요한 역할이다. 우리도 이 점을 잘 깨닫고 맡은 바 충성을 다하며 하나님께 영광 돌리는 공동체가 되어야 한다.

적용 1. 하나님께서 세운 직분에 대한 정체성은 어떠한가?
2. 하나님께서 주신 직분을 감당할 때 성결함과 거룩함을 견지하는가?
3. 하나님의 직무를 감당하는 데 최선을 다해서 감당하고 있는가?

본문 | 대상 25:1-31
요절 | 다윗이 군대 지휘관들과 더불어 아삽과 헤만과 여두둔의 자손 중에서 구별하여 섬기게 하되 수금과 비파와 제금을 잡아 신령한 노래를 하게 하였으니 그 직무대로 일하는 자의 수효는 이러하니라(1절)

접근

"호흡이 있는 자마다 여호와를 찬양할지어다"(시 150:6)라는 시편의 말씀이 있다. 또한 이사야 43장 21절에서는 "이 백성은 내가 나를 위하여 지었나니 나를 찬송하게 하려 함이라"고 말씀하고 있다. 찬양은 구원받은 백성에게는 마땅한 일이다. 왜냐하면 구원을 주신 하나님께 그 영광을 돌려드리는 행위이기 때문이다. 찬양의 대표적인 것은 노래이다. 그래서 찬양대를 조직하고 우리를 향하여 일하신 그 하나님을 노래하는 것은 신앙 공동체에서 가장 기본이다. 그래서 오늘 다윗은 찬양대의 조직을 구성하고 그 임무를 감당하게 한다.

찬양대 24반열(1-5절)

다윗은 찬양대의 24반열을 구성한다. 그중 아삽의 네 아들(1, 3, 5, 7번 반열), 여두둔의 여섯 아들(2, 4, 8, 10, 12, 14번 반열), 헤만의 열 네 아들(6, 9, 11, 13, 15-24번 반열)이 연합하여 24반열을 구성한다. 찬양대는 성전에서 예배의 직무를 행하는 직무이기에 레위인 중에서 선발되었고, 그 중에서 음악에 재능이 있는 아삽과 여두둔과 헤만의 가문이 지도자 가문이 되었다. 다윗은 이들을 공평하게 선발하여 성전 의식을 거룩하게 이끌도록 했다. 이러한 모습은 오늘 교회가 찬양대를 어떻게 세워야 하는지를 잘 보여 주고 있다. 특별히 음악에 재능 있는 리더를 세우는 일도 매우 중요하고, 무엇보다도 찬양대는 제사장 반열에 있음을 인식하고 더욱 성결하게 이끌어 가야 한다.

찬양대의 직무와 조직(6-7절)

찬양대는 모두 제금과 비파와 수금을 연주하며 노래를 하게 했는데 그들은 그런 방법으로 하나님의 성전에서 섬기는 일을 했다. 아삽과 여두둔과 헤만은 모두 다윗 왕의 지도를 받았다. 이들은 모두 찬송하기를 가르칠 만한 능력을 가진 선생의 숫자가 288명이었다. 그리고 다윗이 하나님을 찬양하도록 조직한 사천 명의 레위인 찬양대에게 찬양하기를 가르쳤다(대상 23:5). 이렇게 다윗은 수준 높은 음악가와 많은 찬양대원을 동원하여 예배를 거룩하게 드리고자 하는 열망이 있었다. 물론 우리는 최고의 것으로 드리지 못할지라도 최선을 다해서 하나님을 찬양하는 자세를 가져야 한다.

찬양대 직무의 순서(8-31절)

본문은 앞선 말씀에 이어 찬양대원의 순번을 정하는 내용을 기록하고 있다. 제사장의 24반열과 마찬가지로 하나님의 뜻대로 제비를 뽑아 공평하게 선출하고 일 년에 두 주일씩 제사장과 같이 성전의 찬양 직무를 이행하도록 했다. 특별히 찬양대가 레위인 4천 명 중 모두 음악에 뛰어난 능력을 갖고 있던 아삽과 여두둔과 헤만의 아들로 구성된 것은 음악적 재능이 우선순위였다는 사실을 알게 된다. 당시 헤만은 찬양대 대장이었고 아삽과 여두둔은 그 좌우에서 찬양의 직무를 이행했다. 다윗은 이렇게 성전 건축 후 제사 직무를 위해서 찬양대를 재정비했다.

찬양은 성도의 호흡이요, 곡조가 있는 기도이다. 찬양은 하나님의 위대하심을 고백하는 노래이다. 따라서 교회에서 찬양이 끊이지 않아야 한다. 그러므로 교회는 찬양대를 바르게 세우고 하나님을 바르게 예배하는 자세를 갖도록 교육할 필요가 있다.

4

52주 주해 설교

적용
1. 온 힘을 다해서 찬양하는 삶이 되고 있는가?
2. 하나님을 찬양하는 자로서 성결한 삶을 유지하고 있는가?
3. 최고의 것보다 최선을 다해서 주님을 찬양하고 있는가?

30주   성전 문지기

본문 | 대상 26:1-32
요절 | 이상은 다 문지기의 반장으로서 그 형제처럼 직임을 얻어 여호와의 성전에서 섬기는 자들이라(12절)

접근

시편 84편 10절에 "주의 궁정에서의 한 날이 다른 곳에서 천 날보다 나은즉 악인의 장막에 사는 것보다 내 하나님의 성전 문지기로 있는 것이 좋사오니"라는 말씀이 있다. 성도의 가장 복된 것은 악인의 길을 따르거나 그의 길을 걷지 않는 것이다(시 1:1). 시인은 악인의 길을 따르는 것보다 성전 문지기로 사는 것이 더 복된 인생이라고 고백한다. 이 고백은 무엇을 하더라도 주님의 은혜 안에, 주님을 예배하는 삶이 되기를 갈망하는 마음이 담겨 있다고 볼 수 있다. 오늘 말씀은 성전 문지기의 직무에 대해서 기록하고 있다.

성전 문지기의 직무(1-19절)

다윗은 성전 제사 제도의 부흥을 위해서 레위인의 직무를 재조직했다. 그리고 찬양대도 조직했다. 이제 다윗은 성전 문지기의 직무에 대해서 기록하고 있다. 그중 본문은 성전 수비대의 역할을 담당한 성전 문지기의 직무에 대해서 언급하고 있다. 그래서 1-11절은 문지기 24반열의 책임자의 명단을 기록하고 있고, 12-19절은 각 반열의 담당 지역을 결정하는 내용을 기록하고 있다. 비록 이들의 임무는 제사와 직접적인 관련은 없지만 제사장과 찬양대와 같이 거룩한 사역이기에 레위인이며 24반열로 구성되었다. 이들은 세상과 구별된 거룩한 하나님의 임재의 장소를 거룩하게 지키는 일을 담당한다.

성전 창고지기의 직무(20-28절)

다윗은 성전 업무를 담당하는 조직을 소개하면서 본문에서는 백성들이 드린 십일조와 헌물, 그리고 전리품을 보관하는 창고를 담당할 사람들을 정한다. 여기서 한 가지 흥미로운 점은 전리품도 성전 창고에 보관되었다는 점이다. 이것은 전쟁에서 취한 전리품도 하나님의 소유가 된다는 점을 보여 준다. 이는 곧 모든 전쟁에서 승리하게 하신 분이 바로 하나님이라는 사실을 고백하는 모습을 엿볼 수 있다. 이 업무 또한 직접적인 제사와는 관련이 없었지만, 제사 업무에 차질이 없이 진행되도록 돕는 역할을 하기에 제사장이나 레위인 직무 못지않게 중요한 직무였다.

성전 외에 봉사하는 레위인(29-32절)

그동안 성경은 성전 안에서 일하는 직무에 대해서 언급했다. 그리고 이제 본문에서는 성전 밖에서 일하는 직무에 대해서 소개한다. 이들은 이스라엘 백성들 가운데서 하나님의 공의와 질서를 바로잡는 유사 재판장 역할을 했다. 이 직무는 그핫의 차남과 삼남인 이스할과 헤브론의 후손이 담당했다. 이 일을 담당한 레위인은 모두 6천여 명이었다(23:4). 이들은 율법에 관한 전문적인 지식을 가진 사람들이었기에 종교 재판 업무를 맡기에 적합했고 행정업무까지 가능했다. 이러한 모습에서 야훼 신앙 공동체의 모습을 발견하게 된다.

다윗은 제사와 관련된 직무뿐만 아니라 그 외에 감당해야 할 직분에 대해서도 조직하고 있다. 성전 문지기, 성전 창고지기, 그 밖에도 성전 안에서 일하는 직분을 조직한다. 그 모든 제사가 원활하게 드려지고 모든 조직이 순조롭게 돌아갈 수 있도록 각자가 맡은 역할을 충실하게 감당했다. 이처럼 우리 공동체도 맡은 역할을 거룩하게 감당하면서 하나님께 영광 돌리는 복된 삶이 되기를 바란다.

적용
1. 악인의 길보다 성전 문지기로 있기를 갈망하는가?
2. 내가 맡은 일에 대해 거룩한 사역이라고 확신하고 있는가?
3. 말씀 가운데 시대를 분별하며 지혜로운 삶을 살고 있는가?

31주 다윗의 유언

본문 | 대상 27:1-24
요절 | 이스라엘 사람의 이십 세 이하의 수효는 다윗이 조사하지 아니하였으니 이는 여호와께서 전에 말씀하시기를 이스라엘 사람을 하늘의 별같이 많게 하리라 하셨음이라(23절)

접근

무슨 일이든 '토대(土臺)'를 마련한다는 것은 중요한 일이다. 토대는 모든 조직의 밑바탕이 되기 때문이다. 토대가 튼튼해야 건물도 조직도 원활하게 유지될 수 있다. 오늘 말씀에 나오는 내용은 다윗이 아들 솔로몬에게 왕위를 계승하고 그가 세워놓은 토대 위에서 무리 없이 통치할 수 있도록 모든 제반 사항을 준비하고 있다. 그럼에도 불구하고 다윗은 하나님께서 통치하시는 것을 가장 중심에 놓고 있었다. 이러한 토대를 통해서 어떻게 조직을 굳건하게 세워갔는지 살펴보자.

다윗의 군대 조직(2절)

다윗은 11장 10절부터 12장 40절에서 소개했던 상비군 이외의 준정규 민병대 조직을 정비한다. 그는 14반열로 나누어 매달 24,000명씩 교대로 근무하도록 했다. 그래서 근무 차례가 아닌 나머지 11반열에 속한 사람들은 생업에 종사할 수 있었다. 다윗은 이렇게 하면서 군비도 줄이고 국민 생활 경제도 윤택하게 유지할 수 있었다. 광활한 영토를 작은 규모로 다스릴 수 있었던 것을 볼 때 "내가 산을 향하여 눈을 들리라 나의 도움이 어디서 올까 나의 도움은 천지를 지으신 여호와에게서로다"(시 121:1-2)라는 시인의 고백이 떠오른다. 이처럼 우리의 광활한 인생도 우리 주님께서 지키시고 보호하신다는 사실을 잊지 말자.

12반열의 장(長)을 임명한 다윗(3-15절)

다윗은 자기와 함께 생사고락(生死苦樂)을 함께한 3명의 용사와 30인의 용사 가운데서 12반열의 장을 세웠다. 이들은 모두 다윗이 굳건하게 나라를 세우는데 혁혁한 공헌을 했고 충성스럽게 맡은 일을 수행했던 사람들이다. 다윗은 이들이 공헌했던 공로와 능력을 인정하면서 정의롭게 인재를 고루 등용했다. 이러한 모습은 마치 "맡은 자에게 구할 것은 충성"(고전 4:2)이라는 말씀을 기억하게 한다. 하나님 나라는 이렇게 충성스럽게 자기가 맡은 일에 충성하고 헌신하는 사람을 통해서 이루어진다. 우리 또한 충성스럽게 맡은 직분을 감당하도록 하자.

지방 행정관들 임명(16-24절)

다윗은 분산되어 있던 행정력을 중앙집권 아래 두어 보다 더 효율적으로 다스릴 수 있는 체제를 구축한다. 그래서 그는 온 지파 연맹 체제의 장점을 살리려고 한다. 다윗은 권력을 강화하는 중앙집권 체제를 유지하는 것이 아니라 하나님이 통치하는 대리 신정정치 체제를 유지하는 것이었다. 그가 성전 봉사 제도를 먼저 확립한 이유도 여기에 있다. 성경의 저자는 이렇게 기록함으로써 포로에서 돌아온 백성들이 신앙을 회복하고 야훼 신앙으로 바르게 서도록 촉구하고자 했다.

오늘 말씀은 다윗이 보다 더 효과적으로 다스리기 위해서 군대 체제를 구축하는 모습을 기록하고 있다. 그 모든 힘이 중앙에 집중하도록 재편했다. 이러한 체제를 통해 자신의 권력을 유지하기보다 하나님의 통치가 바르게 이루어지도록 했다. 우리도 우리의 신앙을 회복하고 바르게 세워 하나님 중심의 신앙이 되도록 해야 한다. 그리하여 하나님의 진정한 통치를 받아 이 땅에서 하나님의 다스림을 받는 복된 성도의 삶이 되어야 한다.

적용 1. 삶의 토대를 이루고 있는 것은 무엇인가?
2. 하나님의 선교와 생업을 위한 일을 균형 있게 잘하고 있는가?
3. 철저한 예수 그리스도 중심의 신앙을 유지하고 있는가?

32주 성전 곳간을 맡은 자들

본문 | 대상 28:1-21
요절 | 그가 만일 나의 계명과 법도를 힘써 준행하기를 오늘과 같이 하면 내가 그의 나라를 영원히 견고하게 하리라 하셨느니라(7절)

접근

유언(遺言)은 죽음 직전에 가장 중요한 내용을 남기는 말이다. 이는 죽음 이후에도 효력이 발생하도록 강력하게 의사를 표시하는 하나의 도구이다. 그래서 유언을 받은 사람은 그 뜻을 잘 받들어 수행하게 된다. 오늘 말씀에 나오는 내용은 이제 다윗이 죽음 직전에 당부하고 또 당부하고 싶은 말을 유언의 형태로 남기고 있다. 누구보다도 열정이 넘치고 하나님 나라를 바르게 세우고자 한 다윗이었다. 하지만 못다 이룬 일들이 많아 그 모든 일을 아들 솔로몬과 남은 백성들에게 위임하고자 한다. 이는 매우 막중한 일이 아닐 수 없다.

지도자들에게 남기는 유언(1-8절)

다윗은 죽음이 임박한 상황 속에서도 하나님 나라 건설을 위한 열망이 식지 않았다. 열왕기상(2:1-9)에 보면, 하나님의 법도에 순종할 것과 왕권 확립을 위한 유언의 이야기가 있다. 그런데 본 장에서는 오직 성전 건축과 율법 준수에 관한 신앙적인 당부만 나온다. 그중 본문은 방백들에게 하는 유언이다. 성전 건축이 연기된 이유(2-3절), 솔로몬의 왕위 계승에 대한 설명(4-7절), 율법과 계명에 순종하여 통치하기를 당부(8절)하는 내용이 있다. 다윗은 이렇게 여호와 신앙을 이어가고 그 신앙에 근거해서 왕국이 번영하기를 바라는 마음이었다. 성도 또한 복음 위에 세워진 신앙이 형통한 삶이라는 사실을 굳게 믿어야 한다.

성전 건축에 대한 유언(9-19절)

본문도 성전 건축을 위한 당부의 내용을 담고 있는 유언이기에 앞서 했던 유언과 비슷하다. 단지 솔로몬에게는 성전 건축을 위해 설계도를 자세하게 설명해 주고 있는 내용이 주를 이루고 있다는 점이 다르다. 다윗은 성전 건축에 필요한 모든 재료를 준비했을 뿐만 아니라 설계도까지 마련해 놓았다. 이 설계도는 성령님의 계시를 통해 이루어진 것인데(12, 19절), 특별히 모세에게 보여 주셨던 성막에 근거하고 있다(출 26:1-37). 성경의 저자는 이러한 내용을 기록하면서 포로에서 돌아온 백성들에게 성전 중심의 신앙을 회복하고 무너진 성전을 건축할 것을 독려하고자 했던 것으로 보인다.

성전 건축의 양식과 솔로몬을 위로하는 다윗(20-21절)

본문에서는 다윗이 솔로몬에게 하나님께서 함께하시리라는 내용으로 격려하고 성전 건축에 최선을 다할 것을 당부한다. 이 내용에 대해서 20절은 "또 그의 아들 솔로몬에게 이르되 너는 강하고 담대하게 이 일을 행하라 두려워하지 말며 놀라지 말라 네가 여호와의 성전 공사의 모든 일을 마치기까지 여호와 하나님 나의 하나님이 너와 함께 계시사 네게서 떠나지 아니하시고 너를 버리지 아니하시리라"고 말씀한다. 모든 사역이 부담으로 다가오고 두려움이 엄습해 올 때, 하나님께서 함께하시고 지키시고 보호하여 주신다는 말씀이 큰 힘이 되고 위로가 된다. 때론 우리가 감당하기에 너무 벅찬 일이 생기면 오히려 두려움이 엄습해 올 때가 있다. 어쩌면 아버지의 유언을 받들어 감당하려던 솔로몬에게도 그런 마음이 있었는지 모른다. 그래서 다윗은 하나님께서 함께하실 것이라고 격려하면서 두려워하지 말고 담대하게 그 임무를 다하라고 권면하고 있다. 이 위로와 권면의 메시지는 지금 우리에게도 동일하게 적용되는 메시지이다.

적용 1. 예수님께서 마지막 유언을 하셨던 내용을 기억하고 있는가?
2. 예수님의 그 말씀을 준행하기 위해 노력하는가?
3. 사역에 대한 부담감을 말씀으로 위로받고 있는가?

33주 마지막 사역

본문 | 대상 29:1-9
요절 | 이에 모든 가문의 지도자들과 이스라엘 모든 지파의 지도자들과 천부장과 백부장과 왕의 사무관이 다 즐거이 드리되(6절)

접근

우리는 가끔 '하얗게 불태웠다'라는 말을 할 때가 있다. 이 말은 어떤 일을 함에 있어서 끝까지 온 힘을 다해 기진맥진할 정도로 최선을 다하고 난 후 그 감정을 표현할 때 사용한다. 정말 온 생애를 하얗게 불태운 사람이 있다면 그 사람은 바로 '다윗이 아닐까?' 싶다. 다윗은 하나님 나라를 위해 눈에 보이는 성전을 지어 하나님께 영광 돌리기를 간절히 원했다. 우리는 주님의 백성으로 살아가면서 하나님의 영광을 위해서 하얗게 불태우며 헌신하고 순종할 자세가 되어 있는가? 다윗의 이러한 모습은 우리에게 조용한 감동으로 다가온다.

성전 건축을 준비한 이유(1절)

다윗은 이제 성전 건축의 모든 사역을 솔로몬에게 위임하는 과정에서 한순간도 마음을 놓을 수 없었던 이유가 바로 솔로몬이 아직 어렸기 때문이라고 설명한다. 그래서 1절 중반절에서는 "솔로몬이 유일하게 하나님께서 택하신 바 되었으나 아직 어리고 미숙하며 이 공사는 크도다"라고 기록한다. 다윗은 모든 회중이 이 거룩한 대공사에 참여하도록 권면하면서 이 모든 사역은 "사람을 위한 것이 아니라 여호와 하나님을 위한 것이라"(1b절)고 선언한다. 이는 성전 건축이 하나님의 거룩한 사역임을 알게 하고 스스로 동참하도록 권면한다. 이처럼 성도는 하나님 나라 건설에 자발적으로 동참하는 아름다운 신앙이 되어야 한다.

다윗이 성전을 위해 드린 예물(2-5절)

다윗은 온 회중이 성전 건축에 참여할 것을 독려한 다음 자신이 성전 건축을 위해 드린 예물을 열거한다. 그는 수많은 보석을 드렸고 그의 마음이 너무나 주님을 사모했기에 개인적으로 사유한 금과 은을 드렸다. 3절은 "성전을 위하여 준비한 이 모든 것 외에도 내 마음이 내 하나님의 성전을 사모하므로 내가 사유한 금, 은으로 내 하나님의 성전을 위하여 드렸노니"라고 기록한다. 다윗이 드린 금과 은은 성전 내의 모든 중요한 건축물의 벽을 도금하는 데 사용되었다(대하 3:5-10). 그리고 다윗은 "누가 즐거운 마음으로 하나님을 위해 헌물을 드리겠느냐?"라고 반문한다. 누가 즐거운 마음으로 드릴 수 있겠는가?

백성들도 함께 드린 예물(6-9절)

다윗의 이 외침에 모든 가문의 지도자와 모든 지파의 지도자들, 즉 천부장, 백부장과 왕의 사무관까지 모두가 즐거운 마음으로 드리게 된다. 이렇게 기쁘고 자원하는 마음으로 드린 예물에 대하여 9절에서는 "백성은 자원하여 드렸으므로 기뻐하였으니 곧 그들이 성심으로 여호와께 자원하여 드렸으므로 다윗 왕도 심히 기뻐하니라"고 기록하고 있다. 여기서 중요한 것은 '기쁨의 원리', 즉 기쁨으로 드리는 예물을 우리 주님께서 기뻐하신다는 사실이다. 하나님 나라를 위한 사역을 기쁨으로 감당하는 것은 매우 중요한 신앙의 태도이다.

오늘 말씀은 하나님을 향한 뜨거운 열정이 온 생애를 하얗게 불태운 다윗의 이야기를 기록하고 있다. 즐거이 드리고 자원하는 마음으로 헌신했을 때 모든 백성이 한마음 한뜻이 되어 거룩한 사역에 동참하였다. 거룩한 주님의 사역에 기쁨으로 기꺼이 헌신할 때 모든 이들과 함께 하나님 나라를 이루어 가는 은혜가 있기를 바란다.

적용
1. 주님의 일에 대해 하얗게 불태울 준비가 되어 있는가?
2. 주님 나라를 위해서 기꺼이 드릴 수 있는가?
3. 기쁨으로 주님의 사역에 동참하고 있는가?

34주   다윗의 마지막 감사 기도

본문 | 대상 29:10-19
요절 | 다윗이 온 회중 앞에서 여호와를 송축하여 이르되 우리 조상 이스라엘의 하나님 여호와여 주는 영원부터 영원까지 송축을 받으시옵소서(10절)

접근

파란만장했던 자신의 인생을 돌아볼 때, 본인 스스로 보기에도 대견하게 잘 살아왔고 최선을 다했다고 회상할 때 모든 것이 감사로 표현될 수 있다. 특별히 신앙인의 한 사람으로서 그 모든 인생의 여정이 하나님의 은혜였다는 사실을 느낄 때 감사로 표현하지 않을 수 없다. 그래서 감사는 신앙인에게 있어서 하나님께서 행하신 일에 대한 경험을 바탕으로 하나님께 영광을 돌려드리는 신앙적 고백이라고 할 수 있다. 오늘 말씀은 이제 마지막이 될 수 있는 자리에서 그동안 베풀어 주셨던 은혜에 대하여 아름다운 시로 감사를 표하고 있다.

하나님의 주권을 찬양(11절)

다윗은 마음의 소원이 이루어진 것에 대하여 감사의 기도를 드린다. 11절에서 그의 인생 여정 가운데 체험한 신앙고백 형식으로 고백하는데 하나님의 절대 주권을 노래한다. 11절을 보면, 다윗은 "여호와여 위대하심과 권능과 영광과 승리와 위엄이 다 주께 속하였사오니 천지에 있는 것이 다 주의 것이로소이다 여호와여 주권도 주께 속하였사오니 주는 높으사 만물의 머리이심이니이다"라고 고백한다. 여기서 다윗은 하나님의 위대하심이 온 세계에 미치고 왕의 능력이 있는 분으로 고백한다. 따라서 성도는 하나님의 주권을 인정하는 삶이 되어야 한다. 하나님의 주권을 인정할 때 하나님께서 높이시고 우리를 영화롭게 하신다는 사실을 깨달아야 한다.

물질의 주인임을 고백(12-17절)

다윗은 모든 물질의 주인이 주님이심을 고백한다. 12절을 보면, 다윗은 "부와 귀가 주께로 말미암고 또 주는 만물의 주재가 되사 손에 권세와 능력이 있사오니 모든 사람을 크게 하심과 강하게 하심이 주의 손에 있나이다"라고 고백한다. 다윗은 자신이 누렸던 모든 부와 영광이 하나님에게서 온 것이라고 고백하면서 자신이 바친 예물 또한 하나님의 것이기에 하나님께 돌려드린 것뿐이라고 고백한다. 물질에 대한 청지기적 신앙관을 엿볼 수 있다. 이러한 감사 고백은 성도들에게 올바른 물질관을 보여 준다. 성도들은 내게 주신 물질이 주님께서 주신 것으로 인정하고 다시 돌려드릴 수 있는 신앙의 자세가 필요하다.

성전 건축에 관한 축복기도(18-19절)

다윗은 지금까지 성전 건축을 위해 물질을 아끼지 않고 드렸던 것처럼 이스라엘 백성들의 신앙이 변하지 않기를 간구한다. 그는 18절에서 "우리 조상들 아브라함과 이삭과 이스라엘의 하나님 여호와여 주께서 이것을 주의 백성의 심중에 영원히 두어 생각하게 하시고 그 마음을 준비하여 주께로 돌아오게 하시오며"라고 기도한다. 그리고 성전이 잘 건축되기를 기도한다. 사실 인간의 마음이 변하지 않는 것은 쉽지 않다. 그래서 성전이 완성될 때까지 변하지 않는 마음을 위해서 기도해야 한다. 이것이 바로 성도가 드려야 하는 감사 기도이다.

성도의 삶의 끝은 '감사'여야 한다. 파란만장한 삶의 여정을 지나왔던 다윗의 그 끝은 '감사'였다. 그 인생의 과정이 하나님의 은혜였음을 고백하며 지금까지 인도하여 주신 하나님의 은혜에 감사를 드린다. 하나님은 감사로 드리는 고백과 제사를 기뻐하신다.

적용
1. 인생의 모든 것이 주님의 은혜였다는 사실을 인정하는가?
2. 주님의 주권이 세계 열방 가운데 미친다는 사실을 인정하는가?
3. 물질의 주인이 주님이시라는 사실을 인정하는가?

35주 　　　왕위에 오르는 솔로몬

본문 | 대상 29:20-30
요절 | 여호와께서 솔로몬을 모든 이스라엘의 목전에서 심히 크게 하시고 또 왕의 위엄을 그에게 주사 그전 이스라엘 모든 왕보다 뛰어나게 하셨더라(25절)

접근

모든 역사는 흐르게 되어 있다. 한 시대가 가면 또 다른 시대가 도래하는 것이 역사의 이치이다. 모든 역사는 머물지 않고 이렇게 때가 되면 역사의 뒤안길로 접어들고 새로운 시대가 다가온다. 누구보다 열정적으로 살았던 다윗도 이제 역사의 뒤안길로 접어드는 이야기를 하고 있다. 그리고 새로운 왕과 새로운 역사가 열리고 있음을 알리고 있다. 그래서 우리는 역사 앞에서 자만할 필요가 없다. 그 역사의 흐름 속에서 우리는 우리에게 맡겨진 임무를 잘 감당하다가 점을 찍고 가는 존재라는 사실을 항상 인식할 필요가 있다.

형통한 왕 솔로몬(20-22절)

사실 23장 1절에 다윗이 기력이 약해지자, 솔로몬을 왕으로 세워 이스라엘을 다스리도록 했다. 따라서 오늘 말씀은 솔로몬이 즉위식을 통해서 정식으로 왕이 되는 모습을 묘사하고 있다. 22절은 이 모습을 그리고 있다. 열왕기상 1장 32-35절을 보면, 솔로몬이 기름 부음을 받을 때 아도니야의 모반으로 급박하게 거행되었는데, 본문에서는 그 내용을 생략하고 사독에게 기름 부음 받은 것을 언급함으로 왕의 정통성을 재확인하게 되었다. 이렇게 성령님의 인 치심을 통해 모든 백성이 인정하게 하셨다. 이처럼 하나님 나라는 성령님으로 기름 부음 받은 사람을 통해서 이루어진다.

모든 명령에 순종한 솔로몬(23-26절)

솔로몬이 왕위에 오른 것은 단순히 왕위를 물려받은 것이 아니라 철저하게 하나님의 약속에 근거한 일이었다(삼하 7:4-17). 어린 나이에 왕위에 올랐지만 그가 말씀에 순종하였기에 형통할 수 있었다. 또한 백성들이 솔로몬에게 순종할 수 있었다. 이 사실에 대해서 25절은 "여호와께서 솔로몬을 모든 이스라엘의 목전에서 심히 크게 하시고 또 왕의 위엄을 그에게 주사 그전 이스라엘 모든 왕보다 뛰어나게 하셨더라"고 고백한다. 성도는 말씀에 순종하고 복종할 때 하나님께서 복되게 하시고 형통하게 하신다는 사실을 믿음으로 받아야 한다.

다윗의 죽음(27-30절)

이제 드디어 다윗은 40년간의 통치를 뒤로하고 영원한 잠에 든다. 사울 왕과 비교한다면 편안한 죽음을 맞았고 안정적으로 왕위를 물려줄 수 있었다. 다윗은 참으로 축복된 삶을 살았던 사람이었다. 하나님 보시기에 합한 사람임에는 분명하다. 그래서 성경은 다윗에 대하여 역사적인 자료를 근거로 하여 신앙과 헌신적인 삶에 대해서 강조하고 있다. 참으로 40년간의 통치를 통해서 번영의 기틀을 마련했다. 이러한 모습은 오늘 성도가 어떠한 신앙의 자세를 가져야 하는지에 대한 바른 모델을 제시해 준다.

지나온 역사는 항상 역사의 뒤안길로 접어들고 새로운 시대는 새 역사를 맞이하게 된다. 이제 다윗의 역사가 끝나고 새로운 시대를 열어갈 솔로몬 시대가 도래하고 있음을 알 수 있다. 중요한 것은 다윗의 뒤를 이은 솔로몬은 언약의 말씀에 근거한 승계였고 그 말씀에 순종한 결과였다. 이렇게 하나님의 역사는 순종하는 자를 통해서 이루어진다. 순종함으로 새 시대를 열어가고 번영하는 삶이 되기를 바란다.

4

적용
1. 역사 앞에서 겸허한 자세를 가지고 있는가?
2. 말씀 중심의 신앙을 유산으로 받들고 있는가?
3. 나의 헌신이 새 시대를 열어가는 밑거름이 되고 있는가?

36주 　　하나님을 감동하게 한 제사

본문 | 대하 1:1-13
요절 | 그날 밤에 하나님이 솔로몬에게 나타나 그에게 이르시되 내가 네게 무엇을 주랴 너는 구하라 하시니(7절)

접근

사람들에게 감동(感動)을 주는 사람은 그 자체로 복이 있다. 왜냐하면 감동은 상대방의 가슴을 설레게 하기 때문이다. 그래서 감동은 사람의 마음을 움직이게 하는 힘이 있다. 오늘 말씀에 감동을 주는 솔로몬 왕의 이야기가 나온다. 솔로몬은 다윗 왕을 이어 이스라엘 왕의 자리에 오른다. 성경은 이 이야기 속에 하나님을 감동하게 한 사건을 기록하면서 그의 나라가 하나님이 통치하는 왕국으로서 계속해서 번영하게 하는 그 힘을 보여 주고 있다. 저자는 하나님을 감동하게 하는 신앙의 모습을 통해 모든 일을 함에 있어 제일 먼저 여호와 앞에 무릎을 꿇는 신앙이 되어야 함을 강조하고 있다.

다윗 언약의 지속(1절)

1절의 말씀은 "다윗의 아들 솔로몬의 왕위가 견고하여 가며"라는 말씀으로 시작한다. 솔로몬은 열왕기상 2장에 기록된 것처럼, 아도니야, 아비아달, 요압, 시므이 등 모든 정적을 제거하고 당시 지역에서 최대의 강국이었던 애굽의 공주와 결혼하는 등 정치적인 기반을 튼튼하게 다져 나갔다. 그의 왕권이 견고하게 되었던 이유는 "여호와 하나님께서 함께하셨기 때문"이다. 이는 다윗과 맺은 언약의 결과였다. 성도들 또한 번영하고 창대한 삶이 되기 위해서 언약을 신실하게 이행하시는 하나님을 굳게 믿어야 한다. 이 믿음이 하나님께서 일하시는 공간을 만들게 된다.

일천 번제의 감동(2-6절)

솔로몬은 그의 통치를 시작하면서 가장 먼저 하나님께 제사를 드린다. 이때 제사는 실로 어마어마한 규모의 제사였다. 일천 마리의 제물로 드린, 일명 일천 번제였다. 제사의 규모만큼 그의 마음이 얼마나 하나님을 열망했는지 엿볼 수 있다. 이 사실에 대해서 6절에서는 "여호와 앞 곧 회막 앞에 있는 놋 제단에 솔로몬이 이르러 그 위에 천 마리 희생으로 번제를 드렸더라"고 묘사하고 있다. 이러한 행위는 과시용이 아니라 하나님을 향한 정성과 헌신의 마음이 얼마나 컸는지를 알 수 있는 부분이다. 그리스도인이 하나님을 감동하게 하는 예배는 나의 모든 전 존재를 주님께 드리는 마음으로 드리는 예배이다.

하나님을 감동하게 한 솔로몬(7-12절)

하나님은 이렇게 온 마음으로 드리는 제사에 감동하셨다. 그래서 그날 밤에 나타나셔서 "내가 네게 무엇을 주랴 너는 구하라"(7절)고 말씀하셨다. 이에 솔로몬은 부와 명예를 구하지 않고 백성을 잘 다스릴 수 있는 '지혜'를 달라고 간구한다. 이 간구에 하나님은 또 한 번 감동받으시면서 "부와 재물과 영광도 주리니"라고 말씀하셨다. 이것이 "덤의 은혜"이다. 하나님은 당신의 마음을 감동시키면, 더 많은 것을 '덤'으로 주시는 분이다.

신앙인에게 있어서 가장 기쁜 일은 무엇일까? 하나님을 감동하게 한 사람, 하나님의 마음을 시원하게 해 드린 사람이라는 수식어가 붙는 사람이 아닐까 싶다. 솔로몬은 그런 사람이었고, 하나님께 덤으로 은혜를 받은 사람이었다. 우리의 필요를 간구하는 것보다 하나님을 뜻을 구하는 간구가 곧 하나님의 마음을 감동하게 하고 덤으로 은혜를 더해 주시는 경험을 하게 만든다. 덤으로 주신 은혜를 받아 누리는 삶이 되기를 바란다.

적용
1. 하나님께서 언약을 신실하게 이루실 것을 확신하는가?
2. 나의 예배하는 삶이 하나님을 감동하게 하는 모습인가?
3. 나의 간구가 하나님 뜻에 합한 내용인가?

37주   솔로몬 왕국의 번영

본문 | 대하 1:14-17
요절 | 왕이 예루살렘에서 은금을 돌 같이 흔하게 하고 백향목을 평지의 뽕나무 같이 많게 하였더라(15절)

접근

번영(繁榮, prosperity)이라는 말은 모든 일에 있어서 번창하고 사회적으로 높은 위치를 차지하는 것 등을 말한다. 하나님은 인간을 창조하시고 번영하는 삶이 되기를 원하셨다. 그런데 번영하는 삶이 되기 위해서는 하나님을 향한 뜨거운 열망과 갈망이 있어야 한다. 이러한 갈망이 하나님의 마음을 감동하게 하고, 감동하신 하나님께서 모든 것을 형통하게 하시기 때문이다. 오늘 말씀은 하나님을 감동하게 한 솔로몬에게 주신 번영의 내용을 기록하고 있다. 하나님께서 덤으로 주신 번영의 내용이 무엇인지 함께 살펴보도록 하자.

솔로몬 군사력의 번영(14절)

본문은 하나님께서 솔로몬 왕국을 번영하게 한 내용 중 군사력의 번영에 관한 내용을 기록하고 있다. 14절을 보면, "솔로몬이 병거와 마병을 모으매"라고 기록하고 있다. 사실 다윗 이전까지만 해도 병거와 마병이 필요하지 않았다. 그 이유는 팔레스타인 지역은 대부분 산악지대였기 때문이다. 그런데 점차 영토가 확장되어 평지가 많아지자 솔로몬은 많은 양의 병거와 말을 사들여서 군사력을 강화했다. 이러한 면은 무기의 힘을 더 의지했다는 비판이 있을 수 있지만, 하나님 약속의 성취라고 볼 수 있다(12절). 이것이 바로 솔로몬에게 주신 번영의 복이었다. 성도의 삶 또한 언약의 성취로 번영하는 삶을 살 수 있다는 믿음을 가져야 한다.

경제력의 번영(15절)

하나님께서 솔로몬에게 주신 번영은 경제적인 번영이었다. 15절은 "은금을 돌 같이 흔하게 하고 백향목을 평지의 뽕나무 같이 많게 하였더라"고 기록하고 있다. 사실 이스라엘은 지형상 암석이 많은 지역이었고, 금과 은은 생산되지 않는 지역이었다. 그런데 이러한 표현은 솔로몬 통치로 인하여 얼마나 풍요로운 나라가 되었는지를 알게 하는 부분이다. 또한 백향목은 매우 고급스러운 나무였다(왕하 19:23). '가장 희귀한 나무'를 '가장 흔한 나무'로 비유하면서 솔로몬 시대가 한층 번영하는 나라였음을 표현하고 있다. 하나님의 언약은 이렇게 경제적인 부로도 이어질 수 있음을 믿고 갈망해야 한다.

무역 관계의 번영(16-17절)

솔로몬은 애굽에서 말들을 구입해 왔는데 그는 애굽과 정략결혼을 하면서 애굽과 동맹 관계를 맺었기 때문이다(왕상 3:1). 이러한 동맹 관계를 통해서 말의 수입을 더 원활하게 했다. 또한 '구에'에서 말을 수입해 왔는데, 이곳은 애굽과 더불어 제2의 말 수입국이었다. 이러한 면은 솔로몬이 매우 다양한 나라와 무역을 하고 있었음을 알려 준다. 솔로몬은 이렇게 사들인 말들을 헷 사람의 왕이나 아람 왕들에게 되팔기도 했다. 당시 팔레스타인 지역은 유럽, 아시아, 그리고 아프리카를 잇는 무역로 역할을 감당했다. 이렇게 하나님은 무역을 통해 솔로몬을 번영하게 하셨다.

오늘 말씀은 솔로몬에게 덤으로 주시는 은혜에 관한 구체적인 사례를 기록하고 있다. 군사력의 번영, 경제적인 번영, 국제 무역 관계의 번영 등 다양한 측면에서 번영을 누리게 하셨다. 솔로몬에게 주신 번영의 복이 말씀에 순종한 모든 성도에게 동일하게 미치는 은혜가 있기를 바란다.

적용 1. 하나님께서 주신 경쟁력 있는 번영을 누리고 있는가?
2. 하나님께서 주신 경제적인 번영을 누리고 있는가?
3. 하나님께서 주신 관계의 번영을 누리고 있는가?

38주   성전 건축을 위한 결심

본문 | 대하 2:1-18
요절 | 솔로몬이 여호와의 이름을 위하여 성전을 건축하고 자기 왕위를 위하여 궁궐 건축하기를 결심하니라 (1절)

접근

그리스도인으로 살아가면서 가장 기쁘고 영광스러운 일이 무엇일까? 하나님께서 우리를 번영케 하신 이유는 무엇일까? 그것은 바로 하나님 나라를 바르게 세우는 일일 것이다. 그런 의미에서 일평생 성전을 건축한다는 일은 "일생일대에 가장 영광스러운 일이 아닐까?"싶다. 다윗은 평생 동안 성전 건축하기를 원했지만 준비만 할 뿐 건축에 착수하지 못했다. 이제 다윗이 준비해 놓은 모든 기반으로 솔로몬은 본격적으로 성전 건축을 위한 준비에 착수한다. 솔로몬이 어떻게 준비하고 있는지 함께 살펴보도록 하자.

일꾼을 모집(1-2절)

솔로몬은 이제 성전을 건축할 것을 공표하고 그에 따른 모든 준비를 할 것을 명령한다. 솔로몬이 성전을 건축하겠다는 선언의 이유는 분명했다. 그것은 바로 "여호와의 이름을 위하여"였다. 더불어 부강해진 나라에 걸맞게 외교적인 일을 위해 왕궁을 새롭게 짓겠다고 공표한다. 성전 건축과 함께 왕궁 건축을 준비하게 된다. 이 모든 역사를 위해서 짐꾼 7만 명, 산에서 돌을 떠낼 자 8만 명 그리고 일을 감독할 사람 3천 6백 명을 뽑았다. 그리고 효과적으로 일이 이루어지도록 했다. 중요한 것은 하나님 나라를 이루어 가고 주님의 거룩한 성전을 세워 갈 때 이 사역에 헌신하고 자원하는 사람이 필요하다는 사실이다. 하나님은 직접 일하시지 않고 사람을 통해서 일하시기 때문이다. 그 일에 헌신하는 1인이 되어야 한다.

두로 왕 후람에게 도움을 요청(3-10절)

솔로몬은 일꾼을 모집한 후, 두로 왕 히람에게 사신을 보낸다. 다윗의 맹주였던 그에게 과거부터 있어 왔던 선한 관계를 유지하면서 성전 건축을 위한 도움을 요청한다. 솔로몬은 평화 정책을 쓰면서 성전 건축을 무리없이 진행할 수 있는 전략을 폈다. 그래서 그곳에서 생산되는 백향목과 잣나무와 백단목을 보내 줄 것을 요청한다. 여기서 주목할 것은 "하나님의 임재의 장소인 성전, 즉 예배드릴 수 있는 성전"(6절)을 건축하겠다는 내용을 강조한다는 것이다. 성도가 분명히 알아야 할 것은 성전은 하나님의 임재의 장소임과 동시에 하나님을 예배하는 장소라는 점이다.

후람의 답변(11-18절)

후람은 이방인임에도 불구하고 하나님을 찬양하면서 기꺼이 솔로몬을 도와 성전 건축에 필요한 기술자와 자재들을 보내겠다는 약속을 한다. 먼저 후람은 "천지를 지으신 이스라엘의 하나님 여호와는 송축을 받으실지로다"(12a절)라고 고백한다. 그리고 16절에서 "우리가 레바논에서 당신이 쓰실 만큼 벌목하여 떼를 엮어 바다에 띄워 욥바로 보내리니 당신은 재목들을 예루살렘으로 올리소서"라고 답변한다. 이에 솔로몬은 "밀과 보리와 기름과 포도주"(15절)를 보내 주었다. 이렇게 이방 나라도 하나님의 그 유일하심을 찬양하고 있음을 보게 된다.

솔로몬에게 주신 번영의 복이 성전을 건축할 수 있는 자원이 되었다. 이처럼 성도의 삶이 번영하는 삶이 되어야 하는 이유는 바로 하나님 나라를 바르게 세워가고 확장해 나가는 데 필요한 자원을 제공해 주기 때문이다. 그렇기에 우리의 번영이 단순히 잘 먹고 잘살기 위함이 아니라 주님의 나라를 위한 번영이어야 한다. 그리하여 협력하여 선을 이루는 복된 삶이 되어야 한다.

적용   1. 하나님 나라를 위해 기꺼이 헌신하는 사람인가?
       2. 사람들과 협력적 관계를 통해 일을 이루어 가고 있는가?
       3. 비록 비신자라고 할지라도 하나님 역사에 동참시키고 있는가?

39주   성전 건축의 시작과 본체 건축

본문 | 대하 3:1-17
요절 | 솔로몬이 왕위에 오른 지 넷째 해 둘째 달 둘째 날 건축을 시작하였더라(2절)

접근

2대에 걸친 숙원 사업이 이제 그 첫 삽을 뜨게 되었다. 성전 건축 부지는 다윗이 하나님께 희생 제사를 드리기 위해 여부스 사람 오르난에게 주고 산 곳(대상 21:18-27), 즉 모리아 산이었다. 이곳은 일찍이 아브라함이 하나님께 독자인 아들 이삭을 번제로 드리려고 했던 곳이기도 하다. 따라서 이곳은 희생 제사와 헌신이 밀접한 관계를 나타내는 곳이었다. 그러므로 성전은 영과 진리로 드리는 예배를 상징하고(요 4:20-24), 거룩하고 흠 없이 단번에 희생 제사를 드린 예수 그리스도의 십자가를 통해서 이루어진다는 사실을 알게 된다. 이런 의미를 담고 있는 성전 건축에 관하여 좀 더 자세히 살펴보자.

성전 규모와 장식(2-7절)

성전 건축의 시작은 솔로몬이 왕 위에 오른 지 4년 둘째 달이었다. 이날은 출애굽한 지 480년째 되는 해였다(왕상 6:1). 이렇게 시작된 성전은 먼저 성소의 양식에 대해서 기록하고 있다. 3절의 말씀에 따르면, 성전 기초는 길이가 27.36m, 너비가 9.12m였다. 그리고 '낭실(현관)'은 성전 입구에 위치하는데 성전으로 들어가기 전에 들르는 일종의 현관이나 대기실 같은 공간이었다. 이곳의 높이는 약 54.72m로 매우 높았다. 순금으로 입혔고, 잣나무와 종려나무 그리고 보석으로 화려하게 꾸몄다. 이렇게 웅장함을 통해 하나님의 영광을 나타냈다. 성전은 하나님의 임재가 있는 곳이기에 웅장함을 통해 하나님 나라를 보여 주는 상징이 된다.

지성소의 양식 두 그룹(8-14절)

하나님의 임재 상징인 지성소는 성전 넓이대로였고 넓이와 길이 모두 20규빗(9.12m)이었다. 그리고 지성소를 치장하는 장식을 고정하는 못과 다락도 금으로 입혔다. 또한 지성소 안에는 그룹 형상을 새겨 금으로 입혔는데 그 날개의 길이가 모두 20규빗이었다. 또한 성소와 지성소를 구분하는 "휘장문을 청색, 자색, 홍색 실과 고운 베"(14절)로 만들었다. 이러한 모습은 하나님의 임재로 가득했다는 것을 상징적으로 보여 준다. 따라서 우리의 예배당도 하나님의 임재가 가득할 수 있도록 갈망하고 성령님의 임재를 초청하는 기도를 드려야 한다.

성소 앞의 두 기둥(15-17절)

솔로몬은 성전 앞에 두 기둥을 세웠는데, 높이가 35규빗(13.68m)이었다. 그 이름은 "야긴"과 "보아스"였다. '야긴'은 '그가 세운다'라는 뜻이고, '보아스'는 '그에게 능력이 있다'라는 뜻이다. 이 두 기둥을 성전 앞에 세운 것은 곧 하나님의 권능에 의해서 견고하게 설립되었음을 상징적으로 나타내고 있다. 이처럼 성전이 건축되고 견고하게 세워지는 것은 물론 사람을 통해서 이루어지지만, 궁극적으로는 하나님의 능력에 의한 것이다. 이처럼 성도인 우리 마음의 성전에 '야긴'과 '보아스'라는 기둥을 세워야 하고, 모든 것이 하나님의 은혜로 세워졌음을 고백하는 신앙이 되어야 한다.

성전이 거룩하고 위대한 이유는 하나님의 거룩한 임재가 있는 곳이기 때문이다. 그러므로 성전을 건축하는 제일 되는 목적은 하나님을 영화롭게 하는 일이 되어야 한다. 이것이 바로 교회의 존재 목적이다. 그러므로 교회는 하나님을 영화롭게 하고 영원토록 하나님을 기뻐하고 즐거워하며 하나님을 예배하는 거룩한 공동체가 되어야 한다. 이것이 바로 하나님께서 우리에게 주신 사명이다.

적용 1. 우리의 성전이 영광을 나타내고 있는가?
2. 우리의 성전은 여호와의 임재로 가득하게 채워지고 있는가?
3. 우리의 성전은 전적인 하나님의 은혜로 세워지고 있는가?

40주

성전 기구

본문 | 대하 4:1-22
요절 | 이와 같이 솔로몬이 이 모든 기구를 매우 많이 만들었으므로 그 놋 무게를 능히 측량할 수 없었더라 (18절)

접근

앞선 내용에서 성전의 본체, 건물 공사에 관한 이야기를 기록한 다음 이제 성전에서 사용될 기구들을 제작하는 내용을 담고 있다. 다시 말하자면, 하드웨어를 만든 다음, 그 구체적인 소프트웨어를 제작하고 있다고 볼 수 있다. 아무리 화려하고 아름다운 건물이 있더라도 그 목적을 이룰 수 있는 세부적인 지침이 마련되지 않으면 안 된다. 이처럼 솔로몬은 구체적으로 성전에서 사용할 각종 기구들을 제작하도록 명령한다. 이 기구들은 하나님의 영광을 위하여 거룩하게 사용될 도구들이다.

솔로몬이 명한 성전 기구 제작(1-10절)

솔로몬이 명한 성전 기구들의 품목을 보면, 1-6절은 놋 기구 제작에 대해서 제시하고 있고, 7-8절은 금 기구 제작에 대하여, 그리고 9-10절은 뜰문 제작과 바다를 배치시킨 내용을 기록하고 있다. 솔로몬은 여기서 가장 값진 재료와 최고의 기술을 이용하여 만들게 했는데, 이는 다윗의 유언을 받들었을 뿐만 아니라 하나님을 향한 헌신된 신앙의 모습이라고 할 수 있다. 이러한 내용은 가장 고귀한 헌신과 열심히 성전을 건축해야 한다는 사실을 교훈하고 있다. 성전 기구 중 놋 단, 놋 바다, 물두멍은 제사장과 제물을 정결하게 하는 기구로서 예수 그리스도의 피로 정결하게 되는 구속 사역을 예표한다. 따라서 성도들은 예수 그리스도를 통하여 성결된 마음으로 하나님 나라를 이루어 가야 한다.

후람이 제작한 성전 기구(11-22절)

본문은 후람이 최고의 재료로 정성을 다해서 성전 기구들을 제작했음을 보여 주고 있다. 이 사실에 대해서 11절은 "후람이 또 솥과 부삽과 대접을 만들었더라 이와 같이 후람이 솔로몬 왕을 위하여 하나님의 성전에서 할 일을 마쳤으니"라고 기록한다. 이렇게 성전 건축이 마무리되고 모든 이스라엘 백성이 하나님께 거룩한 제사를 드릴 수 있었을 뿐만 아니라 하나님과 깊은 교제를 나눌 수 있는 길이 열리게 되었다. 이처럼 성전의 완성자이신 예수님을 통해 막힌 담이 허물어지고 주님과 화평하게 되었다. 따라서 성도는 예수 그리스도를 통해 세워진 성전 사상을 중심으로 하나님과 깊은 영적 교제를 나눌 수 있어야 한다.

성전 기구 제작이 주는 교훈

사실 가장 중요한 것은 성전 기구가 아무리 화려하다고 할지라도 예배를 드리는 자의 마음과 자세가 준비되어 있어야 한다. 하나님께서 원하시는 것은 건물의 화려함보다 "영과 진리"(요 4:24)로 드리는 예배이다. 순결하고 진실된 마음으로 드리는 예배를 하나님께서 기뻐 받으신다. 하나님은 단지 화려한 성전을 받으시는 것이 아니라, 최고의 것으로 하나님을 향한 신앙적 헌신과 노력을 드릴 때 하나님께서 기쁘게 받으신다. 따라서 성도는 자신이 드릴 수 있는 최고로 좋은 것을 주님께 드림으로 우리의 신앙을 표현할 수 있어야 한다.

오늘 말씀은 성전 본체를 건축한 다음, 성전에서 사용할 기구들을 제작하는 과정을 보여 주고 있는데, 그 기구 하나하나는 다 의미가 있다. 종교개혁 이후 거룩한 상징들이 사라졌는데, 필요한 상징을 다시 회복할 필요가 있다. 그와 동시에 가장 귀한 것을 드리는 마음으로 예배드리는 자세가 필요하겠다. 그리하여 하나님이 찾으시는 참된 예배자로 서야 한다.

적용 1. 하나님을 예배하기 위해 내면을 더 잘 가꾸고 있는가?
2. 예배를 통해서 하나님과 더 깊은 교제를 나누고 있는가?
3. 최고의 것으로 하나님께 헌신하고 있는가?

41주   성전에 임한 하나님의 영광

본문 | 대하 5:1-14
요절 | 제사장들이 그 구름으로 말미암아 능히 서서 섬기지 못하였으니 이는 여호와의 영광이 하나님의 전에 가득함이었더라(14절)

접근

모든 일에는 시작이 있으면 반드시 그 끝이 있다. 오늘 말씀은 솔로몬이 7년 동안 장엄한 성전 건축이라는 대역사를 마무리하면서 언약궤를 그 성전에 안치시키고 찬양대의 찬양과 더불어 하나님을 예배할 때 하나님의 영광이 성전에 가득했던 사건을 기록하고 있다. 끝날 것 같지 않았던 대공사가 끝나고 그곳에서 하나님의 임재를 경험했다면, 이 얼마나 감격스럽고 기쁘지 않을 수 있겠는가! 이제 말씀으로 들어가서 기쁨과 감사 그리고 하나님의 임재 속에 경험되는 하나님의 그 영광의 현장을 함께 느껴보도록 하자.

언약궤를 완성된 성전에 안치(1-10절)

솔로몬은 성전 건축이라는 대역사를 마친 후 다윗이 드렸던 은과 금 그리고 모든 기구를 성전 곳간에 두었다. 그리고 언약궤를 다윗 성으로부터 모셔 와서 성전에 안치시킨다. 이 사실에 대해서 7절은 "제사장들이 여호와의 언약궤를 그 처소로 메어 들였으니 곧 본전 지성소 그룹들의 날개 아래라"라고 기록하고 있다. 언약궤의 안치는 곧 하나님의 임재를 상징하는 일이기 때문에 이는 성전 봉헌에 있어서 가장 중요한 일 중의 하나였다(출 25:22). 더욱이 모든 백성이 참여함으로 이스라엘 백성에게 이 거룩한 사역에 동참할 수 있도록 격려하고 있다. 성도들 또한 이 거룩한 사역에 기쁨으로 동참해야 한다.

찬양대의 찬양(11-13절)

언약궤가 안치되자 레위인들은 반차를 무시하고 모두가 스스로 정결하게 하고 참여하였다. 다윗이 임명했던 아삽과 헤만과 여두둔을 중심으로 120여 명의 제사장들이 제금과 비파와 수금을 잡고 나팔을 불었다. 그리고 나팔 부는 자와 노래하는 자들이 일제히 소리 높여 하나님을 찬송했다. 13절 중반절에 보면, 이들은 "나팔 불고 제금 치고 모든 악기를 울리며 소리를 높여 여호와를 찬송하여 이르되 선하시도다 그의 자비하심이 영원히 있도다"라고 찬양했다. 그들은 항상 하나님께서 함께하셨다는 신앙고백과 함께 하나님의 언약이 변하지 않는다는 하나님의 신실성에 대해서 노래한다. 이것이 바로 우리가 부를 노래다.

하나님의 임재(14절)

찬양대의 웅장하고 아름다운 찬양 가운데 하나님께서 임재하신다. 이 사실에 대해서 시편 22편 3절에서는 "이스라엘의 찬송 중에 계시는 주여"라고 노래하고 있다. 또한 본문 13절 하반절에서는 "그때에 여호와의 전에 구름이 가득한지라"라고 기록하고 있다. 더욱 놀라운 일은 그 구름으로 인해 제사장들이 능히 바로 서지 못했다. 하나님의 임재 앞에 압도되었기 때문이다. 아무리 성별된 자라고 할지라도 하나님의 임재 앞에는 감히 근접할 수 없었다. 왜냐하면 "모든 사람이 죄를 범하였으매 하나님의 영광에 이르지 못하게" 되었기 때문이다(롬 3:23).

오늘 말씀은 솔로몬의 그 위대한 업적을 마무리하고 성전 가운데 임재하신 하나님의 영광에 관하여 기록하고 있다. 죄인된 인간이 감히 하나님의 임재 앞에 나아갈 수 없지만 보혈의 피를 의지하여 담대하게 나아갈 수 있는 길을 열어 주셨다. 이것이 바로 예수 그리스도를 통한 하나님의 은혜이다. 이 은혜의 보좌 앞으로 나아가 하나님의 임재 가운데 거하는 삶이 되기를 바란다.

적용

1. 신앙의 중심에 말씀을 두고 있는가?
2. 송이 꿀보다 달고 오묘한 말씀을 경험한 후 주님을 찬양하고 있는가?
3. 하나님의 임재 앞에 죄인인 것을 고백하는가?

52
주
주
해
설
교

42주

성전 봉헌 예식

본문 | 대하 6:1-11
요절 | 내가 주를 위하여 거하실 성전을 건축하였사오니 주께서 영원히 계실 처소로소이다 하고(2절)

접근

얼마나 감격스러웠을까? 모든 열정과 수고를 다하여 성전을 건축하고 하나님께서 임재하시고 그 거룩한 성전을 봉헌하게 되었으니 이 얼마나 기쁘고 감격스러운 일이 아닐 수 있는가! 아마 그 현장에 있었던 백성들의 가슴은 뛰었고 하나님께서 계속해서 번영하게 하실 것을 기대하며 설렘 가득하였을 것이다. 마치 역대상 29장 17절에서 백성들이 즐거이 자원하는 마음으로 드렸을 때 다윗이 "여기 있는 주의 백성이 주께 자원하여 드리는 것을 보오니 심히 기쁘도소이다"라고 고백한 그 외침을 기억나게 한다.

성전 건축의 이유(1-2절)

성전을 건축한 후 언약궤를 지성소에 안치하고 나서 솔로몬은 "여호와께서 캄캄한 데 계시겠다 말씀하셨사오나"라는 말로 성전 봉헌사를 시작한다. 이 말씀은 하나님이 모세에게 하신 레위기 16장 2절의 말씀을 염두에 두고 한 말로 분석된다. 이 표현은 "빽빽한 구름"을 의미하는데, 계시하지 않고 감추시겠다는 의미로도 이해할 수 있다(욥 23:9; 시 10:1). 그럼에도 불구하고 솔로몬은 하나님의 거처를 준비하였다고 기록한다. 무소부재하신 하나님은 어떤 공간에 갇히는 분이 아니지만 솔로몬은 성전을 웅장하게 건축함으로 하나님께 영광을 돌려드렸다. 이것이 바로 그가 성전을 웅장하게 건축한 이유이다.

백성을 축복한 솔로몬(3절)

솔로몬이 하나님의 영광과 임재를 바라보다가 함께 바라보고 있던 백성들을 향해 몸을 돌이켜서 그들을 축복하는 장면을 묘사하고 있다. 이 축복은 제사장의 축복(민 6:22-27)과 달리 백성들이 형통하기를 기원하는 축복이었다. 3절은 "얼굴을 돌려 이스라엘 온 회중을 위하여 축복하니 그때에 이스라엘의 온 회중이 서 있더라"라고 기록한다. 하나님 영광의 광채를 받은 솔로몬이 '백성들을 얼마나 축복하고자 했을까?' 하는 그 간절한 마음이 엿보인다. 우리 또한 하나님의 깊은 임재와 영광을 바라보며 눈을 돌려 서로 축복하는 삶이 되기를 바란다.

성전 건축의 역사적 배경 설명(4-11절)

본문에서는 성전이 건축되었던 과정을 설명하고 있는데, 성전이 예루살렘에 건축됨으로 인해 예루살렘이 신앙의 중심지가 되었음을 나타낸다. 솔로몬은 아버지 다윗이 하나님을 위해 성전 건축할 마음을 가졌고 하나님께서 기뻐하셨다. 하지만 다윗이 성전을 건축하지 못하고 새 왕이 건축하게 될 것으로 말씀하셨다. 솔로몬은 10절에서 기록한 대로 "여호와께서 말씀하신 대로" 성전을 건축할 때 "여호와의 이름을 위하여" 짓게 되었다. 그래서 그는 "그곳에 여호와께서 이스라엘 자손과 더불어 세우신 언약을 넣은 궤를 두었노라"고 고백한다.

성도가 주님의 성전을 세워가는 것은 하나님의 그 신실하심을 이루어 가는 거룩한 사역이다. 솔로몬이 성전을 건축하게 된 것은 선왕이었던 다윗의 유언이 있었기 때문이다. 그것은 하나님의 언약에 기초한 것이었고, 하나님의 거룩한 임재와 하나님의 이름을 위하여 성전을 완공하였다. 그래서 솔로몬은 성전을 통하여 하나님의 복이 모든 백성에게 흘러가기를 염원했다. 간절히 바라기는 주님의 성전을 통하여 생수의 강이 흘러넘치는 은혜가 있기를 소망한다.

4

적용 1. 나의 성전을 거룩한 곳으로 만들어 가고 있는가?
2. 성령 충만함으로 다른 사람을 축복하는 삶을 살고 있는가?
3. 주님의 거룩한 그 약속을 신실하게 이루어 가고 있는가?

43주 솔로몬의 간절한 기도

본문 | 대하 6:12-42
요절 | 주는 하늘에서 그들의 기도와 간구를 들으시고 그들의 일을 돌보시옵소서(35절)

접근

간절함은 어디서 오는 걸까? 간절함은 그 일이 실제로 이루어지기를 바라는 마음에서 출발한다. 다시 말해서, 마음속에서 자연스럽게 우러나와 그 바라는 바가 이루어지기를 마음이 매우 절실하고 강할 때 나온다는 말이다. 그래서 우리가 누군가를 위해서 간절히 기도하는 것은 이러한 마음이 담겨 있다는 의미이다. 그래서 야고보서 5장 16절에도 "의인의 간구는 역사하는 힘이 큼이니라"라고 말씀하고 있다. 그만큼 믿음을 가지고 간절히 드리는 기도에 하나님께서 응답하여 주신다는 말씀이다. 오늘 솔로몬은 왕권과 백성들을 위한 간절한 기도를 드리고 있다.

왕권 보전을 위한 기도(12-17절)

솔로몬은 기도할 때, "모든 회중 앞에서 무릎을 꿇고 하늘을 향하여 손을 펴고"(13b절) 간절함과 겸손함으로 간구하였다. 그리고 "천지에 주와 같은 분이 없음"을 고백하면서 간구한다. 또한 "다윗에게 허락하신 말씀을 지키시되"라고 표현하면서 기도가 헛되지 않기를 탄원한다. 다윗에게 허락한 언약을 근거로 왕권이 잘 보존되기를 간구한다(16절). 그러면서 17절에서는 "그런즉 이스라엘 하나님 여호와여 원하건대 주는 주의 종 다윗에게 하신 말씀이 확실하게 하옵소서"라고 강력하게 요청한다. 이렇게 솔로몬이 하나님께 기도할 때 하나님께서 하신 언약의 말씀을 근거로 하여 간구하는 모습을 보게 된다.

백성과 이방인을 위한 기도(18-33절)

솔로몬은 계속해서 기도하면서 "주의 종의 기도와 간구를 돌아보시며 주의 종이 주 앞에서 부르짖는 것과 비는 기도를 들으시옵소서"(19b절)라고 간절히 기도한다. 그리고 21절에서도 "기도할 때에 주는 그 간구함을 들으시되 주께서 계신 곳 하늘에서 들으시고 들으시사 사하여 주옵소서"(21b절)라고 간청한다. 그 기도의 내용에는 백성의 죄를 용서하여 주시고, 가뭄이나 전염병, 병충이나 메뚜기의 떼, 적의 공격, 병이 생기지 않기를 기도드릴 때 들어달라고 기도한다(28-29절). 또한 이방인들이 기도할 때도 그 기도를 들으시고 성전이 주님의 이름을 일컫는 곳이 되기를 기도한다. 솔로몬의 기도는 그 지평이 매우 넓고 깊은 기도였다.

회복을 위한 기도(34-42절)

본문은 혹 백성들이 죄악으로 인해 징벌의 결과로 이방에 포로로 잡혀 갈 경우에라도 회개하고 뉘우치면 용서하고 다시 회복시켜 주시기를 기도한다. 39절은 "주는 계신 곳 하늘에서 그들의 기도와 간구를 들으시고 그들의 일을 돌보시오며 주께 범죄한 주의 백성을 용서하옵소서"라고 기록한다. 솔로몬의 회복을 위한 기도는 더욱 간절해진다. 42절은 "기름 부음 받은 자에게서 얼굴을 돌리지 마시옵고"라고 간구하면서 다윗의 그 언약을 잊지 않게 해 달라고 간청한다. 솔로몬은 하나님께서 계속해서 백성들을 지켜봐 주시고 돌봐 주시기를 간구한다.

오늘 말씀은 솔로몬의 간절한 간구에 관한 내용을 담고 있다. 왕권 보전을 위한 기도, 백성과 이방인을 위한 기도, 그리고 징벌을 받을 때에라도 회개하고 돌이킬 때 회복되는 은혜가 있기를 기도한다. 선한 왕의 기도가 하늘을 감동시키듯 의인의 간구에 역사하는 힘이 더해지는 은혜가 있기를 소망한다.

적용 　1. 기도를 얼마나 간절함으로 하고 있는가?
　　　　2. 이방인의 기도도 들어달라고 기도하고 있는가?
　　　　3. 기도의 지평을 넓혀 가며 기도하고 있는가?

44주 　 하나님의 응답과 낙성 예식

본문 | 대하 7:1-10
요절 | 이스라엘 모든 자손은 불이 내리는 것과 여호와의 영광이 성전 위에 있는 것을 보고 돌을 깐 땅에 엎드려 경배하며 여호와께 감사하여 이르되 선하시도다 그의 인자하심이 영원하도다 하니라(3절)

접근

예배는 "계시와 응답이 만나는 사건"이다. 우리가 드리는 예배는 알 수 없는 대상에게 드리는 것이 아니라 성경이 말씀하고 있는 "여호와 하나님"께 드리는 우리의 경배이다. 따라서 예배는 하나님께서 현현하시고 그에 대한 우리의 결단과 응답으로 나아가는 시간이다. 오늘 말씀은 하나님께서 불로 응답하시고 솔로몬은 하나님의 백성으로 살겠다는 결단으로서의 낙성식과 장막절을 지키는 이야기를 기록하고 있다. 이처럼 성도는 신앙이라는 영토 안에서 하나님의 백성으로 살아가는 존재이다. 따라서 항상 하나님의 임재 앞에 거룩한 순종으로 응답해야 한다.

불의 응답(1-3절)

'지성이면 감천'이라고 했던가? 본문은 솔로몬의 간절한 기도에 응답하신 말씀을 기록하고 있다. 이 사실에 대해서 1절은 "솔로몬이 기도를 마치매 불이 하늘에서부터 내려와서 그 번제물과 제물들을 사르고 여호와의 영광이 그 성전에 가득하니"라고 기록하고 있다. 솔로몬의 기도에 불로 응답하시고 그의 영광이 성전에 가득했다. 이러한 하나님의 놀라운 임재를 경험한 사람은 하나님의 선하심과 그 위대하심을 고백하지 않을 수 없다. 성도는 이 경험을 한 사람이다. 따라서 하나님의 임재 앞에 주님의 인자하심을 고백하는 신앙이 되어야 한다.

성전 낙성 예식(5-7절)

솔로몬과 그의 백성은 하나님의 임재 앞에 말로만 감사의 표시를 한 것이 아니라 물질로 표현했다. 그들이 드린 양을 보면, 소가 2만 2천 마리요, 양이 12만 마리였다. 이것이 왕과 백성이 드린 낙성 예식의 제물이었다. 낙성식은 성전을 봉헌하는 예식이다. 이 낙성식에 참석한 레위인들은 놋 제금, 비파 수금 등으로 하나님을 찬양했다. 이날 드린 제물과 소제물이 너무 많아 솔로몬이 지은 놋 제단이 감당할 수 없었다. 그만큼 성대하게 낙성 예식이 진행되었다. 그야말로 축제 같은 예식이었다. 우리의 예배가 이렇게 최고 좋은 것으로 드려진다면 하나님을 감동케 하는 예배가 될 것이다.

7일 동안의 절기(8절)

7일 동안 낙성 예식을 진행한 다음 7일 동안 장막절을 지켰다. 낙성식은 7월 8일에 시작되었고, 장막절은 7월 15일부터 7일 동안 지켰기 때문이다(레 23:33-36). 참고로 7월 10일은 대속죄일이다. 이렇게 성전 봉헌식 기간에 대속죄일이 포함되어 있다는 것은 하나님의 임재의 상징적 장소로서 죄인들이 하나님 앞에 제사를 드림으로써 죄로 인해 단절된 하나님과의 관계를 회복시키는 역할을 했다는 점에서 매우 중요한 기간이었다. 낙성 예식 후 이 절기를 지켰다는 것은 그들의 기쁨이 극에 달했다는 의미이기도 하다. 그래서 예배는 기쁨의 회복이다.

오늘 말씀은 솔로몬의 기도에 응답하신 하나님께 감사드리는 모습과 모든 공사를 마치고 감사 예배를 드리는 모습을 기록하고 있다. 솔로몬은 최고의 것으로 드렸고 7일 동안이나 그 기쁨을 유지했다. 참으로 하늘과 땅이 만나는 거룩한 시간이었다. 이처럼 우리가 드리는 예배가 기쁨과 감격, 그리고 하나님과의 만남, 더 나아가 회복이 있는 축제 같은 예배가 되기를 소망한다.

적 용　1. 나의 기도에 불로 응답하신 하나님을 경험했는가?
　　　　2. 하나님의 응답에 감사로 표현하고 있는가?
　　　　3. 예배 생활에 기쁨이 충만한가?

45주   성전 언약

본문 | 대하 7:11-22
요절 | 내가 네 나라 왕위를 견고하게 하되 전에 내가 네 아버지 다윗과 언약하기를 이스라엘을 다스릴 자가 네게서 끊어지지 아니하리라 한 대로 하리라(18절)

접근

'언약'은 어떻게 보면 동전의 양면과 같다고 할 수 있다. 그 이유는 언약을 잘 지키는 경우는 복이 되고 선이 되지만, 잘 지켜내지 못할 경우는 악이 되고 저주가 되기 때문이다. 오늘 말씀은 일명 '성전 언약'이라는 주제를 담고 있다. 그리고 이 언약을 통해서 순종할 때 주시는 복과 지키지 못했을 때 임하는 심판에 대해서 경고하고 있다. 이러한 양면성의 원리는 저주하고 심판하려는 목적이 아니라 복을 주시기 위함이다. 그래서 언약 안에 있다는 것은 경계선을 잘 지킨다는 의미로 볼 수 있다. 그렇다면 그 경계가 무엇인지 함께 살펴보자.

축복에 대한 약속(12-18절)

솔로몬이 성전 봉헌식을 끝내고 난 그날 밤에 여호와께서 나타나셨다. 이때는 솔로몬 통치 최고의 전성기였기에 이 언약은 교만해지거나 나태해지지 않도록 경각심을 주기 위함이었다. 하나님께서 솔로몬에게 다윗이 행한 것과 같이 모든 율례와 법규를 지키면 왕위가 견고하게 될 것이라고 말씀하신다. 이는 곧 다윗에게 하셨던 언약의 내용이고, 그 내용이 실천의 기준이었다. 시편 1편에서 "복 있는 사람은 여호와의 율법을 주야로 묵상하는 자"라고 하신 말씀처럼, 말씀에 대해서 순종하는 자에게 하나님께서 복을 주신다. 이것이 바로 복의 원리이다.

저주에 대한 경고(19-22절)

하지만 하나님의 율례와 명령을 버리고 다른 신을 섬기게 되면 그 뿌리를 뽑아내고 거룩하게 하신 성전을 모든 민족 중에 속담거리가 되게 하시겠다고 말씀하신다. 그리고 이 성전이 지금 이렇게 높아 보이고 웅장해 보여도 일순간 폐허가 된다면 그 소식을 듣는 사람들이 다 놀라며 "어찌하여 이렇게 되었느냐?"라고 반문하게 된다는 의미이다. 하나님은 이스라엘 백성의 과거를 보면, 비록 성전 봉헌식을 거창하게 했을지라도 우상숭배에 빠질 여지가 다분했기에 이러한 경고를 하신 것이다. 결코 우상숭배에 빠지지 않는 신앙이 되어야 한다.

성전 언약이 주는 교훈

성전 언약은 너무나 화려하고 아름답게 성전을 봉헌한 후 주신 약속이다. 이 약속은 동전의 양면처럼 축복과 저주가 함께 공존하고 있다. 그동안 이스라엘 백성의 행태를 보았을 때, 그들은 다분히 또다시 우상숭배에 빠질 확률이 높았다. 그래서 하나님은 경고하시면서 말씀에서 벗어나지 않는 삶을 살도록 권면하고자 하셨다. 사실 우리가 예수님을 믿고 지금은 충만해 보인다고 할지라도 언제나 유혹에 넘어갈 수 있는 존재라는 점을 인식하고 겸손하게 주님 앞에 무릎을 꿇는 신앙이 되어야 한다. 그래서 다시 한 번 언약으로 주신 예수 그리스도의 십자가를 붙드는 신앙이 되어 하나님의 복을 받는 삶이 되어야 한다.

오늘 말씀은 성전 봉헌식이 끝나고 하나님께서 솔로몬에게 나타나셔서 언약을 주시는 내용을 기록하고 있다. 언약은 축복을 담보하는 순기능적인 역할도 있지만, 동전의 양면처럼 또 다른 면도 있다. 그것은 바로 말씀을 따르지 않고 순종하지 않으면 하나님의 심판이 있다는 것이다. 그래서 우리는 이 언약을 신실하게 지켜 나가는 신앙인이 되어야 한다.

적 용 1. 언약의 말씀을 잘 기억하고 있는가?
2. 언약의 말씀에 순종하기 위해 노력을 하고 있는가?
3. 겸손하게 자신을 돌보며 살아가고 있는가?

4

46주   솔로몬의 기타 업적에 관한 이야기

본문 | 대하 8:1-18
요절 | 후람이 솔로몬에게 되돌려 준 성읍들을 솔로몬이 건축하여 이스라엘 자손에게 거기에 거주하게 하니라(2절)

접근

하나님께서 주신 복은 피상적이 아니라 뼛속 깊은 곳까지 임하게 된다. 솔로몬에게 주시겠다고 약속했던 번영의 복은 솔로몬 왕권과 그 통치 영역 속에서 보다 더 구체적으로 이루어졌다. 마치 온몸에 피가 원활하게 공급되는 것처럼, 국가 조직 깊은 곳까지 하나님의 복이 임했다. 물론 본문에서는 열왕기에 기록된 부정적인 내용, 즉 이방 여인과의 정략적인 결혼과 우상숭배에 빠진 모습(왕상 11:1-8) 등에 대해서는 기록하지 않고 있다. 다만 성전 건축을 비롯한 영광스러운 부분만 강조하고 있다. 이는 성전 건축을 통해 주신 하나님의 복이 구체적으로 임한 실례를 보여 주기 위함이다.

성전과 궁궐 이외의 성읍 건축(1-6절)

본문은 여러 업적 중에 성읍의 건축과 재건에 대해서 기록하고 있다. 백성들의 거주용 성읍(2절), 적의 침입을 대비하여 식량을 비축해 두는 국고성(4절), 그리고 요새화된 군사 기지였던 병거성과 마병의 성(5-6절) 등이었다. 이러한 성읍들은 변방에 있는 것으로 정복 사업을 벌인 후 외세의 침입을 방어하기 위해 세운 곳이었다. 이렇게 함으로써 외세의 침략으로부터 보호하면서 경제적인 번영을 누릴 수 있게 되었다. 하나님께서 주신 복은 변방에 이르기까지 임했다. 하나님을 신뢰하는 성도의 삶은 삶의 변방까지 안전하게 지키신다는 사실을 알아야 한다. 이 사실을 깨닫고 주님을 신뢰할 때 삶의 끝자락까지 하나님의 복이 임하게 된다.

가나안 족속으로 노동력 충당(7-10절)

본문은 여러 성읍을 건설하는 데 필요한 노동력을 어떻게 충당했는지를 보여 준다. 솔로몬은 그 노동력을 가나안 정복 당시 멸절되지 않고 살아남아 있던 가나안 원주민으로부터 충당했다. 그리고 이스라엘 자손은 그들을 다스릴 수 있는 지도자로 임명했다. 8절 하반절에 "그 땅에 남아있는 그들의 자손들을 솔로몬이 역군으로 삼아"라고 기록하고 있고, 9절 상반절에는 "이스라엘 자손은 솔로몬이 노예로 삼아 일을 시키지 아니하였으니"라고 기록한다. 이는 "동족을 노예로 삼지 말라"(레 25:39-46)는 말씀을 따른 것이다. 이러한 면은 한편으로는 솔로몬이 선한 통치자라는 점을 강조하고 있다. 그리고 하나님께서 주시는 번영의 복이라고 할 수 있다.

신앙생활과 경제적 업적(11-18절)

본문은 솔로몬이 이어간 경건 생활과 해상 무역을 통해 얻게 된 경제적 번영에 대해서 기록하고 있다. 솔로몬은 성전이 완공된 후 모세의 규례에 따라서 3대 절기를 시행하고 다윗이 정한 규례대로 제사장의 반열을 정했다. 또한 무역을 통한 경제적인 번영을 이루었는데, 흥미로운 점은 솔로몬의 경건 생활 이후에 기록되고 있다는 점이다. 저자는 이러한 번영이 경건 생활을 통해 주신 하나님의 복임을 나타내고 있다. 따라서 성도는 하나님께서 주시는 번영이 경건 생활을 바탕으로 하고 물질을 바르게 다스릴 때 주시는 복이라는 사실을 알아야 한다.

오늘 말씀은 하나님께서 솔로몬에게 주신 번영의 복이 어디까지 미치고 있는지를 보여 준다. 성전과 궁궐 외에 많은 성읍을 건설하였고, 가나안 땅에서 노동력을 충당하는 은혜를 주셨고, 경제적인 번영도 함께 주셨다. 하나님을 신실하게 따르고 순종하는 모든 성도에게 이러한 복이 임하기를 축복한다.

4

52주 주해 설교

적용
1. 물질을 다스릴 수 있는 성경적 경제관을 가지고 있는가?
2. 하나님께서 주신 번영이 삶의 구체적인 영역까지 미치고 있는가?
3. 나의 번영이 경건 생활로부터 시작되고 있음을 확신하는가?

52주 주해 설교 | 803

47주 솔로몬을 방문한 스바 여왕

본문 | 대하 9:1-12
요절 | 복되도다 당신의 사람들이여, 복되도다 당신의 이 신하들이여, 항상 당신 앞에 서서 당신의 지혜를 들음이로다(7절)

접근

약속은 성취되었을 때 그 의미가 깊다. 왜냐하면 약속은 이루어지기 위해 존재하기 때문이다. 하나님은 다윗에게 하셨던 약속을 솔로몬에게 하셨고, 그 약속을 신실하게 이루어 가셨다. 이러한 과정을 보면서 "지혜는 과연 돈으로 살 수 있는 것인가?"라는 질문을 해 본다. 하나님의 마음을 감동시키고 난 후 솔로몬이 간구한 지혜는 놀라울 정도로 그 위세가 당당했다. 마치 "하나님의 어리석음이 사람보다 지혜롭고 하나님의 약하심이 사람보다 강하니라"(고전 1:25)는 말씀을 상기하게 된다. 이 일은 시바 여왕의 방문으로 증명되고 있다.

시바 여왕의 방문(1-2절)

시바라는 지역은 학자 간에 다양한 의견이 있지만, 시바 여왕이 많은 향품을 예물로 준비한 것으로 보아 아라비아의 '시바'인 것으로 추정된다. 그 당시 이곳 사람들은 고대 근동 각 지역을 무역 활동 무대로 삼고 있었기에 타당한 근거가 있다고 본다(겔 27:22). 무려 2,000km가 넘는 아라비아 남단에 있는 시바까지 솔로몬의 명성이 퍼졌다. 그녀가 방문한 목적은 일차적으로 솔로몬의 지혜를 직접 경험해 보기 위함이다. 그래서 그녀는 그녀가 가져온 많은 질문을 제시하였다(1a절). 이에 솔로몬은 대답하지 못한 것이 하나도 없었다. 솔로몬의 지혜는 탁월함을 넘어 거의 신적인 경지에 이르렀다.

황홀함에 빠진 시바 여왕(3-8절)

시바 여왕은 솔로몬의 지혜와 그가 건축한 궁과 하루 소비하는 식물의 양, 왕을 호위하기 위해 배치된 시위대, 시온 산과 솔로몬 성전 사이의 계곡을 가로질러 만든 '두로뵈온 다리(Tyropoeon viaduct)' 등을 보면서 정신이 혼미할 정도로 황홀함에 빠졌다. 시바 여왕은 소문보다 더 아름다운 광경을 보고 감탄을 금하지 못했다. 그래서 시바 여왕은 7절에서 "복되도다 당신의 사람들이여, 복되도다 당신의 이 신하들이여, 항상 당신 앞에 서서 당신의 지혜를 들음이로다"라고 고백하며 "솔로몬의 하나님 여호와를 송축할지로다"라고 칭송한다. 이 점에서 놀라움은 경외감을 갖게 하고 이는 경배로 나타난다는 사실을 알아야 한다.

시바 여왕의 예물(9-12절)

그 놀라움과 경탄 속에서 시바 여왕은 준비한 예물을 바친다. 즉 금 백이십 달란트였다. 1달란트에 약 34.27kg이면, 120달란트는 약 4.1톤에 해당하는 양이다. 실로 어마어마한 양이다. 그리고 많은 향품과 보석을 함께 드렸는데, 이 향품은 이전에 없었던 것이었다. 솔로몬은 그녀가 가져온 대로 답례하고 그 외에 소원하는 대로 귀중한 토산품들을 내어주어 돌아가게 했다. 이로써 외교적인 관계가 형성되었다. 하나님께서 주신 지혜와 경쟁력은 평화 관계를 유지하는 데 큰 힘이 된다. 따라서 하나님의 지혜를 구하는 삶이 되어야 한다.

오늘 말씀은 하나님은 결코 실언하지 않으시는 분이라는 사실을 증명한다. 솔로몬과 하신 약속을 신실하게 지키셨는데 시바 여왕의 방문이 이를 증명하고 있다. 그녀의 방문을 통해 솔로몬의 명성이 얼마나 위대했는지를 보여 주었고, 경쟁력 있는 무역 관계를 통해 번영의 기틀을 마련하게 되었다. 경쟁력 있는 지혜로 하나님을 영화롭게 해 드리는 복된 성도의 삶이 되기를 바란다.

적용 1. 하나님의 어리석음이 사람보다 지혜롭다는 사실을 인정하는가?
2. 하나님의 지혜에 대해서 사모함이 있는가?
3. 내게 주신 경쟁력으로 하나님의 위대하심을 드러내고 있는가?

48주   은을 돌 같이 흔하게 한 솔로몬

본문 | 대하 9:13-28
요절 | 왕이 예루살렘에서 은을 돌 같이 흔하게 하고 백향목을 평지의 뽕나무 같이 많게 하였더라(27절)

접근

속담(俗談)은 예로부터 내려오는 격언이나 잠언 등을 말한다. 예를 들어, "황금 보기를 돌 같이 하라"는 속담은 작은 이익에 눈이 멀어서 오히려 신변에 위협을 당하지 않도록 교훈하는 말이다. 이처럼 속담이나 격언은 삶의 의미를 바로 보게 하고 건강하고 지혜로운 삶의 자세를 갖도록 하는 역할을 한다. 사실 솔로몬 시대에도 이런 속담이 있었다. 그것은 바로 "은을 돌 같이 흔하게 했다"라는 표현이다. 이 말은 솔로몬의 번영에 대한 속담이기도 하다. 이처럼 솔로몬 시대의 번영이 풍요로웠다는 사실을 입증하고 있는 말이다.

세금의 규모(13-14절)

본문은 솔로몬이 백성들에게서 거둬들인 세금에 관한 내용을 기록하고 있다. 13절을 보면, 해마다 거두어들인 세금으로 금 666달란트였다. 이를 환산하면 약 23톤에 해당하는 어마어마한 양이었다. 그 외 무역과 객상들, 즉 무역업자들을 통해서 거두어들인 관세와 아라비아 왕과 방백들이 솔로몬에게 바친 금과 은도 있었다. 이렇게 엄청난 세금을 볼 때, 솔로몬의 영향력과 그 권세가 어느 정도였는지 가늠할 수 있다. 이렇게 하나님께서 주신 번영은 민족의 경계를 넘어 먼 나라에까지 미쳤다. 마치 야곱의 축복처럼 "담장 너머로 뻗은 나무처럼" 그 영향력이 대단했다.

솔로몬의 번영에 관한 실제 사례 3가지(15-21절)

본문은 솔로몬이 누렸던 부귀와 영화에 대한 실례 세 가지를 들어서 설명하고 있다. 하나는 금방패(15-16절)이고, 또 하나는 솔로몬의 화려한 왕좌와 여섯 층계(17-19절)이고, 마지막으로는 솔로몬 왕궁의 풍부한 금은보화(20-21절)이다. 20절을 보면, 솔로몬이 마시는 그릇은 모두 금이었고 레바논 나무 궁의 그릇도 모두 다 순금이었다. 솔로몬 시대에는 은을 귀하게 여기지 않았는데, 그 이유는 다시스의 금과 은과 상아와 원숭이와 공작을 3년에 한 번씩 조공으로 실어왔기 때문이다(21절). 이렇게 솔로몬이 얼마나 번영했는지를 보여 주고 있다.

조공 수입과 국제 무역을 통한 번영(22-28절)

본문은 솔로몬의 재산과 지혜가 모든 나라의 왕들보다 탁월함을 강조하고 있다. 그뿐만 아니라 모든 나라에 영향을 미치고 있었음을 묘사하고 있다. 이 사실에 대해서 22절은 "솔로몬 왕의 재산과 지혜가 천하의 모든 왕들보다 큰지라"고 묘사하고 있다. 모든 나라들은 솔로몬 왕을 만나기를 간절히 원했는데 정한 수대로 예물을 가지고 솔로몬을 방문했다. 그만큼 부강하고 번영을 누렸다. 27절에서는 그의 번영에 대해서 "은을 돌 같이 흔하게 하고 백향목을 평지의 뽕나무 같이 많게 하였더라"라고 기록한다. 하나님은 이렇게 다양한 방법으로 솔로몬이 번영을 누리게 하셨다. 이것이 우리의 번영이 되기를 소망한다.

오늘 말씀은 하나님께서 주신 복이 하나의 속담이 되었던 이야기를 기록하고 있다. 하나님께서 주신 지혜는 민족의 경계를 넘어 그 영향력을 미쳤다. 그리고 "은을 돌처럼, 백향목을 뽕나무처럼" 흔하게 했다는 말로 솔로몬의 번영을 표현하고 있다. 이러한 속담이 나의 간증이 되어 하나님께 영광 돌리는 복된 삶이 되기를 바란다.

적용   1. 담장 너머로 뻗는 나무처럼 영향력을 미치고 있는가?

2. 은을 돌 같이 여기며 오직 말씀을 순금보다 더 귀하게 여기는가?

3. 하나님의 지혜로 주님을 영화롭게 하고 있는가?

49주 르호보암의 어리석음

본문 | 대하 10:1-15
요절 | 젊은 신하들의 가르침을 따라 그들에게 말하여 이르되 내 아버지는 너희의 멍에를 무겁게 하였으나 나는 더 무겁게 할지라 내 아버지는 가죽 채찍으로 너희를 치셨으나 나는 전갈 채찍으로 치리라 하니라 (14절)

접근

학문을 연구하는 방법 중에 인과론(因果論, causal theory)이 있다. 이는 원인과 결과를 규명하는 이론이다. 이 이론처럼 사람의 행동(결과)도 마음과 생각에서 발현된 결과이다. 그래서 인간의 어리석은 행동도 무지한 마음과 생각에서 나오는데 그것은 눈과 귀가 닫힌 상태라고 할 수 있다. 이런 상태에서는 그 어떤 지혜로운 말과 충고도 듣지 못한다. 왜곡된 마음과 생각에서 나오는 무지는 어리석은 결과가 나올 뿐이다. 따라서 오늘 말씀을 통해서 닫힌 우리의 귀를 어떻게 열고 선한 결과를 가져올 수 있을지 깨달아야 한다.

유화정책을 요구하는 백성(1-5절)

본문부터는 솔로몬 이후 남북으로 분열된 이스라엘의 역사를 소개하고 있다. 특별히 남유다를 중심으로 진행되고 있는 역사를 통해서 솔로몬의 범죄와 그의 뒤를 이어 왕위에 오른 르호보암의 어리석은 행동으로 초래된 결과, 그럼에도 하나님의 은혜로 회복된다는 하나님의 주권적 은혜가 나타나고 있다. 백성들은 '세제 완화'와 '강제 노역'을 금해 줄 것을 요청한다. 솔로몬의 학정에 시달린 백성들은 이를 가볍게 해 주면 "왕을 섬기겠다"(4절)고 말한다. 하지만 그는 무지한 상태였다. 이 무지가 백성들의 소리를 듣지 못하게 했고, 결국 파멸의 길로 인도하는 지름길이 되었다.

노인들의 충언과 친구들의 간언(6-11절)

르호보암은 백성들의 요구에 바로 응답하지 않고 3일을 연기한다. 그리고 솔로몬 생전에 모셨던 원로들과 함께 의논했다. 그들은 백성들을 후대할 것을 권한다(7절). 하지만 르호보암은 그들의 권면을 수용하지 않는다(8절). 그리고 젊은 신하들과 의논한다. 그들의 의견은 멍에를 더욱 무겁게 하고 전갈 채찍으로 다스리도록 조언한다(11절). 사실 르호보암은 이미 그의 마음에 합리적으로 해결하는 것보다 권력과 힘으로 해결해야겠다는 비이성적 마음이 있었다(9절). 그런 마음이 사태를 바로 보지 못하게 가로막고 있었다.

르호보암의 어리석은 결정(12-15절)

르호보암은 원로들의 가르침을 버리고 젊은 신하들의 가르침을 따라 "내 아버지는 너희의 멍에를 무겁게 하였으나 나는 더 무겁게 할지라 내 아버지는 가죽 채찍으로 너희를 치셨으나 나는 전갈 채찍으로 치리라"(14b절)라고 선언한다. 흥미로운 점은 "이 일은 하나님께로 말미암아 난 것"이라는 점이다. 이는 솔로몬의 범죄 대가로 이스라엘을 나누시겠다는 하나님의 섭리가 있었다. 다시 말하자면, 그 뜻을 이루시기 위해 르호보암의 마음을 강퍅하게 하셨다는 말이다. 다만 그의 완고하고 교만한 마음을 그대로 사용하셨기에 그 책임은 르호보암에게 있다고 볼 수 있다. 따라서 성도는 좋은 마음을 가지고 좋은 결과를 내야 한다.

르호보암이 영적인 귀가 닫혀 선한 조언을 듣지 못하고 왜곡된 조언을 수용하게 된 이유는 자신의 마음에 결핍이 있었고, 그 결핍이 마음을 완악하게 만들었기 때문이다. 결국 이 왜곡된 마음이 현명한 선택을 받아들이지 못하고 잘못된 선택을 하게 만들었다. 따라서 우리는 선한 마음으로 회복되어 선한 선택을 하여 하나님을 영화롭게 하는 삶을 살아야 한다.

적용
1. 나의 마음은 무지한 상태에 있지 않는가?
2. 나의 마음은 어떤 면에서 왜곡되어 있는가?
3. 선한 마음으로 선한 결과를 초래하는 삶을 살고 있는가?

50주   억압정책의 결과

본문 | 대하 10:16-19
요절 | 그러나 유다 성읍들에 사는 이스라엘 자손들에게는 르호보암이 그들의 왕이 되었더라(17절)

접근

억압(抑壓, suppression)은 자유롭지 못하도록 억누르는 것을 말한다. 이 억누름은 무거운 중압감을 느끼기에 일종의 고난이다. 눌림을 받는 감정에 심한 고난을 경험하기에 그 고난을 받는 사람은 저항하게 되어 있다. 이 저항은 그 중압감에서 벗어나고 싶은 욕구이면서 자유로워지고자 하는 갈망이기도 하다. 원로들의 유화정책을 거부하고 젊은 신하들의 강압정책을 선택한 르호보암에게 백성들의 불만은 극에 달했다. 코너로 몰린 쥐가 고양이를 물듯이 성난 민심은 다윗의 언약도 눈에 들어오지 않았다. 그것마저 파기해 버리면서 벗어나고자 했다.

관계 단절 선언(16절)

극에 달한 백성들은 "우리가 다윗과 무슨 관계가 있느냐 이새의 아들에게서 받을 유산이 없도다"라고 말한다. 이는 르호보암의 통치를 거부하겠다는 선언으로 일종의 반란을 선포하는 말이다(삼하 20:1). 이는 하나님께서 다윗과 맺은 언약(삼하 7:4-17)을 파기하겠다는 말이기도 하다. 물론 강한 악정에 시달린 백성들은 분노가 극에 달했겠지만, 하나님께서 진정한 통치자라는 사실을 인식했다면 그 모든 일을 하나님께 호소하고 탄원하는 것이 맞는 일이었다. 그렇지만 그들은 성급하게 언약을 파기하는 범죄를 저지르게 되었다. 성급함은 범죄할 확률이 높기에 신중한 선택을 할 수 있어야 한다.

르호보암의 도망(18절)

백성들은 그들의 요구를 들어주지 않는 것을 보고 다윗과 아무런 관계가 없음을 선언하고 각각 그들의 장막으로 돌아갔다. 하지만 르호보암은 유다 성읍에 사는 이스라엘 자손의 왕이 되었다. 르호보암 왕이 부역 감독인 하도람을 이스라엘 자손에게 보냈는데 그들이 그를 돌로 쳐 죽이는 불상사가 일어났다(18절). 이는 르호보암이 악정을 행하여 이스라엘 공동체에 고통을 가하는 것에 대한 반발이었다. 이러한 면에서 악은 항상 악순환의 고리에 갇히게 한다. 이러한 악순환의 고리를 끊어 버린 사건이 바로 예수 그리스도의 십자가 사건이다. 따라서 성도는 십자가의 사건으로 회복된 존재이기에 화평을 만들어 가는 삶이 되어야 한다.

배반의 역사(19절)

이러한 악순환의 고리에 대해서 본문은 "이스라엘이 다윗의 집을 배반하여 오늘날까지 이르니라"고 기록하고 있다. 지혜롭지 못한 결정이 배반의 역사로 오명을 남기게 되었다. 그런데 그러한 문제가 역사를 통해서 계속해서 반복되고 있다는 점이다. 남북 분열의 역사, 바벨론 포로 기간, 그리고 오늘 우리의 역사에서 반복되고 있다. 이러한 악순환의 고리를 끊기 위해서 예수 그리스도께서 단번에 희생제물이 되셨고, 원수된 것, 즉 막힌 담을 헐고 화평케 하셨다(엡 2:14-15).

오늘 말씀은 억압정책이 주는 아픔에 대해서 기록하고 있다. 억압은 또 다른 폭력으로 그 불만을 표시하게 된다. 이러한 폭력을 견디지 못했던 백성들은 단절을 선언하고 악의 악순환의 고리에 접어들게 되었다. 그렇지만 하나님은 이 모든 악순환의 고리를 끊어 버리기 위해서 예수 그리스도를 보내 주셨고, 그 십자가 정신으로 배반의 역사를 끊고 화평하게 하는 삶을 살게 하셨다. 우리는 이렇게 화평하게 하고 화해하는 삶으로 부름을 받았다.

적 용 1. 중압감을 느끼는 고난을 경험해 본 적이 있는가?
2. 왜곡된 마음의 상태에서 관계가 단절되는 경험이 있는가?
3. 십자가의 은혜로 원수된 것을 화평으로 만들어 가고 있는가?

51주   분단의 고착

본문 | 대하 11:1-4
요절 | 여호와께서 이같이 말씀하시기를 너희는 올라가지 말라 너희 형제와 싸우지 말고 각기 집으로 돌아가라 이 일이 내게로 말미암아 난 것이라 하셨다 하라 하신지라 그들이 여호와의 말씀을 듣고 돌아가고 여로보암을 치러 가던 길에서 되돌아왔더라(4절)

접근

이제 본격적으로 르호보암을 중심으로 남유다가, 여로보암을 중심으로 북이스라엘이 새로운 역사를 맞이하고 있다. 오늘 말씀은 분열의 역사 속에서도 르호보암이 다윗 왕조를 계승한 것으로 묘사하면서 그의 신앙으로 정통 왕국의 왕임을 강조하고 있다. 특별히 본문은 남북 왕국을 통일시키려는 르호보암의 의지를 꺾으시는 하나님의 섭리 속에서 분단이 더욱 고착되어 가고 있음을 나타내고 있다. 그렇다면 어떠한 사건들이 펼쳐지고 있는지 함께 살펴보도록 하자.

군대 동원(1절)

르호보암은 북부 사람들이 하도람을 죽이는 것을 목격한 후 황급히 예루살렘으로 도망하여 북부를 응징하기 위해 군대를 모집한다. 1절을 보면, 르호보암이 예루살렘에 이르러 유다와 베냐민 족속에 동원령을 내려 용사 18만 명을 모은다. 사실 이 지파는 앙숙관계에 있었지만, 예루살렘에 인접해 있던 베냐민 지파는 유다와 관계가 좋지 않으면 예루살렘에 대한 기득권을 상실할 위험이 있었기 때문에 협력관계에 있었던 것 같다. 따라서 반역자를 처단하고 다시 나라를 통일시키기 위해 모집에 응했다. 성도에게 있어서 우선순위는 협력하여 선을 이루는 삶의 자세이다.

동족상잔의 비극 금지(2-4a절)

18만 명의 군대를 모아 북부 지파의 배반을 응징하려 한 르호보암에게 여호와께서 스마야를 통해서 말씀하신다. 그 내용은 "너희 형제와 싸우지 말라"는 내용이었다. 남유다는 북이스라엘을 민족의 배반자로 보았지만, 하나님은 형제로 보았다. 그래서 하나님은 동족상잔의 비극을 강하게 금하셨다. 하나님의 관점은 대승적인 차원에서의 관점이었다. 이처럼 성도들 또한 더 넓은 신앙적인 관점에서 볼 수 있어야 한다. 적을 적으로 보지 않고 오히려 형제로 볼 수 있는 신앙적인 눈, 포용적인 눈이 필요하다. 이것이 우리 주님께서 우리에게 보여 주신 삶의 모습이다.

군대의 해산(4b절)

하나님은 동족상잔의 비극을 금하시면서 "너희는 올라가라", "너희는 너희 형제와 싸우지 말라", "너희는 각기 집으로 돌아가라"고 단호하게 말씀하셨다. 하나님은 이 모든 일이 "하나님에게서 난 일"이라고 말씀하신다. 앞서 살펴보았지만, 솔로몬의 범죄에 따른 심판의 결과를 르호보암을 통해 이루셨다는 말씀이다. 그럼에도 르호보암은 여호와의 말씀을 따라 집으로 돌아갔다. 이는 말씀에 순종한 신앙인의 모습이고 이로 인해 초기 3년 동안 번영을 누리게 된다. 말씀에 순종하는 삶이 하나님의 번영을 누리는 기본이라는 사실을 알도록 하자.

오늘 말씀은 돌이키는 용기에 대해서 기록하고 있다. 북이스라엘을 응징하려는 르호보암에게서 하나님은 동족상잔의 비극을 막으신다. 그는 하나님의 말씀에 순종하여 이 비극에서 돌아선다. 하나님은 이 점을 높이 평가하셔서 잠시나마 번영하는 은혜를 주셨다. 이러한 점을 볼 때, 죄악에서 빨리 돌이키고 말씀에 순종하는 삶이 하나님께 복을 받아 누리는 원리라는 점을 발견하게 된다.

적용 1. 원수를 갚기 위해 온갖 힘을 발휘해 본 적이 있는가?
2. 분노가 가득하지만 하나님의 말씀에 순종하고 있는가?
3. 말씀에 순종하여 주님께서 주시는 번영을 누려보았는가?

52주 르호보암이 누린 번영

본문 | 대하 11:5-23
요절 | 모든 성읍에 방패와 창을 두어 매우 강하게 하니라 유다와 베냐민이 르호보암에게 속하였더라(12절)

접근

하나님은 항상 한 치의 오차도 없이 세밀하신 분이라는 점을 느끼게 된다. 왜냐하면 말씀에 순종하면 하나님께서 복을 주시고, 말씀에 순종하지 않고 이방 우상을 따르면 그에 대한 심판을 주시기 때문이다. 오늘 말씀도 보면, 불순종으로 인해 남북의 분열이라는 고난을 당하기도 했지만, 말씀에 순종하여 회군했을 때 하나님께서 르호보암에게 번영을 주셨기 때문이다. 따라서 성도가 하나님 말씀에 순종하며 살아가는 삶이 얼마나 복된지를 깨닫게 된다. 그렇다면 르호보암이 누렸던 번영이 무엇인지 함께 살펴보도록 하자.

르호보암이 건축한 성읍(5-12절)

르호보암은 북쪽 이스라엘을 무력으로 진압해서 통일왕국을 이루려고 했지만 이 일이 무산되자 왕국 곳곳에 있는 요새화된 성읍을 건설하여 국방을 더욱 튼튼하게 강화했다. 유다와 베냐민 땅에 15개의 성읍을 건축하고 군량과 방패와 창을 비축하여 전쟁을 대비했다. 이는 남쪽과 서쪽에 위치하고 있어 애굽의 침입을 대비한 것으로 보인다(왕상 9:16). 이러한 모습은 열왕기와 달리 하나님의 말씀에 순종한 르호보암이 누렸던 번영에 대해서 표현하고 있다. 이렇게 하면서 백성들의 호응과 지지를 받고자 했다. 하나님은 이렇게 말씀에 순종하는 자에게 복을 주시고 형통케 하시는 분이다.

제사장과 레위인이 남유다로 남하(13-16절)

본문의 말씀 또한 르호보암이 누리게 된 번영의 복에 관해서 기록하고 있다. 당시 북이스라엘의 여로보암은 성전이 있던 예루살렘에 마음을 두지 않고 벧엘과 단에 우상을 세우고 제사하도록 하는 큰 범죄를 저질렀다(15절). 이러한 정책으로 북이스라엘에 있던 많은 제사장과 레위인이 여호와 신앙을 지키기 위해서 남쪽 유다로 내려왔다. 이 사건은 유다 왕국이 언약적 정통성을 유지하고 있음을 증명해 준다. 따라서 예루살렘이 신앙의 중심지이면서 다윗 왕조의 언약을 계승한 정통왕조임을 강조하고 있다.

르호보암의 한시적 번영(17-23절)

17절은 "그러므로 3년 동안" 르호보암이 강성함을 누리게 되었다고 선언한다. 그는 특별히 처첩을 많이 두어 율법을 어긴 모습이 있지만, 자식의 번영을 이루었다. 그는 이방 여인과 결혼하지 않았고 가정의 불화를 미연에 방지하기도 하였다. 예를 들어, 아비야를 후계자로 지명하여 형제간의 분쟁을 없앴고(22절), 나머지 아들들은 각 지방을 다스리게 했다(23절). 이러한 지혜로운 통치는 왕실을 안정시키는 역할을 했다. 한시적이었지만 삶의 번영을 누리는 법칙은 말씀에 순종하는 삶이다.

오늘 말씀은 말씀에 순종하여 회군했던 르호보암에게 번영의 복을 주신 내용을 기록하고 있다. 하나님은 그에게 성읍을 건축하는 번영, 북이스라엘에서 제사장과 레위인이 남하해 오는 한시적인 번영을 주셨다. 그러나 우리가 누려야 할 번영은 한시적인 번영이 아니라 지속적인 번영이다. 그러기 위해서는 무엇보다도 하나님의 말씀에 순종하는 삶의 자세가 필요하다. 지속적인 순종을 통해 계속해서 부어 주시는 번영의 복을 누리는 성도의 삶이 되기를 바란다.

4

52
주
해
설
교

적용 1. 믿음 위에 굳게 서서 신앙의 정통성을 이어가고 있는가?
2. 영적 제사장으로서 참된 예배자로 서고자 하는 갈망이 있는가?
3. 가정의 화평을 누리기 위해서 지혜롭게 행동하는가?

2025년 예배와 설교 핸드북 PDF 자료 활용법

그동안 예배와 설교 아카데미는 바른 설교와 바른 예배를 위한 사역을 감당해 왔습니다. 그리고 현장 목회에 도움이 될 수 있는 사역에 대한 끊임없는 고민과 솔루션을 찾기 위해 최선의 노력을 해 왔습니다.

이에 다양한 목회 정보를 제공하기 위한 방법으로 **PDF 자료와 더불어 다양한 정보를 홈페이지를 통해 제공**해 드리고 있습니다. 자료는 매월 홈페이지에서 다운 받으실 수 있습니다.

따라서 2021년부터 CD를 별도로 제공하지 않고 있습니다. 이에 많은 양해 부탁드립니다.

간곡히 부탁드리는 말씀은 **본인 외에 타인에게 핸드북 자료를 공유거나 제공하는 일은 불법이므로 금해** 주시기 바랍니다.

예배와 설교 아카데미 기존 회원 이용 방법

1. 홈페이지 메인화면에서 **'25년 핸드북 회원 업그레이드 신청하기'** 배너를 클릭하고, **이름, 연락처, 교회, 25년 구입한 핸드북 시리얼 넘버**를 기록한 후 제출한다. 관리자가 승인하게 되면 자료를 활용할 수 있다.

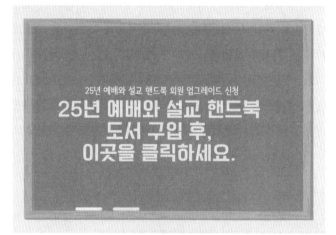

25년 예배와 설교핸드북 회원 업그레이드 신청란

개인정보 수집 및 이용 동의 •

> 회사명(이하 '회사'라 한다)는 개인정보 보호법 제30조에 따라 정보 주체의 개인정보를 보호하고
> 이와 관련한 고충을 신속하고 원활하게 처리할 수 있도록 하기 위하여 다음과 같이 개인정보 처리
> 지침을 수립, 공개합니다.
>
> **제1조 (개인정보의 처리목적)**
> 회사는 다음의 목적을 위하여 개인정보를 처리합니다. 처리하고 있는 개인정보는 다음의 목적 이외
> 의 용도로는 이용되지 않으며, 이용 목적이 변경되는 경우에는 개인정보보호법 제18조에 따라 별도

☐ 개인정보 수집 및 이용에 동의합니다.

이름 •

[   ]

연락처 •

[   ] - [   ] - [   ]

핸드북 시리얼 넘버 기입   **10UW-C57E-E6U1-35VI**

[   ]

(신청합니다)

2025년 예배와 설교 핸드북 신입 회원 이용 방법

1. 홈페이지(wpa.imweb.me) 상단에서 회원 가입 후,

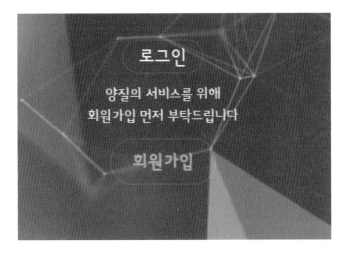

2. 메인화면에서 '25년 핸드북 회원 업그레이드 신청하기' 배너를 클릭하고,

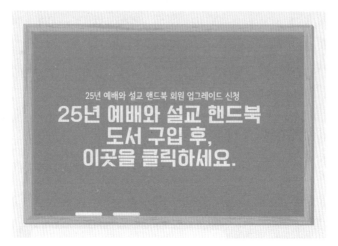

25년 예배와 설교 핸드북 회원 업그레이드 신청

25년 예배와 설교 핸드북
도서 구입 후,
이곳을 클릭하세요.

3. **이름, 연락처, 25년 핸드북 시리얼 넘버**를 기록한 후 제출한다.

25년 예배와 설교핸드북 회원 업그레이드 신청란

개인정보 수집 및 이용 동의 •

회사명(이하 '회사'라 한다)는 개인정보 보호법 제30조에 따라 정보 주체의 개인정보를 보호하고
이와 관련한 고충을 신속하고 원활하게 처리할 수 있도록 하기 위하여 다음과 같이 개인정보 처리
지침을 수립, 공개합니다.

제1조 (개인정보의 처리목적)
회사는 다음의 목적을 위하여 개인정보를 처리합니다. 처리하고 있는 개인정보는 다음의 목적 이외
의 용도로는 이용되지 않으며, 이용 목적이 변경되는 경우에는 개인정보보호법 제18조에 따라 별도

☐ 개인정보 수집 및 이용에 동의합니다.

이름 •

연락처 •

☐ - ☐ - ☐

핸드북 시리얼 넘버 기입

신청합니다

4. 제출 후 관리자가 승인하게 되면 자료를 활용할 수 있다.

〈참고〉 핸드폰으로 QR 코드를 찍어서 **이름, 연락처, 25년 핸드북 시리얼 넘버**를 기록하고 제출한다.

25년 예배와 설교 핸드북 회원 업그레이드 신청란

이름 *

연락처 *

핸드북 시리얼 넘버 기입

신청합니다

자료 이용 방법

1. 홈페이지 로그인
2. 홈페이지 상단 메뉴 중 예배와 설교 핸드북 위에 마우스를 올려놓는다.
3. 하부 메뉴 중 25년 예배와 설교 핸드북 클릭
4. 주일 예배/설교 자료 클릭
5. 다운로드(핸드북 구입 회원 외에 타인에게 양도하는 것은 자제해 주시기 바랍니다.)

25년 핸드북 회원에게 드리는 혜택

1. 24년 예배와 설교 핸드북 PDF 자료 열람 가능
2. 매주 주일 설교 자료 제공
3. 절기 새벽 예배 설교 자료 제공(대림절, 사순절, 기쁨의 50일 등)
4. 각종 세미나 50% 할인 혜택

✎ 설교집, 교회사, 시집, 신앙 에세이 등 출판을 원하시는 분은 예배와 설교 아카데미(02-457-9756)로 문의해 주세요.

내가 기도하노라

너희 사랑을 지식과 모든 총명으로

점점 더 풍성하게 하사

너희로 지극히 선한 것을 분별하며

또 진실하여 허물 없이 그리스도의 날까지 이르고

예수 그리스도로 말미암아 의의 열매가 가득하여

하나님의 영광과 찬송이 되기를 원하노라

빌립보서 1장 9-11절

저 자

김 수 중

조선대학교 명예교수
(전)조선대학교 부총장
조선대학교 국어국문학과(B. A. / M. A.)
장로회신학대학교 신학대학원(M. Div.)
장로회신학대학교 대학원(Th. M.)
성신대학교 대학원 국어국문학과(Ph. D.)
빛누리교회 담임목사
sjdkim@chosan.ac.kr

최 영 현

한일장신대학교 교수(예배학, 설교학)
연세대학교 신학과(Th. B.)
연세대학교 대학원(조직신학, Th. M.)
장로회신학대학교 신학대학원(M. Div.)
장로회신학대학교 대학원(예배·설교학, Th. M.)
Columbia Theological Seminary, Atlanta GA(Practical Theology, Th. M.)
Graduate Theological Union, Berkeley, CA(Homiletics, Ph. D.)
yhchoi@hanil.ac.kr

한 경 국

(전)장로회신학대학교 겸임교수(예배학, 설교학)
호남대학교 영어영문학과(B. A.)
장로회신학대학교 신학대학원(M. Div.)
장로회신학대학교 대학원(예배·설교학, Th. M.)
Columbia Theological Seminary (Practical Theology, Th. M.)
University of St. Michael's College in the University of Toronto
(Home Seminary: Knox / Homiletics, Ph. D.)
kyongkuk.han@alum.utoronto.ca

김 성 우

대전신학대학교 교수(예배학, 설교학)
호남신학대학교 신학과(Th. B.)
건국대학교 철학과(B. A.)
장로회신학대학교 신학대학원 (M. Div.)
장로회신학대학교 대학원(예배·설교학, Th. M.)
장로회신학대학교 대학원(예배·설교학, Ph. D)
lord-house@hanmail.net

사막에서 별을 노래하다

김운용 저 | 신국판 | 424쪽 | 19,500원

이 책은 우리가 걷는 인생길이 광야, 사막과 많이 닮았다는 생각을 가진 저자의 묵상집이다. 저자는 사막, 힘든 길을 걸어갈 수 있었던 것은 곳곳에 숨겨놓으신 말씀과 은혜 때문이었음을 우리에게 들려주고 있다.

실천과 저항의 설교학

찰스 캠벨 저 | 김운용 역 | 신국판 | 424쪽 | 19,500원

이 책은 오늘의 세계에 대한 비판적 관점에 통전성을 가지고 설교의 놀라운 모델을 제시하였다. 설교학이 무엇에 관심을 기울이고 그 본분이 무엇이어야 하는지를 서술하였으며, 많은 각주를 통해 주제와 관련 연구를 일목요연하게 볼 수 있도록 도와준다. 또한 복음이 어떻게 세상을 치유해 가는지에 대한 뛰어난 숙고를 제시한다.

실천신학의 네 가지 중심 과제

리처드 아스머 저 | 김현애 · 김정현 역 | 신국판 | 354쪽 | 23,000원

이 책은 실천신학에 대한 풍부하고 명쾌한 입문서로서 이론과 실제를 겸비한 책이다. 그래서 일상생활과 밀접하고 유익한 실례가 많아 목회상담학, 예배학, 설교학, 영성신학, 선교신학, 기독교교육학 등 실천신학의 여러 영역에서 두루 사용될 수 있는 안내서이다.

하나님이 주신 선물, 세례

로렌스 H. 스투키 저 | 김운용 역 | 신국판 | 368쪽 | 16,000원

저자는 세례를 하나님께서 교회에 주신 선물로 이해하고 개신교 진영에서 이것을 수행하면서 일어나고 있는 혼란을 정확하게 갈파하였다. 또한 세례에 대한 성경적, 역사적, 신학적 관점에서 명확한 이해를 제시하고 실천적 관점에서 명료한 지침을 제공해 준다. 이 책은 지금 우리가 주님의 세례 명령을 바로 수행하고 있는가를 보게 해주며, 어떻게 그것을 바로 감당할 수 있을 것인지에 대한 명확한 방향을 제시한다.

설교의 신학

제39회 한국기독교출판문화상(2022년) 신학부분 국내 우수상 수상

정장복 저 | 신국판 | 430쪽 | 28,000원

이 책은 설교사역자들에게 설교사역에 대한 소중한 가치를 안겨 주며 설교사역의 이정표를 제시해 주는 책이다. 설교사역자들이 바른 설교를 정립하는 데에 길잡이가 될 것이다.

망치를 든 설교학

김성우 저 | 신국판 | 367쪽 | 19,500원

이 책은 들려지는 설교를 위한 신학적 통찰력과 방향성을 제시하는 책이다. 특별히 저자는 신학자이자 현장 목회자로서 신학과 실천이 조화를 이루며 복음적 실천으로 나아가도록 설교학적 방향성을 잘 제시하고 있다. 다양한 형태로 설교를 전하는 방법에 목마른 설교자에게 추천하는 책이다.

나의 하나님은 슈퍼 울트라 '을'

신옥수 저 | 신국판 | 260쪽 | 16,500원

이 책은 여성설교자이자 조직신학 교수인 저자가 가슴 절절한 하나님 사랑을 노래하고 있으며, 때로는 파워풀한 선언으로 우리를 하나님의 위대한 사랑으로 초대하고 있다.

이토록 따스한 성령님

신옥수 저 | 4×6판 | 332쪽 | 19,800원

이 책은 여성설교자이자 조직신학 교수인 저자가 삶의 나날을 매일의 햇살처럼 한결같이 어루만져 주시는 성령님의 사랑을 노래하고 있으며, 인생의 광야길에 숯불에 구운 떡과 한 병 물을 차려놓고 우리를 다독이시는 성령님의 온기 가득한 식탁으로 초대하고 있다.

일과 소명

한국일 외 | 신국판 | 127쪽 | 10,000원

이 책은 선교적 목회 차원에서 그리스도인이 일터에서 어떻게 살아가야 하는지에 대한 가르침을 주는 성경공부교재이다. 일터를 세상 밖 현장이 아니라 하나님께서 주신 소명의 장으로 이해하고 있다.

성례전 : 하나님의 자기 주심의 선물

제임스 화이트 저 | 김운용 역 | 신국판 | 312쪽 | 13,000원

이 책에서 화이트 박사는 성례전을 하나님의 자기 주심이라는 상징적 구조로 설명하고 있다. 그는 이 책에서 성례전의 공동적 본질에 빛을 제시한다. 그리스도는 성례전의 원형이 되시며 성례전은 하나님의 자기 주심의 상징 행동이다.

한국교회의 설교학 개론

정장복 저 | 신국판 | 476쪽 | 13,000원

성언운반일념(聖言運搬一念)으로 한국교회의 강단에 신선한 도전을 제시했던 정장복 교수의 『설교학 서설』이 현대의 다양한 설교 이론들과 저자의 목회 경험에서 비롯된 현장에서 얻은 교훈과 한국 문화권에서 수용이 가능한 이론들을 담아서 새롭게 출간되었다.

그것은 이것입니다(개정판)

정장복 저 | 신국판 변형 | 365쪽 | 15,000원

현대의 그리스도인들은 많은 지식을 소유하고 있지만 정작 교회 현장에서 필요한 상식은 심각할 정도로 부족하다. 이 책은 그리스도인들에게 필요한 상식을 명쾌한 해설과 함께 풀어놓아 독자의 궁금증을 속시원하게 해결해 주고, 상식에 대한 자신감을 갖게 해준다.

2025년 주일별 예전색

월일	교회력	월일	교회력
	2024년도	5.11	부활절 네 번째 주일 / 어버이 주일
12.01	대림절 첫 번째 주일	5.18	부활절 다섯 번째 주일
12.08	대림절 두 번째 주일	5.25	부활절 여섯 번째 주일
12.15	대림절 세 번째 주일	6.01	부활절 일곱 번째 주일
12.22	대림절 네 번째 주일	6.08	성령 강림 주일
12.25	성탄절	6.15	삼위일체 주일
12.29	성탄절 후 첫 번째 주일	6.22	오순절 후 두 번째 주일
	2025년도	6.29	오순절 후 세 번째 주일
1.05	성탄절 후 두 번째 주일	7.06	오순절 후 네 번째 주일
1.06	주현절	7.13	오순절 후 다섯 번째 주일
1.12	주현절 후 첫 번째 주일 / 주님의 수세 주일	7.20	오순절 후 여섯 번째 주일
1.19	주현절 후 두 번째 주일	7.27	오순절 후 일곱 번째 주일
1.26	주현절 후 세 번째 주일	8.03	오순절 후 여덟 번째 주일
2.02	주현절 후 네 번째 주일	8.10	오순절 후 아홉 번째 주일 / 광복절 감사 주일
2.09	주현절 후 다섯 번째 주일	8.17	오순절 후 열 번째 주일
2.16	주현절 후 여섯 번째 주일	8.24	오순절 후 열한 번째 주일
2.23	주현절 후 일곱 번째 주일	8.31	오순절 후 열두 번째 주일
3.02	주현절 후 여덟 번째 주일 / 산상 변모 주일	9.07	오순절 후 열세 번째 주일
3.05	참회의 수요일	9.14	오순절 후 열네 번째 주일
3.09	사순절 첫 번째 주일	9.21	오순절 후 열다섯 번째 주일
3.16	사순절 두 번째 주일	9.28	오순절 후 열여섯 번째 주일
3.23	사순절 세 번째 주일	10.05	오순절 후 열일곱 번째 주일
3.30	사순절 네 번째 주일	10.12	오순절 후 열여덟 번째 주일
4.06	사순절 다섯 번째 주일	10.19	오순절 후 열아홉 번째 주일
4.13	종려 주일 / 수난 주일	10.26	오순절 후 스무 번째 주일
4.17	성 목요일	11.02	오순절 후 스물한 번째 주일
4.18	성 금요일	11.09	오순절 후 스물두 번째 주일
4.20	부활 주일	11.16	오순절 후 스물세 번째 주일
4.27	부활절 두 번째 주일	11.23	오순절후 스물네번째주일 / 왕이신 그리스도 주일
5.04	부활절 세 번째 주일 / 어린이 주일	※ 수난 주간에는 보라색을 사용하셔도 됩니다.